SNAI

上海国家会计学院 CFO 丛书

税收政策与税收筹划

Tax Policy and Planning

上海国家会计学院　主编

经济科学出版社

图书在版编目（CIP）数据

税收政策与税收筹划/上海国家会计学院主编.
—北京：经济科学出版社，2010.12
（上海国家会计学院 CFO 丛书）
ISBN 978-7-5141-0104-1

Ⅰ.①税…　Ⅱ.①上…　Ⅲ.①税收管理-财政政策-中国②税收筹划-中国　Ⅳ.①F812.422②F812.423

中国版本图书馆 CIP 数据核字（2010）第 219287 号

责任编辑：白留杰　张占芬
责任校对：刘　昕　王苗苗
技术编辑：李　鹏

税收政策与税收筹划
上海国家会计学院　主编
经济科学出版社出版、发行　新华书店经销
社址：北京市海淀区阜成路甲 28 号　邮编：100142
教材分社：88191354　发行部电话：88191540
网址：www.esp.com.cn
电子邮箱：bailiujie518@163.com
北京中科印刷有限公司印装
787×1092　16 开　28.25 印张　690000 字
2011 年 5 月第 1 版　2011 年 5 月第 1 次印刷
ISBN 978-7-5141-0104-1　定价：98.00 元
（图书出现印装问题，本社负责调换）

编委会名单

本书编写组

项目负责人：杨君昌

本书负责人：杨君昌

本书参编人员：胡怡建　朱为群　方卫平

总 序

我国会计人才占全国人才资源总量的近10%，广泛分布在各行业、各领域、各单位，在经济社会发展中发挥着不可替代的作用。深入贯彻实施人才强国战略和《国家中长期人才发展规划纲要（2010－2020）》，努力为经济社会发展培养造就一大批道德优良、业务精湛、作风过硬的会计人才尤其是高层次、复合型、国际化领军人才，是财政部一直高度重视、着力推动的重大战略和重点工作。

近年来，财政部采取了一系列措施大力推进会计人才建设，在财政系统、会计领域乃至全社会引起广泛关注和较好反响。主要包括：

科学制定一个规划。规划是引导和推动工作开展的战略构想。在总结改革开放以来特别是“十一五”期间我国会计人才队伍建设做法经验的基础上，适应“十二五”时期经济社会发展对会计事业、会计人才提出的新任务新要求，结合学习贯彻党中央、国务院《国家中长期人才发展规划纲要（2010－2020年）》，财政部于2010年9月制定发布了《会计行业中长期人才发展规划（2010－2020年）》，明确了会计人才队伍建设的指导方针、发展目标、主要措施等，强调以培养高端会计人才为突破口，着力抓好会计领军人才、大中型企事业单位总会计师、具有国际认可度的注册会计师、会计名家、应用型高级会计学科带头人、现代农村会计人才等六大重点工程，统筹推进会计人才队伍建设，提高会计人才队伍整体水平，努力为经济社会科学发展提供坚实的人才保障和智力支撑。

推进两手考评人才。人才考评机制是科学引导人才成长的基础性制度安排。财政部以两个抓手为重点不断加强完善了会计人才的考评机制建设：一手抓考试工作的巩固完善，健全了由从业资格、会计员、助理会计师到会计师、高级会计师的较为完备的考试、晋升制度，并全力争取正高级会计师评审由点及面尽早实施；一手抓评价工作的开拓创新，创建了考试成绩“金银榜”发布制度，建立了会计人才信息库，加强了人才市场调研和需求分析，打通了会计人才与用人单位之间的信息通道，促进了会计人才的合理流动和人才资源的有效配置。

建设三大培训基地。国家会计学院是培育会计人才特别是高中级管理人才的重要基地。瞄准“国内一流、国际知名”的发展目标，以市场开拓、课程开发、师资队伍、科研工作和内部管理为主抓手，全面加强北京、上海、厦门三所国家会计学院建设。经过多年辛勤耕耘，国家会计学院已经发展成为我国财会人才继续教育和素质提升的主阵地，成为在经济管理人才教育培训领域的一张靓丽的名片。国家会计学院开发、承办的总会计师、会计领军人才、注册会计师等在职培训，坚持名师名家与名优课程相结合，赢得了广泛盛誉，为各行各业强化财务管理和会计审计监督输送了一大批领导人才和业务骨干。近日，国务院学位委员会第 28 次会议作出决定，批准国家会计学院为硕士专业学位授予单位，这一国家会计学院发展进程中具有里程碑意义的大事，为今后一个时期实现跨越式发展赋予了新机遇，注入了新活力。

打造四类领军人才。是否培养出人才、培养出多少人才、培养出什么样的人才，是检验人才工作成效的关键。着眼培养一批在市场化、信息化、国际化快速发展中勇立潮头、有效发挥引领带动作用的优秀会计人才，自 2005 年 9 月起，财政部相继启动了企业类、行政事业单位类、注册会计师类和会计学术类等四个类别的全国会计领军人才培养工程，并积极推动各省、自治区、直辖市和中央有关主管单位组织实施了本地区、本部门会计领军人才培养项目。会计领军人才培养引入国际先进经验，注重制度机制创新，坚持脱产培训与在职跟踪相结合、会计教学与能力培训相结合、案例教学与交流碰撞相结合、分类培训与联合培训相结合、学员使用与考核淘汰相结合，在国家级专业领军人才培养中闯出了一条新路，成为了一个社会认可度较高、影响力较强的知名品牌。截至 2010 年底，全国会计领军班共招收学员 730 名，其中领军一期的 50 名学员率先完成 6 年一个周期的系统学习培养，满怀收获、自信和期待迈上新的奋斗征程。

贯穿上述工作的一条红线是加快培养高端会计人才，而与上述各方面工作关联交汇的根本点则是科学界定高端会计人才的知识结构和能力框架。这不仅是一个重要的理论问题，更是一个指导高端会计人才健康成长、更好地发挥会计职能作用的重要实践命题。早在 2002 年，财政部就委托上海国家会计学院开展了“CFO 能力框架”重大课题研究。上海国家会计学院历经近 4 年艰苦攻关，形成了高质量的研究报告《CFO 能力框架》。呈现在大家面前的这套 CFO 丛书，就是上海国家会计学院依托《CFO 能力框架》研究成果，借助世界银行的资金支持，采用国际公开招标方式，委托各专业领域的名师名家编写的。这套丛书以各学科前沿理论指导为基础，运用大量案例探讨各学科的应用实践，较好地回答了为什么要培养高端会计人才、什么是高端会计人才、怎么样培养高端会计人才等问题，是对我国高级经济管理人才培养的一次有益探索和积极创新。

当今世界，经济全球化深入发展，企业跨国经营、资本跨境流动日益频繁，科技进步日新月异，知识经济方兴未艾，会计人才尤其是高端会计人才在经济社会发展中的基础性、战略性、关键性作用将越发凸显。与此同时，不同国度、不同地域、不同经济水平、不同发展阶段、不同经营管理实际可能都会对高端会计人才提出不同的需求和要求。因此，高端会计人才的培养将是一项长期的战略任务和系统工程，对高端会计人才培养、选拔、评价、使用的研究和思考更非一劳永逸。在对这套 CFO 丛书面世给予祝贺和期待的同时，希望籍此引导和推动更多的人来研究它、发展它、完善它，让它吸收更多的养分、汲取更多的智慧、汇聚更多的力量，为推进我国会计人才建设增添新动力，为我国会计事业乃至经济社会发展进步作出新贡献。

是为序。

财政部副部长

2011 年 4 月

前 言

在中国的经济改革大潮中，企业的 CFO 们是一个特殊的群体，他们既要努力克服几十年来中国计划经济传统模式对当今企业运行的影响，又要积极面对市场经济激烈竞争环境对企业生存发展的挑战；他们既掌控与管理着成千上万亿的巨额资产和财富，但又较少参与和主导企业的战略和经营决策。中国的 CFO 们是一个充满着机会和希望、但还没有被人们充分认识的群体，包括 CFO 们自己。

怎样充分发挥中国 CFO 们的价值和作用，有人提出可就 CFO 或总会计师的地位进行新的制度安排，修改总会计师条例，将中国总会计师提到与西方 CFO 一样高的地位，即仅次于 CEO。尽管这种可能是存在的，但我们更关注的是 CFO 们是否具备了这种能力。能力是决定 CFO 们价值和发展空间的关键要素。为此，财政部在 2002 年就确立了《中国 CFO 能力框架》课题，并委托上海国家会计学院进行研究。我们组织了精干的团队，对课题的研究持续了三年多时间，在国务院国资委、证监会、银监会等中央部委和上交所、深交所等单位的支持下，课题组走访了我国 36 个城市的 165 家公司的 CFO 和 33 家公司的 CEO，就 CFO 的工作环境、工作内容、存在的问题和改进想法等一系列的问题进行了较全面的面对面的访谈，从而获取了大量第一手的资料，整理出近百万字的文档；在此基础上，又设计了较为科学完备的问卷，包括了 24 个大问题、190 个小问题，抽样发放了全国 5300 多家企业，回收了 610 份，在 480 份有效问卷的基础上，结合国际 CFO 培训经验和中国 CFO 的现实状况，在 2006 年初完成了这一课题，并出版了《成为胜任的 CFO》的研究报告。

研究报告的完成，使我们对 CFO 的能力需求有了一个较全面的认识。研究报告认为，一个 CFO 要能胜任企业最高财务负责人的角色，并成为 CEO 的得力伙伴，必须具备决策能力、战略规划能力、分析能力、领导能力、协作能力、控制能力和资源管理能力，而决定这些能力的最基本要素是职业知识、技能和职业价值观。其中职业知识是指胜任的 CFO 必须拥有的与其职能相关的知识，最核心的包括战略管理、公司治理、财务战略、财务报告、成本管理、风险管理、购并与重组、税收筹划、价值管理与全面预算、审计与内部控制、财务分析与预测、财务信息系统、经管责任与资产管理等13个模块；技能是指为支持CFO感知环境、综合运用知识、形成职业能力的软性特长，核心的技能包括沟通与协调、领导与团队建设、系统思维与问题解决；CFO的核心价值观主要是CFO的职业道德。这些认识的取得为我们思考怎样提升CFO的能力及怎样开展培训指明了方向。

在《成为胜任的CFO》研究报告完成的基础上，我们在财政部的大力支持下，决定利用世界银行对“中国会计改革与发展”项目的支持，开发上述与CFO能力相关的全部17门课程教材，这是一项十分繁重和艰巨的任务。上海国家会计学院采用全球公开招标的形式招标课程开发单位，并按照研究能力、实际培训经验（包括MBA与EMBA的教学经验）和低成本的标准评标，最终南开大学、中山大学、同济大学、北京交通大学、中国人民大学、东北财经大学、西南财经大学、上海财经大学等国内知名院校中标。又经过近四年的努力，完成了CFO能力框架指引下的全部17门课程的培训教材，这就是呈现在我们面前的这套丛书。丛书的编写，注重以国际经济环境为视野，以学科理论体系为基础，以解决实务问题为导向，通过大量的案例来帮助理解理论、解决实际问题。丛书的编写得到了各课题负责人和编写人员的高度重视，教材内容经过试讲和反复研讨修改后最终定稿。

丛书的出版是无数领导、专家、学者和编委会成员共同智慧和努力的结晶，虽然还存在不尽如人意的地方，但这至少是一个开创性的工作，为我国CFO的培训提供了一个较为系统并且适应中国企业环境的知识体系，也为落实财政部《会计行业中长期人才发展规划（2010－2020年）》的战略奠定了基础。

衷心感谢所有为丛书的编撰、出版作出贡献的人们！

衷心感谢财政部王军副部长在百忙之中始终关注这项工作并为丛书热情作序！

也衷心希望所有的读者对丛书的内容和形式提出批评和改进建议，以便今后不断提高完善！

编委会

2011年4月

目　录

第一章　中国税收制度

专栏 1－1　财政收入、税收收入和税制结构

2009 年全国税收总收入完成 59 514.70 亿元，比上年同期增长 9.8%，同比增收 5 290.91亿元，增速比 2008 年的增速回落了 9 个百分点（2008 年税收收入增长 18.8%），见图 1－1 和表 1－1。

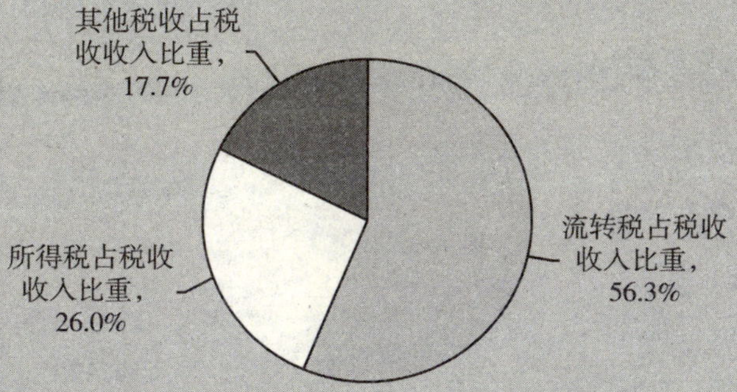

图 1－1

表 1－1　2009 年税收总收入和主要税种收入　单位：亿元

税　　种	收入	比 2008 年同期增收	增长率（%）
税收总收入	59 514.70	5 290.91	9.8
国内增值税	18 481.24	484.30	2.7
国内消费税	4 759.12	2 190.85	85.3
进口环节增值税和消费税	7 729.15	338.02	4.6
关税	1 483.57	－286.38	－16.2
外贸企业出口退税	－6 486.56	－620.63	10.6
营业税	9 013.64	1 387.25	18.2
企业所得税	11 534.45	358.82	3.2
个人所得税	3 949.27	226.96	6.1
证券交易印花税	510.47	－468.69	－47.9

续表

税　　种	收入	比2008年同期增收	增长率（%）
房产税	803.64	123.30	18.1
车辆购置税	1 163.17	173.28	17.5
城镇土地使用税	920.97	104.07	12.7
土地增值税	719.43	182.00	33.9
耕地占用税	632.99	318.58	101.3
资源税	338.24	36.48	12.1
契税	1 734.99	427.46	32.7
上述税种收入合计	57 287.78	4 975.67	9.5

资料来源：财政部网站，作者整理。

第一节　三大税收体系——流转税、所得税和财产税

一、我国现行税制结构

我国现行的税收有：增值税、消费税、营业税、企业所得税、个人所得税、资源税、车辆购置税、印花税、城市维护建设税、城镇土地使用税、土地增值税、房产税、车船税、契税、烟叶税、耕地占用税、筵席税、关税。①

按照三大税种的划分：

流转税税种设置为：增值税、消费税、营业税、关税、车辆购置税、筵席税、资源税、印花税、城市维护建设税、烟叶税。

所得税税种设置为：企业所得税、个人所得税、土地增值税。

财产税税种设置为：房产税、车船税、城镇土地使用税、耕地占用税、契税。

二、流转税

流转税，顾名思义，是指对商品或劳务的流转额征收的一类税。古今中外，流转税在各国的税收中占有十分重要的地位，并且曾经是或正是许多国家的主要税收来源。下面就流转税的特点、税制类型和税制结构进行叙述。

（一）流转税的特点

正如上述，流转税是以商品和劳务的流转额为征税对象的一类税。这里的“商品”是

① 储敏伟、杨君昌：《财政学》，高等教育出版社2000年版。

指市场流通中的各种产品，劳务是指市场中各种非商品的服务性活动，只要存在买卖关系，就有商品流转额和非商品流转额（劳务营业额），因此，在习惯上对流转额课征的税称为流转税。

与其他类型课税相比，流转税具有以下几个特点：

课税对象的普遍性。同所得税和财产税相比，流转税是以商品和劳务的交换并形成销售收入为前提，它不仅包括了所有的商品，还包括各种非商品性的服务。市场经济越发达，买卖关系就越多，流转额就越大，流转税税源就越充足。

计税依据的灵活性。流转税的计税依据是商品和非商品的流转额，因此，在具体税制设计时，可以选择所有商品和服务进行征税，也可以选择部分商品和服务进行征税；可以选择商品流通的所有环节进行征税，也可以选择其中某一个或几个环节进行征税；可以选择商品或劳务流转总额进行征税，也可以选择课税对象的增值额进行征税等。

税率主要采用从价比例税率。除了少数税种或税目实行从量征收外，流转税主要适用从价比例税率。由于比例税率又可分为各类差别比例税率，因此，政府可以通过不同的比例税率对经济进行适当的干预，体现鼓励或限制的政策。

征收管理简便。由于流转税是以流转额为计税依据，而与商品成本和盈利水平无关，其税率又采用比例税率和定额税率形式，所以，与所得税和财产税相比，计算较为简单。同时，流转税的纳税人和征税对象相对比较集中，有利于征收管理和节约征纳成本。

税收负担转嫁比较容易，具有隐蔽性。流转税属于间接税，其纳税人与负税人往往并不一致，纳税人可以通过商品或劳务加价的办法将商品税转移给消费者，或者通过压价的办法将税负转移给供应方。正是因为流转税的税负比较容易转嫁，因此，其税负也较隐蔽。具体表现为：纳税人将流转税加入价格，对于消费者来说直接感觉是商品或劳务价格的提高，比较容易接受。至于如何转嫁、其转嫁条件与方式等问题，取决于供求双方的弹性对比。所得税和财产税则不易转嫁。

税收负担具有累退性。由于流转税主要采用比例税率，而不论负税人的收入状况如何，均负担同比例的税收，因此，往往是收入越多，税收实际负担越低，从而具有累退性。

由于流转税税负并不算太高，对消费者来说，也能够承受。所以，推行流转税制度比推行所得税和财产税制度容易得多，尤其是在税制不健全的国家更是如此。

（二）流转税的类型

根据流转税的特点，可以从以下几个方面进行分类：

按征税范围分类，可将流转税分为大范围的流转税和小范围的流转税。如果将一切商品和劳务（包括生产性和消费性）都列为征税对象，可以说是大范围的流转税；如果只将消费性的商品和劳务（既可以是全部消费性的商品和劳务，也可以是一部分消费性商品和劳务）列为征税对象，可以说是小范围的流转税。

按征税环节分类，可将流转税分为单环节征税和多环节征税。前者是在商品流转过程中选择其中一个环节征税，如有些国家开征的制造销售税、批发营业税、零售营业税等；后者是在商品流转过程中选择多个环节征税，如我国现行的增值税。

按计税方式分类，可将流转税分为从价税和从量税。前者是指以商品和劳务的价格为计税依据，如现行我国的增值税、营业税、关税等；后者是指以商品的实物数量为计税依据，如现行我国对部分消费品开征的消费税。

按征税地点分类，可将流转税分为国内税和国境税。前者是指对在本国生产、销售和消费的商品和劳务征收的流转税；后者是指在国境对进出口商品征收的流转税，如现行的关税。

（三）流转税制结构

尽管各国的流转税类型差别很大，但从其结构上来考察，不外乎三种模式。

周转税税制。这种税制结构税种单一、征管简单、征收范围广，一般是多环节和全额征收。虽然它能保证财政收入的充足和稳定，但由于多环节和全额征收，容易重复征税，不利于经济发展。我国曾经采用过，以前的工商统一税就是这种税制，为了解决重复征税的问题，征税部门要作出大量的减免规定。

销售税和消费税结合制。鉴于周转税的缺陷，许多国家取消了周转税，取而代之以销售税（如货物税、烟税、酒税、营业税等），销售税的特点是：全额征收，征税范围比周转税小一些，选择在产制、批发或零售环节对商品普遍征税，并选择单一或差别比例税率征收，主要发挥流转税的组织财政收入的功能。与此同时，为了加大对商品生产和消费的调节力度，不少国家在征收销售税的基础上再对某些产品征收消费税，从而形成销售税与消费税相结合的流转税制度。当然，具体细分，这种结合又可分为两种情况：一是并行征收，即大多数商品征收销售税，少数商品征收消费税；二是交叉征收，即所有商品征收销售税，在征收销售税的基础上，再选择少数商品征收消费税。

增值税和消费税结合制。由于周转税和销售税全额征收容易导致重复征税，不利于社会化大生产和专业化分工。因此，目前，世界各国正在推广增值税这一优良税种，增值税作为一般商品税，在产制、批发、零售各个环节，按增值额对商品普遍征税，选择单一或差别比例税率征收。然而，由于增值税征管比较复杂，加之征收增值税后会导致政府财政收入总额较征收之前有所减少。所以，为了调节消费和增加财政收入的需要，消费税同样有存在的必要，在产制、零售环节，选择少数商品，按差别税率从价或从量课征，发挥消费税的调节功能。我国现在实行的就是增值税和消费税的结合税制。

三、所得税

对所得课税如今已遍及世界大多数国家或地区，由于其具有聚集财政收入、调节经济和收入等特点，所得税已成为发达国家和许多发展中国家的主体税种。

（一）所得税的含义

所得税是指以所得为课税对象的一类税的总称，如企业所得税、个人所得税、资本利得税等。这里所说的所得通常意义上是指单位和个人在一定时期内取得的可支配收入总和，即收入总和减去各项法定扣除后的余额。如果从税收理论角度来看，所得可以分为五种类型：限制性所得、包括型所得、消费型所得、交易型所得和“H－S”（海格－西蒙斯）型所得[①]。实际情况是，各国并不拘泥于理论，往往是以一种或几种理论为基础，根据一定时期的税收政策进行调整，发展各自独立的实际应税所得概念。我国虽然在理论上没有形成一个统一的关于所得的概念，但在实际应用中，政府一般参照历史和国际惯例以及不同时期的国情确定一个比较切实可行的所得概念。

（二）所得税的特点

同流转税相比，所得税具有以下特点：

所得课税是对纯所得征税，税负比较公平，符合税收的公平原则。流转税是对商品流转额和非商品流转额征税，属于对经营收入的全额征税，不考虑纳税人的经营情况，因此，税负往往有失公平。而所得税的课税对象是纳税人的纯收入或净所得，而不是经营收入，一般实行多所得多征、少所得少征的累进征税办法，符合税收的量能负担原则；同时，所得税一般规定了起征点或免征额，照顾到低收入阶层，因此，所得税税负比较公平。

所得课税在社会资源配置中比较中性，符合税收的效率原则。由于所得税不能像流转税那样明显地转嫁税负，所得税的高低变化对生产和经营的直接影响较小。只对不同企业、不同个人的收入水平产生调节作用。所得税一般不存在重复征税问题。对商品的相对价格没有影响。因此，不会影响市场资源的优化配置；同时，由于所得税是对纯所得进行征税，还要在征税前进行一些必要的扣除，不会触及营运资本，不伤及税本，虽然对纳税人的积累和扩大再生产有些影响，但对整个社会经济的发展影响不大。

所得税富有弹性，具有较强的聚财功能，符合税收的财政原则。所得税来源于一国的生产力资源的利用产生的净收入，随着资源利用效率的提高，净收入也会不断增长，因此，所得税会随之稳定增长。同时，国家可以根据需要，对所得税的税率、减免等进行灵活调整，以适应政府支出的增减变化。

所得税是国家对经济进行调节的有效工具，符合税收稳定经济的原则。由于所得税弹性比较大，因此，政府可以根据社会总供求关系相机调整税负水平，平抑经济波动；同时，由于所得税一般实行累进税率，当社会总需求大于总供给时，随着企业和个人收入的增长，其适用所得税税率会自动提高，进而抑制投资与消费双膨胀；反之亦然。

所得税在国际经济交往中有利于维护国家的经济权益。现代社会跨国经营和国际经济交往频繁，必然存在跨国所得。因此，对跨国所得征税是任何主权国家应有的权益，利用所得税参与纳税人跨国所得的分配。

所得税计算比较复杂，征税成本较高。主要表现为：作为计税依据的纯收入要经过一系列复杂的计算过程，比流转税复杂得多；所得税累进税率的计算也要比流转税的比例或固定税率计算复杂。

---

① 所谓限制性所得是指来源于具有规律性和循环性的收入，该所得必须具有周期性、反复性、重复性，它仅限于运用资本从事营业和提供劳务所取得的收益、利润和报酬等；所谓包括型所得是指一定时期内的财产增加减去同一时期的财产减少后的余额，它不仅包括反复连续发生的收益，也包括临时性、偶然性、受惠性的收益；所谓消费型所得是指消费开支与本期消费掉的耐用品使用价值之和；所谓交易型所得是指由于市场交换的结果而产生的收入减去为此而消耗掉的成本的余额；所谓“H－S”型所得，又称所得或净增加消费型所得，由于该类型所得是由美国的海格和西蒙斯提出因此而得名，它包括本期的消费加上期末财富减期初财富的余额。

（三）所得税的产生与发展

所得税最早产生于英国，1799 年，由于英法战争，英国军费开支剧增，为了满足战争期间的开支需要，英国政府开征了所得税。后来随着战争的时续时停，所得税也时征时停，直到 1842 年，英国第三次复征所得税，该税才作为永久性税种确立下来。美国、法国、德国、日本等国先后于 19 世纪后半期、20 世纪初期开征所得税，其开征所得税的初衷也不外是出于战争需要。但所得税产生的真正原因远不只是战争，而是具有深刻的基础和背景的。概括起来有：社会生产力的发展、社会财富的增加是所得税赖以建立和发展的基本原因。18 世纪世界资本主义工业革命，极大地推动了社会生产力发展，资本主义工商业快速发展和资本利润的增加，导致社会分配差异加大，这为所得税的开征提供了经济基础。

随着生产的发展，商品和资本的国际流动已成为普遍现象，所得税在各国的相继兴起并逐步发展为国际化的税种，所得税成为促进国家间经济交往、维护本国权益的一种手段实属必然。

为了应付庞大的财政支出的需要，所得税的开征为税源开拓了一个重要的来源。

考察西方各国所得税制度的产生与发展，可以得出几点结论：一是所得税经过了从临时税到固定税的发展历程。起初所得税是因战争临时需要开征的，因战争结束而停征，最终成为政府取得财政收入的一个固定税种；二是所得税税率形式从比例税率发展到累进税率；三是所得税类型从分类所得税发展到综合所得税。

从我国来看，从 1937 年开征所得税以来，不过 60 多年时间。1950 年政务院发布的《全国税政实施要则》规定了工商税中的所得税、存款利息所得税与薪给报酬所得税属于所得税性质，标志着我国所得税体系的初步建立。经过几十年的发展，所得税的征收对积累资金、稳定物价、调节收入分配、促进国民经济恢复和发展等方面起到了积极的作用。1980 年 9 月，我国颁布了《中外合资经营企业所得税法》和《个人所得税法》，这分别是我国的第一部企业所得税法和第一部个人所得税法；1981 年又颁布了《外国企业所得税法》，建立了我国的涉外所得税制；1983 年对国营企业开征所得税；1985 年统一了集体企业所得税；1986 年开征了城乡个体工商户所得税；1987 年根据我国公民的实际收入情况，开征了个人收入调节税；1988 年开征了私营企业所得税；1991 年又将两部涉外所得税法合并为《外商投资企业和外国企业所得税法》，完善了我国的涉外所得税税制；1994 年对内资企业所得税和个人所得税进行了大幅度改革与调整，如今的所得税体系为：企业所得税、个人所得税和外商投资企业和外国企业所得税三大税种。这标志着我国的所得税制度已经发展到相当完整的水平。2007 年我国又将内资企业所得税与外资企业所得税两税合一，我国从 2008 年 1 月 1 日起将实行统一的企业所得税。

（四）所得税的类型

由于作为所得税的课税对象各种各样，因此，是选择不同的类别进行征税，还是选择综合所得进行征税，这就是所得税类型的选择问题。通常我们将所得税的类型分为三类：分类所得税、综合所得税和分类综合所得税。

分类所得税是指将所得按某种方式分成若干类别，对不同类别的所得分别计征所得税，如：将所得分为营业利润所得、利息所得、股息所得、工资薪金所得等，分别征收相应的所得税。这种分别按不同类别所得进行征收的优点是：可以根据不同类别的所得确定相应的税收政策和征税方法，其缺点是税制比较复杂，计征比较烦琐。

综合所得税是指将纳税人的全部所得汇总在一起，按统一规定的税率征税。其优点是计征简便，有利于公平税负；其缺点是征税时核算综合所得比较困难，进行综合扣除时也较烦琐，同时要求征管技术水平较高。

分类综合所得税是指分类所得税和综合所得税的综合，是对某些所得按类别分别征税，而对其他所得合并综合征税。

（五）所得税的地位

目前，所得税在整个税制中的地位因国情不同而不同。

在发达国家，根据国际货币基金组织的统计口径，世界上经济最发达的21个工业国家中，有15个国家均以所得税为主体（其中又主要以个人所得税为主体），占总数的70%。其原因是：两次世界大战后，西方发达国家经济的工业化、商品化、货币化、公司化程度空前高涨，个人收入明显提高，在扣除生活消费后仍有较多的剩余；同时，大部分人在公司企业工作，收入主要是货币，便于采用源泉课征方法和准确进行核算；发达国家在税收征管上，征管手段与方法一般比较先进，法制相对健全，征纳双方文化素质也较高，因此，具备了推行个人所得税的客观条件。由于个人收入两极分化现象始终存在，要求实行以收入均等化为目标的社会政策，加上市场经济的周期波动，要求国家加强干预以稳定经济，因此，要求推行累进个人所得税制成为必然。

在发展中国家，尽管不少发展中国家所得税也被作为主体税种，但在发展中国家税制结构中，所得税所占比重比发达国家低得多，并且在所得税中以公司所得税为主。其原因是：发展中国家个人收入水平普遍偏低，除了维持基本生存需要之外所剩无几，甚至连维持生存都成问题，因此，很难普遍征收个人所得税；发展中国家经济结构层次一般较低，经济的商品化、社会化、货币化程度低，存在大量的自给自足经济，所得税的计税依据难以查实，同时，人们的依法纳税观念普遍淡薄，因此，也不便于征收所得税；发展中国家征管手段和技术一般较发达国家低，同时，在税法执行上也存在执法不严等问题，导致发展中国家实行以所得税为主体的税种目前难以成功。尽管如此，目前许多发展中国家均已建立了较为完整的所得税制，有些国家设立所得税的时间甚至比许多西方发达国家还早，如印度；并且所得税收入占整个税收比重有逐渐上升的趋势。

新中国自确立所得税课征体系以来，在筹集财政收入、调节收入分配、促进国民经济发展等方面均发挥了其应有的作用，但由于种种客观原因，我国现在还不具备西方发达国家推行以所得税为主导的税收体系，但可以预见，随着经济的发展和人们收入水平的逐步提高，所得税在整个税收中的比重会逐年有所提高，因而，所得税必将在中国未来税制中占有更为重要的地位。

四、财产税

财产税作为一类税收在各国均占有一席之地，尤其在发达国家，财产税已经作为地方政府不可缺少的主体税种；在发展中国家，财产税占税收总额的比例也在随着经济的发展和人民生活水平的提高而逐年上升。就我国而言，财产税一直是一种比较稳定的财政收入来源，1994 年税制改革以来，财产税作为地方的主体税种正逐步显示出应有的效应。

（一）财产税的概念和特点

财产税是根据纳税人拥有或可支配的财产为课税对象征收的一类税。与所得税相比，有以下几点区别：从课税对象看，虽然都表现为收入，但财产税的对象是收入的存量，而所得税的对象却是收入的流量；从纳税人看，财产税的纳税人可以是财产的所有者、使用者、继承者等，而所得税的纳税人一般是所得的所有者；从计税依据看，虽然两者都可以对财产征税，但财产税是对财产本身或价值征税，而所得税则是对财产产生的效益征税。

财产税作为一个古老的税种，它与商品经济没有必然的联系，最初表现为对纳税人支配的土地进行课税。后来，其课征范围慢慢扩大，税种也渐渐增多。从我国来看，汉武帝元光六年首次开征车船税，一直沿袭至今；元狩四年开征缗钱税，对高利贷者和手工业者的交易额和财产课征；唐德宗建中四年，开征间架税，其课税对象是房屋，后因农民起义不得不被废除；清朝初期，对房屋征税，时称铺面行税或间架房税；鸦片战争以后，帝国主义列强纷纷在租界内强行开征房捐，标志着近代房产税真正的产生。此外，我国历史上开征过的财产税还有契税、遗产赠与税等。

从性质上看，财产税属于直接税。与流转税和所得课税相比，财产税具有以下特点：财产税的课税对象具有特殊性。正如上述，财产税是对收入的存量征税，是一种特殊收入；同时，财产税的课税对象又表现为物品，是具有特定范围的财产，而不像流转税和所得课税那样包括全部所得和全部商品。

课税比较公平。财产税是根据纳税人拥有或可支配的实际财产作为课税对象的，因此，财产税比较符合量能负担原则，可以发挥其调节纳税人的收入水平，也符合受益纳税原则。财产税是一种经常税。即财产税是对课税对象反复多次征收的一种税，而不像所得税对取得的所得或商品税对流通的商品实行一次征收。当然，也不排除有些财产税如对遗产的征税也是一次性征收，也不排除所得税和商品税的重复征税问题。但总体而言，财产税属于一种经常税。

财产税收入弹性小。由于财产税课税对象的特殊性，限制了财产税课征范围的普遍性。同时，财产的价格不像一般商品那样波动较大，为便于征收，各国一般对财产的价值采用一定几年不变的办法，使得财产税在收入弹性上比较小。

财产税征管比较复杂。对于从量计征的财产税来说，征管比较简便；而对于大部分实行从价计征的财产税来说，由于财产价值确定的困难性，加之一些流动性财产如黄金、宝石等贵重财产很容易隐匿等，使得财产税从总体上看比较复杂。

（二）财产税的分类

根据课税对象不同，财产税可分静态财产税和动态财产税。静态财产税是指对纳税人在一定时点所拥有的静态的财产所征收的一种财产税；动态财产税是指对纳税人因财产的转移或变动所征收的一种财产税。

根据征税范围不同，财产税可分为一般财产税和个别财产税。一般财产税又称综合财产税，是对纳税人某一时点所拥有的所有财产征收的一种财产税；个别财产税又称特定财产税，是对纳税人所拥有的某一特定的、个别的财产征收的一种财产税。两者主要区别除了范围之外，还存在征税时是否考虑免税与扣除，一般财产税考虑，而个别财产税则不考虑。

根据计税依据不同，财产税可分财产价值税和财产增值税。财产价值税是对纳税人所拥有的财产的价值征收的一种财产税，其计税标准有财产的总价值、财产的净价值、财产的实际价值等；财产增值税是指对财产的增值部分征收的一种财产税。

(三) 财产税的作用

财产税一般作为地方的主要税收，在组织财政收入和调节经济方面均发挥着不可忽视的作用。概括起来主要有：

财产税收入弹性较小并且稳定，是地方财政收入的稳定来源。无论是一般财产税，还是个别财产税，由于其课税对象的稳定性，决定了财产税会随着应税财产的增加稳步增长，而不会受经济波动的较大影响。因此，凡是实行分税制的国家，一般都将财产税作为地方政府的财政收入来源，有的国家甚至将财产税作为地方财政收入的主要来源，如美国就是如此。财产税根据量能负担原则征税，能有效地促进纳税人合理地使用财产。在拥有或使用应税财产数量既定条件下，生产经营的收入水平越高，财产税负担则相对越轻；反之，财产税负担则越重。对没有收益的消费性财产课税，会引起财产价值的减少或由财产所有人的其他收入来支付。这样，有利于促进纳税人尽可能充分发挥现有财产的作用，增加生产经营收入，减少财产的闲置浪费，合理安排或节约使用各种应税财产。同时，可以直到限制将财产用于财产拥有人自身的奢侈性消费作用。

财产税的征收有利于缓解社会分配不公、节制财富集中和贫富悬殊问题。由于财产税属于直接税，税负一般不易转嫁。国家通过课征遗产税和赠与税等财产税，从财产拥有人的财产中抽取一定的份额，一方面可以调节财产所有人生前财产的集中程度，缓解社会分配不公现象；另一方面，对于遗产继承人征收遗产税，有利于限制不劳而获阶层的浪费习惯，减少社会寄生阶层。

财产税有利于增强税收的宏观调控作用。由于流转税和所得课税一般对商品流量或所得收入量进行调节，而对由收入转化而来的财产存量却调节作用很有限。因此，财产税的开征恰恰能弥补流转税和所得课税的不足，进而达到国家利用税收对社会经济进行宏观调控的目的。

阅读材料 1－1

2009 年的经济发展与税收增长

2009 年全国税收总收入的增长速度仅为 9.8%，比以前年度大幅回落（2004 年、2005 年、2006 年、2007 年和 2008 年税收总收入同比分别增长 20.7%、19.1%、18.6%、33.7%和 18.8%）。

2009 年的税收增长呈现明显的“前低后高”的走势。受经济增速下滑和结构性减税政策的影响，前 5 个月税收收入累计减收 2 490.82 亿元。从 6 月份开始，部分税种实现较快增长并逐月加快，带动了累计税收总收入从9月份开始实现增收。全年各季度税收增幅分别为-10.3%、-2.36%、22.58%和42.7%。

由于上半年工业生产下滑、进口低迷、增值税转型等多种因素影响，国内增值税、企业所得税和进口税收三大主体税种增收额仅占税收总收入增收额的16.9%，大大低于2008年(75.6%)，也明显低于历史上其他年份。

提高成品油消费税税额、卷烟消费税政策调整和执行新的白酒消费税最低计税价格核定办法，使消费税收入大幅增长。2009年，消费税成为增收最多的税种，占税收总增收额的41.4%。

2009年，土地增值税、耕地占用税、契税、房产税和城镇土地使用税五项税种合计增收1 155.51亿元，对税收总收入增长的贡献为21.8%，比上一年度增加11.5个百分点。加上房地产营业税和房屋转让个人所得税，全年土地和房地产相关的税收增收额所占比重超过35%。如果考虑房地产对银行信贷和建筑业等相关行业的拉动，这一比重将更高。

1. 上半年税收收入大幅减收的主要原因。上半年经济运行虽出现企稳态势，但仍比上年大幅下滑。2009年上半年，在宏观调控政策的拉动下，宏观经济虽有所企稳，但外需依然低迷，工业生产增速放慢，企业利润大幅下滑，物价水平下降，1~6月份工业增加值增长7%，比上年放缓近10个百分点；1~5月份工业企业利润下降22.9%，比上年回落43.8个百分点；1~6月份进口额下降25.4%，比上年回落56个百分点。相应地，上半年增值税、企业所得税、进口环节税收均为减收。

2008年下半年国家陆续实施的大规模的结构性减税政策，对2009年上半年收入影响较大。2008年下半年以来，为促进经济增长，国家先后7次提高部分商品的出口退税率、将证券交易印花税由双边征收改为单边征收、暂免征收储蓄存款利息所得税和证券市场个人投资者交易结算资金利息所得税、下调个人首次购买普通住房的契税税率并对个人销售或购买住房暂免征收印花税和土地增值税、对1.6升及以下排量小汽车减半征收车辆购置税等，这些政策均造成不同程度的减收。

2. 下半年税收增速有所回升的主要原因。国内经济企稳回升势头明显增强，工业增加值和企业利润等指标较上半年有所好转，带动相关税种实现增收。

在基础设施投资快速增长和信贷规模大幅增加的带动下，二季度以来房地产交易逐步回暖，房地产营业税、土地增值税、耕地占用税、契税等收入大幅增长。

成品油、烟、酒等产品的消费税税收政策调整增加了近2 200亿元的税收收入，占税收总增收额的一半左右。

2008年下半年在国际金融危机冲击下税收收入同比下降，造成收入基数较小，使得2009年税收收入增速相对加快。

2009年以来，税务机关采取的多种有效措施，依法加强征管，促进了税收增长。

3. 主体税种收入的增长情况及原因。

(1) 国内增值税虽实现增收，但比上年增速大幅回落。2009年国内增值税收入18 481.24亿元，同比增长2.7%，比2008年增速低20.6个百分点。国内增值税收入占税收总收入的比重为31%。需要注意的是，全年国内增值税收入虽实现增收，但前10个月国内增值税累计收入均为减收，前8个月国内增值税单月收入基本减收。

增值税的税基大体相当于工业增加值和商业的增加值。

国内增值税增速大幅回落，特别是前8个月减收的主要原因是：一是工业增加值增速明显下滑。其中，3～5月份工业增加值下滑最为明显。二是由于CPI等价格指数下跌，社会消费品零售总额全年各月均出现回落。三是工业品出厂价格持续回落使得增值税税基缩减。四是增值税转型改革的减收效应较大。

分行业看，2009年增值税增长较快的主要是成品油、交通运输设备，同比分别增长181.6%、33.5%，增收额占国内增值税总增收额的81%以上。成品油增值税加快增长的主要原因是：一是成品油消费税税额的提高扩大了成品油增值税的税基。二是成品油产品量价齐升，2009年1～11月成品油产量同比增长14.1%，2009年12月份汽、柴油批发价分别上涨29%、30%，使得成品油增值税累计收入快速增长。交通运输设备增值税快速增长的主要原因是1～11月交通运输设备制造业增加值增长16.5%。

2009年增值税收入减收幅度较大的行业主要有原油、有色金属。2009年原油增值税同比下降45.6%，主要原因是2009年1～11月进口原油均价下降43.7%。2009年有色金属增值税同比下降43.8%，主要原因是成本上升和产品价格大幅下跌等导致行业增值能力下降。

(2) 国内消费税实现高速增长。2009年国内消费税完成4 759.12亿元，增收2 190.85亿元，同比增长85.3%，比上年增速加快68.9个百分点。消费税占税收总收入的比重为8.0%，比2008年提高了3.3个百分点。

从分月情况看，前2个月消费税增速较低，3月份后增速逐渐加快。

分税目看，2009年消费税增收品目主要集中在成品油、卷烟、汽车和酒上，这四个品目消费税增收额约占消费税总增收额的98.5%。其中，成品油消费税增收1 653亿元，增长445.9%；烟产品消费税增长29%；酒类消费税增长14.2%；汽车消费税增长14.0%。实木地板、摩托车、汽车轮胎消费税收入降幅较大，同比分别下降29.8%、9.8%和9.7%。

消费税的税基是汽车、成品油、烟、酒等14类特定商品的销售额或销售量。

消费税收入高速增长主要源于成品油、烟、酒等产品消费税政策调整带来的增收。汽车消费税实现较快增长的主要原因是汽车产销量大大好于往年。2009年国产汽车产销1 379.10万辆和1 364.48万辆，同比增长48.30%和46.15%。贵重首饰消费税同比增长15.3%。主要原因：一是城市居民对黄金珠宝等高档奢侈品的购买力增强；二是2009年黄金价格一路走高，人们纷纷购买黄金等贵重首饰用于保值增值。

摩托车消费税收入同比减收的主要原因是摩托车销量继续下滑，2009年前11个月我国摩托车累计销量同比减少10.23%。汽车轮胎消费税负增长的主要原因是轮胎价格大幅下降。

(3) 营业税收入继续保持稳定增长。2009年，营业税完成9 013.64亿元，同比增长18.2%，比上年15.9%的增速加快了2.3个百分点。营业税占税收总收入的比重为15.2%，比2008年提高了1.1个百分点。

从分月情况看，2009年3月份开始，营业税收入由降转升，但6月份之前增速较低，下半年平均月增长率达到30%以上。

分税目看，房地产和建筑业营业税实现了快速增长，同比分别增长38.6%和23.8%；金融保险业营业税收入同比增长6%；住宿餐饮业、电信业及租赁和商务服务业实现了平稳增长，同比分别增长7.9%、7.4%和5.2%；交通运输业略有下降，同比下降0.5%；邮政业同比下降27.1%。

营业税的税基是交通运输业、建筑业、金融保险业、邮电通信业、文化体育业、娱乐业、服务业、转让无形资产和销售不动产9个行业取得的营业收入。

2009年，房地产业营业税收入快速增长，基本呈现逐月上扬态势。主要原因：一是国家鼓励住房消费的税收、信贷政策，使房地产需求集中释放，成交量和成交价格不断上涨。2009年前11个月全国商品房销售额同比增长86.8%。二是基于优惠政策终结和对房地产市场调控的预期，四季度房地产市场成交异常活跃，成交金额随之上升。三是因金融危机影响，2008年同期的房地产营业税基数较低。

建筑业营业税实现快速稳定增长的主要原因是国家加大了对基础设施建设的投资力度。据统计，2009年1~11月份城镇固定资产投资增长率达到32%。

金融保险业营业税对营业税增收额的贡献率为6%，较上年（2008年约占1/3）大幅下降。银行业营业税收入稳定增长，主要是信贷规模大幅增加使得银行业营业收入提高，至2009年11月末，新增人民币贷款余额达到9.2万亿元。保险业营业税收入自2009年5月份开始有较大增长，主要原因是保险公司的原保险保费收入和兼营业务收入增长较快。证券业营业税收入增长，主要原因是股市回暖带动证券交易手续费快速增长。

邮政业营业税大幅减少，主要是受邮政企业代办金融业务免征营业税的政策因素影响。

（4）企业所得税收入总体保持增长，但增速大幅回落。2009年企业所得税累计收入11 534.45亿元，比上年增收358.82亿元，同比增长3.21%，比上年增速（27.3%）回落了24.09个百分点；企业所得税收入占税收总收入的比重为19.38%，比上年回落了1.23个百分点。

从单月情况来看，上半年企业所得税收入仅完成6 820.44亿元，同比下降了13.8%。下半年企业所得税增速较上半年明显加快，各月收入均实现增收。

分行业看，工业企业缴纳所得税3 681.07亿元，下降14.6%，比上年增速回落了32.1个百分点，其中原油、钢材和有色金属企业所得税增速回落都超过了50%。商业、交通运输业、住宿餐饮业企业所得税大幅减收，分别下降12.2%、25.3%、9.4%。

上半年企业所得税收入大幅减收的主要原因：一是受金融危机影响，2009年上半年企业利润普遍下滑。二是汇算清缴适用税率降低和补交税款时间延后造成企业所得税减收。三是“两法合并”后，2008年下半年陆续实施的多项优惠政策带来的减收效应明显。

下半年企业所得税收入出现大幅增长的主要原因：一是二季度后企业经营状况企稳回升，2009年1~11月全国规模以上工业企业实现利润25 891亿元，同比增长7.8%，比1~5月的增速（-22.9%）回升了30.7个百分点；二是大型国有企业所得税汇算清缴期限推迟使得下半年企业所得税收入大幅增长；三是金融保险业利润持续高速增长使得企业所得税收入增幅较大；四是房地产市场销售下半年增长明显，房地产开发企业利润增加，使得企业所得税有所增加。

（5）个人所得税收入实现小幅增长，增速有所回落。2009年个人所得税完成3 949.27亿元，同比增长6.1%，比2008年回落了10.7个百分点。其中，工薪所得税收入2 483.09亿元，增长10.8%，比上年增速回落了17.3个百分点；储蓄利息所得税收入139.33亿元，同比下降57.4%，比上年增速回落了20.4个百分点；房屋转让所得税收入77.1亿元，同比增长179.1%，比上年增速上升了152.4个百分点。个人所得税收入占税收总收入的比重为6.64%，比上年回落了0.23个百分点。

从单月情况来看，上半年个人所得税增长速度较慢，但从6月份以来，个人所得税收入增速大幅回升。

个人所得税的税基是个人（主要是城镇居民）收入，其中主要来源是工资薪金收入。

上半年个人所得税增速较慢的主要原因：一是受全球金融危机影响，职工工资和奖金增长放缓，导致工资薪金所得税收入增速大幅回落。二是上半年股市上涨较快，分流了部分居民储蓄存款；同时受到2008年10月9日起对储蓄存款利息所得、个人投资者取得的证券交易结算资金利息所得暂免征收个人所得税政策调整的影响，上半年储蓄利息所得税减收明显。三是上半年房地产市场一度疲软，导致房屋转让所得税一季度增速回落。

6月份以来个人所得税收入增速大幅回升的主要原因：一是二季度后，我国企业经营状况出现好转，工资奖金等红利发放增多，工资薪金所得税收入增速也有所加快；二是下半年房地产市场出现“量价齐升”情况，房屋转让所得税大幅增加，2009年下半年房屋转让所得税46.96亿元，同比增长了225.66%。

(6) 进口税收先降后升，出口退税较快增长。2009年，进口环节税收入完成7 729.15亿元，同比增长4.6%，比上年回落15.5个百分点；关税完成1 483.57亿元，同比下降16.2%，比上年回落39.8个百分点。进口税收占税收总收入的比重是15.5%。从单月情况看，进口环节税收先降后升，前7个月均为下降，从8月份开始正增长。关税前10个月均为减收，仅在11月实现增收。

关税和进口环节税的税基是一般贸易进口额。进口税收前7个月持续负增长，主要原因：一是受到国际初级产品价格下跌影响，进口额大幅下降。据海关统计，2009年，因能源和生产性原材料价格下跌使进口税收减收1 180.9亿元。二是降低和取消了200余种商品的出口关税造成一定减收。三是人民币汇率升值使海关税收减收。

8~12月进口税收由负转正，主要原因：一是机电等部分商品进口额实现增长。二是政策性调整因素带来一定的增收。提高部分矿产品增值税税率、提高成品油消费税税率等政策使得这些商品的进口税收增加。三是各级海关加强综合治税，促进进口税收实现增长。

2009年出口退税6 486.56亿元，同比增长10.6%，比上年增速加快6.5个百分点。出口退税较快增长的主要原因：一是出口退税率的提高，使出口退税增长较多。二是下半年以来出口跌幅明显收窄，12月份出口由负转正，同比增长17.7%。

(7) 证券交易印花税收入继续大幅下降，但降幅略有收窄。2009年，证券交易印花税完成收入510.47亿元，减收468.69亿元，同比下降47.9%，比上年跌幅回升了3.3个百分点。证券交易印花税收入占税收总收入的比重是0.85%。

证券交易印花税的税基是A股和B股的交易总金额。证券交易印花税收入大幅下降的主要原因是税率降低和单边征收两项政策调整使得全年总体处于减收局面。2009年证券市场交易印花税比上年跌幅略有收窄，主要原因是成交量放大。2009年，沪、深两市日均成交额2 137.9亿元，比2008年的日均成交1 088.9亿元放大了近一倍。

4. 其他税种的增长情况及原因。

(1) 房地产交易环节的税收由降转升，增长逐渐加快。除营业税外，房地产交易环节涉及的主要税收是契税和土地增值税等税种。

2009 年，契税完成 1 734.99 亿元，同比增长 32.7%，比上年提高 24.3 个百分点。分月来看，除 1 月份减收外，其余各月收入均实现正增长，且增速逐渐加快。2009 年土地增值税完成 719.43 亿元，同比增长 33.9%，增速与上年基本持平。分月来看，3 月份之后收入由降转升。2009 年上述两个税种占税收收入的比重为 4.1%。

契税的税基大体相当于土地和房产的交易总金额，土地的交易额与房地产开发企业购置的土地面积密切相关，房产的交易额主要受新建住房和二手房的交易量和价格的影响。土地增值税的税基，是房地产增值收益总额。

契税和土地增值税由降转升，且下半年增速逐渐提升的主要原因：一是国家对购买 90 平方米以下普通住房减按 1% 征收契税和个人销售住房暂免征收土地增值税，导致 2009 年 1、2 月份土地增值税和 1 月份契税收入大幅下降。二是 2009 年 2 季度以来，房地产成交量和成交价格不断攀升，使得全年契税收入和土地增值税收入较快增长。三是由于 2008 年楼市低迷，契税和土地增值税收入基数较小，2009 年特别是下半年收入增幅相对较大。

（2）房地产保有环节的税收总体增长较快。我国目前在房地产保有环节征收的税种，有城镇土地使用税和房产税。

2009 年，城镇土地使用税完成 920.97 亿元，同比增长 12.7%，比上年增速回落 99.2 个百分点。分月来看，除 6、7 月份出现小幅减收外，其余月份基本保持稳定增长。房产税完成 803.64 亿元，同比增长 18.1%，与上年增速持平。上述两个税种占税收总收入的比重为 2.9%。

城镇土地使用税的税基，是纳税人占用土地的面积。房产税的税基，是企业保有的自用房产原值总额和出租房屋的租金收入总额，它的增长速度是由纳税人房产的保有总量和房屋出租价格的增长速度决定的。

2009 年城镇土地使用税增速大幅回落的主要原因：一是 2008 年该税种在扩大征税范围和提高税额的政策影响下实现了超常的增长速度，导致 2008 年基数较大，2009 年增速相对回落。2 月份单月收入增幅超常增长主要是因为部分地区调整了城镇土地税的征期，使得 2 月份成为税款集中入库期。

2009 年房产税保持较快增长的主要原因：一是随着经济发展、城市化进程加快，近几年商业地产保有量显著增长。二是全国平均房屋租赁价格稳步上升。

（3）车辆购置税由降转升，增幅逐渐增大。2009 年，车辆购置税完成 1 163.17 亿元，同比增长 17.5%，比上年提高了 4.6 个百分点。车辆购置税收入占税收总收入的比重约为 2%。分月来看，上半年减幅逐渐收窄，下半年转为增收。

车辆购置税的税基是应税车辆（包括汽车、摩托车、电车、挂车、农用运输车）的销售总额。上半年车辆购置税收入减收的主要原因：一是受 1.6 升及以下排量汽车减半征收车购税政策的影响；二是受经济不景气的影响，上半年摩托车销量下降 13.71%。

下半年车辆购置税由降转升，且增幅逐渐增大，主要是因为汽车产销量快速增长。

（4）耕地占用税实现高速增长。2009 年，耕地占用税完成 632.99 亿元，同比增长 101.3%，比上年同期增速提高了 31.6 个百分点。耕地占用税收入占税收总收入的比重为 1.1%。分月看，全年各月增速基本在 100% 以上。

耕地占用税的税基是实际占用的耕地面积。耕地占用税今年保持高速增长的原因：一是

2008年下半年各地陆续执行耕地占用税新税额标准，带来2009年政策翘尾增收。二是国家加大基础设施建设力度，新征用耕地有所增加。三是税务部门加强了耕地占用税的征收管理。

表1-2 2009年1~11月主要经济指标和2009年全年主要税种收入的增长率对比

主要经济指标	同比增长率（%）	主要税种	同比增长率（%）
2009年1~11月工业增加值	10.3	国内增值税	2.7
2009年1~11月城镇固定资产投资	32.1		
2009年1~11月社会消费品零售总额	15.3		
2009年1~11月规模以上工业企业利润	7.8	企业所得税	3.2
2009年1~11月进口额	-15.8	进口环节税	4.6
		关税	-16.2

资料来源：财政部网站，作者整理。

第二节 增值税

一、增值税概述

增值税最早发源于丹麦，于1954年创建于法国，以后在西欧和北欧各国迅速推广，现在已经成为许多国家广泛采用的一个国际性税种。增值税是对商品在生产和流通过程中实现的增值额为课税对象的一种税。增值额是指纳税人在商品生产和流通过程中创造的那一部分价值，相当于商品实现价值中扣除在经营过程中已经消耗掉的那部分价值之后的余额。增值额相当于企业的净产值、商业企业的进销差价。进一步而言，增值额还可以这样理解：从一个企业来说，增值额是该企业的商品销售额或营业收入额扣除外购商品和服务后的余额，即企业创造出来的的价值。从商品生产到销售的全过程来说，其在生产和流通各个环节的增值之和，等于该商品在最终消费环节的最后销售额，即一种商品的最终价值是由该商品各个环节的增值额所构成。①

由于增值税是就生产和流通各环节的增值额进行课税的一种税，可以避免重复征税，有利于解决税负不均问题，有利于促进企业生产的专业化，同时，又可以保证财政收入。因

① 朱为群：《中国税制教程》，上海财经大学出版社2003年版；胡怡建：《税收学》，上海财经大学出版社2000年版。

此，从它产生之后，得到越来越多的国家的采用。我国改革开放后，[①] 先在一部分地区和行业对增值税进行了试点征收，从中得到了许多有关征收工作的经验，于 1994 年 1 月 1 日起全面实施增值税，用增值税取代了产品税和部分营业税，成为我国历史上第一个对商品生产和流通的增值额进行普遍课征的税种。

（一）增值税的特点

与我国传统意义上的流转税相比，现行增值税只对商品销售额或劳务服务中由本环节创造出来的增值部分征税，因此，避免了重复征税和因此而形成的税负不均问题。这是增值税的突出特点。

增值税课征方式采取普遍课征方式，一种商品从生产、批发到零售，只要存在增值额，均应该纳税，意味着凡是有经营行为并取得销售或劳务收入的单位，都应该纳税；这样做，有利于上下游纳税人相互监督，减少增值税的流失，使国家财政有了比较稳定可靠的财政收入的来源。

增值税税负比较稳定、合理。同一种商品或劳务，无论其生产或经营环节有多少，也不论该商品是由一个单位生产提供还是由多个单位生产提供，一般说来，增值税的税率总是相同的（除非有特殊的税收优惠政策），换句话说，增值税的税收相对负担始终保持一致。增值税不受企业结构、生产结构和流通环节变化的影响，同时也说明企业生产和销售不应由于税率的不同而受到扭曲，比较能体现税收的中性原则。

在税率设置上考虑到国际竞争力问题，特地设置零税率。对于需要出口退税的商品来说，在出口时一次性全部退还国内缴纳的增值税，有利于出口商品以不含增值税的价格在国际市场上出售，进而提高了竞争能力。

（二）增值税的类型

由于增值税是对商品或劳务中的增值部分征税，而增值额的计算是依据对非增值额的扣除，但各国的增值税制度对此有不同的规定。根据对纳税人所购入的固定资产价值的处理方式不同，可以将增值税分为三种类型：

生产型增值税。对生产经营单位的销售额，购入的固定资产价值或已纳税款不允许扣除，允许扣除的只是购入的原材料及其费用，其余额作为增值税的计税依据。就国民经济整体而言，这一计税依据相当于国民生产总值，因此，称之为生产型增值税。

收入型增值税。对生产经营单位的销售额，允许扣除所购入的固定资产本期已计入产品成本折旧的价值或相应部分已纳税款，其余额作为增值税的计税依据。就国民经济整体而

---

① 在全面推行增值税之前，1979 年，财政部先在部分的机器机械、农业机具和部分日用机械产品行业试行增值税；1980 年在襄樊、柳州等地进行试点；1981 年国务院在批转《财政部关于改革工商税制的设想》时，把实行增值税正式列入税制改革方案；1982 年财政部签发了《增值税暂行办法》，从 1983 年 1 月 1 日起在我国的机械、农业机具、缝纫机、自行车、电风扇等 2 个行业和 3 类产品中全面实行增值税；1984 年，国务院颁布了《中华人民共和国增值税条例（草案）》，规定征税范围共 12 个税目分甲、乙两大类，并使增值税在大部分工业产品中实行；1987 年 3 月，财政部发布了《关于完善增值税办法的若干规定》，以增值税的扣除项目范围、适用税率和计税办法等方面作了统一的规定；到 1987 年底，增值税征税范围已扩大到机械、冶金、电子、纺织、轻工等行业；1993 年 11 月，国务院通过了《中华人民共和国增值税暂行条例》，并于 1994 年 1 月 1 日起全面实施增值税。

言，这一计税依据相当于国民收入，因此，称之为收入型增值税。

消费型增值税。对生产经营单位的销售额，允许一次全部扣除本期购进的用于生产应税产品或劳务的固定资产价值或已纳税款，其余额作为增值税的计税依据。就国民经济整体而言，这一计税依据相当于消费资料，因此，称之为消费型增值税。

上述三种类型的增值税的主要区别在于对固定资产价值的处理不同，因此，对财政收入和纳税人的影响也不一样。从财政收入角度看，生产型增值税的收入效应最大，消费型增值税的收入效应最小；从纳税人角度看，生产型增值税的激励程度最小，消费型增值税的激励程度最大。因此，各国根据本国的实际情况采用适合本国国情的增值税，大多数国家采用消费型增值税。

二、我国现行增值税制度

（一）纳税人和扣缴义务人

凡在我国境内销售货物或者提供加工、修理修配劳务及进口货物的单位和个人，都是增值税的纳税义务人。这里所说的单位是指国有企业、集体企业、私有企业、股份企业、外资企业、其他企业和行政单位、事业单位、军事单位、社会团体及其他单位；个人是指个体经营者及其他个人；对于企业租赁或承包给他人经营的，承租人或承包人为纳税人。

1. 一般纳税人和小规模纳税人。按照增值税纳税人的生产经营规模及财会核算健全程度，根据增值税暂行条例及其实施细则的规定，增值税的纳税人分为一般纳税人和小规模纳税人两种。

小规模纳税人和一般纳税人的划分标准主要是以年销售额表示的生产经营规模的大小。小规模纳税人一般是指从事货物生产或提供应税劳务，以及以从事货物生产或提供劳务为主并兼营货物批发或零售，年应税销售额在 50 万元以下的纳税人，或者从事货物批发或零售，年应税销售额在 80 万元以下的纳税人。换言之，对于工业企业，以年应税销售额 50 万元为标准，超过此标准的，属于一般纳税人；对于非工业企业（即商业企业），以年应税销售额 80 万元为标准，超过此标准的，属于一般纳税人。

年应税销售额超过上述标准的个人、非企业性单位和不经常发生应税行为的企业，视同小规模纳税人。换言之，对于个人、非企业性单位和不经常发生应纳增值税行为的企业，无论年销售额大小，一律不得认定为一般纳税人。此外，全部销售免税货物的企业，不得认定为一般纳税人。

有些纳税人虽然不符合年销售额标准，但可以作为特例申请成为一般纳税人。小规模纳税人，如果会计核算健全，即能够按照会计制度和税务机关的要求准确核算销项税额、进项税额和应纳税额，并能提供准确的税务资料的，经主管税务机关批准，可以被认定为一般纳税人。

纳税人总分支机构实行统一核算，其总机构年应税销售额超过规定标准，但分支机构年应税销售额未超过规定标准的，其分支机构可以申请办理一般纳税人手续。

2. 扣缴义务人。

境外的单位和个人，在境内销售应税劳务而在境内未设有经营机构的，其应纳税款以其代理人为扣缴义务人；没有代理人的，以购买人为扣缴义务人。

（二）征税范围和税率

我国现行增值税的征税范围包括工业生产、商品批发、商品零售和商品进口、加工、修理修配。相对于传统的增值税而言，目前的征税范围已经相当普遍，正向国际规范化方向发展。从改革深化的角度看，是否将全部劳务活动纳入增值税的征税范围，目前乃至今后仍是一个有待探讨的问题。

现行增值税税率为两档：17% 和 13%。17% 的税率适用于一般销售或进口货物、提供加工、修理修配劳务；13% 的税率适用于下列五类货物：粮食、食用植物油；自来水、暖气、热水、石油液化气、天然气、沼气、居民用煤炭制品；图书、报纸、杂志；饲料、化肥、农药、农膜；国务院规定的其他货物。

出口货物税率为零。增值税条例规定，除国务院另有规定的以外，纳税人出口货物适用零税率。

对出口货物实行零税率，是实行增值税的国家普遍采用的做法。其基本含义是，一方面在货物报关出口销售时不征税，另一方面还要对该出口货物在以前各经营环节承担的增值税予以退还，使其以不含税价格进入国际市场。这是一种特殊的税收优惠措施，但不同于免税。因为增值税的免税只是对纳税人在某一经营环节的纳税义务予以免除，即不退还以前环节已经承担的增值税，因此，免税的货物实际上可能仍是含税的，而只有实行零税率的货物才应该是不含税的。

小规模纳税人适用 3% 征收率。小规模纳税人不得使用增值税专用发票，也不能在缴纳税款时进行进项税的抵扣。

（三）计税方法

从理论上讲，增值税计税方法有三种：第一种方法是“加法”，即将纳税人纳税期内新创造的价值（如：工资、利润、利息等）逐项相加作为增值额，然后按适用税率计算出应纳增值税；第二种方法是“减法”，即将纳税人纳税期内的销售收入额减去法定扣除额（如：原材料、燃料、动力等）后的余额，作为增值额，再按适用税率计算出应纳增值税；第三种方法是“扣税法”，即征税时，不直接计算增值额，而是先根据销售额按适用税率计算出税额，再扣除法定外购商品或劳务的已纳税款，将其余额作为增值税的应纳税额。目前，我国采用的是第三种方法。具体计算公式如下：

应纳税额 = 当期销项税额 − 当期进项税额

当期销项税额小于当期进项税额不足抵扣时，其不足部分可以结转下期继续进行抵扣。

这里所讲的销项税额是指纳税人销售货物或应税劳务按照销售额和适用税率计算并向买方收取的增值税额，其计算公式为：

销项税额 = 销售额 × 税率

由于我国习惯于采用销售额与销项税额合并定价方法，因此，此公式可以转换为：

销项税额 = 含税销售额 ÷（1 + 税率）× 税率

如 100 元含税商品的增值税额为：100 ÷（1 + 17%）× 17% = 14.5 元；对于纳税人销售

货物或者应税劳务的价格明显偏低且无正当理由和视同销售货物行为而无销售额的，由主管税务机关核定其销售额，销售额按下列顺序确定：按纳税人当月同类货物的平均销售价格确定、按纳税人最近时期同类货物的平均销售价格确定、按组成计税价格确定。

组成计税价格又分两种情况：一是不含消费税的情况，其公式为：

组成计税价格＝成本×(1＋成本利润率)

二是含消费税的情况，其公式为：

组成计税价格＝成本×(1＋成本利润率)＋消费税

其中成本是销售自产货物的实际生产成本；销售外购货物的为实际采购成本；成本利润率由国家税务总局确定。

这里所讲的进项税额是指纳税人购进货物或者接受劳务所支付或者负担的增值税额。现行制度规定：准予从销项税额中抵扣的增值税额限于增值税扣税凭证上的增值税额。具体分为三类：一是从销售方取得的增值税专用发票上注明的增值税额；二是从海关取得的完税凭证上注明的增值税额；三是外购货物支付的运输费用、收购农副产品的收购金额按一定的扣除率计算。

对于进口应税商品，按照组成计税价格和确定的税率计算应纳税额，不得抵扣任何税额。其计算公式为：

应纳税额＝组成计税价格×适用税率

其中：

组成计税价格＝关税完税价格＋关税＋消费税

（四）税收优惠、起征点、纳税期限和纳税地点

现行税制规定了免税项目和起征点，具体内容如下：

增值税免税项目：农业生产者销售的自产农产品；避孕药品和用具；古旧图书；直接用于科学研究、科学试验和教学的进口仪器、设备；外国政府、国际组织无偿援助的进口物资和设备；由残疾人的组织直接进口供残疾人专用的物品；销售的自己使用过的物品。

增值税的起征点。增值税的起征点仅适用于个人，具体幅度为：销售货物的起征点为月销售额 2 000～5 000 元；销售应税劳务的起征点为月销售额 1 500～3 000 元；按次纳税的起征点为每次（日）销售额 150～200 元。

应该注意的是：减免税政策性很强，除以上规定外，增值税的减免项目由国务院规定，任何地区、部门均不得擅自规定。

增值税的纳税期限分别为 1 日、3 日、5 日、10 日、15 日、1 个月或者 1 个季度。纳税人的具体纳税期限，由主管税务机关根据纳税人应纳税额的大小分别核定；不能按照固定期限纳税的，可以按次纳税。纳税人以 1 个月或者 1 个季度为 1 个纳税期的，自期满之日起 15 日内申报纳税；以 1 日、3 日、5 日、10 日或者 15 日为 1 个纳税期的，自期满之日起 5 日内预缴税款，于次月 1 日起 15 日内申报纳税并结清上月应纳税款。纳税人进口货物，应当自海关填发海关进口增值税专用缴款书之日起 15 日内缴纳税款。

增值税纳税地点：

固定业户应当向其机构所在地的主管税务机关申报纳税。总机构和分支机构不在同一县（市）的，应当分别向各自所在地的主管税务机关申报纳税；经国务院财政、税务主管部门或者其授权的财政、税务机关批准，可以由总机构汇总向总机构所在地的主管税务机关申报纳税。

固定业户到外县（市）销售货物或者应税劳务，应当向其机构所在地的主管税务机关申请开具外出经营活动税收管理证明，并向其机构所在地的主管税务机关申报纳税；未开具证明的，应当向销售地或者劳务发生地的主管税务机关申报纳税；未向销售地或者劳务发生地的主管税务机关申报纳税的，由其机构所在地的主管税务机关补征税款。

非固定业户销售货物或者应税劳务，应当向销售地或者劳务发生地的主管税务机关申报纳税；未向销售地或者劳务发生地的主管税务机关申报纳税的，由其机构所在地或者居住地的主管税务机关补征税款。

三、出口退税

（一）出口退税的企业、货物和退税率

出口可以实行退税是增值税的一大特点。目前，可以享受出口退税优惠的主要涉及生产企业、外贸企业和某些特准退税的货物。

生产企业。无论是有出口经营权的企业自营出口或委托外贸企业代理出口的自产货物，还是没有出口经营权的一般生产企业委托外贸企业代理出口的货物，无论是内资生产企业还是外商投资企业（除小规模生产企业或1993年底以前批准设立的外商投资企业以外），均可退还已纳的增值税。

外贸企业。有出口经营权的外贸企业收购的货物，无论直接出口或委托外贸企业代理出口，除持普通发票的以外，均可申请退还已纳的增值税。

特准退税的货物。包括：对外承包工程公司运出境外用于对外承包项目的货物；对外承接修理修配业务的企业用于对外修理修配的货物；外轮供应公司、远洋运输供应公司销售给外轮、远洋国轮而收取外汇的货物；企业在国内采购并运往境外作为在国外投资的货物；外贸企业从小规模纳税人购进并持普通发票但特准退税的出口货物，具体包括：抽纱、工艺品、香料油、山货、草柳竹藤制品、渔网渔具、松香、五倍子、生漆、鬃尾、山羊板皮和纸制品。

目前，出口货物的退税率为17%、13%、11%、9%和5%等。部分货物出口不予退税，退税率为0%，还有部分货物出口实行免税而不是退税。

自1994年实行增值税至今，出口退税率已经多次变动，今后还会变化，以体现国家的经济政策。

（二）出口货物退税额的计算方法

1995年7月1日前，按原《出口货物退（免）税管理办法》的规定，对不同的出口货物分别实行“免、抵、退法”和“先征后退法”。1995年国务院决定调低退税率后，财政

部、国家税务总局颁发了《出口货物退（免）税若干问题的规定》，对出口货物的退税办法进行了修改，大致有两种计算方法。

1. 先剔再抵后退法。此办法在官方文件中称为“免、抵、退法”，其基本思路是：(1）先将因为退税率低于征税率而不得在当前抵扣或退税的进项税额从全部进项税额中剔除；(2）只计算内销货物的销项税额，但对出口货物的销售额不计算销项税额，[①] 并以剔除后的当期进项税额去抵扣内销货物的销项税额，如果抵扣完的，则不予退税并可能还要缴税；如果未抵扣完的，当外销比例未超过50%时，则不予退税，其未抵扣完的进项税额可以结转下期继续抵扣；(3）只有在出现进项税额未抵扣完，并且当外销比例超过50%的情形下，才准予退税；(4）在实际计算退税额时，应先算出一个参照数（出口货物外销额×退税率)，然后将未抵扣完的进项税额与此参照数相比较，最后，以相对较小的数额为退税额。具体计算步骤如下：

首先，计算出口货物当期不予抵扣或退税的税额，从当期全部进项税额中剔除，计入出口产品的成本。

当期不予抵扣或退税的税额＝当期出口货物离岸价×外汇人民币牌价×(法定征收率－退税率)

其次，计算出口货物当期准予抵扣或退税的税额。

当期准予抵扣或退税的税额＝当期全部进项税额－当期不予抵扣或退税的税额

再次，计算当期应纳税额，确定应缴税额或未抵扣完的进项税额。将当期准予抵扣或退税的税额抵扣当期内销货物的销项税额计算出应纳税额后，如果当期应纳税额为正数，则纳税人应缴纳增值税，不予退税；如果应纳税额为负数，表示尚有未抵扣完的进项税额，如该企业出口货物占当期全部货物销售额50%以上的，则可予以退税，否则应结转下期继续抵扣。当期应纳税额的计算公式为：

当期应纳税额＝当期内销货物的销项税额－当期准予抵扣或退税的税额－上期未抵扣完的进项税额

最后，计算当期应退还的增值税税额。先计算当期出口货物销售额按照规定的退税率计算的数额，然后将未抵扣完的进项税额与其比较，以较小的数额为退税额。即：

当出口货物离岸价×外汇人民币牌价×退税率≥未抵扣完的进项税额时，退税额＝未抵扣完的进项税额；

当出口货物离岸价×外汇人民币牌价×退税率＜未抵扣完的进项税额时，退税额＝出口货物离岸价×外汇人民币牌价×退税率

2. 以进定退法。此法的基本思路是直接以购进货物的进项金额依照规定的退税率计算应退还的税额。计算公式为：

应退税额＝购进货物的进项金额×退税率

这种办法适用于有进出口经营权的外贸企业收购直接出口或委托其他外贸企业代理出口

---

① 因为出口货物适用零税率，所以没有销项税额。

的货物，以及从事对外承包项目、对外修理修配业务、对外投资和销售给外轮或远洋国轮而收取外汇的货物。出口企业从小规模纳税人购进特准退税的持普通发票的出口货物，应将发票所列的含税销售额依照6%或3%的征收率换算为不含税销售额，按规定的退税率计算应退税额。计算公式为：

应退税额=普通发票所列含税销售额÷(1+征收率)×退税率

四、改革展望

（一）现行增值税存在的主要问题

现行增值税制度运行至今，发挥了其应有的作用，然而，仍然存在一些不尽完善的地方，主要表现在如下几个方面：

征收范围偏窄。理想的增值税应对所有的货物和劳务征税，才能真正体现其“中性”原则，而我国现行增值税虽然相对于原来的增值税的征收范围大大拓宽了，但是仍有部分应税项目（如：交通运输、建筑安装、广告业、无形资产转让等）继续征收营业税。由于营业税项目的存在，在企业生产经营过程中，很容易出现营业税与增值税的交叉问题。进而造成增值税的实际税负下降。

生产型增值税不利于纳税人的固定资产更新和促进科学技术进步。现行增值税属于生产型增值税，购进固定资产不得抵扣增值税，具有抑制纳税人资本性投入，进而影响纳税人的固定资产更新速度，而与此相应的科技发展就受到了制约。

一般纳税人与小规模纳税人的划分，影响了部分小型企业的生产活动正常运行。现行增值税税制将纳税人分为一般纳税人和小规模纳税人，并适用不同的税率。在实际操作中，出现了以下两个方面的问题：一是小规模纳税人税负较重，当时设计6%税率时，只考虑与一般纳税人大体相当的税负水平，殊不知，这一税率对一些待业生产、经营活动的客观要求显然偏高。因此，在实践中不得不实行定户定额征收，因而，也就出现了一对一的谈判，结果造成国家税收的流失。二是由于小规模纳税人的进项税不得抵扣，因此，只好允许其进入成本，一旦一般纳税人购小规模纳税人的半成品，势必造成税负的转移和一般纳税人抵扣不足，从而影响到一般纳税人的生产经营活动。

出口退税率高低不一，出口彻底退税受到影响。由于增值税制度规定了不同的税率和对不同行业、不同企业、不同产品的减免税优惠，所以，虽然原则上规定对出口产品适用于零税率，实际操作过程中，由于存在按增值税规定税率征税不足问题，只好采取不同的出口退税率，并且一度对不同的产品降低出口退税率，导致出口货物国际竞争力下降，限制了出口规模的扩大。

（二）改革展望

针对上述存在的问题，许多理论和实务工作者提出了不少有益的改进建议，主要有：

扩大增值税的征收范围。借鉴国际经验，结合我国实际情况，应将与企业生产经营活动联系紧密、征收营业税与增值税操作矛盾突出且纳入增值税征收范围便于实施的行业，尽快纳入增值税征收范围。可考虑分步将运输业、建筑安装业、广告业、租赁业、无形资产转让、代理业等纳入增值税征收范围。

将生产型增值税改为消费型增值税。

调整小规模纳税人的认定办法及其适用税率。可考虑缩小小规模纳税人的范围，将小规模纳税人限定在特定的行业中，并且要经过资格认证；对于可列可不列的，坚决不列，通过有关机构（如中介机构）促使其完善，以达到一般纳税人要求；同时，可考虑将目前的税率再下调1~2个百分点，以减轻其税收负担；建立健全小规模纳税人的财务核算制度，避免一对一谈判和税收的流失。

进一步完善现行税制，规范操作，减少优惠，进而为出口彻底退税奠定基础。

透视1-1

增值税转型改革

2004年9月16日，财政部、国家税务总局下发了《东北地区扩大增值税抵扣范围若干问题的规定》的通知。该《规定》从2004年7月1日起执行。这意味着酝酿已久的东北增值税转型试点终于拉开序幕。

这个《规定》适用于黑龙江省、吉林省、辽宁省和大连市从事装备制造业、石油化工业、冶金业、船舶制造业、汽车制造业、农产品加工业产品生产为主的增值税一般纳税人，而这里所称的“为主”，则是指纳税人生产销售的上述行业产品年销售额占其全部销售额的50%（含50%）以上。

《规定》中对准予纳税人抵扣进项税税额的项目作出了明确规定。可进行进项税税额抵扣的项目包括：购进（包括接受捐赠和实物投资，下同）固定资产；用于自制（含改扩建、安装，下同）固定资产的购进货物或应税劳务；通过融资租赁方式取得的固定资产，凡出租方按照《国家税务总局关于融资租赁业务征收流转税问题的通知》的规定缴纳增值税的；为固定资产所支付的运输费用。

《规定》同时明确，纳税人当年准予抵扣的上述所列进项税税额不得超过当年新增增值税税额，当年没有新增增值税税额或新增增值税税额不足抵扣的，未抵扣的进项税税额应留待下年抵扣，纳税人有欠缴增值税的，应先抵减欠税。

《规定》还将纳税人购进固定资产的部分情形排除在了进项税税额抵扣范围之外。这些项目包括：将固定资产专用于非应税项目（不含规定所称固定资产的在建工程，下同）；将固定资产专用于免税项目；将固定资产专用于集体福利或者个人消费；固定资产为应征消费税的汽车、摩托车；将固定资产供未纳入本规定适用范围的机构使用。

2007年，国家将增值税转型的政策扩大到中部地区部分城市。根据《财政部 国家税务总局关于印发中部地区扩大增值税抵扣范围暂行办法的通知》（财税［2007］第075号），中部地区26个老工业基地城市从2007年7月1日起，享受增值税转型政策。这些中部六省老工业基地城市是指：山西省的太原、大同、阳泉、长治；安徽省的合肥、马鞍山、蚌埠、芜湖、淮南；江西省的南昌、萍乡、景德镇、九江；河南省的郑州、洛阳、焦作、平顶山、开封；湖北省的武汉、黄石、襄樊、十堰和湖南省的长沙、株洲、湘潭、衡阳。适用纳税人包括：从事装备制造业、石油化工业、冶金业、汽车制造业、农产品加工业、电力业、采掘业、高新技术产业为主的增值税一般纳税人。

根据《财政部　海关总署　国家税务总局关于支持汶川地震灾后恢复重建有关税收政策问题的通知》，自2008年7月1日起，对受灾严重地区的所有行业（国家限制发展的特定行业除外）实行增值税扩大抵扣范围政策，允许企业新购进机器设备所含的增值税进项税额予以抵扣。

《财政部　国家税务总局关于印发汶川地震受灾严重地区扩大增值税抵扣范围暂行办法的通知》（财税［2008］108号）规定，增值税转型的适用地区是“受灾严重地区”，是指根据《民政部　国家发展改革委　财政部　国土资源部　国家地震局关于印发汶川地震灾害范围评估结果的通知》（民发［2008］105号）确定的极重灾区10个县（市）和重灾区41个县（市、区）。适用对象是：汶川地震中受灾严重地区的增值税一般纳税人，但从事国家限制发展的特定行业纳税人除外。

2008年11月10日，温家宝总理签署中华人民共和国国务院令第538号，颁布《中华人民共和国增值税暂行条例》，规定，自2009年1月1日起，在全国所有地区、所有行业推行增值税转型改革。改革的主要内容是：允许企业抵扣新购入设备所含的增值税，同时，取消进口设备免征增值税和外商投资企业采购国产设备增值税退税政策，将小规模纳税人的增值税征收率统一调低至3%，将矿产品增值税税率恢复到17%。经测算，明年实施该项改革将减少当年增值税收入约1 200亿元、城市维护建设税收入约60亿元、教育费附加收入约36亿元，增加企业所得税约63亿元，增减相抵后将减轻企业税负共约1 233亿元。

资料来源：根据国家税务总局网站资料信息，作者整理。

第三节　消费税

透视1－2

消费税政策的调整

1. 汽车消费税政策调整。财政部、国家税务总局发出通知，决定从2008年9月1日起调整汽车消费税政策。具体包括：一是提高大排量乘用车的消费税税率，排气量在3.0升以上至4.0升（含4.0升）的乘用车，税率由15%上调至25%，排气量在4.0升以上的乘用车，税率由20%上调至40%；二是降低小排量乘用车的消费税税率，排气量在1.0升（含1.0升）以下的乘用车，税率由3%下调至1%。

汽车是能源消耗和污染物排放“大户”，是节能减排工作的重点。近年来，我国汽车保有量大幅攀升，对汽柴油的需求急剧增加，造成的空气污染也日益严重。同时，随着石油对外依存度的不断提高，能源安全问题也已变得十分突出，加强汽车行业的节能减排工作已经刻不容缓。

调整汽车消费税政策，旨在抑制大排量汽车的生产和消费，鼓励小排量汽车的生产和消费，有利于降低汽柴油消耗、减少空气污染，促进国家节能减排工作目标的实现。

2. 石脑油等成品油消费税政策调整。根据财政部、国家税务总局下发的文件规定，自2008年1月1日起，对石脑油、溶剂油、润滑油按每升0.2元征收消费税，燃料油按每升0.1元征收消费税。

文件规定，自2008年1月1日起至2010年12月31日止，进口石脑油和国产用作乙烯、芳烃类产品原料的石脑油免征消费税。生产企业直接对外销售的石脑油应按规定征收消费税。

有关权威人士向记者解释了此次调整部分成品油消费税政策的背景和原因。我国于2006年4月1日对消费税政策进行了调整和完善，那次调整突出体现了促进环境保护和节约资源以及合理引导消费、间接调节收入分配的原则。本着这一原则，国家将石脑油与溶剂油、润滑油和燃料油一并纳入了消费税的征收范围，与汽油、柴油一起构成"成品油"税目。其中，石脑油、润滑油、溶剂油的消费税税额为每升0.2元，柴油和燃料油的消费税税额为每升0.1元，含铅汽油和无铅汽油的消费税税额分别为每升0.28元和0.2元。在此次政策调整之前，为适当缓冲政策调整对炼油生产企业的影响，国家对石脑油及其他新纳入征税范围的成品油的消费税暂按应纳税额的30%征收。

3. 高尔夫球及球具等征收消费税。经国务院批准，财政部、国家税务总局日前联合下发通知，规定自2006年4月1日起，对我国现行消费税的税目、税率及相关政策进行调整。此次消费税政策调整的主要内容是：

（1）新增高尔夫球及球具、高档手表、游艇、木制一次性筷子、实木地板等税目。增列成品油税目，原汽油、柴油税目作为该税目的两个子目，同时新增石脑油、溶剂油、润滑油、燃料油、航空煤油5个子目。

（2）取消"护肤护发品"税目。

（3）调整部分税目税率。现行11个税目中，涉及税率调整的有白酒、小汽车、摩托车、汽车轮胎几个税目。

这次政策调整主要突出了两个重点：一是突出了促进环境保护和节约资源的重点。二是突出了合理引导消费和间接调节收入分配的重点。例如，对游艇、高尔夫球及球具、高档手表等高档消费品征收消费税以及停止对已具有大众消费特征的护肤护发品征收消费税等。

我国自1994年开始征收消费税。10多年来，消费税在有效组织财政收入和正确引导生产消费等方面发挥了重要作用，但在征税范围、税目设置、税率结构等方面也存在着与当前经济形势发展不相适应的问题。此次政策调整是1994年税制改革以来消费税最大规模的一次调整。

资料来源：根据《中国税务报》有关资料，作者整理。

一、消费税概述

消费税是以消费物品或消费行为为课税对象的一种税。根据消费税的课税对象和范围，消费税有广义和狭义之分，广义的消费税是指一般消费税，其征税范围包括对一切消费商品和消费行为征收的消费税，税种主要有：消费税、关税、对消费品征收的增值税、对消费行为征收的营业税等；狭义的消费税是指特定商品消费税，主要是对选择消费品征收的消费税、烟税、酒税、汽油税、盐税、特定行为消费税等。通常人们所说的消费税是指狭义的消费税。我国在1994年税制改革中新设立了消费税这一税种，凡是从事生产和进口应税消费品的单位和个人均为消费税的纳税人。现行的消费税也是狭义意义上的消费税，是在对商品普遍征收增值税的基础上，选择少数消费品再征收一道消费税，其目的主要是调节消费结构、引导消费方向和保证国家财政收入。这一做法也是向国际惯例靠拢的一大表现。

（一）消费税的特点

消费税是选择性的商品税。从消费税的征税范围来看，同增值税相比，消费税并不是对所有流转额征税，也不是对所有消费品和消费行为征税。其征税对象是根据一国政策调节的需要，对部分消费品和部分消费行为征税。一般来说，在各国税制中，采用列举法对应税消费品或消费行为进行确定，凡是税法列举的征税，反之，凡是税法未列举的不征税。

消费税大多实行价内税。消费税与增值税相比，比较突出的特点是大多实行价内税，也就是将消费税税款包含在销售价格之中，因此，其征收也是根据消费品的价格定率或定额征收。

消费税课征环节比较单一。同其他商品税多环节课税的特点相比，消费税是一种单环节征税的商品税。一般来说，在各国税制中，将消费税的征税环节确定在消费品生产或销售的某一个环节，而不是每个环节都要征税。我国现行税制选择生产环节课征，当商品进入流通领域，不再征收消费税。

消费税属于典型的间接税，税负具有转嫁性。由于消费税的课税对象是部分消费品和消费行为，而不是对购买消费品本人征税，纳税人主要是生产、销售消费品的人，我国现行制度规定只在生产环节征税；纳税人将所纳消费税通过加价的办法转移给购买该消费品或消费行为的消费者。

消费税具有较强的灵活性。虽然从法的角度来说，消费税有关法律制度是严肃的；但如果从政策调节的角度来看，消费税具有较强的灵活性，这是由消费税的征税范围和对象的选择性所决定，主要表现为应税对象、计税依据、税率选择等均有较强的灵活性。因此，表现在各国的消费税税制中千差万别。

（二）消费税的类型

根据消费税征税范围的大小，一般可以将消费税分为三种类型：

有限型消费税。该类消费税的征税范围较小，课税对象主要包括传统的一些消费品，税目不多，一般在20种以下；消费商品主要有烟类、酒类、石油类、车辆等消费品；消费行为主要为一些典型的娱乐活动。

中间型消费税。该类消费税的征税范围较小，税目一般在20～30种。除了上述所列的一些消费品之外，还包括粮食制品、乳制品、纺织品、日用消费品、奢侈消费品以及一般服务如保险、金融、运输等。

延伸型消费税。该类消费税的征税范围较广，税目也较多，一些国家甚至达到100种以上。该类消费税的征税范围除了上述两类所包括的范围外，还一些生产性消费品如水泥、钢材、铝制品等都列为消费税的课税对象。

由于消费税属于补充性税种，因此，其征税范围大小，主要取决于国家实行何种流转税体系。根据我国的实际情况，增值税和营业税作为流转税的主要税种，而消费税只能作为补充性税种存在，所以，目前，我国选择的消费税属于中间型消费税。现行消费税税目的选择出于以下几个方面的考虑：一是税制改革后税负下降较多的产品；二是非生活必要品中的一些高档、奢侈消费品，如珠宝玉石；三是寓禁于征的消费品，如烟、酒类消费品；四是一些资源性消费品，如汽油。

二、我国现行消费税制度

（一）纳税人

凡在我国境内从事生产、委托加工和进口应税消费品的单位和个人，都是消费税的纳税义务人。这里所说的单位是指国有企业、集体企业、私有企业、股份企业、外资企业、其他企业和行政单位、事业单位、军事单位、社会团体及其他单位；个人是指个体经营者及其他个人；对于企业租赁或承包给他人经营的，承租人或承包人为纳税人。

（二）征税范围、税目和税率

我国消费税的征税范围有：烟、酒及酒精、化妆品、贵重首饰及珠宝玉石、鞭炮焰火、汽车轮胎、摩托车、小汽车、木制一次性筷子、实木地板、游艇、高尔夫球及球具、高档手表、成品油等 14 种商品。消费税的税率分从价定率和从量定额两种，具体如表 1 –3。

表 1 –3　消费税税目、税率

税目	征收范围	税率（税额）
一、烟		
1. 卷烟	甲类卷烟：每标准条（200 支）调拨价在 50 元以上（含，不含增值税）包括各种进口卷烟	45%加 0.003 元/支
	乙类卷烟：每标准条（200 支）调拨价在 50 元（不含增值税）以下	30%加 0.003 元/支
2. 雪茄烟		25%
3. 烟丝		30%
二、酒及酒精		
1. 白酒		20%加 0.5 元/500 克或 0.5 元/500 毫升
2. 黄酒		240 元/吨
3. 啤酒	甲类啤酒：每吨出厂价格在 3 000 元（含，不含增值税）以上的	250 元/吨
	乙类啤酒：每吨出厂价格在 3 000 元（不含增值税）以下的	220 元/吨

续表

税目	征收范围	税率（税额）
4. 其他酒		10%
5. 酒精		5%
三、化妆品	含成套化妆品和高档护肤类化妆品	30%
四、珠宝首饰及珠宝玉石	金银首饰、铂金首饰和钻石及钻石饰品	5%
	其他贵重首饰和珠宝玉石	10%
五、鞭炮焰火		15%
六、成品油		
1. 汽油	无铅汽油	0.2元/升
	含铅汽油	0.28元/升
2. 柴油		0.1元/升
3. 石脑油		0.2元/升，按30%征收
4. 溶剂油		0.2元/升，按30%征收
5. 润滑油		0.2元/升，按30%征收
6. 燃料油		0.1元/升，按30%征收
7. 航空煤油		0.1元/升，暂缓征收
七、汽车轮胎		3%
其中：子午线轮胎		免征
八、摩托车	气缸容量在250毫升以上的 气缸容量在250毫升（含）以下的	10% 3%
九、小汽车		
1. 乘用车	气缸容量（排气量，下同）在1.0升（含）以下的	1%
	气缸容量（排气量，下同）在1.5升（含）以下的	3%
	气缸容量在1.5升以上至2.0升（含）的	5%
	气缸容量在2.0升以上至2.5升（含）的	9%
	气缸容量在2.5升以上至3.0升（含）的	12%
	气缸容量在3.0升以上至4.0升（含）的	25%
	气缸容量在4.0升以上的	40%
2. 中轻型商用客车		5%
十、高尔夫球及球具		10%
十一、高档手表		20%
十二、游艇		10%
十三、木制一次性筷子		5%
十四、实木地板		5%

（三）计税依据

消费税的计税依据有两种：一是销售额；二是销售数量。以销售额为计税依据的产品主要适用于供求矛盾突出，价格差异较大的产品；以销售数量为计税依据的产品，一般适用于供求矛盾较小，价格差异不大、计量单位规范的产品。在确定消费税计税依据时，应注意以下几点：

以销售额为计税依据的，不包括应向购货方收取的增值税税款。如果销售额包括这部分增值税税款，则应换算为不含增值税税款的销售额。其公式如下：

应税消费品的销售额＝含增值税的销售额÷(1＋增值税税率)

对于自产自用的消费品的计税依据，一般按纳税人生产同类消费品价格的销售价格计算，没有同类消费品价格的，以组成计税价格为计税依据。其组成计税价格公式为：

组成计税价格＝(成本＋利润)÷(1－消费税税率)

对于委托加工消费品的计税依据，一般为受托方同类消费品的销售价格，没有同类消费品销售价格的，以组成计税价格为计税依据。其组成计税价格公式为：

组成计税价格＝(材料成本＋加工费)÷(1－消费税税率)

对于进口消费品的计税依据，实行从价定率征收的，全部以组成计税价格为计税依据。其组成计税价格公式为：

组成计税价格＝(关税完税价格＋关税)÷(1－消费税税率)

对于计税价格偏低又无正当理由的应税消费品，税务机关有权核定其计税价格。

零售金银首饰的纳税人在计税时，应将含税的销售额换算为不含增值税税额的销售额。

金银首饰的应税销售额＝含增值税的销售额÷(1＋增值税税率或征收率)

对于生产、批发、零售单位用于馈赠、赞助、集资、广告、样品、职工福利、奖励等方面或未分别核算销售的按照组成计税价格计算纳税。

组成计税价格＝购进原价×(1＋利润率)÷(1－金银首饰消费税税率)

应纳税额＝组成计税价格×金银首饰消费税税率

消费税的减免。纳税人出口应税消费品，除国家限制出口的消费品外，免征消费税。具体办法可以是先征后退或者在生产环节免税。其他情况一律不得减免税。

（四）纳税期限和地点

消费税的纳税期限分别为1日、3日、5日、10日、15日或1个月，不能按期纳税的，可以按次纳税。纳税人的纳税期限由主管税务机关根据纳税额的大小分别确定。进口货物应纳的消费税，在报关进口后15日内申报纳税。

消费税的纳税地点。一般在纳税人核算地或所在地缴纳；委托加工的应税消费品，由受托者向所在地主管税务机关缴纳；进口的应税消费品，由进口报关者向报关地海关缴纳。

三、改革展望

我国的消费税的税目和税率基本上是沿用历史上的货物税、工商税的税目和税率，原因是历次税制改革的几本指导思想是维持原税负不变。随着市场经济的发展，市场失灵的问题日渐突出。消费税征收的目的除了征集财政收入之外，还可以为调节收入、生产和消费的目的服务。因此，今后消费税改革的内容可以有：

1. 通过消费税的征收调节人们的收入，其征收的办法是对奢侈品按照高税率征收，对必需品按照低税率征收甚至免税，低收入人群必须要消费必需品而可以享受到税收的优惠，而高收入人群由于消费奢侈品而较多地把一部分收入转化为税收，从而使贫富人群的收入差距缩小。

2. 通过消费税的征收对不利外部性的生产进行调节。比如对不可再生资源的生产，为了促使企业节约使用，为子孙后代留下更多的宝贵资源，可以用高税率调节，以此提高企业的生产成本，减少避免过度使用。对有严重污染的生产也可以用较高的消费税率进行调节，使其生产造成的外部成本加之于企业成本之上，使企业成本与社会成本相接近。

3. 通过消费税的征收对有害品的消费实行严格控制。比如，对卷烟的高税率征收可以有效减少抽烟人群对卷烟的消费。国外在这方面已经有成功的经验，值得我国借鉴。

第四节　营业税

一、营业税概述

营业税是以纳税人从事经营活动的营业额（或销售额）为征税对象的税种，属于商品税范畴。按我国现行税制规定，营业税是指在我国境内有偿提供应税劳务、转让无形资产或销售不动产的单位和个人，就其取得的营业额征收的一种税，属于流转税范畴。

营业税是一种传统的间接税，由于存在着重复征税和累积税负的问题。所以，在实行增值税的国家，营业税课征对象中的大部分已经被增值税所取代，保留下来的营业税征税范围也大大缩小，一般只对第三产业的一些部门征收。

从我国营业税的发展历史来看，最早是在 1928 年国民党政府召开第一次全国财政会议上确立开征的税种；新中国成立后，我国实行过一定时期的营业税，直到 1958 年工商税制改革时将营业税并入工商统一税；1984 年第二步“利改税”时，为适应经济发展的需要，纠正税制过于简单的状况，又将营业税从工商税中划分出来，单独设立税种；1994 年税制改革对营业税予以保留，同时进行了适当的调整和改革。新的营业税在纳税人、征税范围、税目、税率等方面都进行了重大的调整和改革，尤其是其征税范围比 1994 年前大大缩小，但它仍然是现行流转税制中的三大主要税种之一。可以说，通过调整和改革，现行营业税对于更好地发挥税收的调节作用，保证国家财政收入，繁荣第三产业，促进市场经济发展等都具有重要意义。

营业税有如下特点：

课税对象广泛，除了增值税所列的征收范围之外，其他所有的劳务、销售不动产、转让无形资产等均要缴纳营业税。

以营业额为征税对象，不受经营单位成本费用高低的影响，只要发生营业行为，取得营业收入就要纳税，有利于保证政府的财政收入。

平均税率较低，现行税率一般都在3%和5%二档上，容易为纳税人所接受；同时，实行多环节课征，征收简便易行。

实行行业差别比例税率，有利于发挥税收对产业的保护与限制作用。

二、我国现行营业税制度

（一）纳税人、征税范围和税率

凡是在我国境内提供应税劳务、转让无形资产或销售不动产的单位和个人，均为营业税的纳税义务人。

由于增值税范围的扩大，除了不动产以外，所有销售货物行为均要征收增值税，提供加工和修理修配应税劳务收入也要征收增值税。因此，现行营业税的征税范围从原则上说，就是将原营业税的征税范围剔除改征增值税后的剩余项目，基本上可归纳为提供应税劳务和销售不动产两类经济行为。具体税目有9个：交通运输业、建筑业、邮电通信业、文化体育业、金融保险业、服务业、转让无形资产、销售不动产、娱乐业。具体如表1-4。

表1-4　营业税税目、税率

税目	征收范围	税率
一、交通运输业	陆路运输、水路运输、航空运输、管道运输、装卸搬运	3%
二、建筑业	建筑、安装、修缮、装饰及其他工程作业	3%
三、金融保险业		5%
四、邮电通信业		3%
五、文化体育业		3%
六、娱乐业	歌厅、舞厅、卡拉OK歌舞厅、音乐茶座、台球、高尔夫球、保龄球、游艺	5%～20%
七、服务业	代理业、旅馆业、饮食业、旅游业、仓储业、租赁业、广告业及其他服务业	5%
八、转让无形资产	转让土地使用权、专利权、非专利技术、商标权、著作权、商誉	5%
九、销售不动产	销售建筑物及其他土地附着物	5%

现行营业税实行差别比例税率，分为三个档次，即3%、5%、5%～20%，其中：交通运输业、建筑业、邮电通信业、文化体育业适用3%的税率；金融保险业、服务业、转让无

形资产、销售不动产适用5%的税率，金融保险业的适用税率为5%。娱乐业为5%～20%，具体适用税率由省、自治区、直辖市或计划单列市政府在此幅度范围内确定。

（二）计税依据

营业税的计税依据是提供应税劳务的营业额、转让无形资产的收入额和销售不动产的销售额。在确定计税依据时，应注意以下几点：

营业额是纳税人向对方收取的全部价款，包括价款之外取得的一切费用，如手续费、服务费、基金等，即营业的一切收入均要纳税，但符合税法规定的费用或开支可以从收入中扣除。

纳税人按外汇结算营业额的，应折合成人民币计算应纳税额。

纳税人提供应税劳务、转让无形资产或销售不动产价格明显偏低而无正当理由的，主管税务机关有权按如下顺序核定其营业额：按纳税人当月提供的同类应税劳务或销售的同类不动产的平均价格；按纳税人最近时期提供的同类应税劳务或销售的同类不动产的平均价格核定；按计税价格核定，其公式为：计税价格＝营业成本或工程成本×（1＋成本利润率）÷（1－营业税税率），其中，成本利润率由省、自治区、直辖市税务局确定。

对于混合销售行为的营业额，由于不能同时征收增值税和营业税，如何征税规定如下：从事货物生产、批发或零售的企业、企业性单位及个体经营者的混合销售行为，视为销售货物，不征营业税；其他单位和个人的混合销售行为，视为提供应税劳务，征收营业税。纳税人的下列混合销售行为，应当分别核算应税劳务的营业额和货物的销售额，其应税劳务的营业额缴纳营业税，货物销售额不缴纳营业税；未分别核算的，由主管税务机关核定其应税劳务的营业额：提供建筑业劳务的同时销售自产货物的行为；财政部、国家税务总局规定的其他情形。

对于纳税人在经营营业税征收范围的项目时，又兼营增值税征收范围的项目的行为。现行税制规定，必须将不同税种征收范围项目分别核算，并分别申报纳税；如果纳税人不分别核算或不能准确核算的，其应税劳务与货物一并征收增值税，不征收营业税。

（三）税收优惠、起征点、纳税期限和纳税地点

为了贯彻公平税负、鼓励竞争的税收政策，对原有营业税优惠政策过多过滥的现象进行了纠正，取消了原营业税中大部分减免税规定，只保留了一部分政策性强的免税项目。现行税制规定：凡是社会福利机构提供的服务、残疾人员个人提供的劳务、医疗服务、教育劳务、学生勤工俭学提供的劳务、为农业耕作和生态保护提供的服务、文化和宗教单位的门票收入等免征营业税；营业税起征点的幅度为：按期纳税的起征点为月营业额1 000～5 000元，按次纳税的起征点为每次（日）营业额100元，纳税人营业额达到起征点的应按营业额全额计算应纳税额。

营业税的纳税期限分别为5日、10日、15日、1个月或者1个季度。纳税人的具体纳税期限，由主管税务机关根据纳税人应纳税额的大小分别核定；不能按照固定期限纳税的，可以按次纳税。

纳税人以1个月或者1个季度为一个纳税期的，自期满之日起15日内申报纳税；以5日、10日或者15日为一个纳税期的，自期满之日起5日内预缴税款，于次月1日起15日内

申报纳税并结清上月应纳税款。

纳税地点。现行税制规定如下：

纳税人提供应税劳务应当向其机构所在地或者居住地的主管税务机关申报纳税。但是，纳税人提供的建筑业劳务以及国务院财政、税务主管部门规定的其他应税劳务，应当向应税劳务发生地的主管税务机关申报纳税。

纳税人转让无形资产应当向其机构所在地或者居住地的主管税务机关申报纳税。但是，纳税人转让、出租土地使用权，应当向土地所在地的主管税务机关申报纳税。

纳税人销售、出租不动产应当向不动产所在地的主管税务机关申报纳税。

第五节 关 税

一、关税概述

关税是对进出国境的货物或物品征收的一种税，包括进口关税、出口关税和过境税三种，通常指前两种。关税性质属于消费税，是对特定的进出口货物或物品征收的选择性税种，与消费税相同，其课征范围限于有选择的特定货物或物品。换个角度来看，关税也属于销售税，它是在进出口环节征收的销售税。出口关税可以看作是在产制环节征收的销售税，进口关税则可以看作是在零售环节征收的销售税。由于关税的课税对象也是商品流转额，以货物或物品的进出口价值为计税依据，所以，我们将关税归属于商品税或流转税类。

关税的历史十分悠久，随着商品经济的发展，特别是当国与国之间出现商品交换后，作为对进出国境商品征税的关税才在各国普遍开征起来。据考证，最早的关税是为了保护过往客商交通安全而产生的，现代国家出现以后，关税作为国家取得财政收入的一种重要手段曾经在历史上占有重要地位。但是，进入现代，尤其是对于经济发达国家而言，关税已不再是取得财政收入的重要手段，而是以关税为工具以实现其贸易保护主义政策。

根据文字记载，我国最初设立关卡并不是为了取得收入，而是带有强烈的军事色彩，其主要任务是检查进出境的人员及货物，防止外逃和入侵，因此，也不存在关税之说。直到西周后期，才出现关税，当时称之为“关市之赋”，规定货物通过国境的关卡要征收税负。当时商品经济不发达，国与国间的商品交换更少，因此，关税收入也很少。随着商品经济的发展和对外贸易的扩大，关税逐渐成为周朝以后各个朝代的一项重要财政收入。

新中国成立以后，1951 年 5 月政务院颁布了《中华人民共和国暂行海关法》、《中华人民共和国海关进出口税则》和《中华人民共和国海关进出口税则暂行实施条例》，统一了国家的关税政策，建立了完全独立自主的保护关税制度。以后进行了多次修改和补充，1985 年 3 月，为了贯彻对外开放、对内搞活的经济政策，更好地发挥关税的调节作用，国务院公布实施了《中华人民共和国进出口关税条例》和《中华人民共和国海关进出口税则》，进一步完善了我国的关税制度。

（一）关税的分类

按货物或物品的流向标准进行分类，可分为进口税、出口税和过境税及进口附加税。进口税是指对从国外进入本国的货物或物品征收的一种关税；出口税是指对从本国出口的货物或物品征收的一种关税；过境税是指对运经本国国境或关境时所课征的一种关税；进口附加税是指国家根据某种特定目的，在征收一般进口税之外，加征的一种附加税，其目的在于防止外国商品倾销、应付国际收支逆差和对抗别国的歧视。为了提高本国商品在国际市场上的竞争力，各国一般都不征收出口税，我国现在也只是针对少数货物或物品征收，以达到限制目的；由于过境货物或物品对本国市场和国内生产经营没有影响，所以，现在各国一般均取消了此税，只有伊朗、委内瑞拉等极少数国家征收过境税。

按课征目的标准进行分类，可分为财政关税和保护关税。财政关税又称收入关税，是以增加国家财政收入为主要目的而课征的一种关税，通常选择本国不能生产或国内无代用品的消费品征收；保护关税是以保护本国的经济发展为主要目的而课征的一种关税，税率比财政关税高，通过征收较高的进口税，使进口商品价格提高，削弱其在本国市场上的竞争力，达到限制进口、保护本国经济发展的目的。

按计税标准进行分类，可分为从价关税、从量关税、复合关税、选择关税和滑动关税。从价关税是以货物或物品的价格为计税标准来计算征收的一种关税，如：我国的进口税、出口税分别以货物的到岸价格、离岸价格为计税价格；从量关税是以货物或物品的计量单位（重量、数量、长度、体积等）为计税标准来计算征收的一种关税；复合关税是对同一种进口货物或物品同时采用从价与从量两种标准课征的一种关税；选择关税是对同一种货物或物品，同时规定从价税和从量税两种税率，征税时选择其中一种进行课征的关税；滑动关税是对某种进口货物或物品其价格的上、下限，按国内物价涨落情况，分别采用几种高低不同税率的一种关税，当进口货物价格高于上限时，减低税率，低于下限时，提高税率，在幅度以内，按原定税率征收，其目的是保护国内生产不受国外物价波动的影响。

按关税政策标准进行分类，可分为普通关税、优惠关税和加重关税。普通关税是指对与本国政府没有签订互惠协定的国家或地区运入本国国境的货物或物品征收的一种关税，一般税率较高；优惠关税是对与本国政府签订互惠协定的国家或地区运入本国国境的货物或物品征收的一种关税，一般税率较低，这是对特定的受惠国给予的关税优惠待遇，主要有：互惠关税、优惠关税、最惠国待遇、普遍优惠制和关税减让等；加重关税是对个别国家或地区运入货物或物品或者个别的货物或物品征收的一种关税，其税率比普通税率高，其目的是为了加强关税的保护作用或用作争取与外国签订贸易协定的手段。主要有：反倾销关税、反补贴关税、报复关税等。

（二）关税作用

新中国成立以来，关税在贯彻对外开放政策，促进对外经济贸易和国民经济的发展等方面，发挥了重要作用，主要表现如下：

对经济的调节作用。因为关税税率的高低和关税的征收与减免，直接影响到进出口货物的成本，进而影响到商品的市场价格和销售数量，影响到企业的生产和经济效益，所以，国家往往通过关税来调节市场、调节经济，从而达到调控国民经济、保护民族工业、促进经济健康发展的目的。

对改革开放和对外贸易的促进作用。《海关法》和《进出口关税条例》的制定，特别是鼓励国家经济建设必需物资和人民生活必需品的进口、鼓励引进外资、鼓励引进先进技术等一系列关税优惠措施的制定，促进了改革开放的深入发展，同时也促进了对外贸易的发展。

在遵循平等互利和对等原则的条件下，为国家争取平等互利的贸易条件起到了应有的作用。关税对同一种进口商品分别规定两栏税率，即普通税率和优惠税率。对购自同我国订有贸易互惠协定国家的货物，适用优惠税率；对购自同我国订有贸易互惠协定国家的货物，适用普通税率。这样，既取得了国际互惠，又贯彻了平等互利和对等的原则，为合理的贸易往来创造了条件。

增加了国家的财政收入。关税作为国家财政的重要收入来源，为国家积累了大量的资金。

有利于稳定国内市场供求，促进出口产品的生产。由于对出口货物一般不征税，这样，有利于提高我国商品在国际市场上的竞争能力，相应扩大了出口能力。同时，也有利于保护国内一些资源不随便外流。

二、我国现行关税制度

（一）纳税人和征税对象

进出口货物的，以货物的收发货人或其代理人为纳税人，具体包括：外贸进出口公司，工贸或农贸结合的进出口公司，其他经批准经营进出口商品的企业；进出口行李物品和邮递物品的，以物品的持有人、所有人、收件人或其代理人为纳税人。

关税的征税对象是进出国境的货物和物品。货物是指贸易性商品；物品包括入境旅客随身携带的行李和物品、个人邮递物品、各种运输工具上的服务人员携带进口的自用物品、馈赠物品以及其他方式进入国境的个人物品。

（二）税率

现行关税税率分为进口税率和出口税率。为了进一步扩大对外开放，促进对外贸易和国民经济的发展，鼓励我国企业参与国际竞争，我国多次对各类货物或物品的进口关税税率进行了调整，降低关税税率总水平。

我国进口关税的法定税率包括最惠国税率、协定税率、特惠税率和普通税率。

最惠国税率适用原产于与我国共同适用最惠国待遇条款的世界贸易组织成员国或地区的进口货物；或原产于与我国签订有相互给予最惠国待遇条款的双边贸易协定的国家或地区的进口货物；以及原产于中华人民共和国境内的进口货物。

协定税率适用原产于与我国订有含关税优惠条款的区域性贸易协定的有关缔约方的进口货物。目前，我国对原产于韩国、斯里兰卡和孟加拉国3个《曼谷协定》成员的739个税目的进口商品实行《曼谷协定》税率。

特惠税率适用原产于与我国签订有特殊优惠关税协定的国家或地区的进口货物。目前，我国对原产于孟加拉国的18个税目的进口商品实行《曼谷协定》特惠税率。

普通税率适用原产于上述国家或地区以外的国家和地区的进口货物；或者原产地不明的国家或者地区的进口货物。

（三）计税依据

关税的计税依据是海关以进出口货物的实际成交价格为基础审定的完税价格。

进口货物的完税价格由海关以符合条件的成交价格以及该货物运抵中华人民共和国境内输入地点起卸前的运输及其相关费用、保险费为基础审查确定。

进口货物的成交价格，是指卖方向中华人民共和国境内销售该货物时买方为进口该货物向卖方实付、应付的，并按照规定调整后的价款总额，包括直接支付的价款和间接支付的价款。

进口货物的成交价格应当符合下列条件：

1. 对买方处置或者使用该货物不予限制，但法律、行政法规规定实施的限制、对货物转售地域的限制和对货物价格无实质性影响的限制除外；

2. 该货物的成交价格没有因搭售或者其他因素的影响而无法确定；

3. 卖方不得从买方直接或者间接获得因该货物进口后转售、处置或者使用而产生的任何收益，或者虽有收益但能够按照本条例第19条、第20条的规定进行调整；

4. 买卖双方没有特殊关系，或者虽有特殊关系但未对成交价格产生影响。

进口货物的下列费用应当计入完税价格：

1. 由买方负担的购货佣金以外的佣金和经纪费；

2. 由买方负担的在审查确定完税价格时与该货物视为一体的容器的费用；

3. 由买方负担的包装材料费用和包装劳务费用；

4. 与该货物的生产和向中华人民共和国境内销售有关的，由买方以免费或者以低于成本的方式提供并可以按适当比例分摊的料件、工具、模具、消耗材料及类似货物的价款，以及在境外开发、设计等相关服务的费用；

5. 作为该货物向中华人民共和国境内销售的条件，买方必须支付的、与该货物有关的特许权使用费；

6. 卖方直接或者间接从买方获得的该货物进口后转售、处置或者使用的收益。

（四）关税的减免

关税减免主要有法定减免、特定减免和临时减免三种类型。

法定减免。法定减免是依照关税基本法的规定，对列举的课税对象给予的减免。如关税税额在人民币50元以下的一票货物；无商业价值的广告品和货样；外国政府、国际组织无偿赠送的物资；在海关放行前损失的货物；进出境运输工具装载的途中必需的燃料、物料和饮食用品。

特定减免。是指在关税基本法确定的法定减免以外，由国务院或国务院授权的机关颁布法规、规章特别规定的减免。包括对特定地区、特定企业和特定用途的货物的减免等。

临时减免。是指在以上两项减免之外，对某个纳税人由于特殊原因临时给予的减免。

临时减免一般必须在货物进出口前，向所在地海关提出书面申请，并随附必要的证明资料，经所在地海关审核后，转报海关总署或海关总署会同国家税务总局、财政部审核批准。

第六节 企业所得税

阅读材料 1-2

中国企业所得税制度历史沿革

1. 新中国成立前的企业所得税制度。中国的所得税制度的创建受欧美和日本等国影响，始于20世纪初。清末宣统年间（约1910年），政府有关部门曾草拟出《所得税章程》，包括对企业所得和个人所得征税的内容，但因社会动荡等原因未能公布施行。

1912年中华民国成立后，以前述章程为基础制定了《所得税条例》，并于1914年初公布，但因社会动乱，企业生产经营不稳定，以及税收征管条件差等原因，在此后20多年间未能真正施行。

1936年，国民政府公布《所得税暂行条例》，自同年10月1日起施行。这是中国历史上第一次实质性的开征所得税。

1943年，国民政府公布了《所得税法》，进一步提高了所得税的法律地位，并成为政府组织财政收入的重要方式之一。

2. 新中国成立后至改革开放前的企业所得税制度。在1949年首届全国税务会议上，通过了统一全国税收政策的基本方案，其中包括对企业所得和个人所得征税的办法。1950年，政务院发布了《全国税政实施要则》，规定全国设置14种税收，其中涉及对所得征税的有工商业税（所得税部分）、存款利息所得税和薪给报酬所得税等3种税收。

工商业税（所得税部分）自1950年开征以后，主要征税对象是私营企业、集体企业和个体工商户的应税所得。国营企业因政府有关部门直接参与经营和管理，其财务核算制度也与一般企业差异较大，所以国营企业实行利润上缴制度，而不缴纳所得税。这种制度的设计适应了当时中国高度集中的计划经济管理体制的需要。

1958年和1973年我国进行了两次重大的税制改革，其核心是简化税制，其中的工商业税（所得税部分）主要还是对集体企业征收，国营企业只征一道工商税，不征所得税。在这个阶段，各项税收收入占财政收入的比重有所提高，占50%左右，但国营企业上缴的利润仍是国家财政收入的主要来源之一。在税收收入中，国内销售环节征收的货物税和劳务税是主体收入，占税收总额的比例在70%以上，工商企业上缴的所得税收入占税收总额的比重较小。

3. 改革开放后的企业所得税制度。从20世纪70年代末起，中国开始实行改革开放政策，税制建设进入了一个新的发展时期，税收收入逐步成为政府财政收入的主要来源，同时税收成为国家宏观经济调控的重要手段。

(1) 1978 ~ 1982 年的企业所得税制度。改革开放以后，为适应引进国外资金、技术和人才，开展对外经济技术合作的需要，根据党中央统一部署，税制改革工作在“七五”计划期间逐步推开。1980 年 9 月，第五届全国人民代表大会第三次会议通过了《中华人民共和国中外合资经营企业所得税法》并公布施行。企业所得税税率确定为 30%，另按应纳所得税额附征 10% 的地方所得税。1981 年 12 月，第五届全国人民代表大会第四次会议通过了《中华人民共和国外国企业所得税法》，实行 20% ~ 40% 的 5 级超额累进税率，另按应纳税的所得额附征 10% 的地方所得税。上述改革标志着与中国社会主义有计划的市场经济体制相适应的所得税制度改革开始起步。

(2) 1983 ~ 1990 年的企业所得税制度。作为企业改革和城市改革的一项重大措施，1983 年国务院决定在全国试行国营企业“利改税”，即将新中国成立后实行了 30 多年的国营企业向国家上缴利润的制度改为缴纳企业所得税的制度。

1984 年 9 月，国务院发布了《中华人民共和国国营企业所得税条例（草案)》和《国营企业调节税征收办法》。国营企业所得税的纳税人为实行独立经济核算的国营企业，大中型企业实行 55% 的比例税率，小型企业等适用 10% ~ 55% 的 8 级超额累进税率。国营企业调节税的纳税人为大中型国营企业，税率由财税部门商企业主管部门核定。

1985 年 4 月，国务院发布了《中华人民共和国集体企业所得税暂行条例》，实行 10% ~ 55% 的 8 级超额累进税率，原来对集体企业征收的工商税（所得税部分）同时停止执行。

1988 年 6 月，国务院发布了《中华人民共和国私营企业所得税暂行条例》，税率为 35%。国营企业“利改税”和集体企业、私营企业所得税制度的出台，重新确定了国家与企业的分配关系，使我国的企业所得税制建设进入健康发展的新阶段。

(3) 1991 年至今的企业所得税制度。为适应中国建立社会主义市场经济体制的新形势，进一步扩大改革开放，努力把国有企业推向市场，按照统一税法、简化税制、公平税负、促进竞争的原则，国家先后完成了外资企业所得税的统一和内资企业所得税的统一。

1991 年 4 月，第七届全国人民代表大会将《中华人民共和国中外合资经营企业所得税法》与《中华人民共和国外国企业所得税法》合并，制定了《中华人民共和国外商投资企业和外国企业所得税法》，并于同年 7 月 1 日起施行。

1993 年 12 月 13 日，国务院将《中华人民共和国国营企业所得税条例（草案)》、《国营企业调节税征收办法》、《中华人民共和国集体企业所得税暂行条例》和《中华人民共和国私营企业所得税暂行条例》，进行整合制定了《中华人民共和国企业所得税暂行条例》，自 1994 年 1 月 1 日起施行。上述改革标志着中国的所得税制度改革向着法制化、科学化和规范化的方向迈出了重要的步伐。

4. 2008 年前的两套企业所得税制度。2008 年前的所得税分为内资企业、外资企业（包括外商投资企业和外国企业）两套税制，在税制要素，包括纳税人、扣除项目、优惠政策等方面都存在一定差异。

内资企业所得税。企业所得税适用于内资企业，纳税人为中国境内的国有企业、集体企业、私营企业、联营企业、股份制企业和其他组织。征税对象为纳税人来源于中国境内、境外的生产、经营所得和其他所得。纳税人每个纳税年度的收入总额减去准予扣除项目金额以后的余额，为应纳税所得额。企业在工资性支出、公益性捐赠、广告费、职工教育经费、职工福利费和职工工会经费等方面实行限额内或标准内税前扣除。法定的基准税率为33%，年度应纳税所得额在3万元以下的企业，以及10万元以下至3万元的企业分别适用18%和27%的照顾性税率。

外资企业所得税。外资企业所得税法适用于外资企业，纳税人为外商投资企业和外国企业。征税对象是外商投资企业和外国企业的生产、经营所得和其他所得。纳税人每个纳税年度的收入总额减去准予扣除项目金额以后的余额，为应纳税所得额。企业基本上实行成本费用税前据实扣除的办法。企业所得税实行30%的比例税率，另按应纳税的所得额征收3%的地方所得税，综合税率亦为33%。为加大吸引外商投资的政策力度，国家实施了一系列税收优惠政策，主要包括生产性外商投资企业享受企业所得税“两免三减半”优惠，投资港口码头和能源类的外资企业享受企业所得税“五免五减半”，对设在经济特区、经济技术开发区等地区的生产性外资企业实行15%、24%低税率优惠等。

资料来源：财政部税政司，财政部网站。

一、企业所得税概述

我国的企业所得税是从1984年以后逐步建立起来的，先后开征了国营企业所得税、集体企业所得税和私营企业所得税，打破了对国有企业不能征收所得税的理论禁区，进而从法律角度明确了国家与国有企业和其他类型企业之间的分配关系。随着经济的发展和市场经济体系明晰化，以所有制性质作为确定所得税的方式愈益不适应经济发展的需要，突出表现为：按不同经济性质设立的各种企业所得税并存，税负不平，不利于企业公平竞争；国有企业除了企业所得税外，还要征收调节税，上缴各种收入和费用，导致国有企业缺乏自我发展能力；企业税前还贷、承包企业所得税和各种减免税等优惠政策的存在，使国家和企业的分配关系很不规范，等等。因此，1994年的所得税制度改革恰恰适应这一要求。将几种内资企业所得税进行合并或取消，取消“两金”（国家预算调节基金和能源交通重点建设基金）、税前还贷、承包所得税等做法，建立统一的内资企业所得税，同时对外资企业统一征收外资企业所得税。但从世界上实行企业所得税制度的国家来看，对内、外资企业实行不同所得税法的情况也极为少见。因此，需要尽快改革按内资、外资分设所得税的制度，统一内外资企业所得税，为各类企业的发展提供统一、公平、规范的税收政策环境。经过长时期的准备和讨论，2007年十届全国人大五次会议16日表决通过，将外商投资企业和外国企业所得税和内资企业所得税合并为企业所得税，自2008年1月1日起施行。无疑，统一内外资企业所得税，是我国加入WTO后新形势的需要。通过合并两税，调整现行以区域优惠为主的企业所得税优惠政策格局，以促进国民经济全面、协调、可持续发展。改革企业所得税制度。统一内外资企业所得税的指导思想是：根据科学发展观和完善社会主义市场经济体制的总体要求，按照“简税制、宽税基、低税率、严征管”的税制改革原则，借鉴国际经验，建立各类企业统一适用的科学、规范的企业所得税制度，为各类企业创造公平的市场竞争环境。新企业所得税法分为8章，共计60条。

企业所得税的特点与其他税种相比，所得税除了在税制要素的内容上不同外，还具有以下特点：

课征范围比较广。现行税制规定，凡在我国境内依法成立的内资企业都是企业所得税的纳税人，其一切所得都要依法纳税。因此，企业所得税在课征范围上具有广泛性。

税收负担相对较公平。现行税制对内资企业，不再分所有制、地区、行业，实行统一税率；在普遍征收基础上，能使企业税收负担大致公平，因此，符合税收的横向公平原则。

企业所得税纳税人与负税人一致，因此，纳税人缴纳的所得税一般不易转嫁，而是由纳税人自己负担，真正能体现税收对社会收入分配的调节效应。

所得税会计核算相对独立于企业财务会计核算体系，因此，税法的强制性体现得比较充分，因而，对所得税税基的约束较强。虽然，所得税的计税基础涉及纳税人财务会计核算的各个方面，与企业会计核算关系密切。但是，为了保护税基，现行所得税制度对纳税人的收入总额、扣除项目金额的确定以及资产的税务处理等内容均有详细的规定，纳税人在缴纳所得税时必须按照所得税税法规定办理。由于其核算角度与方法不同于财务会计核算体系，保持了相对独立性，能够充分体现税法的强制性。

具有收入弹性和自动稳定器特点。现行所得税制度规定了许多扣除项目和优惠减免情况，同时，也对不能列的费用等进行了罗列。这不仅有利于及时筹集财政收入，也有利于政府根据不同时期的经济发展情况，灵活进行调整，以调节经济，保持了收入弹性功能。除此之外，所得税还具有随经济发展变化而发挥自动稳定器的作用，主要表现为：税率的适用范围、扣除标准适用范围、优惠范围等方面，会随着经济水平的变化，相应扩大或缩小，进而达到稳定经济的目的。

二、我国现行企业所得税制度

（一）纳税人和税率

在中华人民共和国境内，企业和其他取得收入的组织（以下统称企业）为企业所得税的纳税人，依照本法的规定缴纳企业所得税。个人独资企业、合伙企业不再缴纳企业所得税。

企业分为居民企业和非居民企业。居民企业，是指依法在中国境内成立，或者依照外国（地区）法律成立但实际管理机构在中国境内的企业。非居民企业，是指依照外国（地区）法律成立且实际管理机构不在中国境内，但在中国境内设立机构、场所的，或者在中国境内未设立机构、场所，但有来源于中国境内所得的企业。居民企业应当就其来源于中国境内、境外的所得缴纳企业所得税。非居民企业在中国境内设立机构、场所的，应当就其所设机构、场所取得的来源于中国境内的所得，以及发生在中国境外但与其所设机构、场所有实际联系的所得，缴纳企业所得税。非居民企业在中国境内未设立机构、场所的，或者虽设立机构、场所但取得的所得与其所设机构、场所没有实际联系的，应当就其来源于中国境内的所得缴纳企业所得税。

税率统一为25%。非居民企业取得的所得，适用税率为20%。

（二）应纳税所得额

企业每一纳税年度的收入总额，减除不征税收入、免税收入、各项扣除以及允许弥补的以前年度亏损后的余额。

1. 企业收入总额包括从各种来源取得的货币形式和非货币形式的收入，具体包括：销售货物收入；提供劳务收入；转让财产收入；股息、红利等权益性投资收益；利息收入；租金收入；特许权使用费收入；接受捐赠收入；其他收入。

收入总额中的财政拨款、依法收取并纳入财政管理的行政事业性收费、政府性基金、国务院规定的其他不征税收入。

2. 税前扣除。企业实际发生的与取得收入有关的、合理的支出，包括成本、费用、税金、损失和其他支出，准予在计算应纳税所得额时扣除。

（1）企业发生的公益性捐赠支出，在年度利润总额12%以内的部分，准予在计算应纳税所得额时扣除。

（2）在计算应纳税所得额时，下列支出不得扣除：向投资者支付的股息、红利等权益性投资收益款项；企业所得税税款；税收滞纳金；罚金、罚款和被没收财物的损失；本法第九条规定以外的捐赠支出；赞助支出；未经核定的准备金支出；与取得收入无关的其他支出。

（3）在计算应纳税所得额时，企业按照规定计算的固定资产折旧，准予扣除。下列固定资产不得计算折旧扣除：房屋、建筑物以外未投入使用的固定资产；以经营租赁方式租入的固定资产；以融资租赁方式租出的固定资产；已足额提取折旧仍继续使用的固定资产；与经营活动无关的固定资产；单独估价作为固定资产入账的土地；其他不得计算折旧扣除的固定资产。

（4）在计算应纳税所得额时，企业按照规定计算的无形资产摊销费用，准予扣除。下列无形资产不得计算摊销费用扣除：自行开发的支出已在计算应纳税所得额时扣除的无形资产；自创商誉；与经营活动无关的无形资产；其他不得计算摊销费用扣除的无形资产。

（5）在计算应纳税所得额时，企业发生的下列支出作为长期待摊费用，按照规定摊销的，准予扣除：已足额提取折旧的固定资产的改建支出；租入固定资产的改建支出；固定资产的大修理支出；其他应当作为长期待摊费用的支出。

（6）企业对外投资期间，投资资产的成本在计算应纳税所得额时不得扣除。

（7）企业使用或者销售存货，按照规定计算的存货成本，准予在计算应纳税所得额时扣除。

（8）企业转让资产，该项资产的净值，准予在计算应纳税所得额时扣除。

（9）企业在汇总计算缴纳企业所得税时，其境外营业机构的亏损不得抵减境内营业机构的营利。

（10）企业纳税年度发生的亏损，准予向以后年度结转，用以后年度的所得弥补，但结转年限最长不得超过五年。

3. 非居民企业按照下列方法计算其应纳税所得额：股息、红利等权益性投资收益和利息、租金、特许权使用费所得，以收入全额为应纳税所得额；转让财产所得，以收入全额减除财产净值后的余额为应纳税所得额；其他所得，参照前两项规定的方法计算应纳税所得额。

（三）企业应纳所得税额

企业的应纳税所得额乘以适用税率，减除依照规定减免和抵免的税额后的余额，为应纳税额。

企业取得的所得已在境外缴纳的所得税税额，可以从其当期应纳税额中抵免，抵免限额为该项所得依照本法规定计算的应纳税额；超过抵免限额的部分，可以在以后五个年度内，用每年度抵免限额抵免当年应抵税额后的余额进行抵补。

这些境外所得包括：居民企业来源于中国境外的应税所得；非居民企业在中国境内设立机构、场所，取得发生在中国境外但与该机构、场所有实际联系的应税所得。居民企业从其直接或者间接控制的外国企业分得的来源于中国境外的股息、红利等权益性投资收益，外国企业在境外实际缴纳的所得税税额中属于该项所得负担的部分，可以作为该居民企业的可抵免境外所得税税额，在规定的抵免限额内抵免。

（四）税收优惠

国家对重点扶持和鼓励发展的产业和项目，给予企业所得税优惠。

1. 企业的下列收入为免税收入：国债利息收入；符合条件的居民企业之间的股息、红利等权益性投资收益；在中国境内设立机构、场所的非居民企业从居民企业取得与该机构、场所有实际联系的股息、红利等权益性投资收益；符合条件的非营利组织的收入。

2. 企业的下列所得，可以免征、减征企业所得税：

（1）从事农、林、牧、渔业项目的所得；

（2）从事国家重点扶持的公共基础设施项目投资经营的所得；

（3）从事符合条件的环境保护、节能节水项目的所得；

（4）符合条件的技术转让所得。

3. 符合条件的小型微利企业，减按20%的税率征收企业所得税。

4. 国家需要重点扶持的高新技术企业，减按15%的税率征收企业所得税。

5. 民族自治地方的自治机关对本民族自治地方的企业应缴纳的企业所得税中属于地方分享的部分，可以决定减征或者免征。自治州、自治县决定减征或者免征的，须报省、自治区、直辖市人民政府批准。

6. 企业的下列支出，可以在计算应纳税所得额时加计扣除：开发新技术、新产品、新工艺发生的研究开发费用；安置残疾人员及国家鼓励安置的其他就业人员所支付的工资。

7. 创业投资企业从事国家需要重点扶持和鼓励的创业投资，可以按投资额的一定比例抵扣应纳税所得额。

8. 企业的固定资产由于技术进步等原因，确需加速折旧的，可以缩短折旧年限或者采取加速折旧的方法。

9. 企业综合利用资源，生产符合国家产业政策规定的产品所取得的收入，可以在计算应纳税所得额时减计收入。

10. 企业购置用于环境保护、节能节水、安全生产等专用设备的投资额，可以按一定比例实行税额抵免。

11. 根据国民经济和社会发展的需要，或者由于突发事件等原因对企业经营活动产生重大影响的，国务院可以制定企业所得税专项优惠政策，报全国人民代表大会常务委员会备案。

（五）源泉扣缴

对非居民企业取得的所得应缴的企业所得税实行源泉扣缴，以支付人为扣缴义务人。税款由扣缴义务人在每次支付或者到期应支付时，从支付或者到期应支付的款项中扣缴。

对非居民企业在中国境内取得工程作业和劳务所得应缴纳的所得税，税务机关可以指定工程价款或者劳务费的支付人为扣缴义务人。

按规定应当扣缴的所得税，扣缴义务人未依法扣缴或者无法履行扣缴义务的，由纳税人在所得发生地缴纳。纳税人未依法缴纳的，税务机关可以从该纳税人在中国境内其他收入项目的支付人应付的款项中，追缴该纳税人的应纳税款。

扣缴义务人每次代扣的税款，应当自代扣之日起 7 日内缴入国库，并向所在地的税务机关报送扣缴企业所得税报告表。

（六）特别纳税调整

1. 企业与其关联方之间的业务往来，不符合独立交易原则而减少企业或者其关联方应纳税收入或者所得额的，税务机关有权按照合理方法调整。

企业与其关联方共同开发、受让无形资产，或者共同提供、接受劳务发生的成本，在计算应纳税所得额时应当按照独立交易原则进行分摊。

2. 企业可以向税务机关提出与其关联方之间业务往来的定价原则和计算方法，税务机关与企业协商、确认后，达成预约定价安排。

3. 企业向税务机关报送年度企业所得税纳税申报表时，应当就其与关联方之间的业务往来，附送年度关联业务往来报告表。

税务机关在进行关联业务调查时，企业及其关联方，以及与关联业务调查有关的其他企业，应当按照规定提供相关资料。

企业不提供与其关联方之间业务往来资料，或者提供虚假、不完整资料，未能真实反映其关联业务往来情况的，税务机关有权依法核定其应纳税所得额。

4. 由居民企业，或者由居民企业和中国居民控制的设立在实际税负明显低于税法规定税率水平的国家（地区）的企业，并非由于合理的经营需要而对利润不作分配或者减少分配的，上述利润中应归属于该居民企业的部分，应当计入该居民企业的当期收入。

5. 企业从其关联方接受的债权性投资与权益性投资的比例超过规定标准而发生的利息支出，不得在计算应纳税所得额时扣除。

6. 企业实施其他不具有合理商业目的的安排而减少其应纳税收入或者所得额的，税务机关有权按照合理方法调整。

7. 税务机关依照本章规定作出纳税调整，需要补征税款的，应当补征税款，并按照国务院规定加收利息。

（七）纳税方式

1. 除税收法律、行政法规另有规定外，居民企业以企业登记注册地为纳税地点；但登记注册地在境外的，以实际管理机构所在地为纳税地点。

居民企业在中国境内设立不具有法人资格的营业机构的，应当汇总计算并缴纳企业所得税。

非居民企业设立机构、场地的取得的所得，以机构、场所所在地为纳税地点。非居民企业在中国境内设立两个或者两个以上机构、场所的，经税务机关审核批准，可以选择由其主要机构、场所汇总缴纳企业所得税。

非居民企业未设立机构、场地取得的所得，以扣缴义务人所在地为纳税地点。

2. 除国务院另有规定外，企业之间不得合并缴纳企业所得税。

3. 企业所得税按纳税年度计算。纳税年度自公历 1 月 1 日起至 12 月 31 日止。

企业在一个纳税年度中间开业，或者终止经营活动，使该纳税年度的实际经营期不足 12 个月的，应当以其实际经营期为 1 个纳税年度。

企业依法清算时，应当以清算期间作为 1 个纳税年度。

企业所得税分月或者分季预缴。

企业应当自月份或者季度终了之日起 15 日内，向税务机关报送预缴企业所得税纳税申报表，预缴税款。

企业应当自年度终了之日起 5 个月内，向税务机关报送年度企业所得税纳税申报表，并汇算清缴，结清应缴应退税款。

4. 企业在报送企业所得税纳税申报表时，应当按照规定附送财务会计报告和其他有关资料。

5. 企业在年度中间终止经营活动的，应当自实际经营终止之日起 60 日内，向税务机关办理当期企业所得税汇算清缴。

企业应当在办理注销登记前，就其清算所得向税务机关申报并依法缴纳企业所得税。

6. 依照本法缴纳的企业所得税，以人民币计算。所得以人民币以外的货币计算的，应当折合成人民币计算并缴纳税款。

第七节　个人所得税

一、个人所得税概述

个人所得税是对个人（法律上称之为自然人）取得的各项应税所得征收的一种税。它最早产生于英国（1799 年），目前世界上已有 140 多个国家开征了个人所得税。据统计，个人所得税占税收总收入的比重，在发达国家一般在 25% ~40%，个别发达国家达到 40% 以上；在发展中国家，一般不超过 10%，我国 1998 年仅为 3% 左右。所以，可以说个人所得税在我国是一个很有发展前途的税种。

我国开征个人所得税始于1980年，为了适应改革开放的形势需要，在开放中维护国家权益和遵循国际惯例原则，1980年9月10日第五届全国人大第三次会议审议通过了《个人所得税法》，并同时公布实施；个人所得税是对在我国境内有住所，或者无住所而在我国境内居住满1年的个人的境内外所得征收的一种税。这项税法的制定与实施，对于在国际交往中合理地实施中国的税收管辖权，按照平等互利原则处理国家间的税收权益和鼓励外籍人员来华从事业务均发挥了应有的作用。1986年，为了调节社会成员收入水平的差距，国务院先后发布了《城乡个体工商业户所得税暂行条例》和《个人收入调节税暂行条例》。为了规范和完善对个人所得税制度，适应社会主义市场经济体制的要求，1993年10月31日第八届全国人大常委会第九次会议通过了修改后的《个人所得税法》，该法于1994年1月1日起施行。

将我国现行个人所得税与以前实行的个人所得税进行比较，有以下几个特点：

征收范围广。现行税法是将以前的三个相关的个人所得税法规进行合并调整，因此，其征税对象将中国公民、外籍人员和个体工商户纳入统一的个人所得税征收范围。

遵循国际惯例，确定课税对象。现行税法引入“居民”概念，以居民为标志区分纳税人的纳税义务，进而明确了个人所得税的课税对象。

实行分项课征方式。现行税法从我国国情出发，采取分项列举的办法，对列入课征项目的所得征税，反之，对于不列入课征项目的所得不征税。

税收负担比较合理。现行税法将工资、薪金所得的适用税率分为九级超额累进，其他所得适用20%的税率，同时，在征收时分别不同项目进行不同额度和不同比例的扣除；对于一次性劳务报酬畸高的还要加成征收。因此，体现了量能负担和合理负担的原则。

二、我国现行个人所得税制度

（一）纳税人和课税对象

现行税法规定，个人所得税的纳税人包括中国公民、个体工商业户以及在中国有所得的外籍人员和中国香港、澳门、台湾同胞。根据国际通行的住所标准和时间标准规定如下：在中国境内有住所，或者无住所而在境内居住满一年的个人，从中国境内外取得的所得，依法应缴纳个人所得税；在中国境内无住所又不居住或者无住所而在境内居住不满一年的个人，从中国境内取得的所得，依法应缴纳个人所得税。

现行税法规定，个人所得税的课税对象包括：工资、薪金所得；个体工商户的生产、经营所得；对企事业单位的承包经营、承租经营所得；劳务报酬所得；稿酬所得；特许权使用费所得；利息、股息、红利所得；财产租赁所得；财产转让所得；偶然所得；经国务院财政部门确定征税的其他所得。

（二）税率

现行税法规定，个人所得税实行分项定率、分项扣除、分项征收的模式。

工资薪金所得，采用超额累进税率，税率为5%～45%（见表1-5）。

表 1-5　个人所得税税率（工资、薪金所得适用）

级数	全月应纳税所得额	税率（%）	速算扣除数
1	≤500 元	5	0
2	500 ~ 2 000 元	10	25
3	2 000 ~ 5 000 元	15	125
4	5 000 ~ 20 000 元	20	375
5	20 000 ~ 40 000 元	25	1 375
6	40 000 ~ 60 000 元	30	3 375
7	60 000 ~ 80 000 元	35	6 375
8	80 000 ~ 100 000 元	40	10 375
9	> 100 000 元	45	15 375

注：本表全月应纳税所得额是指以每月收入额扣除费用 2 000 元后的余额或者再扣除附加费用后的余额。

个体工商户的生产、经营所得和对企事业单位的承包、承租经营所得，适用五级超额累进税率（见表 1-6）。

表 1-6　个人所得税税率（个体工商户的生产、经营所得和对企事业单位的承包、承租经营所得适用）

级数	全年应纳税所得额	税率（%）	速算扣除数
1	≤5 000 元	5	0
2	5 000 ~ 10 000 元	10	250
3	10 000 ~ 30 000 元	20	1 250
4	30 000 ~ 50 000 元	30	4 250
5	> 50 000 元	35	6 750

注：本表全年应纳税所得额指以每一纳税年度的收入总额减去成本、费用以及损失后的余额。

劳务报酬所得适用比例税率，税率为 20%。对一次性劳务报酬畸高的，加成累进征收：20 000 ~ 50 000 元，税率为 20% ×（1 + 50%）= 30%，即加五成征收；超过 50 000 元的，税率为 20% ×（1 + 100%）= 40%，即加十成征收。

稿酬所得适用 20% 的比例税率，并按应纳税额减征 30%。

特许权使用费所得、利息、股息、红利所得，财产租赁所得、财产转让所得，偶然所得和其他所得，适用 20% 的比例税率。

（三）计税依据

现行税法规定，个人所得税的计税依据为纳税人的应税收入扣除应扣的费用后余额。具体规定如下：

工资、薪金所得，以每月收入额扣除费用2 000元后的余额，为应纳税所得额；对于符合附加扣除标准的个人，其每月工资、薪金所得在扣除2 000元费用的基础上，再扣除2 800元。上述符合附加扣除标准的个人是指：在中国境内的外商投资企业和外国企业工作并取得工资、薪金所得的外籍人员；应聘在中国境内的企业、事业单位、社会团体、国家机关中工作并取得工资、薪金所得的外籍专家；在中国境内有住所而在中国境外任职或者受雇取得工资、薪金所得的收入；其他由财政部确定的人员。

个体工商户的生产、经营所得，以每一纳税年度的收入总额，扣除成本、费用以及损失后的余额，为应纳税所得额。

对企事业单位的承包经营、承租经营所得，以每一纳税年度的收入总额，扣除必要费用后的余额，为应纳税所得额。

劳务报酬所得、稿酬所得、特许权使用费所得、财产租赁所得，每次收入不超过4 000元的，扣除费用800元；4 000元以上的，扣除20%的费用，其余额为应纳税所得额。

财产转让所得，以转让财产的收入额扣除财产原值和合理费用后的余额，为应纳税所得额。

利息、股息、红利所得，偶然所得和其他所得，以每次收入额为应纳税所得额。

个人将其收入用于对教育事业和公益事业捐赠的部分，按国务院有关规定从应纳税所得中扣除。

对于纳税人从境外取得的所得，准予其在应纳税额中扣除已在境外缴纳的个人所得税税额，但扣除额不得超过该纳税人境外所得依照我国税法规定计算的应纳税额。

（四）税收优惠和纳税方式

对个人所得税的优惠主要体现为免税和减税两个方面：

1. 现行税法规定，下列各项个人所得，免纳个人所得税。

（1）由政府和外国组织颁发的科学、教育、技术、文化、卫生、体育、环境保护等方面的奖金。

（2）国债和国家发行的金融债券利息。

（3）按照国家统一规定发给的补贴、津贴。

（4）福利费、抚恤金和救济金。

（5）保险赔款。

（6）军人的转业费、复员费。

（7）按照国家统一规定发给干部、职工的安家费、退职费、退休工资、离休工资、离休生活补助费。

（8）依照我国有关法律规定应予免税的各国驻华使馆、领事馆的外交代表、领事官员和其他人员的所得。

（9）中国政府参加的国际公约以及签订的协议中规定免税的所得。

（10）关于发给见义勇为者的奖金，经主管税务机关核准后免税。

（11）个人按规定缴纳的住房公积金、医疗保险金、基本养老保险金。

（12）经国务院财政部门批准免税的所得。

2. 现行税法规定，有下列情形之一的，经批准可以减征个人所得税：残疾、孤老人员和烈属的所得。因严重自然灾害造成重大损失的。其他经国务院财政部门批准减税的。

3. 对于在中国境内无住所，但在境内居住 1 年以上、不到 5 年的纳税人，只就其来源于境内的收入纳税；从第 6 年起，应当就其来源于中国境内外的全部所得纳税。

对于在中国境内无住所，但在一个纳税年度在中国境内连续或者累计居住不超过 90 天的个人，其来源于中国境内的所得，由境外雇主支付并且不由该雇主在中国境内的机构、场所负担的部分，予以免税。

4. 个人所得税的计征方式分为源泉扣税法和自行申报法两种方式。以所得人为纳税人，以支付所得的单位或个人为扣缴义务人；在两处以上取得工资、薪金所得和没有扣缴义务人的，纳税人应当自行申报纳税。对年收入 12 万元以上的纳税人要每年向税务部门双向申报。

三、改革展望

我国现行个人所得税制存在的主要问题有：

分类税制模式易导致税负不公。现行税法规定 8 个应税项目分别扣除费用后计算应纳税所得额作为计税依据。这样规定虽然简便易行，但是不能体现公平税负的原则，纳税人在税收负担上严重失衡，主要表现为：有单项收入的人与同时有多项收入的人，其适应的税率不同、费用扣除标准也不同，结果税负自然不公平。同时，由于每项所得均要扣除费用，并且扣除标准不一，很容易导致三个问题：一是重复扣除费用，只要存在多项收入就要进行多项费用扣除，而其扣除的核心是为了保证纳税人基本生活需要。二是容易给纳税人合法避税造成可乘之机，如：劳务报酬所得，纳税人可将一次取得的收入化整为零，进而达到逃避税款目的。三是在扣除费用时不考虑赡养人口、实际经济负担水平、物价因素、地区间的差别等，因此，很不科学，税负也不相径庭。

税率结构差异较大，不利于调节收入。现行税法规定，税率结构为：5% ~45% 的九级超额累进工资薪金所得适用税率，5% ~35% 的五级超额累进承包、承租经营和个体工商户经营所得适用税率，其他所得适用 20% 税率，以劳务报酬畸高的又规定了加五、十成征收。这种税率结构，边际税率差异较大，不利调节个人收入水平。

个人收入隐性化的问题。据有关部门统计，目前城乡居民储蓄存款的 80% 为 20% 的人所拥有，这说明现实个人收入差距被进一步拉大。这其中有靠勤劳致富的，也存在不少灰色收入。根据现行统计资料分析，这些收入真正纳入个人所得税征收范围的只占少数，并且主要表现为个人工资、薪金所得，大部分非工资、薪金所得被人为地隐匿起来。

个人所得税的纳税申报与处罚问题。目前我国个人所得税纳税人主动申报的比较少，这反映了纳税人纳税意识淡薄和征管手段落后等问题。而这些问题在某种程度上与该税的处罚不力有关，突出的表现是：对“名人”和“权贵”偷税案处罚的不得力，其负面影响非常大。

由此看来，税制模式改革取向应该是综合所得税制。因为综合所得税制具有税负公平、扣除合理、税率结构合理、有利于避免合法避税等优点，所以，在所得税推行较长，也比较完善的发达国家，其个人所得税税制模式一般采用综合所得税制。结合我国国情，我国当前尚不具备实行综合所得税制的条件，只能采用综合与分类相结合的个人所得税制，其划分的基本原则是劳动所得按综合所得课税，非劳动所得按分类课税。关于扣除标准问题，综合所得应扣除一定比例或一定额度的费用，在扣除时应综合考虑各种因素；分类所得除了财产转让所得外，其他各项所得均不得扣除费用，从而达到真正通过个人所得税调节收入分配的目的。待条件成熟时，再向综合所得税制转化。

现行税率要适当调整，优化税率结构。在综合分类税制条件下，对分类征税项目仍采用20%的比例税率比较适宜；对综合征税项目，应实行超额累进税率，最低税率可考虑提高到10%，最高税率控制在45%水平比较合适，对大多数纳税人的实际税率应控制在20%左右为宜。这种税率结构既符合目前国情，也容易为大多数纳税人所接受，同时，综合所得税率与分类所得税率也容易衔接平衡。但与此同时，也要求将起征点提高，或规定一个全国平均水平，各地可根据具体物价水平、居民生活水平等因素进行20%幅度以内的调整。

实行预扣预缴为主、综合申报为辅的征收管理模式。实践证明，预扣预缴制度是进行个人所得税征管的一种行之有效的制度，所以，在综合所得与分类所得相结合的税制模式下，应继续发挥这种征管制度的长处。对此应尽快出台《代扣代缴义务人申报条例》、《个人所得税预征预缴制度》，将义务扣缴人的权利和义务以法律的形式明确下来，义务扣缴人按月申报，纳税人按年度申报，以增强其激励和惩罚功能；同时，应加强和强化个人综合申报制度与管理；发挥计算机在税收征管中独特的数据处理中心和交叉稽核作用，提高个人所得税的征管水平。

加大对个人所得税偷税的处罚力度，体现税法的严肃性和威慑力。这需要制定更加严密和严厉的处罚措施与法规，赋予税务机关某些特权，如查封财产、税务警察等；在加强税法宣传的同时，加强政府廉政建设，提高税务人员为纳税人服务的质量水平。

透视1－3

国家税务总局致个人所得税纳税人的一封信

尊敬的纳税人：您好！

阳春三月，正是万物复苏、到处呈现勃勃生机的希望时节。

过去的一年，您以自己的智慧和辛勤劳动，创造了社会财富，增加了国家税源，也收获了属于自己的劳动果实，为国家的经济和社会发展作出了积极贡献。在此谨向您致以崇高的敬意。

为更好地发挥个人所得税的职能作用，促进社会主义和谐社会建设，2005年10月27日，十届全国人大常委会第十八次会议通过了《关于修改〈中华人民共和国个人所得税法〉的决定》；2005年12月19日，国务院通过了《关于修改〈中华人民共和国个人所得税法实施条例〉的决定》。按照修订后的《个人所得税法》第8条和《实施条例》第36条，自2006年1月1日起，凡年所得达到12万元以上的个人，不论是否已足额缴纳了税款，均应在2006年结束后3个月内到主管税务机关办理纳税申报。

2007年1月1日至今，已有近40万名年所得12万元以上的纳税人依法进行了纳税申报，体现了这些纳税人遵守国家税法的强烈意识。现在，距3月31日的申报终止期限仅剩不到一个月时间了。在此，我们真诚地提醒您：

1. 依法纳税是每个公民应尽的义务，依法进行纳税申报是纳税人最好的诚信证明。个人年所得12万元以上的必须在年度终了后3个月内自行纳税申报，是我国个人所得税法的规定，能否切实遵守这项规定，体现了一个纳税人的法制观念、诚信水平和素质高低。为了保障国家税法顺利实施，依据我国的税收征收管理法有关规定，年所得达到12万元的纳税人，平时有应扣未扣税款的，在办理年度自行纳税申报时只要如实申报收入情况，税务机关只补征其应扣未扣的税款，不加收滞纳金，也不罚款，更不会作为偷税处理。

纳税人未按照规定的期限办理纳税申报，税务机关将按照税收征收管理法的有关规定进行处理。

2. 如果您2006年取得的各项所得合计达到了12万元，请您在3月31日前一定要向地方税务机关办理纳税申报，以免发生违法行为。各项所得包括：

(1) 工资、薪金所得；

(2) 个体工商户的生产、经营所得以及个人独资企业和合伙企业投资者的生产经营所得；

(3) 对企事业单位的承包经营承租经营所得；

(4) 劳务报酬所得；

(5) 稿酬所得；

(6) 特许权使用费所得；

(7) 利息、股息、红利所得；

(8) 财产租赁所得；

(9) 财产转让所得（2006年股票转让的净所得也应计入该项所得一并申报，但不用纳税）；

(10) 偶然所得；

(11) 经国务院财政部门确定征税的其他所得。

每项所得的具体计算方法，可向当地地方税务机关咨询或者索取有关资料。

3. 请您在申报截止日（3月31日）前尽早到主管地方税务机关办理纳税申报，以免您在办理申报手续时占用更多的宝贵时间。由于各种原因，越临近申报截止的日期，申报的人数会越多，如果您赶在申报期将结束时才去申报，在网上申报的可能赶上网络拥堵，多次申报才能成功；到申报大厅申报的可能赶上排队申报，既花时间又非常拥挤；邮寄申报的可能由于人数剧增给邮政部门带来压力，不能及时投递。所以，及早申报是省时省力、利己利人的最好办法。

4. 若您对年所得12万元以上的自行纳税申报政策、程序等方面还有疑问，可通过以下方法获得解决：

(1) 拨打“12366”税收咨询电话进行咨询；

(2) 浏览本地地方税务机关网站中关于自行纳税申报的网页；

(3) 直接向当地地方税务机关进行咨询；

(4) 查阅当地地方税务机关在媒体上发布的关于自行纳税申报的辅导讲解；

(5) 您认为有效的其他方法。

如果您对年所得12万元以上自行纳税申报的税收服务工作及其他税收工作有批评和意见、建议，可直接向当地税务机关或者上级税务机关反映，各级税务机关将认真听取批评并尽量采纳您的意见、建议，努力改进纳税服务工作。

尊敬的纳税人，“依法诚信纳税，共建和谐社会”，是我们共同的心愿。我们愿和您一起，携手努力，共同执行好、实施好新的个人所得税法，为我国的税收法制建设，为构建社会主义和谐社会贡献一份力量。

祝您在新的一年里身体健康，工作顺利，生活幸福!

国家税务总局

二〇〇七年三月五日

资料来源：国家税务总局网站。

第八节 其他主要税种

透视 1-4

资源税、环境税和物业税改革进展

针对当前社会普遍关注的资源税、环境税、物业税等热点税种，国家税务总局相关人士2008年1月10日在税务总局新闻发布会上对相关税种改革回答了记者提问。

1. 资源税改革方案有望出台。

据专家介绍，目前我国资源税率过低，导致了市场价格的扭曲，不利于经济的可持续发展。应改“从量计征”为“从价计征”，同时，应扩大资源税目，稀缺资源都应纳入其中。从2004年起，我国陆续调整了煤炭、原油、天然气、锰矿石等部分品目的资源税税额标准；2006年，财政部、国家税务总局又取消了对有色金属矿产资源税减征30%的优惠政策，恢复全额征收；调整了对铁矿石资源税的减征政策等；2007年，财政部、国家税务总局又调高了焦煤资源税税额，并对盐资源税税收政策进行了调整。

2. 环境税研究工作已启动。近几年，国内一些行业的业绩出现高速增长，但它们的产品都与高污染、高耗能相挂钩，在这一背景下，环境税开征逐步成为社会关注的热点话题。

杨遂周表示，为保障节能减排工作顺利实施，国家税务总局、国家环保总局等相关部门已启动了环境税这一税种的研究工作，通过借鉴国外先进经验，完善税种的设计方案。杨遂周同时表示，环境税的开征还需要一个过程。

有关专家指出，尽管环境税开征的具体方案还未确定，但强调环境保护是政策的核心。产品存在潜在污染，或者直接排放污染物的企业，都可能成为政策征收的目标。

3. 物业税试点范围进一步扩大。杨遂周在回答记者提问时表示，目前我国物业税模拟评税试点范围正逐步扩大，计划2007年增加五个城市作为模拟评税试点。

杨遂周指出，物业税政策性比较强，而我国地区间经济发展差异大、房地产产权管理情况复杂，因此要在立法前进行更多的研究，从技术上为物业税的开征做好准备。

另据国家税务总局相关人士介绍，物业税改革关键在计税依据的调整，以评税价格作为计税依据是国际上的普遍做法。

在对按评税价格计征物业税的可行性进行充分论证的基础上，税务总局选择部分地区进行模拟评税试点，从2003年起，税务总局和财政部先后批准了北京、江苏、深圳等6个省市作为试点先行单位，进行房地产模拟评税试点。2007年又批准河南、安徽、福建、大连的部分区域作为房地产模拟评税扩大试点范围。

资料来源：根据人民网资料，作者整理。

一、土地增值税

（一）土地增值税概述

土地增值税是指对转让国有土地使用权、地上建筑物及其附着物取得的收入征收的一种税。这是1994年税制改革时新开征的一个税种，在此之前，对单位和个人的有偿转让房地产收入，只征收营业税，对土地增值部分不征税。20世纪80年代后期，我国部分地区开始尝试进行国有土地使用权的有偿出让和转让，1990年5月，国务院发布了《中华人民共和国城镇国有土地使用权的出让和转让暂行条例》，对国有土地使用权的出让和转让做了界定，为土地使用权成为生产要素进入市场提供了法律保障。广东、深圳、海南对房地产转让增值收入征收的土地增值费，一般都是根据本地区具体情况制定征收办法，在征收范围、收费标准、扣除项目等方面都存在较大的差异，因此，不利于我国房地产市场的统一和规范。为了促进土地资源的合理使用，抑制房地产的投机活动，防止国有土地收益的流失，同时，也是为了增加财政收入、规范有关土地增值额征税制度，1993年12月31日国务院颁布了《中华人民共和国土地增值税暂行条例》，于1994年1月1日起施行。

（二）我国现行土地增值税制度

凡有偿转让中华人民共和国国有土地使用权、地上建筑物及其附着物并取得收入的单位和个人为土地增值税的纳税人。包括有偿转让房地产的一切中外单位和个人。

土地增值税的课税对象是土地增值额。其计税依据是转让房地产所取得的收入，扣除相关成本、费用及税金后的余额。其关键是正确评估和确定扣除项目金额。扣除项目具体包括：取得土地使用权所支付的金额，开发土地和新建房及配套设施实际发生的成本和费用，与转让房地产有关的税金，旧房及建筑物的评估价格，对从事房地产开发的纳税人可按前两项的金额之和加计20%的扣除。

土地增值税采用四级超率累进税率，具体适用税率按增值额与扣除项目金额的比率确定。其税率如表 1 – 7 所示。

表 1 – 7 土地增值税税率 单位:%

级次	土地增值额与扣除项目金额的比例	税率	速算扣除数
1	≤50%	30	0
2	50% ~100%	40	5
3	100% ~200%	50	15
4	>200%	60	35

现行税制规定，下列情况可以免税：纳税人建造普通标准住宅出售，增值税额未超过扣除金额 20% 的；因国家建设需要而被政府依法征用、收回的房地产。

个人因工作调动或改善居住条件而转让原自用住房，经申请并由当地税务机关批准，凡居住满 5 年或 5 年以上的，免予征收土地增值税；居住满 3 年未满 5 年的，减半征收土地增值税，居住未满 3 年的，按规定计征土地增值税。

（三）改革展望

土地增值税开征以来，主要存在以下几个问题：

对房地产交易额缺乏有效的监控手段，征管难度比较大。由于我国目前房地产评估制度还没有普遍建立和推广，法定的评估机构较少，房地产交易还没有标准价可循，只能以实际成交价为标准。一般实际成交价属于协议价，而目前政府又没明确规定对低价成交的房地产进行优先收购权，同时，也缺乏交易注册登记管理制度，很容易导致纳税人在申报纳税时弄虚作假。

纳税人以行政划拨方式取得的国有土地使用权，在未补交出让金和未补办出让手续的情况下，就转让；集体所得的土地，未经国家征用，就直接进入市场交易。

土地增值额的核算有一定的难度。在具体征管中，对于集中开发，一次性整块转让，则比较容易核算；而对于分期分批开发，分块出售，甚至一幢楼、一个楼层或一个单元出售，就会造成出让金、成本、费用等扣除项目金额计算分摊上的困难。对于以地换房或一方出资一方出地合建房等，在计算征管上也比较难。

看来有必要建立健全房地产法规体系，明确房地产交易的评估、核准、登记、政府优先收购制度；建立健全房地产交易中介服务体系，建立公正的标准地价评估制度；建立房地产管理部门与税务部门的协作制度，加强对土地增值税的征管工作；建立健全科学的核算体系，保证土地增值额核算的科学合理，如：可通过中介机构的评估价与市场价比较确定，按照物价指数进行调整等。

二、房产税

（一）房产税概述

房产税是以房屋为课税对象，以房产的价值或租金收入为计税依据而征收的一种税。根据房产税计税依据的不同，可以将房产税分为三种形式：财产税性质的房产税、所得税性质的房产税和消费税性质的房产税。财产税性质的房产税是以纳税人应税房屋的数量或价值为计税依据，从量或从价征收；所得税性质的房产税是以纳税人应税房屋的租金收益为计税依据，从价比例征收；消费税性质的房产税是以纳税人应税房屋的消费行为为课税对象，以房屋居住人为纳税人，从价比例征收。目前世界各国一般几种形式并用，采用单一形式的国家并不多见，我国采用的是前两种形式。

新中国成立后，于1951年1月由政务院公布的《全国税政实施要则》，就规定全国统一征收房产税；同年6月，将房产税与地产税合并为房地产税；8月，政务院正式公布了《城市房地产税暂行条例》，在规定的城市征收。1973年税制改革，对试行工商税的企业征收的城市房地产税，并入了工商税征收，只对个人、外商投资企业和房地产管理部门，继续征收城市房地产税。1984年10月，国务院在对国有企业实行税制改革时，明确恢复征收房产税，根据当时情况，将城市房地产税分为房产税和城镇土地使用税，并于1986年9月发布了《房产税暂行条例》，从1986年10月1日起对国内的单位和个人征收，对涉外企业和外籍人员则继续征收城市房地产税。房产税的开征，其意义主要有：有利于加强房屋的管理，提高房屋的使用效益；有利于控制固定资产投资规模，促进房地产改革；有利于配合国家房产政策的调整，调节房产所有人和经营人的收入水平，有效地筹集财政收入，促进经济建设。

（二）我国现行房产税制度

1. 纳税人。房产税的纳税人为城市、县城、建制镇和工矿区的房屋产权所有人。这里所称的所有人包括：置有房产的法人或自然人，具有房产使用、收益、转让等权利和依法纳税的义务。当房产发生了买卖、赠送继承等产权转移情况，在办理完有关产权手续后，由新的产权所有人纳税。关于纳税人的具体确认如下：

产权属于国家所有的，由经营管理的单位缴纳；

产权属于集体和个人所有的，由集体单位和个人缴纳；

产权出典的，由承典人缴纳；

产权所有人、承典人不在房产所在地的，或产权未确定及租典纠纷不解决的，由房产代管人或者使用人缴纳。

因此，房产税的纳税人包括：产权所有人、经营管理单位、承典人、房产代管人或者使用人。这里所指的承典人是指以押金形式并付出一定费用，在一定期限内享有房产的使用、收益权利的人；代管人是指接受产权所有人、承典人的委托代为管理房产或虽未受委托而在事实上已代管房产的人；使用人是指直接在使用房产的人。

2. 课税对象。房产税的课税对象是房产，具体指有屋面和围护结构（墙或边柱），能够遮风避雨，可供人们在其中生产、学习、工作、娱乐、居住或储藏物资的场所。

3. 课税范围。房产税的课税范围为：城市、县城、建制镇和工矿区。这里的城市是指国务院批准设立的市；县城是指县人民政府所在地的地区；建制镇是指经省、自治区、直辖市人民政府批准设立的建制镇；工矿区是指工商业比较发达、人口比较集中、符合国务院规定的建制镇的大中型工矿企业所在地。目前房产税的课税范围不包括农村，主要是为了减轻农民负担；同时，由于农村的房屋主要是居住用房，也属于房产税的免税范围。

4. 计税依据。房产税的计税依据是房产的计税价值或房产的租金收入。按照房产计税价值征税的，称为从价计征；按照房产租金收入计征的，称为从租计征。

房产计税价值的确定。房产的计税价值是房产的余值，即以房产原值一次扣除10%～30%后的余值计算缴纳。这里说的房产原值是指纳税人按照会计制度规定，在会计账簿中"固定资产"科目中记载的房屋造价或原价。之所以选择房屋余值作为计税依据，是出于这样考虑的：房屋的原值会随着时间的推移，其账面价值会随着折旧的提取而逐渐减少，再按原值征税显然不合理；如果按房屋净值征税，既麻烦也不科学；如果按房屋的市场价格进行征税，由于房屋市价包括了土地开发利用等增值因素，在不发生房屋买卖行为时没有市价，同时也存在无标准市价情况，客观限制了房产税计税依据采用市价方式。因此，采用房产余值作为计税依据，是考虑到房屋的自然损耗因素和后期增值因素而确定的。

房产租金收入的确定。房产的租金收入是指房屋产权所有人出租房产使用权所得的报酬，包括货币收入和实物收入。

5. 税率。现行房产税税制规定，其税率采用比例税率。由于房产税的计税依据分为从价计征和从租计征两种形式，所以，房产税的税率也分为两种：一种是按房产原值一次扣除10%～30%后的余值计征的，税率为1.2%；另一种是按房产出租的租金收入计征的，税率为12%。

6. 税收优惠。房产税的税收优惠是根据国家政策需要和纳税人的负担能力制定的，由于房产税属于地方税，因此，地方拥有一定的减免税权限。房产税的税收优惠分为一般减免税、特殊减免税和困难减免税三种情况。

一般减免税。现行税制规定，可予以一般免税的范围包括：国家机关、人民团体和军队自用的房产；由国家财政部门拨付事业经费的单位自用的房产；企业办的各类学校、医院、托儿所和幼儿园自用的房产；宗教寺庙和名胜古迹自用的房产；个人自用的房产；损毁不堪使用的房屋和危险房屋，经有关部门鉴定，在停止使用后，可免税。

特殊减免税。现行税制规定，可予以特殊免税的范围包括：微利、亏损、停产、撤销企业的房产；企业固定资产大修理期间，停用达半年以上的房产，经申请批准后，可在大修理期间免税；基本建设工地临时性房屋；作业用的地下人防设备；从1998年1月1日起，对房管部门经租的居民住房，在房租调整改革之前收取租金偏低的，可暂缓征收房产税；对房管部门经租的其他非营业用房，是否给予照顾，由各省、自治区、直辖市根据当地具体情况按规定办理。

困难减免税。现行税制规定，对纳税人缴纳房产税确有困难的，可由省、自治区、直辖市人民政府确定，定期减征或免征房产税。

房产税的征管方式。房产税按年计征，分期缴纳，具体纳税期限由省、自治区、直辖市人民政府确定；纳税地点为纳税人房屋所在地，对于纳税人有多处房产，且不在一地的，应按房产的坐落地点，分别向房产所在地的税务机关申报缴纳。

（三）改革展望

征收房产税的目的是运用税收杠杆，加强对房屋的管理，提高房屋的使用效率，控制固定资产投资规模和配合国家产业政策的调整，合理调节房产所有人的收入水平。然而，从多年的实践来看，上述目的并未完全实现。主要存在以下几个问题：

税收调节目标过多，导致税收行为扭曲。现行房产税的调节目标有：运用税收杠杆，加强对房屋的管理，提高房屋的使用效率，控制固定资产投资规模和配合国家产业政策的调整，合理调节房产所有人的收入水平。然而，从实践来看，房产税的主要作用是筹集财政收入和配合房改政策，其初始目标并未完全实现，而多种目标交织在一起，不可避免地出现税收行为的扭曲现象。

现行税制存在对内外的两套税制，纳税人税负水平不一，不利于公平竞争。

由于计税依据的确定不够科学严密，客观上存在避税现象。现行税制规定，出租的房产，以租金收入为计税依据，其纳税人为房产所有人；如果存在房屋转租问题，就难以确定其纳税人。同时，对转租人收益是否应征收房产税、如何征税，现行税制没有明确规定。对于租金或房价的确定在操作上也存在不实现象。这些均为纳税人逃避税务负担提供了客观可能。

收入弹性较小，影响地方财政收入稳定增长。由于房产税的计税依据一定几年不变，会导致随着时间的推移税基萎缩的现象，进而制约税收收入增长。

针对上述问题，今后应当缩小房产税的调节目标，将其调节目标定位于取得财政收入和配合房改政策比较合适，进而有利于避免税收行为的扭曲现象。扩大课税范围。可考虑将境内所有拥有房产的单位和个人均纳入课税范围，这与稳定农民税收负担并不冲突，由于存在税收的减免政策，农村居住用房属于免税范围，对非居住用房负担与横向公平原则在农村中的体现。规范房产税的计税依据，从制度角度堵塞合法避税现象。可考虑房产税的计税依据采用房产评估值或租金评估值，对于纳税人有意低报的，税务机关可根据评估值进行调整。不过，这需要一套严密的房地产评估制度和评估标准，具体措施由各省、自治区、直辖市人民政府根据本地情况进行细化确定。合并中外两套税制，促进公平竞争。采用幅度税率，中央政府只确定一个全国平均的幅度税率，比如1%～8%，具体执行税率由各地根据当地情况在规定的幅度范围内进行确定或调整。

三、城镇土地使用税

为了合理利用城镇土地，调节土地级差收入，提高土地使用效益，加强土地管理，国家征收城镇土地使用税。

在城市、县城、建制镇、工矿区范围内使用土地的单位和个人，为城镇土地使用税的纳税义务人，应当缴纳土地使用税。

单位包括国有企业、集体企业、私营企业、股份制企业、外商投资企业、外国企业以及其他企业和事业单位、社会团体、国家机关、军队以及其他单位；所称个人，包括个体工商户以及其他个人。

土地使用税以纳税人实际占用的土地面积为计税依据，依照规定税额计算征收。

土地占用面积的组织测量工作，由省、自治区、直辖市人民政府根据实际情况确定。

土地使用税每平方米年税额如下：大城市 0.5～30 元；中等城市 1.2～24 元；小城市 0.9～18 元；县城、建制镇、工矿区 0.6～12 元。

省、自治区、直辖市人民政府，应当在前条所列税额幅度内，根据市政建设状况、经济繁荣程度等条件，确定所辖地区的适用税额幅度。

市、县人民政府应当根据实际情况，将本地区土地划分为若干等级，在省、自治区、直辖市人民政府确定的税额幅度内，制定相应的适用税额标准，报省、自治区、直辖市人民政府批准执行。

经省、自治区、直辖市人民政府批准，经济落后地区土地使用税的适用税额标准可以适当降低，但降低额不得超过本条例第四条规定最低税额的 30%。经济发达地区土地使用税的适用税额标准可以适当提高，但须报经财政部批准。

下列土地免缴土地使用税：

1. 国家机关、人民团体、军队自用的土地；
2. 由国家财政部门拨付事业经费的单位自用的土地；
3. 宗教寺庙、公园、名胜古迹自用的土地；
4. 市政街道、广场、绿化地带等公共用地；
5. 直接用于农、林、牧、渔业的生产用地；
6. 经批准开山填海整治的土地和改造的废弃土地，从使用的月份起免缴土地使用税 5～10 年；
7. 由财政部另行规定免税的能源、交通、水利设施用地和其他用地。

纳税人缴纳土地使用税确有困难需要定期减免的，由省、自治区、直辖市税务机关审核后，报国家税务局批准。

土地使用税按年计算，分期缴纳。缴纳期限由省、自治区、直辖市人民政府确定。

新征用的土地，依照下列规定缴纳土地使用税：征用的耕地，自批准征用之日起满一年时开始缴纳土地使用税；征用的非耕地，自批准征用次月起缴纳土地使用税。

土地使用税由土地所在地的税务机关征收。土地管理机关应当向土地所在地的税务机关提供土地使用权属资料。

四、契税

契税是在土地、房屋产权发生转移时，就当事人双方所订契约，向产权承受人征收的一种税。契税与产权证明密切相关，一般由纳税人在发生不动产产权转移时自动向政府申报纳税，请求验印或发给契证。

契税在我国历史悠久，最早起源于东晋的“估税”，此后，历代封建王朝对不动产的买卖、典当等产权转移变动都要征收契税，但课税范围和税率不尽相同。新中国成立后，1950 年 4 月政务院公布了《契税暂行条例》，在全国城市和已经完成了土改的乡村征收契税，此条例一直沿用了 40 多年——虽然中间时续时停。随着经济的发展和形势的变化，此条例显然不能适应经济发展的要求，因此，1997 年国务院重新制定了《契税暂行条例》。征收契税有两个目的：一是筹集财政收入；二是保障纳税人对其不动产所享有的合法权益。

1. 纳税人。现行税制规定，契税的纳税人是指境内转移土地、房屋权属，承受的单位和个人。具体包括：企业单位、事业单位、国家机关、军事单位和社会团体以及其他组织、个人（包括中国公民和外籍人员）。

2. 课税对象。现行税制规定，契税的课税对象是指境内转移土地、房屋权属，具体包括：国有土地使用权的出让；土地使用权的转让；房屋买卖；房屋赠与；房屋交换等五项内容。

3. 计税依据。现行税制规定，契税的计税依据为不动产的价格。由于土地、房屋权属转移方式不同，定价方法也不同，因此，其计税依据也不尽一致。具体如下：

国有土地使用权出让、土地使用权出售、房屋买卖，以成交价格为计税依据。

土地使用权赠与、房屋赠与，由征收机关参照土地使用权出售、房屋买卖的市场价格核定计税依据。

土地使用权交换、房屋交换，计税依据为所交换的土地使用权、房屋的价格差额。

以划拨方式取得土地使用权，经批准转让房地产时，由房地产转让者补交契税。其计税依据为补交的土地使用权出让费或者土地收益。

对于成交价格明显低于市价并且无正当理由的，或者所交换土地使用权、房屋的价格的差额明显不合理并且无正当理由的，征收机关可以参照市场价格进行核定。

4. 税率。现行税制规定，契税实行1%～5%的幅度税率。各省、自治区、直辖市人民政府可以在此幅度税率规定的范围内，按照本地区的实际情况决定。

5. 税收优惠具体规定如下：

（1）国家机关、事业单位、社会团体、军事单位承受土地、房屋用于办公、教学、医疗、科研和军事设施的，免征契税。

（2）城镇职工按规定第一次购买公有住房，免征契税。

（3）因不可抗力灭失住房而重新购买住房的，酌情减免。

（4）土地、房屋被县级以上人民政府征用、占用后，重新承受土地、房屋权属的，由省级人民政府确定是否减免。

（5）承受荒山、荒沟、荒丘、荒滩土地使用权，并用于农、林、牧、渔业生产的，免征契税。

（6）外国驻华使馆、领事馆、联合国驻华机构及其外交代表、领事官员和其他外交人员承受土地、房屋权属，免征契税。

五、车船税

车船税是对行驶于中国境内公共道路的车辆和航行于境内河流、湖泊或者领海的船舶征收的一种税。它是一种兼有财产税和行为税性质的税种。

我国最早对车船征税始于汉武帝时期，对商人用作运输货物的车船征收“算商车”，明、清时期对内河商船征收“船钞”，国民党政府对车船征收“牌照税”。新中国成立后，国务院于1951年颁布了《车船使用牌照税暂行条例》，对使用的车船征税；1973年税制简并时，把国内企业缴纳的车船使用牌照税并入工商税，仅对个人、外侨及外商投资企业的车船征收；1984 年 10 月，国务院决定恢复对国内企业的车船征税，更名为车船使用税；1986 年 9 月国务院颁布并于同年 10 月 1 日实施的《中华人民共和国车船使用税暂行条例》。2006 年 12 月，中华人民共和国国务院令第 482 号颁布《中华人民共和国车船税暂行条例》。

征收车船税的目的有两个：一是筹集财政收入；二是运用税收杠杆加强对车船的管理，提高车船的使用效益。

1. 纳税人。在中华人民共和国境内，车辆、船舶（简称车船）的所有人或者管理人为车船税的纳税人，应当依照本条例的规定缴纳车船税。车船的所有人或者管理人未缴纳车船税的，使用人应当代为缴纳车船税。

2. 课税范围。车船，是指依法应当在车船管理部门登记的车船。

3. 计税依据和税率。车船的适用税额，依照《车船税税目税额表》执行。

国务院财政部门、税务主管部门可以根据实际情况，在《车船税税目税额表》规定的税目范围和税额幅度内，划分子税目，并明确车辆的子税目税额幅度和船舶的具体适用税额。车辆的具体适用税额由省、自治区、直辖市人民政府在规定的子税目税额幅度内确定（见表 1－8）。

表 1－8　　车船税税目税额

税　　目	计税单位	每年税额	备　　注
载客汽车	每辆	60～660 元	包括电车
载货汽车	按自重每吨	16～120 元	包括半挂牵引车、挂车
三轮汽车低速货车	按自重每吨	24～120 元	
摩托车	每辆	36～180 元	
船舶	按净吨位每吨	3～6 元	拖船和非机动驳船分别按船舶税额的 50% 计算

注：专项作业车、轮式专用机械车的计税单位及每年税额由国务院财政部门、税务主管部门参照本表确定。

4. 税收优惠。车船使用税的税收优惠政策主要有：

（1）下列车船免征车船税：非机动车船（不包括非机动驳船）；拖拉机；捕捞、养殖渔船；军队、武警专用的车船；警用车船；按照有关规定已经缴纳船舶吨税的船舶；依照我国有关法律和我国缔结或者参加的国际条约的规定应当予以免税的外国驻华使馆、领事馆和国际组织驻华机构及其有关人员的车船。国家机关、人民团体、部队自用的车船，可以免税；但用于生产经营的非自用车船，不得免税。

（2）省、自治区、直辖市人民政府可以根据当地实际情况，对城市、农村公共交通车船给予定期减税、免税。

5. 纳税方式。车船税由地方税务机关负责征收。

车船税的纳税地点，由省、自治区、直辖市人民政府根据当地实际情况确定。跨省、自治区、直辖市使用的车船，纳税地点为车船的登记地。

车船税的纳税义务发生时间，为车船管理部门核发的车船登记证书或者行驶证书所记载日期的当月。

车船税按年申报缴纳。具体申报纳税期限由省、自治区、直辖市人民政府确定。

从事机动车交通事故责任强制保险业务的保险机构为机动车车船税的扣缴义务人，应当依法代收代缴车船税。

各级车船管理部门应当在提供车船管理信息等方面，协助地方税务机关加强对车船税的征收管理。

六、印花税

透视1－5

证券（股票）交易印花税的调整

经国务院批准，财政部、国家税务总局决定从2008年4月24日起，调整证券（股票）交易印花税税率，由现行3‰调整为1‰。即对买卖、继承、赠与所书立的A股、B股股权转让书据，由立据双方当事人分别按1‰的税率缴纳证券（股票）交易印花税。

24日当日，沪综指当日市场盘中最高涨幅超过9.31%，深成指当日市场走势盘中最高涨幅超过9.59%，两市创7年以来最大开盘涨幅。

历次调整印花税后大盘走势：

证券交易印花税1990年首先在深圳开征，当时主要是为了稳定初创的股市及适度调节炒股收益，由卖出股票者按成交金额的6‰交纳。同年11月，深圳市对股票买方也开征6‰的印花税，内地双边征收印花税的历史开始。

1991年10月，深市将印花税率从6‰调整到3‰，牛市行情启动，后上证指数从180点升至1992年5月的1 429点，升幅达694%。

1992年6月12日，国家税务总局和原国家体改委联合发文明确按3‰的税率缴纳印花税，指数在盘整一个月后掉头向下，一路从1 100多点跌到300多点，跌幅超过70%。深市盘整4个月后，从2 517点下调到1 538点，2002年11月23日到2003年2月22日，深市从1 538点回升到3 422点，升幅超过220%。

1996年初至1997年5月，印花税依然为3‰，深市呈现大牛市行情，指数上涨660%多。

1997年5月12日，证券交易印花税率由3‰提高到5‰，沪指半年内下跌近500点，跌幅达到30%多。

1998年6月，证券交易印花税率从5‰下调至4‰，股指不升反降，两个月内震荡走低400点。

1999年6月1日，为了活跃B股市场，国家税务总局再次将B股交易税率降低为3‰，上证B指一个月内从38点拉升至62.5点，涨幅高达50%多。

2001年11月16日，印花税率再度调低至2‰，股市又产生一波100多点的下行波段行情。

2005年1月23日，财政部又将证券交易印花税税率由2‰下调整为1‰，股市轻微拉升后随即呈震荡下行趋势。2001年4月至2005年末，股市基本表现为熊市。

2007 年 5 月 30 日，财政部决定调整股票交易印花税税率，由 1‰调整为 3‰。

最新的政策是：2008 年 9 月 19 日起，对证券交易印花税政策进行调整，由现行双边征收改为单边征收，税率保持 1‰。即对买卖、继承、赠与所书立的 A 股、B 股股权转让书据，由立据双方当事人分别按 1‰的税率缴纳股票交易印花税，改为由出让方按 1‰的税率缴纳股票交易印花税，授让方不再征收。

资料来源：根据《中国证券报》信息，作者整理。

印花税是对经济活动和经济交往中书立、领受的凭证征收的一种税。它是一个古老的税种，于 1624 年始创于荷兰，后为许多国家采用。据统计，目前，世界上有 90 多个国家和地区开征了印花税。我国是在清朝末年的 1907 年，由清政府颁布《印花税则》，但由于遭到商界的反对，而没有在全国实施。北洋军阀时期，于 1912 年发布了《印花税法》，1913 年正式开征印花税；国民党统治时期，于 1927 年颁布了《印花税暂行条例》，后来几经修改，于 1934 年正式颁布了《印花税法》，并将印花税列为中央税收。新中国成立后，政务院于 1950 年发布了《印花税暂行条例》，在全国范围内开征了统一的印花税，1958 年税制改革将印花税并入工商统一税，原《印花税暂行条例》停止执行；1988 年 8 月 6 日国务院颁布了《中华人民共和国印花税暂行条例》，于 10 月 1 日起施行，恢复征收印花税。

现行印花税的特点是：覆盖面广，从印花税课税范围来看，凡税法列举的合同或具有合同性质的凭证、产权转移书据、营业账簿及权利、许可证照等，都必须依法纳税，涉及经济活动的各个方面；印花税根据应税凭证的性质，分别按合同金额依比例税率或者按件定额计算应纳税额。比例税率有 1‰、0.5‰、0.3‰和 0.05‰四档，比如购销合同按购销金额的 0.3‰贴花，加工承揽合同按加工或承揽收入的 0.5‰贴花，财产租赁合同按租赁金额的 1‰贴花，借款合同按借款金额的 0.05‰贴花等；权利、许可证等按件贴花 5 元。印花税实行由纳税人根据规定自行计算应纳税额，购买并一次贴足印花税票的缴纳办法。

我国现行印花税制度规定，凡在我国境内书立、领受应税凭证的，都属于印花税的课税范围。具体包括五大类：合同或具有合同性质的凭证、产权转移书据、营业账簿、权利许可证照和经财政部确定的其他应税凭证。进一步细分共有 13 个税目：购销合同、加工承揽合同、建设工程勘察设计合同、安装工程承包合同、财产租赁合同、货物运输合同、仓储保管合同、借款合同、财产保险合同、技术合同、产权转移书据、营业账簿和权利许可证照。

印花税的计税依据是应税凭证所记载的金额或收入、费用额及件数。

现行税制规定，下列情况可予免税：已经缴纳印花税的凭证的副本或抄本，财产所有人将财产赠给政府、社会福利单位、学校所立的书据，国家指定的收购部门与村民委员会、农民个人书立的农副产品收购合同，无息、贴息贷款合同，外国政府或者国际金融组织向我国政府及国家金融机构提供优惠贷款所书立的合同，房地产管理部门与个人签订的用于生活居住的租赁合同，农牧业保险合同，特殊货运凭证（军事物资、抢险救灾物资、新建铁路工程临管线运输凭证）。

目前，印花税采用列举办法确定课税范围，列入的征税，未列入的不征税。如：进入证券交易所的证券应缴税，而不进入证券交易所交易的证券却可以不缴纳印花税。因此，一方面表现为课税范围较窄，另一方面表现为有失公平。征管制度不健全，“三自”纳税方式难以落实。由于印花税税源分散，应税凭证种类繁多，纳税人纳税意识淡薄，税务机关征管力度和处罚力度不够等，导致印花税偷税行为时有发生，纳税人“三自”纳税方式几乎流于形式。

本章小结

本章比较系统地讨论了税收的概论和现行的中国税收制度和政策。

1. 税收是国家财政收入的主要来源，税收来源于经济的成长和发展；国家通过税收的形式，参与社会财富的分配，取得收入；税收为政府和公民服务。税收主要分为流转税、所得税和财产税，这是根据税收的课征对象的不同而划分的，体现税收立法和税制设计的技术特点。在中国，流转税还是主要税收来源，其次是所得税。这主要是由中国的经济发展水平所决定的，税制的设计体现了生产力发展状况；随着经济的发展，所得税会越来越重要。

2. 我国的现行税种主要有：增值税、营业税、消费税、关税、企业所得税、个人所得税、土地增值税、城市建设维护税、房产税、车船税、烟叶税、耕地占用税、城镇土地使用税、印花税、契税、资源税等。这些税种是针对不同的纳税人、课税对象、交易环节或特定目的等，而设计设立的，以体现国家全方位、全过程地参与和调节社会分配。从法律角度，涉及税种的税法主要为实体法；在中国，有的为国家法律，有的为法规，还有规范性文件。

3. 税种的制度安排，有纳税人、课税对象、税率、计税依据、纳税环节、减免税等要素。每一税种都有其特定的税收要素。新税的开征或税制的改革变化，主要都是针对这些税收要素的调整变化。

4. 税收制度是十分具体和动态变化的，纳税义务人遵从、执行好税法，需要清晰理解税法的要旨，并时时关注税法变化。

关键术语和概念

流转税	所得税	财产税
增值税	营业税	消费税
关税	企业所得税	个人所得税
土地增值税	城市建设维护税	房产税
车船税	烟叶税	耕地占用税
城镇土地使用税	契税	印花税
资源税	一般纳税人和小规模纳税人	

选读文献资料

1. 储敏伟，杨君昌：《财政学》，高等教育出版社 2000 年版。

2. 胡怡建：《税收学》，上海财经大学出版社 2000 年版。

3. 朱为群：《中国税制教程》，上海财经大学出版社 2003 年版。

4. 穆斯格雷夫著，邓子基等译：《美国财政理论与实践》，中国财政经济出版社 1987 年版。

5. 罗森著，平新乔等译：《财政学》，中国人民大学出版社 2000 年版。

6. Robert A. Green, *the Tax Guide for Traders*, McGraw-Hill Companies, Inc., 2004.

7. Sally M. Jones: *Principles of Taxation—for Business and Investment Planning—2006 Edition*. McGraw-Hill Companies, Inc., 2006.

第二章　现行主要税种计算实例

第一节　增值税的计算

一、新星电视机厂应纳增值税的计算

（一）事实

新星电视机厂为增值税一般纳税人，2008 年 4 月该企业发生以下业务：

1. 本月销售给某大型百货商场电视机 6 000 台，每台不含税价 4 000 元，另向购买方收取搬运费 1.17 万元；捐赠给某希望小学 5 台彩电。

2. 委托某商场代销 100 台电视机，委托协议规定，商场按每台含税价 4 680 元对外销售，并按该价格与企业结算。手续费按每台 100 元计算，在结算货款时抵扣。产品已经发给商场，商场本月尚未销售。

3. 本月销售 800 台彩电给 A 公司，由于产品质量问题，按每台 3 200 元的折让价（不含增值税）销售。

4. 本月采用以旧换新方式销售 200 台彩电，每台旧电视机作价 300 元；另外本企业生产的彩电 10 台安装于企业的职工福利设施；本月还发生已经到期无法退还的包装物押金 10 万元。

5. 向本企业在另外一个市的分支机构发出彩电 100 台，用于销售。

6. 购入国内原材料价值 800 万元，取得防伪税控系统开具的增值税专用发票注明税款 136 万元，已付款并验收入库，发票已经税务机关认证通过；发生运输费用 17 万元，取得货运发票税控系统开具的新版货运发票；另有 200 万元原材料已付款入库，但发票尚未到税务机关认证。

7. 本月生产经营用水取得水厂开具专用发票上注明价款 10 万元，用电取得电厂开具的专用发票上注明价款 40 万元。

（二）分析

第 1 笔经济业务涉及混合销售经营行为和视同销售业务。按照《中华人民共和国增值税暂行条例实施细则》第 5 条的规定：一项销售行为如果既涉及货物又涉及非应税劳务，为混合销售行为。从事货物的生产、批发或零售的企业、企业性单位及个体经营者的混合销售行为，视为销售货物，应当征收增值税；其他单位和个人的混合销售行为，视为销售非应税劳务，不征收增值税。所谓非应税劳务是指属于应缴营业税的交通运输业、建筑业、金融

保险业、邮电通信业、文化体育业、娱乐业、服务业税目征收范围的劳务。因此，新星电视机厂作为主要从事货物生产的企业，本月销售电视又提供搬运业务属于增值税混合销售行为，其销售额应是货物与非应税劳务的销售额合计，该非应税劳务视同含税销售处理。按照《中华人民共和国增值税暂行条例实施细则》第4条的规定：捐赠给某希望小学5台彩电属于视同销售行为应缴纳增值税。

应计算增值税销项税额＝[(6 000＋5)×0.4＋1.17÷(1＋17%)]×17%＝408.51(万元)

第2笔业务属于委托代销行为。依照《中华人民共和国增值税暂行条例实施细则》第33条的规定：纳税人委托其他纳税人代销货物，增值税纳税义务发生的时间为收到代销清单的当天，所以本月发生的代销商品不计销项税额。

第3笔业务，税法对纳税人销售货物因品质、规格和质量问题而放弃的应收款项予以承认，即税法承认折让销售，可以按照实际取得销售额计算销项税额。

应计算增值税销项税额＝800×0.32×17%＝43.52（万元）

第4笔业务属于以旧换新方式销售。根据国家税务总局《关于增值税若干具体问题的规定》（国税发［1993］154号文件）的规定，采取以旧换新方式销售货物（除金银首饰外）的，应按新货物的同期销售价格来确定销售额，不得抵扣旧货物的收购价格。本企业生产用于职工集体福利设施的彩电属于将自产货物用于增值税非应税项目，应视同销售，计算增值税销项税额。按照税法规定逾期未退还的包装物押金，应按所包装货物的适用税率计算销项税额。

应计算增值税销项税额＝[（200＋10）×0.4＋10÷（1＋17%）]×17%＝15.73（万元）

第5笔业务属于货物的异地调拨，应视同销售，征收增值税。

应计算增值税销项税额＝100×0.4×17%＝6.8（万元）

第6笔业务涉及增值税进项税额的抵扣问题。准予从销项税额中抵扣的进项税额，应有从销售方取得的增值税专用发票，并取得相关税务机关的认证。所以本月准予抵扣的进项税额只有税务机关认证过的136万元和与之相关的有合法票据的运费。

应计算增值税进项税额＝136＋17×7%＝137.19（万元）

第7笔业务涉及自来水的进项税额处理。据国家税务总局《关于自来水行业增值税政策问题的通知》（国税发［2002］56号文件）规定：自2002年6月1日起，对自来水公司销售自来水按照6%的征收率征收增值税。所以，从自来水公司购进的自来水，准予抵扣的进项税额也按照6%的征收率计算，企业用电取得电厂开具的专用发票，可以抵扣进项税额。

购进自来水应计算增值税进项税额＝10×6%＝0.6（万元）

用电应计算增值税进项税额＝40×17%＝6.8（万元）

应计算增值税进项税额合计＝6.8＋0.6＝7.4（万元）

（三）计算

新星电视机厂2008年4月应纳增值税：

1. 当期销项税额的计算。

当期销项税额＝[6000×0.4＋5×0.4＋1.17÷（1＋17%）＋800×0.32＋200×0.40＋10×0.4＋10÷（1＋17%）＋100×0.4]×17%＝408.51＋43.52＋15.73＋6.8＝474.56（万元）

2. 当期进项税额的计算。

当期进项税额 = 136 + 17 × 7% + 10 × 6% + 40 × 17% = 137.19 + 7.4 = 144.59（万元）

3. 应纳增值税额的计算。

当期应纳增值税额 = 474.56 − 144.59 = 329.97（万元）

二、红星百货商场应纳增值税的计算

（一）事实

红星百货商场为增值税一般纳税人，兼营饮食服务，2008 年 5 月发生以下购销业务：

1. 零售 A 型冰箱 200 台，每台含税价 8 000 元，商场负责送货，每台收取送货费 100 元。

2. 零售各种服装，取得含税销售额 38 万元，同时将含税价为 17.8 万元的服装作为礼品赠送给了顾客。

3. 本月取得包含商品销售和饮食服务的收入共计 36 万元，但商场对商品的销售收入和饮食业收入划分不清。

4. 本月采用以旧换新方式销售电脑 20 台，每台含税售价 6 500 元，另支付顾客每台旧电脑收购款 500 元。

5. 为七彩文具厂代销文具一批，合同规定：每件文具不含税进价 20 元，共计 20 000 件，双方约定手续费 5%（按照不含税进价计算）；红星百货商场每件文具实际含税零售价 30 元，本月实际销售 18 000 件并将代销清单返给七彩文具厂，已取得七彩文具厂开具的增值税专用发票并通过了税务机关的认证。

6. 直接向农业生产者购进茶叶一批，购进价 6 万元，已经验收入库，并按规定开具收购凭证。

7. 月末将上月向农业生产者直接收购的花生作为福利发给本企业职工，账面价值 5 万元。

8. 因质量原因退回某冰箱厂上月供应的电冰箱 20 台，每台不含税单价 5 000 元，并取得厂家开具的红字发票和税务机关开具的证明单。

9. 购进两部货车自用，取得增值税发票，注明金额共计 40 万元。

要求计算该商场 2008 年 5 月应缴纳的增值税税额。

（二）分析

第 1 笔经济业务涉及混合销售经营行为，其销售额应是货物与非应税劳务的销售额合计。

应计算增值税销项税额 = [(200 × 0.8 + 200 × 0.01) ÷ (1 + 17%)] × 17% = 23.5385（万元）

第 2 笔业务是实物折扣销售业务，应视同销售，就其全部销售收入计算增值税，不得扣除折扣额。

应计算增值税销项税额 = [(38 + 17.8) ÷ (1 + 17%)] × 17% = 8.1077（万元）

第 3 笔业务属于增值税纳税人兼营非应税劳务的行为。对于兼营非应税劳务的，应分别核算，未分别核算和不能准确核算的，应一并计算增值税。本笔业务的收入为含增值税的价格，在计算销项税额时要换算为不含税的销售额。

应计算增值税销项税额 = [36 ÷ (1 + 17%)] × 17% = 5.2308（万元）

第4笔业务属于以旧换新销售方式，应按照货物的全部销售收入计算增值税，不得扣除旧货的折价金额。由于商场的零售价为含增值税的价格，因此在计算销项税额时要换算为不含税的销售额。

应计算增值税销项税额 = [20 × 0.65 ÷ (1 + 17%)] × 17% = 1.8889（万元）

第5笔业务属于代销业务，将货物交付他人代销和销售代销货物均为视同销售行为。根据财政部、国家税务总局下发的《关于增值税若干政策的通知》（财税［2005］165号）的规定：纳税人以代销方式销售货物，在收到代销清单前已收到全部或部分货款的，其纳税义务发生时间为收到全部或部分货款的当天。由于该商场已经在当月收到了文具厂汇来的部分货款，因此不论其是否在月底前取得代销清单，这笔货款都应该作为当期实现的收入申报纳税。

应计算的增值税销项税额 = [20 000 × 0.003 ÷ (1 + 17%)] × 17% = 8.7179（万元）

第6笔经济业务涉及增值税一般纳税人向农业生产者直接收购免税农产品的进项税额确定问题。根据增值税法对一般纳税人向农业生产者直接收购免税农产品的有关规定，准予按买价的13%的扣除率计算准予抵扣的进项税额。

应计算的增值税进项税额 = 6 × 13% = 0.78（万元）

第7笔业务涉及增值税进项税额转出的特殊规定。根据《中华人民共和国增值税暂行条例实施细则》第22条的规定购进货物用于集体福利和个人消费的不得抵扣进项税额。已经抵扣的，应当计算进项税额转出。通常情况下，计算进项税额转出是按照库存商品（原材料）的账面成本乘以适用税率进行的，但是由于计算免税农产品进项税额的“特殊性”（即按含税价乘以扣除率），在计算转出额时应先将成本还原为含税价，再进行计算。

应计算的增值税进项税额转出 = [5 ÷ (1 − 13%)] × 13% = 0.7471（万元）

第8笔业务涉及退货的增值税进项税额处理。依据税法规定，发生退货的购货方纳税人在取得销货方开具的增值税红字专用发票时，应冲减本期的增值税进项税额。

应计算的增值税进项税额转出 = 20 × 0.5 × 17% = 1.7（万元）

第9笔业务涉及固定资产进项税额抵扣的问题。根据《中华人民共和国增值税暂行条例实施细则》第22条的规定，购进固定资产所支付的进项税额不得从销项税额中抵扣。

（三）计算

红星百货商场2008年5月应纳增值税：

1. 当期销项税额的计算。

当期销项税额 = [(200 × 0.8 + 200 × 0.01) ÷ (1 + 17%) + (38 + 17.8) ÷ (1 + 17%) + 36 ÷ (1 + 17%) + 20 × 0.65 ÷ (1 + 17%) + 20 000 × 0.003 ÷ (1 + 17%)] × 17% = 23.5385 + 8.1077 + 5.2308 + 1.8889 + 8.7179 = 47.4838（万元）

2. 当期进项税额的计算。

$$当期进项税额 = 6 \times 13\% - 5 \div (1 - 13\%) \times 13\% - 20 \times 0.5 \times 17\%$$
$$= 0.78 - 0.7471 - 1.7$$
$$= -1.6671（万元）$$

3. 应纳增值税额的计算。

$$当期应纳增值税额 = 47.4838 - (-1.6671) = 49.1051（万元）$$

三、上海某食品加工企业应纳增值税的计算

（一）事实

上海市某食品加工企业为增值税一般纳税人，2008 年 3 月发生以下各项业务：

1. 2008 年 3 月 2 日，向农业生产者直接收购免税农产品，农产品收购凭证上注明支付收购金额 45 万元。该批农产品委托某汽车运输公司运送，支付运输费 1 万元，取得汽车运输公司通过货运发票税控系统开具的新版货运发票。

2. 2008 年 3 月 5 日，从杭州外购辅助生产材料，取得增值税专用发票上注明价款 10 万元。委托某运输公司运送货物，支付运输费 2 000 元，取得旧版货运发票。

3. 2008 年 3 月 9 日，将上述收购的农产品委托另一企业进行加工，签订的委托合同上注明支付加工费 2 万元（不含税），已取得对方开出的增值税专用发票。

4. 2008 年 3 月 9 日，进口自用小轿车一辆和辅料一批，海关审定的完税价格分别为 30 万元和 50 万元。其中，进口小轿车的关税税率和消费税率分别为 20% 和 9%；辅料的关税税率为 10%，均已经在海关完税并取得相应完税凭证。进口辅料当月全部投入使用，小轿车于当月转为固定资产投入使用。

5. 2008 年 3 月 10 日，向湖北受灾地区捐赠食品罐头 1 万箱。

6. 2008 年 3 月 12 日，销售已使用半年的进口小汽车 3 辆，开具普通发票取得收入 65.52 万元，3 辆进口小汽车固定资产的原值为 62 万元，销售时账面余值为 58 万元。

7. 2008 年 3 月 15 日，外购税款收款机 10 台，取得增值税专用发票上注明金额 4 万元，已全部于当月投入使用。

8. 2008 年 3 月 20 日，采取以物易物的方式用价值 7.02 万元的自产食品与粮油公司换取食用植物油，双方均没有开具合法票据。

9. 2008 年 3 月 25 日，销售食品罐头 1 万箱，每箱不含税出厂价 200 元。另外 8 000 箱按 9 折销售，折扣价在同一张发票上开具；2 000 箱因在 10 日内一次性付款，给予现金折扣 2%，向买方开具了专用发票。

（二）分析

第 1 笔经济业务涉及两个增值税进项税额的特殊规定，即增值税一般纳税人向农业生产者直接收购免税农产品的进项税额确定和关于运费的进项税额确定。根据财政部、国家税务总局《关于提高农产品进项税抵扣率的通知》，从 2002 年 1 月 7 日起，增值税一般纳税人购进农业生产者销售的农产品的进项税额扣除率由 10% 提高到 13%。另外，据财政部、国家

税务总局《关于增值税一般纳税人从小规模纳税人购进农产品进项税抵扣率问题的通知》，增值税一般纳税人向小规模纳税人购买农产品，可按13%的扣除率计算准予抵扣的进项税额。据国家税务总局《关于公路内河货物运输业统一发票增值税抵扣有关问题的公告》中对运费的规定，自2007年1月1日起，增值税一般纳税人购进或销售货物，取得的作为增值税扣税凭证的货运发票，必须是通过货运发票税控系统开具的新版货运发票，本业务中取得货运发票税控系统开具的新版货运发票，可以按7%的扣除率计算准予抵扣的进项税额。

应计算的增值税进项税额 = 45 × 13% + 1 × 7% = 5.92（万元）

第2笔业务涉及旧版货运发票，所以该笔业务中的运费不得抵扣进项税。

应计算的增值税进项税额 = 10 × 17% = 1.7（万元）

第3笔业务，加工费取得了对方开出的增值税专用发票，可以抵扣进项税。

应计算的增值税进项税额 = 2 × 17% = 0.34（万元）

第4笔业务主要是进口货物增值税事项及其他相关税收事项，进口小轿车应纳关税、消费税、增值税，由于其作为固定资产投入使用，所以进项税额不得抵扣；辅料作为一般货物应纳关税、增值税。

进口小轿车应计算的关税 = 30 × 20% = 6（万元）

进口小轿车应计算的消费税 = (30 + 30 × 20%) ÷ (1 − 9%) × 9% = 3.5604（万元）

进口小轿车应计算的增值税 = (30 + 30 × 20%) ÷ (1 − 9%) × 17% = 6.7253（万元）

进口辅料应计算的关税 = 50 × 10% = 5（万元）

进口应计算的关税合计 = 6 + 5 = 11（万元）

进口辅料应计算的增值税 = (50 + 5) × 17% = 9.35（万元）

进口环节应纳的增值税合计 = 6.7253 + 9.35 = 16.0753（万元）

第5笔业务属于视同销售行为，应征收增值税。

应计算的增值税销项税额 = 200 × 1 × 17% = 34（万元）

第6笔业务是关于简易征收行为和其他特殊纳税规定中对旧货销售行为的特殊规定。

根据财政部、国家税务总局《关于旧货和旧机动车增值税政策的通知》规定，单位销售使用过的特殊交通工具，售价超过原值的按4%的征收率减半征收增值税。

应计算的增值税销项税额 = 65.52 ÷ (1 + 4%) × 4% × 50% = 1.26（万元）

第7笔业务是关于外购税控收款机进项税额的特殊处理，虽然税控收款机属于固定资产，但是根据财政部、国家税务总局《关于推广税控收款机有关税收政策的通知》规定，一般纳税人外购税控收款机，可根据抵扣进项税额。

应计算的增值税进项税额 = 4 × 17% = 0.68（万元）

第8笔业务以物易物的销售方式，在增值税中按照视同销售处理。由于没有取得合法票据，所以进项税额不能抵扣，同时销售收入视为含税收入。

应计算的增值税销项税额 = [7.02 ÷ (1 + 17%)] × 17% = 1.02（万元）

第9笔业务是折扣销售业务，根据国家税务总局关于印发《增值税若干具体问题的规定》规定，如果折扣价和销售额在同一张发票上注明，则可按折扣后的销售额计算增值税；否则，不得扣减销售额。

应计算的增值税销项税额 = 200 × 1 × 17% + 200 × 0.8 × 0.9 × 17% + 200 × 0.2 × 17%
　　　　　　　　　　　= 65.28（万元）

（三）计算

上海市某食品生产的企业2008年3月应纳增值税及相关税款：

1. 进口业务关税、消费税税额的计算。

（1）进口关税的计算 =30×20% +50×10% =11（万元）

（2）进口小轿车应纳消费税额 =(30 +30×20%）÷（1 -9%）×9% =3.5604（万元）

2. 当期应纳增值税的计算。

（1）进口业务应纳增值税的计算。

进口小轿车应纳增值税税额 =(30 +30×20%）÷（1 -9%）×17% =6.7253（万元）

进口辅料应纳增值税税额 =(50 +5）×17% =9.35（万元）

进口环节应纳的增值税合计 =(30 +30×20% +3.5604）×17% +(50 +50×10%）×17% =16.0753（万元）

（2）当期销售环节应纳增值税的计算。

当期销项税额 =[200×1 +200×1 +200×0.8×0.9 +200×0.2 +7.02÷（1 +17%）]×17% +65.52÷（1 +4%）×4% ×50%
=101.56（万元）

当期进项税额 =45×13% +1×7% +10×17% +2×17% +(50 +50×10%）×17% +4×17%
=17.99（万元）

当期应纳增值税额 =101.56 -17.99 =83.57（万元）

第二节　消费税的计算

一、酒类生产企业应纳消费税的计算

（一）事实

某酒厂为增值税一般纳税人，主要生产销售各类白酒，2008年10月经营情况如下：(有关票据均在当月通过税务机关的认证并抵扣)

1. 本月发生的购进业务为：

（1）从某酒厂购进60吨酒精，取得普通发票，注明价款21.40万元；

（2）从农业生产者手中收购粮食600 000斤，收购凭证上注明支付金额30万元，支付运输费用2万元、装卸费0.5万元，运输途中损失4 000斤（运输途中管理不善造成)；

（3）购入生产用煤，取得增值税专用发票，注明价款10万元、增值税1.3万元，支付运输费用4万元，取得合法货运发票；

（4）从生产性小规模纳税人购进劳保用品，取得税务机关代开的增值税专用发票，注明价款1.5万元。

2. 本月发生的销售业务为：

（1）销售瓶装粮食白酒20 000斤，开具增值税专用发票，取得销售额31万元，收取包

装物押金 3.51 万元；

（2）销售散装薯类白酒 20 000 斤，开具普通发票，取得销售收入 24.57 万元；

（3）用 5 吨特制粮食白酒与供货方换取原材料，合同规定，该特制粮食白酒按平均售价计价，供货方提供的原材料价款 20 万元，供货方开具了税款为 3.4 万元的增值税专用发票，酒厂开具了税款为 3.74 万元的增值税专用发票。特制粮食白酒最高售价 25 元/斤，平均售价 22 元/斤（售价为不含增值税售价）。

（4）向当地白酒节捐赠特制粮食白酒 500 斤。

3. 将试制的新型号干红酒 10 000 斤发给职工作为福利，成本价 1.4 万元，该产品无同类产品市场价格。

4. 受托为甲企业加工酒精 4 吨，甲企业提供的材料成本 9 万元，酒厂开具增值税专用发票，取得加工费 0.5 万元、增值税 0.085 万元。

5. 将当月购买的一台设备对外投资，购进设备尚未取得增值税专用发票，但已支付价款 32 万元、增值税 5.44 万元。

6. 生产车间领用煤炭 600 吨，职工食堂及浴池领用外购煤炭 10 吨，每吨不含税价格 400 元。

7. 经批准进口一台小轿车自用，成交价格为境外离岸价格（FOB）2.6 万美元，境外运费及保险费共计 0.4 万美元。小轿车进口关税税率为 50%，消费税税率为 9%，汇率 1 美元 =8.2 元人民币。

8. 其他有关情况如下：

（1）月初库存外购已税酒精 3 吨，每吨不含增值税单价 3 600 元，月末库存外购已税酒精 4 吨；

（2）因为水灾库存的从农民手中收购的粮食发生霉烂，成本 5.28 万元（其中包括 0.93 万元的运费）；

（3）丢失上月从一般纳税人购进的煤炭，账面成本 2 万元。

要求计算该酒厂 2008 年 10 月应缴纳的增值税税额和消费税税额。

（二）分析

购进业务中：

第 1 笔业务，《增值税暂行条例》第 8 条规定了增值税扣税凭证，普通发票不属于增值税抵扣凭证。

第 2 笔业务，《增值税暂行条例》第 8 条规定，购进免税农业产品准予抵扣的进项税额，按照买价的 10% 计算。从 2002 年 1 月 1 日起，增值税一般纳税人购进农业生产者销售的免税农业产品的进项税额扣除率由 10% 提高到 13%。《增值税暂行条例》第 10 条规定，非正常损失的购进货物项目的进项税额不得从销项税额中抵扣。非正常损失部分的进项税额应从总的进项税额中扣除。相应的运输费用也不得计算抵扣进项税额。

$$\text{可以抵扣的增值税进项税额} = (30\times13\% + 2\times7\%)\times(600\ 000 - 4\ 000)\div600\ 000$$
$$= 4.0131\ （万元）$$

第 3 笔业务，财政部、国家税务总局《关于调整金属矿、非金属矿采选产品增值税税率的通知》规定，1994 年 5 月 1 日起金属矿采选产品、非金属矿采选产品增值税税率由 17% 调整为13%。非金属矿采选产品，包括除金属矿采选产品以外的非金属矿采选产品和煤炭。

可以抵扣的增值税进项税额 = 1.3 + 4 × 7% = 1.58（万元）

第4笔业务，国家税务总局关于印发《增值税小规模纳税人征收管理办法》的通知第六条规定，对会计核算暂时不健全，但能够认真履行纳税义务的小规模企业，经县（市）主管税务机关批准，在规定期限内其销售货物或提供应税劳务，可由所在地税务所代开增值税专用发票。在专用发票"单价"栏和"金额"栏分别填写不含其本身应纳税额的单价和销售额；"税率"栏填写增值税征收率6%；"税额"栏填写其本身应纳的税额，即按销售额依照6%征收率计算的增值税额。但自2009年起，小规模纳税人的增值税征收率调整为3%。本案例涉及的事实为2008年，所以，

可以抵扣的增值税进项税额 = 1.5 × 6% = 0.09（万元）

销售业务中：

第1笔业务，根据国家税务总局《关于加强增值税征收管理若干问题的通知》规定，从1995年6月1日起，对销售除啤酒、黄酒外的其他酒类产品而收取的包装物押金，无论是否返还以及会计上如何核算，均应并入当期销售额征税。财政部、国家税务总局《关于调整和完善消费税政策的通知》（财税［2006］33号）调整了白酒税率。粮食白酒、薯类白酒的比例税率统一为20%。定额税率为0.5元/斤（500克）或0.5元/500毫升。

应纳消费税的计算 = (31 + 3.51 ÷ 1.17) × 20% + 2 × 0.5 = 7.8（万元）

增值税销项税额 = (31 + 3.51 ÷ 1.17) × 17% = 5.78（万元）

第2笔业务，增值税销项税额 = 24.57 ÷ 1.17 × 17% = 3.57（万元）

应纳消费税的计算 = 24.57 ÷ 1.17 × 20% + 2 × 0.5 = 5.2（万元）

第3笔业务，根据国家税务总局关于《消费税若干具体问题的规定》，纳税人用于换取生产资料和消费资料，投资入股和抵偿债务等方面的应税消费品，应当以纳税人同类应税消费品的最高销售价格作为计税依据计算消费税。

1吨 = 2 000斤，5吨 = 5吨 × 2 000斤/吨 = 10 000斤 = 1万斤

应纳消费税的计算 = 1 × 25 × 20% + 1 × 0.5 = 5.5（万元）

增值税销项税额 = 3.74（万元）

可以抵扣的增值税进项税额 = 3.4（万元）

第4笔业务，《增值税暂行条例实施细则》第16条规定，纳税人有视同销售货物行为而无销售额者，按下列顺序确定销售额：一是按纳税人当月同类货物的平均销售价格确定；二是按纳税人最近时期同类货物的平均销售价格确定；三是按组成计税价格确定。

增值税销项税额 = 3.74 ÷ (5 × 2 000) × 500 = 0.187（万元）

《消费税暂行条例》第7条规定，纳税人自产自用的应税消费品，按规定应当纳税的，按照纳税人生产的同类消费品的销售价格计算纳税；没有同类消费品销售价格的，按照组成计税价格计算纳税。《消费税暂行条例实施细则》第15条规定，所说的"同类消费品的销售价格"，是指纳税人或代收代缴义务人当月销售的同类消费品的销售价格。如果当月同类消费品各期销售价格高低不同，应按销售数量加权平均计算。

应纳消费税的计算 = 3.74 ÷ (5 × 2 000) × 500 ÷ 0.17 × 20% + 0.05 × 0.5 = 0.245（万元）

第3笔业务，根据国家税务总局《关于增值税若干具体问题的规定》（国税发［1993］154号）规定，纳税人因销售价格明显偏低或无销售价格等原因，按规定需组成计税价格确

定销售额的，其组价公式中的成本利润率10%。但属于应从价定率征收消费税的货物，其组价公式中的成本利润率，为《消费税若干具体问题的规定》中规定的成本利润率。

增值税销项税额 $=1.4\times(1+5\%)\div(1-10\%)\times17\%=0.2777$（万元）

应纳消费税的计算 $=1.4\times(1+5\%)\div(1-10\%)\times10\%=0.1633$（万元）

第4笔业务，增值税销项税额 $=0.085$（万元）

代扣代缴消费税 $=(9+0.5)\div(1-5\%)\times5\%=0.5$（万元）

第5笔业务，增值税销项税额 $=32\times(1+10\%)\times17\%=5.984$（万元）

第6笔业务，应转出增值税进项税额 $=400\times10\times13\%\div10000=0.052$（万元）

第7笔业务，进口环节缴纳的关税 $=(2.6+0.4)\times8.2\times50\%=12.3$（万元）

进口环节缴纳的消费税 $=[(2.6+0.4)\times8.2+12.3]\div(1-9\%)\times9\%=3.6495$（万元）

进口环节缴纳的增值税 $=[(2.6+0.4)\times8.2+12.3]\div(1-9\%)\times17\%=6.8934$（万元）

第8笔业务：

第1笔业务，财政部、国家税务总局《关于调整酒类产品消费税政策的通知》（财税[2001] 84号）规定，2001年5月1日起停止执行外购或委托加工已税酒和酒精生产的酒（包括以外购已税白酒加浆降度，用外购已税的不同品种的白酒勾兑的白酒，用曲香、香精对外购已税白酒进行调香、调味以及外购散装白酒装瓶出售等）外购酒及酒精已纳税款或受托方代收代缴税款准予抵扣政策。

第2笔业务，应转出增值税进项税额 $=(5.28-0.93)\div(1-13\%)\times13\%+0.93\div(1-7\%)\times7\%=0.72$（万元）

第3笔业务，应转出增值税进项税额 $=2\times13\%=0.26$（万元）

（三）计算

1. 该酒厂本月应纳增值税额的计算（不包括进口环节应纳增值税）：

（1）当期销项税额 $=5.78+3.57+3.74+0.187+0.2777+0.085+5.984=19.6237$（万元）

（2）当期进项税额 $=4.0131+1.58+0.09+3.4-(0.052+0.72+0.26)=8.0511$（万元）

（3）本月应纳增值税税额 $=19.6237-8.0511=11.5726$（万元）

2. 该酒厂本月应纳消费税额的计算（不包括进口环节应纳消费税）：

本月应纳消费税额 $=7.8+5.2+5.5+0.245+0.1633=18.9083$（万元）

3. 该酒厂应代收代缴消费税额的计算：

应代收代缴消费税额 $=(9+0.5)\div(1-5\%)\times5\%=0.5$（万元）

二、卷烟生产企业应纳消费税的计算

（一）事实

某市一卷烟生产企业为增值税一般纳税人，2008年10月有关经营情况如下：

1. 外购已税烟丝取得增值税专用发票，注明价款200万元，增值税34万元；支付本期外购烟丝运输费用，取得经税务机关认可的运输公司开具的普通发票上注明的运输费5万元，装卸费0.5万元，保险费0.3万元。

2. 本月生产领用烟丝 160 万元，一半用于生产卷烟，另一半用于生产雪茄烟。

3. 销售卷烟 100 标准箱（每标准条 200 支，调拨价格均大于 50 元）给专卖店，开具增值税专用发票上注明的销售收入 300 万元；支付销售卷烟运输费用，取得经税务机关认可的运输公司开具的普通发票上注明的运输费 2 万元，装卸费 0.1 万元，保险费 0.05 万元。

4. 取得专卖店购买卷烟延期付款的违约金 17.55 万元，已向对方开具了普通发票。

5. 销售雪茄烟 50 箱给各专卖店，开具增值税专用发票上注明的销售收入 100 万元。

6. 赠送协作单位雪茄烟 40 箱。

7. 发给本厂职工雪茄烟 15 箱。

8. 零售雪茄烟 10 箱，取得含税收入 23.4 万元。

9. 本月盘存，发现上月购进的部分烟丝被盗，金额 10.93 万元（其中含分摊的运费 0.93 万元）。

（注：卷烟消费税比例税率 45%、雪茄烟消费税比例税率 25%、烟丝消费税比例税率 30%，相关票据已通过主管税务机关认证）。

要求计算该卷烟生产企业 2008 年 10 月应缴纳的增值税和消费税税额。

（二）分析

第 1 笔业务，外购消费品一般不涉及消费税业务，如果将外购消费品用于连续生产应税消费品，则需要考虑扣除，但也是按照当期实际耗用进行扣除，这一点与增值税的购进扣税法有所区别。

可以抵扣的增值税进项税额 = 34 + 5 × 7% = 34.35（万元）

第 2 笔业务，国家税务总局关于印发《消费税若干具体问题的规定》的通知（国税发［1993］156 号）规定：（三）下列应税消费品可以用销售额扣除外购已税消费品买价后的余额作为计税价格计征消费税：1. 外购已税烟丝生产的卷烟……

本条规定列举了准予从应纳消费税税额中扣除原料已纳消费税税款的几种情况，其中不包括外购已税烟丝生产的其他商品。因此，生产雪茄烟使用的外购已税烟丝所含消费税不得扣除。

可以扣除的消费税的计算 = 160 × 50% × 30% = 24（万元）

第 3 笔业务，根据财政部、国家税务总局《关于调整烟类产品消费税政策的通知》，将卷烟消费税税率调整如下：（一）定额税率：每标准箱（50 000 支，下同）150 元。（二）比例税率：每标准条（200 支，下同）调拨价格在 50 元（含 50 元，不含增值税）以上的卷烟，税率为 45%；每标准条调拨价格在 50 元（不含增值税）以下的卷烟，税率为 30%。根据财税［2009］84 号《关于调整烟产品消费税政策的通知》规定，甲类卷烟，即每标准条（200 支，下同）调拨价格在 70 元（不含增值税）以上（含 70 元）的卷烟，税率调整为 56%。乙类卷烟，即每标准条调拨价格在 70 元（不含增值税）以下的卷烟，税率调整为 36%。卷烟的从量定额税率不变，即 0.003/支。由于本案例所涉及的事实在 2008 年，仍然适用原规定，所以，

应纳消费税的计算 = 300 × 45% + 100 × 0.015 = 136.5（万元）

增值税销项税额 = 300 × 17% = 51（万元）

增值税进项税额 = 2 × 7% = 0.14（万元）

第 4 笔业务，《消费税暂行条例实施细则》第 14 条规定，“价外费用”，是指价外收取

的基金、集资费、返还利润、补贴、违约金（延期付款利息）和手续费、包装费、储备费、优质费、运输装卸费、代收款项、代垫款项以及其他各种性质的价外收费……价外费用，无论是否属于纳税人的收入，均应并入销售额计算征税。

应纳消费税的计算 $=17.55\div1.17\times45\%=6.75$（万元）

增值税销项税额 $=17.55\div1.17\times17\%=2.55$（万元）

第5笔业务，1998年7月1日起雪茄烟适用25%的比例税率。根据财税［2009］84号《关于调整烟产品消费税政策的通知》规定，将雪茄烟生产和进口环节的税率调整为36%。由于本案例涉及的事实在2008年，所以，

应纳消费税的计算 $=100\times25\%=25$（万元）

增值税销项税额 $=100\times17\%=17$（万元）

第6笔和第7笔业务，《消费税暂行条例》第4条规定，纳税人生产的应税消费品，于销售时纳税。纳税人自产自用的应税消费品，用于连续生产应税消费品的，不纳税；用于其他方面的，于移送使用时纳税。《消费税暂行条例实施细则》第6条规定，“用于其他方面的”，是指纳税人用于生产非应税消费品和在建工程，管理部门，非生产机构，提供劳务，以及用于馈赠、赞助、集资、广告、样品、职工福利、奖励等方面的应税消费品。《消费税暂行条例》第7条规定，纳税人自产自用的应税消费品，依照本条例应当纳税的，按照纳税人生产的同类消费品的销售价格计算纳税；没有同类消费品销售价格的，按照组成计税价格计算纳税。

组成计税价格计算公式：

组成计税价格 =（成本 + 利润）÷（1 - 消费税税率）

第6笔业务应纳消费税的计算 $=100\div50\times40\times25\%=20$（万元）

第6笔业务增值税销项税额 $=100\div50\times40\times17\%=13.6$（万元）

第7笔业务应纳消费税的计算 $=100\div50\times15\times25\%=7.5$（万元）

第7笔业务增值税销项税额 $=100\div50\times15\times17\%=5.1$（万元）

第8笔业务，含税收入要换算为不含增值税的收入。

应纳消费税的计算 $=23.4\div1.17\times25\%=5$（万元）

增值税销项税额 $=23.4\div1.17\times17\%=3.4$（万元）

第9笔业务，扣除原料已纳消费税税款采用的是按领用数量抵扣。所以购进原材料非正常损失影响增值税，但不影响原料已纳消费税税款抵扣。

应转出增值税进项税额 $=(10.93-0.93)\times17\%+0.93\div(1-7\%)\times7\%=1.77$（万元）

（三）计算

1. 当月与销售卷烟相关的消费税的计算。

（1）当月销售卷烟应纳消费税 $=[300+17.55\div(1+17\%)]\times45\%+100\times0.015=143.25$（万元）

（2）当月销售雪茄烟应纳消费税 $=(50+40+15+10)\times2\times25\%=57.5$（万元）

（3）当月应缴纳的消费税合计 $=143.25-160\times50\%\times30\%+57.5=176.75$（万元）

2. 当月应纳增值税的计算。

（1）当月增值税销项税额：

$=[300+17.55\div(1+17\%)]\times17\%+(50+40+15+10)\times2\times17\%=92.65$（万元）

（2）当月增值税进项税额：

$=34+5\times7\%+2\times7\%-10\times17\%-0.93\div(1-7\%)\times7\%$

$=32.72$（万元）

（3）当月应纳增值税 $=92.65-32.72=59.93$（万元）

三、消费税出口退税的计算

（一）事实

某日化厂生产化妆品，产品既有内销又有外销（有出口经营权）。2008 年 9 月发生以下业务：

1. 自营出口自产的化妆品一批，出口离岸价格为 3 000 万元人民币；

2. 销售给某外贸企业化妆品一批，开具的增值税专用发票上注明的销售额为 2 000 万元。销售货物支付承运部门的运费，取得运输发票上注明运输费 10 万元、建设基金 0.5 万元，保险费 0.5 万元；

3. 本月购进原材料入库，增值税专用发票上注明的税金为 800 万元；

4. 支付生产使用的水费，取得自来水公司开具的增值税专用发票上注明的价款为 15 万元；

5. 外贸企业将收购的化妆品 80% 外销，出口离岸价格为 1 800 万元人民币，其余内销，开具增值税专用发票上销售额共计 500 万元。

（注：增值税专用发票及运输发票均已经过税务机关认证。增值税退税率为 13%，化妆品消费税税率为 30%。）

要求计算 2008 年 9 月该日化厂应缴纳或应退还的增值税和消费税税额。

（二）分析

第 1 笔业务，消费税的出口退税与增值税相比，在一些方面存在差异。

（1）两者在适用出口退税政策之时所依据的标准不同：消费税的政策适用取决于出口企业性质（即纳税人是外贸企业还是生产企业、其他企业）；而增值税的出口退税政策则主要取决于出口商品的本身（即出口商品是应税商品还是免税商品、限制出口商品）。

（2）两者所设置的出口退税率各不相同：由于消费税是单一环节纳税，因此其税负清楚明了，退税计算简单，原来的征税率是多少，其出口退税率就是多少，没有再设置单独的出口退税率；而增值税则是多环节纳税，征税率和退税率各自独立，毫不相干，增值税出口退税适用多档退税率计算。

生产企业出口的应税消费品，增值税免税并退税，消费税只免税不退税。

增值税免抵退税额 $=3\,000\times13\%=390$（万元）

第 2 笔业务，生产销售应税消费品业务，进入商业流通领域后则不需要再缴纳消费税，即该外贸企业出售从化妆品厂购入的化妆品，不需要再缴纳消费税。

本笔业务日化厂销售给外贸企业的化妆品应当缴纳消费税

$=2\ 000\times30\%=600$（万元）

本笔业务日化厂销售给外贸企业的化妆品应当缴纳增值税销项税额

$=2\ 000\times17\%=340$（万元）

本笔业务日化厂可以抵扣的增值税进行税额 $=(10+0.5)\times7\%=0.735$（万元）

第3笔业务，可以抵扣的增值税进行税额 $=800$（万元）

国家税务总局《关于增值税一般纳税人取得防伪税控系统开具的增值税专用发票进项税额抵扣问题的通知》（国税发［2003］17号）规定，增值税一般纳税人申请抵扣的防伪税控系统开具的增值税专用发票，必须自该专用发票开具之日起90日内到税务机关认证，否则不予抵扣进项税额。增值税一般纳税人认证通过的防伪税控系统开具的增值税专用发票，应在认证通过的当月按照增值税有关规定核算当期进项税额并申报抵扣，否则不予抵扣进项税额。国税函［2009］617号《国家税务总局关于调整增值税扣税凭证抵扣期限有关问题的通知》对相应扣税凭证抵扣期限进行了调整。增值税一般纳税人取得2010年1月1日以后开具的增值税专用发票、公路内河货物运输业统一发票和机动车销售统一发票，应在开具之日起180日内到税务机关办理认证，并在认证通过的次月申报期内，向主管税务机关申报抵扣进项税额。

第4笔业务，国家税务总局《关于自来水行业增值税政策问题的通知》（国税发［2002］56号）规定，自2002年6月1日起，对自来水公司销售自来水按6%的征收率征收增值税的同时，对其购进独立核算水厂的自来水取得的增值税专用发票上注明的增值税税款（按6%征收率开具）予以抵扣。

可以抵扣的增值税进项税额 $=15\times6\%=0.9$（万元）

第5笔业务，《关于有进出口经营权的生产企业自营（委托）出口货物实行免抵退税收管理办法的通知》（财税字［1997］第50号）规定，凡具有进出口经营权的生产企业自营出口或委托出口的自产货物，除另有规定者外，一律实行“免、抵、退”税收管理办法。

财政部、国家税务总局《关于进一步推进出口货物实行免抵退税办法的通知》（财税［2002］7号）规定，生产企业自营或委托外贸企业代理出口自产货物，除另有规定外，增值税一律实行免、抵、退税管理办法。并对有关计算方法做了修改。

外贸企业出口退税采用“先征后退”的计算方法。应退税额 = 外贸收购不含增值税购进金额 × 退税税率。

生产企业出口自产的属于应征消费税的产品，实行免征消费税办法。

外贸企业从生产企业购进货物直接出口，属于从价定率计征消费税的应税消费品，应退消费税 = 出口货物的工厂销售额 × 税率；属于从量定额计征消费税的应税消费品，应退消费税 = 出口数量 × 单位税额。

应纳增值税 $=500\times17\%-2\ 000\times20\%\times17\%=17$（万元）

应退增值税 $=2\ 000\times80\%\times13\%=208$（万元）

应退消费税 $=2\ 000\times80\%\times30\%=480$（万元）

（三）计算

1. 日化厂当期应纳或应退增值税和消费税的计算：

（1）出口应退增值税的计算：

① 生产企业出口的应税消费品，增值税免税并退税，消费税只免税不退税。

② 当期进项税额合计 = 800 + 15 × 6% + (10 + 0.5) × 7% = 801.635（万元）

③ 当期不予抵扣或退税的税额 = 3 000 × (17% − 13%) = 120（万元）

④ 当期应纳税额 = 2 000 × 17% − (801.635 − 120) = −341.635（万元）

⑤ 免抵退税额 = 3 000 × 13% = 390（万元）

⑥ 应退增值税税额 = 341.635（万元）

⑦ 免抵税额 = 390 − 341.635 = 48.365（万元）

（2）销售给外贸企业的化妆品应纳消费税的计算

应纳消费税 = 2 000 × 30% = 600（万元）

2. 外贸企业当期应纳或应退增值税和消费税的计算：

外贸企业出口的应税消费品，增值税免税并退税，消费税也是免税并退税。

（1）应退增值税 = 2 000 × 80% × 13% = 208（万元）

（2）应退消费税 = 2 000 × 80% × 30% = 480（万元）

外贸企业内销应税消费品，应缴纳增值税，不缴消费税。

（3）外贸企业内销应纳增值税 = 500 × 17% − 2 000 × 20% × 17% = 17（万元）

第三节　营业税的计算

一、上海永鑫建筑公司应纳营业税的计算

（一）事实

上海永鑫建筑公司具备建筑业施工（安装）资质，同时下辖 1 个塑钢门窗厂和 1 家酒店（下辖部门均属非独立核算单位），2008 年 12 月发生经营业务如下：

1. 总承包一项工程，承包合同记载总承包额 4 000 万元，其中：建筑劳务费 2 800 万元；由甲建筑公司提供，并按市场价格确定的塑钢门窗金额 117 万元（购进塑钢门窗的原材料支付含税价格 58.5 万元）；建设方采购建筑材料 1 083 万元。工程当年完工并进行了价款结算。

2. 将其中 400 万元的建筑工程项目分包给只提供建筑业务劳务的建筑工程公司。

3. 所属酒店取得客房收入 300 万元；餐厅、歌厅、舞厅收入共 40 万元，附带销售烟酒饮料收入 15 万元（当地政府规定的娱乐业营业税税率为 20%）。

4. 与华宝公司签订了一份建筑安装合同，合同规定由华宝公司提供原材料 300 万元，永鑫建筑公司负责施工，劳务费 200 元，本月工程完工。

5. 自建同一规格和标准的楼房三栋，建筑安装总成本为 6 000 万元，成本利润率为 10%，房屋建成后，其中一栋留作自用，一栋出租，取得租金收入 100 万元，另外一栋对外销售，总售价 3 000 万元，本月预收 2 500 万元。

6. 与本市 A 公司成立合营企业合作建房，永鑫建筑公司以土地使用权、A 公司以货币资金合股，房屋建成后，永鑫建筑公司采取按销售收入的 15% 提成的方式参与分配。永鑫

建筑公司取得投资收益150万元。

（二）分析

该实例中的上海永鑫建筑公司兼营了增值税业务和不同税率的营业税。

第1笔业务涉及纳税人销售自产货物提供增值税劳务并同时提供建筑业劳务的征税问题和建筑业的总承包人将工程分包或者转包的计税依据的一些特殊规定。根据国家税务总局《关于纳税人销售自产货物提供增值税劳务并同时提供建筑业劳务征收流转税问题的通知》规定，纳税人通过签订建设工程施工合同，销售自产货物提供增值税劳务的同时，将建筑业劳务分包和转包给其他单位和个人的，对其销售的货物和提供的增值税应税劳务征收增值税；同时，签订建设工程施工总承包合同的单位和个人，应扣缴提供建筑业务的单位和个人取得的建筑业劳务收入的营业税。根据这一规定，本实例中该建筑公司提供的价值117万元的塑钢门窗，需要缴纳增值税。

第2笔业务，根据《营业税暂行条例》第5条第3款规定："建筑业的总承包人将工程分包或者转包给他人的，以工程的全部承包额减去付给分包人或者转包人的价款后的余额为营业额。"

综合第1笔业务和第2笔业务：

上海永鑫建筑公司总承包建筑工程应计算的营业税 =（4 000 - 117 - 400）×3% = 104.49（万元）

上海永鑫建筑公司分包工程项目应计算代扣代缴营业税 = 400×3% = 12（万元）

第3笔业务属于营业税纳税人兼营不同应税项目，根据《营业税暂行条例》有关规定，客房收入按"服务业——旅店业"的税目征收营业税，餐厅、歌厅、舞厅门票收入共40万元，附带销售烟酒饮料收入15万元按娱乐业税目征收营业税，附带销售烟酒饮料的行为属于应征营业税的视同销售行为。

酒店收入应计算的营业税 = 300×5% +（40 + 15）×20% = 26（万元）

第4笔业务属于建筑业中的"包工不包料"工程。《营业税暂行条例实施细则》规定，纳税人从事建筑、修缮、装饰工程作业，无论怎样结算，营业额均包括工程所用原材料及其他物资和动力的价款。故永鑫建筑公司应按照原材料价款加上劳务费合计来计算应纳营业税。

本笔业务应计算的营业税 =（300 + 200）×3% = 15（万元）

第5笔业务中，纳税人自建自用建筑物不属于营业税的征税范围。《营业税暂行条例》第15条规定，纳税人将自建的房屋对外销售，其自建行为应按建筑业缴纳营业税，再按销售不动产征收营业税。自建房屋依据下列顺序核定营业额。即：按纳税人当月提供的同类应税劳务或者销售的同类不动产的平均价格核定。按纳税人最近时期提供的同类应税劳务或者销售的同类不动产的平均价格核定。按公式核定计税价格：组成计税价格 = 计税营业成本或工程成本×（1 + 成本利润率）÷（1 - 营业税税率）。成本利润率由省、自治区、直辖市人民政府所属地方税务机关确定。

本笔业务中：

出租行为应计算的营业税 = 100×5% = 5（万元）

外售自建建筑按建筑业税目应计算的营业税 = [6 000×1/3×（1 + 10%）] ÷（1 - 3%）×

3% =68.041 2（万元）

外售自建建筑按转让不动产应计算的营业税 =2 500 ×5% =125（万元）

外售自建建筑物应计算的营业税合计 =68.041 2 +125 =193.041 2（万元）

第6笔经济业务属于建立合营企业合作建房的业务中的一项，即：房屋建成后甲方采取按销售收入一定比例提成的方式参与分配，或提取固定利润，其不属于营业税所称的投资入股不征营业税的行为，而属于甲方将土地使用权转让给合营企业的行为。对甲方按销售收入的一定比例提成的方式参与分配，或提取固定利润按"转让无形资产"征税。根据国家税务总局关于《营业税问题解答（之一）》的规定，永鑫建筑公司按销售收入的15%提成的方式参与分配的行为属于将土地使用权转让给合营企业的行为。所以永鑫建筑公司取得的150万投资收益按"转让无形资产"征税。

转让土地使用权应计算的营业税 =150 ×5% =7.5（万元）

（三）计算

上海永鑫建筑公司2008年12月应纳营业税。

1. 上海永鑫建筑公司总承包建筑工程营业税的计算：

总承包建筑工程应缴纳的营业税 =（4 000 -117 -400）×3% =104.49（万元）

2. 上海永鑫建筑公司分包工程项目应代扣代缴营业税的计算：

应代扣代缴的营业税 =400 ×3% =12（万元）

3. 酒店收入营业税的计算：

应纳营业税 =300 ×5% +（40 +15）×20% =26（万元）

4. 为华宝公司提供建筑安装劳务营业税的计算：

应纳营业税 =（300 +200）×3% =15（万元）

5. 自建建筑物出租及外售营业税的计算：

出租应纳营业税 =100 ×5% =5（万元）

外售自建建筑物应纳营业税 =［6 000 ×1/3 ×（1 +10%）］÷（1 -3%）×3% +2 500 ×5%
=193.0412（万元）

6. 成立合营企业合作建房按销售收入一定比例提成的方式参与分配取得的投资收益应纳营业税的计算：

应纳营业税 =150 ×5% =7.5（万元）

上海永鑫建筑公司应缴纳营业税合计 =104.49 +26 +15 +193.0412 +7.5 =346.0312（万元），应代扣代缴营业税12万元。

二、永嘉房地产开发公司应纳营业税的计算

（一）事实

永嘉房地产开发公司2008年12月发生下列业务：

1. 本月销售5套住房取得销售款1 000万元，期房销售预收款300万元，配套设施销售收入200万元。

2. 以本公司在新兴区的两栋房产分别对外投资 A、B 两公司。永嘉房地产公司通过入股获得 A 公司 20% 的股份，作为股东参与 A 公司的利润分配、共担投资风险，该栋房产原值 600 万元，两年后该公司转让该项股权，取得转让 850 万元。永嘉房地产公司将另一栋原值为 500 万元，评估价为 600 万元的房产投资 B 公司，与 B 公司签订协议，每年获得固定收入，不再参与 B 公司的利润分配，也不承担投资风险，本月获得 B 公司分配的 25 万元固定收入。

3. 将新建的一栋房屋无偿捐赠给附近的一家医院。该房屋由其他单位施工，账面成本 100 万元（成本利润率为 10%）。

4. 2007 年在该市的繁华地段投资 4 500 万元兴建一座商业楼，2008 年 12 月由于资金供应产生重大问题，当时账面已经发生的土地开发成本和建安工程成本共计 2 800 万元。该公司将这座尚未完工的商业楼以 3 000 万元作价入股，与 B 公司共同投资一个大型零售商场，共担风险。

5. 该房地产公司于 2003 年 12 月购买市区普通用房一套，购买原价 22 万，2008 年 12 月 15 日将该房出售，售价 60 万元。

6. 该房地产开发公司于 2006 年出售给宝华公司商品房 6 套，价值 600 万元，后因宝华公司超出合同约定时间付清房款，本月支付给该公司 3 万元违约金。

7. 下设非独立核算物业管理公司全年收取物业管理费 160 万元，另代收水、电、煤气费 10 万元，取得手续费 1 万元。另有非独立核算的车队（有经营许可证），当月运营收入 80 万元。

要求计算永嘉房地产公司 2008 年 12 月应缴纳的营业税税额。

（二）分析

第 1 笔经济业务是一般销售不动产的业务，根据税法规定，销售不动产是指有偿转让不动产所有权的行为，包括销售建筑物或构筑物和销售其他土地附着物。所以，配套设施销售收入 200 万元也应并入按销售不动产税目一并缴纳营业税。

本笔业务应纳营业税的计算 $= (1\ 000 + 300 + 200) \times 5\% = 75$（万元）

第 2 笔业务属于不动产投资入股的经济业务。根据财政部、国家税务总局《关于股权转让营业税问题的通知》规定，自 2003 年 1 月 1 日起，以不动产投资入股，参与接受投资方利润分配、共同承担投资风险的行为不征营业税。在投资后转让其股权也不征营业税。对以不动产或无形资产对外投资，不共同承担风险，收取固定利润的行为，应按“服务业——租赁业”征收营业税。因此，该公司投资 A 公司不征营业税，投资 B 公司征收营业税。

本笔业务应纳营业税的计算 $= 25 \times 5\% = 1.25$（万元）

第 3 笔业务属于单位无偿赠送不动产的行为。根据国家税务总局关于《营业税问题解答（之一）》的规定，单位将不动产无偿赠与他人，视同销售不动产征收营业税；对个人无偿赠送不动产，不征营业税。

本笔业务应纳营业税的计算 $= [100 \times (1 + 10\%)] \div (1 - 5\%) \times 5\% = 5.7895$（万元）

第 4 笔业务属于以不动产投资入股，参与接受投资方利润分配、共同承担投资风险的行为，不征营业税。

第 5 笔经济业务属于单位销售其购置的不动产的行为。根据财政部、国家税务总局

《关于营业税若干政策问题的通知》规定，从2003年1月1日起，单位和个人销售或转让其购置的不动产或受让的土地使用权，以全部收入减去不动产或土地使用权的购置或受让原价后的余额为营业额。单位或个人销售或转让抵债所得不动产、土地使用权的，以全部收入减去抵债时该项不动产或土地使用权作价后的余额为营业额。

本笔业务应纳营业税的计算 =(60 - 22) ×5% =1.9（万元）

第6笔业务是涉及违约金的特别处理。根据财政部、国家税务总局《关于营业税若干政策问题的通知》规定，单位和个人提供应税劳务、转让无形资产和销售不动产时，因受让方违约而从受让方处取得的赔偿收入，应并入营业额中征收营业税。所以该房地产公司取得的违约金要缴营业税。

本笔业务应纳营业税的计算 =3 ×5% =0.15（万元）

第7笔业务属于兼营业务。物业管理按服务业税目征税，租车按“服务业——租赁业”征税。物业管理应纳营业税的计算 =（160 +1）×5% =8.05（万元），租车应纳营业税的计算 =80 ×5% =4（万元）

本笔业务应纳营业税合计 =8.05 +4 =12.05（万元）

（三）计算

永嘉房地产开发公司2008年12月应纳营业税情况如下：

1. 销售不动产应纳营业税的计算：

应纳营业税 =(1 000 +300 +200) ×5% =75（万元）

2. 不动产投资入股获得固定收益应纳营业税的计算：

应纳营业税 =25 ×5% =1.25（万元）

3. 单位无偿赠送不动产应纳营业税的计算：

应纳营业税 =[100 ×(1 +10%)] ÷(1 -5%) ×5% =5.79（万元）

4. 不动产投资入股，参与接受投资方利润分配、共同承担投资风险的行为，不征营业税。

5. 单位销售其购置的不动产应纳营业税的计算：

应纳营业税 =(60 -22) ×5% =1.9（万元）

6. 收取的违约金应纳营业税的计算：

应纳营业税 =3 ×5% =0.15（万元）

7. 物业公司应纳营业税的计算：

应纳营业税 =(160 +1) ×5% +80 ×5% =12.05（万元）

永嘉房地产公司2008年12月应缴纳的营业税税额合计：

=75 +1.25 +5.79 +1.9 +0.15 +12.05 =96.14（万元）

三、几种特殊业务应纳营业税的计算

（一）事实

2008年3月A市几个企业的业务情况如下：

1. 一帆会计师事务所主要从事财务、税务咨询、审计及财税培训等业务。2008 年 3 月受佳华集团委托，举办两期财税培训班，取得收入共计 8 万元，其中包括材料费 1 万元。

2. 新兴酒店 3 月取得客房收入 30 万元；餐厅、歌厅、舞厅收入共 40 万元，烟酒饮料费 10 万元；出租柜台销售工艺品，销售收入 2 万元，月租金 5 000 元。（当地娱乐业税率为 20%）。

3. 某婚纱影楼主要从事拍照、相片制作、出租礼服等业务。3 月取得营业收入 20 万元，其中 5 万是制作婚纱照时附带提供的镜框、相册、包装箱等货物取得的收入。

4. 和平饭店主要提供旅店住宿服务。3 月取得住宿收入 30 万元，其中包括为旅客提供的小食品等货物价值 2 万元。

5. 运通运输公司 3 月发生下列业务：

（1）运输一批货物出境，收取全程运费 15 万元，其中：替保险公司代收保费 4 500 元；出境时付给境外承运公司 8 万元；从境外运输一批货物至我国边境检查站取得运费 6 万元。

（2）取得货运收入 20 万元，其中支付给其他联运单位运费 6 万元。

（3）销售货物并负责运输取得收入 18 万元。

6. 某广告经营公司 3 月取得广告业务收入 30 万元，办理广告代理业务取得收入 15 万元，支付给其他单位广告制作费 8 万元，支付给电视台广告发布费 10 万元，收取广告赞助费 2 万元。

7. 某展览馆取得门票收入 30 万元，展览馆内的餐饮部取得收入 5 万元。

（二）分析

本实例主要是关于营业税混合销售行为、兼营行为征税问题及计税营业额“扣除项目”的特殊规定。

第 1 笔经济业务是营业税混合销售行为，涉及“文化体育业——培训”业务。根据《营业税税目注释》规定，“文化体育业”税目中的“其他文化业”是指除表演、播映活动以外的文化活动的业务，如各种展览、培训活动，举办文学、艺术、科技讲座、演讲报告会、图书馆的图书和资料借阅业务等。培训收入中既包括提供劳务收入，也包括培训资料的销售收入，根据《营业税暂行条例实施细则》第 5 条规定：一项销售行为如果既涉及应税劳务又涉及货物，为混合销售行为。从事货物的生产、批发或零售的企业、企业性单位及个体经营者的混合销售行为，视为销售货物，不征收营业税；其他单位和个人的视同销售行为，视为提供应税劳务，应当征收营业税。因此，此项业务属于营业税业务的混合销售行为，应按规定缴纳营业税，不征收增值税。

本笔业务应纳营业税的计算 $=8\times3\%=0.24$（万元）

第 2 笔业务属于纳税人兼营不同税目的业务。酒店取得的客房收入按“服务业——旅店业”税目征收营业税；餐厅、歌厅、舞厅收入按照“娱乐业”税目征税，收取的烟酒饮料费属于营业税的混合销售行为，合并在餐厅、歌厅、舞厅收入中按照“娱乐业”税目征税；出租柜台销售工艺品按“服务业——租赁业”税目征收。

本笔业务应纳营业税的计算 $=30\times5\%+(40+10)\times20\%+0.5\times5\%=11.525$（万元）

第 3 笔业务属于营业税的混合销售行为，因此，某婚纱影楼制作婚纱照的同时，附带提供的镜框、相册、包装箱等货物取得的收入并入营业收入按照“服务业”税目征税。具体依据见《营业税暂行条例实施细则》第5条规定。

本笔业务应纳营业税的计算 = 20 × 5% = 1（万元）

第4笔业务属于营业税的混合销售行为。具体依据见《营业税暂行条例实施细则》第5条的规定。

本笔业务应纳营业税的计算 = 30 × 5% = 1.5（万元）

第5笔经济业务是关于运输公司应纳营业税的问题和具体计税依据的确定。《营业税暂行条例》第5条规定：纳税人的营业额为纳税人提供应税劳务、转让无形资产或销售不动产向对方收取的全部价款和价外费用；但是，下列情形除外：①运输企业自中华人民共和国境内运输旅客或者货物出境，在境外改由其他运输企业承运乘客或者货物的，以全程运费减去付给该承运企业的运费后的余额为营业额。②旅游企业组织旅游团到中华人民共和国境外旅游，在境外改由其他旅游企业接团的，以全程旅游费减去付给接团企业的旅游费后的余额为营业额。另外，国家税务总局《关于营业税的若干问题的通知》规定：联运业务以其实际取得的收入为营业额，即指运输企业开展联运业务时，以收到的收入扣除支付给以后的承运者的运费、装卸费、换装费等费用后的余额为营业额。对从事运输业务的单位和个人，既销售货物又负责运输的混合销售行为，应征收增值税，不征收营业税。

本笔业务应纳营业税的计算 = [(15 − 0.45 − 8 − 6) + (20 − 6)] × 3% = 0.4365（万元）

第6笔经济业务属于服务业中的广告业。按税法规定，广告代理业的营业额为代理者向委托方收取的全部价款和价外费用减去付给广告发布者（包括媒体、载体）的广告发布费后的余额。

本笔业务应纳营业税的计算 = (30 + 15 − 10 + 2) × 5% = 1.85（万元）

第7笔业务属于营业税优惠的项目。《营业税暂行条例》规定：纪念馆、博物馆、文化馆、美术馆、展览馆、书画院、图书馆、文物保护单位举办文化活动的门票收入，宗教场所举办宗教文化、宗教活动的门票收入。因此，展览馆门票收入免税，展馆内的餐饮部收入要缴纳营业税。

本笔业务应纳营业税的计算 = 5 × 5% = 0.25（万元）

（三）计算

1. 一帆会计师事务所举办财税培训班应纳营业税的计算：

应纳营业税 = 8 × 3% = 0.24（万元）

2. 新兴酒店应纳营业税的计算：

应纳营业税 = 30 × 5% + (40 + 10) × 20% + 0.5 × 5% = 11.525（万元）

3. 某婚纱影楼应纳营业税的计算：

应纳营业税 = 20 × 5% = 1（万元）

4. 和平饭店应纳营业税的计算：

应纳营业税 = 30 × 5% = 1.5（万元）

5. 运输公司的计算：

应纳营业税 = (15 − 0.45 − 8 − 6 + 20 − 6) × 3% = 0.4365（万元）

6. 某广告经营公司应纳营业税的计算：

应纳营业税 = (30 + 15 − 10 + 2) × 5% = 1.85（万元）

7. 某展览馆应纳营业税的计算：

应纳营业税 =5×5% =0.25（万元）

第四节　企业所得税及相关税种的计算

一、某保健品厂企业所得税及相关税种的计算

（一）事实

某市保健品生产企业为增值税一般纳税人，2008 年度账面记载注册资本 4 000 万元，有员工 200 人，当年相关生产经营资料如下：

1. 经有关部门核定 2008 年占用土地面积共计 20 000 平方米，其中幼儿园占地 600 平方米、绿化占地 400 平方米。当地省级人民政府确定每平方米征收城镇土地使用税 2 元；

2. 拥有小轿车 4 辆、净吨位 5 吨的载货汽车 8 辆；当地规定小轿车年税额 360 元，载货汽车每吨年税额 40 元；

3. 销售保健品实现不含税销售额 6 000 万元；购进原材料，取得增值税专用发票，注明价款 4 200 万元，增值税税额 714 万元；支付购货的运输费 50 万元，保险费和装卸费 10 万元，取得运输公司及其他单位开具的普通发票；销售购进原材料实现不含税销售额 200 万元；全年扣除的产品销售成本 4 250 万元；

4. 全年取得国债利息收入 36 万元；

5. 全年发生财务费用 300 万元；其中包含支付银行贷款利息 200 万元，支付向关联企业借款 1 000 万元的年利息 100 万元（同期银行贷款年利率 7%）；

6. 全年发生管理费用 600 万元；其中业务招待费 125.2 万元；已经包括了应计入管理费用中的税金；

7. 全年发生销售费用 500 万元，其中包括广告费 355.45 万元，业务宣传费用 52.5 万元；

8. 全年计入生产成本费用中的工资总额为 500 万元，已按实际工资总额提取了职工福利费、教育经费和工会经费 92.5 万元；

9. 经税务机关核准结转到本年度的待弥补亏损额为 32.25 万元。

取得的增值税专用发票在有效期内均通过主管税务机关认证，工会经费已拨付工会组织并取得《工会经费拨缴款专用收据》。

要求计算该保健品生产企业 2008 年应缴纳的企业所得税和相关税收的税额。

（二）分析

第 1 笔业务，城镇土地使用税在管理费用中核算。其中，根据国家税务总局关于印发《关于土地使用税若干具体问题的补充规定》的通知（国税发［1989］140 号）第 13 条规定，对企业厂区（包括生产、办公及生活区）以内的绿化用地，应照章征收土地使用税，厂区以外的公共绿化用地和向社会开放的公园用地，暂免征收土地使用税。所以该企业绿化

占地要照章纳税。幼儿园占地免缴土地使用税。

应缴纳城镇土地使用税 =(20 000 - 600) ×2 =3.88 (万元)

第 2 笔业务，根据《中华人民共和国车船税暂行条例》第十四条的规定，自 2007 年 1 月 1 日起实行新的车船税。车船税在管理费用中核算。

应缴纳车船税 =4 ×360 +8 ×5 ×40 =0.304 (万元)

第 3 笔业务，增值税是价外税，因此不能作为税前扣除项目。

实现销售收入 =6 000 +200 =6 200 (万元)

应缴纳的增值税 =(6 000 +200) ×17% -714 -50 ×7% =336.5 (万元)

应缴纳的城市维护建设税和教育费附加 =336.5 ×(7% +3%) =33.65 (万元)

第 4 笔业务，企业所得税法第 26 条规定，国债利息收入为免税收入。所以全年取得的国债利息收入 36 万元免征企业所得税。

第 5 笔业务，根据企业所得税法实施条例第 38 条的规定，企业在生产经营活动中发生的利息支出，准予扣除的是：(一) 非金融企业向金融企业借款的利息支出、金融企业的各项存款利息支出和同业拆借利息支出、企业经批准发行债券的利息支出；(二) 非金融企业向非金融企业借款的利息支出，不超过按照金融企业同期同类贷款利率计算的数额的部分。该企业支付给关联企业的借款年利息 100 万元超过了按照金融企业同期同类贷款利率计算的数额，超过部分不得抵扣。

财务费用应调增应纳税所得额 =100 -1 000 ×7% =30 (万元)

第 6 笔业务涉及企业业务招待费的处理。据企业所得税法实施条例第 43 条规定，企业发生的与生产经营活动有关的业务招待费支出，按照发生额的 60% 扣除，但最高不得超过当年销售（营业）收入的 5‰。该企业本年度发生的业务招待费的 60% 大于当年销售（营业）收入的 5‰，所以只能按照当年销售（营业）收入的 5‰进行扣除。

业务招待费扣除限额 =6 200 ×5‰ =31 (万元)

本年度业务招待费的 60% =125.2 ×60% =75.12 (万元)

本年度业务招待费的 60% >业务招待费扣除限额标准：

所以，管理费用应调增应纳税所得额 =125.2 -31 =94.2 (万元)

第 7 笔业务属于广告费和业务宣传费用有税前扣除限额的处理业务。据企业所得税法实施条例第 44 条规定，企业发生的符合条件的广告费和业务宣传费支出，除国务院财政、税务主管部门另有规定外，不超过当年销售（营业）收入 15% 的部分，准予扣除；超过部分，准予在以后纳税年度结转扣除。

广告费用和业务宣传费的扣除限额 =6 200 ×15% =930 (万元)

由于实际发生未超过扣除限额，故销售费用不需要进行调整。

第 8 笔业务涉及工资薪金的处理和职工福利费、教育经费和工会经费的处理。企业所得税法实施条例第 34 条规定，企业发生的合理的工资薪金支出，准予扣除。所称工资薪金，是指企业每一纳税年度支付给在本企业任职或者受雇的员工的所有现金形式或者非现金形式的劳动报酬，包括基本工资、奖金、津贴、补贴、年终加薪、加班工资，以及与员工任职或者受雇有关的其他支出。

企业所得税法实施条例第 40 条规定，企业发生的职工福利费支出，不超过工资薪金总额 14% 的部分，准予扣除。第 41 条规定，企业拨缴的工会经费，不超过工资薪金总额 2%

的部分，准予扣除。第42条规定，除国务院财政、税务主管部门另有规定外，企业发生的职工教育经费支出，不超过工资薪金总额2.5%的部分，准予扣除；超过部分，准予在以后纳税年度结转扣除。

计税工资标准 = 200 × 0.2 × 12 = 480（万元）

工资应调增应纳税所得额 = 500 − 480 = 20（万元）

福利费等三费应调增应纳税所得额 = 92.5 − 480 × 0.185 = 3.7（万元）

第9笔业务涉及企业亏损弥补的业务。据企业所得税法实施条例第18条规定，企业纳税年度发生的亏损，准予向以后年度结转，用以后年度的所得弥补，但结转年限最长不得超过五年。故2007年度的亏损可以结转到本年度弥补。

本年结转2007年的亏损 = 32.25万元

（三）计算

1. 应缴纳城镇土地使用税 =（20 000 − 600）× 2 = 3.88（万元）（已经记入管理费用）

2. 应缴纳车船税 = 4 × 360 + 8 × 5 × 40 = 0.304（万元）（已经记入管理费用）

3. 应缴纳的增值税及相关税费的计算：

（1）应缴纳的增值税 = 6 200 × 17% − 714 − 50 × 7% = 336.5（万元）

（2）应缴纳的城市维护建设税和教育费附加 = 336.5 ×（7% + 3%）= 33.65（万元）

4. 财务费用应调增应纳税所得额 = 100 − 1 000 × 7% = 30（万元）

5. 业务招待费扣除限额 = 6 200 × 5‰ = 31（万元）

管理费用应调增应纳税所得额 = 125.2 − 31 = 94.2（万元）

6. 广告费用和业务宣传费的扣除限额 = 6 200 × 15% = 930（万元），其实际发生额为407.95万元（355.45 + 52.5），未超过扣除限额，故销售费用不需要进行调整。

7. 计税工资及三项费用的调整：

（1）计税工资标准 = 200 × 0.2 × 12 = 480（万元）

（2）工资应调增应纳税所得额 = 500 − 480 = 20（万元）

（3）福利费等三费应调增应纳税所得额 = 92.5 − 480 × 0.185 = 3.7（万元）

8. 企业2008年度应纳所得税的计算：

（1）2008年企业应纳税所得额 = 6 200 − 4 250 − 33.65 − 300 + 30 − 600 + 94.2 − 500 + 20 + 3.7 − 32.25

= 632（万元）

（2）企业2008年度应纳企业所得税税额 = 632 × 25% = 158（万元）

二、某外商投资企业所得税及相关税种的计算

（一）事实

某外商投资创办的生产型企业，1998年在我国某经济特区依法设立，中外方持股比例为5:5，经营期限15年，该企业适用企业所得税税率为15%，地方所得税税率为3%（当地政府对于地方所得税没有优惠政策）。1998～2007年的盈亏情况见表2－1。

表 2-1　　盈亏情况　　单位：万元

年度	1998	1999	2000	2001	2002	2003	2004	2005	2006	2007
盈亏	-70	-10	20	20	10	40	-10	70	40	-20

2008 年的生产经营情况如下：

1. 取得销货净额 650 万元，全年取得租赁业务收入 100 万元；

2. 应扣除的销售成本 200 万元，销售费用 120 万元；

3. 应缴纳增值税 30 万元、营业税 5 万元；

4. 发生管理费用 40 万元，其中业务招待费 10 万元，自行研究开发新产品，发生技术开发费 8 万元，委托某科研机构开发新产品，支付给科研机构技术开发费 4 万元；

5. 财务费用 45 万元，其中 2008 年 5 月 1 日向银行借款 600 万元用于厂房扩建，借款期限 1 年，当年向银行支付了借款利息 40 万元，该厂房 11 月 30 日竣工结算并投入使用，40 万元全部计入财务费用；

6. 营业外支出 30 万元，其中通过教育部门向希望小学捐赠 4 万元，直接向灾区捐赠 2 万元，资助非关联的科研机构开发经费 1 万元；

7. 接受某公司捐赠的包装物一批，取得增值税专用发票，注明价款 20 万元、增值税额 3.4 万元；

8. 以前年度已确认坏账损失的部分，本年收回 60 万元；

9. 转让 A 股票收益 25 万元，转让 B 股票损失 30 万元；

10. 外国投资者将其分回 2007 年度税后利润 82 万元，用于再投资增加本企业注册资本。

要求计算该外商投资企业 1998～2007 年合计缴纳的企业所得税和地方所得税税额，以及 2008 年度应缴纳的企业所得税税额。

（二）分析

1. “两免三减半”的优惠政策业务处理。该企业属于外商投资创办的生产型企业，据外商投资企业和外国企业所得税法第八条的规定，该企业适用“两免三减半”的企业所得税优惠政策。2003 年为该企业的获利年度，所以，2003～2004 年免税，2005～2007 年减半征收，2008 年正常征收。

1998～2007 年应缴纳的企业所得税和地方所得税合计：

$=(-70-10+20+20+10+40)\times3\%+(70-10+40)\times(15\%\times50\%+3\%)$

$=10.80$（万元）

2. 低税率优惠政策的过渡期处理。据《外商投资企业和外国企业所得税法实施细则》（国务院令［1991］第 85 号）第 73 条规定，该企业适用 15% 的优惠税率。又据该企业适用 15% 的优惠税率。外商投资企业和外国企业所得税法实施细则（国务院令［1991］第 85 号）第 73 条的规定，由于该企业处于经济特区，故可以减按 15% 的税率征收企业所得税。

另据《国务院关于实施企业所得税过渡优惠政策的通知》（国发［2007］39 号）规定，

自 2008 年 1 月 1 日起，原享受低税率优惠政策的企业，在新税法施行后 5 年内逐步过渡到法定税率。其中：享受企业所得税 15% 税率的企业，2008 年按 18% 税率执行，2009 年按 20% 税率执行，2010 年按 22% 税率执行，2011 年按 24% 税率执行，2012 年按 25% 税率执行；原执行 24% 税率的企业，2008 年起按 25% 税率执行。（2008 年以后，税率的优惠政策逐步取消。）所以，2008 年度该企业适用 18% 的税率。

3. 亏损弥补的业务处理。据企业所得税法实施条例第 18 条规定，企业纳税年度发生的亏损，准予向以后年度结转，用以后年度的所得弥补，但结转年限最长不得超过五年。此项规定与 2008 年之前的规定基本相同。2008 年结转上一年度亏损 20 万元。

4. 管理费的调整。首先是交际应酬费扣除限额的处理。据《企业所得税法实施条例》第 43 条规定，企业发生的与生产经营活动有关的业务招待费支出，按照发生额的 60% 扣除，但最高不得超过当年销售（营业）收入的 5‰。该企业本年度发生的业务招待费的 60% 大于当年销售（营业）收入的 5‰，所以只能按照当年销售（营业）收入的 5‰进行扣除。其次是开发新技术、新产品、新工艺发生的研究开发费用的处理。据第 30 条规定，该企业开发新技术、新产品、新工艺发生的研究开发费用可以在计算应纳税所得额时加计扣除。

因本年度业务招待费的 60% 为 6 万元，已超过其法定扣除限额 $(650+100)\times5‰=3.75$（万元），故允许扣除的业务招待费为 3.75 万元。另外，可以加计扣除的研发费用 $=(8+4)\times50\%=6$（万元），所以，可以扣除的管理费用 $=40-10+3.75+6=39.75$（万元）

5. 财务费用的处理。可以扣除的财务费用 $=45-(40-40\div8\times1)=10$（万元）

6. 捐赠支出的处理。企业所得税法统一了内、外资企业对公益性捐赠支出的处理，其中，企业所得税法第 9 条规定，企业发生的公益性捐赠支出，在年度利润总额 12% 以内的部分，准予在计算应纳税所得额时扣除。又据企业所得税法实施条例第 51 条规定，企业所得税法第 9 条所称公益性捐赠，是指企业通过公益性社会团体或者县级以上人民政府及其部门，用于《中华人民共和国公益事业捐赠法》规定的公益事业的捐赠。显然，中国企业所得税法中可以扣除的捐赠是间接捐赠，即必须通过公益性社会团体或者县级以上人民政府及其部门。本笔业务的捐赠支出在企业年度利润总额的 12% 以内，但只有通过教育部门向希望小学捐赠的 4 万元属于可以扣除的范围据实扣除。

可以扣除的捐赠支出 $=30-2-1=27$（万元）

7. 捐赠收入的处理。据《企业所得税法》第 6 条规定，企业以货币形式和非货币形式从各种来源取得的收入，为收入总额。故接受捐赠收入 20 万元应计收入纳税。

8. 再投资退税的业务处理。企业所得税法中未提及再投资退税的优惠政策，据其第 60 条的规定，新的企业所得税法自 2008 年 1 月 1 日起施行。1991 年 4 月 9 日第七届全国人民代表大会第四次会议通过的《中华人民共和国外商投资企业和外国企业所得税法》和 1993 年 12 月 13 日国务院发布的《中华人民共和国企业所得税暂行条例》同时废止。

9. 转让 A 股票收益 25 万元，转让 B 股票损失 30 万元，税务处理：

股票转让净损失 $=25-30=5$（万元），由以后年度的投资收益弥补，不能用当年应纳税所得额进行弥补。

（三）计算

1. 该企业2003年为获利年度，2003~2004年免税，2005~2007年减半征收，2008年按18%的税率征收企业所得税。

该企业1998~2007年应缴纳的企业所得税和地方所得税合计=(−70−10+20+20+10+40)×3%+(70−10+40)×(15%×50%+3%)=10.80（万元）

2. 2008年度企业所得税的计算：

（1）可以扣除的管理费用（包括技术开发费加计扣除部分）

=40−10+3.75+(8+4)×50%=39.75（万元）

（2）可以扣除的财务费用、营业外支出合计

=[45−(40−40÷8×1)]+(30−2−1)=37（万元）

（3）应纳税所得额=650+100+20+3.4+60−200−120−5−39.75−37−20=411.65（万元）

（4）应纳所得税税额=411.65×18%=74.097（万元）

三、某化工企业所得税及相关税种的计算

（一）事实

某市一化工企业为增值税一般纳税人，主要业务是用外购化妆品生产和销售成套化妆品，2008年度有关生产经营情况如下：

1. 期初库存外购已税化妆品300万元。本期外购已税化妆品取得增值税专用发票，支付价款2 400万元、增值税额408万元，已验收入库；

2. 生产领用外购化妆品2 500万元，其他生产费用978万元，生产成套化妆品37万件，每件成套化妆品单位成本94元；

3. 批发销售成套化妆品25万件，开具增值税专用发票，取得销售额6 000万元；零售成套化妆品8万件，开具普通发票，取得销售收入2 340万元；

4. 2008年10月31日销售外购的商标权取得销售收入100万元。该商标为2008年3月1日购进并投入使用，支付外购金额60万元，使用时按10年期限计算摊销；

5. 发生产品销售费用820万元、财务费用270万元、管理费用940万元（其中含业务招待费用35万元）；

6. 7月发生意外事故损失库存的外购化妆品30万元（不含增值税额），10月取得保险公司赔款5万元；

7. 从联营企业分回税后利润38万元；联营企业为沿海经济开发区一生产型外商投资企业，企业所得税税率为24%，联营企业当地未征收地方企业所得税；

8. 转让一全资子公司转让成本1 000万元，取得转让支付额3 000万元，其中，应分离的被投资方累计未分配利润和累计盈余公积为85万元，全资子公司2008年所得税税率为15%。

9. 2008年，该企业发生了两笔房地产转让业务：第一，转让写字楼一幢，共取得转让

收入5 000万元，企业即按税法规定缴纳了有关税金。已知该企业为取得土地使用权而支付的地价款和按国家统一规定缴纳的有关费用为500万元；投入的房地产开发成本为1 500万元；房地产开发费用中的利息支出为120万元（能够按转让房地产项目计算分摊并提供金融机构证明），比按工商银行同类同期贷款利率计算的利息多出10万元。另知该企业所在地政府规定的其他房地产开发费用的计算扣除比例为5%。第二，转让一栋旧厂房，合同中约定转让收入230万元。旧厂房账面折余价值130万元。经主管税务机关审定，该厂房的重置成本价和成新度折扣率分别为250万元和60%。

（注：化妆品的消费税税率为30%，教育费用附加征收率为3%。）

要求计算该企业2008年应缴纳的企业所得税税额和其他有关税额。

（二）分析

1. 联营企业分回利润补税问题。根据国家税务总局《关于企业所得税若干政策问题的规定》（财税［1994］第9号），联营企业投资方从联营企业分回的税后利润，如投资方企业所得税税率低于联营企业，不退还所得税；如投资方企业所得税税率高于联营企业，投资方分回的税后利润应按规定补缴所得税。这条规定在新企业所得税法中有了很大的变动。据中华人民共和国企业所得税法第26条的规定，该企业从联营企业分回利润收入为符合条件的居民企业之间的股息、红利等权益性投资收益，免征企业所得税。

2. 企业股权转让问题。《国家税务总局关于企业股权转让有关所得税问题的补充通知》（国税函［2004］390号）文件规定，企业进行清算或转让全资子公司以及持股95%以上的企业，应按《国家税务总局关于印发〈企业改组改制中若干所得税业务问题的暂行规定〉的通知》（国税发［1998］97号）的有关规定执行。投资方应分享的被投资方累计未分配利润和累计盈余公积应确认为投资方股息性质的所得。为避免对税后利润重复征税，影响企业改组活动，在计算投资方的股权转让所得时，允许从转让收入中减除上述股息性质的所得。上述规定在新企业所得税税法中变得较大。与联营企业分回利润补税的一样，据中华人民共和国企业所得税法第26条的规定，该企业转让全资子公司取得的支付款中包含的被投资方累计未分配利润和累计盈余公积为85万元是股息性质的所得，故免征企业所得税。

3. 涉及的税种。企业进行房地产转让业务需要缴纳企业所得税、土地增值税、营业税及营业税附加。

（三）计算

2008年纳税情况：

1. 2008年度应缴纳的各种流转税的计算。

（1）增值税的计算：

增值税销项税额 $=6\ 000\times17\%+2340\div(1+17\%)\times17\%=1\ 360$（万元）

增值税进项税额 $=408-30\times17\%=402.9$（万元）

应缴纳增值税税额 $=1\ 360-402.9=957.1$（万元）

（2）消费税的计算：

应缴纳消费税税额 $=6\ 000\times30\%+2\ 340\div(1+17\%)\times30\%-2\ 500\times30\%=1\ 650$（万元）

（化妆品的消费税税率为30%）

（3）营业税的计算：

应缴纳营业税税额＝100×5%＋5 000×5%＋230×5%＝266.5（万元）

2. 应缴纳城市维护建设税和教育费附加的计算。

（1）城市维护建设税＝（957.1＋1 650＋266.5）×7%＝201.152（万元）

（2）教育费附加＝（957.1＋1 650＋266.5）×3%＝86.208（万元）

3. 应缴纳的土地增值税的计算。

（1）房地产转让业务一：

转让房地产的扣除项目金额＝500＋1 500＋[（120－10）＋（500＋1 500）×5%]＋[5 000×5%＋5 000×5%×（7%＋3%）]＝2 485（万元）

转让房地产的增值额＝5 000－2 485＝2 515（万元）

增值率＝2 515÷2 485＝101.2%，由此增值率得知适用税率为50%，速算扣除率为15%。

应纳土地增值税税额＝2 515×50%－2 485×15%＝884.75（万元）

（2）房地产转让业务二：

转让房地产的扣除项目金额＝250×60%＋[230×5%＋230×5%×（7%＋3%）]＝162.65（万元）

土地增值额＝230－162.65＝67.35（万元）

增值额占扣除项目金额的比例＝67.35÷162.65＝41.4%＜50%

应纳土地增值税税额＝67.35×30%＝20.205（万元）

4. 该企业2008年度应纳税所得额的计算。

（1）应扣除产品销售成本＝（25＋8）×94＝3102（万元）

（2）应扣除商标权销售成本＝60－（60÷10÷12×8）＝56（万元）

（3）应扣除的费用＝820＋270＋940－35×60%＝2 009（万元），业务招待费可以扣除的最高限额为40万元，所以招待费可按60%扣除。

（4）营业外支出＝30×（1＋17%）－5＝30.1（万元）

（5）应纳税所得额＝6 000＋2 340÷（1＋17%）＋100＋（3 000－85－1 000）＋[5 000－500－1 500－（120－10）－884.75]＋（230－130－20.205）－1 650－266.5－201.152－86.208－3 102－56－2 009－30.1＝4 699.085（万元）

（6）应纳企业所得税税额＝4 699.085×25%＝1 174.771（万元）

本章小结

本章是前一章有关中国税收制度的进一步讨论。前一章侧重于理论、概念和框架上，本章侧重于主要税种具体的操作和计算上。

税收筹划作为一个单独的领域和方向，其实它也是税法的延伸，是纳税人依据税法而做出的能动反应。税法是税收筹划思路和行动的基础。所以，不熟知、不掌握税法，而追求筹划的技巧和窍门，是舍本而求末。

增值税是现行的主要税种，它凭专用发票上注明的税金进行抵扣，销项税金和进项税金是计算增值税的基础。计算销项税金，涉及企业多种多样的营销方式，视同销售、混合销售、兼营销售、折扣、以物易物等；还涉及销售价格、核定价格、组成计税价格等。计算进项税金，涉及增值税专用发票、普通发票，涉及海关完税凭证、收购农产品、废旧物资和运输费用凭证或发票等；这些票证往往需要认证才能抵扣。增值税转型后，机器设备的进项税金一般能够抵扣。增值税的计算，政策性强、繁杂且风险大。

消费税针对特定商品适用不同的税率。一般来讲，消费税主要在生产环节缴纳；将应税消费品在建工程、管理部门、非生产机构、提供劳务，以及用于馈赠、赞助、集资、广告、样品、职工福利、奖励等，都要缴纳消费税。消费税计算从价定率，或从量定额，或者二者混合；消费税是价内税，计算消费税会涉及组成计税价格和核定价格。

出口退税涉及增值税退税和消费税退税。增值税退税比较繁杂，生产企业适用免抵退，而外贸企业适用退税。消费税退税相对简单，生产企业免税，外贸企业退税。

营业税涉及的应税劳务涉及多种行业形式，包括：交通运输、建筑安装、金融保险、娱乐业、服务业、转让无形资产和销售不动产等，相对来讲，不同行业其营业税政策差别很大。营业税的计税依据并非就是收入的全额，经常还可以有一定的扣除，如建筑的分包、金融商品的买卖、运输的转运、旅游业的转包和销售购置的不动产等。纳税人的营销政策，也影响着营业税的负担，如营业税兼营销售、混合销售、合作建房、以不动产投资入股等。

企业所得税的计算，首先是其他税种的计算要正确，否则企业所得税计算不大可能正确。其次是收入，包括销售货物收入、提供劳务收入、转让财产收入、股息红利等权益性投资收益、利息收入、租金收入、特许权使用费收入、接受捐赠收入等其他收入；这些项目的收入会混合交织在一起，如股息红利收入和财产转让收入等；企业所得税收入也有视同销售和核定价格的问题。再次是扣除，包括成本、费用、税金和损失等；利息支出、广告支出、三项费用、捐赠支出和招待费等，税法规定有扣除的限制标准。有关收入、扣除的税法规定和会计确认、计量的差异，纳税时要做调整，后面的章节还会专门讨论。最后是税收优惠，企业所得税的优惠措施，针对收入、费用扣除、资产处理、税率、抵免等，新旧所得税交替之际，还有优惠政策的过渡安排的问题。有关税收优惠，后面的章节会专门讨论。

关键术语和概念

视同销售	增值税专用发票	居民纳税人
混合销售	组成计税价格	股息红利
兼营销售	价内税	特许权使用费收入
销项税额	价外税	税款抵免
进项税额	免、抵、退	企业所得税优惠过渡

思考题

1. 讨论增值税纳税人的混合销售、兼营销售、实物折扣、折扣销售、旧货销售、以物易物、以旧换新和代销业务的增值税政策。

2. 讨论增值税纳税人进项税额的有关规定。

3. 简述税法对消费税自产自用的有关规定。

4. 简述增值税退税和消费税退税的有关政策，并讨论消费税的出口退税与增值税相比，有哪些方面的差异。

5. 讨论以企业不动产投资入股、建立合营企业合作建房和自建自用建筑物的营业税处理。

6. 讨论营业税法规中，对营业额的有关规定。

7. 新企业所得税法实施后，原来的优惠政策如何过渡？

8. 简要讨论母公司获得子公司的股息红利所涉及企业所得税问题。

选读文献资料

1. 朱为群：《中国税制教程》，上海财经大学出版社 2003 年版。

2. 靳万军，周华伟：《流转税理论与实践》，经济科学出版社 2007 年版。

3. 《中华人民共和国企业所得税法实施条例》立法起草小组：《中华人民共和国企业所得税法实施条例释义及适用指南》，中国财政经济出版社 2008 年版。

4. Deloitte：*China Master Tax Guide*，CCH Asia Pte Limited，2005.

5. Jon S. Davis，Wayne H. Show：*Advanced Taxation*，West/South-Weatern College Publishing，1999.

第三章 税收筹划的理论和方法

专栏3-1 1.5万元×33%>1.5万元×27%？

麦克·约翰逊，在美国尼克国际税务咨询公司担任税务顾问多年。这家公司现在为3家跨国企业、10多家大中型企业和几十家小型企业提供税务咨询和税收筹划业务。

这家公司成立于20世纪80年代，在那个年代，税收筹划狂潮席卷了全美国，那些寻求税务咨询的顾客，都感染了节税狂热，无数的税务咨询公司拔地而起，后来，这些公司中许多都倒闭了，但是，尼克国际税务咨询公司业务情况一直很骄人。

麦克·约翰逊的公司有一个客户在中国内地有关联企业，他对于中国的税收筹划不大熟悉。这天，他打电话给他一位在中国大学从事税收筹划教学的朋友冯韦伯，询问一个在中国的企业，它2006年应税所得45 000元，适用税率27%；2007年应税所得125 000元，适用税率33%，这个企业有15 000元的额外费用允许在2006年或者2007年扣除，2007年的适用税率33%高于2006年的27%，如果不考虑其他因素，是否选择在2007年扣除节减更多的税？您认为在2006年扣除节税多还是在2007年扣除节税多呢？

冯韦伯告诉麦克·约翰逊应该选择在2006年扣除，因为15 000的费用放在2006年扣除，可以减少的是15 000×45%的企业所得税，而放在2007年扣除，只可以减少15 000×33%的企业所得税。这笔费用放在2006年扣除能多节减税收1 800元（6 750－4 950）：

企业两年纳税总额＝45 000×27%＋125 000×33%＝53 400（元）

1. 如果额外费用在2006年扣除：

冲减的应税所得的最高平均边际税率＝45%

应纳税额＝30 000×18%＋125 000×33%＝46 650（元）

两年少纳税＝53 400－46 650＝15 000×45%＝6 750（元）

2. 如果额外费用在2007年扣除：

应纳税额＝45 000×27%＋110 000×33%＝48 450（元）

两年少纳税＝53 400－48 450＝15 000×33%＝4 950（元）

第一节 税收筹划概述

税收筹划对于中国国内企业和投资于中国的外国企业，以及中国居民个人和包括高级企业管理人员等在内的中国非居民个人，都具有非常重要的意义。本章的主要目的是介绍根据国内外实践和经验归纳、总结出来的税收筹划理论和方法以及税收筹划的专业术语、国内外税收筹划的情况等。内容包括：税收筹划概念、税收筹划的起源与各国税收筹划概况、税收筹划分类、税收筹划的作用和原则、税收筹划的初级理论和中级理论、税收筹划使用的特殊应纳税额计算方法、税收筹划使用的纳税方案选择方法，以及税收筹划与税收制度、税收筹划与会计制度、税收筹划与汇率制度、税收筹划与政府政策等的关系。本章认为您对中国税制、外国税制、国际税收、财务管理、会计制度、法律制度等的有关基础知识已经了解。在您完成这章学习之后，您应该尝试自己解答这章专栏和这章最后的问题，然后比较您的答案和这章结尾的答案有何不同。

一、税收筹划的概念

税收筹划是制订使纳税人投资、经营或其他活动税收最小化的方式、方法和步骤。国际财政文献局（International Bureau of Fiscal Documentation，IBFD）在其《国际税收辞汇》（IBFD：International Tax Glossary，Amsterdam 1996）中对税收筹划基本上就是这样表述的：税收筹划是使一个人的经营和（或）私人事务税收最小化的安排。上述定义里的“人”包括自然人和法人。

税收筹划需要考虑的不单单是纳税人的“纳税”或“税务”问题，还要从税收方面考虑纳税人的所有问题，使纳税人的税后整体综合利益最大化，所以称为“税收”筹划。

税收筹划学作为一门学科不是简单的税法应用学，而是税收筹划理论和方法及其应用学。税收筹划有其单独的理论体系和方法论。

二、税收筹划与财务筹划、企业筹划

（一）税收筹划与财务筹划

税收筹划与财务筹划有紧密的联系，但又有区别。

财务筹划是指运用财务工具制订可以达到使企业或个人财务资源最大化财务目标的方式、方法和步骤。财务筹划最主要的目标，是增加财务资源。财务资源包括现金和资产。

1897 年美国格林的公司财务和 20 世纪 70 年代兴起的个人财务筹划，就是以财务为筹划对象，以增加总体财务资源为目标的筹划。

财务筹划原理可以概括为：$FR + FT = FG$

其中：FR 为财务资源，FT 为财务工具，FG 为财务目标。

税收筹划归根结底也是制订增加总体财务资源的计划，所以税收筹划从某方面来说是财务筹划的一个部分。许多国外的财务书籍，尤其是财务筹划书籍都有税收筹划内容。现在国内不少财务和财务筹划书籍也有专门部分论述税收筹划的内容。反过来，许多国外的税收筹划书籍也有财务筹划的内容。不过，由于税务与财务的区别，税收筹划又是财务筹划的一个特殊和独立的部分，并已经发展出一套它自己单独的理论、技术和方法。

（二）税收筹划与企业筹划

企业筹划是指制订可以达到企业目标的企业投资、经营和其他活动的方式、方法和步骤。企业的税收筹划是企业财务筹划特殊的一部分，企业税收筹划又是企业筹划特殊的一部分。20世纪80年代，世界各国兴起税收筹划热潮，1980年德国人马勒泰克在其《税收筹划是企业筹划的组成部分》（Marettek，A.：Steuerplanung als Teil der Unternehmensplanung. In：Führungsprobleme industrieller Unternehmungen. Festschrift für F. THOMEE，hrsg. von D. HAHN，Berlin 1980）中，就曾就税收筹划是企业筹划的组成部分进行过专门的论述。

从演进过程看，企业财务筹划先从企业筹划中独立出来，创立和发展出一套自己的理论和方法。随着第二次世界大战结束后所得税税负的加重，企业税收筹划又从企业筹划中独立出来，从税收方面考虑企业的总体目标，创立和发展出自己的一套理论和方法。由于企业税收筹划需求量大，带动了对整个税收筹划学科的广泛研究，形成了一门新兴学科。

三、税收筹划与税务咨询、税务代理

（一）税务咨询和税务代理

税收筹划与税务咨询，特别是与税务代理有别，但从起源来看，税收筹划与税务咨询和税务代理又是有密切关系的。

税务咨询是指税务专家就税收方面问题的咨询向纳税人提供意见和建议。税务咨询的内容有窄、有广，狭义的税务咨询仅指就纳税人的包括有关税法和税务行政方面问题的咨询，向纳税人提供意见和建议，比如日本《税理士法》的税务咨询。这种咨询可以成为税务代理的一种业务。广义的税务咨询是指就所有与税收有关的问题向纳税人提供意见和建议，其中包括帮助纳税人进行税收筹划。

税务代理是指根据税法帮助纳税人履行其纳税义务的各项行为，或根据税法负责代扣代缴税收的行为。对于后者，国际财政文献局编写的《国际税收辞汇》在解释税务代理人时指出，税务代理人有时还指受税务机关委托或根据税法，代税务机关扣缴或收取纳税人税款的代扣代缴人或代收代缴人。

（二）税收筹划与税务咨询、税务代理

税收筹划是为了使纳税人的投资、经营或其他活动税收最小化。纳税人可以聘请职业税务顾问帮其税收筹划，也可以就税收筹划问题向税务顾问咨询，但并不是非要通过税务咨询才能进行税收筹划。税务咨询可以应纳税人的要求为其税收筹划，也可以应其要求对其税收筹划提出建议和意见，但税务咨询的业务不只是税收筹划。

中国1994年颁布的《税务代理试行办法》规定，“税务代理是指税务代理人在规定的代理范围内，受纳税人、扣缴义务人的委托，代为办理税务事宜的各项行为的总称”。1996年我国的《注册税务师资格制度暂行规定》把注册税务师定义为税务代理人，英文译为“Registered Tax Agent”，可以从事税务咨询，受聘税务顾问。

在我国，税务代理业务除了包括代理纳税人的各项税务事宜，还包括开展对纳税人的税

务咨询，即税务咨询业务属于税务代理业务范围内的一种。我国1996年11月颁布的《注册税务师资格制度暂行规定》规定我国的税务代理业务范围包括：

1. 办理税务登记、变更税务登记和注销税务登记；
2. 办理除增值税专用发票外的发票领购手续；
3. 办理纳税申报或扣缴税款报告；
4. 办理缴纳税款和申请退税；
5. 制作涉税文书；
6. 审查纳税情况；
7. 建账建制、办理账务；
8. 开展税务咨询、受聘税务顾问；
9. 税务行政复议；
10. 国家税务总局规定的其他业务。

从我国现行法规看，中国的税务代理业务包括税务咨询和建账建制、办理账务的做法，与日本税理士和韩国税务士的业务较为接近。

我国的《注册税务师资格制度暂行规定》，将注册税务师纳入国家专业技术人员执业资格准入控制范畴，开始对税务代理从业人员严格控制，1999年国家税务总局印发了《清理整顿税务代理行业实施方案》的通知，开始清理整顿税务代理机构。1999年底我国进行税务登记的各类纳税人有1 364万多个，有税务代理机构4 100多家，其中由注册税务师发起设立的合伙企业和有限责任公司形式的税务师事务所2 000家左右，税务代理从业人员10万人，取得注册税务师资格的31 671人。到2003年年底，全国税务师事务所为2 488家，从业人员为50 000余人，取得注册税务师资格的56 414人，其中执业注册税务师16 000多人。2007年底的中国注册税务师协会网页显示，中税协团体会员为2 700多人，执业会员近3万人，非执业会员5万多人。

（三）各国税务咨询和税务代理专业概况

世界各国的税务代理、税务咨询和税收筹划的产生和发展并不平衡，下面是一些国家的税务代理、税务咨询和税收筹划概况：

德国是很早就通过法律允许税务咨询的国家，也是关于税务咨询立法最多的国家。1919年德国的《国家税收基本法》就规定，允许税务咨询和代理。1933年德国又制定了《税务顾问许可法》。1935年发布了《法律咨询滥用法》，允许教育程度低于税务顾问、活动地区范围和权力也小于税务顾问的税务代理人——税务代办人进行税务代理。但税务代办人活动的地区是有限的，而且代理有可能得不到税务机关的承认。由于税务顾问与税务代办的矛盾，1961年德国制定了《税务顾问与税务代理人法律关系法》，简称《税务顾问法》，用税务代理人取代了税务代办人。税务代理人的权力、活动地区范围大大提高，其代理也基本得到税务机关的承认。因为税务代理业务与税务顾问业务的交错，1972年德国的《税务顾问法第二次修改法》决定，税务代理业并入税务顾问业，统称“税务顾问”，与独立开展业务活动的医生、建筑师、会计师、律师一样，作为一种具有独立性的自由职业，税务咨询和税务代理业务活动统称为“税务援助服务”。在德国，只有取得税务顾问资格的人才可以以税务顾问名义从事税务行业。这与意大利等国不同。德国企业约有200万个，税务顾问约有

4.4 万个，税务代理人约有 6 000 个，税务咨询公司约有 4 500 个。

原德国税务专业人员曾分成 3 个层次：最高层是税务顾问；中间层是税务代理；最下层是税务代办。后来税务代办并入税务代理，再后来统一为税务顾问业。

英国的税务咨询和税务代理业务统称为“税务专业”。在英国，人人可以从事税务咨询和代理。英国的税务专业人员出现在 1920 年，1930 年建立了特许税务公会（Chartered Institute of Taxation），是税务专家的专业团体，它下面还有税务专业人员联盟，是从事税务专业人员的团体。英国没有关于税务专家的专门法律，只在《税收管理法案》中提到税务顾问和税务会计，税务会计帮助纳税人制作纳税申报表，税务顾问对纳税人其他税务事务提建议。英国的税务专家一般来说主要有三类：一是特许税务顾问，包括税务顾问、增值税顾问、预提税顾问、税收筹划师、公司税筹划师等；二是会计师，包括特许会计师、特许公认会计师等；三是律师。英国的特许税务公会里，特许税务顾问约占 50%，会计师约占 40%，律师约占 10%。

美国任何人都可以从事税务咨询和代理，不一定是税务专家。但在一般情况下，税务代理是由注册代理人、注册会计师和律师进行的。个人和个体经营者的纳税事务往往请注册代理人代理，大公司与财务有关的税务问题往往请会计师代理，而大公司的税务诉讼则往往请律师代理。美国的注册代理人制度据说可以追溯到 1884 年，现行的税务注册代理人制度是以 1966 年《财政部通告 230 号》为依据制定的。美国注册代理人要经美国国内税务局考试或连续 5 年在税务机关工作，是唯一由政府认可的税务代理专家，其中不少取得政府执照。在美国，注册代理人可以进行税收筹划，不过，其他人也可以进行包括税收筹划在内的税务咨询，但可能并不能得到政府认可。美国需要纳税申报的法人约有 450 万个，合伙企业约有 170 万个，个人经营者约有 1 430 万个。美国有注册代理人约 4 万人，其中取得政府执照的 11 000 人，从事咨询、法律和会计业务的注册会计师约 15 万人。

加拿大人人可以从事税务咨询和代理，开办税务咨询公司。在加拿大从事税务专业的人员一般有特许会计师、注册会计师、注册管理会计师、税务律师以及无专业资格而从事税务业务的人员等。在加拿大，企业约有 81.2 万个，纳税人约有 2 000 万，在会计公司或企业的会计师约有 7.1 万人。

澳大利亚规定：不收费的税务咨询和代理人人可以进行；收费的税务咨询只有律师和经过注册登记的税务代理人才可以进行；收费的税务代理必须登记后才能进行，包括律师也要登记。注册登记要求满足一定的学历、工作年限等条件。澳大利亚现行的税务代理人登记制度是在 1963 年确立的。关于税收筹划，1993 年澳大利亚税务代理人制度改革委员会在其中期答辩中曾加以阐述，认为不应该要求税收筹划人作为税务代理人进行登记。澳大利亚的纳税申报人约有 850 万，法人约有 84 万。澳大利亚登记税务代理人约有 2 万人，律师约有 2 000人。

香港地区人人可以进行税务咨询和税务代理，但要公开以税务咨询和税务代理名义开业，则必须是具有在香港开业资格的会计师或律师。

日本税务代理人的前身据说可以追溯到明治时代，现在的税理士制度，即注册税务会计制度，建立于 1951 年，开展业务的内容与中国税务师的较为接近，以税务代理为主。日本的税理士垄断性很强，有严格的资格认定制度。目前，日本的税理士大约有 66 000 人。

韩国的税务代理人早在第一次世界大战时期就产生了，从税务机关代理人转为纳税人援助者则是在朝鲜战争之后。1961 年韩国制定了《税务士法》，正式建立起了税务士制度，即注册税务会计制度。韩国的税务士垄断性极强，有严格的资格认定制度，税务士考试由国税厅长官任委员长。1989 年以后，未经登记的注册会计师和税务律师不能开展税务代理业务。韩国的注册会计师和税务律师是否可以授予税务士资格，一直是争论的焦点。韩国税务士的主要业务也是税务代理，其记账业务仅限于为纳税申报所进行的记账业务，这与中国和日本的税务代理人有所不同。韩国的法人约有 9 万，个人经营者约有 95 万。韩国的税务士约有 3 000 人。

日本的税理士和韩国的税务士是注册税务会计，与英国和德国税务顾问的专业定位有所不同。

（四）税收筹划的起源

税收筹划是税务咨询的一项重要业务，所以税收筹划的起源与税务咨询的起源有密切的关系。谈到会计、金融、刑法、税务咨询的历史，人们一般都会想到意大利。据说会计的借贷记账法，是参考了十二三世纪意大利威尼斯金融业的复式记账法。最早的银行，1580 年成立于意大利威尼斯。西方刑法广泛采用的包括“法无明文规定者不为罪”、“法无明文规定者不罚”等在内的罪刑法定原则，是 18 世纪意大利的贝卡里亚为代表的刑事古典学派提出的理论。据记载，19 世纪中叶意大利税务专家的地位已不断提高，当时的意大利，任何人都可以从事包括税务咨询在内的税务专业。

谈到税收筹划，人们则一般会想到欧洲税务联合会（Confédération Fiscale Eurpéenne）。日本的《税理士法》和韩国的《税务士法》在关于税理士和税务士的业务范围规定里，都没有提到税收筹划。美国国会图书馆收藏的最早的税收筹划书籍是 1946 年 John P. Allison 的《投资者的税收筹划——家族集团节税指南》（Investor's Tax Planning—A Guide to Tax Savings for the Family Group, New York city, a Fallon lawbook company; Albany, N. Y., Bender and company, inc., 1946），1948 年又有两本，1949 年和 1950 年又各有一本，但都是零星的关于极少数富人或家族的税收筹划，尤其是遗产税筹划，并没有引起人们对税收筹划的广泛注意。

欧洲税务联合会目前有会员 15 万，分别来自奥地利、比利时、瑞士、德国、英国、丹麦、西班牙、法国、意大利、卢森堡、荷兰等 22 个欧洲国家，欧洲税务联合会是于 1959 年，在法国巴黎由 5 个欧洲国家的从事税务顾问行业的专业团体发起成立，其会员是从事税务咨询的专业团体，是欧洲税务顾问组织的协会。由于是以团体名义入会的，所以欧洲税务联合会代表了众多的正在欧洲国家从事税务咨询业务的税务顾问。欧洲税务联合会明确提出提供税收筹划的意见和建议，以及向纳税人提供全面的税收及其他有关事项的意见和建议是税务顾问在代理纳税人准备及报送纳税申报表，代表纳税人申诉、上诉和辩护之外的重要业务，这与日本税理士、韩国税务士把税务代理业务作为主要业务不同，于是真正形成了一种独立于税务代理业务的新业务，这种新业务的就是税收筹划。所以，可以认为税收筹划和对税收筹划的研究是从 20 世纪 50 年代末才真正开始的。德国格廷根大学教授伐克主编的《德国与国际税收百科全书》（Wacker: Lexikon der deutschen und internationalen Besteuerung, Verlag Franz Vahlen, Müchen 1982）中的“税收筹划”条目所引用的最早文献是肖肯霍夫写的《企业税收筹划》（Schokenhoff, H: Betriebswirtschaftliche Steuerplanung. In: Betriebswirtschaftliche Planung in industriellen Unternehmungen. Festschrift für T. Beste. Berlin 1959），它刊载在1959年出版的《工业企业筹划》文集里。

在20世纪50年代里，税收筹划开始从财务筹划和企业筹划里独立出来，众多企业对税收筹划需求引起了人们对税收筹划的普遍重视，并因此带动了对包括个人税收筹划在内的税收筹划的全面研究，开辟出了一个新的研究领域——税收筹划学。

1975年国际税收筹划协会（International Tax Planning Association，itpa）的成立标志着税收筹划已经广泛地应用到了国际税收领域。国际税收筹划协会目前在70多个国家拥有1 400多名会员。

20世纪80年代初，税收筹划在经济发达国家达到了狂热的程度。美国的林恩·霍普韦尔（Lynn Hopewell）在他1989年发表的文章里这样写："20世纪80年代初期，那些寻求税收筹划咨询的人都感染了节税狂热，每个人都准备多花1美元去节减0.5美元的税。"我国的唐腾翔、唐向在他们1994年出版的《税收筹划》一书里对此进行了这样的描述：税收筹划一词在西方国家几乎是家喻户晓。

四、税收筹划的分类

按照不同分类标准，税收筹划可以划分为不同的类别。

1. 按税收筹划服务对象是企业还是个人分类。按税收筹划服务对象是企业还是个人分类，税收筹划可以分为企业税收筹划与个人税收筹划两类。

企业税收筹划是指制订使企业税收最小化的企业的投资、经营或其他活动的方式、方法和步骤。即凡以企业税收为筹划对象的税收筹划为企业税收筹划。

个人税收筹划是指制订使个人投资、经营或其他活动税收最小化的方式、方法和步骤，即凡以个人税收为筹划对象的税收筹划为个人税收筹划。

2. 按税收筹划地区是否跨国分类。按税收筹划地区是否跨越国境分类，税收筹划可以分为国内税收筹划与国际税收筹划。

国内税收筹划是指制订使纳税人国内投资、经营或其他国内活动税收最小化的方式、方法和步骤，即凡一国范围之内的税收筹划为国内税收筹划。

国际税收筹划是指制订使纳税人跨国投资、经营或其他跨国活动税收最小化的方式、方法和步骤，即凡全球范围的税收筹划为国际税收筹划。

3. 按税收筹划是否仅针对特别税务事件分类。按税收筹划是否仅针对特别税务事件分类，税收筹划可分为一般税收筹划与特别税收筹划。

一般税收筹划是指制订使纳税人一般投资、经营或其他活动税收最小化的方式、方法和步骤。

特别税收筹划是指制订针对纳税人某个特别税务事件税收最小化的方式、方法和步骤。特别税务事件就比如企业合并、企业收购、企业解散、个人财产捐赠、个人财产遗赠等。

4. 按税收筹划期长短分类。按税收筹划期长短分类，税收筹划可分为短期税收筹划与长期税收筹划。税收筹划期可以是长期的，也可以是短期的。

短期税收筹划是指制订使纳税人短期（通常不超过1年）投资、经营或其他活动税收最小化的方式、方法和步骤。税收筹划可以是短期的，甚至某个税务事件的，许多针对特别税务事件的税收筹划都可以归入这类税收筹划。

长期税收筹划是指制订使纳税人长期（通常为1年以上）投资、经营或其他活动税收最小化的方式、方法和步骤。

5. 按税收筹划是在纳税人税务事件之前还是税务事件之后分类。按税收筹划是在纳税人税务事件之前还是税务事件之后分类，税收筹划可以分为事前税收筹划和事后税收筹划。

事前税收筹划是指在纳税人税务事件之前，即在缴纳税收之前进行的税收筹划。

事后税收筹划是指在纳税人税务事件之后，即在缴纳税收之后进行的税收筹划，包括事后的纳税选择、事后的追溯退税等。

6. 按税收筹划人是纳税人内部人员还是外部人员分类。按税收筹划人是纳税人内部人员还是外部人员分类，税收筹划可以分为内部税收筹划与外部税收筹划。

内部税收筹划是指由企业内部专家制订使纳税人投资、经营或其他活动税收最小化的方式、方法和步骤。比如由企业内部税务专家进行本企业的税收筹划。

外部税收筹划是指由企业外部专家制订使纳税人投资、经营或其他活动税收最小化的方式、方法和步骤。比如聘请企业外部税务专家对本企业进行的税收筹划。

7. 按税收筹划采用的技术方法分类。按税收筹划采用的技术方法分类，税收筹划可分为技术派和实用派。

技术派税收筹划指广泛地采用财务分析技术，包括复杂的现代财务原理和技术来制订使纳税人投资、经营或其他活动税收最小化的方式、方法和步骤。

实用派税收筹划指采用简单、直观、实用的方法来制订使纳税人投资、经营或其他活动税收最小化的方式、方法和步骤。实用派反对使用复杂的财务技术。

税收筹划实务中，技术派与实用派究竟谁优谁劣，难分胜负，就如股市分析、财务管理。但是，也如财务管理，一门学科研究总是从低级走向高级。

8. 按税收筹划采用减轻纳税人税负的手段分类。按税收筹划采用减轻纳税人税负的手段分类，税收筹划可分为政策派税收筹划与漏洞派税收筹划。现在各国的税收筹划，通过逃税手段使纳税人税收最小化的相对来说较少，一般都通过“合法”手段。但在实践中，可分为政策派税收筹划与漏洞派税收筹划。

漏洞派税收筹划也称为避税派税收筹划，认为利用税法漏洞不违法即“合法”，只要遵循不违法这个游戏规则，不“过激”，税收筹划是与政府玩老鼠戏猫的游戏，政府补这个漏洞，税收筹划可以钻那个漏洞。漏洞派税收筹划实质上是通过节税和避税两种手段使纳税人税收最小化。

政策派税收筹划也称为节税派税收筹划，认为税收筹划要遵循税法和合理地运用国家政策。政策派税收筹划实质上是通过节税手段使纳税人税收最小化。

五、税收筹划原则

税收筹划可以采用不同的手段和方法，但既可以减少纳税人纳税义务又可以贯彻国家政策的税收筹划，应该遵循以下的原则。这些原则可以归纳为规范原则、财务原则、社会原则、操作原则四大类。

（一）规范原则

1. 合法性原则。在税收筹划中，首先必须要严格遵循税法。偷税也可以减轻纳税人的税收负担，但那违背了税收筹划的合法性原则。

税收是一个国家或地区政府凭借政权，按照法律规定，强制地、无偿、固定地取得财政收入的一种方式。税收法律是征税的法律规范，调整税收征纳双方的征纳关系，形成征纳双方各自的权利与义务，征纳双方都必须遵守。严格地按照税法规定充分地尽其义务，享有其权利，才合法。税收筹划只有在遵守税法的条件下，考虑使纳税人税收最小化的各种方式、方法和步骤，才会得到政府认可。

2. 合理性原则。在税收筹划中，还要遵循合理运用税法的原则。税收筹划要符合税法精神、税收立法意图和国家各项税收政策。那些不符合国家税收立法和税收政策精神的行为，如钻税法漏洞的行为等，不符合税收筹划的合理性原则。

在市场经济条件下，一般国家或地区政府都把税收间接调控作为调节宏观经济和微观经济，弥补市场机制失灵的一个重要手段。税收调控涉及的面非常广泛，从国家的宏观经济发展战略到国家的微观经济发展战略，从财政、经济领域到社会领域，各地区、各行、各业、各人的各种行为都可能有不同的税收待遇，这些行为只要符合国家法律精神，都是合理的行为。反之，则会被政府认为不合理而得不到政府认可。

3. 合规性原则。税收筹划涉及的不单单是税务方面的问题，更不单单是纳税问题，还涉及许多其他方面的问题，包括财务、会计等各领域，金融、制造业等各行业，东南西北各地区等各方面规章制度问题。税收筹划要遵循各领域、各行业、各部门、各地区明文规定或约定俗成的各种规范。比如，在会计的税收筹划上要遵循企业会计准则等的规范制度，在行业的税收筹划上要遵循各行业的规范，在地区的税收筹划上要遵循地区规范。税收筹划的方式、方法和步骤要符合各领域、各行业、各部门、各地区等的规章制度。

（二）财务原则

1. 税后财务资源最大化原则。税收筹划的最主要的目的，归根结底是要使纳税人的可支配财务资源最大化，即税后财务资源最大化。对于个人，要使个人税后财务资源最大化；对于企业，要使企业税后财务资源最大化。企业财务资源最大化也称为企业价值最大化、企业所有者权益最大化。当企业是股份制公司时，也可称为股东财富最大化。税收筹划除了要考虑纳税人税后财务资源最大化之外，还要考虑纳税人的综合利益最大化；不仅要考虑纳税人现在的利益，还要考虑纳税人将来的利益；不仅要考虑纳税人的短期利益，还要考虑纳税人的长期利益；不仅要考虑纳税人的所得增加，还要考虑纳税人的资产增值。

2. 稳健性原则。税收筹划在追求纳税人财务资源最大化时，还必须注意过程和方式、方法的稳健性。一般来说，纳税人节税收益越大的方式和方法，风险也越大。各种节减税收的方式和方法都有一定的风险，节税收益与税制变化风险、市场风险、利率风险、债务风险、汇率风险、通货膨胀风险等是紧密联系在一起的。税收筹划要尽量使风险最小化，要在节税收益与节税风险之间进行必要的权衡，以保证能够真正使得纳税人的税后财务资源最大化。

（三）社会原则

1. 社会责任原则。纳税人不管是个人还是企业，都是社会成员，都应承担一定的社会责任。私人的经营行为要产生外部效应：这种外部效应有时是外部效益，比如增加社会就业机会、为社会提供更多的消费品、向社会提供更多的税收等，这时私人的社会责任与其财务利益总的来说是一致的；但私人经营行为的外部效应有时是外部成本，比如污染环境、浪费自然资源、增加失业等，此时私人的社会责任与其财务利益存在着矛盾。承担社会责任有时要影响纳税人的财务利益，但是，在税收筹划时必须考虑作为一个社会成员的纳税人所应该承担的社会责任。

2. 社会道德原则。税收筹划的途径和方法必须符合社会道德标准。税收筹划不应该通过行贿受贿、走歪门邪道、搞不正之风等违反社会道德的途径和方法使纳税人税收最小化。

（四）操作原则

1. 便利性原则。纳税人可选择的节减税收的方式和方法很多，税收筹划中在选择各种节税方案时，选择的方案应是越容易操作的越好，越简单的越好，这就是税收筹划的便利性原则。比如，凡是能够用简单方法的，不要用复杂方法；能够就近解决的，不要舍近求远等。技术派税收筹划更应遵循此项原则。

2. 成本最小化原则。税收筹划可以使纳税人获得利益，但无论由自己内部筹划，还是由外部筹划，都要耗费一定的人力、物力和财力，比如企业税收筹划，不论是在企业内设立专门部门，还是聘请外部专业税收筹划顾问，都要发生额外费用。税收筹划费用是需要纳税人承担的一种直接成本。

此外，税收筹划有时还会产生其他方面的成本，比如道德风险成本、财务报告风险成本、纳税检查风险成本、政治风险成本等。

税收筹划不单要使纳税人的税收最小化，还要使纳税人的税收筹划直接成本和因税收筹划而产生的其他方面的间接成本最小化，才能使税收筹划效益真正达到最大化。

第二节　税收筹划与税法

税收筹划必须要遵守税法。法一般是指广义的法律，即由国家制定或认可，以国家强制力保证实施的某一行为规则（规范）或行为规则（规范）总和。通常包括国家制定的法律、法令、条例、决议、指示、决定、命令等规范性文件和国家认可的判例、习惯等。税法是“法”的组成部分，而“法”在各国，由于经济、政治、历史、文化等的不同，会形成不同的历史传统和形式体系，即不同的法系。中国现行的法系一般被法学家认为属于受了苏联法系和中国法系影响的大陆法系。

一、法系

（一）中国法系

一般认为中国法系在新中国成立后已经消亡，但其影响还可以见诸于中国大陆和中国台湾。中国法系的特点主要是：在法的形式上，民法和刑法不分，以集民法、刑法等各种法律为一体的成文法典为主要形式；在法的内容上，以义务为本位，重刑法轻民法；在法的适用上，司法、行政不分，行政兼管司法。从中国现行的立法、执法和司法制度看，中国法系的影响还是存在的。

（二）大陆法系

大陆法系是以罗马法为基础，以《法国民法典》和《德国民法典》为典型代表法律体系。大陆法系以成文法为主要法律渊源，一般不承认判例作为法律渊源。大陆法系的特点主要是：在法律渊源上，一般都对主要的部门法制定单独的法典，辅以单行法规，构成完整的成文法体系，不承认判例具有拘束力，新法典一经颁布，旧法典即丧失效力；在法律体系和法官的作用上，大陆法系立法和司法分工明确，强调成文法，把全部法律分为公法和私法两大类；在司法上，法官无补充法律之权；在司法组织和程序法的作用上，区分行政诉讼与普通诉讼，分别由行政法院和普通法院管辖，大陆法系一般法官人数较多，通过国家考试后由政府任命，地位低于英美法系，检察官配属于一定的法院，与法院关系密切，严格区分实体法与程序法，程序法往往被认为从属于实体法。属于大陆法系的国家有法国、德国、奥地利、比利时、荷兰、瑞士、意大利、西班牙、日本、旧中国（新中国成立前的中国）、阿尔及利亚、摩洛哥、埃及、利比亚、突尼斯、印度尼西亚以及中南美洲的一些国家。

（三）英美法系

英美法系是指英国中世纪以来的法律和美国以及其他一些国家仿效英国制定的法律而形成的法律体系。英国法是把判例法作为主要的法律依据，美国又有自己的特点，在判例法外制定成文宪法，这种的形式也为许多国家所仿效。英美法系的名称也是由此而来的。英美法系的主要特点是：在法律渊源上，一般把判例法作为主要法律渊源典，以“遵循先例”为原则，不制定完整的法典，只进行法律汇编；上级法院特别是最高法院的判例，对下级法院具有拘束力；在法律体系和法官的作用来说：英美法系判例法与成文法、古老的成文法与新成文法并存，体系庞杂，缺乏明确的、具有系统性和逻辑性的部门法结构；在司法上，法官可以创造具有法律效力的先例；在司法组织和程序法的作用上，行政诉讼与普通诉讼不分，行政诉讼由普通法院管辖，法官人数少于大陆法系，大多数从律师中选拔，执行检察官任务的公诉人，与法院关系不如大陆法系密切，强调程序法，实行“程序中心主义”。属于英美法系的国家有英国、美国、爱尔兰、新西兰、澳大利亚、加拿大、印度、新加坡、中国香港、冈比亚、尼日利亚、加纳、肯尼亚、乌干达、赞比亚等国家和地区。

不过，第二次世界大战后，随着国际经济、政治、文化交往的日益频繁，大陆法系与英美法系国家的法律制度相互影响、相互融合的趋势明显。比如，法国通过判例法形成了很有影响力的行政法体系，英国的成文法日益增加，而欧洲联盟法更是促进了欧洲国家两大法系法律制度的融合。尽管不同法系的相互融合是现代法系发展趋势的一个特点，但是，国家的法的历史传统对一个国家的税法的影响是广泛的和深远的。

二、税法

由于各国或地区的法系不同，各国或地区对税法的定义也不同。比如，有些国家必须由立法机构立法，而有些国家法官可以创造法律；有些国家强调成文法，而有些国家强调判例法。因此，需要根据不同的国家对“税法”下不同的定义。

税法在世界各国通常都不是税收“法律”的简称，而是指税“法”，即指凭借政权制定的、以政权强制力保证实施的税收行为规则（规范）总和。税法一般包括税收法律以及税收法规、条例、决定、通知等。

狭义的法律仅指国家或地区各级政权的立法机关，依照立法程序制定和颁布的规范性文件。法律是法的主要渊源。

税收制度是国家各级政权在税收方面以法律和行政法规形式确定的各种章则总和。

（一）法系对税法的影响

不同的法系影响着一个国家或地区税法的理论、体系、形式、结构、内容及法律概念。比如，税务案件的判例在英美税收筹划里可以作为税法考虑，在中国就不能作为税法考虑。

大陆法系反映到税法上，就是税法只包括用条文形式制定并公布施行的税收法律、税收法令、税收条约、税收行政法规及地方性税收法律、法规，一般不包括税务审理案件的判例。

英美法系国家都把有关判例作为税法的主要渊源之一，反映到税法上，税法不但包括我们理解当中通常的税收法律、税收法令、税收条约、税收行政法规及地方性税收法律、法规，还要包括许许多多税务审理的判例。

透视3－1

英国矿业公司与税务局长诉讼案

英国所得税上把公司管理控制中心所在地作为判定公司居所的标准，最先也是以判例出现的。

注册地在南非，管理控制中心在英国的俾尔斯联合矿业有限公司，对英国税务机关要公司就其世界范围所得缴纳英国所得税不服，上诉法院。法院作出了根据公司管理控制中心在英国伦敦，以及公司在英国、南非等地的机构实际受伦敦管理机构监督和指导这一事实，判定俾尔斯公司的居住地是英国，并应就世界范围所得向英国政府缴纳所得税。

由于有代表意义的税务案件判例构成税法一部分，英美法系国家的税制通常要比大陆法系国家的税制复杂。了解这点对研究英美法系国家税法非常重要。

（二）不同法律制度和法系下税法法律效力的不同

由于各国的法律制度和法系不同，各国“税法”的体系结构都是不同的，比如有些国家的税法包括案例法，有些不包括，在税收筹划时要充分考虑和利用这些不同。

由于各国的法律制度和法系不同，相同规范的作用也不同。不同税法体系中各类规范的法律效力是不同的，甚至是截然不同的，这也是税收筹划必须注意的。

比如，不同规范的法律效力。在我国，税收法律的法律效力要高于税法实施条例，税法实施条例的法律效力要高于其他税收规范性文件。而在美国，碰到具体税务案件时，当事人可以根据《收入法典实施条例》来否定《国内收入法典》，根据判例来否定《收入法典实施条例》。

又如，国际税收协定的法律效力。当国际税收协定与国内税法出现矛盾和冲突时，我国采取国际税收协定优先原则，国内法服从国际法。而美国由于与其他国家签订的税收协定很多，各税收协定因国而异，同时也由于法系的缘故，所以其法律效力是有限的，税收协定在美国一般只能适用于具体国家，不能全面引用。

三、国家结构形式

国家结构形式与税法有密切的关系，由于国家结构形式不同，世界各国的税法大致可以分为两大类：单一制国家税法与联邦制国家税法。

1. 国家结构形式。国家结构形式是国家整体与局部之间，国家各级政权之间关系的形式。当今世界的国家结构形式基本可分为“单一制”和“联邦制”两种，也因此形成不同的税法体系。

2. 单一制国家税法。单一制是指由若干行政区域构成的单一主权国家的国家结构形式。实行“单一制”的国家称为“单一国”。单一国只有一部国家宪法，全国只有一个立法机关和一个政府，国家内部划分行政区域，但行政区域的地方政府受中央政府直接领导，没有脱离中央的独立权力。比如，我国属于单一国家，只有一个立法机关——人民代表大会，只有一部宪法——中华人民共和国宪法；国家内部划分省、县、乡不同级别的行政区域，但各行政区域受中央直接领导，没有脱离中央的独立权力。这种国家结构形式反映到税法上，表现为单一国家尽管也有地方税，但税法由中央统一制定，地方没有脱离中央的独立征税权力，地方税务系统受中央统一领导。

单一国家的税法体系相对来说简单一些，税收筹划相对来说也简单一些。

3. 联邦制国家税法。联邦制是指由两个或两个以上州、邦或共和国协议联合起来组成联盟国家形式的国家结构形式。在联邦制国家，除联邦设有最高立法机关和行政机关、有统一的宪法和法律外，各州、邦或共和国按照联邦宪法规定，也设有自己的立法机关和行政机关，有自己的宪法和法律。反映到税法上，就是联邦有它的税法，各州、邦或共和国也有自己的税法；地方税法是州、邦或共和国下面一级税法。联邦税务系统与州、地方税务系统只有相互通气的工作关系，没有领导与被领导的关系。

这种州、邦或共和国的税法与单一国的地方税法有很大不同。主要表现在两点上：第一，许多联邦制国家的联邦和州政府，甚至地方政府可以同时各自开征相同或相似的税种；

第二，许多联邦制国家各州及地方开征的税种不一定相同，即使相同，税收的税率也不一定相同。

透视 3－2

典型的联邦制国家税法体系——美国税法体系

美国的联邦政府开征个人所得税，绝大多数州政府也开征个人所得税，地方政府也开征个人所得税，但又不是所有的州和地方都开征个人所得税；联邦政府开征公司所得税，州政府也开征公司所得税；联邦政府征收社会保障税，州政府也征收社会保障税；联邦政府征收遗产税，大部分州政府也征收遗产税，但又不是所有的州都征收遗产税，不征收遗产税的州有些征收继承税，有的则不征收任何类似税收。美国各州及地方相同的税收的税率也不尽相同。

从以上美国例子可以看出，联邦制国家的税法体系要比单一制国家的税法体系复杂，税收筹划要考虑的税法更多、更复杂，筹划相对来说也要更复杂。

四、税收管辖权

税收管辖权是对人和物征税的管辖权力。各国根据其不同的国情，按不同税收管辖权原则会建立起不同的税收管辖，也会制定与之相适应的税法，规定不同的纳税义务和征税范围。

各国税收管辖权类型大致可以分为三大类：属地管辖权，属地兼居民管辖权，属地兼居民、公民管辖权。

目前，世界各国按照其税收管辖权制定的税法规定的纳税义务和征税范围如下：

单一属地管辖权的税法的纳税义务和征税范围是来源于和存在于本国领土范围之内的客体，不管这个客体是本国居民或公民的，还是非本国居民或公民的；对来源于和存在于本国领土范围之外的客体不行使征税权，而不管这个客体是非本国居民或公民的，还是本国居民或公民的。

目前，一些国家和地区在税收上实行单一的属地管辖权并制定相应税法，比如文莱、沙特阿拉伯、危地马拉、乌拉圭、多米尼加、哥斯达黎加、中国香港等。

属地兼居民管辖权的税法的纳税义务和征税范围是来源于和存在于本国领土范围之内的客体，不管该客体是本国居民或公民的，还是外国居民或公民的；同时，对本国居民来源于本国和外国的所得和存在于本国和外国的财产也行使征税权力。

目前包括中国在内的世界大多数国家实行的都是属地兼居民管辖权，并制定相应税法。

属地兼公民管辖权的税法的纳税义务和征税范围是来源于和存在于本国领土范围之内的客体，不管这客体是本国居民或公民的，还是外国居民或公民的；同时，对本国公民来源于本国和外国的所得和存在于本国和外国的财产也行使征税权力。

目前，在对自然人征税方面仍实行属地兼公民管辖权并制定相应税法的国家很少。

属地兼居民、公民管辖权的税法的纳税义务和征税范围是来源于和存在于本国领土范围之内的客体，不管该客体是本国居民或公民的，还是外国居民或公民的；同时，对本国居民和公民来源于本国和外国的所得和存在于本国和外国的财产也行使征税权力。

目前，美国、墨西哥、菲律宾等国家实行属地兼居民、公民管辖权，并制定相应的税法。而如果考虑到对本国法人行使税收管辖权方面，实行属地兼居民、公民管辖权的国家要更多一些。

五、国际税法

国际税法是两个或两个以上国家为协调国家间税收关系而规定其相互间权利和义务的法律规范总和。国际税法包括含有处理国家间税收关系的任何国际法，比如所得税协定、一般财产税协定、专为处理国家间税收关系而签订的协定、含有处理国家间某种税收关系的经济、贸易、运输、政治、军事、文化、外交协定等。

国际税法是一个国家或地区税法的组成部分。多数国家都规定国际法优于国内法，这样的规定对于国际税收筹划来说可能很重要。

1. 所得和资本（财产）税协定。所得和资本（财产）税协定主要为了协调有关国家对所得和资本（财产）税类的国际重复征税以及防止所得和资本（财产）税类的国际逃避税。

全面的所得和资本（财产）税协定的完整名称一般为《A 国与 B 国关于对所得和资本（财产）避免双重征税和防止逃避税的协定》，比如《中华人民共和国政府和美利坚合众国政府关于对所得避免双重征税和防止偷漏税的协定》、《中华人民共和国和德意志联邦共和国关于对所得和财产避免双重征税的协定》、北欧国家的《北欧国家间关于对所得和财产避免双重征税的协定》等。

专项所得和资本（财产）协定就比如《中华人民共和国政府和澳大利亚政府关于空运企业在国际空运中取得的所得和收入避免双重征税的协定》、《中华人民共和国政府和大不列颠及北爱尔兰联合王国政府民用航空运输协定》等。

2. 遗产、继承和赠与税协定。遗产、继承和赠与税协定主要为了协调有关国家对遗产、继承和赠与税类的国际重复征税以及防止遗产、继承和赠与税类的国际逃避税。

全面的遗产、继承和赠与税协定的完整名称一般为《A 国与 B 国关于对遗产、继承和赠与避免双重征税和防止逃避税的协定》，比如《美利坚合众国和德意志联邦共和国关于对遗产、继承和赠与避免双重征税和防止逃避税的协定》、北欧国家的《关于对遗产和赠与避免双重征税的多边税收协定》等。

3. 社会保障税协定。社会保障税协定主要为了协调有关国家对社会保障税的国际重复征税。全面的社会保障税协定就比如《美利坚合众国和德意志联邦共和国关于社会保障的协定》、《美利坚合众国和瑞典王国关于社会保障的协定》等美国与其他国家签订的双边协定，韩国与德国、日本、加拿大、美国等国缔结的免征社会保障税的双边税收协定等。

4. 关税和国内商品税协定。关税和国内商品税协定的目的之一是为了避免或减轻商品和劳务的国际重复征税（在贸易协定里表现为保证进口商品享受最惠国待遇和国民待遇），包括贸易协定和仅涉及国内商品税的协定。

关税及贸易总协定（GATT）是 WTO 为避免或减轻进口商品关税与国（地区）内商品税的重复征收和保证进口商品能够全面享受进口方国（地区）内商品税国民待遇的一般国

际协定，到2007年1月底参加国和地区达到150个。

专项关税和国内商品税协定就比如我国政府和泰国政府签订的互免国际运输收入间接税协定、欧洲联盟增值税的《第6号指令》等。

第三节　税收筹划要考虑的其他因素

税收筹划除了要考虑税法外，还应考虑其他因素。比如，税收结构、政府政策、投资环境、会计制度、汇率、风险等都是税收筹划需要考虑的因素。

一、税收结构

各国的税收结构是不同的。税收结构是税收筹划，尤其是国际税收筹划要考虑的一个因素。

税收结构包括税类结构和税种结构。税类结构是直接税类和间接税类在总税收中所占的不同比重关系；税种结构是公司所得税、个人所得税、增值税等各个税种，在总税收中所占的不同比重关系。

税收筹划的税收结构因素。不同税收结构的税收负担结构是不同的，使纳税人税收最小化的方式、方法和步骤也可能是不同的。比如，美国的税收筹划师由于其国内税收结构是以直接税为主，一些人忽略了间接税的考虑；而法国的税收筹划师由于其国内税收结构是以间接税为主，一些人则忽略了直接税的考虑。法国作为欧洲的一个大国，吸引着美国的投资，但法国的个人所得税、公司所得税和资本利得税在税收结构中只占不到20%的比重，因此经验丰富的国际税收筹划师强调美国投资法国的税收筹划风险，他们必须要考虑到另外80%多的税收，这些包括间接税在内的绝大部分税收，在美国是不能给予抵免待遇的，而间接税的转嫁是会受诸多因素影响的。

二、政府政策

政府政策是政府为实现一定历史时期的任务而制定的行动准则。在税收方面，政府政策指导税法的制定和实施，税法是政府政策的条文化和定型化。税收筹划是要合法和合理地节税，合理是符合有关政府政策。所以，税收筹划要密切关注有关政府政策。

政府政策有许多种类。

按照制定政策的行政级别，政策有中央政府政策和地方政府政策。对于联邦制国家来说，有联邦政府政策、州（省或邦）政府政策及地方政府政策。

按照制定政策目的，政策有经济政策、社会政策、宗教政策等。

按政策适用的具体领域，政策有地区政策和部门政策。地区政策又有经济区（包括各种类型经济区）政策、落后地区政策、保护区（包括自然保护区、少数民族保护区等）政策等；部门政策又有工业政策、农业政策、财政政策、金融政策、外贸政策、交通运输政策、能源政策、环境保护政策等。

政府在各类政策里还要制定各种各样的具体政策。由于税收广泛涉及一个国家的各部门、各企业和各个人，所以税收是政府贯彻其政策的重要经济杠杆，几乎所有政府政策里都有税收优惠政策。比如我国，大到几千万元所得的免税，小到5元的独生子女费扣除，都是在贯彻国家政策。

三、投资环境

税收筹划是使纳税人税后整体综合利益最大化的投资、经营或其他活动的筹划，所以，投资环境经常会成为税收筹划要考虑的重要因素。投资环境包括国内的、国际的环境；经济的、政治的、文化的、社会的环境，等等。

税收筹划要考虑国家、地区、行业等方面的投资环境。从地区角度，国际税收筹划要考虑备选方案国家的投资环境，包括该国除了税负状况外的政治状况、经济状况、开放程度、法律状况、行政管理状况、基础设施状况、社会状况、文化状况等；接下来是国内外税收筹划都要考虑的具体地区的投资环境，包括该地区除了税收优惠状况外的经济发展状况、行政管理状况、基础设施状况、劳动力状况、文化程度、自然资源条件等。从投资行业角度，税收筹划要考虑的除了税收因素外的其他因素，包括行业的营利性、成长性、资金需求、技术需求、人才需求、管理需求、市场需求等。

四、会计制度

（一）税收筹划的会计制度因素

在中国和有些国家，企业会计制度的主要内容是由国家法定的。不少国家的会计制度则是由企业内部或委托外部会计师参考同业公会、会计师协会等会计专业团体公布的会计准则自行制定的。也有一些国家，同时存在两种方式。

无论哪种方式制定会计制度，会计核算资料和结果一般都较为客观、准确和可信，所以所得税等税种的计税基数，往往是通过利用会计核算的结果并加以调整计算出来的。比如，我国的企业所得税的应税所得就是在会计利润核算结果的基础之上，略加调整计算出来的。因此，税收筹划往往要考虑会计制度因素。

在经济正日益走向全球化的当今时代，各国的会计制度也相互影响，希望在各国会计制度之间发现重大实质性区别的人，可能会感到失望。但是，各国的会计制度即使属于同一类会计制度模式，还是存在着大量差别的，不少差别影响着税收筹划。

美国会计制度。美国采用民间专业团体模式会计制度，由于美国是一个爱好打官司的国家，所以会计制度要求股份公司非常详细地披露财务信息，这方面的要求可能为世界第一。在美国只有少数上市公司必须遵守政府的证券交易委员会的会计和审计要求，国家对其他公司的会计和审计并没有强制性规定。

英国会计制度。英国采用民间专业团体模式会计制度，要求会计“真实和公允”。英国会计界的特点是由非政府机构，即民间专业团体负责会计师资格的认定和会计职业纪律的维护。

荷兰会计制度。荷兰的会计制度也是属于民间专业团体模式。荷兰会计制度以坚持企业经济学会计方法和承认重置价值法和重置成本法而闻名于世。

法国会计制度。法国采用的是通过政府方案等的政府管理模式会计制度。在这种会计制度模式下，向股东披露企业财务信息是次要的。

德国会计制度。德国采用的是通过有关法律规定的政府管理模式会计制度。德国没有编纂成典的会计准则，1793 年的普鲁士民法首次用演绎法推导出会计要遵循“恰当的会计原则”，而企业和商人用归纳法从商法、公司法、税法等有关法律规定中确定会计原则是德国的会计惯例。德国财务报告要“真实、准确和完整”，股份有限公司财务的公开程度要高于有限责任公司，某些组织形式企业财务的公开程度则较低。

日本会计制度。日本在采用通过有关法律规定的政府管理模式会计制度这点上，与德国最相似，政府对会计有很大的影响，这种影响来自商法、证券交易法、税法及其他法规。日本按照商法编制的报表反映的费用项目和收益递延项目，必须与税法规定的相一致。日本财务省设有一个顾问机构，称为企业会计评议会。企业会计评议会拟订符合财务省要求的会计准则，即《企业会计原则》，并由财务省颁布。

（二）会计制度与税收筹划

税收筹划要很仔细地考虑税法允许选择的会计方法的差异，充分利用会计方法的差异节减纳税人的税收。

1. 国内税收筹划。进行国内税收筹划，必须要考虑国内会计制度以及会计制度里规定的不同会计方法。会计制度的准则和方法非常多，一般计算应纳税额时，税法没有明确规定的都是按会计制度的准则和方法核算。会计制度中有税法认可的各种选择性会计方法，不同的会计方法会影响纳税人的税收。比如，我国企业所得税法规定，企业使用或者销售的存货的成本计算方法，可以在先进先出法、加权平均法、个别计价法中选用一种，而不同的成本计算方法会影响企业的税收。因此，要进行国内税收筹划必须仔细分析可供选择的会计方法。

2. 国际税收筹划。进行国际税收筹划，必须要考虑有关国家的会计制度及其规定的不同会计方法、所遵循的会计准则、有关的惯例和解释。尽管世界上不少国家正致力于制定高质量的国际协调一致的会计准则，但由于各国政治、经济、社会、文化、历史等的不同，造成不同国家有关会计的理论、法律、政策、惯例和制度仍存在很大的差别，到目前为止，尽管美国公认会计准则与国际会计准则在趋同的道路上有了很大的进展，但还没有形成一个真正的“世界公认的会计准则”。况且，还有一些人士反对制定国际会计准则或对制定国际会计准则能否成功持有怀疑态度。

没有世界统一的会计准则，没有世界统一的会计制度模式，尤其是政治上世界各国还是分国而治，当然没有世界完全统一的会计制度。因此，要进行国际税收筹划还必须非常熟悉有关国家税法允许纳税人使用的各种会计方法。

五、汇率

当今世界经济往来已经越来越频繁，我国在加入 WTO 和全球经济越来越一体化的形势下，也有越来越多的中国企业走出了国门或参与了世界经济往来。当一个企业以不同货币进行结算和核算，其财务核算结果会是不同的。

透视 3-3

某外商投资企业税收筹划的汇率因素

一个中美合资经营企业在某一季度的销售收入是 80 万元，这个合资企业的原材料等是从美国进口的，原材料到岸价格为 10 万美元，而就是这样一笔交易，由于核算货币不同，会导致不同的财务结果，使得企业的纳税不同。

我们假定交易时汇率是 1 美元 =6.5 元，核算财务成果时汇率是 1 美元 =6.0 元，如果这个企业用美元核算，支付 10 万美元，核算财务成果时，这个企业会有 5 万元的所得（这里不考虑流转税和其他费用和因素）；如果用人民币核算，那这个企业就将毫无赢利。可见汇率对企业财务核算结果的影响是很大的。而财务核算结果的不同，又直接关系到税收：企业赢利要缴纳企业所得税；企业盈亏相抵，就不要缴纳企业所得税；企业亏损，不仅在亏损年度不要缴纳企业所得税，在我国亏损还可以冲抵企业以后的应税所得，减少以后年度的企业所得税。在有一些国家，亏损不但可以冲减以后年度的应税所得，还可以选择冲减以前年度的应税所得，退回以前年度已经缴纳的企业所得税。

由于汇率对税收筹划结果有很大的影响，国际货币市场的汇率机制又非常复杂，各国的汇率制度也不一致。所以，税收筹划必须考虑汇率因素，掌握国际货币市场、各国汇率制度和企业对外经济交往外汇结算的基本知识，否则节税可能变为增税。有人这样说过，对于国际企业来说，汇率可能是影响企业税收的最重要的因素，说的主要就是汇率因素对企业税收的影响。

六、风险

风险是在特定的时期和环境条件下，某一事件产生的实际结果与预期结果的偏差。税收筹划必须考虑各种税收筹划风险，风险控制是税收筹划非常重要的一个环节。在风险节税上要考虑风险价值，在节税风险上要给予恰如其分的控制风险的调整系数、权重系数或敏感性系数，才能真正实现税收筹划目的。税收筹划风险很多，主要有以下一些：

1. 税法风险。税法风险是指税收筹划利用税法规定节税的风险。一个国家或地区的税法总是要变化的，而税收筹划中的节税许多都是利用税法的规定，一旦税法变了，原来的筹划方案可能就要受影响，甚至完全不能节税了，这是一种风险。税收筹划必须要考虑有关税法可能的变化、变化的幅度和变化的频率。

2. 政策风险。政策风险是指税收筹划利用政府政策节税的风险。税收筹划的合理性表现为符合政府政策精神，但即便符合政府政策也不是没有风险的。税收筹划的政策风险包括政策选择风险和政策变化风险。

政策选择风险。税收筹划的合理性有时是相对而言的。不同的国家有不同的“理”，合这个国家的“理”的，可能不合那个国家的“理”。税收筹划的政策风险之一是政策选择错误的风险，即自认为采取的行为符合一个国家的政策精神，但实际上不符合多数国家承认的国家政策精神，结果成为钻税法漏洞的避税筹划而蒙受损失。比如纳税人利用避税地制定的低税政策，应该说是符合避税地国的政策精神的，但却不符合大多数国家的反避税政策精神。

政策变化风险。随着时间的推移，政府政策都要变化，旧的政策不断地取消或改变，新的政策不断推出。政府一些政策具有不定期或相对较短的时效性，政策的这种不定期时效性使得税收筹划，尤其是长期税收筹划产生一定的风险。不是说政策变化就一定有风险，一定会使得税收筹划失败，但税收筹划一定要预测政策可能变化的时间、范围和程度，才能达到预期的目标。

影响政府政策变化的因素有许多，包括经济因素、经济理论因素、政治因素、社会因素、文化、历史和传统因素、宗教因素，还有其他一些因素也可能使政府政策发生变化。税收筹划师不单单要关心政府政策的变化，还要时时注意影响政府政策变化的因素的变化。

3. 跌价风险。跌价风险指由于税收筹划项目的价格或价值下跌原因而使税收筹划失败的风险。税收筹划的目的是使纳税人的税后财务资源最大化，包括税后所得最大化和资产增值最大化。但无论是收益性资产还是投资性资产，都可能因跌价而贬值，从而导致税收筹划目的不能实现。

4. 市场风险。市场风险也称为销售风险，指因收益性项目不能出售而导致收益无法实现的税收筹划风险。税收筹划要使纳税人税后收益最大化，很多是通过扩大生产经营规模实现的，但如果最后出现产能过剩、供给过剩，使得收益性产品无法取得收益，那税收筹划也不能成功。

5. 变现风险。变现风险是指因投资品不能转让出去的税收筹划风险。税收筹划要使纳税人税后财务资源最大化，一些是通过投资品升值实现的，但如果投资品升值了，却难以变现，那税收筹划也不能成功。如果出现投资错误，投资品无法变现，那问题就更加严重了。

6. 利率风险。利率风险指因利率变化而导致税收筹划失败的风险。有很多税收筹划项目与利率有关，比如融资、贷款、投资金融产品及金融衍生产品、投资房产等。一些长期税收筹划项目会与利率有非常紧密的关系，超出预测时间和幅度范围的利率变化，可能会直接影响税收筹划的成败。

7. 汇率风险。汇率风险是指因汇率变化而导致税收筹划失败的风险。国际货币市场的汇率波动有时极为复杂和剧烈，对于从事国际经济往来的企业来说，汇率风险是影响企业税收筹划最重要的因素之一，所以税收筹划要熟悉影响汇率波动的因素。影响汇率波动的因素是多种多样的，在市场经济下，有关国家货币的汇率波动的主要原因大致有以下一些：通货膨胀率、利率、国际收支状况、国际外汇炒家投机行为、人们预期汇率、政府间的政治、经济、外交等行为。

8. 还贷风险。还贷风险是指因借款人无法归还贷款而导致税收筹划失败的风险。税收筹划要求注意税后整体综合利益会使税收筹划师在筹划节税的同时，非常注意投资收益。贷款是一种风险较低、收益较稳定的投资。但风险较低不说明无风险，当借款人因为各种原因无法还贷时，不但收益得不到，可能连本金都会收不回来。

9. 通货膨胀风险。通货膨胀风险是指因通货膨胀原因而吞噬了税收筹划成果的风险。

通货膨胀会吞噬税收筹划的成果，所以，税收筹划师应该预测针对通货膨胀的实际税后收益率，以控制风险。同时，还可以考虑提高售价、提高收益率等措施的可能性。

10. 国家风险。国家风险是指会发生对营业利润或财产产生有害影响的国家商业环境变化的可能，它包括了一个国家的政治风险和经济风险。在国际税收筹划时，要特别注意国家风险，要正确评估国家风险，才可能取得最大的风险价值或把风险控制在可以控制的范围。

政治风险分析机构一般可以提供国家比较风险报告，信用评级机构一般可以提供国家信用等级报告，这些报告对于希望在海外经营的纳税人、希望避免在高风险国家经营的纳税人或希望在海外长期投资或融资的纳税人的税收筹划，都有重要的参考价值。

第四节 税收筹划基本原理

一、 税收筹划原理及其分类

税收筹划最重要的原理是节税原理。方卫平 2001 年出版的《税收筹划》[①] 把国内外的节税原理归纳出绝对节税原理、相对节税原理、直接节税原理、间接节税原理、横向节税原理、纵向节税原理、风险节税原理、组合节税原理和模糊型节税原理等多种。

从不同角度，比如从节税效应、节税时间跨度、节税风险、节税技术采用、节税条件和目的的确定性等方面，对节税基本原理进行分类。

1. 从节税效应上分类。从节税效应上，我们可以把税收筹划原理基本归纳为绝对节税原理和相对节税原理两大类。

绝对节税原理是指使纳税人纳税绝对总额减少的节税原理；相对节税原理是指纳税人一定时期的纳税总额并没有减少，但因各个纳税期纳税额的变化而增加了收益，抵消了部分或全部的税收负担，从而相对节减税收的节税原理。

2. 从节税时间跨度上分类。从节税时间跨度上，节税原理可以分为横向节税原理和纵向节税原理。

横向节税原理是减少某一个纳税人一个时期的纳税总额的原理；纵向节税原理是指直接减少某一个纳税人若干时期的纳税总额的原理。

3. 从节税风险上分类。从是否考虑节税风险上，节税原理可以分为无风险节税原理和风险节税原理两大类。

不用考虑风险因素的节税原理为无风险节税原理；需要考虑风险因素的节税原理为风险节税原理。

4. 从节税是采用单一节税技术还是多种节税技术上分类。从节税是采用单一节税技术还是多种节税技术上，节税原理可以分为单一节税原理和组合节税原理两大类。

采用单一节税技术的节税原理为单一节税原理；同时采用多种节税技术的节税原理为组合节税原理。

---

① 方卫平：《税收筹划》，上海财经大学出版社 2001 年版。

5. 从节税条件和目标是否具有内在确定性上分类。从节税条件和目标是否具有内在确定性上，节税原理可以分为确定型节税原理和模糊型节税原理两大类。

节税条件和目标具有内在确定性的节税原理为确定型节税原理；节税条件和目标具有内在不确定性的节税原理为模糊型节税原理。

二、税收筹划基本原理

从节税效果上，可以把税收筹划原理归纳为两大类：有绝对节税效果的绝对节税原理和有相对节税效果的相对节税原理。

（一）绝对节税原理

绝对节税原理很简单：在各种可供选择的纳税人纳税方案中，选择缴纳税收绝对总额最少的方案。

绝对节税原理是使纳税人的纳税绝对总额减少，包括了使一个或多个纳税人的一个或多个征税对象的税收负担绝对总额减少。

从时间跨度上，绝对节税可以分为横向的和纵向的绝对节税。

横向绝对节税是指直接减少某一个纳税人一个时期的绝对纳税总额，比如减少一个纳税人2007年各种税的绝对纳税总额。

纵向绝对节税是指直接减少某一个纳税人若干时期的绝对纳税总额，比如减少一个纳税人5年的绝对纳税总额。

从节税对象上，绝对节税可以分为直接绝对节税和间接绝对节税。

直接绝对节税指直接减少某一个纳税人税收绝对额的节税，包括了横向绝对节税和纵向绝对节税。

间接绝对节税指某一个纳税人的税收绝对额没有减少，但这个纳税人的税收客体所负担的税收绝对额减少，间接减少了另一个或一些纳税人税收绝对额的节税。

1. 直接绝对节税原理。我们假定某一个公司可供选择的如下节税方案有i个，这些方案涉及的节税技术不完全相同，但在一定时期取得的税前所得相同，那么，这些方案在一定时期节减的税收也不相同，纳税人在一定时期的纳税总额也不相同，这些节税方案可以如下表示：

$$\sum T_1 = \sum T - \sum Se_1 - \sum Sr_1 - \sum St_1 - \sum Sp_1 - \sum Sd_1 - \sum Sc_1 - \sum Sb_1$$

$$\sum T_2 = \sum T - \sum Se_2 - \sum Sr_2 - \sum St_2 - \sum Sp_2 - \sum Sd_2 - \sum Sc_2 - \sum Sb_2$$

$$\sum T_3 = \sum T - \sum Se_3 - \sum Sr_3 - \sum St_3 - \sum Sp_3 - \sum Sd_3 - \sum Sc_3 - \sum Sb_3$$

……

$$\sum Ti = \sum T - \sum Sei - \sum Sri - \sum Sti - \sum Spi - \sum Sdi - \sum Sci - \sum Sbi$$

其中：

$\sum Ti$ = 纳税人采用方案 i 节税后其一定时期的纳税总额（$i = 1,2,3,\cdots$，下同）

$\sum T$ = 纳税人不节税其一定时期的纳税总额

$\sum Sei$ = 纳税人采用方案 i 节税后其一定时期因免税而可能净节减的税收

$\sum Sri$ = 纳税人采用方案 i 节税后其一定时期因减税而可能净节减的税收

$\sum Sti$ = 纳税人采用方案 i 节税后其一定时期因税率差异而可能净节减的税收

$\sum Spi$ = 纳税人采用方案 i 节税后其一定时期因分劈而可能净节减的税收

$\sum Sdi$ = 纳税人采用方案 i 节税后其一定时期因扣除而可能净节减的税收

$\sum Sci$ = 纳税人采用方案 i 节税后其一定时期因抵免而可能净节减的税收

$\sum Sbi$ = 纳税人采用方案 i 节税后其一定时期因退税而可能净节减的税收

说明：(1) 公式中各项节税净节减税额有可能为负数，即为增加税额；

(2) 公式中各项节税技术有可能相互影响，即此项节税可能使彼项增税。

我们假设 $\sum T = 200$ 万元，现有如下三个方案：方案 1 的 $\sum Se_1 = 20$ 万元，$\sum Sr_1 = 10$ 万元，$\sum St_1 = -8$ 万元，$\sum Sp_1 = 0$ 元，$\sum Sd_1 = 15$ 万元，$\sum Sc_1 = 5$ 万元，$\sum Sb_1 = 0$ 元；方案 2 的 $\sum Se_2 = 5$ 万元，$\sum Sr_2 = 8$ 万元，$\sum St_2 = -10$ 万元，$\sum Sp_2 = 0$ 元，$\sum Sd_2 = -5$ 万元，$\sum Sc_2 = 2$ 万元，$\sum Sb_2 = 0$ 元；方案 3 的 $\sum Se_3 = 25$ 万元，$\sum Sr_3 = 15$ 万元，$\sum St_3 = 10$ 万元，$\sum TS_3 = 0$ 元，$\sum TS_3 = -5$ 万元，$\sum Sc_3 = 10$ 万元，$\sum Sb_3 = 10$ 元。这样，按直接绝对节税原理我们对各方案可以进行如下的比较：

方案 1：一定时期纳税人的纳税总额为：

$$\begin{aligned}\sum T_1 &= \sum T - \sum Se_1 - \sum Sr_1 - \sum St_1 - \sum Sp_1 - \sum Sd_1 - \sum Sc_1 - \sum Sb_1 \\ &= 200 - 20 - 10 + 8 - 0 - 15 - 5 - 0 \\ &= 158\ （万元）\end{aligned}$$

可以节减税收为：

$$\sum S_1 = \sum T - \sum T_1 = 200 - 158 = 42\ （万元）$$

方案 2：一定时期纳税人的纳税总额为：

$$\begin{aligned}\sum T_2 &= \sum T - \sum Se_2 - \sum Sr_2 - \sum St_2 - \sum Sp_2 - \sum Sd_2 - \sum Sc_2 - \sum Sb_2 \\ &= 200 - 5 - 8 + 10 - 0 + 5 - 2 - 0 \\ &= 200\ （万元）\end{aligned}$$

可以节减税收为：

$$\begin{aligned}\sum S_2 &= \sum T - \sum T_2 \\ &= 200 - 200 = 0\ （万元）\end{aligned}$$

方案 3：一定时期纳税人的纳税总额为：

$$\sum T_3 = \sum T - \sum Se_3 - \sum Sr_3 - \sum St_3 - \sum Sp_3 - \sum Sd_3 - \sum Sc_3 - \sum Sb_3$$
$$= 200 - 25 - 15 - 10 - 0 + 5 - 10 - 10$$
$$= 135\text{（万元）}$$

可以节减税收为：

$$\sum S_3 = \sum T - \sum T_3$$
$$= 200 - 135$$
$$= 65\text{（万元）}$$

然后对这些方案进行全面比较，选择最优节税方案。我们看到，方案 2 是最不可取的，因为从一定时期看，纳税人由免税、减税和抵免而节减的税收都被税率差异和扣除项目的严格所抵消掉了，结果节减的税收为零。方案 1 和方案 3 节减的税收尽管也有被抵消的部分，但这两个方案都能节税，方案 1 可节减税收 42 万元，方案 3 可节减税收 65 万元，其中方案 3 缴纳的税收最少，节减的税收最多，因此是最优节税方案。

例题 3－1

某公司是一个年不含税销售额保持在 48 万元左右的生产型企业，公司年不含税外购货物为 40 万元左右（含税为 40 万元 ×117% ＝46.8 万元），如果企业作为小规模纳税人的增值税适用税率是 3%，具有申请成为一般纳税人的条件，称为一般纳税人后的增值税适用税率是 17%，怎样选择企业纳税方案。

方案 1：小规模纳税人：

应纳增值税税额 ＝48 ×3% ＝1.44（万元）

方案 2：一般纳税人：

应纳增值税税额 ＝48 ×17% －40 ×17% ＝1.36（万元）

在上面两个方案中，方案 1 小规模纳税人的低税率可以节税 48 万元 ×（17% －3%）＝6.72 万元，但不能抵扣进项税额要增税 40 万元 ×17% ＝6.8 万元；方案 2 采用标准税率要增税 6.72 万元，但可以抵扣进项税额能节税 6.8 万元。两个方案比较下来，方案 2 可以比方案 1 多节减税收，即：

$T_1 = T = 1.44$（万元）

$T_2 = T - St_2 - Sc_2 = 1.44 + 6.72 - 6.8 = 1.36$（万元）

$S_2 = T - T_2 = 1.44 - 1.36 = 0.08$（万元）

注：1. 设方案 1 为不节税方案；

2. S_2 为方案 2 比方案 1 多节减的税收。

方案 2 可以比方案 1 多节减税收 0.08 万元，此外，成为一般纳税人后还具有可以开具增值税发票、给客户企业规模较大的印象等优点。因此，如果情况不变，纳税人应该健全财务和会计核算制度，申请成为一般纳税人。

上面的例子是横向绝对节税原理的例子，纵向绝对节税的原理也是一样的，先设计出多个可选择的节税方案，然后进行比较，看哪个节减的税额最多，就选择哪个方案。

2. 间接绝对节税原理。

我们假定某一税收客体每经过一个纳税人就要缴纳一次税，其可供选择的如下节税方案有 i 个，那最优节税方案的选择可以通过比较以下各方案后决定：

$$\sum Ts_1 = T_1 + T_2 \cdots + T_{n-1}$$

$$\sum Ts_2 = T_1 + T_2 \cdots + T_{n-2}$$

……

$$\sum Ts_i = T_1$$

其中：T_n = 为税收客体第 n 次征税时所负担的税收绝对额（$n=1, 2, 3, \cdots$）

$\sum Ts_i$ = 为采用节税方案 i 后的税收绝对总额（$i=1, 2, 3, \cdots$）

例题 3-2

假设有一个老人有遗产税应税财产 2 000 万元，老人所在国开征遗产税但不开征额外隔代遗赠税。老人有一个儿子，一个孙子。他的儿子和孙子都已经很富有。这个国家的遗产税税率为 50%。如果这个老人的儿子继承了财产后，没有减少也没有增加财产值，然后遗赠给老人的孙子，孙子继承了财产后也没有减少和增加财产值，在他去世时再遗赠给他的子女，如何为老人家族进行遗产税筹划。

在不进行税收筹划情况下，这个老人财产所负担的遗产税 $\sum T$ 如下：

$$\begin{aligned}\sum T &= T_1 + T_2 + T_3 \\ &= 2\,000 \times 50\% + 1\,000 \times 50\% + 500 \times 50\% \\ &= 1\,750\ (\text{万元})\end{aligned}$$

如果其他情况如上，但考虑到其儿子已经很富有，这个老人采用了间接节税方案，把其财产遗赠给其孙子，那这个老人的财产可以少纳一次税，其纳税绝对总额 $\sum Ts$ 和间接节减的纳税绝对总额 S 如下：

$$\begin{aligned}\sum Ts &= T_1 + T_2 \\ &= 2\,000 \times 50\% + 1\,000 \times 50\% \\ &= 1\,500\ (\text{万元})\end{aligned}$$

$$\begin{aligned}S &= \sum T - \sum Ts \\ &= 1\,750 - 1\,500 \\ &= 250\ (\text{万元})\end{aligned}$$

这个老人的财产可以间接节减遗产税 250 万元。

（二）相对节税原理

相对节税原理是纳税人一定时期的纳税总额没有减少，但调整纳税人各个纳税期的纳税额而增加收益，从而相当于冲减了税收，使纳税总额相对减少。相对节税原理主要是在税收筹划中考虑了货币的时间价值，用合理调整纳税人各个纳税期的纳税额而产生的收益，相对地减少税收。

英国 ACCA 和 AIA 教材的税收筹划内容，没有绝对节税和相对节税内容，只是从财务角度提出要考虑现金流，纳税越晚越好，费用扣除越早越好。我们从税收筹划原理角度，可以把这样的考虑归为税收筹划的相对节税原理。

（三）相对节税与货币时间价值的关系

相对节税原理是在纳税安排上利用货币的时间价值增加纳税人收益，使纳税人纳税总额相对减少的原理。不是由于纳税安排，而是由于其他安排利用货币的时间价值增加纳税人的收益，比如延期还贷等，不属于相对节税范畴，不是相对节税。

我们假定某一个公司可供选择的节税方案有 i 个，这些方案在一定时期缴纳的税收相同，但在各个纳税年度缴纳的税收不完全相同，这些方案可以如下表示：

$$\sum T_1 = T_{1-1} + T_{1-2} + T_{1-3} + \cdots + T_{1-n}$$

$$\sum T_2 = T_{2-1} + T_{2-2} + T_{2-3} + \cdots + T_{2-n}$$

$$\sum T_3 = T_{3-1} + T_{3-2} + T_{3-3} + \cdots + T_{3-n}$$

……

$$\sum T_i = T_{i-1} + T_{i-2} + T_{i-3} + \cdots + T_{i-n}$$

其中：

$\sum T_i$ = 纳税人采用方案 i 节税后其一定时期的纳税总额（$i = 1, 2, 3\cdots$，下同）

$\sum T_{i-n}$ = 采用方案 i 后纳税人各个纳税年度 n 要缴纳的税收（$n = 1, 2, 3\cdots$）

说明：（1）设 $\sum T_1 = \sum T_2 = \sum T_3 = \cdots = \sum Ti = \sum T$（$\sum T$ 为纳税人不节税情况下其一定时期的纳税总额）；

（2）前面纳税年度缴纳的税收小于不节税情况下同年度缴纳的税收，后面纳税年度缴纳的税收大于不节税情况下同年度缴纳的税收。

我们假设一个公司的年度目标投资收益率为10%，在一定时期所取得的税前所得相同。如果税法允许这个公司某年的某笔费用可以选择三种方法扣除：分期平均扣除；余额递减扣除；一次性扣除。其结果假定是：方案 1 公司第 1、2、3 年都缴纳的所得税 200 万元，即方案 1 的 $T_{1-1} = T_{1-2} = T_{1-3} = 200$ 万元；方案 2 的 $T_{2-1} = 100$ 万元，$T_{2-2} = 100$ 万元，$T_{2-3} = 400$ 万元；方案 3 的 $T_{3-1} = 0$ 元，$T_{3-2} = 0$ 元，$T_{3-3} = 600$ 万元，那最节税的方案应是：

（1）3 年的预期税收 $\sum Ti$ 为：

方案 1：$\sum T_1 = T_{1-1} + T_{1-2} + T_{1-3} = 200 + 200 + 200 = 600$（万元）

方案 2：$\sum T_2 = T_{2-1} + T_{2-2} + T_{2-3} = 100 + 100 + 400 = 600$（万元）

方案 3：$\sum T_3 = T_{3-1} + T_{3-2} + T_{3-3} = 0 + 0 + 600 = 600$（万元）

（2）把预期的 3 年税收按目标投资收益率折算成现值 PW_i：

方案 1：$\sum T_1$ 预期税收现值 PW_1 为：

$$PW_1 = 200 + \frac{200}{1.10} + \frac{200}{1.10^2} = 547.11\ （万元）$$

方案2：$\sum T_2$ 预期税收现值 PW_2 为：

$$PW_2 = 100 + \frac{100}{1.10} + \frac{400}{1.10^2} = 521.49\ （万元）$$

方案3：$\sum T_3$ 预期税收现值 PW_3 为：

$$PW_3 = 0 + 0 + \frac{600}{1.10^2} = 495.87\ （万元）$$

（3）节税方案的相对节税额 $\sum Si$ 为：

方案2：相对节税额 $\sum S_2 = \sum T_1 - \sum T_2 = 547.11 - 521.49 = 25.62$（万元）

方案3：相对节税额 $\sum S_3 = \sum T_1 - \sum T_3 = 547.11 - 495.87 = 51.24$（万元）

从上面的计算可以看出，尽管三个方案中这个公司一定时期的纳税绝对总额都是600万元，但由于货币的时间价值，方案2和方案3可以使纳税人在初期有更大的现金流，可以获得更大的投资收益，相对节减了税收，所以要选择方案2和方案3。而在方案2和方案3中，又要选择方案3，因为它比方案2相对节减更多的税收。

第五节　税收筹划中级原理

一、风险节税原理

（一）风险节税原理

风险节税原理是在一定时期和一定环境条件下，以最小的风险去获取最大的风险价值的节税。风险节税原理主要是考虑了节税的风险价值，它与绝对节税原理、相对节税原理并行不悖。一般风险越大，风险价值也越大。

上面我们讲述的绝对节税和相对节税，都是基于无风险节税原理之上的，即没有风险或不用考虑风险。实际上无论绝对节税还是相对节税，往往有一定的风险。节税是一种经济行为，在错综复杂而又不断变化、不断发展的政治、经济和社会现实环境中，所有的经济行为都有风险，只不过程度不同而已。节税与风险一般成正比，节税越多，风险越大。因此，节税除了要考虑货币的时间价值外，大多数情况下还要考虑节税的风险价值。

风险价值是投资者因冒风险进行投资而获取的超过一般投资报酬率那部分额外报酬。

风险从性质上区分，又可以分为确定性风险和不确定性风险：

确定性风险是指未来情况基本确定或不变情况下的风险，即有大量历史数据和以往经验，其各种可能情况发生及其结果的概率事先可以掌握情况下的风险。

不确定性风险是指未来情况不能确定情况下的风险，即不仅无历史数据和以往经验，各种情况发生及其结果的可能性也不清楚情况下的风险。

风险节税又分为确定性风险节税和不确定性风险节税：

确定性风险节税是指把确定性风险因素作为一个定量因素考虑进去的节税。

不确定性风险节税是指把不确定性风险因素转化为确定性风险因素，然后进行定量分析考虑的节税。

（二）确定性风险节税

节税有风险，有些风险有一定的确定性。比如，各国的税收优惠、各国的税率差异等。此外，各国的税制变化、经济周期、市场利率、通货膨胀、企业本身的发展和所得增幅（或减幅）等都有一定的确定性。这些确定性风险因素在节税时必须要考虑进去，并可以作为一个定量考虑进去。在确定性风险节税中，我们一般根据以往的数据和经验，运用概率论来量化风险，用计算期望值的方法来选择节税方案。

我们假定由于确定性风险因素，一个纳税人节税方案 1 第一年要缴纳所得税 100 万元的概率 30%，缴纳所得税 120 万元的概率为 50%，缴纳所得税 150 万元的概率为 20%，第二年要缴纳所得税 120 万元的概率为 20%，缴纳所得税 150 万元的概率为 40%，缴纳所得税 180 万元的概率为 40%，第三年要缴纳所得税 150 万元的概率为 20%，缴纳所得税 180 万元的概率为 60%，缴纳所得税 200 万元的概率为 20%；节税方案 2 第一年要缴纳所得税 60 万元的概率为 40%，缴纳所得税 80 万元的概率为 40%，缴纳所得税 100 万元的概率为 20%，第二年要缴纳所得税 80 万元的概率为 20%，缴纳所得税 100 万元的概率为 50%，缴纳所得税 120 万元的概率为 30%，第三年要缴纳所得税 180 万元的概率为 30%，缴纳所得税 200 万元的概率为 60%，缴纳所得税 220 万元的概率为 10%。这个纳税人的年目标投资收益率为 10%，纳税人采用不同方案在一定时期所取得的税前所得相同。那么，在同时考虑货币时间价值的情况下，应该按照以下步骤选择最优节税方案。

1. 计算采用节税方案后 3 年的税收期望值 E。

方案 1：$E(T_{1-1}) = 100 \times 0.3 + 120 \times 0.5 + 150 \times 0.2 = 120$（万元）

$E(T_{1-2}) = 120 \times 0.2 + 150 \times 0.4 + 180 \times 0.4 = 156$（万元）

$E(T_{1-3}) = 150 \times 0.2 + 180 \times 0.6 + 200 \times 0.2 = 178$（万元）

其中：T_{1-n}为方案 1 第 n 年要缴纳的税收，$n=1，2，3$。

方案 2：$E(T_{2-1}) = 60 \times 0.4 + 80 \times 0.4 + 100 \times 0.2 = 76$（万元）

$E(T_{2-2}) = 80 \times 0.2 + 100 \times 0.5 + 120 \times 0.3 = 102$（万元）

$E(T_{2-3}) = 180 \times 0.3 + 200 \times 0.6 + 220 \times 0.1 = 196$（万元）

其中：T_{2-n}为方案 2 第 n 年要缴纳的税收，$n=1，2，3$。

2. 把税收期望值按目标投资收益率折算成现时价值 PW_i。

方案1：$\sum T_1$ 期望税收现值 $PW_1 = \frac{120}{1.10} + \frac{156}{(1.10)^2} + \frac{178}{(1.10)^3}$

$= 371.75$（万元）

方案2：$\sum T_2$ 期望税收现值 $PW_2 = \frac{76}{1.10} + \frac{102}{(1.10)^2} + \frac{196}{(1.10)^3}$

$= 300.65$（万元）

其中：$\sum T_1$ 为方案1纳税人一定时期的纳税总额

$\sum T_2$ 为方案2纳税人一定时期的纳税总额

3. 计算考虑确定性风险因素情况下方案2比方案1多节减的税额 S_i。

方案2：多节减的税额 $S_2 = \sum T_1 - \sum T_2$

$= 371.75 - 300.65$

$= 71.1$（万元）

这样，通过计算可使各个可供选择的节税方案中的确定性风险因素数量化，以此作为节税的依据。此例中，应该选择方案2，因为它比方案1节减更多的税收。

（三）不确定性风险节税

风险多少有一些不确定性，上面所谈及的确定性风险只是相对而言的，现实生活中许多节税存在着不确定性风险。比如国际节税中的汇率问题就有很大的不确定性，很难有人能够正确地预测出汇率的变化，这样，跨国节减的税收很可能由于汇率变化而完全抵消，甚至增加税收。

对于节税的不确定性因素，通常的做法是用主观概率来计算节税的风险程度和风险价值，首先通过主观概率把不确定性因素转化为确定性因素，然后就可以进行定量分析。主观概率是指在没有大量历史数据资料和实际经验的情况下，人们根据有限的资料和经验合理地估计随机事件发生可能性大小的数值。

由于不确定性节税方案与实际结果的偏离程度往往要大于确定性节税，因此，为了保证节税的切实可行，必须考虑节税结果对期望值的偏离程度，即风险程度。我们一般用标准离差来反映不确定性节税的风险程度：标准离差越大，风险程度也越大。不过，标准离差是一个绝对值，只能用于税收期望值相同的节税方案，对于税收期望值不同的不确定性节税方案，则要用标准离差率来反映风险程度。同样，节税方案的标准离差率越大，风险程度也越大。

1. 预期节税期望值相同的不确定性节税。假定一个纳税人不确定性节税方案1可节减所得税 $S_1 = 100$ 万元的概率 $P_1 = 30\%$，可节减所得税 $S_2 = 120$ 万元的概率 $P_2 = 50\%$，可节减所得税 $S_3 = 150$ 万元的概率 $P_3 = 20\%$；节税方案2可节减所得 $S_1 = 60$ 万元的概率 $P_1 = 30\%$，可节减所得税 $S_2 = 140$ 万元的概率 $P_2 = 60\%$，可节减所得税 $S_3 = 180$ 万元的概率 $P_3 = 10\%$。这个纳税人在一定时期所取得的税前所得相同。那么，我们应该这样选择最优节税方案：

（1）计算节税方案的节税期望值 E。

方案1：$E_1 = 100 \times 0.3 + 120 \times 0.5 + 150 \times 0.2$

$= 120$（万元）

方案2：$E_2 = 60 \times 0.3 + 140 \times 0.6 + 180 \times 0.1$

$= 120$（万元）

式中，期望值 $E = \sum_{i=1}^{n} (Si \cdot Pi)$；

其中：Si 为第 i 种情况节减的所得税；Pi 为第 i 种情况的概率；n 为情况的数量。

（2）计算节税方案的风险程度（标准离差）σ。

方案1：

$$\sigma_1 = \sqrt{(100-120)^2 \times 0.3 + (120-120)^2 \times 0.5 + (150-120)^2 \times 0.2}$$
$$= 17.32 \text{（万元）}$$

方案2：

$$\sigma_2 = \sqrt{(60-120)^2 \times 0.3 + (140-120)^2 \times 0.6 + (180-120)^2 \times 0.1}$$
$$= 40.99 \text{（万元）}$$

说明：标准离差 $\sigma = \sqrt{\sum_{i=1}^{n} (Si - Ei)^2 Pi}$

在上面的例子里，我们看到两个方案的节税期望值是相同的，但方案2的风险程度明显要高于方案1，因此，我们要选择方案1。

2. 节税期望值不相同的不确定性节税。假定一个跨国纳税人不确定性节税方案1可节减所得税 $S_1 = 100$ 万元的概率 $P_1 = 30\%$，可节减所得税 $S_2 = 120$ 万元的概率 $P_2 = 50\%$，可节减所得税 $S_3 = 150$ 万元的概率 $P_3 = 20\%$；节税方案2可节减所得税 $S_1 = 100$ 万元的概率 $P_1 = 30\%$，可节减所得税 $S_2 = 140$ 万元的概率 $P_2 = 60\%$，可节减所得税 $S_3 = 180$ 万元的概率 $P_3 = 10\%$。这个跨国纳税人在一定时期所取得的税前所得相同，其目标节税额 S_t 为100万，目标节税率 st 为10%，无风险节税额 S_f 为60万，无风险节税率 sf 为6%。那么，在考虑风险价值的情况下，我们应该这样选择节税方案：

（1）计算节税方案的节税期望值 E。

方案1：$E_1 = 100 \times 0.3 + 120 \times 0.5 + 150 \times 0.2$

$= 120$（万元）

方案2：$E_2 = 100 \times 0.3 + 140 \times 0.6 + 180 \times 0.1$

$= 132$（万元）

（2）计算节税方案的标准离差 σ。

方案1：

$$\sigma_1 = \sqrt{(100-120)^2 \times 0.3 + (120-120)^2 \times 0.5 + (150-120)^2 \times 0.2}$$
$$= 17.32 \text{（万元）}$$

方案2：

$$\sigma_2 = \sqrt{(100-132)^2 \times 0.3 + (140-132)^2 \times 0.6 + (180-130)^2 \times 0.1}$$

$=26.83$（万元）

说明：标准离差计算公式见上例。

（3）计算节税方案的风险程度（标准离差率）V。

方案 1：$V_1=\frac{17.32}{120}\times100\%=14.43\%$

方案 2：$V_2=\frac{24}{132}\times100\%=18.18\%$

说明：标准离差率 $V_i=\sigma_i/E_i$（$i=1$，2）

（4）计算节税方案的风险节税系数 b。

方案 1：$b_1=\frac{10\%-6\%}{14.43\%}=27.72\%$

方案 2：$b_2=\frac{10\%-6\%}{18.18\%}=22.00\%$

说明：风险节税系数 $b_i=(st-sf)/V_i(i=1, 2)$

其中：st = 目标节税率

sf = 无风险节税率

V = 标准离差率

（5）计算节税方案的风险节税率 sr。

方案 1：$sr_1=27.72\%\times14.43\%=4\%$

方案 2：$sr_2=22.00\%\times18.18\%=4\%$

说明：风险节税率 $sr=b_i\cdot V_i$（$i=1$，2）

其中：b = 风险节税系数

V = 标准离差率

（6）计算节税方案的风险节税额（风险价值）S_{ri}。

方案 1：$S_{r1}=120\times4\%\div(6\%+4\%)=48$（万元）

方案 2：$S_{r2}=132\times4\%\div(6\%+4\%)=52.8$（万元）

说明：$S_{ri}=\frac{E_i\cdot sr_i}{sf+sr_i}$（$i=1$，2）

计算考虑风险的最低节税额 $\min S_{ri}$。

方案 1：$\min S_{r1}=60+48=108$（万元）

方案 2：$\min S_{r2}=60+52.8=112.8$（万元）

说明：$\min S_{ri}=S_f+S_{ri}$（$i=1$，2）

从上面的计算可以看到，两个节税方案的期望节税额都大于考虑风险的最低节税额，因此都超过了目标节税额，可以采用。但节税方案 2 的风险程度要大于方案 1，而方案 2 可以获取更大的风险价值。至于到底哪个方案更好些，则仁者见仁，智者见智，取决于企业决策者对风险的态度了。稳健的企业决策人员可以选择方案 1，因为方案 1 的风险小；愿意冒风险去追求最大财务利益的企业决策人员可以选择方案2，因为它有更大的风险价值。

（四）斯科尔斯等的风险节税原理

斯科尔斯等的《税收与企业战略：筹划方法》的风险节税，主要是引进税前风险收益率和税后风险收益率概念。其原理如下：

假定购买应税债券和免税债券各100，应税债券的显性税率是30%，但应税债券的税前风险收益率是2%；免税债券的税前风险收益率是5%（见表3－1）。

表3－1　　风险程度不同的应税债券与免税债券总税率比较

	应税债券	免税债券
税前收益率 R^o	10%	7%
不考虑风险的税后收益率	7%	7%
税前风险收益率 R^{rp}	2%	5%
风险调整后税前收益率 $R^{ra}=R^o-R^{rp}$	8%	2% = r^*
风险调整后显性税率 t_e	30%	0
风险调整后隐性税率 t_i	（8% －8%）/8% =0	（8% －2%）/8% =75%
风险调整后总税率	30%	75%
应税收益占总收益的百分比	100%	0%
风险调整后的税后收益率 r^{ra}	8%（1－1×30%）=5.6%	2%（1－1×0%）=2%
税后风险收益率 r^{rp}	2%（1－1×30%）=1.4%	5%（1－1×0%）=5%

注：R^o 为税前总收益率（包括风险收益）；R^{rp} 为税前风险收益率；$R^{ra}=R^o-R^{rp}$ 为风险调整后的税前收益率；t_e 为显性税率；t_i 为隐性税率；r^{rp} 为税后风险收益率；因 $r^{rp}=R^{rp}(1-gt)$，所以 $R^{rp}=r^{rp}/(1-gt)$；g 为应税收益占总收益的百分比；$r^{ra}=r^*$ 为风险调整后的税后收益率；因 $r^{ra}=R^{ra}(1-gt)$，所以 $R^{ra}=r^*/(1-gt)$。

结论：如果在考虑不同投资项目的税收差异外，还要考虑风险程度差异，有时又会得出不同的结果。为了防范风险，我们必须比较风险调整后的税后收益和税后风险收益率。上例里，两种债券考虑隐性税收，不考虑风险的税后收益率都是7%，但应税债券风险调整后的税后收益率是5.5%，而免税债券风险调整后的税后收益率只有2%；应税债券的税后风险收益率是1.4%，而免税债券的税后风险收益率5%。说明应税债券的收益不小于免税债券，但风险小得多，所以不应该选择免税债券。

二、组合节税原理

前面在讲述绝对节税原理时，提到了各种节税技术可能产生的相互影响，不过各种节税技术究竟如何相互影响，影响的程度有多大，都没有涉及。在讲述相对节税原理时，讲的基本是单一节税技术的例子。其实，在现实生活中税收筹划的最大目标是税后财务资源最大化，为此往往涉及多种节税技术，而多种节税技术在节减税收和风险方面可能是会相互影响、此消彼长的。税收筹划要考虑纳税人的税后整体综合利益，整体综合利益的第一个层面是纳税人的整体税收问题，组合节税原理就是要解决这个第一层面问题的。

(一) 组合节税原理

组合节税原理是在一定时期和一定环境条件下，通过多种节税技术组合使节税总额最大化、节税总风险最小化。

组合节税主要是要考虑各种节税技术的相互影响。

首先，组合节税要考虑各种节税技术的相关性。各种节税技术的相关性通常由相关系数 ρ 来表示，相关系数的上限是 +1，下限是 -1。相关系数必须符合：$-1\leqslant\rho\leqslant1$。当 $0\leqslant\rho\leqslant1$ 时，表示两种节税技术正相关：比如当第一种节税技术节减税收时，第二种节税技术也节减税收；或当第一种节税技术不能节减税收，第二种节税技术也不能节减税收。当 $\rho=+1$ 时，表示两种节税技术完全正相关，比如第一种节税技术可以节减税收 10%，第二种节税技术也可以节减税收 10%。当 $-1\leqslant\rho\leqslant0$ 时，表示两种节税技术负相关：比如第一种节税技术节减税收会导致第二种节税技术无效，甚至增加税收；或第二种节税技术节减税收会导致第一种节税技术无效，甚至增加税收。当 $\rho=-1$ 时，表示两种节税技术完全负相关。当 $\rho=0$ 时，表示两种节税技术不相关。相关系数 ρ 表示了两种节税技术相关的性质（正或负）以及相关的强弱。两种节税技术的相关系数计算公式如下：

$$\rho_{AB}=\sum_{i=1}^{n}\left(\frac{S_{Ai}-E_A}{\sigma_A}\right)\left(\frac{S_{Bi}-E_B}{\sigma_B}\right)P_{ABi}$$

式中，n 为情况个数；S_{Ai}为 A 节税技术第 i 种情况节税额；S_{Bi}为 B 节税技术第 i 种情况节税额；P_{ABi}为 第 i 种情况 A、B 两种节税技术共同概率；E_A 为 A 节税技术节税期望值；E_B 为 B 节税技术节税期望值；σ_A 为 A 节税技术标准离差；σ_B 为 B 节税技术标准离差。

其次，组合节税要计算多种节税技术的组合节税期望值（率），这是组合节税中各种节税技术的个别期望值（率）的加权平均数，加权的权数是与各节税技术节减税额相对应的未节税前的应纳税额之间的比例。计算公式如下：

$$E_P=\sum_{X=A,B,C\cdots}^{m}W_XE_X$$

式中，E_P 为 组合节税期望值（率）；m 为节税技术数量；W 为与各种节税技术相对应的应纳税额之间的比例；E 为单种节税技术节税期望值（率）；X 为各种节税技术（$X=A$，B，C，…）。

再次，组合节税要考虑组合节税风险，这通过计算组合节税标准离差求得。计算组合节税标准离差，不像计算组合节税期望值（率）那样采用加权平均法。一种节税技术的风险与另一种节税技术的风险，往往会不同程度地互相抵消，使多种节税技术的风险低于各种节税技术风险的加权平均值。因此，要运用上面所提到的相关系数来计算。多种节税技术的组合节税标准离差计算公式如下：

$$\sigma_P=\left(\sum_{X=A,B,C\cdots}^{m}W_x^2\sigma_x^2+\sum_{X=A,B,C\cdots}^{m}\sum_{Y\neq X}^{m}W_XW_Y\rho_{XY}\sigma_X\sigma_Y\right)^{1/2}$$

如果是两种节税技术的组合节税标准离差计算公式如下：

$$\sigma_P=(W_A^2\sigma_A^2+W_B^2\sigma_B^2+2W_AW_B\rho_{AB}\sigma_A\sigma_B)^{1/2}$$

如果是三种节税技术组合节税，其组合节税标准离差计算公式如下：

$$\sigma_P=(W_A^2\sigma_A^2+W_B^2\sigma_B^2+W_C^2\sigma_C^2+2W_AW_B\rho_{AB}\sigma_A\sigma_B+2W_AW_C\rho_{AC}\sigma_A\sigma_C+2W_BW_C\rho_{BC}\sigma_B\sigma_C)^{1/2}$$

如果是三种以上节税技术组合节税，其组合节税标准离差计算公式可以以此类推，比如四种节税技术组合节税标准离差：

$$\sigma_P=(W_A^2\sigma_A^2+W_B^2\sigma_B^2+W_C^2\sigma_C^2+W_D^2\sigma_D^2+2W_AW_B\rho_{AB}\sigma_A\sigma_B+2W_AW_C\rho_{AC}\sigma_A\sigma_C+2W_AW_D\rho_{AD}\sigma_A\sigma_D+2W_BW_C\rho_{BC}\sigma_B\sigma_C+2W_BW_D\rho_{BD}\sigma_B\sigma_D)^{1/2}$$

多种节税技术组合节税的原则是：组合节税期望值（率）越大越好；组合节税标准离差则越小越好。

（二）两种负相关节税技术的组合节税

假定一个纳税人组合节税采用两种节税技术，A 节税技术可节税 $S_{A1}=100$ 万元的概率 $P_{AB1}=0.2$，可节税 $S_{A2}=80$ 万元的概率 $P_{AB2}=0.6$，可能增税 $S_{A3}=-20$ 万元的概率 $P_{AB3}=0.2$；B 节税技术可能增税 $S_{B1}=-50$ 万元的概率 $P_{AB1}=0.2$，不节税也不增税 $S_{B2}=0$ 的概率 $P_{AB2}=0.6$，可节税 $S_{B3}=80$ 万元的概率 $P_{AB3}=0.2$。与这两种节税相对应的应纳税额之间的比例为 0.5∶0.5，这个纳税人在一定时期所取得的税前所得相同，那么，在同时考虑组合节税的相关性和风险的情况下，我们应该这样分析这个组合节税方案：

1. 计算组合节税技术的相关系数。

A 节税技术节税期望值为：

$$\begin{aligned}E_A&=\sum_{i=1}^{n}P_{Ai}S_{Ai}\\&=0.2\times100+0.6\times80-0.2\times20\\&=64\text{（万元）}\end{aligned}$$

B 节税技术节税期望值为：

$$\begin{aligned}E_B&=\sum_{i=1}^{n}P_{Bi}S_{Bi}\\&=-0.2\times50-0.6\times0+0.2\times80\\&=6\text{（万元）}\end{aligned}$$

A 节税技术标准离差为：

$$\sigma_A=\sqrt{(100-64)^2 0.2+(80-64)^2 0.6+(-20-64)^2 0.2}=42.7\text{（万元）}$$

B 节税技术标准离差为：

$$\sigma_B=\sqrt{(-50-6)^2 0.2+(0-6)^2 0.6+(80-6)^2 0.2}=41.8\text{（万元）}$$

两种节税技术的相关系数为：

$$\rho_{AB} = \sum_{i=1}^{n} \left(\frac{S_{Ai} - E_A}{\sigma_A}\right) \left(\frac{S_{Bi} - E_B}{\sigma_B}\right) P_{ABi}$$

$$= (100 - 64) / 42.7 \times (-50 - 6) / 41.8 \times 0.2 + (80 - 64) / 42.7 \times (0 - 6) / 41.8 \times 0.6 + (-20 - 64) / 42.7 \times (80 - 6) / 41.8 \times 0.2$$

$$= -0.955$$

计算结果说明这两种节税技术的负相关系数很高，接近 -1，表明这两种节税技术的组合会使彼此的节税功能呈反方向变动。

2. 计算组合节税期望值。

$$E_P = \sum_{X=A,B,C\cdots}^{m} W_X E_X$$

$$= 0.5 \times 64 + 0.5 \times 6$$

$$= 35 \text{（万元）}$$

计算结果说明这两种节税技术由于是负相关，有相互抵消效应，节税功能会减弱，预期节减税收 35 万元。

3. 计算组合节税标准离差。

$$\sigma_P = \sqrt{W_A^2\sigma_A^2 + W_B^2\sigma_B^2 + 2W_A W_B \rho_{AB}\sigma_A\sigma_B}$$

$$= \sqrt{(0.5)^2\ (42.7)^2 + (0.5)^2\ (41.8)^2 + 2 \times 0.5 \times 0.5 \times (-0.955) \times 42.7 \times 41.8}$$

$$= 6.4 \text{（万元）}$$

计算结果说明，也正是由于这两种节税技术几乎呈现完全负相关性，其风险也因此相互抵消，风险程度较低，组合节税标准离差只有 6.4 万元，比 A、B 两种节税技术标准离差的加权平均值 42.3 万元（0.5 ×42.7 万元 +0.5 ×41.8 万元）要低许多。

（三）两种正相关节税技术的组合节税

假定一个纳税人组合节税采用两种节税技术，A 节税技术可节税 $S_{A1} = 100$ 万元的概率 $P_{AB1} = 0.2$，可节税 $S_{A2} = 80$ 万元的概率 $P_{AB2} = 0.6$，可能增税 $S_{A3} = -20$ 万元的概率 $P_{AB3} = 0.2$；C 节税技术可节税 $S_{C1} = 50$ 万元的概率 $P_{AC1} = 0.2$，可节税 $S_{C2} = 30$ 万元的概率 $P_{AC2} = 0.6$，可能增税 $S_{C3} = -40$ 万元的概率 $P_{AC3} = 0.2$。与这两种节税相对应的应纳税额之间的比例为 0.5∶0.5，这个纳税人在一定时期所取得的税前所得相同，那么，在同时考虑组合节税的相关性和风险的情况下，我们应该这样分析这个组合节税方案：

1. 计算组合节税技术的相关系数。

A 节税技术节税期望值为：

$$E_A = \sum_{i=1}^{n} P_{Ai} S_{Ai}$$

$$= 0.2 \times 100 + 0.6 \times 80 - 0.2 \times 20$$

$$= 64 \text{（万元）}$$

C 节税技术节税期望值为：

$$E_C = \sum_{i=1}^{n} P_{Ci}S_{Ci}$$
$$= 0.2 \times 50 + 0.6 \times 30 - 0.2 \times 40$$
$$= 20\ (万元)$$

A 节税技术标准离差为：

$$\sigma_A = \sqrt{(100-64)^2 \times 0.2 + (80-64)^2 \times 0.6 + (-20-64)^2 \times 0.2} = 42.7\ (万元)$$

C 节税技术标准离差为：

$$\sigma_C = \sqrt{(50-20)^2 \times 0.2 + (30-20)^2 \times 0.6 + (-40-20)^2 \times 0.2} = 31\ (万元)$$

两种节税技术的相关系数为：

$$\rho_{AC} = \sum_{i=1}^{n} \left(\frac{S_{Ai}-E_A}{\sigma_A}\right)\left(\frac{S_{Ci}-E_C}{\sigma_C}\right)P_{ACi}$$
$$= (100-64)/42.7 \times (50-20)/31 \times 0.2 + (80-64)/42.7 \times (30-20)/31 \times 0.6 + (-20-64)/42.7 \times (-40-20)/31 \times 0.2$$
$$= 0.997$$

计算结果说明这两种节税技术的正相关系数很高，接近 +1，表明这两种节税技术的组合会使彼此的节税功能相得益彰。

2. 计算组合节税期望值。

$$E_P = \sum_{X=A,B,C\cdots}^{m} W_X E_X$$
$$= 0.5 \times 64 + 0.5 \times 20$$
$$= 42\ (万元)$$

计算结果说明这两种节税技术组合的节税功能较强，预期可节减税收 42 万元。

3. 计算组合节税标准离差。

$$\sigma_P = \sqrt{W_A^2\sigma_A^2 + W_C^2\sigma_C^2 + 2W_AW_C\rho_{AC}\sigma_A\sigma_C}$$
$$= \sqrt{(0.5)^2(42.7)^2 + (0.5)^2(31)^2 + 2 \times 0.5 \times 0.5 \times 0.997 \times 42.7 \times 31}$$
$$= 36.8\ (万元)$$

计算结果说明，A、C 两种节税技术组合节税标准离差 36.8 万元高于 C 节税技术的标准离差 31 万元，低于 A 节税技术的标准离差 42.7 万元，说明组合节税相对减少了节税风险。

（四）组合节税方案的选择

我们假定可供纳税人选择的组合节税方案有两个：方案 1 为 A、B 技术组合节税方案，方案 2 为 A、C 技术组合节税方案，情况如上所述。那么，我们应该选择哪个节税方案？

1. 比较节税方案的组合节税期望值 Ep。

方案 1：$E_{P1} = 35$ 万元

方案 2：$E_{P2} = 42$ 万元

2. 比较节税方案的组合节税标准离差 σ。

方案 1：$\sigma_{P1}=6.4$ 万元

方案 2：$\sigma_{P2}=36.8$ 万元

3. 比较节税方案的标准离差率 V。

方案 1：$V_1=\frac{6.4}{35}\times100\%=18.3\%$

方案 2：$V_2=\frac{36.8}{42}\times100\%=87.6\%$

说明：标准离差率 $V=\frac{\sigma_p}{Ep}$

从上面的比较中我们可以看到：节税方案 2 的节税期望值比节税方案 1 的节税期望值要大 5.2 万元（42－36.8）；由于两个组合节税方案的节税期望值不同，它们的风险程度要用标准离差率来比较，比较的结果是方案 2 的风险程度是节税方案 1 的 4.8 倍（87.6%/18.3%）。因此，尽管节税方案 2 的节税期望值比节税方案 1 的节税期望值要大，但作为一个稳健的税收筹划人，一般会选择方案 1。

三、模糊节税原理

（一）模糊决策

有时纳税人的节税目标、如何节税、节税风险等，会呈现模糊特征。有时人们在不可能对影响税收主体和客体的全部因素和全部因素之间的关系进行全面分析，只能在少量因素和少量因素之间的关系中进行分析时，本来是明确的节税目标、如何节税、节税风险等也会变模糊。1965 年美国学者 L·A·扎德提出了研究和处理模糊性现象的模糊数学方法，把精确数学判定事物的要么是要么不是的 0 与 1 二值判断逻辑，发展为用 0～1 之间的某个实数的模糊判断逻辑。1978 年他又把只讨论发生不发生、出现不出现的概率研究发展为还讨论行不行、能不能的模糊的可能性研究。模糊理论使事物的模糊现象清晰化、数量化、合理化，这一新的思维逻辑很快被运用到天文、地理、物理、化学、生物、工程、人文、社会等诸多领域，包括财务管理决策。模糊决策弥补了普通决策的不足，我们同样可以把它运用到模糊型节税决策上，称为模糊节税。

（二）模糊节税原理

模糊节税原理是在节税目标、节税条件、如何节税、节税风险等呈现模糊特征情况下，运用模糊决策方法进行节税筹划的原理。在节税目标、节税条件、如何节税、节税风险等不具有内在确定性，呈现模糊特征的情况下，可以运用模糊决策来筹划节税。

假定某个纳税人的节税目标、节税条件、如何节税、节税风险等都是模糊的，即节税多是个模糊集 A，根据客观历史资料计算出这个纳税人的节税多的隶属函数 $\mu_A(X)$ 为：

$$\mu_A(X)=\begin{cases}1 & 25<X\leqslant70\\ \left[1+\left(\frac{X-25}{8}\right)^2\right]^{-1} & 0\leqslant X\leqslant25\end{cases}$$

式中，X 为节税额（万元）。

计算出的模糊节税不确定性不大的模糊子集 B 的隶属函数 y 为：

$y=-0.909X+1$

下5个年度这个纳税人可以有三种节税方案甲、乙、丙：方案甲可节减所得税50万元的概率20%，可节减所得税20万元的概率50%，可节减所得税10万元的概率30%；节税方案乙可节减所得税70万元的概率40%，可节减所得税20万元的概率10%，可节减所得税15万元的概率50%；节税方案丙可节减所得税20万元的概率100%。这个纳税人在一定时期所取得的税前所得相同。那么按模糊节税原理，我们应该怎样选择下5个年度这个纳税人的节税方案？

1. 设节税方案集为 $X=\{$甲，乙，丙$\}$，

因素集 $V=\{v_1, v_2, v_3, v_4, v_5\}$，

节税额集 $S=\{10, 15, 20, 50, 70\}$

2. 计算节税方案节税多的概率 v_1（v 是 V 的子集，下同）。

模糊集 $A=\frac{0.22}{10}+\frac{0.39}{15}+\frac{0.72}{20}+\frac{1}{50}+\frac{1}{70}$

$v_{11}=P_{甲}=0.3\times0.22+0.5\times0.72+0.2\times1=0.63$

$v_{21}=P_{乙}=0.5\times0.39+0.1\times0.72+0.4\times1=0.67$

$v_{31}=P_{丙}=1\times0.72=0.72$

3. 计算节税方案节税期望值 E，并归一化处理为 v_2。

$E_{甲}=50\times0.2+20\times0.5+10\times0.3=23$（万元）

$E_{乙}=70\times0.4+20\times0.1+15\times0.5=37.5$（万元）

$E_{丙}=20\times1=20$（万元）

对数据归一化

$v_{12}==0.29$

$v_{22}==0.46$

$v_{32}==0.25$

4. 计算模糊节税的不确定性不大 v_3。

模糊节税不确定性的熵 H

$H_{甲}=-(0.2\ln0.2+0.5\ln0.5+0.3\ln0.3)=1.03$

$H_{乙}=-(0.4\ln0.4+0.1\ln0.1+0.5\ln0.5)=0.943$

$H_{丙}=-(1|\ln|)=0$

注：$H=-\sum_{i=1}^{n}p_i\ln p_i$ 模糊节税的不确定性不大 v_3 为

$v_{13}=B_{甲}=-0.909\times1.03+1=0.06$

$v_{23}=B_{乙}=-0.909\times0.943+1=0.15$

$v_{33} = B_{丙} = -0.909 \times 0 + 1 = 1$

5. 计算中等节税额（20 万元）以上的概率 v_4。

$v_{14} = P_{甲}$ （$S >> 20$ 万）$= 0.2$

$v_{24} = P_{乙}$ （$S > 20$ 万）$= 0.4$

$v_{34} = P_{丙}$ （$S > 20$ 万）$= 0$

6. 计算最少的节税额不差 v_5。

$$v_{15} = \frac{10}{20} = 0.5$$

$$v_{25} = \frac{15}{20} = 0.75$$

$$v_{35} = \frac{20}{20} = 1$$

7. 建立评判空间，并对方案进行评判。

$J =$ （X，V，R）

其中：$X =$ ｛甲，乙，丙｝

$V = \{v_1, v_2, v_3, v_4, v_5\}$

$$R = \begin{pmatrix} 0.63 & 0.29 & 0.06 & 0.2 & 0.5 \\ 0.67 & 0.46 & 0.15 & 0.4 & 0.75 \\ 0.72 & 0.25 & 1 & 0 & 1 \end{pmatrix}$$

计算评判指标 d

$D_{甲} = f$ （$D_{甲1}$，$D_{甲2}$，$D_{甲3}$）$= f$ （0.34，0.63，0.06）

$D_{乙} = f$ （$D_{乙1}$，$D_{乙2}$，$D_{乙3}$）$= f$ （0.49，0.75，0.15）

$D_{丙} = f$ （$D_{丙1}$，$D_{丙2}$，$D_{丙3}$）$= f$ （0.59，1，0）

注：$D_{X1} = d_{i1} = \frac{1}{m}$ （$v_{i1} + v_{i2} +$，…，$+ v_{im}$）（$X =$ 甲，乙，丙；$i = 1$，2，3；$m = 1$，2，…，5）

$D_{X2} = d_{i2} = \max$ （$v_{i1} + v_{i2} +$，…，$+ v_{im}$）（同上）

$D_{X3} = d_{i3} = \min$ （$v_{i1} + v_{i2} +$，…，$+ v_{im}$）（同上）

令 $U_1 = \{D_1, D_2, D_3\}$，$R_1 =$ （d_{ij}）$n \times 3$，建立新的评判空间

$J_1 =$ （X，V，R_1）

据定理 f （D_1，D_2，D_3）$= a_1D_1 + a_2D_2 + a_3D_3$，令 $a_1 = a_2 = a_3 = \frac{1}{3}$

$$d_{甲} = \frac{1}{3} \times 0.34 + \frac{1}{3} \times 0.63 + \frac{1}{3} \times 0.06 = 0.34$$

$$d_{乙} = \frac{1}{3} \times 0.49 + \frac{1}{3} \times 0.75 + \frac{1}{3} \times 0.15 = 0.46$$

$$d_{丙} = \frac{1}{3} \times 0.59 + \frac{1}{3} \times 1 + \frac{1}{3} \times 0 = 0.53$$

评判结果，节税方案丙指标最大，可以使该纳税人在不确定的情况下，有更大的可能节减到更多的税。因此，选择节税方案丙。

四、税收筹划运筹学原理

（一）税收筹划运筹学

税收筹划运筹学是把各种运筹学理论和方法应用于税收筹划，以更好地实现税收筹划目的的运筹学。由于税收筹划要使纳税人的税后整体综合利益最大化，因此税收筹划往往还需要从税收方面考虑许多其他因素，而这类复杂的考虑有时可以借助运筹学。运筹学是为了实现特定目标，运用科学的定性和定量分析理论和方法，进行系统分析，在多种可供选择的决策方案中，选择相对最有利方案。方卫平在2001年出版了《税收筹划》后，就开始把运筹学在税收筹划领域应用的理念引入中国，从2002年起，先后启发、指导其研究生完成了《运筹学在企业税收筹划中运用的理论分析与实践研究》、《决策树理论在税收筹划中的应用探析》等学位论文，提出可以建立一门完整的税收筹划运筹学。

运筹学的计算可能会难倒一些税收筹划师，但运用WinQSB等运筹学计算软件，可以使复杂的运筹学计算变得简单轻松。对于税收筹划师或者对于税收筹划来说，最大的问题不是计算，而是要能够建立税收筹划运筹学的模型，这需要我们这本书前前后后所强调的一个税收筹划师所应具有的所有理论、方法、技术和实践知识。

（二）税收筹划线性规划

税收筹划线性规划是在一组约束性条件下，使纳税人的税后整体利益最大化的运筹学。1971年，德国的哈勃斯多克已经把线性规划引进了税收筹划，运用线性规划解决税收筹划问题。

线性规划的运用目的大体可以分为两类：一是在固定资源的条件下，使得目标最大化或最优化；二是在固定目标的条件下，使耗用的资源最小化。这两类运用目的本质可以概括为在一组约束条件下，使目标最优化。线性规划运用到税收筹划，就是税收筹划线性规划。

1. 约束性条件。税收筹划中的税收约束性条件，是指税收筹划中的税收限制。比如，税法对各种税收套利、资产定价、公司财务结构等的限额、期限等约束性规定；非税收方面的投资项目、投资金额、投资结构、投资期限、投资地区、投资行业等的约束性条件。

美国的斯科尔斯等的《税收与企业战略：筹划方法》提出的约束指税收筹划中的税收限制。他们把市场经济各种对税收筹划的约束称为摩擦。

在税收筹划线性规划里，我们把税收限制、市场及其他各种对税收筹划的约束，都归为税收筹划的约束性条件。

2. 线性规划在税收筹划中的运用。假定一个企业有甲、乙、丙3种投资项目，资金来源包括自有资金和借贷资金，企业董事会规定了各投资项目资金来源的结构比例和不同项目、不同结构投资资金的最高限额，预测不同项目和资金来源的税后投资收益不同，资料见

表3-2。

表3-2 **资金来源和税后投资收益**

项 目	资金来源比例		税后投资收益率	
	自有	借贷	自有资金（%）	借贷资金（%）
甲	4	3	12	10
乙	5	9	10	8
丙	3	8	11	9

企业董事会规定：甲和丙项目投资金额都不能少于80万元，乙项目投资金额都不能少于90万元；用于投资的自有资金总额不能超过140万元，用于投资的借贷资金总额不能超过220万元。那我们可以运用线性规划解决企业如何投资才能使得这个企业的税后投资收益最大的问题：

（1）设甲项目投资 X_1 万元，乙项目投资 X_2 万元，丙项目投资 X_3 万元，税后投资收益为 M 万元，主要是使 M 最大化：

$\max M = 0.111\,43X_1 + 0.087\,14X_2 + 0.095\,45X_3$

约束条件

不同来源资金金额约束：

$0.571\,43X_1 + 0.357\,14X_2 + 0.272\,73X_3 \leqslant 140$ 万元

$0.428\,57X_1 + 0.642\,86X_2 + 0.727\,27X_3 \leqslant 220$ 万元

不同项目资金金额约束：

$X_1 \geqslant 80$ 万元，$X_2 \geqslant 90$ 万元，$X_3 \geqslant 80$ 万元

（2）运用WinQSB程序计算出甲项目投资114.56万元，乙项目投资90万元，丙项目投资155.44万元。

这样，税收筹划的最优方案是该企业总投资320万元，其中自有资金120万元，借贷资金200万元。320万元中，投资甲项目114.56万元，其中自有资金65.46万元，借贷资金49.1万元；投资乙项目90万元，其中自有资金32.14万元，借贷资金57.86万元；投资丙项目155.44万元，其中自有资金42.39万元，借贷资金113.05万元。该企业可以取得税后投资收益35.44万元。

（三）税收筹划目标规划

税收筹划目标规划是在线性规划的基础上解决纳税人多方面目标（综合目标）和矛盾约束性条件，即解决纳税人税后整体综合利益最大化问题的运筹学。线性规划是管理决策中运用得最多的运筹学，但它有两个缺点：一是只能有一个目标，或是最大，或是最小，而现实中利益关系可能是多元的，目标可能是综合的；二是它的一组约束性条件不能矛盾，一旦矛盾便无解，这也不符合现实中的许多情况。

目标规划是在线性规划的基础上解决多方面目标（综合目标）和矛盾约束性条件的运

筹学。目标规划运用到税收筹划上，就是税收筹划目标规划。

1. 正、负偏差变量。线性规划的目标期望值往往是矛盾的，目标规划对每个目标函数引入正、负偏差变量 d_i^+，d_i^-（d_i^+，$d_i^+ \geqslant 0$，$i=1$，2，…，n），确定每个目标超出或低于期望值的数值，并使原来的目标函数变为约束性条件的一部分。

目标规划约束性条件也引入正、负偏差变量，使原来矛盾的方程变为不矛盾，通过计算，可以找出原来无解的原因、问题的关键，比如需要增加投资项目和投资金额，或者需要削减投资项目和投资建金额。

2. 综合目标函数（达成函数）。目标规划要建立一个综合目标函数，也称为达成函数，将多目标模型转为单目标模型。

3. 目标的权重系数和优先级别。对于希望达到不同目标的纳税人来说，不同的纳税人的希望和要求是不同的，要根据纳税人的希望、要求和现实条件来确定不同纳税人每个目标的权重系数和优先级别，得出最优方案。比如，要求以增加所得为主的纳税人和要求以增加资产为主的纳税人的目标是不同的，方案也将是不同的。

4. 目标规划在税收筹划中的运用。假定有个纳税人有 8 000 万元资金，希望投资一部分所得项目（以每年取得最大税后所得为目标的项目），一部分资产项目（以资产在若干年里有最大增值为目标的项目）。资料见表 3－3。

表 3－3　资产项目和所得项目　单位:%

项　目	年度收益	五年后一次性转让收益	年度税收		五年后一次性税收	
			资产税	所得税	资产税	所得税
资产项目 1	2	50	1.2	10	0	30
资产项目 2	2	60	1.2	10	0	30
所得项目 1	10	0	0	30	0	0
所得项目 2	4	0	0	0	0	0

该纳税人的目标要求按优先级别秩序排列如下：

G_1 尽量使税后整体综合利益最大化。

G_2 保证每年至少有 200 万元的税后所得。

G_3 资产项目 1 和资产项目 2 必须 1∶1 配套。

假定纳税人投资只能在 8 000 ±30 万元的范围内；所得项目的年度取得的所得每年都用完，不再投入所得项目；所得项目 2 的投入必须是所得项目总投入的 40%；资产项目 1 的每项资产是在 200 ±10 万元的范围，资产项目 2 的每项资产是在 300 ±20 万元的范围，资产项目 1 和资产项目 2 必须 1∶1 配套。那如何使该纳税人的税后整体综合收益最大化？

（1）设投资资产项目 1 资产 X_1 项，投资资产项目 2 资产 X_2 项；投资所得项目 1 资金 X_3 万元，投资所得项目 2 资金 X_4 万元：

税后整体综合利益目标 G_1 为：

$\max G_1 = 87.874X_1 + 152.676X_2 + 0.35X_3 + 0.2X_4 + d_1^- - d_1^+$

年度税后所得目标约束条件 G_2 为：

$3.5568X_1 + 5.3352X_2 + 0.07X_3 + 0.04X_4 - d_2^+ = 200$

资产项目配套目标约束条件 G_3 为：

$X_1 - X_2 = 0$

综合目标函数 G 为：

$G = \max G_1(d_1^- + d_1^+) + G_2(d_2^+) + G_3$

约束性条件为：

$3.5568X_1 + 5.3352X_2 + 0.07X_3 + 0.04X_4 - d_2^+ = 200$

$X_1 - X_2 = 0$

$200X_1 + 300X_2 + X_3 + X_4 + d_1^- - d_1^+ = 8\,000$

$X_3 - 1.5X_4 = 0$

$X_1, X_2, X_3, X_4, d_1^-, d_1^+, d_2^+ \geqslant 0$

（2）运用 WinQSB 程序计算出资产项目 1 和 2 各投资 13.13 项，所得项目 1 投资 861.27 万元，所得项目 2 投资 574.18 万元。

这样，税收筹划的最优方案是该纳税人投资 2 600 万元购买每项价格为 200 万元的资产项目 1 资产 13 项；投资 3 965 万元购买每项价格为 305 万元的资产项目 2 资产 13 项；对所得项目 1 投资 861.27 万元；对所得项目 2 投资 574.18 万元。企业总投资额为 8 000.45 万元，预期可以取得税后整体综合利益 3 575.3 万元，其中：每年税后所得 200 万元，5 年共 1 000 万元；资产项目 1 税后转让收益 910 万元；资产项目 2 税后转让收益 1 665.3 万元，总共 2 575.3 万元。

（四）税收筹划动态规划

一个企业的发展往往需要经过许多阶段，而每个阶段都有可能要有针对性的决策，也就是动态决策。

动态规划是解决多阶段动态决策问题的运筹学。动态规划的阶段可以指时间，也可以指空间。动态规划运用到税收筹划上，就是税收筹划动态规划。

税收筹划动态规划是解决纳税人多阶段动态税收筹划，即动态税后整体利益最大化的运筹学。

1. 动态规划的三要素。

（1）阶段变量。阶段按筹划需要可以定性为时间阶段，比如 3 年一个阶段，9 年为 3 个阶段；也可以定性为空间阶段，比如 1 个子公司为一个阶段，5 个子公司为 5 个阶段。

（2）决策变量及其相应的数量指标。决策变量指每个阶段的各种备选方案变量。为了选择最优方案，需要建立相应的数量评判指标。

（3）状态变量。状态是阶段终点的决策变量，状态连接两个相邻阶段。前一阶段的决策变量的终点是后一阶段决策变量的起点，构成序列方案决策变量的一部分。

2. 动态规划在税收筹划中的运用。假定一个企业对其业务有两种方案：一种是不扩展；一种是扩展。扩展的话，打算分为 3 个阶段，又有 3 个方案若干项目，计划总共投入 7 000

万元。这样，这个企业共有方案 4 个，各方案的各阶段和项目的投资额及其预测税后投资收益见表 3－4。

表 3－4　　阶段、方案和税后收益　　单位：千万元

阶　段	方案 1		方案 2		方案 3		方案 4	
	投资额	税后收益	投资额	税后收益	投资额	税后收益	投资额	税后收益
第一阶段	0	0	3	10	2	8	1	5
第二阶段	0	0	4	11	3	9	1	3
第三阶段	0	0	4	13	3	11	2	7

如果各个阶段的投资资金成本和投资收益的使用和再投资问题等，都已在税后收益里考虑了，那应如何筹划。

（1）设 m_{i-n} 是 i 阶段的决策变量（方案 n，$n=1$，2，3，4），$C_{i,mi-n}$ 是阶段 i 采取的方案 m_{i-n} 的投资额，$R_{i,mi-n}$ 是阶段 i 采取的方案 m_{i-n} 的税后投资收益；设 $u_i(i=1, 2, 3)$ 是阶段 i 的状态变量，即阶段已投资总额，按照阶段 i 状态变量为 u_i 时的指标函数 $f_i(u_i)$，即税后收益大小评判最优方案：

第一阶段 i_1 的最大指标函数 $f_1(u_1)$

$$f_1(u_1) = \max_{m_{1-n}}(R_1, m_{1-n})$$

$$C_1, m_{1-n}^{\leqslant u_1}$$

注：$n=1$，2，3，4

第二阶段 i_2 的最大指标函数 f_2（u_2）

$$f_2(u_2) = \max_{m_{2-n}}\{R_2, m_{2-n} + f_1(u_2 - C_2, m_{2-n})\}$$

$$C_2, m_{2-n}^{\leqslant u_2}$$

注：$n=1$，2，3，4

第三阶段 i_3 的最大指标函数 f_3（u_3）

$$f_3(u_3) = \max_{m_{3-n}}\{R_3, m_{3-n} + f_2(u_3 - C_3, m_{3-n})\}$$

$$C_3, m_{3-n}^{\leqslant u_3}$$

注：$n=1$，2，3，4

递推地从第一阶段到第三阶段计算各阶段的最大税后收益，可以求出我们希望知道的多阶段规划的最优系列决策方案，然后再分别确定每一阶段的最优方案。对于此例，我们采用表格法也可以求出最优多阶段决策方案的解：

（2）运用表格法计算结果。在表格里填好各变量，见表 3－5。

表 3-5　　**表格法计算结果**　　单位：千万元

阶段 i_i	方案 m_{i-1}		方案 m_{i-2}		方案 m_{i-3}		方案 m_{i-4}	
	投资额 C_{i-1}	税后收益 R_{i-1}	投资额 C_{i-2}	税后收益 R_{i-2}	投资额 C_{i-3}	税后收益 R_{i-3}	投资额 C_{i-4}	税后收益 R_{i-4}
i_1	0	0	3	10	2	8	1	5
i_2	0	0	4	11	3	9	1	3
i_3	0	0	4	13	3	11	2	7

计算第一阶段的各方案投资额和税后收益及阶段状态，见表 3-6。

表 3-6　　**第一阶段各方案投资和税后收益**　　单位：千万元

状态 u_1	第一阶段税后投资收益 R_1，m_{1-n}				最优解	
	方案 1 收益 R_{1-1}	方案 2 收益 R_{1-2}	方案 3 收益 R_{1-3}	方案 4 收益 R_{1-4}	最大指标函数 $f_1(u_1)$	方案 m_{1-n}
0	0				0	$n=1$
1				5	5	$n=2$
2			8		8	$n=3$
3		10			10	$n=4$

计算第二阶段的各方案的投资额和税后收益及阶段状态，见表 3-7。

表 3-7　　**第二阶段各方案投资和税后收益**　　单位：千万元

状态 u_2	第二阶段税后投资总收益 R_2，m_{2-n}				最优解	
	方案 1 收益 R_{2-1}	方案 2 收益 R_{2-2}	方案 3 收益 R_{2-3}	方案 4 收益 R_{2-4}	最大指标函数 $f_2(u_2)$	方案 m_{2-n}
0	0+0=0				0	$n=1$
1	0+5=5			3+0=3	5	$n=1$
2	0+8=8			3+5=8	8	$n=1$，4
3	0+10=10		9+0=9	3+8=11	11	$n=4$
4	0+10=10	11+0=11	9+5=14	3+10=13	14	$n=3$
5	0+10=10	11+5=16	9+8=17	3+10=13	17	$n=3$
6	0+10=10	11+8=19	9+10=19	3+10=13	19	$n=2$，3
7	0+10=10	11+10=21	9+10=19	3+10=13	21	$n=2$

计算第三阶段的各方案的投资额和税后收益及阶段状态，见表 3-8。

表 3－8　第三阶段各方案投资和税后收益　单位：千万元

状态 u_3	第一阶段税收投资收益 R_1，m_{1i}					最优解
	方案 1 收益 R_{3-1}	方案 2 收益 R_{3-2}	方案 3 收益 R_{3-3}	方案 4 收益 R_{3-4}	最大指标函数 $f_1(u_1)$	方案 m_{3-n}
7	0＋21＝21	7＋17＝24	11＋14＝25	13＋11＝24	25	$n=3$

结果表明扩展比不扩展好，方案 1 淘汰。扩展在第一阶段应采用方案 4 的方案，投资 1 000万元；在第二阶段应采用方案 3 的方案，投资 3 000 万元；在第三阶段也应采用方案 3 的方案，投资 3 000 万元。这样，共投资 7 000 万元，可以增加 25 000 万元的税后收益。

决策分析：从表 3－8 可以看到在第三阶段 4 个方案中，采用方案 3 取得的税后投资总收益最多，为 25 000 万元。这样，第三阶段的扩展我们应该选择方案 3。接着，分析这个 25 000 万元的税后总收益中，有 14 000 万元是第二阶段的，在表 3－7 里可以看到第二阶段取得 14 000 万元税后总收益的是方案 3，所以，把第二阶段方案 3 确定为该阶段的最优方案。最后，再以同样的方法确定第一阶段的最优方案应是取得 5 000 万元的方案 4。到此为止，可以作出一个多阶段的最优方案组的决策：第一阶段的方案 4 的方案＋第二阶段的方案 3 的方案＋第三阶段的方案 3 的方案。这组方案到三个阶段结束后，在投资额不超过计划数的情况下，可以为该纳税人带来最大的税后投资收益。尽管第一阶段的方案 2 和方案 3，第二阶段和第三阶段的方案 2 都比同阶段的最优方案组方案要取得更大的税后投资收益，但因不能取得更大的多阶段税后总收益或者三个阶段的总投资额要超过计划数而被淘汰。

（五）税收筹划运筹学小结

税收筹划运筹学作为税收筹划的辅助工具，可以使得税收筹划更加科学，考虑更加全面，效率更加高，收益更加大，成本更加小。一个税收筹划师可能 9 次甚至 99 次税收筹划都不需要借助税收筹划运筹学，仅 1 次需要。但可能就是那 1 次，凭借税收筹划运筹学解决了他所遇到的最大的、最难解决的税收筹划决策问题。

除了上面运用的线性规划、目标规划和动态规划外，运筹学的整数规划、决策树、对策论、模拟等，也可以运用到税收筹划。模糊型节税中，运筹学的不定型决策是模糊决策很好的替代方法。

税收筹划运筹学也有其缺点，需要全面、精深的税收筹划知识和丰富的税务实践经验，去考虑各种影响税收筹划的复杂和变化的因素。而这些要求，是普通税收筹划师很难达到的。

第六节　税收筹划基本技术

税收筹划技术是指使纳税人税收最小化的知识和技巧。税收筹划的最基本技术可以概括为：税收缴纳越少越好，越晚越好；费用扣除越多越好，越早越好。下面具体的税收筹划技术和更具体的数以千万计的税收筹划方法，都可以归纳为采用了税收筹划的最基本技术。当然，这是一般情况。如果一个国家规定延期纳税只能延期5年或亏损只能向后期结转5年，那么税收筹划最基本技术的运用，会有约束性条件。

一、税收筹划基本技术

（一）节税技术

节税技术是合法和合理地使纳税人税收最小化的知识和技巧。政府接受的税收筹划是节税筹划，节税筹划主要运用节税技术。

2001年出版的方卫平的《税收筹划》，把国内外税收筹划中采用的节税技术归纳、总结、演绎为8种：免税技术、减税技术、税率差异技术、分劈技术、扣除技术、抵免技术、延期纳税技术和退税技术。这8种节税技术，可以单独采用，也可以同时采用。如果同时采用两种或两种以上的节税技术，必须要注意各种节税技术之间的相互影响。

美国的斯科尔斯等的《税收与企业战略：筹划方法》提出的税收筹划方法，实际上可以归纳为运用了上述的一些税收筹划技术。比如，他们的第一种方法是将收入从一种形式转为另一种形式的方法，实际上可以把它归纳为运用税率差异技术、扣除技术和抵免技术；第二种方法是将收入从一个口袋转入另一个口袋的方法，实际上可以把它归纳为将高税率所得转为低税率所得，即运用税率差异技术；第三种方法是将收入从一个纳税期转移到另一个纳税期的方法，实际上也可以把它归纳为运用税率差异技术、扣除技术和延期纳税技术。

英国特许公认会计师协会（ACCA）的税收筹划方法可以归纳为3种技术。第一种是尽可能地减少税收负担，即费用扣除越多越好，缴纳税收越少越好，实际上可以把它归纳为运用免税技术、减税技术、税率差异技术、分劈技术、扣除技术和抵免技术绝对节税；第二种是尽量考虑现金流，即费用扣除越早越好，缴纳税收越晚越好，实际上可以把它归纳为运用退税技术、延期纳税技术和扣除技术而产生的货币时间价值相对节税；第三种是尽量不要浪费费用扣除，即不要浪费有些不能归类的允许扣除费用，实际上可以把它归纳为扣除技术。

中国有人在8种节税技术之外，增加税收优惠技术，但实际上免税技术、减税技术、税率差异技术、扣除技术、抵免技术、延期纳税技术、退税技术等都已经包含了利用相应的税收优惠。

（二）税收套利

税收筹划和财务筹划行业中，税收套利是行家常用的术语。

税收套利是利用不同税率和税收制度套取税收利益。税收套利包括利用一国不同地区、行业和各国不同税收制度等的不同税率和税收优惠等套取税收利益的各种经济行为，不是一种税收筹划技术，而可能包含多种税收筹划技术。

税收套利技术有政府接受的和不接受的。政府接受的税收套利技术，实际上可以归纳为税率差异技术、扣除技术等；政府不接受的税收套利行为，实际上会成为政府反对的避税行为。

二、免税技术

免税可以使纳税人完全免于缴纳税收，所以免税的节税效果最为明显。

免税技术是使纳税人合法和合理地取得免税待遇的技术。免税技术包括使纳税人成为免税人，或使纳税人从事免税活动，或使征税对象成为免税对象等技术。免税人包括免税自然人、免税公司、免税机构等。

1. 尽量争取更多的免税待遇。在合法和合理的情况下，尽量争取免税待遇，争取尽可能多的项目获得免税待遇。与缴纳税收相比，免征的税收就是节减的税收，免征的税收越多，节减的税收也越多。

2. 尽量使免税期最长化。在合法和合理的情况下，尽量使免税期最长化。许多免税都有期限规定，免税期越长，节减的税收越多。

例如，国家对一般企业按普通税率征收所得税，对在A经济开发区企业制定有从开始经营之日起3年免税的规定，对在B经济开发区企业制定有从开始经营之日起5年免税的规定。那么，如果其他条件基本相似或利弊基本相抵，一个公司完全可以办到B经济开发区去，从而可以获得免税待遇，并使免税期最长化，从而在合法和合理的情况下节减更多的税收。

3. 尽量使节税风险最小化。可以享受免税的往往是一些被人们普遍认为投资风险很高的国家、地区、行业、项目和产品，税收筹划采用免税技术除了节税筹划外，还要有如何化解风险，尽量使得节税风险最小化的筹划，以保证达到税收筹划的目标。

例如，我国在改革开放初期推出了生产性外商投资企业，只要生产经营期在10年以上，就可以享受2年免税的税收优惠制度，但当时一些国家的分析研究是把中国列为中高投资风险的国家和地区之列的。考虑到10年的投资周期已经可以取得期望投资回报和中国迫切需要外资和外国技术的形势，以及还有可以通过与中国有关部门进行对话化解风险的可能，当时的一些外国税收筹划师还是认为对中国投资的节税风险不大。

4. 要考虑收益率和隐性税收。免税项目的收益率往往比较低，要考虑低收益率对免税利益的抵消作用。

投资政府低于一般收益率的免税项目时，要考虑隐性税收。

隐性税收是指因投资于收益率较一般市场投资项目为低的政府税收优惠项目而对政府的隐性支付。比如，政府债券的利息免税，但利率比一般市场利率低2%，即相当于向政府缴纳了2%的隐性税收。

美国的斯科尔斯等的《税收与企业战略：筹划方法》提出了要考虑隐性税收，把低于其他投资收益的那部分称为隐性税收。他举了债券的例子，不过没有特别指出这仅限于政府债券，容易给人一个误解，即投资的机会成本是隐性税收。可是我们知道，如果完全是私经济活动中的机会成本，这种机会成本并不会增加政府收入，与税收没有一点关系。本书采用了隐性税收的提法，但对隐性税收作了更加明确的界定。

三、减税技术

减税可以使纳税人少缴纳部分税收，减税的节税效果也很明显。

减税技术使纳税人合法和合理地取得减税待遇的技术。减税技术包括按照税法或税收行政法规的减税规定使纳税人的计税基础减少，或使纳税人的适用税率降低，或使纳税人的应税税额减少等的技术。

减税技术与扣除技术、抵免技术的区别。减税技术是利用税法减税规定从计税基础或应纳税额里减去一定数额或扣除一定百分比；扣除技术是利用税法扣除规定从计税基础里扣除一个具体项目或增加一个具体扣除项目的数额；抵免技术是利用税法抵免规定从应纳税额里抵免一个具体项目或增加一个具体抵免项目的数额。

1. 尽量争取减税待遇最多化。在合法和合理的情况下，尽量争取尽可能多的税种取得尽可能多的减税待遇，与不减税相比，减征的税收就是节减的税收，获得减税待遇越多，获得减税待遇的税种越多，减征的税收越多，节减的税收也越多。

2. 尽量争取减税待遇最大化。在合法和合理的情况下，尽量争取减税待遇最大化，与小幅度减税相比，减税幅度越大，节减的税收也越多。

3. 尽量使减税期最长化。在合法和合理的情况下，尽量使减税期最长化。减税期越长，节减的税收越多。与只能享受短期减税待遇相比，减税期越长节减的税收就越多，而使减税期最长化能使节税最大化。

例如，A、B、C、D 四个国家公司所得税的普通税率基本相同，其他条件基本相似或利弊基本相抵。一个 A 国企业生产的商品 90% 以上出口到世界各国，A 国对该企业所得是按普通税率征税；B 国出于鼓励外向型企业发展的目的，对此类企业减征 30% 的所得税，减税期为 5 年；C 国对此类企业有减征 50%，减税期为 3 年的规定；D 国对此类企业则有减征 40% 所得税，而且没有减税期限的规定。那一个打算长期经营此项业务的企业，完全可以考虑把公司或其子公司办到 *D* 国去，从而在合法和合理的情况下使它节减的税收最大化。

4. 尽量使节税风险最小化。可以享受减税优惠的往往是一些投资风险较高的国家、地区、行业、项目和产品，税收筹划采用减税技术除了节税筹划外，还要有如何化解风险，尽量使得节税风险最小化的筹划。

四、税率差异技术

税率差异是指性质相同或相似的税种适用税率的差异。与按高税率缴纳税收相比，按低税率少缴纳的税收就是节减的税收。

税率差异技术是指在合法和合理的情况下，利用性质相同或相似的税种适用税率差异而减少税收的技术。税率差异技术包括利用因国家、地区、行业、项目、产品、纳税人性质、纳税人规模等的差异而规定的税率差异和利用税收筹划师使用特殊方法计算出来的边际税率与法定税率的差异的技术。

税率差异技术与免税技术、减税技术的区别。税率差异技术是利用税法关于一般纳税人和征税对象的一般情况的规定；而免税技术、减税技术是利用税法关于一般纳税人和征税对象中的特殊纳税人或征税对象或特殊情况的优惠规定。

边际税率技术是税率差异技术的一种。国外的税收筹划有很多用到边际税率技术，其实，边际税率技术是利用边际税率差异进行节税，所以是税率差异技术的一种。

边际税率是应纳税额变量与其计税基础变量之比。一般是说计税基础每增减 1 元的税率。边际税率有两种：一种是法定边际税率，比如一个所得税纳税人因应税所得不同而适用不同的最高边际税率；一种是税收筹划师用特殊计算方法计算出某个纳税人纳税时的实际边际税率。

美国的斯科尔斯等的《税收与企业战略：筹划方法》里的边际税率是指法定边际税率，认为高边际税率的纳税人可能倾向于享受税收优惠（比如倾向于利息可税前扣除的债券融资），低边际税率的纳税人则可能倾向于不太多考虑税收优惠而考虑其他好处（比如倾向于股权融资），由不同边际税率形成不同的税收客户群。

税收客户类群是指由于适用税率不同而特别偏好债务或权益的不同投资者类群。斯科尔斯等指出，对于不同的税收客户类群，税收筹划的方式和方法是不同的。我们把斯科尔斯等的观点引申出去，会得出他想告诉我们的是：高税率纳税人倾向于减轻税负；低税率纳税人倾向于增加收益或其他好处。而我们认为税收筹划要考虑纳税人的税后整体综合利益已经涵盖了他的思路。高税率纳税人要考虑减轻税负，也要考虑收益，当减轻的税负没有增加的收益多的时候，仍然是倾向于增加收益的；低税率纳税人要考虑收益，也要考虑减轻税负，当增加收益没有减轻的税负多的时候，仍然是倾向于减轻税负的。这是从两个角度考虑税收筹划问题，这也是税收筹划师必须同时考虑的两个问题。不同的税收客户类群对边际税率都要考虑，因降低边际税率可以直接减轻税负。

1. 尽量寻求税率最低化。在合法和合理的情况下，尽量寻求适用税率的最低化。在其他条件相同的情况下，按高低不同税率缴纳的税额是不同的，它们之间的差异，就是节减的税收。寻求适用税率的最低化，可以达到节税的最大化。

2. 尽量寻求税率差异的稳定性和长期性。税率差异具有一定的确定性只是一般而言，税率差异中还有相对更稳定的。比如，政局稳定国家的税率差异就比政局动荡国家的税率差异更具稳定性，政策制度稳健国家的税率差异就比政策制度多变国家的税率差异更具长期性。在合法和合理的情况下，应尽量寻求税率差异的稳定性和长期性。

与按高税率缴纳税收相比，按低税率缴纳的税收就是节减税收，而税率最低化能使节税最大化。

例如，A 国的公司所得税税率是 33%；B 国的公司所得税的税率为 40%；C 国的公司所得税税率为 36%，那么在其他条件基本相似或利弊基本相抵的条件下，一个投资者到 A 国开办公司就可以节减税收，并使节减的税收最大化。

3. 尽量防止掉入税法陷阱。税率只是决定税负的一个因素，决定税负轻重的还有计税基础等因素。纳税人不注意的话，有时会出现适用税率低，但实际税负却高的情况，即掉入税法陷阱。

税法陷阱是貌似优惠，但采用后实际税负会更重的税法规定。

税收筹划师防止纳税人掉入这样的税法陷阱，也就是帮助纳税人节减了税收。

五、分劈技术

分劈通过把一个纳税人的计税基础分成多个纳税人的计税基础，从而减轻税负。分劈技术，在合法和合理的情况下，使征税对象或计税基础在两个或更多个纳税人之间进行分劈而减少税收的技术。

出于调节收入等社会政策的考虑，各国的所得税和一般财产税一般是都采用累进税率，计税基础越大，适用的最高边际税率也越高。使所得、财产在两个或更多个纳税人之间进行分劈，可以使计税基础降至低税率税级，从而降低最高边际适用税率，节减税收。比如，应税所得2万元的适用税率是20%，应税所得2万元到4万元部分的适用税率是40%。有一对夫妇结婚后，妻子把其存款都交给无存款的丈夫，缴纳个人所得税时，丈夫的年应税股息为2万元，利息2万元，而妻子无应税所得，这时，丈夫就会有2万元的所得要按40%的税率纳税。但是，如果丈夫把存款转回到妻子名下，让妻子分得利息收入，那么，这对夫妇4万元的年所得的最高边际税率就会从40%降至20%，节减税收0.4万元（1.2万元－0.8万元）。

分劈技术包括所得分劈、财产分劈、营业额分劈等技术。

分劈技术与分割技术的区别。分劈技术与分割技术不同：前者是政府接受的节税技术；后者指政府不接受的避税技术。

分劈技术与税率差异技术的区别。采用分劈技术节税与采用税率差异技术节税的区别在于：前者是通过使纳税人的计税基础减少而节税，而后者则不是通过减少计税基础来节税；前者主要是利用国家的社会政策来节税，而后者则主要是利用国家的财经政策来节税。

1. 分劈合理化。使用分劈技术节税，除了要合法，特别要注意的是分劈的合理性，要使得分劈合法和合理，不要成为政府反对的分割。比如，严格遵循税务局宣传册子的指导来分劈所得和财产。

2. 节税最大化。在合法和合理的情况下，尽量寻求通过分劈能使节减的税收最大化。

例如，一对英国夫妇有65万英镑在丈夫名下的遗产税应税共同财产，他们有一个儿子。将要去世的丈夫有这样的想法，把共同财产留给妻子，因为英国规定，丈夫给妻子的遗产可享受免税，妻子去世后再财产留给儿子，财产并没有发生被征两次税的情况。

丈夫寻求税务咨询，税务顾问向他建议，正确的做法是丈夫生前就把70万英镑的共同财产分劈为两部分，在他去世时就把他那部分财产留给儿子，妻子去世时再把她那部分财产留给儿子。因为尽管丈夫的财产遗赠给妻子时免税，但妻子去世时留给儿子的遗产超过32.5万英镑的部分要按40%的税率向英国缴纳13万英镑的遗产税。英国的遗产税是实行夫妇分别申报纳税制度的，在遗产税上每个人都享有32.5万英镑的免税额，这里面有一个不是人人会发现的税收陷阱，就是每个纳税人也只有32.5万英镑的免税额，只能免税继承配偶的遗产，但不能继承配偶的遗产税免税额。所以，丈夫生前就把共同财产分劈成两个都不超过32.5万英镑的部分，由夫妇各自把自己部分的财产留给儿子，可以节减13万英镑的遗产税。

六、扣除技术

扣除一般是指从征税对象里减去扣除项目。通过各种扣除安排，可以达到使纳税人的税后财务利益最大化。扣除技术，在合法和合理的情况下，使扣除额增加或调整各个计税期的扣除额而绝对或相对节税的技术。

扣除技术包括各种从征税对象里扣除各种一般扣除额、额外扣除额、特别扣除额、优惠扣除额、宽免额、不予计列额等的技术。比如，美国所得税法规定，计算个人应纳税所得额时，可以扣除诸如政府发行用于“公益目的”的债券利息收入等不予计列所得、诸如求职费用等调整所得项目金额、诸如房屋抵押贷款利息等扣除项目金额以及诸如纳税人本人和配偶等的宽免额等。

1. 扣除项目最多化。在合法和合理的情况下，尽量使更多的项目能够得到扣除。在其他条件相同的情况下，扣除的项目越多，计税基础就越小，计税基础越小，应纳税额就越小，因而节减的税收就越多。使扣除项目最多化，可以达到节税的最大化。

2. 扣除金额最大化。在合法和合理的情况下，尽量使各项扣除额能够最大化。在其他条件相同的情况下，扣除的金额越大，计税基础就越小，计税基础越小，应纳税额就越小，因而节减的税收就越多。使扣除金额最大化，可以达到节税的最大化。

3. 扣除最早化。在合法和合理的情况下，尽量使各允许扣除的项目在最早的计税期得到扣除。在其他条件相同的情况下，扣除越早，早期缴纳的税收就越少，早期的现金净流量就越大，可用于扩大流动资本和进行投资的资金也越多，将来的收益也越多，因而相对节减的税收就越多。扣除最早化，可以达到节税的最大化。

例如，国家允许公司按两种方法扣除顾客招待费：一是允许按公司销售收入一定百分比计算出来的金额扣除；二是允许按有限额规定的实际发生的顾客招待费扣除。那一个每年花费顾客招待费基本差不多的公司，在其他条件基本相似的条件下，完全可以通过选择扣除顾客招待费多的方法，节减更多的税收。又如，国家规定购买高新技术设备，可以采用直线法折旧、双倍余额递减法折旧，或作为当年费用一次性扣除。那么，在其他条件基本相似或利弊基本相抵的条件下，尽管总的扣除额基本相同，但公司选择作为当年费用一次性扣除的话，在投资初期可以缴纳最少的税收，而把税收推迟到以后缴纳，可以相对节税。

七、抵免技术

税收抵免是指从应纳税额中扣除税收抵免额。抵免直接减少应纳税额，节减税收的效果也很明显。抵免技术，在合法和合理的情况下，取得税收抵免额或使税收抵免额增加而减少税收的技术。

抵免技术包括利用投资抵免、节能抵免、收入抵免、费用抵免、社会政策抵免等节减税收的技术。比如利用国产设备投资等税收鼓励性质的投资抵免、安装节能装置等鼓励环境保护的节能抵免、勤劳所得等税负从轻性质的收入抵免、子女抵免等考虑纳税人生活负担性质的费用抵免、美国联邦遗产税抵免等代替免征额的社会政策抵免等。

1. 抵免项目最多化。在合法和合理的情况下，尽量争取更多的抵免项目。在其他条件相同的情况下，抵免的项目越多，冲抵应纳税额的项目也越多，冲抵应纳税额的项目越多，应纳税额就越少，因而节减的税收就越多。使抵免项目最多化，可以达到节税的最大化。

2. 抵免金额最大化。在合法和合理的情况下，尽量使各抵免项目的抵免金额最大化。在其他条件相同的情况下，抵免的金额越大，冲抵应纳税额的金额就越大，冲抵应纳税额的金额越大，应纳税额就越小，因而节减的税收就越多。使抵免金额最大化，可以达到节税的最大化。

例如，一个国家规定公司委托科研机构或大学进行科研开发，支付的科研开发费用的65%可直接抵免应纳公司所得税，还规定公司当年科研开发费用超过过去3年平均数25%的部分，可直接抵免当年的应纳公司所得税。那一个必须不断进行科研开发才能求得生存发展的企业，在其他条件基本相似或利弊基本相抵的条件下，就可以选择两个方案中缴纳税收更少的方案。

八、延期纳税技术

延期纳税是指按照税法的延期纳税规定，延缓一定时期后再缴纳税收。纳税人延期缴纳本期税收并不能减少纳税人纳税绝对总额，但等于得到一笔无息贷款，可以增加纳税人本期的现金流量，使纳税人在本期有更多的资金补充营运资金或用于投资，产生额外收益，相对节减税收。延期技术，在合法和合理的情况下，取得税法规定的延期纳税待遇而相对节税的技术。

延期纳税技术包括利用重置营业资产利得延期纳税规定、集团公司间转让资产利得延期纳税规定、现金流困难延期纳税规定等的技术。比如利用重置新资产可以延期缴纳处置旧资产所取得的转让所得的所得税的规定、利用投资造成的现金流困难延期纳税等。

延期纳税技术与扣除技术相对节税的区别。延期纳税技术是根据税法的延期纳税规定进行合理的延期纳税安排而相对节税；扣除技术则是根据税法的扣除规定对各个计税期的费用和亏损扣除进行合理安排，起到延期纳税的作用，从而相对节税。

1. 延期纳税项目最多化。在合法和合理的情况下，尽量争取更多的项目延期纳税。在其他条件包括一定时期纳税总额相同的情况下，延期纳税的项目越多，本期缴纳的税收就越少，现金流量也越大，可用于扩大流动资本和进行投资的资金也越多，将来的收益也越多，因而相对节减的税收就越多。使延期纳税项目最多化，可以达到节税的最大化。

2. 延长期最长化。在合法和合理的情况下，尽量争取纳税延长期最长化。在其他条件包括一定时期纳税总额相同的情况下，纳税延长期越长，由延期纳税增加的现金流量所产生的收益也将越多，因而相对节减的税收也越多。使纳税延长期最长化，可以达到节税的最大化。

例如，税法规定公司国外投资所得只要留在国外不汇回，就可以延期纳税。那么在一定的时期里把国外投资所得留在国外，在这段时期里就会有更多的资金用来再投资，可以取得更多的收益，相当于冲抵税收，相对节减了税收。又如，税法规定纳税人用处置营业资产的收入重置营业资产，处置资产的财产转让所得可以延期到最后不再重置营业资产时才汇总缴纳税收，那纳税人就可以利用这个延期纳税规定，通过不断地卖了买，延期几年、十几年，甚至几十年才缴纳税收，相对节减税收。再如，纳税人在接受金额较大的非货币资产的年度再投资若干万元，产生一定的纳税困难，根据税法规定，可以在不超过 5 年的期间内把这笔所得均匀计入各年度的应纳税所得延期纳税。

九、退税技术

退税是税务机关退还全部或部分纳税人的已纳税款，所以退税的节减税收效果也很明显。退税技术，在合法和合理的情况下，使税务机关退还纳税人已纳税款而减少税收的技术。

退税技术包括再投资退税、购买鼓励项目退税、汇算清缴退税、出口退税等退税技术。

在已缴纳税款的情况下，退税归还了部分甚至全部缴纳的税款，节减了税收。比如合格再投资退税、购买住房退税、低收入一般销售税退税、已纳税款汇算清缴或出口退税等。

1. 尽量争取退税项目最多化。在合法和合理的情况下，尽量争取更多的退税待遇。在其他条件相同的情况下，退税的项目越多，退还的已纳税额就越多，因而节减的税收就越多。使退税项目最多化，可以达到节税的最大化。

2. 尽量使退税额最大化。在合法和合理的情况下，尽量使各退税额最大化。在其他条件相同的情况下，退税额越大，退还的已纳税额就越大，因而节减的税收就越多。使退税额最大化，可以达到节税的最大化。

例如，A 国规定企业用税后所得进行再投资可以退还已纳公司所得税税额的 50%，那一个想不断扩大经营规模的公司，在其他条件基本相似或利弊基本相抵的条件下，选择用税后所得而不是用借入资本进行再投资，可以节减税收。

又如，我国外商投资企业的外国投资者，将从企业取得的利润直接再投资于该企业的注册资本，或者作为资本投资开办其他外商投资企业，经营期不少于 5 年的，可以申请退还其再投资部分已缴纳所得税的 40% 税款，但如果是投资于先进技术企业或产品出口企业的注册资本，可以申请退还其再投资部分已缴纳所得税的 100% 税款，达到退税额最大化。

3. 尽量使节税风险最小化。在决定采用退税技术进行税收筹划之前，必须要先考虑投资于国家用退税鼓励那种行为、产品、项目、设备是否会有风险，风险有多大，能否控制，如果决定采用退税技术节税，那就要尽量使节税风险最小化。

例如，我国的外国投资者将从海南经济特区内的企业获得的利润直接再投资海南经济特区内的基础设施建设项目和农业开发企业，经营期不少于 5 年的，也可以申请退还其再投资部分已缴纳所得税的 100% 税款。但税收筹划时还应为这个海南经济特区外商投资企业的外国投资者考虑，在都可以退还 100% 税款的情况下，是再投资于海南经济特区内的基础设施建设项目和农业开发企业的风险大，还是转而投资产品出口企业或先进技术企业的风险大，应该选择一个对这个外国投资者来说，节税风险更小的再投资方案。

第七节 税收筹划的特殊计算方法

外国税收筹划师在实践中运用或创造了一些税收筹划的计算方法，这些方法包括一些特殊的应纳税额的计算方法和一些特殊的选择税收筹划方案的计算方法。中国的方卫平 2005

年在其普通高等教育“十一五”国家级规划教材申请书里也提出了要运用和创立一些中国税收筹划的应纳税额特殊计算方法和税收筹划方案选择的特殊计算方法，这些方法应该是税收筹划行业培训真正需要学习的，最具行业特色的内容之一。

一、税收筹划师的应纳税额特殊计算方法

中外税收筹划师在实践中运用的税收筹划计算方法，有些是税法规定的，有些则是他们为了提高筹划效率或便于筹划而自己根据税法规定创造的。由于他们的主要任务不是为了帮纳税人计算税额和申报纳税，所以会形成了一些不同于税务代理的，独特税收筹划行业计算方法。

（一）国外税收筹划师的应纳税额特殊计算方法

各国税收筹划师在税收筹划实践中，有许多特殊的、一般纳税人不用的计税基础或应纳税额计算方法。我们可以举两个英国税务顾问常用的特殊应纳税额计算方法例子：

1. 计算短期租赁保证金的应税所得。

税法规定：$\text{应税保证金所得}=\text{保证金}\times\dfrac{51-\text{租赁年限}}{50}$

税收筹划：$\text{应税保证金所得}=\text{保证金}-\text{保证金}\times 2\%\times(\text{租赁年限}-1)$

2. 计算含税销售收入的增值税应纳税额（适用税率为17.5%）。

$$\text{应纳增值税税额}=\text{含税销售额}\times\frac{7}{47}$$

注：$\frac{7}{47}$是税率为17.5%的含税销售收入的增值税应纳税额速算率。

（二）国内税收筹划师的应纳税额特殊计算方法

国内税收筹划师也可以使用许多计税基础或应纳税额的特殊计算方法，使得计算税收筹划各备选方案的结果变得容易。这些特殊方法包括合理使用增值税、营业税、个人所得税、企业所得税等各种税，比如：

1. 增值税。

（1）计算外购货物用于免税和非应税项目允许抵扣的进项税额。

税法规定：

$$\text{允许抵扣进项税额}=\text{本期全部进项税额}-\text{本期全部进项税额}\times\frac{\text{免税项目的销售额}}{\text{全部销售额}}-\text{本期全部进项税额}\times\frac{\text{非应税项目的销售额}}{\text{全部销售额}}$$

税收筹划：

$$\text{允许抵扣进项税额}=\text{本期全部进项税额}\times\frac{\text{应税项目的销售额}}{\text{全部销售额}}$$

（2）计算含税销售收入的增值税应纳税额（适用税率为17%）。

应纳增值税税额 = 含税销售额 ×17/117

（3）计算含税销售收入的增值税应纳税额（适用税率为13%）。

应纳增值税税额 = 含税销售额 ×13/113

（4）计算含税销售收入的增值税应纳税额（适用征收率为3%）。

应纳增值税税额 = 含税销售额 ×3/103

2. 营业税和企业所得税。

（1）外国企业与中国境内企业签订机器设备销售合同，同时提供设备安装、装配、技术培训、指导、监督服务等劳务的，合同未列明劳务费或劳务费作价税务机关认定不合理，其劳务费收入的营业税和企业所得税应纳税额速算率如下：

应纳营业税和企业所得税 = 本期费用支出额 ×3/800

（2）外国企业从中国境内取得特许权使用费收入的应纳营业税和企业所得税税额特殊计算方法：

应纳营业税和企业所得税 = 支付额 ×14.5%

（3）对统一采取按经费支出换算收入的办法确定收入并据以征税的外国企业驻中国从事各项代理、贸易等各类服务性代表机构，假定其核定利润率为10%，其企业所得税应纳税额速算率如下：

应纳企业所得税 = 本期费用支出额 ×5/17

3. 个人所得税。

（1）由所得支付人为取得税率为20%的利息所得、股息所得、偶然所得和其他所得的人缴纳所得税，其应纳税额速算率如下：

应纳税额 = 支付所得 ×5/20

如果情况同上，税率为10%，其应纳税额速算率如下：

应纳税额 = 支付所得 ×1/9

如果情况同上，税率为5%，其应纳税额速算率如下：

应纳税额 = 支付所得 ×1/19

（2）由所得支付人为取得特许权使用费的人缴纳所得税，其应纳税额速算率如下：

应纳税额 =（支付所得 -800）×5/20（如果800元≤支付所得≤3 360元）

应纳税额 = 支付所得 ×4/21（如果支付所得 >3 360元）

（3）由所得支付人为取得作家稿酬的人缴纳所得税，其应纳税额速算率如下：

应纳税额 =（支付所得 -800）×7/43（如果800元≤支付所得≤3 552元）

应纳税额 = 支付所得 ×14/111（如果支付所得 >3 552元）

（4）由所得支付人为取得劳务报酬的人缴纳所得税，其应纳税额速算率如下：

应纳税额 =（支付所得 -800）×1/4（如果800元≤支付所得≤3 360元）

应纳税额 = 支付所得 ×4/21（如果3 360元 < 支付所得≤21 000元）

应纳税额 =（支付所得 -2 000）×6/19 -2 000（如果21 000元 < 支付所得≤49 500元）

应纳税额 =（支付所得 -7 000）×8/17 -7 000（如果支付所得 >49 500元）

二、税收筹划师选择方案的特殊计算方法

（一）国外税收筹划师选择税收筹划方案的特殊计算方法

各国税收筹划师在选择税收筹划方案中，也有许多不同于税法计算方法的特殊计算方法。

比如，英国公司税实行差别比例税率：年利润不超过30万英镑的为小公司，税率为19%；年利润150万英镑以上的为大公司，税率为30%；年利润30万～150万英镑的公司可享受边际减税，其应纳税额规定如下：

应纳税额＝应税所得×30%－边际减税额

其中：边际减税额＝(150万－应税所得)×11/400

即按照税法，英国公司年利润越接近30万英镑，平均税率越接近19%；年利润越接近150万英镑，平均税率越接近30%。但是，英国的税收筹划师对年利润30万～150万英镑的公司的应纳公司税税额，则有自己特殊的计算方法：

应纳税额＝30万×19%＋(应税所得－30万)×32.75%

上面的32.75%是税收筹划师计算出来的30万～150万英镑应税所得的边际税率。

这样，如果一个2005年度应税所得是30万英镑，2006年度应税所得是40万英镑，2007年度应税所得是160万英镑的公司，它可以在这3年中的任何一年扣除10万英镑，即有3个方案：2005年扣除方案、2006年扣除方案和2007年扣除方案，并且这种选择可以在费用发生的6年内作出。英国税收筹划师根据特殊计算方法结果一般都会选择2006年扣除方案，因为它可以节减最多的税收3.275万英镑（10万×32.75%）。这个方法，还被英国税收筹划师广泛地运用于英国的合格集团公司间盈亏互抵、国内外所得盈亏互抵等的筹划方案选择，去节减最多的税收。

（二）国内税收筹划师选择税收筹划方案的特殊计算方法

国内税收筹划师在进行企业所得税、增值税、消费税等税种的税收筹划选择方案时，也可以使用一些不同于税法规定的特殊计算方法。

1. 企业所得税税收筹划的特殊计算方法。

（1）中国2008年1月1日前，企业所得税年应税所得3万～10万元的税额计算，可以写成下面公式右面那样，并计算其3万～10万元区间的平均边际税率$\bar{m}$：

平均边际税率是应纳税额变量与其计税基础变量之比。

$$应纳税额=30\,000\times18\% \quad +(Y-30\,000)\times\bar{m}$$

$$f(\bar{m})=\frac{0.27Y-5\,400}{Y-30\,000}$$

式中，Y为年应税所得；$f(\bar{m})$为平均边际税率函数。

即：应税所得30 001元－100 000元时，$\bar{m}=270\,027\%-30.86\%$ 其中：应税所得75 000元时，$\bar{m}=33\%$；应税所得小于7 500元时，$\bar{m}>33\%$。

注：利用此边际税率进行税收筹划计算，只适用于可以把3万～10万元的应税所得减

少到 3 万元或 3 万元以下的情况。

（2）企业年应税所得 10 万元以上的税额计算，可以写成下面公式右面那样，并计算其平均边际税率 $\bar{m}$：

$$应纳税额=100\ 000\times27\%\ +(Y-100\ 000)\times\bar{m}$$

$$f(\bar{m})=\frac{0.33Y-27\ 000}{Y-100\ 000}$$

式中，Y 为年应税所得；$f(\bar{m})$ 为平均边际税率函数。

即：应税所得 100 001 元～无穷大时，$\bar{m}=600\ 033\%$～无限趋向 33%。

注：利用此平均边际税率进行税收筹划计算，只适用于可以把 10 万元以上的应税所得减少到 10 万元或 10 万元以下的情况。

例题 3－3

假定有一个企业，它的 2006 年应税所得是 50 000 元；2007 年应税所得是 130 000 元。如果这个企业有 20 000 元的额外费用允许在 2006 年或者 2007 年扣除，那不考虑其他因素的话，应该在哪一年扣除好？

企业两年纳税总额＝50 000×27%＋130 000×33%＝56 400（元）

（1）如果额外费用在 2006 年扣除：

冲减的应税所得的最高平均边际税率 $\bar{m}=40.5\%$

应纳税额＝30 000×18%＋130 000×33%＝48 300（元）

两年少纳税＝56 400－48 300＝20 000×40.5%＝8 100（元）

（2）如果额外费用在 2007 年扣除：

应纳税额＝50 000×27%＋110 000×33%＝49 800（元）

两年少纳税＝56 400－49 800＝20 000×33%＝6 600（元）

结论：企业不超过 10 万元的应税所得的适用税率是 27%，10 万元以上应税所得的适用税率是 33%，在选择费用放在哪年扣除时，一般人会选择放在 2007 年扣除，认为冲减适用 33%税率的应税所得比冲减适用 27%税率的应税所得好，实际上他们错了。在上述情况下，费用放在 2006 年扣除更好，2006 年有 2 万元的应税所得是按比 33%更高的边际税率 40.5%在纳税。所以，冲减 2006 年应税所得能多节减税收 1 500 元（8 100－6 600 元）。

（3）2008 年 1 月 1 日以后，从业人数和资产总额符合小型微利企业条件的企业，其年应税所得 30 万元以上的税额计算可以写成下面公式右面那样，并计算其平均边际税率 $\bar{m}$：

$$应纳税额=300\ 000\times20\%\ +(Y-300\ 000)\times\bar{m}$$

$$f(\bar{m})=\frac{0.25Y-60\ 000}{Y-300\ 000}$$

式中，Y 为年应税所得；$f(\bar{m})$ 为平均边际税率函数

即：应税所得 300 001 元至无穷大时，$\bar{m}=1\ 500,\ 025\%$～无限趋向 25%。

注：利用此平均边际税率进行税收筹划计算，只适用于可以把 30 万元以上的应税所得减少到 30 万元或 30 万元以下的情况。

2. 增值税税收筹划的特殊计算方法。符合条件的增值税小规模纳税人可以申请成为一般纳税人。小规模纳税人的税负不一定在任何情况下都比一般纳税人重，中国的税收筹划师

常通过计算一般纳税人不含税销售额增值率节税平衡点或一般纳税人含税销售额增值率节税平衡点来选择税收筹划方案。

销售额增值率的一般纳税人节税平衡点是这样一个临界点：销售额增值率小于节税平衡点的，申请成为一般纳税人更能节税；大于节税平衡点的，维持小规模纳税人身份更能节税。

增值税不含税销售额增值率的一般纳税人节税平衡点见表 3－9。

表 3－9　不含税销售额一般纳税人节税平衡点　单位：%

一般纳税人税率	小规模纳税人征收率	一般纳税人节税平衡点
17	3	17.65
13	3	23.08

注：$不含税销售额增值率=\frac{不含税销售额-不含税购进额}{不含税销售额}$

增值税含税销售额增值率的一般纳税人节税平衡点见表 3－10。

表 3－10　含税销售额一般纳税人节税平衡点　单位：%

一般纳税人税率	小规模纳税人征收率	一般纳税人节税平衡点
17	3	20.05
13	3	25.32

注：$含税销售额增值率=\frac{含税销售额-含税购进额}{含税销售额}$

例题 3－4

华光公司是一个年不含税销售额在 48 万元左右的生产企业，公司每年购进的材料的含 17%增值税的价格大致在 46.8 万元左右（不含税为 46.8 万元÷117%＝40 万元）。如果是一般纳税人，公司的产品的增值税适用税率是 17%；如果是小规模纳税人则为 3%。该公司会计核算制度健全，有条件申请成为一般纳税人，如何为此企业进行纳税人类别税收筹划。如果公司每年购进的材料的含 17%增值税的价格大致在 35.1 万元左右（不含税为 30 万元），如何为此企业进行纳税人类别税收筹划？

1. 该公司的不含税销售额增值率$=\frac{48-40}{48}\times 100\%=16.67\%$

结论：该公司申请成为一般纳税人更为有利，因为其含税销售额增值率 16.67%＜17.65%（一般纳税人节税平衡点以下）。

2. 该公司的不含税销售额增值率$=\frac{48-30}{48}\times 100\%=37.5\%$

结论：该公司申请成为小规模纳税人更为有利，因为其含税销售额增值率 37.5%＞17.65%（一般纳税人节税平衡点以上）。

3. 增值税和营业税混合销售的税收筹划特殊计算方法。

对于增值税和营业税混合销售，税收筹划师可以通过计算一般纳税人含税销售额增值率的增值税节税平衡点来选择税收筹划方案。

一般纳税人含税销售额增值率的增值税节税平衡点是这样一个临界点：销售额增值率小于节税平衡点的，全部缴纳增值税更能节税；销售额增值率大于节税平衡点的，全部缴纳营业税更能节税。

混合销售增值税节税平衡点的含税销售额增值率，见表3－11。

表3－11　　含税、混合销售节税平衡点　　单位：%

增值税适用税率	营业税适用税率	节税平衡点
17	3	20.65
17	5	34.41
13	3	26.08
13	5	43.46

注：$含税销售额增值率=\frac{含税销售额-含税购进额}{含税销售额}$

例题3－5

黄埔网络有限公司销售网络设备，并提供网络安装、调试、维修服务。2009年8月，该公司承包某公司网络工程总收入为120万元。该公司为此工程购进设备和材料100万元（含17%增值税）。该公司销售网络设备的增值税适用税率为17%，安装、调试、维修网络的营业税适用税率为5%，该公司销售额和营业额基本持平，问如何为该公司税收筹划。

1. 该公司的含税销售额增值率 $=\frac{120-100}{120}\times100\%=16.67\%$

结论：如有可能，该公司可按销售设备收入全部缴纳增值税更为有利，因为其含税销售额增值率16.67%<34.41%（混合销售增值税节税平衡点）。

2. 使用一般方法则是按如下步骤计算：

方案1：应纳营业税税额 $=120\times5\%=6$（万元）

方案2：应纳增值税税额 $=\frac{120}{117\%}\times17\%-\frac{100}{117\%}\times17\%=2.91$（万元）

全部缴纳增值税节税额 $=6-2.91=3.09$（万元）

结论：如有可能，该公司可按销售设备收入全部缴纳增值税。

3. 如果使用一般方法则是按如下步骤计算：

方案1：应纳营业税税额 $=120\times5\%=6$（万元）

方案2：应纳增值税税额 $=\frac{120}{117\%}\times17\%-\frac{100}{117\%}\times17\%=2.91$（万元）

全部缴纳增值税节税额 $=6-2.91=3.09$（万元）

结论：如有可能，该公司可按销售设备收入全部缴纳增值税。

4. 消费税税收筹划的特殊计算方法。卷烟消费税调拨价格每条70元或70元以上的从价税税率为56%，每条70元以下的从价税税率为36%。税收筹划师从节税和税后收益角度出发，认为卷烟调拨价格定在70~100元（设整元价位，从量税相抵，不考虑附加，下同）的都应把价格降低到69元。考虑到价格因素和消费税的关系，税收筹划师的平均边际税率函数$f(\bar{m})$如下：

$$f(\bar{m})=\frac{0.56Y-24.84}{Y-69}$$

式中，Y为每条的含税销售价格；$f(\bar{m})$为平均边际税率函数。

函数表示价格提高1元与消费税提高的比例关系：当价格提高1元而消费税提高超过1元时，那收益反而要减少；当价格提高1元而消费税提高不到1元时，那税后收益可以增加。函数表明：每条烟的含税销售价格70~100元时，$\bar{m}$=1436%~100.52%，平均边际税率大于100%，即价格提高，税后收益反而要减少。而价格定在101元及以上时，平均边际税率小于100%，收入增加，税后收益也增加。

例题3-6

红烟集团某卷烟的调拨价格每条原打算定在88元，有人建议定在108元，有人建议定在69元。如果各种定价的卷烟都能卖掉，试帮助红烟集团对该卷烟进行消费税筹划。

1. 售价格定在88元的平均边际税率：

$$\bar{m}=\frac{0.56\times88-24.84}{88-69}=128.63\%>100\%$$

税后收益=88-88×56%=38.72（元）

2. 售价格定在108元的平均边际税率：

$$\bar{m}=\frac{0.56\times108-24.84}{108-69}=91.38\%<100\%$$

税后收益=108-108×56%=47.52（元）

3. 售价格定在69元的税率为36%。

税后收益=69-69×36%=44.16（元）

结论：红烟集团该卷烟价格每条定在88元的话，平均边际税率>100%，提高价格可增加收益，但税后收益反而减少；价格每条定在69元的话，税率为36%，低于56%的税率，可节税；价格定在108元的话，平均边际税率<100%，提高价格可增加收益，而且税后收益会最大化。

第八节　税收筹划人及税收筹划师职业道德

一、税收筹划人

税收筹划人指进行税收筹划的人。税收筹划人可以是一个自然人，也可以是一个企业或一个企业部门。

（一）从事税收筹划的自然人

从事税收筹划的自然人，也称为税收筹划师。从事税收筹划的自然人主要有以下一些：

1. 税收筹划师（顾问）。税收筹划师（顾问）按其业务范围一般又可细分为国内税收筹划顾问和国际税收筹顾问。

国内税收筹划师（顾问）通常就称为税收筹划师（顾问），指从事国内税收筹划的税收筹划专业人员。

国际税收筹划师（顾问）是专门从事国际税收筹划的税收筹划专业人员。

在有些国家，税收筹划师（顾问）必须取得认可的资格；而在有些国家，则任何人都能以税收筹划师（顾问）的名义开业。

2. 税务顾问（师）。税务顾问（师）是以税务咨询为其职业的专业人员。税务顾问（师）需要精通税法、相关法律和熟悉有关财会制度，在德国等国家，税务顾问的业务除了税务咨询、税收筹划、税务代理外，还有资格从事注册会计师和审计师的业务。在其他国家，税收筹划一般也是税务顾问的业务之一，所以税务顾问与税收筹划顾问并没有实质上的区别，比如英国的注册税务顾问就包括了税收筹划师、公司税筹划师、所得税筹划师等。如果要说区别，那就是税收筹划顾问的业务范围小一些，更专门化一些。

3. 会计师。会计师往往也可以从事税收筹划。会计师一般都需要精通财会，熟悉有关法律及税法，一些国家还特别要求注册会计师掌握税收筹划知识。比如，英国的特许公认会计师协会（ACCA）、国际会计师协会（AIA）等会计师协会资格考试，都有关于税收筹划的内容，以便让会计师将来能够胜任税收筹划。所以，多数会计师事务所都有税务咨询或税收筹划业务。日本和韩国的注册税务会计师干脆就称为税理士和税务士。

4. 税务律师。税务律师的业务主要是税务诉讼和与税务诉讼或税法有关的咨询，但由于税务律师精通有关税法规定，而这种知识是税收筹划必不可少的，因此也有税务律师从法律角度为企业进行税收筹划的。

（二）从事税收筹划的企业

从事税收筹划的企业主要是税务咨询企业和会计企业。

1. 税务咨询企业。税务咨询企业是以税务咨询为其主营业务的企业。税务咨询业务大多数都包括税收筹划。从税务咨询业务来看，有一般的税务咨询企业，即实际上以国内税务咨询为其主要业务的税务咨询企业，也有专以国际税务咨询为其主要业务的国际税务咨询企业。

2. 会计企业。会计企业是以会计、审计、理财、财务咨询业务为主的企业。会计企业的业务常常也有税务咨询和税收筹划，一些国际会计企业的业务还包括了国际税务咨询和国际税收筹划。

（三）从事税收筹划的企业部门

一些企业由企业内部人员进行税收筹划，内部税收筹划一般由企业内部的有关部门组织、管理和负责。与税收筹划有关的企业部门主要有：

1. 税务部门。一些企业特别是一些大型企业，往往在财会部门之外还设立单独的税务部门，通过税务部门来及时处理企业的税收筹划、税务管理和具体的纳税事宜等事项。

2. 财会部门和法律部门。没有设立单独税务部门的企业，其内部税收筹划一般都由企业的财会部门负责。在有些法制健全的国家，法律部门往往也是企业必不可少的部门，在这样的企业中，税收筹划由财会部门和法律部门协同负责、组织和管理。比如德国，一些没有设立单独税务部门的企业的税收筹划一般由企业的财会部门和法律部门协同负责、组织和管理。

通过外部税收筹划的企业，其税收筹划方案的执行和控制，一般也是通过企业财会部门和法律部门进行，而在设有单独税务部门的企业，则是通过税务部门进行。

二、税收筹划师职业道德

税收筹划师的好坏，除了表现在他个人的业务知识和能力方面，还表现在他的职业道德上，税收筹划师必须具有一定的职业道德。税收筹划师的职业道德规范，可以由行业的各个协会来制定，也可以由全行业协会来制定，也可以由国家来制定。税收筹划师的职业道德的好坏，大致可以从以下六个方面加以衡量：

遵守税收筹划原则。无论是外部还是内部税收筹划师必须要有自我责任心，在税收筹划时遵守税收筹划四类九项原则，即法律方面的合法性原则、合理性原则和合规性原则，财务方面的税后财务资源最大化原则和稳健性原则，社会方面的社会责任原则和社会道德原则，以及操作方面的便利性原则和成本最小化原则，拒绝顾客或雇用者不符合税收筹划原则的要求。

将顾客或雇用者的利益放在第一位。税收筹划师是为顾客或雇用者服务的，在为顾客或雇用者进行税收筹划时，应该将顾客或雇用者的利益放在第一位，将自己的个人利益放在第二位。

与税务机关密切合作。税收筹划师一方面为顾客或雇用者服务，另一方面要与税务机关密切合作，协助纳税人完成其税法规定的纳税义务。

遵守中介人的独立性。税收筹划师是以独立中介人的身份进行活动的，要保持其独立性，即在税收筹划活动中保持对顾客或雇用者的独立性和对税务机关的独立性。

为顾客或雇用者保守秘密。税收筹划师要为顾客或雇用者保守秘密，未得到顾客或雇主同意，不得公布顾客或雇用者任何资料，不得利用掌握的顾客或雇主的秘密为自己牟取利益。

诚实地从事业务活动。税收筹划师必须诚实地从事业务活动，不走歪门邪道，不搞不正之风，不得制作贬低或中伤其他同行的广告，自觉维护税收筹划职业的信誉，遵守税收筹划师的职业道德。

第九节 税收筹划步骤和控制

一、税收筹划前期工作：学习和掌握政策精神

学习和掌握国家政策精神，是一项重要的税收筹划前期工作。不论是作为纳税人与税务机关中介的外部税收筹划师，还是作为纳税人的内部税收筹划师，在着手进行税收筹划之前，首先都应学习和掌握国家有关的政策及精神，争取税务机关的帮助与合作，这对于投资

于某些国家的税收筹划尤为重要。

全面了解财税机关对“合法和合理”纳税的法律解释和执法实践，是另一项重要的税收筹划前期工作。

税收筹划是要合法和合理地节税，任何国家也都保证合法和合理的事物和行为。但是，不同国家对“合法和合理”的法律解释是不同的，要了解对“合法和合理”纳税的解释，一般可以从有关国家的立法、行政及司法几方面着手：

1. 从宪法和现行法律了解“合法和合理”。税务机关的征税和司法机关对税务案件的审理，都必须以立法机关制定的宪法和现行法律为依据。因此，关于什么是“合法和合理”首先要从宪法和法律上去了解。

2. 从行政和司法机关对“合法和合理”的法律解释和执法实践了解“合法和合理”。行政机关尤其是税务机关依法行政，负责执行法律及法律规定的权力，它们还往往得到立法机关受权制定执行法律的法规，这些行政法规更具体地体现了国家政策精神；而司法机关依法审判税务案件，负责维护、保证和监督税收法律的实施，它们的判决使国家政策精神体现得更加明确、清晰。人们可以从税务机关组织和管理税收活动以及司法机关受理和审判税务案件中，具体了解行政和司法机关在执法和司法过程中对“合法和合理”的界定。

二、税收筹划第一步：了解纳税人情况和要求

税收筹划的第一步,是了解纳税人的情况和纳税人的要求。纳税人有企业纳税人与个人纳税人之分，企业和个人的情况及要求有所不同，不同企业和不同个人的情况及要求也有所不同。

1. 了解纳税人情况。对于个人税收筹划，要了解的情况（有些情况只适用于某些国家的个人纳税人）主要是以下一些：出生年月、婚姻状况、子女及其他赡养人员、财务情况、投资意向、对风险的态度和税务情况等。

对于企业税收筹划，要了解的情况（有些情况只适用于某些国家）主要有：企业组织形式、财务情况、投资意向、对风险的态度和税务情况等。

2. 了解纳税人的要求。纳税人对税收筹划的共同要求肯定是尽可能多节税，节税的目的说到底是使纳税人的税后财务资源最大化，而纳税人在具体要求上可能是有所不同的，这也是税收筹划必须了解的。

（1）要求增加所得还是资产增值。纳税人对财务利益的要求大致有三种：一种是要求最大限度地增加每年的所得；另一种是要求若干年后纳税人资产有最大的增值；第三种是既要求增加所得，也要求资产增值。对不同的要求的税收筹划是不同的，因此要了解纳税人在这方面的要求。

（2）投资要求。有些纳税人只有一个投资意向和取得更大税后财务收益的要求，这时候税收筹划人可以根据纳税人的具体情况进行税收筹划，提出各种投资建议。但有时纳税人心目中已经有一定的投资目标，包括投资项目、投资地点、投资期限等。这时税收筹划人就必须了解纳税人的要求，这些目标要求实际上也是税收筹划的约束性条件。根据纳税人的要求来进行税收筹划，提出投资建议或提出修改纳税人的要求的建议，比如建议投资期限从 2 年改为 3 年等，以节减更多的税。

三、税收筹划第二步：准备资料

无论是外部税收筹划师还是内部税收筹划师，其专业知识往往还不足以应付各种纳税人的各种情况和各种具体要求。但明确了纳税人的情况和要求后，他们就可以准备有关资料。

税收筹划师可以通过各种渠道，取得有关资料。这些有关的税法和政策等资料税收筹划师有时可以无偿取得，有时需要有偿取得。

税收筹划师取得税收法规资料的途径有很多，比如：通过税务机关寄发的免费税收法规资料、通过到税务机关拿取或索取免费税收法规资料、通过图书馆查询政府机关有关出版物、通过政府网站查询政府机关的免费电子税收资料库、通过民间网站查询民间专业机构的免费电子税收资料库、通过查询订阅和购买的政府机关发行的税收法规出版物、通过查询订阅和购买民间专业机构出于营利目的汇编的税收法规资料、通过有偿查阅民间专业机构建立的电子税收法规资料库、通过与税务机关的合作取得税务机关的帮助和咨询、通过与同行和同事的交流等。

四、税收筹划第三步：制订和选择方案

在了解了纳税人情况和收集好资料后，税收筹划师的工作是根据纳税人的要求和情况制定税收筹划方案。税收筹划师要制订尽可能详细的、考虑各种风险的方案。“详细”指如何节税的具体步骤、方法、注意事项和其依据的法律、法规、政策等；“各种风险”包括影响节税的各种变化因素将来可能对方案的影响、如何克服其影响。

税收筹划师首先制订各备选方案，包括将来要向纳税人提供的方案和只作为自己参考的方案，具体内容包括：

1. 案例分析。对纳税人的个案进行具体分析，汇集可以依据的法律、法规、政策，确定可以节税和使纳税人税后利益最大化的各种方法；与其他个案进行比较，看看是否有可借鉴的案例。

2. 制订可行备选方案。制订可以满足纳税人要求的各种备选方案，并对各个备选方案进行可行性分析，确定出哪些是可行的方案。

3. 选择最优方案。按照税收筹划的特殊和一般方法，并根据纳税人的要求，对各可行方案进行计算和筛选。最优方案一般应具有以下的优点：税后财务资源最大化；操作成本最小化；执行更简单和便利。

4. 风险分析。对选择出来的方案进行风险分析，包括分析实施方案可能会出现哪些风险、在什么时候可能出现、风险的范围和程度、如何控制风险等，是税收筹划风险控制非常重要的一环。风险分析包括：

（1）直接影响方案实施的各内部因素变动分析。对直接影响税收筹划方案的各种内部因素将来可能会发生的变化，进行定性和定量分析，制定应对措施，以防止和控制因为某些因素变动而产生的风险。

（2）敏感性因素分析。对会间接影响筹划方案实施的外部因素可能发生的变化，进行敏感程度分析，以防止和控制因为这些因素变化牵连到方案实施而导致税收筹划失败的风险。

五、税收筹划第四步：实施方案

筛选出的最优方案一般就是税收筹划师最后向纳税人推荐的方案。如果纳税人觉得满意，税收筹划方案便可以付诸实施；如果纳税人不满意或提出修改意见，方案就需要进行修改，直至纳税人满意为止。

税收筹划方案实施后，税收筹划师还需要经常地、及时地通过一定的信息反馈渠道，收集和了解方案的执行情况。

六、税收筹划第五步：方案的控制和修订

当反馈的信息表明，纳税人没有按税收筹划师的方案执行时，并会产生风险影响税收筹划结果时，税收筹划师应给予提示，指出其做法可能产生的后果。

当出现超出制订税收筹划方案时预测的情况，或者当反馈的信息表明，税收筹划方案有错误时，税收筹划师应及时修订其税收筹划方案，以保证税收筹划目标的实现。

本章小结

本章介绍了税收筹划的概念、起源、在各国发展的概况、分类、原则；影响税收筹划的税法及其他各种因素；包括横向绝对节税、纵向绝对节税、直接绝对节税、间接绝对节税、相对节税原理等的税收筹划基本原理；包括风险节税原理、组合节税原理、模糊节税原理、税收筹划运筹学原理等的税收筹划中级原理；包括免税技术、减税技术、税率差异技术、分劈技术、扣除技术、抵免技术、延期纳税技术、退税技术8种税收筹划基本技术；税收筹划师的应纳税额特殊计算方法；税收筹划师选择税收筹划方案的特殊计算方法；税收筹划人与税收筹划职业道德和税收筹划步骤与控制。

本章只是中高级税收筹划师的基础知识，其中横向绝对节税、纵向绝对节税、直接绝对节税、间接绝对节税、相对节税、风险节税原理、组合节税原理、模糊节税原理、税收筹划运筹学原理、免税技术、减税技术、税率差异技术、分劈技术、扣除技术、抵免技术、延期纳税技术、退税技术等8种税收筹划基本技术、国内税收筹划师的一些应纳税额特殊计算方法、国内税收筹划师选择税收筹划方案的特殊计算方法等都属于编写者原创。

本书的后面部分将深入地把税收政策和制度及税收筹划原理和技术知识运用到中国具体的税务专业实践中去。

关键术语和概念

税收筹划	税务咨询	税务代理
税收筹划原则	绝对节税	相对节税
横向节税	纵向节税	风险节税
组合节税	模糊节税	税收筹划运筹学

税收筹划基本技术	税收套利	隐性税收
边际税率技术	税收客户类群	税法陷阱
应纳税额速算率	平均边际税率	

选读文献资料

1. 方卫平：《税收筹划》，上海财经大学出版社2001年版。

2. Fang Weiping：*Advanced China Taxation and Tax Planning*，FTMS Global，2004.

3. 迈伦·斯科尔斯，马克·沃尔夫森，默尔·埃里克森，爱德华·梅杜，特里·谢富林，张雁翎主译：《税收与企业战略：筹划方法》，中国财政经济出版社2004年版。

4. 迈伦·斯科尔斯，马克·沃尔夫森，张雁翎译：《高管商学院：税收与企业战略》，中国劳动社会保障出版社2004年版。

5. Myron S. Scholes，Mark A. Wolfson，Merle M. Erickson，Edward L. Maydew，Terry J. Shevlin，Edward Maydew，Terry Shevlin：*Taxes and Business Strategy*：*A Planning Approach 3rd Edition*，Pearson Prentice Hall，2005.

6. ACCA Textbook Paper 11：*Tax Planning*，AT Foulks Lynch Ltd，Middlesex 1999.

7. AIA Textbook Paper 16：*Taxation & Tax Planning*，ftc Foulks Lynch Ltd，Middlesex 2002.

8. IBFD：*International Tax Glossary*，IBFD，Amsterdam 1988.

9. Wacker：Lexikon der deutschen und internationalen Besteuerung，Verlag Franz Vahlen，Müchen 1982.

第四章 现行税收优惠政策

专栏4-1 税收优惠方式

税收优惠包括减税、免税、出口退税及其他一些内容。

1. 减税。即依据税法规定减除纳税义务人一部分应纳税款。它是对某些纳税人进行扶持或照顾，以减轻其税收负担的一种特殊规定。一般分为法定减税、特定减税和临时减税三种方式。

2. 免税。即对某些特殊纳税人免征某种（或某几种）税收的全部税款。一般分为法定免税、特定免税和临时免税三种方式。

3. 延期纳税。是对纳税人应纳税款的部分或全部税款的缴纳期限适当延长的一种特殊规定。

4. 出口退税。为了扩大出口贸易，增强出口货物在国际市场上的竞争力，按国际惯例对企业已经出口的产品退还在出口前各环节缴纳的国内流转税（主要是增值税和消费税）税款。

5. 再投资退税。即对特定的投资者将取得的利润再投资于本企业或新办企业时，退还已纳税款。①

6. 即征即退。即对按税法规定缴纳的税款，由税务机关在征税时部分或全部退还纳税人。与出口退税先征后退、投资退税一并属于退税的范畴，其实质是一种特殊方式的免税和减税。目前，中国采取即征即退政策仅限于缴纳增值税的个别纳税人。

7. 先征后返。即对按税法规定缴纳的税款，由税务机关征收入库后，再由税务机关或财政部门按规定的程序给予部分或全部退税或返还已纳税款，它属退税范畴，其实质也是一种特定方式的免税或减免规定。目前，中国采取先征后返的办法主要适用于缴纳流转税和企业所得税的纳税人。

8. 税收抵免。即对纳税人来源于国内外的全部所得或财产课征所得税时，允许以其在国外缴纳的所得税或财产税税款抵免应纳税额，它是解决国际所得或财产重复课税的一种措施。税收抵免是世界各国的一种通行做法。

---

① 新企业所得税将外商投资企业再投资退税政策取消了，但是在个别单项的税收优惠中，再投资退税政策仍然存在。

9. 投资抵免。即政府对纳税人在境内的鼓励性投资项目允许按投资额的多少抵免部分或全部应纳所得税额。实行投资抵免是政府鼓励企业投资，促进经济结构和产业结构调整，加快企业技术改造步伐，推动产品升级换代，提高企业经济效益和市场竞争力的一种政策措施，是世界各国普遍采取的一种税收优惠政策。从1999年开始，中国政府开始对技术改造国产设备实施投资抵免政策。

10. 起征点。即对征税对象开始征税的起点规定一定的数额。征税对象达到起征点的就全额征税，未达到起征点的不征税。税法对某些税种规定了起征点。比如，我国现行增值税政策规定，个人销售货物的起征点幅度为月销售额2 000～5 000元；个人销售应税劳务的起征点幅度为月销售额1 500～3 000元；按次纳税的，起征点为每次（日）销售额150～200元。确定起征点，主要是为了照顾经营规模小、收入少的纳税人采取的税收优惠。

11. 免征额。即按一定标准从课税对象全部数额中扣除一定的数额，扣除部分不征税，只对超过的部分征税。

12. 加速折旧。即按税法规定对缴纳所得税的纳税人，准予采取缩短折旧年限、提高折旧率的办法，加快折旧速度，减少当期应纳税所得额。

第一节 科技创新

一、高新技术企业

企业所得税税率为15%。高新技术企业是指：在《国家重点支持的高新技术领域》内，持续进行研究开发与技术成果转化，形成企业核心自主知识产权，并以此为基础开展经营活动，在中国境内（不包括港、澳、台地区）注册一年以上的居民企业。

国家重点支持的高新技术领域包括：电子信息技术、生物与新医药技术、航空航天技术、新材料技术、高技术服务业、新能源及节能技术、资源与环境技术、高新技术改造传统产业。

高新技术企业认定须同时满足以下条件：

1. 在中国境内（不含港、澳、台地区）注册的企业，近三年内通过自主研发、受让、受赠、并购等方式，或通过5年以上的独占许可方式，对其主要产品（服务）的核心技术拥有自主知识产权。

2. 产品（服务）属于《国家重点支持的高新技术领域》规定的范围。

3. 具有大学专科以上学历的科技人员占企业当年职工总数的30%以上，其中研发人员占企业当年职工总数的10%以上。

4. 企业为获得科学技术（不包括人文、社会科学）新知识，创造性运用科学技术新知识，或实质性改进技术、产品（服务）而持续进行了研究开发活动，且近三个会计年度的研究开发费用总额占销售收入总额的比例符合如下要求：

（1）最近一年销售收入小于5 000万元的企业，比例不低于6%；

（2）最近一年销售收入在5 000万～20 000万元的企业，比例不低于4%；

（3）最近一年销售收入在 20 000 万元以上的企业，比例不低于 3%。

其中，企业在中国境内发生的研究开发费用总额占全部研究开发费用总额的比例不低于 60%。企业注册成立时间不足三年的，按实际经营年限计算。

5. 高新技术产品（服务）收入占企业当年总收入的 60% 以上。

6. 企业研究开发组织管理水平、科技成果转化能力、自主知识产权数量、销售与总资产成长性等指标符合《高新技术企业认定管理工作指引》的要求。

高新技术企业资格自颁发证书之日起有效期为三年。企业应在期满前三个月内提出复审申请，不提出复审申请或复审不合格的，其高新技术企业资格到期自动失效。

高新技术企业经营业务、生产技术活动等发生重大变化（如并购、重组、转业等）的，应在 15 日内向认定管理机构报告；变化后不符合本办法规定条件的，应自当年起终止其高新技术企业资格；需要申请高新技术企业认定的，按规定办理。

高新技术企业更名的，由认定机构确认并经公示、备案后重新核发认定证书，编号与有效期不变。

透视 4-1

中兴通讯享受的税收优惠

中兴通讯股份有限公司（中兴通讯，代码：000063），2008 年上半年度报告披露，公司于深圳经济特区注册成立，属于深圳市高新技术企业，目前正在申报国家级高新技术企业，适用 15% 的企业所得税税率。公司部分国内子公司企业所得税如下：

无锡市中兴光电子技术有限公司注册在无锡国家高新技术产业开发区内，2008 年企业所得税税率为 15%。

深圳市中兴通讯技术服务有限责任公司根据深圳市南山区国家税务局深国税南减免［2005］第 0098 号减免税批准通知书，同意其作为从事服务性行业的特区企业，自开始获利年度起第一年的经营所得免征企业所得税，第二年至第三年减半征收企业所得税。深圳市中兴通讯技术服务有限责任公司属于深圳市高新技术服务企业，目前正在申报国家级高新技术企业，适用 15% 的企业所得税税率。本年度为第二个获利年度，减按 7.5% 计算企业所得税。

深圳市中兴移动通信有限公司注册在深圳南山区高新技术产业园，深圳市中兴移动通信有限公司属于深圳市的高新技术企业，目前正在申报国家级高新技术企业，适用 15% 的企业所得税税率。

深圳中兴集讯通信有限公司根据深圳市南山区国家税务局深国税南减免［2004］0372 号减免税批准通知书，同意其作为生产型企业自获利年度开始第一年至第二年经营所得免征企业所得税，第三年至第五年减半征收企业所得税。本年度为第四个获利的年度，按 18% 的过渡税率减按 9% 的税率计算企业所得税。

上海中兴通讯技术有限责任公司注册在上海浦东新区，2008 年企业所得税税率为 18%。

深圳市中兴软件有限责任公司注册在深圳南山区高新技术产业园，是国家规划布局内重点软件企业，适用 10% 的企业所得税税率。

深圳市中兴力维技术有限公司根据深圳市南山区国家税务局深国税南减免［2005］0217号，同意其自获利年度开始第一年至第二年的经营所得免征所得税，第三年至第五年减半征收企业所得税。同时，深圳市中兴力维技术有限公司是深圳市高新技术企业，目前正在申报国家级高新技术企业，适用15%的企业所得税税率。本年度为第四个获利年度，减按7.5%的税率计算企业所得税。

深圳市中兴特种设备有限责任公司根据深圳市南山区国家税务局深国税南减免［2006］0002号，同意其自获利年度开始第一年至第二年的经营所得免征企业所得税，第三年至第五年减半征收企业所得税，本年度为第四个获利年度，按18%的过渡税率减按9%的税率缴纳企业所得税。

安徽皖通邮电股份有限公司的企业所得税税率为25%。

深圳市长飞投资有限公司的企业所得税率为18%的过渡税率。

2008年1月1日起施行新企业所得税法，内外资企业统一税率为25%，原本享受低税率的企业可以享受过渡税率，在5年内把企业所得税率从15%过渡到25%，高新技术企业的企业所得税税率为15%，本集团各核心公司正在申报国家级高新技术企业，适用15%的所得税税率。

软件产品增值税退税系本集团之子公司根据国务院《鼓励软件企业和集成电路产业发展的若干政策》的有关精神及深圳市国家税收管理机构批复的而收到的软件产品销售增值税实际税率超过3%部分即征即退的增值税款。

二、企业研发费用加计扣除

开发新技术、新产品、新工艺发生的研究开发费用，是指企业为开发新技术、新产品、新工艺发生的研究开发费用，未形成无形资产计入当期损益的；在计算企业所得税时，按照规定据实扣除的基础上按照研究开发费用的50%加计扣除，形成无形资产的，按照无形资产成本的150%摊销。

技术开发费是指纳税人在一个纳税年度生产经营中发生的用于研究开发新产品、新技术、新工艺的各项费用。包括以下项目：新产品设计费，工艺规程制定费，设备调整费，原材料和半成品的试制费，技术图书资料费，未纳入国家计划的中间实验费。研究机构人员的工资，研究设备的折旧，与新产品的试制和技术研究有关的其他经费，委托其他单位进行科研试制的费用。

纳税人发生的技术开发费，凡由国家财政和上级部门拨付的部分，不得在税前扣除。

工业类集团公司根据生产经营和科技开发的实际情况，对技术要求高、投资数额大、由集团公司统一组织开发的项目，需要向所属企业集中提取技术开发费的，经国家税务总局或省级税务机关审核批准，可以集中提取技术开发费。

集团公司向所属企业提取技术开发费的申请，需要附报以下资料：纳税年度技术开发项目立项书；纳税年度技术开发费预算表；上年度技术开发费决算表；上年度集团公司会计决算报表；上纳税年度集团公司所得税纳税申报表；税务机关要求提供的其他资料。

集团公司及所属企业在同一省、自治区、直辖市和计划单列市的，集团公司集中提取技术开发费，由集团公司总部所在地省、自治区、直辖市和计划单列市税务机关审批。集团公司及所属企业跨省、自治区、直辖市的，集团公司集中提取技术开发费，由国家税务总局审批或由总局授权的集团公司所在地的省级税务机关审批。

例如，上海振华港口机械代（集团）股份有限公司（振华港机，代码：600320、900947）2008年6月11日发布公告称：《外商投资企业和外国企业购买国产设备投资抵免企业所得税有关问题的通知》（根据财税字［2000］049号）及《关于企业技术创新有关企业所得税优惠政策的通知》（财税［2006］88号），公司按上述规定购买的国产设备和部分技术开发费可抵免企业所得税。

公司日前完成2007年度企业所得税汇算清缴工作，上年度购买国产设备抵免企业所得税款以及部分技术开发费抵扣企业所得税款总计约9 929万元，计入2008年当期损益。

三、国家大学科技园和科技企业孵化器

（一）国家大学科技园

国家大学科技园（简称科技园）是以具有较强科研实力的大学为依托，将大学的综合智力资源优势与其他社会优势资源相组合，为高等学校科技成果转化、高新技术企业孵化、创新创业人才培养、产学研结合提供支撑的平台和服务的机构。自2008年1月1日至2010年12月31日，对符合条件的科技园自用以及无偿或通过出租等方式提供给孵化企业使用的房产、土地，免征房产税和城镇土地使用税；对其向孵化企业出租场地、房屋以及提供孵化服务的收入，免征营业税。

对符合非营利组织条件的科技园的收入，自2008年1月1日起按照税法及其有关规定享受企业所得税优惠政策。

享受规定的房产税、城镇土地使用税以及营业税优惠政策的科技园，应同时符合下列条件：

1. 科技园的成立和运行符合国务院科技和教育行政主管部门公布的认定和管理办法，经国务院科技和教育行政管理部门认定，并取得国家大学科技园资格；

2. 科技园应将面向孵化企业出租场地、房屋以及提供孵化服务的业务收入在财务上单独核算；

3. 科技园内提供给孵化企业使用的场地面积应占科技园可自主支配场地面积的60%以上（含60%），孵化企业数量应占科技园内企业总数量的90%以上（含90%）。

“孵化企业”应当同时符合以下条件：企业注册地及工作场所必须在科技园的工作场地内；属新注册企业或申请进入科技园前企业成立时间不超过3年；企业在科技园内孵化的时间不超过3年；企业注册资金不超过500万元；属迁入企业的，上年营业收入不超过200万元；企业租用科技园内孵化场地面积不高于1 000平方米；企业从事研究、开发、生产的项目或产品应属于科学技术部等部门印发的《中国高新技术产品目录》范围，且《中国高新技术产品目录》范围内项目或产品的研究、开发、生产业务取得的收入应占企业年收入的50%以上。

“孵化服务”是指为孵化企业提供的属于营业税“服务业”税目中“代理业”、“租赁业”和“其他服务业”中的咨询和技术服务范围内的服务。

（二）科技企业孵化器

科技企业孵化器（也称高新技术创业服务中心，简称孵化器）是以促进科技成果转化、培养高新技术企业和企业家为宗旨的科技创业服务机构。自2008年1月1日至2010年12月31日，对符合条件的孵化器自用以及无偿或通过出租等方式提供给孵化企业使用的房产、土地，免征房产税和城镇土地使用税；对其向孵化企业出租场地、房屋以及提供孵化服务的收入，免征营业税。

对符合非营利组织条件的孵化器的收入，自2008年1月1日起按照税法及其有关规定享受企业所得税优惠政策。

享受规定的房产税、城镇土地使用税以及营业税优惠政策的孵化器，应同时符合下列条件：

1. 孵化器的成立和运行符合国务院科技行政主管部门发布的认定和管理办法，经国务院科技行政管理部门认定，并取得国家高新技术创业服务中心资格；

2. 孵化器应将面向孵化企业出租场地、房屋以及提供孵化服务的业务收入在财务上单独核算；

3. 孵化器内提供给孵化企业使用的场地面积应占孵化器可自主支配场地面积的75%以上（含75%），孵化企业数量应占孵化器内企业总数量的90%以上（含90%）。

“孵化企业”应当同时符合以下条件：企业注册地及办公场所必须在孵化器的孵化场地内；属新注册企业或申请进入孵化器前企业成立时间不超过2年；企业在孵化器内孵化的时间不超过3年；企业注册资金不超过200万元；属迁入企业的，上年营业收入不超过200万元；企业租用孵化器内孵化场地面积低于1 000平方米；企业从事研究、开发、生产的项目或产品应属于科学技术部等部门颁布的《中国高新技术产品目录》范围，且《中国高新技术产品目录》范围内项目或产品的研究、开发、生产业务取得的收入应占企业年收入的50%以上。

“孵化服务”是指为孵化企业提供的属于营业税“服务业”税目中“代理业”、“租赁业”和“其他服务业”中的咨询和技术服务范围内的服务。

透视4－2

中国科技企业孵化器已培育50多家上市公司

1987年至今，中国已发展了近600家科技企业孵化器，培育出50多家上市公司。孵化器在促进高科技成果转化、培育科技企业和企业家等方面，取得了突出的社会和经济效益。

2008年5月8日在天津召开的“第十一届中国国际企业孵化器网络年会”上了解到，自1987年在武汉成立中国第一家科技企业孵化器后，经过20多年的发展，中国孵化器已经形成了一定的规模。

孵化器是指一个集中的空间，能够在企业创办初期举步维艰时，提供场地和共享设施，并给予政策、融资、法律等方面的系统培训和支持，旨在对高新技术成果、科技型企业和创业企业进行孵化，帮助创业中小企业降低风险和成本，提高企业成活率和成功率。

> 科技部火炬高技术产业开发中心孵化器管理处处长张峰海说，截至目前，全国已拥有近600家各类科技企业孵化器，其中经科技部认定的国家级创业中心169家。我国孵化场地总面积已经超过2 000万平方米，在孵企业超过4万家，占全国科技型中小企业数量的1/4，从业人员达80多万人。
>
> 据张峰海介绍，经过孵化器的培育，目前中国科技型小企业的成活率已经达到80%以上，高新技术成果的转化率达到70%以上。已有累计2万多家企业从孵化器“毕业”，其中上市公司有50多家，年收入亿元以上的大型公司有600多家。
>
> 资料来源：新华网，记者孙洪磊，2008年5月8日。

四、科技成果转让、转化

（一）营业税

对单位和个人（包括外商投资企业、外商投资设立的研究开发中心、外国企业和外籍个人）从事技术转让、技术开发业务和与之相关的技术咨询、技术服务业务取得的收入，免征营业税。

技术转让是指转让者将其拥有的专利和非专利技术的所有权和使用权有偿转让他人的行为。

技术开发是指开发者接受他人委托，就新技术、新产品、新工艺或者新材料及其系统进行研究开发的行为。

技术咨询是指就特定技术项目提供可行性论证、技术预测、专题技术调查、分析评价报告等。

与技术转让、技术开发相关的技术咨询、技术服务业务是指转让方（或受托方）根据技术转让或开发合同的规定，为帮助受让方（或委托方）掌握所转让（或委托开发）的技术，而提供的技术咨询、技术服务业务。且这部分技术咨询、服务的价款与技术转让（或开发）的价款是开在同一张发票上的。

免征营业税的技术转让、开发的营业额为：

（1）以图纸、资料等为载体提供已有技术或开发成果的，其免税营业额为向对方收取的全部价款和价外费用。

（2）以样品、样机、设备等货物为载体提供已有技术或开发成果的，其免税营业额不包括货物的价值。对样品、样机、设备等货物，应当按有关规定征收增值税。

（3）提供生物技术时附带提供的微生物菌种母本和动、植物新品种，应包括在免征营业税的营业额内。但批量销售的微生物菌种，应当征收增值税。

免税的审批程序：

（1）纳税人从事技术转让、开发业务申请免征营业税时，须持技术转让、开发的书面合同，到纳税人所在地省级科技主管部门进行认定，再持有关的书面合同和科技主管部门审核意见证明报当地主管税务机关审核。

（2）外国企业和外籍个人从境外向中国境内转让技术需要免征营业税的，需提供技术转让或技术开发书面合同、纳税人或其授权人书面申请以及技术受让方所在地的省级科技主管部门审核意见证明，经省级税务机关审核后，呈报国家税务总局批准。

(3) 在科技和税务部门审核批准以前，纳税人应当先按有关规定缴纳营业税，待科技、税务部门审核后，再从以后应纳的营业税款中抵交，如以后一年内未发生应纳营业税的行为，或其应纳税款不足以抵顶免税额的，纳税人可向负责征收的税务机关申请办理退税。

外国企业和外籍个人从事技术转让、技术开发业务和与之相关的技术咨询、技术服务业务取得的收入，免征营业税。

(1) 免征营业税的技术转让收入是指转让者将其拥有的专利和非专利技术的所有权或使用权有偿转让他人及提供与之相关的技术咨询、技术服务等所取得的收入。采取按产品销售比例提取收入等形式取得的“入门费”、“提成费”等作价方式取得的与技术转让有关的收入，均属于免征营业税的技术转让收入范围。

(2) 技术转让合同中的商标使用费或类似性质的收入，不属于上述财税字［1999］273号文件规定免征营业税的范围。因此，纳税人应正确合理地划分出合同中商标使用费等不予免税的收入。如不能准确合理划分，税务机关可按照不高于合同总价款50%的金额确定免征营业税的技术转让收入额。

透视4－3

远光软件的税收优惠

广东远光软件股份有限公司（远光软件，代码：002063），2008年上半年度报告披露：

增值税：根据财政部、国家税务总局、海关总署下发《关于鼓励软件产业和集成电路产业发展有关税收政策问题的通知》财税［2000］25号，2010年底以前，公司自行开发研制软件产品销售收入按17%的法定税率计缴增值税，对实际税负超过3%的部分实行即征即退政策。2008年上半年获得增值税返还2 466 879.65元。

公司系统集成收入执行17%的增值税税率，在抵扣进项税后缴纳。

营业税：根据财政部、国家税务总局下发《关于贯彻落实〈中共中央、国务院关于加强技术创新，发展高科技，实现产业化的决定〉有关税收问题的通知》财税字［1999］273号、国家税务总局下发《国家税务总局关于取消“单位和个人从事技术转让、技术开发业务免征营业税审批”后有关税收管理问题的通知》国税函［2004］825号，公司收入中属于“四技”（技术转让、技术开发、技术咨询、技术服务）收入的定制软件收入，经广东省科学技术厅审核认定、珠海市地方税务局备案后免征营业税。

根据《营业税暂行条例》及相关规定，本公司按照属营业税征缴范围的软件服务收入的5%计缴营业税。

企业所得税：2008年2月26日，根据国家发展和改革委员会、信息产业部、商务部、国家税务总局下发《关于发布2007年度国家规划布局内重点软件企业名单的通知》发改高技［2008］513号，2007年度本公司按10%的税率计缴企业所得税。截至2007年度，本公司已连续五年被国家发展和改革委员会、信息产业部、商务部、国家税务总局联合审核认定为国家规划布局内重点软件企业。2008年1～6月本公司暂按新企业所得税法规定的18%的企业所得税过渡税率计缴企业所得税。

（二）企业所得税和个人所得税

符合条件的技术转让所得免征、减征企业所得税，是指一个纳税年度内，居民企业技术转让所得不超过500万元的部分，免征企业所得税；超过500万元的部分，减半征收企业所得税。

科研机构、高等学校转化职务科技成果以股份或出资比例等股权形式给予个人奖励，获奖人在取得股份、出资比例时，暂不缴纳个人所得税；取得按股份、出资比例分红或转让股权、出资比例所得时，应依法缴纳个人所得税。

（三）进出口税收

对企业（包括外商投资企业、外国企业）为生产《国家高新技术产品目录》的产品而进口所需的自用设备及按照合同随设备进口的技术及配套件、备件，除按照《国内投资项目不予免税的进口商品目录》所列商品外，免征关税和进口环节增值税。

对企业（包括外商投资企业、外国企业）引进属于《国家高新技术产品目录》所列的先进技术，按合同规定向境外支付的软件费，免征关税和进口环节增值税。

软件费是指进口货物的纳税义务人为在境内制造、使用、出版、发行或者播映该项货物的技术和内容，向境外卖方支付的专利费、商标费以及专有技术、计算机软件和资料等费用。

对列入科技部、外经贸部《中国高新技术商品出口目录》的产品，凡出口退税率未达到征税率的，经国家税务总局核准，产品出口后，可按征税率及现行出口退税管理规定办理退税。

五、软件、集成电路和数控机床

（一）软件产品

1. 自2000年6月24日起至2010年底以前，对增值税一般纳税人销售其自行开发生产的软件产品，按17%的法定税率征收增值税后，对其增值税实际税负超过3%的部分实行即征即退政策。所退税款由企业用于研究开发软件产品和扩大再生产，不作为企业所得税应税收入，不予征收企业所得税。

增值税一般纳税人将进口的软件进行转换等本地化改造后对外销售，其销售的软件可按照自行开发生产的软件产品的有关规定享受即征即退的税收优惠政策。本地化改造是指对进口软件重新设计、改进、转换等工作，单纯对进口软件进行汉字化处理后再销售的不包括在内。企业自营出口或委托、销售给出口企业出口的软件产品，不适用增值税即征即退办法。

2. 对经认定的软件生产企业进口所需的自用设备，以及按照合同随设备进口的技术（含软件）及配套件、备件，不需出具确认书、不占用投资总额，除《外商投资项目不予免税的进口商品目录》和《国内投资项目不予免税的进口商品目录》所列商品外，免征关税和进口环节增值税。

3. 集成电路设计企业视同软件企业，享受软件企业的有关税收政策。集成电路设计是将系统、逻辑与性能的设计要求转化为具体的物理版图的过程。

4. 电子出版物属于软件范畴，应当享受软件产品的增值税优惠政策。所谓电子出版物是指把应用软件和以数字代码方式加工的图文声像等信息存储在磁、光、电存储介质上，通过计算机或者具有类似的设备读取使用的大众传播媒体。电子出版物的标识代码为 ISBN，其媒体形态为软磁盘（FD）、只读光盘（CD—ROM）、交互式光盘（CD—I）、照片光盘（Photo—CD）、高密度只读光盘（DVD—ROM）、集成电路卡（IC—Card）。以录音带、录像带、唱片（LP）、激光唱盘（CD）和激光视盘（LD、VCD、DVD）等媒体形态的音像制品（标识代码为 ISRC）不属于电子出版物，不得享受软件产品增值税优惠政策。

5. 软件生产企业实行增值税即征即退政策所退还的税款，由企业用于研究开发软件产品和扩大再生产，不作为企业所得税应税收入，不予征收企业所得税。

我国境内新办软件生产企业经认定后，自获利年度起，第一年和第二年免征企业所得税，第三年至第五年减半征收企业所得税；国家规划布局内的重点软件生产企业，如当年未享受免税优惠的，减按 10% 的税率征收企业所得税。

软件生产企业的职工培训费用，可按实际发生额在计算应纳税所得额时扣除。企事业单位购进软件，凡符合固定资产或无形资产确认条件的，可以按照固定资产或无形资产进行核算，经主管税务机关核准，其折旧或摊销年限可以适当缩短，最短可为 2 年。

6. 纳税人销售软件产品并随同销售一并收取的软件安装费、维护费、培训费等收入，应按照增值税混合销售的有关规定征收增值税，并可享受软件产品增值税即征即退政策。

对软件产品交付使用后，按期或按次收取的维护、技术服务费、培训费等不征收增值税。

7. 纳税人受托开发软件产品，著作权属于受托方的征收增值税，著作权属于委托方或属于双方共同拥有的不征收增值税。

8. 嵌入式软件不属于《关于鼓励软件产业和集成电路产业发展有关税收政策问题的通知》（财税［2000］25 号）规定的享受增值税优惠政策的软件产品。

增值税一般纳税人随同计算机网络、计算机硬件和机器设备等一并销售其自行开发生产的嵌入式软件，如果能够按照《财政部　国家税务总局关于贯彻落实〈中共中央、国务院关于加强技术创新，发展高科技，实现产业化的决定〉有关税收问题的通知》（财税字［1999］273 号）第 1 条第 3 款的规定，分别核算嵌入式软件与计算机硬件、机器设备等的销售额，可以享受软件产品增值税优惠政策。凡不能分别核算销售额的，仍按照《财政部　国家税务总局关于增值税若干政策的通知》（财税［2005］165 号）第 11 条第 1 款规定，不予退税。

纳税人按照下列公式核算嵌入式软件的销售额：

嵌入式软件销售额 = 嵌入式软件与计算机硬件、机器设备销售额合计 − ［计算机硬件、机器设备成本 ×（1 + 成本利润率）］

上述公式中的成本是指，销售自产（或外购）的计算机硬件与机器设备的实际生产（或采购）成本。成本利润率是指，纳税人一并销售的计算机硬件与机器设备的成本利润率，实际成本利润率高于 10% 的，按实际成本利润率确定，低于 10% 的，按 10% 确定。

税务机关应按下列公式计算嵌入式软件的即征即退税额，并办理退税：

即征即退税额 = 嵌入式软件销售额 ×17% － 嵌入式软件销售额 ×3%

（二）集成电路产品

1. 自2000年6月24日起至2010年底以前，对增值税一般纳税人销售其自行生产的集成电路产品（含单晶硅片），按17%的法定税率征收增值税后，对其增值税实际税负超过6%的部分实行即征即退政策。企业自营出口或委托、销售给出口企业的集成电路产品，不适用增值税即征即退办法。

2. 投资额超过80亿元人民币或集成电路线宽小于0.25um的集成电路生产企业，进口自用生产性原材料、消耗品，免征关税和进口环节增值税。

投资额超过80亿元人民币或集成电路线宽小于0.25um的集成电路生产企业，可以减按15%的税率缴纳企业所得税，其中，经营期在15年以上的，从开始获利的年度起，第一年至第五年免征企业所得税，第六年至第十年减半征收企业所得税；对生产线宽小于0.8微米（含）集成电路产品的生产企业，经认定后，自获利年度起，第一年和第二年免征企业所得税，第三年至第五年减半征收企业所得税。

3. 自2008年1月1日起至2010年底，对集成电路生产企业、封装企业的投资者，以其取得的缴纳企业所得税后的利润，直接投资于本企业增加注册资本，或作为资本投资开办其他集成电路生产企业、封装企业，经营期不少于5年的，按40%的比例退还其再投资部分已缴纳的企业所得税税款。再投资不满5年撤出该项投资的，追缴已退的企业所得税税款。

4. 对经认定的集成电路生产企业引进集成电路技术和成套生产设备，单项进口的集成电路专用设备与仪器，除《外商投资项目不予免税的进口商品目录》和《国内投资项目不予免税的进口商品目录》所列商品外，免征关税和进口环节增值税。

5. 集成电路设计企业设计的集成电路，如在境内确实无法生产，可在国外生产芯片，其加工合同（包括规格、数量）经行业主管部门认定后，进口时按优惠暂定税率征收关税。

6. 集成电路设计企业视同软件企业，享受上述软件企业的有关企业所得税政策。

7. 集成电路生产企业的生产性设备，经主管税务机关核准，其折旧年限可以适当缩短，最短可为3年。

8. 自2008年1月1日起至2010年底，对国内外经济组织作为投资者，以其在境内取得的缴纳企业所得税后的利润，作为资本投资于西部地区开办集成电路生产企业、封装企业或软件产品生产企业，经营期不少于5年的，按80%的比例退还其再投资部分已缴纳的企业所得税税款。再投资不满5年撤出该项投资的，追缴已退的企业所得税税款。

（三）数控机床

自2006年1月1日至2008年12月31日，对数控机床企业生产销售的数控机床产品实行先按规定征收增值税，后按实际缴纳增值税额退还50%的办法。退还的税款专项用于企业的技术改造、环境保护、节能降耗和数控机床产品的研究开发。

享受政策的数控机床产品范围包括数控机床、数控系统、功能部件、数控工具。数控机床是指用程序指令控制刀具按给定的工作程序、运动速度和轨迹进行自动加工的机床。数控系统由控制器、伺服驱动器和伺服驱动电机组成，通过程序对相关数据进行运算并对机床加工过程进行控制。功能部件系为数控机床配套的主要装置，包括主轴单元、刀库和刀架系统、回转工作台与分度头、滚珠丝杠和滚动导轨、防护系统、冷却系统等。数控工具是指用于数控机床加工工件的工具，数控机床凭此完成工件的加工。

例如，沈阳机床股份有限公司（沈阳机床，代码：000410），2008 年 1 月公告：公司收到财政部驻辽宁省财政监察专员办事处《关于沈阳机床股份有限公司增值税退税请示的批复》、《关于沈阳数控机床有限责任公司增值税退税请示的批复》、《关于中捷机床有限公司增值税退税请示的批复》，根据《财政部、国家税务总局关于数控机床产品增值税先征后退政策的通知》（财税［2006］149 号）规定，经财政部驻辽宁省财政监察专员办事处核准，退付本公司及所属企业 2006 年 1～12 月份数控机床产品增值税，合计人民币 31 044 589. 90 元，该笔收入计入公司 2007 年损益。

六、科技开发用品免税进口政策

1. 下列科学研究、技术开发机构，在 2010 年 12 月 31 日前，在合理数量范围内进口国内不能生产或者性能不能满足需要的科技开发用品，免征进口关税和进口环节增值税、消费税。

科技部会同财政部、海关总署和国家税务总局核定的科技体制改革过程中转制为企业和进入企业的主要从事科学研究和技术开发工作的机构；国家发展和改革委员会会同财政部、海关总署和国家税务总局核定的国家工程研究中心；国家发展和改革委员会会同财政部、海关总署、国家税务总局和科技部核定的企业技术中心；科技部会同财政部、海关总署和国家税务总局核定的国家重点实验室和国家工程技术研究中心；财政部会同国务院有关部门核定的其他科学研究、技术开发机构。

2. 免税进口科技开发用品的具体范围。

（1）研究开发、科学试验用的分析、测量、检查、计量、观测、发生信号的仪器、仪表及其附件；

（2）为科学研究、技术开发提供必要条件的实验室设备（不包括中试设备）；

（3）计算机工作站，中型、大型计算机；

（4）在海关监管期内用于维修依照本规定已免税进口的仪器、仪表和设备或者用于改进、扩充该仪器、仪表和设备的功能而单独进口的专用零部件及配件；

（5）各种载体形式的图书、报刊、讲稿、计算机软件；

（6）标本、模型；

（7）实验用材料；

（8）实验用动物；

（9）研究开发、科学试验和教学用的医疗检测、分析仪器及其附件（限于医药类科学研究、技术开发机构）；

（10）优良品种植物及种子（限于农林类科学研究、技术开发机构）；

（11）专业级乐器和音像资料（限于艺术类科学研究、技术开发机构）；

（12）特殊需要的体育器材（限于体育类科学研究、技术开发机构）；

（13）研究开发用的非汽油、柴油动力样车（限于汽车类研究开发机构）。

依照本规定免税进口的科技开发用品，应当直接用于本单位的科学研究和技术开发，不得擅自转让、移作他用或者进行其他处置。

经海关核准的单位，其免税进口的科技开发用品可以用于其他单位的科学研究和技术开发活动。

违反规定，将免税进口的科技开发用品擅自转让、移作他用或者进行其他处置的，按照有关规定处罚，有关单位在1年内不得享受本税收优惠政策；依法被追究刑事责任的，有关单位在3年内不得享受本税收优惠政策。

七、振兴装备制造业

在国务院确定的对促进国民经济可持续发展有显著效果，对结构调整、产业升级、企业创新有积极带动作用的重大技术装备关键领域内。财政部会同国家发改委、海关总署、国家税务总局制定专项进口税收政策，对国内企业为开发、制造这些装备而进口的部分关键零部件和国内不能生产的原材料所缴纳的进口关税和进口环节增值税实行先征后退。所退税款一般作为国家投资处理，转作国家资本金，主要用于企业新产品的研制生产以及自主创新能力建设。

实行先征后退的领域和范围，包括：

(1) 大型清洁高效发电装备：百万千瓦核电机组、超超临界火电机组、燃气—蒸汽联合循环机组、整体煤气化燃气—蒸汽联合循环机组、大型循环流化床锅炉、大型水电机组及抽水蓄能水电站机组、大型空冷电站机组及大功率风力发电机等新能源装备。

(2) 特高压输变电设备：1 000千伏特高压交流和±800千伏直流输变电成套设备，500千伏交直流和750千伏交流输变电关键设备。

(3) 大型石化设备：百万吨级大型成套设备和对二甲苯（Px）、对苯二甲酸（PTA）、聚酯成套设备。

(4) 大型煤化工成套设备。

(5) 大型薄板冷热连轧成套设备及涂镀层加工成套设备。

(6) 大型煤炭井下综合采掘、提升和洗选设备以及大型露天矿设备。

(7) 大型船舶、海洋工程设备：大型海洋石油工程装备、30万吨矿石和原油运输船、海上浮动生产储油轮（FPSO）、10 000箱以上集装箱船、LNG运输船等大型高技术、高附加值船舶及大功率柴油机等配套设备。

(8) 轨道交通设备：200公里以上高速列车、新型地铁车辆。

(9) 大型环保及资源综合利用设备：大气治理设备、城市及工业污水处理设备、固体废弃物处理设备等大型环保设备以及海水淡化、报废汽车处理等资源综合利用设备。

(10) 大型施工机械：大断面岩石掘进机等。

(11) 重大工程自动化控制系统和关键精密测试仪器。

(12) 大型、精密、高速数控设备和数控系统及功能部件。

(13) 新型纺织机械：日产200吨以上涤纶短纤维成套设备、高速粘胶长丝连续纺丝机、高效现代化成套棉纺设备、机电一体化剑杆织机和喷气织机等。

(14) 新型、大马力农业装备：大马力拖拉机、半喂入水稻联合收割机、玉米联合收割机、采棉机等。

（15）集成电路关键设备、新型平板显示器件生产设备、电子元器件生产设备、无铅工艺的整机联装设备、数字化医疗影像设备、生物工程和医疗生产专用设备。

（16）民用飞机及发动机、机载设备。

各专项进口税收政策公布后，相关重大技术装备制造企业如需进口政策规定内的关键零部件和原材料，可通过企业所在地省级人民政府或同级财政部门向财政部提出享受进口税收优惠政策的申请；中央企业直接向财政部提出申请。

例如，中国国际航空股份有限公司（中国国航，代码：601111），2008 年上半年度报告披露：根据财政部于 2004 年 12 月 29 日发出的《财政部关于 2005 年对营运国际航线和港澳航线的国内航空公司进口维修用航空器材税收问题的通知》（财关税［2004］63 号），经国务院批准，自 2005 年 1 月 1 日起，对国内航空公司用于国际航线和港澳航线飞机、发动机维修用的进口航空器材（包括送境外维修的零部件）免征进口关税和进口环节增值税。

而根据财政部于 2008 年 1 月 22 日发出的财关税［2008］7 号文，于 2008 年 1 月 1 日至 2008 年 12 月 31 日期间本公司进口全部航材应缴的进口关税和进口环节增值税税额的减征比例为 39.3%。

根据海关总署 1998 年 8 月 12 日发布的《关于飞机及其零部件税则归类和进口税率调整后租赁飞机适用税率问题的通知》（署税［1998］472 号），目前本公司对于 1997 年 10 月 1 日以后的租赁飞机及进口的飞机整机适用 1% 的暂定关税税率，对于飞机机载设备、机舱设备、零部件等按照《关于调整若干商品进出口关税税率的通知》（税委会［1999］1 号）的税率征收。

透视 4-4

新企业所得税法对企业技术创新的税收优惠

为了促进技术创新和科技进步，企业所得税法规定了四个方面的税收优惠，实施条例分别作了具体规定：

企业符合条件的技术转让所得可以免征、减征企业所得税。实施条例据此明确，一个纳税年度内，居民企业技术转让所得不超过 500 万元的部分，免征企业所得税；超过 500 万元的部分，减半征收企业所得税。

企业开发新技术、新产品、新工艺发生的研究开发费用，可以在计算应纳税所得额时加计扣除。实施条例据此明确，企业的上述研究开发费用在据实扣除的基础上，再加计扣除 50%。

创业投资企业从事国家需要重点扶持和鼓励的创业投资，可以按投资额的一定比例抵扣应纳税所得额。实施条例据此明确，这一优惠是指创业投资企业采取股权投资方式投资于未上市的中小高新技术企业两年以上的，可以按照其投资额的 70% 在股权持有满两年的当年抵扣该创业投资企业的应纳税所得额；当年不足抵扣的，可以在以后纳税年度结转抵扣。

企业的固定资产由于技术进步等原因，确需加速折旧的，可以缩短折旧年限或者采取加速折旧的方法。实施条例据此明确，可以享受这一优惠的固定资产包括：一是由于技术进步，产品更新换代较快的固定资产；二是常年处于强震动、高腐蚀状态的固定资产。

第二节 农 业

透视 4-5

新希望的税收优惠

四川新希望农业股份有限公司（新希望，代码：000876），2008 年上半年度报告披露，公司的税收政策包括：

1. 增值税。

（1）公司及部分控股子公司适用增值税率为 13%，以当期销项税额抵扣进项税额后的余额计缴。饲料加工行业根据财政部、国家税务总局发布的《关于饲料产品免征增值税问题的通知》（财税［2001］121 号），免征增值税。

（2）控股子公司荣成新希望鱼粉有限公司的产品中饲料类的鱼粉免征增值税，鱼油执行 6% 的增值税率；四川新乐塑胶有限公司、江苏天成保健品有限公司执行 17% 的增值税率。

（3）控股子公司中乳品企业的初加工奶适用增值税税率为 13%，其他奶制品收入适用增值税率为 17%。

（4）控股子公司四川新和进出口有限公司销售饲料及饲料原料免征增值税，其他产品按照 17% 的增值税税率计缴增值税。

（5）控股子公司中的食品加工企业的初加工产品适用增值税税率为 13%，深加工产品适用增值税率为 17%。

2. 所得税。

（1）根据《国务院关于实施西部大开发若干政策措施的通知》（国发［2000］33 号）和国务院办公厅《转发国务院西部开发办关于西部大开发若干政策实施意见的通知》（国办发［2001］73 号）的精神，公司（含四家饲料分公司）及控股子公司中的广汉国雄、昆明新科、遵义嘉好、都匀国雄和曲靖国雄实行 15% 的所得税税率，当年根据 15% 的税率计算，下年根据税务局的汇算情况调整。

各分公司所得税遵循统一计算、分级管理、就地预缴、汇总清算原则，年终在母公司税务局合并汇算清缴。

（2）控股子公司海南新希望农业有限公司根据海南省琼山市地方税务局“琼山地税发［2002］60 号”规定，执行 15% 所得税税率，1999～2000 年免征所得税；2001～2003 年减半征收所得税，从 2004 年起按照 15% 的税率计缴企业所得税。根据国发［2007］39 号文件精神，原享受低税率优惠政策的企业，在新税法施行后 5 年内逐步过渡到法定税率。其中：享受企业所得税 15% 税率的企业，2008 年按 18% 税率执行。该公司 2008 年执行该政策，按 18% 税率计缴企业所得税。

（3）控股子公司昆明雪兰牛奶有限责任公司根据昆明市地方税务局直属征收分局昆地税直分税字［2005］102 号“昆明市地方税务局直属分局关于昆明雪兰牛奶有限责任

公司暂免征收企业所得税的批复”，同意自2005年1月1日起暂免征收雪兰企业所得税，2007年雪兰公司继续免缴企业所得税。2008年原税收政策终止。按照《国务院关于实施西部大开发若干政策措施的通知》（国发［2000］33号）、国务院办公厅《转发国务院西部开发办关于西部大开发若干政策实施意见的通知》（国办发［2001］73号），公司可享受西部大开发优惠政策，目前正在办理过程中。

（4）控股子公司邓川蝶泉乳业根据“洱源县人民政府、新希望云南邓川蝶泉乳品有限责任公司关于蝶泉公司所得税核定相关问题的协议”，将蝶泉公司2007年缴纳企业所得税核定为382.93万元。2008年原税收政策终止。按照《国务院关于实施西部大开发若干政策措施的通知》（国发［2000］33号）、国务院办公厅《转发国务院西部开发办关于西部大开发若干政策实施意见的通知》（国办发［2001］73号），公司可享受西部大开发优惠政策，目前正在办理过程中。

（5）控股子公司贵阳新希望农业科技有限公司根据财政部、国家税务总局财税［1994］1号文之精神，“国务院批准的高新技术产业开发区内的企业，经有关部门认定为高新技术企业的，可减按15%的税率征收所得税”，“国务院批准的高新技术产业开发区内新办的高新技术企业，自投产年度起免征所得税两年”。贵阳新科从2003年起开始生产，因此2003~2004年度属于免缴企业所得税期间，从2005年起按照15%的税率计缴企业所得税。2008年原税收政策终止。按照《国务院关于实施西部大开发若干政策措施的通知》（国发［2000］33号）、国务院办公厅《转发国务院西部开发办关于西部大开发若干政策实施意见的通知》（国办发［2001］73号），公司可享受西部大开发优惠政策，目前正在办理过程中。

（6）控股子公司河北新希望天香乳业有限公司根据保定市国家税务局保国税函［2006］211号“保定市国家税务局关于免征河北新希望天香乳业有限公司企业所得税的批复”，同意对初加工产品暂免征收企业所得税，深加工产品按33%的税率计缴企业所得税，2007年继续执行该政策。2008年按照新企业所得税法规定，深加工产品按25%的税率计缴企业所得税。初加工产品免征企业所得税优惠政策，目前正在申办过程中。

（7）控股子公司安徽白帝乳业有限公司除酸奶和饮料、奶粉执行33%的所得税率外，其余产品根据安徽省合肥市国家税务局合国税函［2006］42号“关于安徽白帝乳业有限公司免征2006年度企业所得税的批复”，同意对安徽白帝乳业公司通过对鲜奶进行净化、均质、杀菌或灭菌、罐装等制成的巴氏杀菌奶、超高温灭菌奶、花色奶等产品取得的所得免征2006年度企业所得税，2007年继续执行该政策。2008年按照新企业所得税法规定，深加工产品按25%的税率计缴企业所得税。初加工产品免征企业所得税优惠政策，目前正在申办过程中。

（8）控股子公司四川新希望乳业有限公司洪雅阳平分公司根据国办发［2001］73号、国税发［2002］47号和川地税发［2003］66号有关西部大开发政策以及国税发［1997］99号和川地税函发［1997］358号有关减免税管理政策规定，2008年四川新希望乳业有限公司洪雅阳平分公司按15%的税率计缴企业所得税。

（9）北京新希望农牧科技有限公司从投产之日起，享受“两免三减半”所得税优惠政策，2008年属投产的第二年，免征企业所得税。

一、农业产品、粮食购销和储备

（一）农业产品

农业生产者销售的自产农业产品，免征增值税。

农业，是指种植业、养殖业、林业、牧业、水产业。农业生产者，包括从事农业生产的单位和个人。农业产品是指种植业、养殖业、林业、牧业、水产业生产的各种植物、动物的初级产品。

农业生产者销售的自产农业产品，是指直接从事植物的种植、收割和动物的饲养、捕捞的单位和个人销售的注释所列的自产农业产品；对上述单位和个人销售的外购的农业产品，以及单位和个人外购农业产品生产、加工后销售的仍然属于注释所列的农业产品，不属于免税的范围，应当按照规定税率征收增值税。

从2002年1月1日起，增值税一般纳税人购进农业生产者销售的免税农业产品的进项税额扣除率由10%提高到13%。

（二）粮食购销和储备

对承担粮食收储任务的国有粮食购销企业销售的粮食免征增值税。

对其他粮食企业经营粮食，除下列项目免征增值税外，一律征收增值税。

1. 军队用粮：指凭军用粮票和军粮供应证按军供价供应中国人民解放军和中国人民武装警察部队的粮食。

2. 救灾救济粮：指经县（含）以上人民政府批准，凭救灾救济粮票（证）按规定的销售价格向需救助的灾民供应的粮食。

3. 水库移民口粮：指经县（含）以上人民政府批准，凭水库移民口粮票（证）按规定的销售价格供应给水库移民的粮食。

对销售食用植物油业务，除政府储备食用植物油的销售继续免征增值税外，一律照章征收增值税。

对中国储备粮管理总公司（简称中储粮总公司）及其直属粮库取得的财政补贴收入免征营业税、企业所得税；对中储粮总公司及其直属粮库资金账簿免征印花税，对其经营中央储备粮（油）业务过程中书立的购销合同免征印花税，对合同其他各方当事人应缴纳的印花税照章征收；对中储粮总公司及其直属粮库经营中央储备粮（油）业务自用的房产、土地，免征房产税、城镇土地使用税。对中储粮总公司用于转储备和轮换以及履行政府承诺而组织的进口粮（油），照章征收进口环节增值税，所纳税款由中央财政全额退付。

对中国储备棉管理总公司（简称中储棉总公司）及其直属棉库取得的财政补贴收入免征营业税、企业所得税；对中储棉总公司及其直属棉库资金账簿免征印花税，对其经营中央储备棉业务过程中书立的购销合同免征印花税，对合同其他各方当事人应缴纳的印花税照章征收；对中储棉总公司及其直属棉库经营中央储备棉业务自用的房产、土地，免征房产税、城镇土地使用税。

对华商储备商品管理中心（简称华商中心）取得的财政补贴收入免征营业税、企业所得税，对其资金账簿免征印花税，对华商中心经营中央储备糖、肉业务过程中书立的购销合同免征印花税，对合同其他各方当事人应缴纳的印花税照章征收；对中国糖业酒类集团公司、华商中心直属的国家储备糖库和中国食品集团公司直属的国家储备肉库取得的财政补贴收入免征营业税、企业所得税，对其资金账簿免征印花税；对华商中心、国家储备糖库、国家储备肉库经营中央储备糖、肉业务自用的房产、土地，免征房产税、城镇土地使用税。

对中国盐业总公司国家直属储备盐库经营中央储备盐业务自用的房产、土地，免征房产税、城镇土地使用税。

例如，河北福成五丰食品股份有限公司（福成五丰，代码：600965）2008 年半年报告披露，公司享受的税收优惠包括：一是活体牛销售根据《财政部、国家税务总局关于印发〈农业产品征税范围注释〉的通知》（财税字［1995］052 号）及 2001 年 4 月 10 日国家税务总局流转税管理司《关于河北福成五丰食品股份有限公司增值税问题的函》免征增值税。二是根据现行增值税暂行条例，奶牛饲养分公司生产的原奶免征增值税。

二、农业生产资料

（一）饲料

免税（增值税）饲料产品范围包括：

1. 单一大宗饲料。指以一种动物、植物、微生物或矿物质为来源的产品或其副产品。其范围仅限于糠麸、酒糟、鱼粉、草饲料、饲料级磷酸氢钙及除豆粕以外的菜子粕、棉子粕、向日葵粕、花生粕等粕类产品。

2. 混合饲料。指由两种以上单一大宗饲料、粮食、粮食副产品及饲料添加剂按照一定比例配置，其中单一大宗饲料、粮食及粮食副产品的掺兑比例不低于 95% 的饲料。

3. 配合饲料。指根据不同的饲养对象，饲养对象的不同生长发育阶段的营养需要，将多种饲料原料按饲料配方经工业生产后，形成的能满足饲养动物全部营养需要（除水分外）的饲料。

4. 复合预混料。指能够按照国家有关饲料产品的标准要求量，全面提供动物饲养相应阶段所需微量元素（4 种或以上）、维生素（8 种或以上），由微量元素、维生素、氨基酸和非营养性添加剂中任何两类或两类以上的组分与载体或稀释剂按一定比例配置的均匀混合物。

5. 浓缩饲料。指由蛋白质、复合预混料及矿物质等按一定比例配制的均匀混合物。

饲料生产企业，应凭省级税务机关认可的饲料质量检测机构出具的饲料产品合格证明，向所在地主管税务机关提出免税申请，经省级国家税务局审核批准后，由企业所在地主管税务机关办理免征增值税手续。饲料生产企业饲料产品需检测品种由省级税务机关根据本地区的具体情况确定。

（二）其他农业生产资料

1. 下列货物免征增值税：农膜。生产销售的除尿素以外的氮肥，除磷酸二铵以外的磷肥、钾肥以及以免税化肥为主要原料的复混肥（企业生产复混肥产品所用的免税化肥成本占原料中全部化肥成本的比重高于 70%）。“复混肥”是指用化学方法或物理方法加工制成的氮、磷、钾三种养分中至少有两种养分标明量的肥料，包括仅用化学方法制成的复合肥和仅用物理方法制成的混配肥（也称掺合肥）。生产销售的阿维菌素、胺菊酯、百菌清、苯噻酰草胺、苄嘧磺隆、草除灵、吡虫啉、丙烯菊酯、哒螨灵、代森锰锌、稻瘟灵、敌百虫、丁草胺、啶虫脒、多抗霉素、二甲戊乐灵、二嗪磷、氟乐灵、高效氯氰菊酯、炔螨特、甲多丹、甲基硫菌灵、甲基异柳磷、甲（乙）基毒死蜱、甲（乙）基嘧啶磷、精噁唑禾草灵、精喹禾灵、井冈霉素、咪鲜胺、灭多威、灭蝇胺、苜蓿银纹夜蛾核型多角体病毒、噻磺隆、三氟氯氰菊酯、三唑磷、三唑酮、杀虫单、杀虫双、顺式氯氰菊酯、涕灭威、烯唑醇、锌硫磷、辛酰溴苯腈、异丙甲草胺、乙阿合剂、乙草胺、乙酰甲胺磷、莠去津。批发和零售的种子、种苗、化肥、农药、农机。

2. 尿素。对国内企业生产销售的尿素产品增值税由先征后返 50% 调整为暂免征收增值税。

3. 钾肥。对化肥生产企业生产销售的钾肥，由免征增值税改为实行先征后返。

4. 自 2008 年 6 月 1 日起，纳税人生产销售和批发、零售有机肥产品免征增值税。有机肥产品是指有机肥料、有机—无机复混肥料和生物有机肥。有机肥料指来源于植物和（或）动物，施于土壤以提供植物营养为主要功能的含碳物料。有机—无机复混肥料指由有机和无机肥料混合和（或）化合制成的含有一定量有机肥料的复混肥料。生物有机肥指特定功能微生物与主要以动植物残体（如禽畜粪便、农作物秸秆等）为来源并经无害化处理、腐熟的有机物料复合而成的一类兼具微生物肥料和有机肥效应的肥料。

例如，青海盐湖钾肥股份有限公司（盐湖钾肥，代码：000792），2008 年上半年度报告披露，公司为增值税一般纳税人。按销售工业氯化钾和药剂销售收入 17% 的税率计算销项税额，按销售农业用氯化钾销售收入 13% 的税率计算销项税额，按当期计提的销项税额扣除当期允许抵扣的进项税额后的差额缴纳增值税。

根据 2004 年 2 月 21 日财税［2004］197 号文件规定，公司从 2004 年 12 月 1 日起销售氯化钾由免征增值税改为实行先征后返。2008 年 1 ~ 6 月份，增值税返还 106 783 210.47 元。

三、农民专业合作社和农产品连锁经营试点

（一）农民专业合作社

农民专业合作社，是指依照《中华人民共和国农民专业合作社法》规定设立和登记的农民专业合作社。

对农民专业合作社销售本社成员生产的农业产品，视同农业生产者销售自产农业产品免征增值税。

增值税一般纳税人从农民专业合作社购进的免税农业产品，可按 13% 的扣除率计算抵扣增值税进项税额。

对农民专业合作社向本社成员销售的农膜、种子、种苗、化肥、农药、农机，免征增值税。

对农民专业合作社与本社成员签订的农业产品和农业生产资料购销合同，免征印花税。

（二）农产品连锁经营试点

对纳入农产品连锁经营试点范围，且食用农产品收入设台账单独核算的企业（简称试点企业），自2006年1月1日起至2008年12月31日止经营食用农产品的收入可以减按90%计入企业所得税应税收入。食用农产品范围按商建发［2005］1号文件执行。

试点企业建设的冷藏和低温仓储、运输为主的农产品冷链系统，可以采用双倍余额递减法或年数总和法计提折旧。

对增值税一般纳税人购进免税农产品以及向小规模纳税人购进农产品，按13%的抵扣率计算进项税额抵扣。

对试点企业从农业生产单位购进免税农产品而取得的由农业生产单位开具的普通发票，可以按现行规定依普通发票上注明的价款和规定的抵扣率计算增值税进项税额抵扣。

四、农林牧渔项目企业所得税优惠

1. 企业从事下列项目的所得，免征企业所得税：

（1）蔬菜、谷物、薯类、油料、豆类、棉花、麻类、糖料、水果、坚果的种植；

（2）农作物新品种的选育；

（3）中药材的种植；

（4）林木的培育和种植；

（5）牲畜、家禽的饲养；

（6）林产品的采集；

（7）灌溉、农产品初加工、兽医、农技推广、农机作业和维修等农、林、牧、渔服务业项目；

（8）远洋捕捞。

2. 企业从事下列项目的所得，减半征收企业所得税：

（1）花卉、茶以及其他饮料作物和香料作物的种植；

（2）海水养殖、内陆养殖。

企业从事国家限制和禁止发展的项目，不得享受本条规定的企业所得税优惠。

第三节 基础设施

一、电力、自来水、污水处理和供热

（一）电力

县以下小型水力发电单位。自1994年5月1日起，一般纳税人生产下列货物，可按简易办法依照征收率计算缴纳增值税，并可由自己开具专用发票：县以下小型水力发电单位生产的电力。

农村电网维护费。从1998年1月1日起，对农村电管站在收取电价时一并向用户收取的农村电网维护费（包括低压线路损耗和维护费以及电工经费）给予免征增值税的照顾。农村电管站改制后由县供电有限责任公司收取的农村电网维护费应免征增值税。

核力发电企业生产销售电力产品，自核电机组正式商业投产次月起15个年度内，统一实行增值税先征后退政策，返还比例分三个阶段逐级递减。具体返还比例为：

1. 自正式商业投产次月起5个年度内，返还比例为已入库税款的75%；

2. 自正式商业投产次月起的第6个年度至第10个年度内，返还比例为已入库税款的70%；

3. 自正式商业投产次月起的第11个年度至第15个年度内，返还比例为已入库税款的55%；

4. 自正式商业投产次月起满15个年度以后，不再实行增值税先征后退政策。

核力发电企业采用按核电机组分别核算增值税退税额的办法，企业应分别核算核电机组电力产品的销售额，未分别核算或不能准确核算的，不得享受增值税先征后退政策。单台核电机组增值税退税额可以按以下公式计算：

$$\text{单台核电机组增值税退税额}=\frac{\text{单台核电机组电力产品销售额}}{\text{核力发电企业电力产品销售额合计}}\times\text{核力发电企业实际缴纳增值税额}\times\text{退税比例}$$

原已享受增值税先征后退政策但该政策已于2007年内到期的核力发电企业，自该政策执行到期后次月起按上述统一政策核定剩余年度相应的返还比例；对2007年内新投产的核力发电企业，自核电机组正式商业投产日期的次月起按上述统一政策执行。

自2008年1月1日起，核力发电企业取得的增值税退税款，专项用于还本付息，不征收企业所得税。

大亚湾核电站和广东核电投资有限公司在2014年12月31日前继续执行以下政策：

1. 对大亚湾核电站销售给广东核电投资有限公司的电力免征增值税。

2. 对广东核电投资有限公司销售给广东电网公司的电力实行增值税先征后退政策，并免征城市维护建设税和教育费附加。

3. 对大亚湾核电站出售给香港核电投资有限公司的电力及广东核电投资有限公司转售给香港核电投资有限公司的大亚湾核电站生产的电力免征增值税。

4. 自2008年1月1日起财政部和国家税务总局《关于广东大亚湾核电站有关税收政策问题的通知》（财税字［1998］173号）停止执行。

对葛洲坝电站生产销售的电力产品，按照增值税适用税率征收增值税，电力产品增值税税收负担超过8%的部分，实行增值税即征即退的政策。

（二）自来水、污水处理和供热

自2002年6月1日起，对自来水公司销售自来水按6%的征收率征收增值税的同时，对其购进独立核算水厂的自来水取得的增值税专用发票上注明的增值税税款（按6%征收率开具）予以抵扣。自来水公司2002年6月1日之前购进独立核算水厂自来水取得普通发票的，可根据发票金额换算成不含税销售额后依6%的征收率计算进项税额，经所属税务机关核实后予以抵扣。不含税销售额的计算公式：

不含税销售额＝［发票金额÷（1＋征收率）］

对各级政府及主管部门委托自来水厂（公司）随水费收取的污水处理费，免征增值税。

供热企业优惠：

1. 对“三北地区”（包括北京、天津、河北、山西、内蒙古、辽宁、大连、吉林、黑龙江、山东、青岛、河南、陕西、甘肃、青海、宁夏、新疆）的供热企业，在2006～2008年供暖期期间，向居民收取的采暖收入（包括供热企业直接向居民个人收取的和由单位代居民个人缴纳的采暖收入）继续免征增值税。供热企业，包括热力产品生产企业和热力产品经营企业。

2. 享受免征增值税的采暖收入必须与其他应税收入分别核算，否则不得享受免征增值税的优惠政策。热力产品生产企业应根据热力产品经营企业向居民收取采暖收入的比例确定其免税收入。

3. 自2006年1月1日至2008年12月31日，对向居民供热并向居民收取采暖费的供热企业，其为居民供热所使用的厂房及土地继续免征房产税、城镇土地使用税。上述供热企业包括专业供热企业、兼营供热企业、单位自供热及为小区居民供热的物业公司等，不包括从事热力生产但不直接向居民供热的企业。对既向居民供热，又向非居民供热的企业，可按向居民供热收取的收入占其总供热收入的比例划分征免税界限；对于兼营供热的企业，可按向居民供热收取的收入占其生产经营总收入的比例划分征免税界限。

例如，上海城投控股股份有限公司（城投控股，代码：600649），2008年上半年度报告披露：根据国税发［1993］151号《有关增值税部分货物征税范围注释的规定》销售原水收入免征增值税；根据财税［2001］97号《财政部、国家税务总局关于污水处理有关增值税政策的通知规定》污水处理收入免征增值税；上海市自来水闵行有限公司自来水销售按照6%缴纳增值税，销售材料等缴纳4%、13%、17%增值税。上海城投控股股份有限公司注册于浦东新区，根据新企业所得税法和实施条例，公司2008年度起执行新的所得税税率25%。

二、邮政、通信

对国家邮政局及其所属邮政单位提供邮政普遍服务和特殊服务业务（具体为函件、包裹、汇票、机要通信、党报党刊发行）取得的收入免征营业税。享受免税的党报党刊发行收入按邮政企业报刊发行收入的70%计算。

有线电视村村通：对经营有线电视网络的单位从农村居民用户取得的有线电视收视费收入和安装费收入，3年内免征营业税。对经营有线电视网络的事业单位从农村居民用户取得的有线电视收视费收入和安装费收入，3年内不计征企业所得税；对经营有线电视网络的企业从农村居民用户取得的有线电视收视费收入和安装费收入，扣除相关成本费用后的所得，3年内免征企业所得税。上述单位对于其取得的上述免税收入应当和应税收入分别核算；未分开核算的，不得享受本通知规定的税收优惠政策。

时间为2007年1月1日至2009年12月31日。

透视 4－6

广电网络的税收优惠

陕西广电网络传媒股份有限公司（广电网络，代码：600831），2008 年上半年度报告披露：

根据《财政部、国家税务总局关于广播电视村村通税收政策的通知》（财税［2007］17 号）规定：对经营有线电视网络的单位从农村居民用户取得的有线电视收视费收入和安装费收入，3 年内免征营业税，执行时间为 2007 年 1 月 1 日至 2009 年 12 月 31 日。

根据财政部、国家税务总局关于陕西省有线数字电视收入免征营业税的通知（财税［2007］55 号）的规定：对陕西省广播电视信息网络股份有限公司按照《陕西省物价局关于全省数字电视基本收视维护费标准的通知》（陕价经发［2006］84 号）规定标准收取的有线电视基本收视维护费，自 2007 年 1 月 1 日至 2009 年 12 月 31 日免征营业税。

公司 2007 年度使用非公开发行募集资金收购关联方陕西省广播电视信息网络股份有限公司（简称广电股份）有线电视网络资产，其 2007 年 8 月 1 日后产生的收益归本公司所有，按照上述文件从农村居民用户取得的有线电视收视费收入和安装费收入和数字电视基本收视维护费免征营业税，2008 年数字电视基本收视维护费免税尚需审批。

财政部、海关总署、国家税务总局《关于文化体制改革中经营性文化事业单位转制后企业的若干税收政策问题的通知》（财税［2005］1 号）的规定：经营性文化事业单位转制为企业后，免征企业所得税，执行期限为 2004 年 1 月 1 日至 2008 年 12 月 31 日。依据财政部、海关总署、国家税务总局《关于公布第二批不在试点地区的文化体制改革试点单位名单和新增试点地区名单的通知》（财税［2007］36 号），宝鸡广电网络传媒有限责任公司（简称宝鸡广电）享受该项税收优惠。经宝鸡市地方税务局直属征收分局宝地税分发［2007］66 号文批复：免征该公司 2006 年度企业所得税，以后年度需逐年审核确认。

公司按照 15% 的企业所得税税率计算缴纳企业所得税。陕西省发展和改革委员会陕发改产业函［2005］166 号《关于陕西广电网络传媒股份有限公司主营业务属于当前国家重点鼓励发展产业的确认函》确认本公司主营业务属国家重点鼓励发展的产业。陕西省地方税务局陕地税所［2005］43 号《西部大开发企业所得税税率确认书》确认本公司自 2004 年度起减按 15% 税率征收企业所得税，以后年度由西安市地方税务局按《国家税务总局关于落实西部大开发有关税收政策具体实施意见的通知》（国税发［2002］47 号）审核确认。

三、交通运输

（一）青藏铁路公司

对青藏铁路公司取得的运输收入、其他业务收入免征营业税、城市维护建设税、教育费附加，对青藏铁路公司取得的付费收入不征收营业税。

“运输收入”是指《国家税务总局关于中央铁路征收营业税问题的通知》（国税发［2002］44号）第1条明确的各项运营业务收入。

“其他业务收入”是指为了减少运输主业亏损，青藏铁路公司运营单位承办的与运营业务相关的其他业务，主要包括路内装卸作业、代办工作、专用线和自备车维检费等纳入运输业报表体系与运输业统一核算收支的其他收入项目。

“付费收入”是指铁路财务体制改革过程中，青藏铁路公司因财务模拟核算产生的内部及其与其他铁路局之间虚增清算收入，具体包括《国家税务总局关于中央铁路征收营业税问题的通知》（国税发［2002］44号）第2条明确的不征收营业税的各项费用。

对青藏铁路公司及其所属单位营业账簿免征印花税；对青藏铁路公司签订的货物运输合同免征印花税，对合同其他各方当事人应缴纳的印花税照章征收。

对青藏铁路公司及其所属单位自采自用的砂、石等材料免征资源税；对青藏铁路公司及其所属单位自采外销及其他单位和个人开采销售给青藏铁路公司及其所属单位的砂、石等材料照章征收资源税。

对青藏铁路公司及其所属单位承受土地、房屋权属用于办公及运输主业的，免征契税；对于因其他用途承受的土地、房屋权属，应照章征收契税。

对青藏铁路公司及其所属单位自用的房产、土地免征房产税、城镇土地使用税；对非自用的房产、土地照章征收房产税、城镇土地使用税。

（二）铁路运输企业、高速公路收费和救助打捞

铁道部所属铁路运输企业自用的房产、土地继续免征房产税和城镇土地使用税。

享受免征房产税、城镇土地使用税优惠政策的铁道部所属铁路运输企业是指铁路局及国有铁路运输控股公司（含广铁集团公司、青藏铁路公司、大秦铁路股份有限公司、广深铁路股份有限公司等，具体包括客货、编组站，车务、机务、工务、电务、水电、供电、列车、客运、车辆段）、铁路办事处、中铁集装箱运输有限责任公司、中铁特货运输有限责任公司、中铁快运股份有限公司。

自2005年6月1日起，对公路经营企业收取的高速公路车辆通行费收入统一减按3%的税率征收营业税。

从2005年1月1日至2007年12月31日，对交通部北海、东海、南海救助局，烟台、上海、广州打捞局实行以下税收优惠政策：打捞局自用土地、房产和车船免征城镇土地使用税、房产税和车船使用税；免征打捞局的企业所得税和打捞收入的营业税；对救助局、打捞局为生产专业救助、打捞船舶，进口国内不能生产或性能不能满足要求的关键件和设备，按1%的关税税率计征关税（关税税率低于1%的，按实际税率计征），进口环节增值税照章征收。

四、公共基础设施项目

国家重点扶持的公共基础设施项目，是指《公共基础设施项目企业所得税优惠目录》规定的港口码头、机场、铁路、公路、城市公共交通、电力、水利等项目。

企业从事国家重点扶持的公共基础设施项目的投资经营的所得，自项目取得第一笔生产经营收入所属纳税年度起，第一年至第三年免征企业所得税，第四年至第六年减半征收企业所得税。

企业承包经营、承包建设和内部自建自用本条规定的项目，不得享受本条规定的企业所得税优惠。

在减免税期限内转让的，受让方自受让之日起，可以在剩余期限内享受规定的减免税优惠；减免税期限届满后转让的，受让方不得就该项目重复享受减免税优惠。

五、环保节能节水项目

符合条件的环境保护、节能节水项目，包括公共污水处理、公共垃圾处理、沼气综合开发利用、节能减排技术改造、海水淡化等。项目的具体条件和范围由国务院财政、税务主管部门商国务院有关部门制订，报国务院批准后公布施行。

企业从事前款规定的符合条件的环境保护、节能节水项目的所得，自项目取得第一笔生产经营收入所属纳税年度起，第一年至第三年免征企业所得税，第四年至第六年减半征收企业所得税。

在减免税期限内转让的，受让方自受让之日起，可以在剩余期限内享受规定的减免税优惠；减免税期限届满后转让的，受让方不得就该项目重复享受减免税优惠。

六、环境保护、节能节水、安全生产等专用设备

企业购置用于环境保护、节能节水、安全生产等专用设备的投资额，可以按一定比例实行企业所得税税额抵免。

税额抵免，是指企业购置并实际使用《环境保护专用设备企业所得税优惠目录》、《节能节水专用设备企业所得税优惠目录》和《安全生产专用设备企业所得税优惠目录》规定的环境保护、节能节水、安全生产等专用设备的，该专用设备的投资额的10%可以从企业当年的应纳税额中抵免；当年不足抵免的，可以在以后5个纳税年度结转抵免。

享受规定的企业所得税优惠的企业，应当实际购置并自身实际投入使用前款规定的专用设备；企业购置上述专用设备在5年内转让、出租的，应当停止享受企业所得税优惠，并补缴已经抵免的企业所得税税款。

第四节　促进就业

透视4－7

三全食品的税收优惠

郑州三全食品股份有限公司（三全食品，代码：002216）2008年上半年度报告披露：

1. 本公司之子公司郑州全新食品有限公司属于安置“四残”人员占企业生产人员25%以上的民政福利工业企业，根据《关于促进残疾人就业税收优惠政策的通知》（财税［2007］92号）文件郑州全新食品有限公司增值税按照实际安置的残疾人每人每年

3.5 万元的标准退还增值税，2008 年 1～6 月郑州全新食品有限公司收到增值税退税 6 837 839.60元。

2. 本公司的子公司郑州全味食品有限公司属于安置“四残”人员占企业生产人员 25% 以上的民政福利工业企业，根据《关于促进残疾人就业税收优惠政策的通知》（财税［2007］92 号）规定，郑州全味食品有限公司增值税按照实际安置的残疾人每人每年 3.5 万元的标准退还增值税，2008 年 1～6 月郑州全味食品有限公司收到增值税退税 152 846.81元。

3. 2007 年 6 月 15 日，财政部、国家税务总局发布《关于促进残疾人就业税收优惠政策的通知》（财税［2007］92 号），文件重新确定了安置残疾人的单位可享受的增值税和企业所得税的优惠政策。自 2007 年 7 月 1 日起，郑州全新食品有限公司所得税优惠政策由免征所得税变更为按支付给残疾人实际工资的 100% 加计扣除和按该通知的规定取得的增值税退税免征所得税的优惠。

4. 2007 年 2 月，经河南省民政厅、河南省国家税务局《关于认定郑州全味食品有限公司等 9 家企业为社会福利企业的批复》（豫民文［2007］39 号）批准，本公司的子公司郑州全味食品有限公司被认定为社会福利企业。根据《关于促进残疾人就业税收优惠政策的通知》（财税［2007］92 号）中的有关规定，郑州全味食品有限公司可享受按支付给残疾人实际工资的 100% 加计扣除和按规定取得的增值税退税免征所得税的优惠。

一、残疾人就业

（一）对安置残疾人单位的增值税和营业税政策

对安置残疾人的单位，实行由税务机关按单位实际安置残疾人的人数，限额即征即退增值税或减征营业税的办法。

实际安置的每位残疾人每年可退还的增值税或减征的营业税的具体限额，由县级以上税务机关根据单位所在区县（含县级市、旗，下同）适用的经省（含自治区、直辖市、计划单列市，下同）级人民政府批准的最低工资标准的 6 倍确定，但最高不得超过每人每年 3.5 万元。

主管国税机关应按月退还增值税，本月已缴增值税额不足退还的，可在本年度（指纳税年度，下同）内以前月份已缴增值税扣除已退增值税的余额中退还，仍不足退还的可结转本年度内以后月份退还。主管地税机关应按月减征营业税，本月应缴营业税不足减征的，可结转本年度内以后月份减征，但不得从以前月份已缴营业税中退还。

上述增值税优惠政策仅适用于生产销售货物或提供加工、修理修配劳务取得的收入占增值税业务和营业税业务收入之和达到 50% 的单位，但不适用于上述单位生产销售消费税应税货物和直接销售外购货物（包括商品批发和零售）以及销售委托外单位加工的货物取得的收入。上述营业税优惠政策仅适用于提供“服务业”税目（广告业除外）取得的收入占增值税业务和营业税业务收入之和达到 50% 的单位，但不适用于上述单位提供广告业劳务以及不属于“服务业”税目的营业税应税劳务取得的收入。

单位应当分别核算上述享受税收优惠政策和不得享受税收优惠政策业务的销售收入或营业收入，不能分别核算的，不得享受本通知规定的增值税或营业税优惠政策。

兼营规定享受增值税和营业税税收优惠政策业务的单位，可自行选择退还增值税或减征营业税，一经选定，一个年度内不得变更。

如果既适用促进残疾人就业税收优惠政策，又适用下岗再就业、军转干部、随军家属等支持就业的税收优惠政策的，单位可选择适用最优惠的政策，但不能累加执行。

所述“单位”是指税务登记为各类所有制企业（包括个人独资企业、合伙企业和个体经营户）、事业单位、社会团体和民办非企业单位。

（二）对安置残疾人单位的企业所得税政策

单位支付给残疾人的实际工资可在企业所得税前据实扣除，并可按支付给残疾人实际工资的100%加计扣除。单位实际支付给残疾人的工资加计扣除部分，如大于本年度应纳税所得额的，可准予扣除其不超过应纳税所得额的部分，超过部分本年度和以后年度均不得扣除。亏损单位不适用上述工资加计扣除应纳税所得额的办法。

单位在执行上述工资加计扣除应纳税所得额办法的同时，可以享受其他企业所得税优惠政策。对单位按照前规定取得的增值税退税或营业税减税收入，免征企业所得税。

所述“单位”是指税务登记为各类所有制企业（不包括个人独资企业、合伙企业和个体经营户）、事业单位、社会团体和民办非企业单位。

（三）对残疾人个人就业的税收优惠政策

根据《中华人民共和国营业税暂行条例》（国务院令第136号）第6条第（二）项和《中华人民共和国营业税暂行条例实施细则》[（1993）财法字第40号]第26条的规定，对残疾人个人为社会提供的劳务免征营业税。

根据《财政部　国家税务总局关于调整农业产品增值税税率和若干项目征免增值税的通知》[（1994）财税字第004号]第3条的规定，对残疾人个人提供的加工、修理修配劳务免征增值税。

根据《中华人民共和国个人所得税法》（主席令第44号）第5条和《中华人民共和国个人所得税法实施条例》（国务院令第142号）第16条的规定，对残疾人个人取得的劳动所得，按照省（不含计划单列市）人民政府规定的减征幅度和期限减征个人所得税。具体所得项目为：工资薪金所得、个体工商户的生产和经营所得、对企事业单位的承包和承租经营所得、劳务报酬所得、稿酬所得、特许权使用费所得。

（四）享受税收优惠政策单位的条件

安置残疾人就业的单位（包括福利企业、盲人按摩机构、工疗机构和其他单位），同时符合以下条件并经过有关部门的认定后，均可申请享受规定的税收优惠政策：

1. 依法与安置的每位残疾人签订了一年以上（含一年）的劳动合同或服务协议，并且安置的每位残疾人在单位实际上岗工作。

2. 月平均实际安置的残疾人占单位在职职工总数的比例应高于25%（含25%），并且实际安置的残疾人人数多于10人（含10人）。

月平均实际安置的残疾人占单位在职职工总数的比例低于25%（不含25%）但高于1.5%（含1.5%），并且实际安置的残疾人人数多于5人（含5人）的单位，可以享受规定的企业所得税优惠政策，但不得享受规定的增值税或营业税优惠政策。

3. 为安置的每位残疾人按月足额缴纳了单位所在区县人民政府根据国家政策规定的基本养老保险、基本医疗保险、失业保险和工伤保险等社会保险。

4. 通过银行等金融机构向安置的每位残疾人实际支付了不低于单位所在区县适用的经省级人民政府批准的最低工资标准的工资。

5. 具备安置残疾人上岗工作的基本设施。

（五）特殊教育学校举办的企业

《财政部 国家税务总局关于教育税收政策的通知》（财税［2004］39号）第1条第7项规定的特殊教育学校举办的企业，是指设立的主要为在校学生提供实习场所，并由学校出资自办、由学校负责经营管理、经营收入全部归学校所有的企业，上述企业只要符合条件，即可享受税收优惠政策。这类企业在计算残疾人人数时可将在企业实际上岗工作的特殊教育学校的全日制在校学生计算在内，在计算单位在职职工人数时也要将上述学生计算在内。

阅读材料4-1

残疾人就业税收政策的调整

为促进残疾人集中就业，近20多年来，国家陆续制定了一系列鼓励民政福利企业发展的税收优惠政策。这些优惠政策的实施，在促进残疾人就业、保障残疾人合法权益、改善残疾人的生存环境和生活条件、支持地方经济发展、维护社会稳定等诸多方面，都发挥了积极的作用，取得了较为明显的效果。

但是，随着经济体制改革和政府职能转变的不断深化，企业改组改制活动加快推进，残疾人就业形势发生了很大变化，原来专门针对民政福利企业的税收优惠政策，已经难以较好地适应当前扩大残疾人就业的客观要求，反映出一系列亟待加以改进的问题，主要表现在政策适用不公平、政策设计不合理、政策支持面较窄、优惠政策力度与残疾人受惠程度不协调。

针对上述问题，国家在2007年7月1日，调整了促进残疾人就业的税收政策，以适应当前经济社会发展和改革的需要，这些调整主要体现在4个方面。一是扩大了可享受税收优惠政策的企业范围，由原来的民政部门、街道和乡镇政府举办的国有、集体所有制福利企业，扩大到由社会各类投资主体设立的各类所有制企业。二是扩大了鼓励安置就业的残疾人范围，调整后的政策将现行政策规定的“四残”（盲、聋、哑、肢体残疾）人员扩大到“六残”人员，新增加了智力残疾人和精神残疾人两类人员。三是优化了鼓励残疾人就业的税收优惠方式。调整后的政策对享受税收优惠的企业安置残疾人员实行最低比例和绝对人数限制，具体比例为25%（含）以上，且安置人数不少于10人。对达到上述安置比例的单位，在增值税和营业税方面，实行按企业实际安置残疾人员的人数限额退（减）税的办法。在企业所得税方面，调整后的政策采取工资成本加计扣除的办法。四是突出了将保障残疾职工的合法权益作为享受税收优惠政策的重要条件。税收政策的调整符合残疾人就业形势变化的要求，同时基本保持原有政策支持力度不变，尽量鼓励各类性质的企业安置更多的残疾人就业。调整后的政策有利于加强税收政策的管理，防止企业弄虚作假的现象，有利于运用税收引导的手段，强化企业对残疾人权益的保障，更好地体现了税收以人为本、关注民生的政策导向，对全社会维护残疾人的利益将起到有效的推动作用。

资料来源：江苏省国家税务局网站。

二、下岗失业人员再就业

透视 4-8

国家税务总局有关负责人就促进就业相关税收政策答中国政府网网民问

问：我是一名下岗职工，于2004年下岗，今年准备从事个体经营，我能享受哪些税收优惠政策？对于因为国企改革和重组而下岗的职工，政府在促进就业再就业方面有哪些特殊的税收优惠吗？

答：国家一直高度重视下岗职工再就业问题，从2002年起，国家对下岗职工再就业制定了一系列优惠政策。首先，对下岗职工从事个体经营提高了营业税、增值税的起征点。将销售货物的增值税起征点幅度由原来月销售额600～2 000元提高到2 000～5 000元；将销售应税劳务的起征点幅度由原来月销售额200～800元提高到1 500～3 000元；将按次纳税的起征点幅度由原来每次（日）销售额50～80元提高到每次（日）150～200元。将营业税按期纳税的起征点幅度由原来月销售额200～800元提高到1 000～5 000元；将按次纳税的起征点由原来每次（日）营业额50元提高到每次（日）营业额100元。其次，下岗职工从事个体经营的收入如果超过营业税、增值税的起征点，还可以享受每户每年8 000元的定额减免营业额、个人所得税的政策。最后，下岗职工从事个体经营的，国家免收其证照登记费。

除上述政策外，国家对企业吸收下岗职工也制定了税收优惠政策。对商贸企业、服务型企业（除广告业、房屋中介、典当、桑拿、按摩、氧吧外）、劳动就业服务企业中的加工型企业和街道社区具有加工性质的小型企业实体，在新增加的岗位中，当年新招用持《再就业优惠证》人员，与其签订1年以上期限劳动合同并依法缴纳社会保险费的，按实际招用人数予以定额依次扣减营业税、城市维护建设税、教育费附加和企业所得税优惠。定额标准为每人每年4 000元，可上下浮动20%。

资料来源：国家税务总局网站。

对商贸企业、服务型企业（除广告业、房屋中介、典当、桑拿、按摩、氧吧外）、劳动就业服务企业中的加工型企业和街道社区具有加工性质的小型企业实体，在新增加的岗位中，当年新招用持《再就业优惠证》人员，与其签订1年以上期限劳动合同并依法缴纳社会保险费的，按实际招用人数予以定额依次扣减营业税、城市维护建设税、教育费附加和企业所得税优惠。定额标准为每人每年4 000元，可上下浮动20%，由各省、自治区、直辖市人民政府根据本地区实际情况在此幅度内确定具体定额标准，并报财政部和国家税务总局备案。

按上述标准计算的税收扣减额应在企业当年实际应缴纳的营业税、城市维护建设税、教育费附加和企业所得税税额中扣减，当年扣减不足的，不得结转下年使用。

对2005年底前核准享受再就业减免税政策的企业，在剩余期限内仍按原优惠方式继续享受减免税政策至期满。

对持《再就业优惠证》人员从事个体经营的（除建筑业、娱乐业以及销售不动产、转让土地使用权、广告业、房屋中介、桑拿、按摩、网吧、氧吧外），按每户每年8 000元为限额依次扣减其当年实际应缴纳的营业税、城市维护建设税、教育费附加和个人所得税。纳税人年度应缴纳税款小于上述扣减限额的以其实际缴纳的税款为限；大于上述扣减限额的应以上述扣减限额为限。

对2005年底前核准享受再就业减免税优惠的个体经营人员，从2006年1月1日起按上述政策规定执行，原政策优惠规定停止执行。

对国有大中型企业通过主辅分离和辅业改制分流安置本企业富余人员兴办的经济实体（从事金融保险业、邮电通信业、娱乐业以及销售不动产、转让土地使用权，服务型企业中的广告业、桑拿、按摩、氧吧，建筑业中从事工程总承包的除外），凡符合以下条件的，经有关部门认定，税务机关审核，3年内免征企业所得税：

1. 利用原企业的非主业资产、闲置资产或关闭破产企业的有效资产；
2. 独立核算、产权清晰并逐步实行产权主体多元化；
3. 吸纳原企业富余人员达到本企业职工总数30%以上（含30%），从事工程总承包以外的建筑企业吸纳原企业富余人员达到本企业职工总数70%以上（含70%）；
4. 与安置的职工变更或签订新的劳动合同。

下岗失业人员是指：国有企业下岗失业人员；国有企业关闭破产需要安置的人员；国有企业所办集体企业（即厂办大集体企业）下岗职工；享受最低生活保障且失业1年以上的城镇其他登记失业人员。

服务型企业是指从事现行营业税“服务业”税目规定经营活动的企业。优惠政策审批期限为2006年1月1日至2008年12月31日。

三、复员退伍军人

（一）城镇退役士兵自谋职业

对从事个体经营的军队转业干部、城镇退役士兵和随军家属，自领取税务登记证之日起，3年内免征营业税。个体经营是指雇工7人（含7人）以下的个体经营行为，军队转业干部、城镇退役士兵、随军家属从事个体经营凡雇工8人（含8人）以上的，无论其领取的营业执照是否注明为个体工商业户，军队转业干部和随军家属均按照新开办的企业、城镇退役士兵按照新办的服务型企业的规定享受有关营业税优惠政策。

对为安置自谋职业的城镇退役士兵就业而新办的服务型企业（除广告业、桑拿、按摩、网吧、氧吧外）当年新安置自谋职业的城镇退役士兵达到职工总数30%以上，并与其签订1年以上期限劳动合同的，经县级以上民政部门认定，税务机关审核，3年内免征营业税及其附征的城市维护建设税、教育费附加和企业所得税。

上述企业当年新安置自谋职业的城镇退役士兵人数不足职工总数30%，但与其签订1年以上期限劳动合同的，经县级以上民政部门认定，税务机关审核，3年内可按计算的减征比例减征企业所得税。

减征比例 =（企业当年新招用自谋职业的城镇退役士兵人数 ÷ 企业职工总数 ×100%）×2

对为安置自谋职业的城镇退役士兵就业而新办的商业零售企业，当年新安置自谋职业的城镇退役士兵达到职工总数30%以上，并与其签订1年以上期限劳动合同的，经县级以上民政部门认定，税务机关审核，3年内免征城市维护建设税、教育费附加和企业所得税。

上述企业当年新安置自谋职业的城镇退役士兵人数不足职工总数30%，但与其签订1年以上期限劳动合同的，经县级以上民政部门认定，税务机关审核，3年内可按计算的减征比例减征企业所得税。

减征比例 =（企业当年新招用的自谋职业的城镇退役士兵人数 ÷ 企业职工总数 ×100%）×2

对于新办的从事商品零售兼营批发业务的商业零售企业，凡安置自谋职业的城镇退役士兵并与其签订1年以上期限劳动合同的，经县级以上民政部门认定，税务机关审核，每吸纳1名自谋职业的城镇退役士兵，每年可享受企业所得税2000元定额税收扣减优惠。当年不足扣减的，可结转至下一年继续扣减，但结转期不能超过两年。

对自谋职业的城镇退役士兵在《国务院办公厅转发民政部等部门关于扶持城镇退役士兵自谋职业优惠政策意见的通知》（国办发［2004］10号）下发后从事下列行业的，可以享受如下税收优惠政策：

1. 从事个体经营（除建筑业、娱乐业以及广告业、桑拿、按摩、网吧、氧吧外）的，自领取税务登记证之日起，3年内免征营业税、城市维护建设税、教育费附加和个人所得税。

2. 从事开发荒山、荒地、荒滩、荒水的，从有收入年度开始，3年内免征农业税。

3. 从事种植、养殖业的，其应缴纳的个人所得税按照国家有关种植、养殖业个人所得税的规定执行。

4. 从事农业机耕、排灌、病虫害防治、植保、农牧保险以及相关技术培训业务，家禽、牲畜、水生动物的配种和疾病防治业务的，按现行营业税规定免征营业税。

所称新办企业是指《国务院办公厅转发民政部等部门关于扶持城镇退役士兵自谋职业优惠政策意见的通知》（国办发［2004］10号）下发后新组建的企业。原有的企业合并、分立、改制、改组、扩建、搬迁、转产以及吸收新成员、改变领导或隶属关系、改变企业名称的，不能视为新办企业。

自谋职业的城镇退役士兵是指符合城镇安置条件，并与安置地民政部门签订《退役士兵自谋职业协议书》，领取《城镇退役士兵自谋职业证》的士官和义务兵。

（二）自主择业的军队转业干部

从事个体经营的军队转业干部，经主管税务机关批准，自领取税务登记证之日起，3 年内免征营业税和个人所得税。

为安置自主择业的军队转业干部就业而新开办的企业，凡安置自主择业的军队转业干部占企业总人数 60%（含 60%）以上的，经主管税务机关批准，自领取税务登记证之日起，3 年内免征营业税和企业所得税。

自主择业的军队转业干部必须持有师以上部队颁发的转业证件。

（三）随军家属就业

对为安置随军家属就业而新开办的企业，自领取税务登记证之日起，3 年内免征营业税、企业所得税。

对从事个体经营的随军家属，自领取税务登记证之日起，3 年内免征营业税和个人所得税。

享受税收优惠政策的企业，随军家属必须占企业总人数的 60%（含）以上，并有军（含）以上政治和后勤机关出具的证明；随军家属必须有师以上政治机关出具的可以表明其身份的证明，但税务部门应进行相应的审查认定。

主管税务机关在企业或个人享受免税期间，应按现行有关税收规定，对此类企业进行年度检查，凡不符合条件的，应取消其免税政策。

每一随军家属只能按上述规定，享受一次免税政策。

第五节　资源综合利用

透视 4－9

冀东水泥的税收优惠

根据唐山冀东水泥股份有限公司（冀东水泥，代码：000401），2008 年上半年度报告披露，公司 2008 年 1～6 月，获得增值税返还 62 526 千元。

公司依据财政部、国家税务总局《关于部分资源综合利用及其他产品增值税政策问题的通知》（财税［2001］198 号）和河北省经济贸易委员会 2001－001 号文以及唐山市丰润区国家税务局《退税（抵税）申请审批确认书》，本期取得增值税退税 31 541 千元。

吉林公司依据财政部、国家税务总局《关于部分资源综合利用及其他产品增值税政策问题的通知》（财税［2001］198 号）以及吉林省国家税务局 2008 年《综合利用产品退税审批表》，本期取得增值税退税 8 116 千元。

磐石公司依据财政部、国家税务总局《关于部分资源综合利用及其他产品增值税政策问题的通知》（财税［2001］198 号）以及吉林省国家税务局吉国税发（1998）110 号

《关于加强综合利用生产的建材产品免征增值税管理的通知》，本期取得增值税退税5 055千元。

三友公司根据财政部、国家税务总局《关于部分资源综合利用及其他产品增值税政策问题的通知》（财税［2001］198号）以及唐山市古冶区国家税务局2008年《退税申请审批表》，本期取得增值税退税5 810千元。

扶风公司根据财政部、国家税务总局《关于部分资源综合利用及其他产品增值税政策问题的通知》（财税［2001］198号），本期收到即征即退增值税款4 428千元。（按46.99%的比例合并法计算为2 081千元）。

滦县公司依据财政部、国家税务总局《关于部分资源综合利用及其他产品增值税政策问题的通知》（财税［2001］198号）和河北省经济贸易委员会2001－001号文，其利用工业废渣生产熟料在2008年度被继续认定为河北省资源综合利用产品，本期取得增值税退税2 471千元。

内蒙古公司根据依据财政部、国家税务总局《关于部分资源综合利用及其他产品增值税政策问题的通知》（财税［2001］198号），以及内蒙古自治区呼和浩特市人民政府、内蒙古自治区武川县人民政府、唐山冀东水泥股份有限公司《关于建设日产4 000吨熟料水泥生产线项目的合同书》及其补充协议书，享受增值税即征即返的减免税政策，本期取得增值税退税6 278千元。

干粉公司依据财政部、国家税务总局《关于部分资源综合利用及其他产品增值税政策问题的通知》（财税［2001］198号）和河北省经济贸易委员会2005－152号文，其利用工业废渣生产抹面干粉剂在2008年度被继续认定为河北省资源综合利用产品，并于本期取得增值税退税1 174千元。

一、企业所得税优惠

企业以《资源综合利用企业所得税优惠目录》规定的资源作为主要原材料，生产国家非限制和禁止并符合国家和行业相关标准的产品取得的收入，减按90%计入收入总额。

原材料占生产产品材料的比例不得低于《资源综合利用企业所得税优惠目录》规定的标准。

二、增值税优惠

1. 按6%征收的墙体材料。一般纳税人生产下列货物，可按简易办法依照6%征收率计算缴纳增值税，并可由其自己开具专用发票：原料中掺有煤矸石、石煤、粉煤灰、烧煤锅炉的炉底渣及其他废渣（不包括高炉水渣）生产的墙体材料。墙体材料是指废渣砖石煤和粉煤灰砌块、煤矸石砌块、炉底渣及其他废渣（不包括高炉水渣）砌块。

2. 利用废液（渣）生产的黄金、白银。对企业利用废液（渣）生产的黄金，按照现行对黄金生产的税收政策，免征增值税。对企业利用废液（渣）生产的白银免征增值税。

3. 建材产品。对企业生产的原料中掺有不少于30%的煤矸石、石煤、粉煤灰、烧煤锅炉的、炉底渣（不包括高炉水渣）的建材产品免征增值税。对下列货物实行增值税即征即退的政策：在生产原料中掺有不少于30%的废旧沥青混凝土生产的再生沥青混凝土；在生产原料中掺有不少于30%的煤矸石、石煤、粉煤灰、烧煤锅炉的炉底渣（不包括高炉水渣）及其他废渣生产的水泥。

对部分新型墙体材料产品实行按增值税应纳税额减半征收的政策。

4. 综合利用发电。

（1）对利用城市生活垃圾生产的电力实行增值税即征即退的政策；利用城市生活垃圾生产电力，城市生活垃圾用量（重量）占发电燃料的比重必须达到80%以上（含80%），才能规定的增值税政策。

（2）对利用煤矸石、煤泥、油母页岩和风力生产的电力实行按增值税应纳税额减半征收的政策。利用煤矸石、煤泥、石煤、油母页岩生产电力，煤矸石、煤泥、石煤、油母页岩用量（重量）占发电燃料的比重必须达到60%以上（含60%）。

（3）利用石煤生产的电力按增值税应纳税额减半征收。

（4）对燃煤电厂烟气脱硫副产品实行增值税即征即退的政策，享受政策的具体产品包括：二水硫酸钙含量不低于85%的石膏；浓度不低于15%的硫酸；总氮含量不低于18%的硫酸铵。

5. 煤层气抽采。对煤层气抽采企业的增值税一般纳税人抽采销售煤层气实行增值税先征后退政策。先征后退税款由企业专项用于煤层气技术的研究和扩大再生产，不征收企业所得税。煤层气是指赋存于煤层及其围岩中与煤炭资源伴生的非常规天然气，也称煤矿瓦斯。煤层气抽采企业应将享受增值税先征后退政策的业务和其他业务分别核算，不能分别准确核算的，不得享受增值税先征后退政策。对地面抽采煤层气暂不征收资源税。

6. 其他。自2001年1月1日起，对利用煤炭开采过程中伴生的舍弃物油母页岩生产加工的页岩油及其他产品，实行增值税即征即退的政策。

资源综合利用产品增值税政策所涉及的建材产品和废渣范围，参照国家发展和改革委员会、财政部和国家税务总局联合印发的《资源综合利用目录（2003）年修订》（发改环资［2004］73号）的有关规定执行。

三、废旧物资政策

财税［2008］157号规定，2009年1月1日起，取消“废旧物资回收经营单位销售其收购的废旧物资免征增值税”和“生产企业增值税一般纳税人购入废旧物资回收经营单位销售的废旧物资，可按废旧物资回收经营单位开具的由税务机关监制的普通发票上注明的金额，按10%计算抵扣进项税额”的政策。

单位和个人销售再生资源，应当依照相关规定缴纳增值税。但个人（不含个体工商户）销售自己使用过的废旧物品免征增值税。增值税一般纳税人购进再生资源，应当凭取得的增值税条例及其细则规定的扣税凭证抵扣进项税额，原印有“废旧物资”字样的专用发票停止使用，不再作为增值税扣税凭证抵扣进项税额。

所称再生资源，是指《再生资源回收管理办法》（商务部令2007年第8号）第2条所称的再生资源，即在社会生产和生活消费过程中产生的，已经失去原有全部或部分使用价值，经过回收、加工处理，能够使其重新获得使用价值的各种废弃物。上述加工处理，仅指清洗、挑选、整理等简单加工。

在2010年底以前，对符合条件的增值税一般纳税人销售再生资源缴纳的增值税实行先征后退政策。

适用退税政策的增值税一般纳税人应当同时满足以下条件：

1. 按照《再生资源回收管理办法》（商务部令2007年第8号）第7条、第8条规定应当向有关部门备案的，已经按照有关规定备案；

2. 有固定的再生资源仓储、整理、加工场地；

3. 通过金融机构结算的再生资源销售额占全部再生资源销售额的比重不低于80%。

4. 自2007年1月1日起，未因违反《中华人民共和国反洗钱法》、《中华人民共和国环境保护法》、《中华人民共和国税收征收管理法》、《中华人民共和国发票管理办法》或者《再生资源回收管理办法》受到刑事处罚或者县级以上工商、商务、环保、税务、公安机关相应的行政处罚（警告和罚款除外）。

对符合退税条件的纳税人2009年销售再生资源实现的增值税，按70%的比例退回给纳税人；对其2010年销售再生资源实现的增值税，按50%的比例退回给纳税人。

纳税人申请退税时，除按有关规定提交的相关资料外，应提交下列资料：

1. 按照《再生资源回收管理办法》第7条、第8条规定应当向有关部门备案的，商务主管部门核发的备案登记证明的复印件；

2. 再生资源仓储、整理、加工场地的土地使用证和房屋产权证或者其租赁合同的复印件；

3. 通过金融机构结算的再生资源销售额及全部再生资源销售额的有关数据及资料。为保护纳税人的商业秘密，不要求纳税人提交其与客户通过银行交易的详细记录，对于有疑问的，可到纳税人机构所在地等场所进行现场核实。

4. 自2007年1月1日起，未因违反《中华人民共和国反洗钱法》、《中华人民共和国环境保护法》、《中华人民共和国税收征收管理法》、《中华人民共和国发票管理办法》或者《再生资源回收管理办法》受到刑事处罚或者县级以上工商、商务、环保、税务、公安机关相应的行政处罚（警告和罚款除外）的书面申明。

退税业务由财政部驻当地财政监察专员办事处及负责初审和复审的财政部门按照规定办理。

第六节　文化宣传、教育和医疗卫生

透视4-10

出版传媒的税收优惠

辽宁出版传媒股份有限公司（出版传媒，代码：601999），2008年上半年度报告披露，公司适用的主要税种及税率如下：

1. 企业所得税。根据《财政部 海关总署 国家税务总局关于文化体制改革中经营文化事业单位转制为企业的若干税收政策问题的通知》（财税［2005］1号），2006年1月1日起至2008年12月31日止对转制的文化企业享受免征所得税政策。

2006年4月29日经辽宁省财政厅、辽宁省地方税务局及辽宁省国家税务局批准，辽财教函［2006］73号关于明确辽宁出版集团有限公司贯彻国家财税政策免征企业所得税企业名单的通知，重组进入本公司的原单位均享受该免征企业所得税政策，2006年8月29日本公司成立后，2007年5月9日经辽宁省财政厅、辽宁省地方税务局及辽宁省国家税务局出具辽财教函［2007］266号关于明确辽宁出版传媒股份有限公司免征企业所得税的通知重新确认，本公司及下属子公司均享受该免征所得税政策。

2. 增值税。公司为增值税一般纳税人，商品销售收入适用增值税。其中：销售纸质书刊执行13%的增值税率，销售其他产品或提供加工劳务等执行17%的增值税率。根据财政部、国家税务总局财税［2001］88号，财政部、海关总署、国家税务总局财税［2005］1号文件及财税［2006］153号文，财政部、国家税务总局《关于传统文化增值税和营业税优惠政策的通知》的有关规定，本公司及本公司子公司的中小学课本及科技类图书等享受增值税"先征后退"的政策，政策执行期限自2006年1月1日至2008年12月31日；自2007年1月1日起，将音像制品和电子出版物的增值税税率由17%下调至13%。

公司的分公司辽宁出版传媒股份有限公司辽海出版社分公司、控股子公司辽宁科学技术出版社有限责任公司、北京辽识盛益文化发展有限公司、辽宁电子出版社有限责任公司、辽宁美术出版社有限责任公司、万卷出版有限责任公司、辽宁少年儿童出版社有限责任公司、春风文艺出版社有限责任公司、辽宁音像出版社有限责任公司、新华书店北方图书城有限公司、辽宁外文书店有限责任公司、辽宁北方出版物配送有限公司、辽宁典雅文化图书发行有限公司、辽宁贝塔斯曼图书发行有限公司、辽宁省出版发行有限责任公司、辽宁省新华书店有限责任公司纸质书刊销售适用增值税，执行13%的税率；购买原材料等所支付的增值税进项税额可以抵扣销项税，税率为17%；购买经销的图书所支付的增值税进项税额可以进行抵扣销项税，进项税率为13%。

公司的控股子公司辽宁印刷物资有限责任公司、辽宁文达印刷物资有限公司、辽宁文达纸业有限公司、辽宁票据印务有限公司商品销售适用增值税，执行17%的税率。购买原材料、纸张等所支付的增值税进项税额可以抵扣销项税，税率为17%。

一、文化宣传

（一）支持文化企业发展

广播电影电视行政主管部门（包括中央、省、地市及县级）按照各自职能权限批准从事电影制片、发行、放映的电影集团公司（含成员企业）、电影制片厂及其他电影企业取得的销售电影拷贝收入、转让电影版权收入、电影发行收入以及在农村取得的电影放映收入免征增值税和营业税。

2010年底前，广播电视运营服务企业按规定收取的有线数字电视基本收视维护费，经省级人民政府同意并报财政部、国家税务总局批准，免征营业税，期限不超过3年。

出口图书、报纸、期刊、音像制品、电子出版物、电影和电视完成片按规定享受增值税出口退税政策。

文化企业在境外演出从境外取得的收入免征营业税。

在文化产业支撑技术等领域内，依据《关于印发〈高新技术企业认定管理办法〉的通知》（国科发火［2008］172号）和《关于印发〈高新技术企业认定管理工作指引〉的通知》（国科发火［2008］362号）的规定认定的高新技术企业，减按15%的税率征收企业所得税；文化企业开发新技术、新产品、新工艺发生的研究开发费用，允许按国家税法规定在计算应纳税所得额时加计扣除。文化产业支撑技术等领域的具体范围由科技部、财政部、国家税务总局和中宣部另行发文明确。

出版、发行企业库存呆滞出版物，纸质图书超过五年（包括出版当年，下同）、音像制品、电子出版物和投影片（含缩微制品）超过两年、纸质期刊和挂历年画等超过一年的，可以作为财产损失在税前据实扣除。已作为财产损失税前扣除的呆滞出版物，以后年度处置的，其处置收入应纳入处置当年的应税收入。

为生产重点文化产品而进口国内不能生产的自用设备及配套件、备件等，按现行税收政策有关规定，免征进口关税。

对2008年12月31日前新办文化企业，其企业所得税优惠政策可以按照财税［2005］2号文件规定执行到期。

本通知适用于所有文化企业。文化企业是指从事新闻出版、广播影视和文化艺术的企业。文化企业具体范围见附件。

除上述条款中有明确期限规定者外，上述税收优惠政策执行期限为2009年1月1日至2013年12月31日。

（二）经营性文化事业单位转制

经营性文化事业单位转制为企业，自转制注册之日起免征企业所得税。

由财政部门拨付事业经费的文化单位转制为企业，自转制注册之日起对其自用房产免征房产税。

党报、党刊将其发行、印刷业务及相应的经营性资产剥离组建的文化企业，自注册之日起所取得的党报、党刊发行收入和印刷收入免征增值税。

对经营性文化事业单位转制中资产评估增值涉及的企业所得税，以及资产划转或转让涉及的增值税、营业税、城建税等给予适当的优惠政策，具体优惠政策由财政部、国家税务总局根据转制方案确定。

本通知所称经营性文化事业单位是指从事新闻出版、广播影视和文化艺术的事业单位；转制包括文化事业单位整体转为企业和文化事业单位中经营部分剥离转为企业。

本通知适用于文化体制改革地区的所有转制文化单位和不在文化体制改革地区的转制企业。有关名单由中央文化体制改革工作领导小组办公室提供，财政部、国家税务总局发布。

执行期限为2009年1月1日至2013年12月31日。

二、教育

（一）营业税、增值税和所得税

对从事学历教育的学校提供教育劳务取得的收入，免征营业税。

对学生勤工俭学提供劳务取得的收入，免征营业税。

对学校从事技术开发、技术转让业务和与之相关的技术咨询、技术服务业务取得的收入，免征营业税。

对托儿所、幼儿园提供养育服务取得的收入，免征营业税。

对政府举办的高等、中等和初等学校（不含下属单位）举办进修班、培训班取得的收入，收入全部归学校所有的，免征营业税。

对政府举办的职业学校设立的主要为在校学生提供实习场所，并由学校出资自办、由学校负责经营管理、经营收入归学校所有的企业，对其从事营业税暂行条例“服务业”税目规定的服务项目（广告业、桑拿、按摩、氧吧等除外）取得的收入，免征营业税。

对特殊教育学校举办的企业可以比照福利企业标准，享受国家对福利企业实行的增值税和企业所得税优惠政策。

纳税人通过中国境内非营利的社会团体、国家机关向教育事业的捐赠，准予在企业所得税和个人所得税前全额扣除。

对高等学校、各类职业学校服务于各业的技术转让、技术培训、技术咨询、技术服务、技术承包所取得的技术性服务收入，暂免征收企业所得税。

对学校经批准收取并纳入财政预算管理的或财政预算外资金专户管理的收费不征收企业所得税；对学校取得的财政拨款，从主管部门和上级单位取得的用于事业发展的专项补助收入，不征收企业所得税。

对个人取得的教育储蓄存款利息所得，免征个人所得税；对省级人民政府、国务院各部委和中国人民解放军军以上单位，以及外国组织、国际组织颁布的教育方面的奖学金，免征个人所得税；高等学校转化职务科技成果以股份或出资比例等股权形式给予个人奖励，获奖人在取得股份、出资比例时，暂不缴纳个人所得税；取得按股份、出资比例分红或转让股权、出资比例所得时，依法缴纳个人所得税。

（二）房产税、城镇土地使用税、印花税和耕地占用税等

对国家拨付事业经费和企业办的各类学校、托儿所、幼儿园自用的房产、土地，免征房产税、城镇土地使用税；对财产所有人将财产赠给学校所立的书据，免征印花税。

对学校、幼儿园经批准征用的耕地，免征耕地占用税。享受免税的学校用地的具体范围是：全日制大、中、小学校（包括部门、企业办的学校）的教学用房、实验室、操场、图书馆、办公室及师生员工食堂宿舍用地。学校从事非农业生产经营占用的耕地，不予免税。职工夜校、学习班、培训中心、函授学校等不在免税之列。

国家机关、事业单位、社会团体、军事单位承受土地房屋权属用于教学、科研的，免征契税。用于教学的，是指教室（教学楼）以及其他直接用于教学的土地、房屋。用于科研的，是指科学实验的场所以及其他直接用于科研的土地、房屋。对县级以上人民政府教育行

政主管部门或劳动行政主管部门审批并颁发办学许可证，由企业事业组织、社会团体及其他社会和公民个人利用非国家财政性教育经费面向社会举办的学校及教育机构，其承受的土地、房屋权属用于教学的，免征契税。

对农业院校进行科学实验的土地免征农业税。对农业院校进行科学实验所取得的农业特产品收入，在实验期间免征农业特产税。

（三）关税

对境外捐赠人无偿捐赠的直接用于各类职业学校、高中、初中、小学、幼儿园教育的教学仪器、图书、资料和一般学习用品，免征进口关税和进口环节增值税。上述捐赠用品不包括国家明令不予减免进口税的20种商品。其他相关事宜按照国务院批准的《扶贫、慈善性捐赠物质免征进口税收暂行办法》办理。

对教育部承认学历的大专以上全日制高等院校以及财政部会同国务院有关部门批准的其他学校，不以营利为目的，在合理数量范围内的进口国内不能生产的科学研究和教学用品，直接用于科学研究或教学的，免征进口关税和进口环节增值税、消费税（不包括国家明令不予减免进口税的20种商品）。科学研究和教学用品的范围等有关具体规定，按照国务院批准的《科学研究和教学用品免征进口税收暂行规定》执行。

（四）高校后勤社会化

对为高校学生提供住宿服务并按高教系统收费标准收取租金的学生公寓，免征房产税。

对从原高校后勤管理部门剥离出来而成立的进行独立核算并有法人资格的高校后勤经济实体（简称高校后勤实体）自用的房产、土地免征房产税和城镇土地使用税。

对与高校学生签订的学生公寓租赁合同，免征印花税。

对高校后勤实体经营学生公寓和教师公寓及为高校教学提供后勤服务取得的租金和服务性收入，免征营业税。但对利用学生公寓或教师公寓等高校后勤服务设施向社会人员提供服务取得的租金和其他各种服务性收入，按现行规定计征营业税。

对社会性投资建立的为高校学生提供住宿服务并按高教系统统一收费标准收取租金的学生公寓取得的租金收入，免征营业税；但对利用学生公寓向社会人员提供住宿服务取得的租金收入，按现行规定计征营业税。

对设置在校园内的实行社会化管理和独立核算的食堂，向师生提供餐饮服务取得的收入，免征营业税；向社会提供餐饮服务取得的收入，按现行规定计征营业税。

对高校后勤实体为高校师生食堂提供的粮食、食用植物油、蔬菜、肉、禽、蛋、调味品和食堂餐具，免征增值税；对高校后勤实体为高校师生食堂提供的其他商品，一律按现行规定计征增值税。

对高校后勤实体向其他高校提供快餐的外销收入，免征增值税；对高校后勤实体向其他社会人员提供快餐的外销收入，按现行规定计征增值税。

享受上述优惠政策的纳税人，应对享受优惠政策的经营活动进行单独核算，分别进行纳税申报。不进行单独核算和纳税申报的，不得享受上述政策。

利用学生公寓向社会人员提供住宿服务或将学生公寓挪作他用的，应按规定缴纳相关税款，已享受免税优惠免征的税款应予以补缴。

（五）校办企业

校办企业生产的应税货物，凡用于本校教学、科研方面的，经严格审核确认后，免征增值税。

校办企业为本校教学、科研服务所提供的应税劳务（“服务业”税目中的旅店业、饮食业和“娱乐业”税目除外），经严格审核确认后，免征营业税。

校办企业的范围是：1994 年 1 月 1 日以前，由教育部门所属的普教性学校举办的校办企业，不包括私人办职工学校和各类成人学校（电大、夜大、业大、企业举办的职工学校等）举办的校办企业。

1994 年 1 月 1 日以后新办校办企业经省级教育主管部门和主管税务机关严格审查批准，也可按本通知享受税收优惠。享受税收优惠的校办企业，必须同时具备下列三个条件：必须是学校出资自办的；由学校负责经营管理；经营收入归学校所有。

透视 4－11

通策医疗的税收优惠

通策医疗投资股份有限公司（通策医疗，代码：600763），2008 年半年报披露：

公司控股子公司杭州口腔医院有限公司为营利性医疗机构，根据财政部、国家税务总局财税字［2000］第 042 号文、杭州市人民政府办公厅杭政办［2006］2 号文和杭州市地方税务局上城税务分局杭地税上［2008］4 号文，自 2006 年 8 月起 3 年内取得的医疗收入免征营业税。

公司控股子公司宁波口腔医院有限公司为营利性医疗机构，根据财政部、国家税务总局财税字［2000］第 042 号文和宁波市人民政府甬政发［2005］45 文，自领取执业许可后 3 年内取得的医疗收入免征营业税。

公司控股子公司北京通策京朝口腔医院有限公司为营利性医疗机构，根据京财税字［2000］第 2178 号文，北京市朝阳区地方税务局减免税批准通知书（朝税－税减准［2007］153 号文）自 2007 年 9 月至 2010 年 8 月止取得的医疗收入，直接用于改善医疗卫生条件的部分免征营业税、城建税、教育费附加。

三、医疗卫生

（一）非营利性医疗机构

对非营利性医疗机构按照国家规定的价格取得的医疗服务收入，免征各项税收。不按照国家规定价格取得的医疗服务收入不得享受这项政策。医疗服务是指医疗服务机构对患者进行检查、诊断、治疗、康复和提供预防保健、接生、计划生育方面的服务，以及与这些服务有关的提供药品、医用材料器具、救护车、病房住宿和伙食的业务。

对非营利性医疗机构从事非医疗服务取得的收入，如租赁收入、财产转让收入、培训收入、对外投资收入等应按规定征收各项税收。非营利性医疗机构将取得的非医疗服务收入，直接用于改善医疗卫生服务条件的部分，经税务部门审核批准可抵扣其应纳税所得额，就其余额征收企业所得税。

对非营利性医疗机构自产自用的制剂，免征增值税。

非营利性医疗机构的药房分离为独立的药品零售企业，应按规定征收各项税收。

对非营利性医疗机构自用的房产、土地、车船，免征房产税、城镇土地使用税和车船使用税。

（二）营利性医疗机构

对营利性医疗机构取得的收入，按规定征收各项税收。但为了支持营利性医疗机构的发展，对营利性医疗机构取得的收入，直接用于改善医疗卫生条件的，自其取得执业登记之日起，3 年内给予下列优惠：对其取得的医疗服务收入免征营业税；对其自产自用的制剂免征增值税；对营利性医疗机构自用的房产、土地、车船免征房产税、城镇土地使用税和车船使用税。3 年免税期满后恢复征税。

对营利性医疗机构的药房分离为独立的药品零售企业，应按规定征收各项税收。

（三）疾病控制机构、妇幼保健机构和血站

对疾病控制机构和妇幼保健机构等卫生机构按照国家规定的价格取得的卫生服务收入（含疫苗接种和调拨、销售收入），免征各项税收。不按照国家规定的价格取得的卫生服务收入不得享受这项政策。对疾病控制机构和妇幼保健等卫生机构取得的其他经营收入如直接用于改善本卫生机构卫生服务条件的，经税务部门审核批准可抵扣其应纳税所得额，就其余额征收企业所得税。

对疾病控制机构和妇幼保健机构等卫生机构自用的房产、土地、车船，免征房产税、城镇土地使用税和车船使用税。

对血站供应给医疗机构的临床用血免征增值税。

血站，是指根据《中华人民共和国献血法》的规定，由国务院或省级人民政府卫生行政部门批准的，从事采集、提供临床用血，不以营利为目的的公益性组织。

（四）医疗机构资质的规定

医疗机构需要书面向卫生行政主管部门申明其性质，按《医疗机构管理条例》进行设置审批和登记注册，并由接受其登记注册的卫生行政部门核定，在执业登记中注明“非营利性医疗机构”和“营利性医疗机构”。

医疗机构具体包括：各级各类医院、门诊部（所）、社区卫生服务中心（站）、急救中心（站）、城乡卫生院、护理院（所）、疗养院、临床检验中心等。上述疾病控制、妇幼保健等卫生机构具体包括：各级政府及有关部门举办的卫生防疫站（疾病控制中心）、各种专科疾病防治站（所），各级政府举办的妇幼保健所（站）、母婴保健机构、儿童保健机构等，各级政府举办的血站（血液中心）。

（五）药品和医疗器械

避孕药品和用具免征增值税。

生物制品。一般纳税人生产下列货物，可按简易办法依照征收率计算缴纳增值税，并可由自己开具专用发票：用微生物、微生物代谢产物、动物毒素、人和动物的血液或组织制成的生物制品。

生产和装配伤残人员专门用品。符合下列条件的企业，免征企业所得税：

1. 生产和装配伤残人员专门用品，且在《中国伤残人员专门用品目录（第一批）》范围之内；

2. 以销售本企业生产或者装配的伤残人员专门用品为主，且所取得的年度销售收入占企业全部收入 50% 以上（不含出口取得的收入）；

3. 企业账证健全，能够准确、完整地向主管税务机关提供纳税资料，且本企业生产或者装配的伤残人员专门用品所取得的收入能够单独、准确核算；

4. 企业必须具备一定的生产和装配条件以及帮助伤残人员康复的其他辅助条件。其中：（1）企业拥有取得注册登记的假肢、矫形器制作师执业资格证书的专业技术人员不得少于 2 人；其企业生产人员如超过 20 人，则其拥有取得注册登记的假肢、矫形器制作师执业资格证书的专业技术人员占全部生产人员不得少于 1/6。（2）具有测量取型、石膏加工、抽真空成型、打磨修饰、钳工装配、对线调整、热塑成型、假肢功能训练等专用设备和工具。（3）残疾人接待室不少于 15 平方米，假肢、矫形器制作室不少于 20 平方米，假肢功能训练室不少于 80 平方米。

期限至 2008 年 12 月 31 日。

例如，江苏鱼跃医疗设备股份有限公司（鱼跃医疗，代码：002223），2008 年中报披露：

公司商品销售收入适用增值税。其中：内销商品销项税率为 17%。购买原材料等所支付的增值税进项税额可以抵扣销项税，税率为 17%。其中：为出口产品而支付的进项税可以申请退税。增值税应纳税额为当期销项税抵减当期进项税后的余额。

公司商品销售收入适用增值税，出口货物享受出口产品增值税“免、抵、退”政策，出口退税率：塑料制坛、瓶及类似品为 13%；轮椅、手杖等为 13%；听诊器、制氧机等为 17%。

根据《财政部、国家税务总局关于调低部分商品出口退税的通知》（财税［2007］90 号），公司自 2007 年 7 月 1 日起部分产品的出口退税率作相应调整：轮椅由 13% 调整为 9%，床边桌和手杖等由 13% 调整为 11%。

根据江苏省丹阳市国家税务局（丹阳）国税惠认字［2006］第 14 号《税收优惠资格认定结果通知书》，公司按“苏食药监（准）字 2005 第 2560459 号”许可证生产的手动轮椅车免征增值税。

第七节 金融、证券和资本市场

一、创业投资

创业投资企业采取股权投资方式投资于未上市中小高新技术企业 2 年以上（含 2 年），

凡符合下列条件的，可按其对中小高新技术企业投资额的70%抵扣该创业投资企业的应纳税所得额。

1. 经营范围符合规定，且工商登记为“创业投资有限责任公司”、“创业投资股份有限公司”等专业性创业投资企业。在2005年11月15日前完成工商登记的，可保留原有工商登记名称，但经营范围须符合规定。

2. 遵照规定的条件和程序完成备案程序，经备案管理部门核实，投资运作符合有关规定。

3. 创业投资企业投资的中小高新技术企业职工人数不超过500人，年销售额不超过2亿元，资产总额不超过2亿元。

4. 创业投资企业申请投资抵扣应纳税所得额时，所投资的中小高新技术企业当年用于高新技术及其产品研究开发经费须占本企业销售额的5%以上（含5%），技术性收入与高新技术产品销售收入的合计须占本企业当年总收入的60%以上（含60%）。

创业投资企业按前述规定计算的应纳税所得额抵扣额，符合抵扣条件并在当年不足抵扣的，可在以后纳税年度逐年延续抵扣。

创业投资企业申请享受投资抵扣应纳税所得额应向其所在地的主管税务机关报送以下资料：经备案管理部门核实的创业投资企业投资运作情况等证明材料；中小高新技术企业投资合同的复印件及实投资金验资证明等相关材料；中小高新技术企业基本情况，以及省级科技部门出具的高新技术企业认定证书和高新技术项目认定证书的复印件。

二、资本市场

（一）交易所等机构

准许上海、深圳证券交易所代收的证券交易监管费从其营业税计税营业额中扣除。

准许上海、郑州、大连期货交易所代收的期货市场监管费从其营业税计税营业额中扣除。

准许证券公司代收的以下费用从其营业税计税营业额中扣除：

（1）为证券交易所代收的证券交易监管费；

（2）代理他人买卖证券代收的证券交易所经手费；

（3）为中国证券登记结算公司代收的股东账户开户费（包括A股和B股）、特别转让股票开户费、过户费、B股结算费、转托管费。

准许期货经纪公司为期货交易所代收的手续费从其营业税计税营业额中扣除。

准许中国证券登记结算公司代收的以下资金项目从其营业税计税营业额中扣除，具体包括：

（1）按规定提取的证券结算风险基金。

（2）代收代付的证券公司资金交收违约垫付资金利息。

（3）结算过程中代收代付的资金交收违约罚息。

（二）中国证券投资者保护基金

从2006年1月1日起至2008年12月31日止，对中国证券投资者保护基金有限责任公司根据《证券投资者保护基金管理办法》（中国证监会、财政部和中国人民银行令 2005 年第 27 号）取得的证券交易所按其交易经手费 20% 和证券公司按其营业收入 0.5% 缴纳的证券投资者保护基金收入；申购冻结资金利息收入；向有关责任方追偿所得和破产清算所得以及获得的捐赠等，不计入其应征所得税收入。

对中国证券投资者保护基金有限责任公司取得的注册资本金收益、存款利息收入、购买中国人民银行债券和中央直属金融机构发行金融债券取得的利息收入，暂免征企业所得税。

从 2006 年 1 月 1 日起至 2008 年 12 月 31 日止，对中国证券投资者保护基金有限责任公司根据《证券投资者保护基金管理办法》取得的证券交易所按其交易经手费 20% 和证券公司按其营业收入 0.5% 缴纳的证券投资者保护基金收入和申购冻结资金利息收入、依法向有关责任方追偿所得收入以及从证券公司破产清算中受偿收入，暂免征营业税、城市维护建设税和教育费附加。

从 2005 年 1 月 1 日起，对上海、深圳证券交易所依据《证券投资者保护基金管理办法》的有关规定，在风险基金分别达到规定的上限后，按交易经手费 20% 缴纳的证券投资者保护基金；对证券公司依据《证券投资者保护基金管理办法》的有关规定，按其营业收入 0.5% 缴纳的证券投资者保护基金；在保护基金余额达到有关规定额度内，可在企业所得税税前扣除。

上述保护基金如发生清算、退还，应按规定补征企业所得税。

（三）证券投资基金

企业所得税。对证券投资基金从证券市场中取得的收入，包括买卖股票、债券的差价收入，股权的股息、红利收入，债券的利息收入及其他收入，暂不征收企业所得税。对投资者从证券投资基金分配中取得的收入，暂不征收企业所得税。对证券投资基金管理人运用基金买卖股票、债券的差价收入，暂不征收企业所得税。

印花税。对投资者申购和赎回基金单位，暂不征收印花税。

营业税。以发行基金方式募集资金不属于营业税的征税范围，不征收营业税。金融机构（包括银行和非银行金融机构）申购和赎回基金单位的差价收入征收营业税；个人和非金融机构申购和赎回基金单位的差价收入不征收营业税。对证券投资基金（封闭式证券投资基金，开放式证券投资基金）管理人运用基金买卖股票、债券的差价收入，继续免征营业税。

个人所得税。对个人投资者申购和赎回基金单位取得的差价收入，在对个人买卖股票的差价收入未恢复征收个人所得税以前，暂不征收个人所得税。对投资者（包括个人和机构投资者）从基金分配中取得的收入，暂不征收个人所得税。

（四）股权分置

股权分置改革过程中因非流通股股东向流通股股东支付对价而发生的股权转让，暂免征收印花税。

股权分置改革中非流通股股东通过对价方式向流通股股东支付的股份、现金等收入，暂免征收流通股股东应缴纳的企业所得税和个人所得税。

三、金融机构

（一）农村信用社

对参与试点的中西部地区农村信用社暂免征收企业所得税；其他试点地区农村信用社，按其应纳税额减半征收企业所得税。

对改革试点地区农村信用社取得的金融保险业应税收入，按3%的税率征收营业税。文到之日前多征收的税款可退库处理或在以后应缴的营业税中抵减。《财政部、国家税务总局关于试点地区农村信用社税收政策的通知》（财税［2004］35号）第2条对改革试点地区农村信用社按3%的税率征收营业税，是指对其取得的金融保险业应税收入按3%的税率征收营业税。

《财政部、国家税务总局关于试点地区农村信用社税收政策的通知》（财税［2004］35号）、《财政部、国家税务总局关于进一步扩大试点地区农村信用社有关税收政策问题的通知》（财税［2004］177号）给予试点地区和进一步扩大试点地区农村信用社的企业所得税优惠政策，在执行到期后，再延长三年优惠期限，分别延至2008年年底和2009年年底。

改革试点地区的农村信用社已改制为农村商业银行的，不再享受本通知明确的税收优惠政策。改革试点地区的农村信用社要将上述免税收入专项用于核销挂账亏损或增加拨备，不得用于分红。

从2006年1月1日起，对海南省改革试点的农村信用社取得的金融保险业应税收入，按3%的税率征收营业税，文到之日前多征收的税款可退库处理或在以后应缴的营业税中抵减。从2006年1月1日起至2008年12月31日止，对海南省改革试点的农村信用社，暂免征收企业所得税。免征税款专项用于核销挂账或增加拨备，不得用于分红。

（二）信用担保机构

对纳入全国试点范围的非营利性中小企业信用担保、再担保机构，可由地方政府确定，对其从事担保业务收入，3年内免征营业税。

“纳入全国试点范围的非营利性中小企业信用担保、再担保机构”是指经国家经贸委审核批准，纳入全国中小企业信用担保体系，并按地市级以上人民政府规定的标准收取担保业务收入的单位。凡收费标准超过地市级以上人民政府规定标准的，一律征收营业税。“从事担保业务收入”是指本条第1款所称单位从事中小企业信用担保或再担保取得的担保业务收入，不包括信用评级、咨询、培训等收入。

营业税免税期限为3年，免税时间从纳税人享受免税之日起计算。

有关中小企业信用担保机构免征营业税工作，由担保机构自愿申请，经省级中小企业管理部门审核和推荐，经国家发展改革委审核备案并商国家税务总局后下达免税名单。

（三）被撤销金融机构

享受税收优惠政策的主体是指经中国人民银行依法决定撤销的金融机构及其分设于各地的分支机构，包括被依法撤销的商业银行、信托投资公司、财务公司、金融租赁公司、城市信用社和农村信用社。除另有规定者外，被撤销的金融机构所属、附属企业，不享受本通知规定的被撤销金融机构的税收优惠政策。

被撤销金融机构清理和处置财产可享受以下税收优惠政策：

1. 对被撤销金融机构接收债权、清偿债务过程中签订的产权转移书据，免征印花税。

2. 对被撤销金融机构清算期间自有的或从债务方接收的房地产、车辆，免征房产税、城镇土地使用税和车船使用税。

3. 对被撤销的金融机构在清算过程中催收债权时，接收债务方土地使用权、房屋所有权所发生的权属转移免征契税。

4. 对被撤销金融机构财产用来清偿债务时，免征被撤销金融机构转让货物、不动产、无形资产、有价证券、票据等应缴纳的增值税、营业税、城市维护建设税、教育费附加和土地增值税。

除上述外，被撤销的金融机构在清算开始后、清算资产被处置前持续经营的经济业务所发生的应纳税款应按规定予以缴纳。

被撤销金融机构的应缴未缴国家的税金及其他款项应按照法律法规规定的清偿顺序予以缴纳。

被撤销金融机构的清算所得应该依法缴纳企业所得税。

透视 4－12

中国平安保险的营业税优惠

中国平安保险（集团）股份有限公司（中国平安，代码：601318），2008 年中报披露：根据财政部、国家税务总局《关于对若干项目免征营业税的通知》（财税［1994］2 号）、《关于中国平安保险股份有限公司开办一年期以上返还性人身保险业务免征营业税的通知》（财税［1998］95 号）、《关于中国平安保险公司新开办的一年期以上返还性人身保险险种免征营业税的通知》（国税函［1999］181 号）、《关于中国平安保险股份有限公司乌鲁木齐分公司具体险种免征营业税的批复》（国税函［1998］746 号）、《关于保险公司开办的一年期以上返还性人身保险险种免征营业税的通知》（财税［2000］59 号）、《关于人寿保险业务免征营业税若干问题的通知》（财税［2001］118 号）、《关于保险公司开办的一年期以上返还性人身保险险种免征营业税的通知》（财税［2002］94 号）、《关于保险公司开办的一年期以上返还性人身保险险种免征营业税的通知》（财税［2002］156 号）、《关于保险公司开办一年期以上返还性人身保险业务免征营业税的通知》（财税［2004］71 号）、《关于保险公司开办一 年期以上返还性人身保险业务免征营业税的通知》（财税［2005］21 号）、《关于保险公司开办一年期以上返还性人身保险业务免征营业税的通知》（财税［2005］76 号）、《关于下发免征营业税的一年期以上返还性人身保险产品名单（第十六批）的通知》（财税［2006］115 号）、《财政部、国家税务总局关于下发免征营业税的一年期以上返还性人身保险产品名单（第十七批）的通知》（财税［2007］43 号）、《财政部、国家税务总局关于下发免征营业税的一年期以上返还性人身保险产品名单（第十八批）的通知》（财税［2007］117 号）、《财政部、国家税务总局关于下发免征营业税的一年期以上返还性人身保险产品名单（第十九批）

的通知》（财税［2007］158 号）等，平安寿险一年期以上（含一年期）返还本利的普通人寿保险、养老年金保险以及一年期以上（含一年期）健康保险产品，平赡养老险一年期以上（含一年期）的养老年金保险，平安健康险一年期以上（含一年期）的健康保险产品和平安产险一年期以上（含一年期）健康保险产品于上述文件发布之日起免征营业税。

第八节　区域优惠

透视 4－13

迪马股份的税收优惠

重庆市迪马实业股份有限公司（迪马股份，代码：600565）2008 年半年报披露，公司生产的专用车属于中华人民共和国国家发展和改革委员会令第 40 号《产业结构调整指导目录（2005 年本）》所确定的鼓励类目录，根据财政部、国家税务总局财税［2006］165 号《关于西部大开发税收优惠政策适用目录变更问题的通知》、《财政部、国家税务总局、海关总署关于西部大开发税收优惠政策问题的通知》（财税［2001］202 号），经重庆市人民政府办公厅 2001 年 8 月 2 日以《重庆市人民政府办公厅关于同意重庆市迪马实业股份有限公司享受企业所得税优惠政策的函》及重庆市地方税务局渝地税免［2001］236 号文批准，本公司减按 15% 的税率计缴企业所得税。

本公司之控股子公司——东原地产及其下属控股子公司根据《中华人民共和国企业所得税法》规定，执行 25% 的所得税税率。

本公司全资子公司西藏东和贸易有限公司受地方税收政策的影响，执行 15% 的所得税税率，但本年度尚处于免税期。

一、西部大开发

适用范围包括重庆市、四川省、贵州省、云南省、西藏自治区、陕西省、甘肃省、宁夏回族自治区、青海省、新疆维吾尔自治区、新疆生产建设兵团、内蒙古自治区和广西壮族自治区。湖南省湘西土家族苗族自治州、湖北省恩施土家族苗族自治州、吉林省延边朝鲜族自治州，可以比照西部地区的税收优惠政策执行。

对设在西部地区国家鼓励类产业的内资企业和外商投资企业，在 2001～2010 年，减按 15% 的税率征收企业所得税。

对在西部地区新办交通、电力、水利、邮政、广播电视企业，上述项目业务收入占企业总收入 70% 以上的，可以享受企业所得税如下优惠政策：内资企业自开始生产经营之日起，第一年至第二年免征企业所得税，第三年至第五年减半征收企业所得税；外商投资企业经营期在10年以上的，自获利年度起，第一年至第二年免征企业所得税，第三年至第五年减半征收企业所得税。

新办交通企业是指投资新办从事公路、铁路、航空、港口、码头运营和管道运输的企业。新办电力企业是指投资新办从事电力运营的企业。新办水利企业是指投资新办从事江河湖泊综合治理、防洪除涝、灌溉、供水、水资源保护、水力发电、水土保持、河道疏浚、河海堤防建设等开发水利、防治水害的企业。新办邮政企业是指投资新办从事邮政运营的企业。新办广播电视企业是指投资新办从事广播电视运营的企业。

对西部地区公路国道、省道建设用地，比照铁路、民航建设用地免征耕地占用税。享受免征耕地占用税的建设用地具体范围限于公路线路、公路线路两侧边沟所占用的耕地，公路沿线的堆货场、养路道班、检查站、工程队、洗车场等所占用的耕地不在免税之列。

西部地区公路国道、省道以外其他公路建设用地是否免征耕地占用税，由省、自治区和直辖市人民政府决定。

述免税用地，凡改变用途，不再属于免税范围的，应当自改变用途之日起补缴耕地占用税。

对西部地区内资鼓励类产业、外商投资鼓励类产业及优势产业的项目在投资总额内进口的自用设备，除《国内投资项目不予免税的进口商品目录（2000年修订）》和《外商投资项目不予免税的进口商品目录》所列商品外，免征关税和进口环节增值税。外资优势产业按国家经济贸易委员会、国家发展计划委员会和对外经济贸易合作部联合发布的《中西部地区外商投资优势产业目录》（第18号令）执行。

二、特区高新技术企业

在深圳、珠海、汕头、厦门和海南经济特区、上海浦东新区，在2008年1月1日（含）之后完成登记注册的国家需要重点扶持的高新技术企业，在经济特区和上海浦东新区内取得的所得，自取得第一笔生产经营收入所属纳税年度起，第一年至第二年免征企业所得税，第三年至第五年按照25%的法定税率减半征收企业所得税。

经济特区和上海浦东新区内新设高新技术企业同时在经济特区和上海浦东新区以外的地区从事生产经营的，应当单独计算其在经济特区和上海浦东新区内取得的所得，并合理分摊企业的期间费用；没有单独计算的，不得享受企业所得税优惠。

三、海关特殊监管区

（一）保税区

对非保税区运往保税区的货物不予退（免）税，保税区内企业从区外购进货物时必须向税务机关申报备案增值税专用发票的有关内容，将这部分货物出口或加工后再出口的，可按本规定办理出口退（免）税。

保税区内生产企业从区外有进出口经营权的企业购进原材料、零部件等加工成产品出口的，可按保税区海关出具的出境备案清单以及其他规定的凭证，向税务机关申请办理免、抵、退税。

保税区内进料加工企业从境外进口料件，可凭保税区海关签发的“海关保税区进境货物备案清单”办理《生产企业进料加工贸易免税证明》等单证。

保税区外的出口企业销售给外商的出口货物，如外商将货物存放在保税区内的仓储企业，离境时由仓储企业办理报关手续的，保税区外的出口企业可凭货物进入保税区的出口货物报关单（出口退税专用联）、仓储企业的出口备案清单及其他规定的凭证，向税务机关申请办理退税。保税区海关须在上述货物全部离境后，方可签发货物进入保税区的出口货物报关单（出口退税专用联）。

保税区外的出口企业开展加工贸易，若进口料件是从保税区内企业购进的，可按现行的进料加工和来料加工税收政策执行。

（二）保税物流园区

保税物流园区是经国务院批准、由海关实施封闭管理的特定区域。

对保税物流园区外企业运入物流园区的货物视同出口，区外企业凭海关签发的出口货物报关单（出口退税专用）及其他规定凭证向主管税务机关申请办理退（免）税。区外企业是指具有进出口经营权的企业（包括外工贸公司、外商投资企业和具有进出口经营权的生产企业），以及委托具有进出口经营权的企业报关出口的无进出口经营权的生产企业。

主管税务机关接到区外企业的退（免）税申请后，严格按照《国家税务总局关于印发〈出口加工区税收管理暂行办法〉的通知》（国税发［2000］155号）、《国家税务总局关于出口加工区耗用水、电、气准予退税的通知》（国税发［2002］116号）、《国家税务总局关于芜湖出口加工区基建物资出口退税的批复》（国税函［2004］805号）及其他相关文件规定，审核无误后，办理退税。

保税物流园区内企业销售货物、出口货物及委托加工货物，其税收政策及税收管理办法比照国税发［2000］155号文件执行。

（三）保税物流中心（B型）

保税物流中心（B型）（简称物流中心）是指经海关总署批准，对多家物流企业实施保税仓储管理的封闭的海关监管区。

物流中心外企业报关进入物流中心的货物视同出口，由海关办理出口报关手续，签发出口货物报关单（出口退税专用）；物流中心外企业从物流中心运出货物，海关按照对进口货物的有关规定，办理报关进口手续，并对报关的货物按照现行进口货物的有关规定征收或免征进口环节的增值税、消费税。

“物流中心外企业”，指外贸企业、外商投资企业和内资生产企业。

国内货物进入海关保税物流中心（B型），视同出口，享受出口退税政策，海关按规定签发出口退税报关单。企业凭报关单出口退税联向主管出口退税的税务部门申请办理出口退（免）税手续。

海关保税物流中心（B型）内的货物进入内地的，视同进口，海关在货物出海关保税物流中心（B型）时，依据货物的实际状态，按照有关政策规定对视同进口的货物办理进口报关以及征、免税，或保税等验放手续。

物流中心外企业将货物销售给物流中心内企业的，或物流中心外企业将货物销售给境外企业后，境外企业将货物运入物流中心内企业仓储的，物流中心外企业凭出口发票、出口货物报关单（出口退税专用）、增值税专用发票、出口收汇核销单（出口退税专用）等凭证，按照现行有关规定申报办理退（免）税。

物流中心外企业销售给物流中心内企业并运入物流中心供物流中心内企业使用的国产机器、装卸设备、管理设备、检验检测设备、包装物料，物流中心外企业凭出口发票、出口货物报关单（出口退税专用）、增值税专用发票、出口收汇核销单（出口退税专用）等凭证，按照现行有关规定申报办理退（免）税。

对物流中心外企业销售给物流中心内企业并运入物流中心供其使用的生活消费用品、交通运输工具，海关不予签发出口货物报关单（出口退税专用），税务部门不予办理退（免）税。

对物流中心外企业销售给物流中心内企业并运入物流中心供其使用的进口机器、装卸设备、管理设备、检验检测设备、包装物料，海关不予签发出口货物报关单（出口退税专用），税务部门不予办理退（免）税。

对物流中心内企业在物流中心内加工的货物，凡货物直接出口或销售给物流中心内其他企业的，免征增值税、消费税。对物流中心内企业出口的货物，不予办理退（免）税。

对物流中心企业之间或物流中心与出口加工区、区港联动之间的货物交易、流转，免征流通环节的增值税、消费税。

（四）出口加工区

出口加工区是指经国务院批准、由海关监管的特殊封闭区域。

对出口加工区运往区外的货物，海关按照对进口货物的有关规定办理进口报关手续，并对报关的货物征收增值税、消费税；对出口加工区外企业运入出口加工区的货物视同出口，由海关办理出口报关手续；签发出口货物报关单（出口退税专用）。

“区外企业”是指具有进出口经营权的企业，包括外贸（工贸）公司、外商投资企业和具有进出口经营权的内资生产企业。

区外企业销售给出口加工区内企业并运入出口加工区供区内企业使用的国产设备、原材料、零部件、元器件、包装物料，以及建造基础设施、加工企业和行政管理部门生产、办公用房的基建物资，区外企业可凭海关签发的出口货物报关单（出口退税专用）和其他现行规定的出口退税凭证，向税务机关申报办理退（免）税。

对区内企业在区内加工、生产的货物，凡属于货物直接出口和销售给区内企业的，免征增值税、消费税。对区内企业出口的货物，不予办理退税。

自2002年9月1日起，出口加工区内生产企业（简称区内企业）生产出口货物耗用的水、电、气，准予退还所含的增值税。

对取消出口退税进区并用于建区和企业厂房的基建物资，入区时海关办理卡口登记手续，不退税。上述货物不得离境出口，如在区内未使用完毕，由海关监管退出区外。但自境外进入区内的基建物资如运往境内区外，应按海关对海关特殊监管区域管理的有关规定办理报关纳税手续。此项政策适用于所有海关特殊监管区域。

对区内生产企业在国内采购用于生产出口产品的并已经取消出口退税的成品革、钢材、铝材和有色金属材料（不含钢坯、钢锭、电解铝、电解铜等金属初级加工产品）等原材料，进区时按增值税法定征税率予以退税。

区内生产企业在国内采购上述规定的原材料未经实质性加工，不得转售区内非生产企业（如仓储物流、贸易等企业）、直接出境和以保税方式出区。违反此规定，按骗税和偷逃税款的相关规定处理。上述享受退税的原材料未经实质性加工出区销往国内照章征收各项进口环节税。

实质性加工标准按《中华人民共和国进出口货物原产地条例》（国务院令第416号）实质性改变标准执行。

区内非生产企业（如保税物流、仓储、贸易等企业）在国内采购进区的上述规定的原材料不享受该政策。

上述措施，仅适用于具有保税加工功能的出口加工区、保税港区、综合保税区、珠澳跨境工业区（珠海园区）和中哈霍尔果斯国际边境合作中心（中方配套区域）。

洋山保税港区（简称港区）和珠澳跨境工业区珠海园区（简称园区）享受出口加工区的税收政策，即国内货物进入港区或园区视同出口，实行退税，港区或园区内企业的货物交易不征收增值税、消费税。具体政策比照《国家税务总局关于印发〈出口加工区税收管理暂行办法〉的通知》（国税发［2000］155号）和《国家税务总局关于出口加工区耗用水、电、气准予退税的通知》（国税发［2002］116号）、《国家税务总局关于芜湖出口加工区基建物资出口退税的批复》（国税函［2004］805号）的有关规定执行。

国内货物“出口”到港区或园区、港区或园区区内企业耗用的水、电、气（汽），按现行政策规定的出口货物适用的出口退税率执行。

（五）海关监管仓货物

对通过海关监管仓出口的货物，可凭海关签发的出口货物报关单（出口退税专用）及其他规定的凭证，按现行规定办理出口货物退（免）税。

自2004年12月1日起在深圳、厦门关区的符合条件的出口监管仓库进行入仓退税政策的试点实行“国内货物进入出口监管仓库，视同出口，享受出口退税政策”（简称“入仓退税”政策）。

扩大出口监管仓库入仓退税政策试点范围见署加发［2007］494号。

（六）其他政策

自2008年2月15日起，对部分进入海关特殊监管区域的产品不再征收出口关税。适用于具有保税加工功能的出口加工区、保税港区、综合保税区、珠澳跨境工业区（珠海园区）和中哈霍尔果斯国际边境合作中心（中方配置区域）。

对进入所有海关特殊监管区域、用于建区和企业厂房的基建物资（简称基建物资），入区时不征收出口关税。

上述基建物资不得离境出口，如在区内未使用完毕，由海关监管退出区外。但自境外进入区内的基建物资如运往境内区外，应按海关对海关特殊监管区域管理的有关规定办理报关纳税手续。

对区内生产企业在国内采购用于生产出口产品的原材料，进区时不征收出口关税。区内生产企业在国内采购上述原材料未经实质性加工的，不得转入（或销售给）区内非生产企业（如保税物流、仓储、贸易等企业）、直接出境或以保税方式出区。上述享受不征收出口关税的原材料，未经实质性加工出区销往境内区外的，应照章征收进口关税和进口环节税。

区内非生产企业（如保税物流、仓储、贸易等企业）在国内采购进区的清单列明原材料不享受该政策。

本章小结

税收优惠问题是颇有争议的话题。因为税收优惠的背后，是政府干预；要不要政府干预、在多大程度上干预，往往众说纷纭。对税收筹划来讲，用好、用足税收优惠政策，是税收筹划最起码的，也是最重要的，这个观点没有争议。

税收优惠政策的设置，有的是针对收入所得，有的是针对税率的，有的是针对税额的，有的是针对税期的；具体方法如：减计收入、优惠税率、抵免、退税、返还、延期纳税等；涉及的税种包括流转税、所得税以及其他税收，这些体现了税收政策设计的技术。中国现行的税收优惠政策，看似纷繁复杂、眼花缭乱，从产业政策导向上看，往往能把清其脉络。

当今中国要实现科学发展，科技创新和资源节约利用是焦点问题。企业是创新的重要源泉，为鼓励科技创新，税法设置了高新技术企业优惠税率，企业研发费用加计扣除等政策；而对国家大学科技园和科技企业孵化器的优惠政策，体现鼓励科技成果的转化。对一些高技术的行业，如软件、集成电路、装备制造等，税法也设置了优惠政策。教育是科技发展的基础，同时教育也有公益性的特点，税法对教育设置的优惠，主要针对教育劳务的提供、后勤以及教学器材，以降低对财政资金的需求；因而那些外部性相对较小的教育培训，由于本身是经营性、非财政支持的，往往不是税法支持的对象。

资源节约利用方面，税法一是设置资源综合利用鼓励政策，涉及增值税和企业所得税的优惠；二是设置了环保节能节水项目企业所得税定期优惠和环保节能节水等专用设备企业所得税抵免。三是对废旧物资的收购和使用设置了政策。

民生问题，也是国家和百姓关注的重要问题。税法设计的政策包括：一是农业；农业税是取消了的，因而优惠主要针对农业生产和购销，涉及农业生产资料、农产品的购销、存储和连锁经营；针对农业组织的优惠，也是税法设计的一个方面，主要农业合作社和农林牧渔项目。二是基础设施的优惠，包括公共基础设施项目、交通运输、邮政通信、电力、供热、自来水、污水处理等。三是促进就业。主要包括残疾人就业、下岗人员再就业、复员退伍军人就业等；优惠的方式侧重于根据人数给予一定数额的税收优惠。四是医疗卫生单位和药品器械的优惠。

另外，税法还针对一些特殊的商品或领域，给予税收优惠。如文化产品、金融证券产品和市场等。

区域的优惠趋于减少。现行的区域优惠包括：西部大开发、民族区域和海关特殊监管区域。前两者的优惠主要在企业所得税方面，鼓励落后边远地区发展；海关特殊监管区域优惠主要在关税和增值税方面，以推动开放和出口。

税收筹划要享受税收优惠政策，还要从程序上着手，满足政策设置的条件。税收优惠政策的享受，大致分为自动享受的、备案后续管理的、审批的等。

税收优惠尽管经过了多次的改革调整，但仍有复杂、不透明的抱怨，今后的改革会向透明、简化的方向迈进，以提高政策效率。

关键术语和概念

低税率优惠	小型微利企业	农林牧渔项目
定期优惠	国家大学科技园	公共基础设施项目
加速折旧	科技企业孵化器	环保节能节水项目
研究开发费用加计扣除	资源综合利用	环境保护、节能节水、安全
高新技术企业	创业投资	生产专用设备
证券投资基金	海关特殊监管区	西部大开发

选读文献资料

1. 江苏省国家税务局：《涉外税收优惠政策指南》（英文版），江苏省国家税务局网站。

2. Michael D. Rashkin：*Practical Guide of Research and Development Tax Incentives-Federal, State, and Foreign*（*Second Edition*），CCH，2007.

3. Sally M. Jones，Shelly C. Rhoades-Catanach：*Advanced Strategies in Taxation*（*4th Edition*），McGraw-Hill Companies，2004.

第五章　税法和会计处理差异

专栏5-1　税法和会计差异——来自中国石油的半年报

中国石油（中国石油，代码：601857，HK0857），2008年半年度报告披露：

递延所得税资产和递延所得税负债根据资产和负债的计税基础与其账面价值的差额（暂时性差异）计算确认。对于按照税法规定能够于以后年度抵减应纳税所得额的可抵扣亏损，视同暂时性差异确认相应的递延所得税资产。对于既不影响会计利润也不影响应纳税所得额（或可抵扣亏损）的非企业合并的交易中产生的资产或负债的初始确认形成的暂时性差异，不确认相应的递延所得税资产和递延所得税负债。于资产负债表日，递延所得税资产和递延所得税负债，按照预期收回该资产或清偿该负债期间的适用税率计量。

递延所得税资产的确认以本集团很可能取得用来抵扣可抵扣暂时性差异、可抵扣亏损和税款抵减的应纳税所得额为限。

对子公司、联营企业及合营企业投资相关的暂时性差异产生的递延所得税资产和递延所得税负债，予以确认。但本集团能够控制暂时性差异转回的时间且该暂时性差异在可预见的未来很可能不会转回的，不予确认。

表5-1　　**递延所得税资产**

	2008年6月30日		2007年12月31日	
	递延所得税资产	可抵扣暂时性差异	递延所得税资产	可抵扣暂时性差异
资产减值准备	6 414	28 187	4 934	21 288
因资产弃置义务产生	1 875	7 992	1 517	6 128
因工资福利确认产生	417	1 782	1 301	5 271
可结转以后年度的亏损	102	377	95	343
其他	9 480	37 823	5 024	20 149
	18 288	76 161	12 871	53 179

表 5－2　　递延所得税负债

	2008 年 6 月 30 日		2007 年 12 月 31 日	
	递延所得税负债	应纳税暂时性差异	递延所得税负债	应纳税暂时性差异
固定资产折旧和油气资产折耗	13 439	52 463	11 681	45 380
无形资产摊销	76	302	109	435
其他	35	141	93	375
	13 550	52 906	11 883	46 190

表 5－3　　所得税费用

	截至 2008 年 6 月 30 日止 6 个月	截至 2007 年 6 月 30 日止 6 个月
当期所得税	21 515	25 415
递延所得税	（3 606）	582
	17 909	25 997

表 5－4　　列示于合并利润表的利润总额调节为所得税费用

	截至 2008 年 6 月 30 日止 6 个月	截至 2007 年 6 月 30 日止 6 个月
利润总额	73 206	106 294
按 25%（2007 年：33%）计算的所得税费用	18 302	35 077
以前年度税收清算调整	25	451
海外业务税率高于中国法定税率的税务影响	4 638	399
优惠税率的影响	（5 752）	（8 131）
新所得税法的颁布对递延所得税额的影响	—	（1 245）
非应纳税收入的税务影响	（1 193）	（1 274）
不得税前扣除的成本、费用和损失的税务影响	1 889	720
所得税费用	17 909	25 997

在新会计准则的体系下，企业所得税法和会计处理的差异，关系到资产负债表的会计信息质量，还关系到利润表的会计信息质量，以及纳税申报表的准确性和税务风险，所以处理好税法和会计的差异，是企业税收筹划、税务管理的一项基础工作。一般来讲，税法与会计处理的差异，主要针对企业所得税处理与财务会计处理规范的差异。

第一节　税法与会计差异概述

一、税法与会计区别和联系

虽然税法和会计准则都是由国家有关部门来制定，是企业在核算，以及在核算基础上纳税时必须同时遵循的规范。但由于两者的出发点和目的不同，使税法与会计既有联系，又有区别，需要同时遵循并处理好二者的关系。

（一）二者的区别

税法是通过法律、法规、规章，用以约束国家征税和纳税人纳税的法律规范。

会计法是通过会计准则、规章、制度，用以约束企业核算和信息披露行为的行政性规范。

立法目的不同。税法是由国家立法部门制定，通过法律、法规、规章，用以约束国家征税和纳税人纳税的法律规范。国家制定税法的目的是为了培植税源、组织收入、公平税负等。而会计法是由国家行政部门制定，通过会计准则、规章、制度，用以约束企业核算和信息披露行为的行政性规范。国家制定会计目的是为了规范、提高会计信息的质量，保证会计信息的真实完整，为会计报表使用者进行决策提供客观有用的信息。由于二者立法目的不同，所以两者对同一经济行为或事项有时会作出不同的规范要求。企业依据会计法律、法规对经济事项进行核算与反映，依据税法的规定进行纳税。

调整对象不同。税法调整的是国家和纳税人的收入分配关系，纳税人对象包括企业和个人，而会计法调整的是会计信息核算和披露关系，会计信息披露对象一般为企业，不包括个人。税法规范内容主要是“对谁征税、对什么征税”、“征多少税”、“如何缴税”等，而会计规范内容主要是对经济业务“如何确认”、“如何计量”、“如何记录”、“如何报告”等。就企业而言，税法与会计二者关系可理解为就征税对象一般都是会计对象，而会计对象并不都是征税对象。

立法程序不同。税法确定的是普遍性的利益分配关系，公平效率是其基本原则，所以税法须经过较严格的立法程序并具有较高的立法层次，也更强调自身的稳定性与立法的严密性。会计法规追求的是真实全面，相比税法，会计法规更具实践性。立法层次和严密程度低于税法。

处理依据不同。两者在指导原则，收入实现方式，支出扣除标准等方面存在较大差异。如会计在收入和支出核算上一般遵循权责发生制原则，而税法同时遵循权责发生制和收付实现制原则；会计依据谨慎性原则对可能发生的费用和损失通过坏账准备和减值准备事先计提，而税法从保障税收收入要求必须实际发生才能作支出处理。

（二）二者的联系

从法律范畴看，国家将会计法与税法都纳入了经济法的范畴，归类于宏观经济调控和经济管理的内容。

从二者关系看，会计核算为税款征收提供了基础性资料，国家征税一定程度上依赖于会计提供的信息资料，会计核算制度保障了税收工作基础信息资料的真实完整，从这个角度来看，会计核算应当尽量与税法的规定一致。但是，由于二者立法目的、调整对象、立法程序不同、处理依据等的不同，决定了二者又是分离的，不能强调合一，强调合一会影响会计信息质量。

由于会计服从和服务于会计目标，而税收服从和服务于税收目标，会计核算和信息披露是税收实现基础，而税收作为会计的环境因素，又制约影响会计核算和信息披露。我们可以把会计与税法关系概括既不可分离，又存在不可消除的差异。

二、税法与会计差异处理

（一）处理原则

现行税法与企业准则间由于目的不同而存在较大的差异。会计准则目的是为会计信息的使用者提供真实，完整的财务信息，而税法的目的主要是保证国家的财政收入，利用税收杠杆进行宏观调控。在两者差异无法消除的前提下，我国采取了国际通行的做法——税法与会计适度分离。对会计与税法差异关系处理，主要依据统一性与独立性两项原则。

统一性原则。虽然税法与会计的差异是无法避免的，但如果制定税法时完全不考虑会计处理方法，将会无端产生许多不必要的差异。因此，制定税法时应当尽量参照会计制度的相关规定，毕竟计算税款的基础数据是以会计为基础。

独立性原则。同时，只有税务处理和会计处理保持各自的独立性，才能保证会计信息的真实性和应纳税额的准确性。在进行会计核算时，所有企业都必须严格执行会计制度的相关要求，进行会计要素的确认、计量和报告。在完成纳税义务时，必须按照税法的规定计算税额，及时申报缴纳。

（二）处理方法

由于税法与会计制度在资产、负债、收益、费用或损失的确认和计量原则不同，从而导致按照会计制度计算的税前利润与按照税法规定计算的应纳税所得额之间存在一定差异。会计与税法差异可分为永久性差异和暂时性差异。

永久性差异。是指在本期发生，不会在以后各期转回的差额。永久性差异与会计利润之和乘以适用税率计算的应交所得税作为当期所得税费用。

暂时性差异。是指资产或负债的账面价值（会计成本）与其计税基础（计税成本）之间的差额。未作为资产和负债确认的项目，按照税法规定可以确定其计税基础的，该计税基础与其账面价值之间的差额，也属于暂时性差异。暂时性差异分为应纳税暂时性差异和可抵扣暂时性差异。根据《企业会计准则第 18 号——所得税》规定，对暂时性差异统一采用资产负债表债务法进行会计核算，对应纳税暂时性差异和可抵扣暂时性差异分别确认递延所得税负债和递延所得税资产，以后年度申报所得税时可直接依据账面应转回的金额填制企业所得税纳税申报表。

（三）差异处理

由于现实中的会计与税法既不可分离，又存在不可消除的差异，面对二者存在的差异，主要通过纳税调整予以解决。即在企业会计核算时，按照会计准则的规定对各项会计要素进行确认、计量、记录和报告，按照会计准则规定的确认、计量标准与税法不一致的，不得调整会计账簿记录和会计报表相关项目的金额。企业在计算当期应交所得税时，应在按照会计制度及相关准则计算的利润总额（即“利润表”中的“利润总额”）的基础上，加上（或减去）会计制度及相关准则与税法规定就某项收益、费用或损失确认和计量等的差异后，调整为应纳税所得额，并据以计算当期应交所得税。

应纳税所得额 = 税前会计利润 + 纳税调整增加额 - 纳税调整减少额

应交所得税额 = 应纳税所得额 × 所得税率

三、纳税主体和会计主体

纳税主体与会计主体既有一致性，也有差异性。

会计主体。是指会计确认、计量和报告的行为主体。《基本准则》规定：企业应当对其本身发生的交易或者事项进行会计确认、计量和报告。基本准则规定明确了会计主体的空间范围。

纳税主体。是指履行纳税或扣缴义务的纳税人和扣缴义务人。从纳税人来说，《企业所得税法》规定：在中华人民共和国境内，企业和其他取得收入的组织（以下统称企业）为企业所得税的纳税人，依照本法的规定缴纳企业所得税。此条规定明确了企业所得税的纳税人是企业。从扣缴义务人来说，《企业所得税法》规定：非居民企业在中国境内未设立机构、场所的，或者虽设立机构、场所但取得的所得与其所设机构、场所没有实际联系的，应当就其来源于中国境内的所得缴纳企业所得税，并实行源泉扣缴，以支付人为扣缴义务人。税款由扣缴义务人在每次支付或者到期应支付时，从支付或者到期应支付的款项中扣缴。

两者关系。从企业来讲，在一般情况下纳税主体与会计主体是一致的，一个纳税主体也是一个会计主体。但在特定条件下，纳税主体又不同于会计主体。我国企业所得税法规定，必须以独立法人为纳税主体，而分公司不是一个独立法人不构成纳税主体，却可能是一个会计主体；又如未实行合并纳税的企业集团，不是一个纳税主体，却因为编制合并财务报表，作为一个会计主体；再如由企业管理的证券投资基金、企业年金基金等，尽管不属于纳税主体，但属于会计主体，应当对每项基金进行会计确认、计量和报告。

四、税法原则与会计原则

（一）会计原则

会计《基本准则》规定，企业应当以权责发生制为基础进行会计确认、计量和报告。权责发生制原则是指会计核算应当以权责发生制作为会计确认的时间基础，即收入或费用是否计入某会计期间，不是以是否在该期间内收到或付出现金为标志，而是依据收入是否归属该期间的成果、费用是否由该期间负担来确定。在权责发生制基础上，对会计信息质量要求遵循以下原则：

客观性。企业应当以实际发生的交易或者事项为依据进行会计确认、计量和报告，如实反映符合确认和计量要求的各项会计要素及其他相关信息，保证会计信息真实可靠、内容完整。

相关性。企业提供的会计信息应当与财务会计报告使用者的经济决策需要相关，有助于财务会计报告使用者对企业过去、现在或者未来的情况作出评价或者预测。

清晰性。企业提供的会计信息应当清晰明了，便于财务会计报告使用者理解和使用。

可比性。企业提供的会计信息应当具有可比性。同一企业不同时期发生的相同或者相似的交易或者事项，应当采用一致的会计政策，不得随意变更。确需变更的，应当在附注中说明。不同企业发生的相同或者相似的交易或者事项，应当采用规定的会计政策，确保会计信息口径一致、相互可比。

实质重于形式。企业应当按照交易或者事项的经济实质进行会计确认、计量和报告，不应仅以交易或者事项的法律形式为依据。

重要性。企业提供的会计信息应当反映与企业财务状况、经营成果和现金流量等有关的所有重要交易或者事项。

谨慎性。企业对交易或者事项进行会计确认、计量和报告应当保持应有的谨慎，不应高估资产或者收益、低估负债或者费用。

及时性。企业对于已经发生的交易或者事项，应当及时进行会计确认、计量和报告，不得提前或者延后。

（二）税法原则

根据企业所得税法及相关税法规定，在收入确认、支出扣除上主要应遵循以下原则。

以会计核算为基础。只有当某一交易、事项按会计准则、制度在财务会计报告日确认以后，才能确认该交易、事项按税法规定确认的应课税款；依据会计准则、制度在财务报告日尚未确认的交易、事项可能影响到当日已确认的其他交易、事项的最终应课税款；只有在根据会计准则、制度确认导致征税效应的交易、事项之后，才能确认这些征税效应。

权责发生制和收付实现制结合。权责发生制是指计入当期的收入或支出不是依据当期发生，而是按其是否应当归属于当期来确定。而收付实现制是指计入当期的收入或支出依据当期是否发生来确定。税法收入和支出以权责发生制为基础，但对部分收入实行收付实现制。如房地产销售予收款采取了收付实现制，在房地产预售取得预收款时计算当期应纳营业、附加税和企业所得税等税。

相关性。是指能够在税前扣除的支出必须与取得收入相关，与企业取得收入无关的支出不允许在税前扣除。

合理性。是指能够在税前扣除的支出必须是正常的、必要的、符合常理的，而违反常理的支出不允许在税前扣除。

确定性。是指能够在税前扣除的支出必须是确定的、可计量的、不确定的，以及虽可确定，但不可计量的支出不允许在税前扣除。

配比性。是指税前扣除的支出应与取得的收入相匹配。企业所得税法规定，企业与其关联方分摊成本时，应当按照成本与预期收益相配比的原则进行分摊。

历史成本。是指企业各项资产，包括固定资产、生物资产、无形资产、长期待摊费用、投资资产、存货等，以历史成本为计税基础。历史成本是企业取得该项资产时实际发生的支出。

（三）税法原则与会计原则差异

会计准则规定，企业的会计核算应当以权责发生制为基础，而税法采取权责发生制与收付实现制结合，或称修正的权责发生制。税法之所以有条件地接受权责发生制，对部分收入采取收付实现制，主要是考虑税收保全、收入均衡、便利征管，以及反避税等动机。

财务会计的谨慎性原则要求企业在面临不确定因素的情况下进行职业判断时，应当保持必要的谨慎，充分估计到各种风险和损失。通过提取各项资产减值准备金，使企业的虚资产变实，在一定程度上解决企业的虚盈实亏，提高财务会计信息质量。但税法对所得税税前扣除费用的基本原则是据实扣除，任何费用（或损失）除非确属真实发生才能扣除，不得提前或延后。税法否定谨慎性原则，主要在于：谨慎性原则对收入和费用的处理不对称，有可能减少或滞后企业应缴税款；谨慎性原则确认的损失往往没有交易凭证，不符合确定性原则。

实质重于形式原则是会计的一项重要原则，其内容是企业应当按照交易或事项的经济实质和经济现实进行会计核算，而不是仅仅根据其法律形式。一项交易或事项的实质与其法律形式或外在形式有时是不一致时，会计基本准则明确规定，实质重于形式。但税法规定对任何涉税事项的确认、计量则必须有明确的法律依据，不能估计。因此，会计可以根据实质重于形式原则计提坏账准备，但税法一般不予接受。

阅读材料 5－1

新企业所得税法与会计基本准则的差异

1. 新企业所得税法与新会计准则适用范围的差异。《企业所得税法》第 1 条规定：在中华人民共和国境内，企业和其他取得收入的组织（以下统称企业）为企业所得税的纳税人，依照本法的规定缴纳企业所得税。个人独资企业、合伙企业不适用本法。《基本准则》第 2 条规定：本准则适用于在中华人民共和国境内设立的企业（包括公司）。对比二者的规定，主要有以下差异：

（1）适用于企业的范围不同《企业所得税法》适用于根据《中华人民共和国公司法》、《中华人民共和国私营企业暂行条例》的规定成立的有限责任公司和股份有限公司，根据《中华人民共和国全民所有制工业企业法》、《中华人民共和国中外合资经营企业法》、《中华人民共和国中外合作经营企业法》、《中华人民共和国外资企业法》、《中华人民共和国乡镇企业法》、《中华人民共和国城镇集体所有制企业条例》、《中华人民共和国乡村集体所有制企业条例》的规定成立的企业，但不适用于个人独资企业、合伙企业。而新会计准则适用于在中华人民共和国境内设立的企业（包括公司），包括个人独资企业、合伙企业。

（2）《企业所得税法》适用于非企业组织。《企业所得税法》不仅适用于企业，还适用于其他取得收入的组织，包括根据《事业单位登记管理暂行条例》的规定成立的事业单位、根据《社会团体登记管理条例》的规定成立的社会团体、根据《民办非企业单位登记管理暂行条例》的规定成立的民办非企业单位、根据《基金会管理条例》的规定成立的基金会、根据《外国商会管理暂行规定》的规定成立的外国商会、根据《中华人民共和国农民专业合作社法》的规定成立的农民专业合作社以及取得收入的其他组织。而新会计准则不适用于这些组织，其中，事业单位适用《事业单位会计准则》，依照国家法律、行政法规登记的社会团体、基金会、民办非企业单位和寺院、宫观、清真寺、教堂等，适用于《民间非营利组织会计制度》。

（3）《企业所得税法》适用于居民企业和非居民企业。《企业所得税法》第2条规定：企业分为居民企业和非居民企业。居民企业，是指依法在中国境内成立，或者依照外国（地区）法律成立但实际管理机构在中国境内的企业。非居民企业，是指依照外国（地区）法律成立且实际管理机构不在中国境内，但在中国境内设立机构、场所的，或者在中国境内未设立机构、场所，但有来源于中国境内所得的企业。第3条规定：居民企业应当就其来源于中国境内、境外的所得缴纳企业所得税。非居民企业在中国境内设立机构、场所的，应当就其所设机构、场所取得的来源于中国境内的所得，以及发生在中国境外但与其所设机构、场所有实际联系的所得，缴纳企业所得税。非居民企业在中国境内未设立机构、场所的，或者虽设立机构、场所但取得的所得与其所设机构、场所没有实际联系的，应当就其来源于中国境内的所得缴纳企业所得税。新会计准则不区分居民企业与非居民企业，适用于在中华人民共和国境内设立的企业（包括公司）。如果套用税法的概念，新会计准则应该不适用于非居民企业。

2. 新企业所得税法与新会计准则基本假设的差异。

（1）纳税主体与会计主体。纳税主体，是指纳税人和扣缴义务人。从纳税人来说，《企业所得税法》第1条规定：在中华人民共和国境内，企业和其他取得收入的组织（以下统称企业）为企业所得税的纳税人，依照本法的规定缴纳企业所得税。此条规定明确了企业所得税的纳税人是企业。从扣缴义务人来说，《企业所得税法》第37条规定：非居民企业取得本法第3条第3款规定的各项所得应纳的所得税，实行源泉扣缴，以支付人为扣缴义务人。税款由扣缴义务人在每次支付或者到期应支付时，从支付或者到期应支付的款项中扣缴。第3条第3款规定的各项所得是指在中国境内未设立机构、场所的，或者虽设立机构、场所但取得的所得与其所设机构、场所没有实际联系的，应当就其来源于中国境内的所得缴纳企业所得税。《企业所得税法》第38条规定：对非居民企业在中国境内取得工程作业和劳务所得应纳的所得税，税务机关可以指定工程价款或者劳务费的支付人为扣缴义务人。

会计主体，是指企业会计确认、计量和报告的空间范围。《基本准则》第5条规定：企业应当对其本身发生的交易或者事项进行会计确认、计量和报告。此条规定明确了会计主体的规定。

在一般情况下，纳税主体与会计主体是一致的，一个纳税主体也是一个会计主体。在特定条件下，纳税主体不同于会计主体，例如，按照新税法的规定，分公司不是一个纳税主体，却可能是一个会计主体；又如，未实行合并纳税的企业集团，不是一个纳税主体，却可能编制合并财务报表，作为一个会计主体；再如，由企业管理的证券投资基金、企业年金基金等，尽管不属于纳税主体，但属于会计主体，应当对每项基金进行会计确认、计量和报告。

(2) 持续经营假设。持续经营，是指会计主体的生产经营活动将无限期地继续下去，在可预见的将来，不会倒闭及进行清算。《基本准则》第6条规定：企业会计确认、计量和报告应当以持续经营为前提。这个前提下，会计便可认定企业拥有的资产将会在正常的经营过程中被合理地支配和耗用，企业债务也将在持续经营过程中得到有序的补偿。

《企业所得税法》虽然没有持续经营假设的规定，但第3条第1款规定的居民企业应当就其来源于中国境内、境外的所得缴纳企业所得税。第2款规定的非居民企业在中国境内设立机构、场所的，应当就其所设机构、场所取得的来源于中国境内的所得，以及发生在中国境外但与其所设机构、场所有实际联系的所得，缴纳企业所得税。这两款所得的计算，基本上是以持续经营为前提的。

《企业所得税法》的一些特殊规定，不以持续经营为前提：例如，第3条第3款规定，非居民企业在中国境内未设立机构、场所的，或者虽设立机构、场所但取得的所得与其所设机构、场所没有实际联系的，应当就其来源于中国境内的所得缴纳企业所得税。这些所得按项、按次征收，对股息、红利、利息、租金、特许权使用费所得，以收入全额为应纳税所得额；转让财产所得，以收入全额减除财产净值后的余额为应纳税所得额。当纳税人具有纳税能力时就征税，不考虑持续经营。

再如，第53条第3款规定，企业依法清算时，应当以清算期间作为一个纳税年度。第55条规定，企业在年度中间终止经营活动的，应当自实际经营终止之日起60日内，向税务机关办理当期企业所得税汇算清缴。企业应当在办理注销登记前，就其清算所得向税务机关申报并依法缴纳企业所得税。此时，应纳税所得额的计算，与持续经营假设相反。

(3) 纳税年度与会计分期纳税年度，是指企业所得税的计算起止日期。《企业所得税法》第53条规定：企业所得税按纳税年度计算。纳税年度自公历1月1日起至12月31日止。企业在一个纳税年度中间开业，或者终止经营活动，使该纳税年度的实际经营期不足12个月的，应当以其实际经营期为一个纳税年度。企业依法清算时，应当以清算期间作为一个纳税年度。第54条规定：企业所得税分月或者分季预缴。

会计分期，是指一个企业持续经营的生产经营活动划分为一个个连续的、长短相同的期间。《基本准则》第7条规定：企业应当划分会计期间，分期结算账目和编制财务会计报告。会计期间分为年度和中期。中期是指短于一个完整的会计年度的报告期间。

纳税年度与会计分期既有联系，也有区别：当企业的会计年度选用公历年度时，纳税年度就等于企业的会计年度；当企业的会计年度不选用公历年度时，纳税年度就不等于企业的会计年度。企业在一个纳税年度中间开业，或者终止经营活动，使该纳税年度的实际经营期不足12个月的，以及企业依法清算时，纳税年度也不等于会计年度。企业所得税分月或者分季预缴时，预缴税款所属期等同于相同期间的会计中期。

(4) 货币计量。《企业所得税法》第56条规定：依照本法缴纳的企业所得税，以人民币计算。所得以人民币以外的货币计算的，应当按照中国人民银行公布的人民币基准汇价折合成人民币计算并缴纳税款。《基本准则》第8条规定：企业会计应当以货币计量。这说明，企业所得税计算和企业的会计核算，都是以货币为基本计量单位。企业的会计核算，一般以人民币为记账本位币，业务收支以人民币以外的货币为主的企业，可以选定其中一种货币为记账本位币，但是在计算缴纳企业所得税、编报财务会计报告时，都应当折算为人民币。

3. 课税原则与会计信息质量要求的差异。新的企业所得税法虽然没有从形式上提出企业所得税的课税原则，但课税原则的思想、具体内容和要求是体现在若干条款中的。贯彻企业所得税的课税原则，要求企业在填报企业所得税纳税申报表时，要按税法原则进行纳税调整。新会计准则《基本准则》第2章会计信息质量要求，是对强调编制企业财务报告中所提供会计信息质量的基本要求，它是从原《企业会计制度》对会计核算的基本原则演变而来的，这些要求与新企业所得税法的课税原则既有相通之处，又存在一些差异。

(1) 可靠性。《基本准则》第12条规定：企业应当以实际发生的交易或者事项为依据进行会计确认、计量和报告，如实反映符合确认和计量要求的各项会计要素及其他相关信息，保证会计信息真实可靠、内容完整。

企业所得税法也要求企业在计算应纳税额时，各项收入、成本、费用、亏损与损失的内容都必须是真实可靠、内容完整的，如果是虚假申报，将以偷税论处。真实可靠性是所得课税的前提条件，在收入的确认方面，企业的收入必须是全面、完整的；在成本、费用扣除方面，要求纳税人能够提供形式和内容都是真实的凭证。《企业所得税法》第8条，要求企业实际发生的支出才允许扣除。企业在计算应纳税所得额时，应当以实际发生的交易或事项为依据，准确地反映企业的经营成果和纳税能力。即纳税人可扣除的费用不论何时支付，其金额必须是确定的。也就是说，所有与申报纳税相关的交易或事项必须已经实际发生，要保证收入与支出的数字准确、资料可靠；对没有实际发生的交易或事项，企业不能估计或预计数额计入应纳税所得额。我国企业所得税管理的一个很大的漏洞，就是虚假发票和虚假成本费用的列支问题，包括假发票真开、真发票假开、虚报人员工资、虚报物料消耗等。另外，设立假账、少计收入、多计亏损、虚报财产损失等现象也广泛存在。

所以，真实可靠、内容完整，是我国企业所得税管理和会计管理需要加强的共同方面。

(2) 相关性。《基本准则》第13条规定：企业提供的会计信息应当与财务会计报告使用者的经济决策需要相关，有助于财务会计报告使用者对企业过去、现在或者未来的情况作出评价或者预测。

《企业所得税法》第8条，要求企业实际发生的与取得收入有关的支出才允许扣除。企业所得税的相关性原则，要求纳税人可扣除的成本、费用和损失必须与取得收入直接相关，即与纳税人取得收入无关的支出不允许在税前扣除。根据相关性原则，第一，与企业生产经营无关的支出不允许在税前扣除，如企业的非公益性赞助支出、企业为雇员承担的个人所得税、已出售给职工的住房的折旧费用等；第二，属于个人消费性质的支出不允许在税前扣除，如企业高级管理人员的个人娱乐支出、健身费用、家庭消费等。收入的非相关性支出在我国企业所得税税前扣除上目前还较为普遍，在减少非相关性扣除上还大有潜力可挖。

所以，虽然都被称为相关性，税法的相关性原则与会计准则的相关性要求的内容是不同的。

(3) 可理解性。《基本准则》第14条规定：企业提供的会计信息应当清晰明了，便于财务会计报告使用者理解和使用。《企业所得税法》没有可理解性的规定，但税法对纳税人和税务机关来讲都应是可理解的。

(4) 可比性。《基本准则》第15条规定：企业提供的会计信息应当具有可比性。同一企业不同时期发生的相同或者相似的交易或者事项，应当采用一致的会计政策，不得随意变更。确需变更的，应当在附注中说明。不同企业发生的相同或者相似的交易或者事项，应当采用规定的会计政策，确保会计信息口径一致、相互可比。

《企业所得税法》第2章规定的应纳税所得额、第2章规定的应纳税额，对于同一企业不同时期的申报与缴纳数，不同企业发生的相同或相似业务的企业所得税负担，都具有可比性，这可以应用于企业纳税评估。

(5) 实质重于形式。《基本准则》第16条规定：企业应当按照交易或者事项的经济实质进行会计确认、计量和报告，不应仅以交易或者事项的法律形式为依据。

企业所得税的实质重于形式原则，是指企业应当按照交易或事项的经济实质进行应纳税所得额的计算，而不应当仅仅按照它们的法律形式或人为形式作为所得课税的依据。在实际工作中，交易或事项的外在法律形式或人为形式并不总能完全真实地反映其实质内容。所以，应税所得要想反映其所拟反映的交易或事项，就必须根据交易或事项的实质和经济现实，而不能仅仅根据它们的法律形式进行核算和反映。

例如，销售商品的售后回购，如果企业已将商品所有权上的主要风险和报酬转移给购货方，并同时满足收入确认的其他条件，则销售实现，应当确认应税收入；如果企业没有将商品所有权上的主要风险和报酬转移给购货方，或没有满足收入确认的其他条件，即使企业已将商品交付购货方，销售也没有实现，不应当确认应税收入。再如，以融资租赁方式租入的资产，虽然从法律形式来讲企业并不拥有其所有权，但是由于租赁合同中规定的租赁期相当长，接近于该资产的使用寿命；租赁期结束时承租企业有优先购买该资产的选择权；在租赁期内承租企业有权支配资产并从中受益，所以，从其经济实质来看，企业能够控制其创造的未来经济利益，在税务处理上将以融资租赁方式租入的资产视为企业的资产，允许企业计提折旧并在税前扣除。

另外，企业的某些交易或事项的法律形式或人为形式可能是符合税法规定允许扣除的，但其法律形式或人为形式没有反映其经济实质和经济现实，那么，要按照其实质内容来判定是否符合税法的精神，不符合的要进行纳税调整，有偷税动机的要给予处罚。例如，某私营企业主支付的人员工资中，有以其女儿姓名支付的工资，但其女儿只有3岁，即使支付的工资符合计税标准，形式上没有问题，也不允许在税前扣除，因为没有经济实质，实质与形式不符。

以上是税法与会计准则对实质重于形式原则的共同方面。税法的实质重于形式原则，比会计准则的要求有更深的内涵。《企业所得税法》第47条规定：企业实施其他不具有合理商业目的的安排，而减少其应纳税收入或者所得额的，税务机关有权按照合理方法调整。这是税法第6章特别纳税调整的一般反避税条款。依据这一条款，税务机关可以对企业不具有合理商业目的的税收筹划、避税、节税安排，实施有效的反避税。

(6) 重要性。《基本准则》第17条规定：企业提供的会计信息应当反映与企业财务状况、经营成果和现金流量等有关的所有重要交易或者事项。企业所得税法没有重要性的原则，企业在计算缴纳企业所得税时，不区分项目的性质和金额的大小，税法规定征税的一律征税、税法规定不征税或免税的一律不征税或免税。

(7) 谨慎性。《基本准则》第18条规定：企业对交易或者事项进行会计确认、计量和报告应当保持应有的谨慎，不应高估资产或者收益、低估负债或者费用。

企业所得税法不承认谨慎性原则，企业按照谨慎性原则，根据应收款项的可收回性、固定资产的使用寿命、无形资产的使用寿命、商品降价、售出存货可能发生的退货或者返修等经营风险和不确定性进行会计职业判断而计提的各项资产减值准备、预提费用等，在计算缴纳企业所得税时需要进行纳税调整。《企业所得税法》第8条要求企业实际发生的支出才允许扣除；第10条第7款规定未经核定的准备金支出不允许在税前扣除。

（8）及时性。《基本准则》第19条规定：企业对于已经发生的交易或者事项，应当及时进行会计确认、计量和报告，不得提前或者延后。

《企业所得税法》要求纳税人要及时申报缴纳企业所得税，收入必须及时确认，成本、费用和损失必须及时扣除。因此，及时性是企业所得税法与会计准则的共同要求。

资料来源：刘磊：《中国税务报》，2007年5月21日。

第二节　应税收入

透视5－1

税法和会计对收入的确认

A公司向B公司销售一批商品，商品已经发出，B公司已经预付部分货款，剩余货款由B公司开出一张商业承兑汇票，销售发票账单已交付B公司。B公司收到商品后，发现商品质量没有达到合同约定的要求，立即根据合同有关条款与A公司交涉，要求在价格上给予一定折让，否则要求退货。双方没有就此达成一致意见，A公司也未采取任何补救措施。

根据本例的资料，尽管商品已经发出，并将发票账单交付买方。同时收到部分货款，但是由于双方在商品质量的弥补方面未达成一致意见，说明购买方尚未正式接受商品，商品可能被退回。因此，商品所有权上的主要风险和报酬仍保留在A公司，没有随商品所有权凭证的转移或实物的交付而转移，不能确认收入。但是税法要求，要确认收入，缴纳流转税和企业所得税。

A公司为推销一种新产品，承诺凡购买新产品的客户均有一个月的试用期，在试用期内如果对产品使用效果不满意，A公司无条件给予退货。改种新产品已交付买方，货款已收讫。

根据本例的资料，A公司虽然已将产品售出，并已收到货款。但是由于是新产品，A公司无法估计退货的可能性，这表明产品所有权上的主要风险和报酬并未随实物的交付而发生转移，不能确认收入。同样，税法一般会要求确认收入，缴纳有关税收；如果将来真实发生了退货，那么涉及红字发票问题。

资料来源：会计举例来源于财政部会计司编写组：《企业会计准则讲解》（2006），作者在此基础上作差异分析。

一、收入确认

（一）会计收入

《基本准则》规定，收入是指企业在日常活动中形成、会导致所有者权益增加、与所有者投入资本无关的经济利益的总流入。日常活动是指企业为完成其经营目标所从事的经常性活动以及与之相关的活动。

工业企业制造并销售产品、商业企业销售商品、保险公司签发保单、咨询公司提供咨询服务、软件企业为客户开发软件、安装公司提供安装服务、商业银行对外贷款、租赁公司出租资产等，均属于企业为完成其经营目标所从事的经常性活动，由此产生的经济利益的总流入构成收入。

企业转让无形资产使用权、出售原材料、对外投资（收取的利息、现金股利）等，属于与经常性活动相关的活动，由此产生的经济利益的总流入也构成收入。

企业处置固定资产、无形资产等活动，不是企业为完成其经营目标所从事的经常性活动，也不属于与经常性活动相关的活动，由此产生的经济利益的总流入不构成收入，应当确认为营业外收入。

《企业会计准则第 14 号——收入》所涉及的收入，包括销售商品收入、提供劳务收入和让渡资产使用权收入。企业代第三方收取的款项，应当作为负债处理，不应当确认为收入。长期股权投资、建造合同、租赁、原保险合同、再保险合同等形成的收入，适用其他相关会计准则。收入只有在经济利益很可能流入从而导致企业资产增加或者负债减少，且经济利益的流入额能够可靠计量时才能予以确认。符合收入定义和收入确认条件的项目，应当列入利润表。

（二）税法收入

在税法的收入定义中，《企业所得税法》规定的收入定义范围是最广泛的，包括收入总额、不征税收入和免税收入等形式收入。

收入总额。企业以货币形式和非货币形式从各种来源取得的收入，为收入总额。包括：销售货物收入，提供劳务收入，转让财产收入，股息、红利等权益性投资收益，利息收入，租金收入，特许权使用费收入，接受捐赠收入和其他收入。其他收入包括资产溢余收入、确实无法偿付的应付款项、企业已作坏账损失处理后又收回的应收款项、债务重组收入、补贴收入、违约金收入、视同销售收入等。

不征税收入。不纳入征税范围的收入。主要包括：财政拨款、依法收取并纳入财政管理的行政事业性收费、政府性基金，国务院规定的其他不征税收入。

免税收入。纳入征税范围，但不予征税或暂时不予征税收入。包括：国债利息收入；符合条件的居民企业之间的股息、红利收入；在中国境内设立机构、场所的非居民企业从居民企业取得与该机构、场所有实际联系的股息、红利收入；符合条件的非营利公益组织的收入。

（三）税法收入与会计收入差异

税法与会计准则界定的收入概念存在以下几个方面的差异：

收入依据不同。会计准则规定，收入是指企业在日常活动中形成的、会导致所有者权益增加的、与所有者投入资本无关的经济利益的总流入。其中日常活动是指企业为完成其经营目标所从事的经常性活动以及与之相关的活动。而税法规定，企业以货币形式和非货币形式从各种来源取得的收入为收入总额。也就是说：不是企业日常活动，不是企业为完成其经营目标所从事的经常性活动以及与之相关的活动而取得的收入，如一次性、偶然性、临时性等其他收入；不是企业为完成其经营目标所从事的经常性活动，也不属于与经常性活动相关的企业处置固定资产、无形资产等活动，由此产生的经济利益的总流入；以及企业接受捐赠收入、企业资产溢余收入、确实无法偿付的应付款项、企业已作坏账损失处理后又收回的应收款项、债务重组收入、补贴收入、违约金收入、视同销售收入等。这些收入一般不作为会计收入，但都应当计入应税收入总额。

收入范围不同。会计收入准则只规定销售商品收入、提供劳务收入和让渡资产使用权收入。长期股权投资、建造合同、租赁、原保险合同、再保险合同等形成的收入，适用其他相关会计准则。税法计入收入总额的收入项目要比会计上的收入范畴更为广泛。包括会计收入、营业外收入等收入范围。企业的销售货物收入、提供劳务收入、转让财产收入、股息红利等权益性投资收益、利息收入、租金收入、特许权使用费收入、接受捐赠收入都应当计入收入总额。

收入概念不同。会计收入仅指收入，而税法收入分为应税收入、不征税收入和免税收入。税法上的不征税收入，是指从企业所得税原理上讲不列为征税范围的收入范畴，从性质上和根源上不属于企业营利性活动带来的经济利益，不负有纳税义务的收入。税法上的免税收入是指企业负有纳税义务，而政府根据社会经济政策目标的需要，可以在一定时间免予征税，而在一定时期又有可能恢复征税的收入。

二、商品销售收入

（一）会计规定

1. 商品销售收入确认原则。根据《企业会计准则第14号——收入》的规定，销售商品收入同时满足下列条件的，才能予以确认：第一，企业已将商品所有权上的主要风险和报酬转移给购货方；第二，企业既没有保留通常与所有权相联系的继续管理权，也没有对已售出的商品实施有效控制；第三，收入的金额能够可靠地计量；第四，相关的经济利益很可能流入企业；第五，相关的已发生或将发生的成本能够可靠地计量。上述企业已将商品所有权上的主要风险和报酬转移给购货方，是指与商品所有权有关的主要风险和报酬同时转移。与商品所有权有关的风险，是指商品可能发生减值或毁损等形成的损失；与商品所有权有关的报酬，是指商品价值增值或通过使用商品等形成的经济利益。通常情况下，转移商品所有权凭证并交付实物后，商品所有权上的主要风险和报酬随之转移，如大多数零售商品。某些情况下，转移商品所有权凭证但未交付实物，商品所有权上的主要风险和报酬随之转移，企业只保留了次要风险和报酬，如交款提货方式销售商品。有时，已交付实物但未转移商品所有权凭证，商品所有权上的主要风险和报酬未随之转移，如采用支付手续费方式委托代销的商品。

2. 销售商品收入金额的计量。企业销售商品满足收入确认条件时，应当按照已收或应收合同或协议价款的公允价值确定销售商品收入金额。从购货方已收或应收的合同或协议价款，通常为公允价值。某些情况下，合同或协议明确规定销售商品需要延期收取价款，如分期收款销售商品，实质上具有融资性质的，应当按照应收的合同或协议价款的现值确定其公允价值。应收的合同或协议价款与其公允价值之间的差额，应当在合同或协议期间内，按照应收款项的摊余成本和实际利率计算确定的金额进行摊销，冲减财务费用。

3. 销售商品收入确认的具体应用。

第一，下列商品销售，实质上满足了收入确认条件的，通常应当确认收入：

（1）办妥托收手续销售商品的，在办妥托收手续时确认收入；

（2）采用预收款方式销售商品的，在发出商品时确认收入，预收的货款应确认为负债；

（3）售出商品需要安装和检验的，在购买方接受交货以及安装和检验完毕前，不确认收入；

（4）采用以旧换新方式销售商品的，销售的商品应当按照销售商品收入确认条件确认收入，回收的商品作为购进商品处理；

（5）对于订货销售，在发出商品时确认收入，预收的货款应确认为负债；

（6）采用支付手续费方式委托代销商品的，在收到代销清单时确认收入；采用视同买断方式委托代销商品的，按销售商品收入确认条件确认收入。

第二，下列商品销售，实质上未满足收入确认条件的，通常不应确认收入：

（1）采用售后回购方式销售商品的，收到的款项应确认为负债；回购价格大于原售价的，差额应在回购期间按期计提利息，计入财务费用。有确凿证据表明售后回购交易是按照公允价值达成的，销售的商品按售价确认收入，回购的商品作为购进商品处理。

（2）采用售后租回方式销售商品的，收到的款项应确认为负债；售价与资产账面价值之间的差额，应当采用合理的方法进行分摊，作为折旧费用或租金费用的调整。有确凿证据表明认定为经营租赁的售后租回交易是按照公允价值达成的，销售的商品按售价确认收入，并按账面价值结转成本。

4. 特殊销售方式的收入确认。

现金折扣。应当按照扣除现金折扣前的金额确定销售商品收入金额。现金折扣在实际发生时计入当期损益。现金折扣，是指债权人为鼓励债务人在规定的期限内付款而向债务人提供的债务扣除。

商业折扣。应当按照扣除商业折扣后的金额确定销售商品收入金额。商业折扣，是指企业为促进商品销售而在商品标价上给予的价格扣除。

销售折让。企业已经确认销售商品收入的售出商品发生销售折让的，应当在发生时冲减当期销售商品收入。销售折让，是指企业因售出商品的质量不合格等原因而在售价上给予的减让。

销售退还。企业已经确认销售商品收入的售出商品发生销售退回的，应当在发生时冲减当期销售商品收入。销售退回，是指企业售出的商品由于质量、品种不符合要求等原因而发生的退货。

（二）税法规定

销售商品涉及增值税、消费税和企业所得税，由于计算增值税和消费的销售额同时也是企业所得税的销售额，因此，税法所涉及的销售额主要是增值税或消费税的销售额。

1. 一般规定。增值税和消费税的销售额为不含增值税税额在内的销售额，是指纳税人销售货物向购买方收取的全部价款和价外费用。价外费用是指在价款外另外收取的手续费、补贴、基金、集资返还利润、包装费、储备费 、优质费、包装物租金、运输装卸费、奖励费、违约金（延期付款利息）、代收款项、代垫款项及其他各种性质的价外收费项目，但下列项目不包括在内：第一，向购买方收取的增值税销项税额；第二，受托加工应征消费税的消费品所代收代缴的消费税；第三，同时符合承运部门将发票开具给购买方，并由销货方将该发票转交给购买方条件，为购买方代垫的运费。

2. 特殊规定。

第一，折扣销售。分为折扣销售、销售折扣和销售折让三种情况。

（1）折扣销售。是指销货方在销售货物或劳务时，因购货方购货数量较大等原因，给予购货方的价格优惠。纳税人采取折扣方式销售货物，如果销售额和折扣额在同一张发票上分别注明的，可按折扣后的销售额征收增值税；如果将折扣额另开发票，不论其在财务上如何处理，均不得从销售额中减除折扣额。上述折扣销售是指价格折扣，不包括实物折扣，对于实物折扣不但不能从销售额中扣除，而且该实物也应计算销售额。

（2）销售折扣。是指销货方在销售货物或应税劳务时，为鼓励销货方及时还款，而给予购货方的一种折扣优待，销货折扣发生在销货之后，是一种融资性质的理财费用。税法规定，销售折扣的折扣额一般不能在销售额中扣除。

（3）销售折让。可视同折扣销售，折让允许在销售额中扣减。销售折让是指货物销售后，由于品种、质量等原因购货方未要求退货，而销货方却给予购货方的一种价格折让。

第二，视同销售。增值税或消费税对货物销售征税一般是指货物所有权已经发生转移并能取得经济补偿，这是一种常规的销售方式，应按规定征收增值税。但在有些情况下，货物没有对外销售，也应视同销售征税。这种视同货物销售应征增值税的行为主要反映在以下几方面：

（1）总分支机构间的货物调拨。在一般情况下，总分支机构间的货物调拨只是货物的内部调拨，不作销售处理，也不征增值税。但如果总机构和分支机构不在同一县（市），而将货物从一个机构移送到另一个机构用于销售的内部调拨，应视同销售征税。

（2）自产或委托加工收回货物内部使用。企业将自产或委托加工的货物用于连续生产增值税应税货物或劳务，不作销售征增值税。但企业将自产或委托加工的货物用于本企业内部的基本建设、专项工程、集体福利和个人消费等非应税项目的，应视同销售征增值税。

（3）自产、委托加工收回或购买货物其他使用。纳税人将自产、委托加工收回或购买的货物作为投资，提供给其他单位或个体经营者，分配给股东和投资者，无偿捐赠给他人，均应视同销售征增值税。

第三，代购代销。代购代销货物本身的经营活动属于购销货物，在其经营过程中货物实现了有偿转让，应属增值税的征收范围。

（1）委托代购。是指受托方按照协议或委托方的要求从事商品购买。如果受托方按发票购进价格与委托方结算，并将原增值税发票转交给委托方，受托方向委托方收取代购手续费，视为代理服务，按代理服务征收营业税。如果受托方没有将原增值税发票转交给委托方，而是将原增值税发票自留，并另开增值税发票给委托方，并向委托方收取代购手续费，应视为自营销售，应按销售价连同代购手续费征收增值税。

（2）委托代销。是指受托方按照协议或委托方的要求销售委托方的货物。如果受托方以委托方的名义代销货物，按委托价格代销，并收取代销手续费，委托方应按销售价格征收增值税，而受托方应按代销手续费征收营业税。如果受托方以自己的名义代销货物，受托方应按销售价格征收增值税，并与委托方结算时委托方按结算价格作货物销售征收增值税，受托方按结算价格作货物购入，计算进项税额抵扣。

第四，包装物出租出借。纳税人为实现货物销售而出租出借包装物所收取的押金，是一种价外费用。纳税人收取押金的目的不是为了获得来自包装物本身的经营收入，而是为促使购货方及早归还包装物以便周转使用，因此，原则上不应并入销售额征税。但为了防止这项原则被滥用，税法规定，纳税人为销售货物而出租出借包装物收取的押金，单独记账的，不并入销售额征税。但对因逾期（超过 1 年）未收回包装物的押金，应并入销售额征税。税法还规定，对销售除啤酒、黄酒外的其他酒类产品而收取的包装物押金，无论是否返还以及会计制度如何核算，均应并入当期销售额征税。

第五，其他方式下的销售额。

（1）以旧换新。是指纳税人在销售过程中折价收回同类旧货物并以折价款冲减所售新货物价款的一种营销方式。税法规定，纳税人采取以旧换新方式销售货物的应按新货物的同期销售价格确定销售额，不得扣减旧货物的收购价格。

（2）还本销售。是指销货方将货物出售之后按约定的时间一次或分次将所收的全部销货款部分或全部退还给购买方，所退还的货款即为还本支出。还本销售实际上是一种以提供货物换取全部资金并不支付利息好处的融资方法。纳税人采取还本销售方式销售货物，不得从销售额中扣除还本支出。

（3）以货易货。是指购销双方不是以货币结算，而以同等价款的货物为结算依据的销售方式。在实际经营活动中，常被作为结算往来债务的一种方式，因而往往会使纳税人产生不应纳税的误解或被用来逃避纳税义务。税法规定，以货易货双方都应作正常的购销处理，即以各自发出的货物核算销售额并计算应纳或应扣的增值税税额。如在易货时未取得增值税专用发票，不能抵扣进项税。

第六，销售额的税务调整。当发生纳税人视同销售行为而无销售额的，或销售货物的价格明显偏低又没有正当理由的，主管税务机关有权按下列顺序确定其销售额：按纳税人当月同类货物的平均销售价格确定；按纳税人最近时期同类货物的平均销售价格确定；按组成计税价格确定；如果该货物不同时征收消费税，组成计税价格 = 成本 ×（1 + 成本利润率）；如果该货物还同时征收消费税其组成计税价格 = 成本 ×（1 + 成本利润率）+ 消费税税额。公式中的成本，如属销售自产货物的，为生产成本；如属外购货物的，为实际采购成本。公式中的成本利润率由国家税务总局统一规定为 10%，但属于从价定率征收消费税的货物，为消费税有关法规确定的成本利润率。

3. 纳税义务发生时间。增值税法规定，纳税人销售货物的，其纳税义务发生时间为收讫销售款或者索取销售款凭据的当天。按结算方式的不同，具体为：

采取直接收款方式销售货物的，不论货物是否发出，均为收到销售额或取得索取销售额的凭据，并将提货单交给购买方的当天；

采取托收承付和委托银行收款方式销售货物的，为发出货物并办妥托收手续的当天；

采取赊销和分期收款方式销售货物的，为按合同约定的收款日期的当天；

采取预收货款方式销售货物的，为货物发出的当天；

委托其他纳税人代销货物的，为收到代销单位代销清单的当天；

销售应税劳务的，为提供劳务同时收讫销售额或清单索取销售额凭据的当天；

发生视同销售货物行为的，除将货物交付他人代销和销售代销货物外，均为货物移送的当天；

纳税人进口货物的纳税人义务发生时间，为进口报关的当天。

例题 5－1

2007 年 1 月 1 日，A 公司采用分期收款方式向 L 公司销售一套大型设备，合同约定的销售价格为 2 000 万元，分 5 次于每年 12 月 31 日等额收取。该大型设备成本为 1 560 万元。在现销方式下，该大型设备的销售价格为 1 600 万元。假定 A 公司发出商品时开出增值税专用发票，注明的增值税额为 340 万元，并于当天收到增值税额 340 万元。

根据本例的资料，A 公司应当确认的销售商品收入金额为 1 600 万元。

根据下列公式：

未来五年收款额的现值 = 现销方式下应收款项金额可以得出：

$400 \times (P/A, r, 5) + 340 = 1\,600 + 340 = 1\,940$（万元）

可在多次测试的基础上，用插值法计算折现率。

当 $r = 7\%$ 时，$400 \times 4.1002 + 340 = 1\,980.08\,7 > 1\,940$

当 $r = 8\%$ 时，$400 \times 3.9927 + 340 = 1\,937.08 < 1\,940$

因此，$7\% < r < 8\%$。用插值法计算如下：

现值　　　　利率

1 980.08　　7%

1 940　　　　r

1 937.08　　8%

$$\frac{1\,980.08 - 1\,940}{1\,908.08 - 1\,937.08} = \frac{7\% - r}{7\% - 8\%} \qquad r = 7.93\%$$

表 5－5　　每期计入财务费用的金额如财务费用和已收本金计算　　单位：万元

日期	未收本金 ①＝上期①－上期④	财务费用 ②＝①×7.93%	收现总额 ③	已收本金 ④＝③－②
2007.1.1	1 600			
2007.12.31	1 600	126.88	400	273.12
2008.12.31	1 326.88	105.22	400	294.78
2009.12.31	1 032.10	81.85	400	318.15
2010.12.31	713.95	56.62	400	343.38
2011.12.31	370.57	29.43	400	370.57
总额		400	2 000	1 600

根据表 5－5 的计算结果，A 公司各期的账务处理如下：

1. 2007 年 1 月 1 日销售实现。

借：长期应收款	20 000 000	
银行存款	3 400 000	
贷：主营业务收入		16 000 000
应交税费——应交增值税（销项税额）		3 400 000
未实现融资收益		4 000 000
借：主营业务成本	15 600 000	
贷：库存商品		15 600 000

2. 2007 年 12 月 31 日收取货款。

借：银行存款	4 000 000	
贷：长期应收款		4 000 000
借：未实现融资收益	1 268 800	
贷：财务费用		1 268 800

3. 2008 年 12 月 31 日收取货款。

借：银行存款	4 000 000	
贷：长期应收款		4 000 000
借：未实现融资收益	1 052 200	
贷：财务费用		1 052 200

4. 2009 年 12 月 31 日收取货款。

借：银行存款	4 000 000	
贷：长期应收款		4 000 000
借：未实现融资收益	818 500	
贷：财务费用		818 500

5. 2010 年 12 月 31 日收取货款。

借：银行存款	4 000 000	
贷：长期应收款		4 000 000
借：未实现融资收益	566 200	
贷：财务费用		566 200

6. 2011 年 12 月 31 日收取货款和增值税额。

借：银行存款	4 000 000	
贷：长期应收款		4 000 000
借：未实现融资收益	294 300	
贷：财务费用		294 300

对于会计上由于分期收款而采用实际利率法确认所得的问题，税法一般不认可；税法按照合同金额或发票数字。这影响到当期的销售货物收入和以后的财务费用。

（三）税法与会计规定差异

售后回购回租。按会计制度规定，采用售后回购方式，或者售后租回方式销售商品的，收到的款项应确认为负债。对于有确凿证据表明售后回购交易是按照公允价值达成的，销售的商品按售价确认收入，回购的商品作为购进商品处理。税法虽然对售后回购或售后回租没有明确规定，但依据税法原则，应作销售处理。

商业折扣。商业折扣是指企业为促进商品销售而在商品标价上给予的价格扣除。会计制度规定，对于商业折扣应当按照扣除商业折扣后的金额确定销售商品收入金额。而增值税和消费税规定，采用价格折扣，如果销售额和折扣额在同一张发票上分别注明的，可按折扣后的销售额计算征收增值税和消费税；如果将折扣额另开发税票，不论其在财务上如何处理，均不得从销售额中减除折扣额。同时规定，按折扣额计算的仅限价格折扣，不包括实物折扣。

视同销售。对于企业以自产或委托加工收回货物用于本企业内部的基本建设、专项工程、集体福利和个人消费等非应税项目的，会计认为是一种内部结转关系，不存在销售行为，不符合会计准则销售成立条件，按实质重于形式原则，不作销售处理，而是按成本转账。而增值税、消费税和企业所得税法规定，应视同销售征增值税、消费税并作企业所得税收入。

三、提供劳务收入

（一）会计规定

根据《企业会计准则第14号——收入》的规定，提供劳务收入分为能够可靠估计的提供劳务收入和不能可靠估计的提供劳务收入两种情况。

1. 提供劳务交易结果能够可靠估计的。

第一，收入时间确认。企业在资产负债表提供劳务交易的结果能够可靠估计的，应当采用完工百分比法确认提供劳务收入。完工百分比法，是指按照提供劳务交易的完工进度确认收入与费用的方法。

（1）提供劳务交易的结果能够可靠估计，是指同时满足下列条件：一是收入的金额能够可靠地计量；二是相关的经济利益预计将流入企业；三是交易的完工进度能够可靠地确定；四是交易中已发生和将发生的成本能够可靠地计量。

（2）企业确定提供劳务交易的完工进度，可以选用下列方法：一是已完工作的测量；二是已经提供的劳务占应提供劳务总量的比例；三是已经发生的成本占估计总成本的比例。

第二，收入金额确认。企业应当按照从接受劳务方已收或应收的合同或协议价款确定提供劳务收入总额，但已收或应收的合同或协议价款不公允的除外。企业应当在资产负债表日按照提供劳务收入总额乘以完工进度扣除以前会计期间累计已确认提供劳务收入后的金额，确认当期提供劳务收入；同时，按照提供劳务估计总成本乘以完工进度扣除以前会计期间累计已确认劳务成本后的金额，结转当期劳务成本。

2. 提供劳务交易结果不能够可靠估计的。企业在资产负债表日提供劳务交易结果不能够可靠估计的，应当分别按下列情况处理：第一，已经发生的劳务成本预计能够得到补偿的，按照已经发生的劳务成本金额确认提供劳务收入，并按相同金额结转劳务成本；第二，已经发生的劳务成本预计不能够得到补偿的，应当将已经发生的劳务成本计入当期损益，不确认提供劳务收入。

3. 提供劳务收入确认条件的具体应用。下列劳务提供，实质上满足了收入确认条件的，通常应当确认收入：

安装费，在资产负债表日根据安装的完工进度确认收入。安装工作是商品销售附带条件的，安装费在确认商品销售实现时确认收入。

宣传媒介的收费，在相关的广告或商业行为开始出现于公众面前时确认收入。广告的制作费，在资产负债表日根据广告的完工进度确认收入。

为特定客户开发软件的收费，在资产负债表日根据开发的完工进度确认收入。

包括在商品售价内可区分的服务费，在提供服务的期间内分期确认收入。

艺术表演、招待宴会和其他特殊活动的收费，在相关活动发生时确认收入。收费涉及几项活动的，预收的款项应合理分配给每项活动，分别确认收入。

申请入会费和会员费只允许取得会籍，所有其他服务或商品都要另行收费的，在款项收回不存在重大不确定性时确认收入。申请入会费和会员费能使会员在会员期内得到各种服务或出版物，或者以低于非会员的价格购买商品或接受服务的，在整个受益期内分期确认收入。

属于提供设备和其他有形资产的特许权费，在交付资产或转移资产所有权时确认收入；属于提供初始及后续服务的特许权费，在提供服务时确认收入。

长期为客户提供重复的劳务收取的劳务费，一次性收取若干期的，收取的款项在相关劳务活动发生时分期确认收入；分期收取的，在合同约定的收款日期确认收入。

（二）税法规定

提供劳务取得的营业收入涉及营业税和企业所得税，由于计算营业税的营业额同时也是企业所得税的营业收入，因此，税法所涉及的提供劳务营业额主要是营业税的营业额。但对于跨年度的工程项目，由于所得税要确立当年工程项目收入，因此，所得税对跨年度的工程项目当年收入作了规定。

1. 一般规定。企业所得税法所称的提供劳务收入，是指企业从事建筑安装、修理修配、交通运输、仓储租赁、金融保险、邮电通信、咨询经纪、文化体育、科学研究、技术服务、教育培训、餐饮住宿、中介代理、卫生保健、社区服务、旅游、娱乐、加工以及其他劳务服务活动取得的收入。营业税在确定计税依据时所确定的营业收入为纳税人提供应税劳务向对方收取的全部价款和价外费用。价外费用包括向对方收取的手续费、基金、集资费、代收款项、代垫款项及其他各种性质的价外费用。

2. 特殊规定。

第一，交通运输业。计税依据为营业额，包括客运收入、装卸搬运收入、其他运输收入和运输票价中包含的保险费收入，以及随同票价、货运运价向客户收取的各种交通建设基金等。其中，运输企业自我国境内运输旅客或者货物出境，在境外改由其他运输企业承运旅客或者货物的，以全程运费减去付给该承运企业运费后的余额为应税营业额。运输企业从事联运业务，以实际取得的营业额为计税依据。

第二，建筑业。计税依据为纳税人承包建筑、修缮、安装、装饰和其他工程作业取得的营业收入额，即建筑安装企业向建设单位收取的工程价款及价外费用。其中对以下业务又作了具体规定：（1）纳税人从事建筑、修缮、装饰工程作业，无论对方如何结算，其营业额均应包括所用原材料及其他物资和动力的价款在内。(2) 纳税人从事安装工程作业，如果安装企业只负责安装业务，所安装的设备不作为安装工程产值的，其营业额为所取得的安装收入；凡所安装的设备作为安装工程产值的，其营业额应包括设备的价款在内。(3) 建筑业的总承包人将工程分包或转包给他人的，以工程全部承包额减去付给分包人或转包人的价款后的余额为营业额。(4) 单位和个人自建建筑物后销售，其自建行为的营业额按组成计税价格计算。

第三，金融保险业。应税营业额具体包括贷款利息、融资租赁收益、金融商品转让收益以及从事金融经纪业和其他金融业务的手续费收入。保险业的应税营业额是指保险机构经营保险业务所取得的保费收入。具体规定为：

(1) 贷款业务。一律以纳税人发放贷款所取得的利息收入全额为营业额。中国人民银行对金融机构的贷款业务不征营业税，但对企业或委托金融机构贷款的业务应当征收营业税。其他单位，不论是否为金融机构，只要发生将资金贷与他人使用的行为，均应视为发生贷款行为，按贷款业务征收营业税。

(2) 转贷业务。以贷款利息减去借款利息后的余额为应税营业额。转贷业务是指金融机构将借入的资金贷与他人（包括直接向境外借入的外汇资金贷与国内企业）使用的业务。金融机构将吸收的单位或者个人的存款或者自有资本贷与他人使用的业务，不属于转贷业务，应按贷款业务，对利息收入全额征税。金融机构从事转贷业务和贷款业务，应当划分清楚各自的营业额，按不同的计税依据计算营业税，未划分清楚各自营业额的，一律按贷款业务征税。

(3) 金融商品转让业务。金融机构从事股票、债券、外汇和其他金融商品转让，应以卖出价减去买入价后的余额为应税营业额。同一大类不同品种金融商品买卖出现的正负差，在同一个纳税期内可以相抵。相抵后仍出现负差的，可结转下一个纳税期相抵，但年末时仍出现负差的，不得转入下一个会计年度。金融商品的买入价，可以选定按加权平均法或移动加权法进行核算，选定后一年内不得变更。非金融机构和个人买卖外汇、有价证券或期货，不征收营业税。

(4) 融资租赁业务。经中国人民银行或对外经济贸易合作部批准经营融资租赁业务的单位所从事的融资租赁业务，以其向承租人收取的全部价格和价外费用减去出租方承担的出租货物的实际成本后的余额为营业额。出租货物的实际成本包括由出租方承担的货物购入价、关税、增值税、消费税、运杂费、安装费、保险费以及纳税人为购买出租货物而发生的境外外汇借款利息支出等费用。对于未经中国人民银行或对外经济贸易合作部批准而经营融资租赁业务的单位所从事的融资租赁业务，不属于金融业。应按货物销售征收增值税或按服务业中的租赁业务征收营业税。计算公式为：本期营业额 =（应收取的全部价格和价外费用 - 实际成本）×（本期天数/总天数）。

(5) 保险业务。保险业实行分包险的，以全部保费收入减去支付给分包人保费后的余额为初保业务的计税依据。但在实际操作中，可只对初保人按保费收入全额征税，对分保人取得的保费收入不再征税。保险公司如采用收取储金方式取得经济利益的（即以被保险人所交保险资金的利息收入作为保费收入，保险期满后将保险资金本金返还被保险人），其储金业务的营业额，为纳税人在纳税期内的储金平均余额乘以中国人民银行公布的一年期存款的月利率。储金平均余额为纳税期期初储金余额与期末余额之和的 50%。

（6）其他金融业务。典当业的应税营业额为经营者取得的利息和其他各种费用，金融经纪业的应税营业额为金融机构从事金融经纪业务所取得的手续费。

第四，邮电通信业。邮政业务计税依据为传递函件或包件、邮汇、报刊发行、邮政物品销售、邮政储蓄或其他邮政业务的收入。电信业务计税依据为提供电报、电话、电传、电话机安装、电信物品销售、或其他电信业务的收入。

第五，文化体育业。计税依据为从事文化体育业的单位和个人所取得的营业额。其中，单位和个人进行的演出业务，应以全部票价收入或者包场收入减去付给提供演出场所的单位、演出公司或者经纪人的费用后的余额为应税营业额。游览场所的营业额是指公园、动（植）物园及其他游览场所所销售的门票收入，不包括这些场所从事的其他游艺活动或其他经营活动的收入。

第六，娱乐业。计税依据为经营娱乐业的营业收入，即纳税人向顾客收取的全部费用，包括门票费、台位费、点歌费、烟酒费和饮料费及娱乐场所为顾客进行娱乐活动提供服务的其他各项收费。高尔夫俱乐部所收取的会员费收入应包括在娱乐业的应税营业额中。娱乐业的纳税人兼营营业税的其他税目的业务，应将娱乐业税目的营业额和其他税目的营业额进行分别核算，不能分别核算的，应从高适用税率。

第七，服务业。计税依据为纳税人经营各项服务业所取得的营业收入全额。具体为：

（1）旅游企业组织旅游团到我国境内旅游的，以收取的旅游费减去替旅游者支付给其他单位的房费、餐费、交通、门票和其他代付费用后的余额为应税营业额。旅游企业组织旅游团到我国境外旅游，在境外改由其他旅游企业接团的，以全程旅游费减去付给该接团企业的旅游费后的余额为应税营业额。

（2）代理业以纳税人从事代理业务向委托方实际收取的报酬为营业额。

（3）广告代理业以代理者向委托方收取全部价格和价外费用减去付给广告发布者的广告发布费后的余额为营业额。

（4）物业管理企业代有关部门收取水费、电费、燃气费、维修基金、房租，以代理手续费收入为营业额。

（5）拍卖行以向委托人收取的手续费为营业额。在税务处理上，企业受托加工制造大型机械设备、船舶、飞机等，以及从事建筑、安装、装配工程业务或者提供劳务等，持续时间超过一个纳税年度的，按照纳税年度内完工进度或者完成的工作量确认收入的实现。在税务处理上，企业应当按照从接受劳务方已收或应收的合同或协议价款确定提供劳务收入总额，但已收或应收的合同或协议价款不公允的，要按照公允价值进行纳税调整。

第八，计税依据的税务调整。纳税人提供应税劳务、转让无形资产或者销售不动产的价格明显偏低而无正当理由的，或者纳税人将不动产无偿赠送他人无营业额的，主管税务机关有权按下列顺序核定其营业额：

（1）按纳税人当月提供的同类应税劳务或者销售的同类不动产的平均价格核定；

（2）按纳税人最近时期提供的同类应税劳务或者销售的同类不动产的平均价格核定；

（3）按下列公式核定计税价格：

$$计税价格=营业成本或工程成本\times(1+成本利润率)/(1-营业税税率)$$

公式中的成本利润率，由省、自治区、直辖市人民政府所属税务机关确定。

3. 纳税义务发生时间。营业税的纳税义务发生时间，为纳税人收讫营业收入款项或者取得索取营业收入款项凭据的当天，具体规定为：

纳税人转让土地使用权或者销售不动产，采用预收款方式的，其纳税义务发生时间为收到预收款的当天。

纳税人自建建筑物销售，其纳税义务发生时间为其销售自建建筑物并收讫营业额或者取得索取营业额凭据的当天。

纳税人将不动产无偿赠送他人，其纳税义务发生时间为不动产所有权转移的当天。

（三）税法与会计规定差异

1. 对于提供劳务交易结果能够可靠估计的提供劳务收入。在会计处理上，企业在资产负债表提供劳务交易的结果能够可靠估计的，应当采用完工百分比法确认提供劳务收入。

在企业所得税处理上，企业受托加工制造大型机械设备、船舶、飞机等，以及从事建筑、安装、装配工程业务或者提供劳务等，持续时间超过一个纳税年度的，按照纳税年度内完工进度或者完成的工作量确认收入的实现。因此，对于能够可靠估计的提供劳务收入税法和会计在处理上是一致的。所不同的是企业从接受劳务方已收或应收的合同或协议价款确定提供劳务收入总额时，已收或应收的合同或协议价款不公允的，要按照公允价值进行纳税调整。

2. 对于提供劳务交易结果不能够可靠估计的提供劳务收入。在会计处理上，企业在资产负债表日提供劳务交易结果不能够可靠估计的，对于已经发生的劳务成本预计能够得到补偿的，按照已经发生的劳务成本金额确认提供劳务收入，预计不能够得到补偿的不确认提供劳务收入。

在税法处理上，对会计人员判断已经发生的劳务成本预计能够得到补偿的，企业应当按照从接受劳务方已收或应收的合同或协议价款确定提供劳务收入总额；不能按照已经发生的劳务成本金额确认提供劳务收入，并按相同金额结转劳务成本。对会计人员判断已经发生的劳务成本预计不能够得到补偿的，企业亦应当按照从接受劳务方已收或应收的合同或协议价款确定提供劳务收入总额，应待已经发生的劳务成本确定不能够得到补偿后，经主管税务机关核准后，方可作为损失扣除；不可先不确认提供劳务收入。

3. 同时销售商品和提供劳务取得的收入。在会计处理上，企业与其他企业签订的合同或协议包括销售商品和提供劳务时，销售商品部分和提供劳务部分能够区分且能够单独计量的，应当将销售商品的部分作为销售商品处理，将提供劳务的部分作为提供劳务处理。销售商品部分和提供劳务部分不能够区分，或虽能区分但不能够单独计量的，应当将销售商品部分和提供劳务部分全部作为销售商品处理。同时销售商品和提供劳务取得的收入在税收处理上，区为兼营和混合销售。作为兼营业务，应分开核算，如果不能分开核算的，由税务机关核定应征增值税的商品销售额和应征营业税的服务营业额；作为混合销售业务，视企业主业，对于以增值税为主业的企业混合销售征收增值税，相反则征收营业税。同时销售商品和提供劳务收入处理在流转税上涉及是征增值税还是营业税问题，但在计算所得税上没有什么明显差异。

4. 对于以预收款方式销售商品取得的收入。会计制度根据权责发生制原则一般不作当期收入，而税法在增值税和消费税处理上一般不做销售收入，而在营业税处理房地产预售款时，一般按收付实现制原则，作当期收入处理。

四、让渡资产使用权收入

（一）会计规定

1. 让渡资产使用权收入范畴。会计准则规定，让渡资产使用权收入，包括利息收入、使用费收入等。利息收入，主要是指金融企业对外贷款形成的利息收入等；使用费收入，主要是指企业转让无形资产（如商标权、专利权、专营权、软件、版权）等资产的使用形成的使用费收入。

2. 让渡资产使用权收入确认。让渡资产使用权收入同时满足下列条件的，才能予以确认：相关的经济利益很可能流入企业，收入的金额能够可靠地计量。企业应当分别下列情况确定让渡资产使用权收入金额：利息收入金额，按照他人使用本企业货币资金的时间和实际利率计算确定。使用费收入金额，按照有关合同或协议约定的收费时间和方法计算确定。

（二）税法规定

企业所得税法没有专门规定让渡资产使用权收入的概念，但其收入项目中的利息收入和特许权使用费收入与让渡资产使用权收入的概念比较接近。

利息收入。企业所得税法收入项目中的利息收入，是指企业将资金提供他人使用但不构成权益性投资，或者因他人占用本企业资金取得的收入，包括存款利息、贷款利息、债券利息、欠款利息等收入。利息收入，按照合同约定的债务人应付利息的日期确认收入的实现。

特许权使用费收入。企业所得税法收入项目中的特许权使用费收入，是指企业提供专利权、非专利技术、商标权、著作权以及其他特许权的使用权取得的收入。特许权使用费收入，按照合同约定的特许权使用人应付特许权使用费的日期确认收入的实现。

对于让渡资产使用权收入，税法和会计制度规定没有明显差异，要说差异主要是利息收入范畴不同，会计利息收入针对金融机构，而税法利息收入涵盖金融机构在内的所有企业；另外是规定没有明显差异。

五、财产转让收入

（一）会计规定

财产转让。固定资产、生物资产、无形资产、非货币资产出售，应当将取得的价款与该资产账面价值的差额计入当期损益。

财产置换。固定资产、生物资产、无形资产、非货币资产置换，应当以公允价值和应支付的相关税费作为换入资产的成本，公允价值与换出资产账面价值的差额计入当期损益。

（二）税法规定

企业所得税法所称转让财产收入，是指企业转让固定资产、生物资产、无形资产、股权、债权等财产取得的收入。

转让财产。企业所得税是以收入全额减除财产净值后的余额为应纳税所得额。财产的净值是指有关资产、财产的计税基础减除按照规定已经扣除的折旧、摊销、折耗、准备金后的余额。

财产置换。企业所得税法规定，除国务院财政、税务主管部门另有规定外，企业在重组过程中，应当在交易发生时确认有关资产的转让所得或者损失。国务院财政、税务主管部门另有规定是指符合条件的免税重组。

因此，对于财产转让收入，税法和会计制度规定也没有明显差异。

六、股息、红利权益性收入

（一）会计规定

《企业会计准则第2号——长期股权投资》，针对股权投资的不同情况，将权益性收益分为成本法和收益法两种处理方法。

1. 成本法核算。

第一，适用对象。一是投资企业能够对被投资单位实施控制的长期股权投资。二是投资企业对被投资单位不具有共同控制或重大影响，并且在活跃市场中没有报价、公允价值不能可靠计量的长期股权投资。

第二，核算方式。采用成本法核算的长期股权投资应当按照初始投资成本计价。追加或收回投资应当调整长期股权投资的成本。被投资单位宣告分派的现金股利或利润，确认为当期投资收益。

2. 权益法核算。

第一，适用对象。投资企业对被投资单位具有共同控制或重大影响的长期股权投资，应当按照规定，采用权益法核算。

第二，核算方式。投资企业取得长期股权投资后，应当按照应享有或应分担的被投资单位实现的净损益的份额，确认投资损益并调整长期股权投资的账面价值。投资企业按照被投资单位宣告分派的利润或现金股利计算应分得的部分，相应减少长期股权投资的账面价值。

（二）税法规定

收入范围。企业所得税收入包括股息、红利等权益性投资收益。但在具体执行中分为以下三种情况：

第一，对于符合条件的居民企业之间的股息、红利等权益性投资收益，以及在中国境内设立机构、场所的非居民企业从居民企业取得与该机构、场所有实际联系的股息、红利等权益性投资收益免予纳入本企业所得征税。企业所得税法所称符合条件的居民企业之间的股息、红利等权益性投资收益，是指居民企业直接投资于其他居民企业取得的投资收益。不包括连续持有居民企业公开发行并上市流通的股票不足12个月取得的投资收益。

第二，对于居民企业从境外取得的股息、红利等权益性投资收益，应纳入本企业所得计算征收企业所得税。但该境外所得在境外已缴纳的企业所得税允许限额抵扣。

第三，对于在中国境内没有设机构、场所的非居民企业，或者虽然设有机构、场所，但取得所得与在中国境内所设机构、场所没有实际联系的股息、红利等权益性投资收益，就股息、红利所得征收预提所得税。

收入确认。对于居民企业从境外取得股息、红利等权益性投资收益，除国务院财政、税务主管部门另有规定外，按照被投资方作出利润分配决定时间确认收入的实现。对于非居民企业取得股息、红利等权益性投资收益和利息、租金、特许权使用费所得，以收入全额为应纳税所得额。

（三）税法与会计规定差异

会计对长期权益性收益分别投资企业对被投资单位具有或不具有共同控制或重大影响的不同情况，分别采取成本法和权益法。成本法按分配利润纳入当期损益。权益法按实现利润归投资者的部分计入投资企业损益。税法规定，对于居民企业从境内投资取得的权益性收益一般不纳入本企业当期损益。对于居民企业从境外投资取得的权益性收益，一般按成本法纳入投资企业当期损益。但对于由居民企业，或者由居民企业和中国居民控制的设立在实际税负明显低于规定税率水平的国家（地区）的企业，并非由于合理的经营需要而对利润不作分配或者减少分配的，上述利润中应归属于该居民企业的部分，应当计入该居民企业的当期收入，相当于按权益法计入投资企业本期损益。对于企业取得的股票股利，会计制度规定不进行会计处理，也不作为投资所得，而税法规定需按股票面值确定投资所得。

七、政府补助

（一）会计规定

政府补助，是指企业从政府无偿取得货币性资产或非货币性资产，但不包括政府作为企业所有者投入的资本。

1. 政府补助分类。政府补助分为与资产相关的政府补助和与收益相关的政府补助。与资产相关的政府补助，是指企业取得的、用于购建或以其他方式形成长期资产的政府补助。与收益相关的政府补助，是指除与资产相关的政府补助之外的政府补助。

2. 政府补助形式。政府补助表现为政府向企业转移资产，通常为货币性资产，也可能为非货币性资产。政府补助主要有以下几种形式：

财政拨款。财政拨款是政府无偿拨付企业的资金，通常在拨款时明确规定了资金用途。如财政部门拨给企业用于购建固定资产或进行技术改造的专项资金，鼓励企业安置职工就业而给予的奖励款项，拨付企业的粮食定额补贴，拨付企业开展研发活动的研发经费等，均属于财政拨款。

财政贴息。财政贴息是政府为支持特定领域或区域发展，根据国家宏观经济形势和政策目标，对承贷企业的银行贷款利息给予的补贴。财政贴息主要有两种方式：（1）财政将贴息资金直接拨付给受益企业；（2）财政将贴息资金拨付给贷款银行，由贷款银行以政策性优惠利率向企业提供贷款，受益企业按照实际发生的利率计算和确认利息费用。

税收返还。税收返还是政府按照国家有关规定采取先征后返（退）、即征即退等办法向企业返还的税款，属于以税收优惠形式给予的一种政府补助。增值税出口退税不属于政府补助。除税收返还外，税收优惠还包括直接减征、免征、增加计税抵扣额、抵免部分税额等形式。这类税收优惠体现了政策导向，但并未直接向企业无偿提供资产，不作为本准则规范的政府补助。

无偿划拨非货币性资产。比如，行政划拨土地使用权、天然起源的天然林等。

3. 政府补助核算。与资产相关的政府补助，不能直接确认为当期损益，应当确认为递延收益，自相关资产达到预定可使用状态时起，在该资产使用寿命内平均分配，分次计入以后各期的损益（营业外收入）。相关资产在使用寿命结束前被出售、转让、报废或发生毁损的，应将尚未分配的递延收益余额一次性转入资产处置当期的损益。

与收益相关的政府补助，应当分别下列情况处理：（1）用于补偿企业以后期间的相关费用或损失的，确认为递延收益，并在确认相关费用的期间，计入当期损益；（2）用于补偿企业已发生的相关费用或损失的，取得时直接计入营业外收入。

确认的政府补助需要返还的，应当分别下列情况处理：（1）存在相关递延收益的，冲减相关递延收益账面余额，超出部分计入当期损益；（2）不存在相关递延收益的，直接计入当期损益。

（二）税法规定

企业所得税法的应税收入项目中，其他收入包括政府补贴收入，除了税法规定可不征或免以外，其他政府补贴收入均应征税。同时规定收入中的下列收入为不征税收入：

财政拨款：是指各级人民政府对纳入预算管理的事业单位、社会团体等组织拨付的财政资金，但国务院和国务院财政、税务主管部门另有规定的除外。

依法收取并纳入财政管理的行政事业性收费、政府性基金：是指依照法律法规等有关规定，按照国务院规定程序批准，在实施社会公共管理，以及在向公民、法人或者其他组织提供特定公共服务过程中，向特定对象收取并纳入财政管理的费用。

国务院规定的其他不征税收入：是指企业取得的，由国务院财政、税务主管部门规定专项用途并经国务院批准的财政性资金。企业取得的专项用途财政性资金：是指企业能够提供资金拨付文件，且文件中规定该资金的专项用途；财政部门或其他拨付资金的政府部门对该资金有专门的资金管理办法或具体管理要求；企业对该资金以及以该资金发生的支出单独进行核算。上述不征税收入用于支出所形成的费用，不得在计算应纳税所得额时扣除；用于支出所形成的资产，其计算的折旧、摊销不得在计算应纳税所得额时扣除。

（三）税法与会计规定差异

会计规定将政府补助分为与资产相关的政府补助和与收益相关的政府补助，除了与收益相关的政府补助中，用于补偿企业已发生的相关费用或损失的，取得时直接计入当期损益，其他均确认为递延收益，计入各期损益。税法规定，与资产相关的政府补助，除国务院财政、税务主管部门另有规定外，都应在实际取得时计入收入总额。当会计上将收到政府补助确认为递延收益的，在当期计算应纳税所得额时，进行纳税调增处理。与收益相关的政府补助，用于补偿企业以后期间的相关费用或损失的，取得时确认为递延收益，在确认相关费用的期间计入当期损益（营业外收入）；用于补偿企业已发生的相关费用或损失的，取得时直接计入当期损益（营业外收入）。

八、其他收入

会计规定。会计准则规定，收入准则所涉及的收入，只包括销售商品收入、提供劳务收入和让渡资产使用权收入。长期股权投资、建造合同、租赁、原保险合同、再保险合同等形成的收入，适用其他相关会计准则。

税法规定。企业所得税法规定，企业以货币形式和非货币形式从各种来源取得的收入，为收入总额。包括：销售货物收入，提供劳务收入，转让财产收入，股息、红利等权益性投资收益，利息收入，租金收入，特许权使用费收入，接受捐赠收入，其他收入。其他收入包括：企业资产溢余收入、确实无法偿付的应付款项、企业已作坏账损失处理后又收回的应收款项、债务重组收入、补贴收入、违约金收入、汇兑收益等，在税务处理上都应计入收入总额。

税法与会计规定差异。税法规定的收入中销售货物收入，提供劳务收入，特许权使用费收入与会计收入较为对应；股息、红利等权益性投资收益，利息收入，接受捐赠收入，其他收入以及不征税收入和免税收入与会计规定差异较大。

透视 5－2

售后租回的处理

2007 年 1 月 1 日，A 公司将一台塑钢机按 700 000 元的价格销售给 M 公司。该机器的公允价值为 700 000 元，账面原价为 1 000 000 元，已提折旧 400 000 元。同时又签订了一份融资租赁协议将机器租回。

A 公司对售后租回交易中售价与资产账面价值的差额会计处理如下（计算过程见表 5－6）。

表 5－6　　未实现售后租回收益分摊表（年限平均法）　　单位：元

日期	售价	固定资产账面价值	摊销期	分摊率	摊销额	未实现售后租回损益
（1）2007. 1. 1	700 000	600 000	5 年			100 000
（2）2007. 12. 31				20%	20 000	80 000
（3）2008. 12. 31				20%	20 000	60 000
（4）2009. 12. 31				20%	20 000	40 000
（5）2010. 12. 31				20%	20 000	20 000
（6）2011. 12. 31				20%	20 000	0
合计	700 000	600 000		100%	100 000	

1. 2007 年 1 月 1 日，结转出售固定资产的成本。

借：固定资产清理　　600 000
　　累计折旧　　400 000
　　贷：固定资产——塑钢机　　1 000 000

2. 2007 年 1 月 1 日，向 M 公司出售塑钢机。

借：银行存款　　700 000
　　贷：固定资产清理　　600 000
　　　　递延收益——未实现售后租回损益　　100 000

3. 2007 年 12 月 31 日，确认本年度应分摊的未实现售后租回损益。

借：递延收益——未实现售后租回损益（融资租赁）　　20 000
　　贷：制造费用——折旧费　　20 000

其他会计分录略。

在税法看来，A 公司将一台塑钢机销售出去，是销售行为，缴纳有关流转税和企业所得税；后来融资租赁进来，M 公司是销售行为，缴纳流转税金和企业所得税；A 公司对塑钢机提取折旧在企业所得税前扣除。

资料来源：会计举例来源于财政部会计司编写组：《企业会计准则讲解》（2006），作者在此基础上作差异分析。

第三节　税前扣除项目

一、基本规定

（一）会计费用

费用确认。《企业会计准则——基本准则》规定，费用是指企业在日常活动中发生的、会导致所有者权益减少的、与向所有者分配利润无关的经济利益的总流出。费用只有在经济利益很可能流出从而导致企业资产减少或者负债增加且经济利益的流出额能够可靠计量时才能予以确认。

企业为生产产品、提供劳务等发生的可归属于产品成本、劳务成本等的费用，应当在确认产品销售收入、劳务收入等时，将已销售产品、已提供劳务的成本等计入当期损益。

企业发生的支出不产生经济利益的，或者即使能够产生经济利益但不符合或者不再符合资产确认条件的，应当在发生时确认为费用，计入当期损益。

企业发生的交易或者事项导致其承担了一项负债而又不确认为一项资产的，应当在发生时确认为费用，计入当期损益。符合费用定义和费用确认条件的项目，应当列入利润表。

（二）税法扣除

在税法中，与会计费用对应的概念是扣除。企业所得税法规定，企业实际发生的与取得收入有关的、合理的支出，包括成本、费用、税金、损失和其他支出，可以在计算应纳税所得额时扣除。企业所得税法既从反列举法规定不允许扣除的项目，又从正列举法规定有限额扣除的项目。企业发生的支出应当区分收益性支出和资本性支出。收益性支出可以在发生当期直接扣除；资本性支出应当按照税收法律、行政法规的规定分期扣除或者计入有关资产成本，不得在发生当期直接扣除。除企业所得税法和企业所得税法实施条例另有规定外，企业实际发生的成本、费用、税金、损失和其他支出，不得重复扣除。

成本。是指企业为生产经营活动过程中发生的销售成本、销货成本、业务支出以及其他耗费。费用。是指企业在生产经营活动过程中发生的销售费用、管理费用和财务费用。已经计入成本的有关费用除外。税金。是指企业发生的能够直接在企业所得税前抵扣的各项税金以及附加。包括消费税、营业税、附加税、关税、资源税、土地增值税等税。损失。是指企业在生产经营活动过程中发生的固定资产和存货的盘亏、毁损、报废损失，转让财产损失，呆账损失，坏账损失，遭受自然灾害等不可抗力因素造成的损失以及其他损失。其他支出。是指除成本、费用、税金、损失外，企业在生产经营活动中发生的有关的、合理的支出。

允许在税前扣除的费用，应该符合以下原则：一是正常性原则，纳税人一项支出必须是正常的成本、费用和损失，符合经营常规，才允许在税前扣除。必要性原则，是指一项费用只有对企业的生产经营是必要的才允许在税前扣除。合理性原则，是指一项成本或费用只有在内容和数额上都是合理的，才允许在税前扣除，否则要进行纳税调整。合法性原则，是指非法支出和违法性支出不准在税前扣除。

（三）税法与会计差异

对于产品成本的计算归集，主要业务成本的形成和结转过程涉及的存货发出计价方法，在产品与完成产品的成本计算方法等，会计与税法原则上一致。在实践上，由于成本确认范围不同形成了永久性差异，对完工产品和在产品确认不同形成了时间性差异。

对于成本构成中的借款利息、工资、福利经费、工会经费、教育经费、业务招待费、广告费、捐赠支出、研发费用等费用支出，由于会计核算按实际发生数确定，而税法需要体现政策规定了限制性支出标准，从而使税法与会计形成了费用差异，包括会计允许作成本费用，而税法不允许扣除的永久性差异，以及会计允许作当期成本、费用，而税法不允许作当期成本、费用的时间性差异。

由于会计依据谨慎性原则对财产可能发生的损失要计提坏账准备或减值准备，而税法按实际发生原则不允许坏账准备或减值准备在税前列支，从而也导致了会计与税法准备计提列支上的差异。

二、工资

（一）会计规定

《企业会计准则第 9 号——职工薪酬》指出：本准则将企业因获得职工提供服务而给予职工的各种形式的报酬和对价，全部纳入职工薪酬的范围。

1. 职工薪酬范畴。职工薪酬是指企业为获得职工提供的服务而给予各种形式的报酬以及其他相关支出。职工薪酬包括：职工工资、奖金、津贴和补贴；职工福利费；医疗保险费、养老保险费、失业保险费、工伤保险费和生育保险费等社会保险费；住房公积金；工会经费和职工教育经费；非货币性福利；因解除与职工的劳动关系给予的补偿；其他与获得职工提供的服务相关的支出。上述范畴是指除股份支付外，企业对职工因提供服务而产生的所有义务。

2. 职工薪酬核算。企业应当在职工为其提供服务的会计期间，将应付的职工薪酬确认为负债，除因解除与职工的劳动关系给予的补偿外，应当根据职工提供服务的受益对象，分别下列情况处理：

应由生产产品、提供劳务负担的职工薪酬，计入产品成本或劳务成本。

应由在建工程、无形资产负担的职工薪酬，计入建造固定资产或无形资产成本。

其他职工薪酬，计入当期损益。职工薪酬义务的确认是在职工提供服务的会计期间，不是款项应付或实际支付期间。上述计量职工薪酬时，国家规定计提基础和计提比例的，应该按照国家标准计提。国家没有规定计提基础和计提比例的，企业应当根据历史经验数据和实际情况，合理预计当期应付职工薪酬。实际发生金额大于预计金额时，应当补提应付职工薪酬。实际发生金额小于预计金额时，应当冲回多提的应付职工薪酬。

（二）税法规定

在企业所得税法中，没有使用职工薪酬的概念，而是对会计上的职工薪酬分解为工资薪金、基本养老保险费、基本医疗保险费、失业保险费、工伤保险费、生育保险费、住房公积金、补充养老保险费、补充医疗保险费、人身安全保险费、企业为投资者或者职工支付的商业保险费、职工福利费、工会经费、职工教育经费等，分别作出规定的。

企业实际发生的合理的工资薪金，准予扣除。工资薪金是指企业每一纳税年度支付给在本企业任职或者受雇的员工的所有现金和非现金形式的劳动报酬，包括基本工资、奖金、津贴、补贴、年终加薪、加班工资，以及与任职或者受雇有关的其他支出。合理的工资薪金是指企业按照股东大会、董事会、薪酬委员会或相关管理机构制定的工资薪金制度规定实际发放给员工的工资薪金。即企业制定了较为规范的员工工资薪金制度；企业所制定的工资薪金制度符合行业及地区水平；企业在一定时期所发放的工资薪金是相对固定的，工资薪金的调整是有序进行的；企业对实际发放的工资薪金，已依法履行了代扣代缴个人所得税义务。有关工资薪金的安排，不以减少或逃避税款为目的。

（三）税法与会计规定差异

企业应当在职工为其提供服务的会计期间，根据职工提供服务的受益对象，将应确认的职工薪酬全部计入相关资产成本或当期费用，同时确认为应付职工薪酬负债。而税法规定允许在税前列支的工资是指实际发生的合理的工资。也就是说还未发生的，虽然发生但不合理的，以及计提但未发放的工资，不能在税前扣除。

例题 5－2

A 公司 2007 年 1 月 1 日，公司向其 200 名管理人员每人授予 100 股股票期权，这些职员从 2007 年 1 月 1 日起在该公司连续服务 3 年，即可以 4 元每股购买 100 股 A 公司股票，从而获益。公司估计该期权在授予日的公允价值为 15 元。

第一年有 20 名职员离开 A 公司，A 公司估计三年中离开的职员的比例将达到 20%；第二年又有10名职员离开公司，公司将估计的职员离开比例修正为15%；第三年又有15名职员离开。

1. 费用和资本公积计算过程见表5-7。

表5-7

年份	计算	当期费用	累计费用
20×2	200×100（1-20%）×15×1/3	80 000	80 000
20×3	200×100（1-20%）×15×1/3-80 000	90 000	170 000
20×4	155×100×15-170 000	62 500	232 500

2. 账务处理：

（1）2007年1月1日。

授予日不做处理。

（2）2007年12月31日。

借：管理费用　80 000

　　贷：资本公积——其他资本公积　80 000

（3）2008年12月31日。

借：管理费用　90 000

　　贷：资本公积——其他资本公积　90 000

（4）2009年12月31日。

借：管理费用　62 500

　　贷：资本公积——其他资本公积　62 500

（5）假设全部155名职员都在2009年12月31日行权，A公司股份面值为1元。

借：银行存款　62 000

　　资本公积——其他资本公积　232 500

　　贷：股本　15 500

　　　　资本公积——资本溢价　279 000

在税法看来，可以扣除的费用或成本要是实际发生的，在没有发放前、按照估计数作为的费用，不能在企业所得税前扣除。所以，在行权前的管理费用，在当年度纳税时要调整。

三、三项费用

（一）会计规定

《企业会计准则第9号——职工薪酬》规定，企业为职工缴纳的医疗保险费、养老保险费、失业保险费、工伤保险费、生育保险费等社会保险费和住房公积金作为职工薪酬，应当在职工为其提供服务的会计期间，根据工资总额的一定比例计算，并按照规定处理。

工会经费：凡依法建立工会组织的企事业单位，每月按照全部职工工资总额的2%向工会拨缴工会经费，并凭工会经费拨缴款专用收据在税前扣除。

教育经费：一般企业按照职工工资总额的1.5%足额提取，从业人员技术要求高、培训任务重、经济效益较好的企业，可按2.5%提取，列入成本开支。

福利经费：国家规定了计提基础和计提比例的，应当按照国家规定的标准计提。比如，应向社会保险经办机构等缴纳的医疗保险费、养老保险费（包括根据企业年金计划向企业年金基金相关管理人缴纳的补充养老保险费）、失业保险费、工伤保险费、生育保险费等社会保险费，应向住房公积金管理机构缴存的住房公积金，以及工会经费和职工教育经费等。国家没有规定计提基础和计提比例的，如职工福利费等，企业应当根据历史经验数据和实际情况，合理预计当期的应付职工薪酬。当期实际发生金额大于预计金额的，应当补提应付职工薪酬；当期实际发生金额小于预计金额的，应当冲回多提的应付职工薪酬。

企业年金：《企业会计准则第10号——企业年金基金》规定，企业年金是指企业及其职工在依法参加基本养老保险的基础上，自愿建立的补充养老保险制度。企业年金基金由企业缴费、职工个人缴费和企业年金基金投资运营收益组成，实行完全积累，采用个人账户方式进行管理。企业缴费属于职工薪酬的范围，其确认、计量和列报适用《企业会计准则第9号——职工薪酬》。企业年金基金作为一种信托财产，独立于委托人、受托人、账户管理人、托管人、投资管理人等的固有财产及其他资产，应当存入企业年金专户，作为独立的会计主体进行确认、计量和列报。

（二）税法规定

企业所得税法规定，企业发生的职工福利费支出，不超过工资薪金总额14%的部分，准予扣除。

企业拨缴的职工工会经费支出，不超过工资薪金总额2%的部分，准予扣除。如果纳税人未建立工会组织的，或不能出具工会经费拨缴款专用收据的，其提取的工会经费不得在企业所得税前扣除。

除国务院财政、税务主管部门另有规定外，企业发生的职工教育经费支出，不超过工资薪金总额2.5%的部分，准予扣除；超过部分，准予在以后纳税年度结转扣除。

企业按照国务院有关主管部门或者省级人民政府规定的范围和标准为职工缴纳的基本养老保险费、基本医疗保险费、失业保险费、工伤保险费、生育保险费等基本社会保险费和住房公积金，准予扣除。

企业缴纳的补充养老保险费、补充医疗保险费，在国务院财政、税务主管部门规定的标准和范围内，准予扣除。企业为其投资者或者职工个人向商业保险机构投保的人身保险、财产保险等商业保险费，不得扣除。但企业根据国家有关规定为特殊工种职工支付的人身安全保险费，以及国务院财政、税务主管部门规定可以扣除的其他商业保险费，准予扣除。

（三）税法与会计规定差异

会计规定，职工薪酬中的职工福利费，医疗保险费、养老保险费、失业保险费、工伤保险费和生育保险费等社会保险费，住房公积金，工会经费和职工教育经费，国家规定计提基础和计提比例的，应该按照国家标准计提，国家没有规定计提基础和计提比例的，企业应当根据历史经验数据和实际情况，合理预计当期应付职工薪酬。实际发生金额大于预计金额时，应当补提应付职工薪酬。实际发生金额小于预计金额时，应当冲回多提的应付职工薪酬。税法规定，企业拨缴的职工工会经费支出，不超过工资薪金总额 2% 的部分，准予扣除。企业发生的职工教育经费支出，不超过工资薪金总额 2.5% 的部分，准予扣除；超过部分，准予在以后纳税年度结转扣除。企业缴纳的补充养老保险费、补充医疗保险费，在国务院财政、税务主管部门规定的标准和范围内，准予扣除。而不是像会计制度规定计提。对于企业发生的职工福利费支出，不超过工资薪金总额 14% 的部分，准予扣除。而不是由企业根据历史经验数据和实际情况，合理预计当期的应付职工薪酬。

四、借款费用

（一）会计规定

借款费用，是指企业因借款而发生的利息及其他相关成本。借款费用包括借款利息、折价或者溢价的摊销、辅助费用以及因外币借款而发生的汇兑差额等。《企业会计准则第 17 号——借款费用》对借款作了如下规定。

1. 借款费用资本化与费用化。企业发生的借款费用，可直接归属于符合资本化条件的资产的购建或者生产的，应当予以资本化，计入相关资产成本；其他借款费用，应当在发生时根据其发生额确认为费用，计入当期损益。符合资本化条件的资产，是指需要经过相当长时间的购建或者生产活动才能达到预定可使用或者可销售状态的固定资产、投资性房地产和存货等资产。符合借款费用资本化条件的存货，主要包括房地产开发企业开发的用于对外出售的房地产开发产品、机械制造企业制造的用于对外出售的大型机械设备等。这类存货通常需要经过 1 年以上（包括 1 年）时间的建造或者生产过程才能达到预定可销售状态。

2. 借款费用资本化。

第一，借款费用资本化条件。借款费用同时满足下列条件的，才能开始资本化：

（1）资产支出已经发生，资产支出包括为购建或者生产符合资本化条件的资产而以支付现金、转移非现金资产或者承担带息债务形式发生的支出；

（2）借款费用已经发生；

（3）为使资产达到预定可使用或者可销售状态所必要的购建或者生产活动已经开始。

第二，借款费用资本化金额。在资本化期间内，每一会计期间的利息（包括折价或溢价的摊销）资本化金额，应当按照下列规定确定。资本化期间，是指从借款费用开始资本化时点到停止资本化时点的期间，借款费用暂停资本化的期间不包括在内。

（1）为购建或者生产符合资本化条件的资产而借入专门借款的，应当以专门借款当期实际发生的利息费用，减去将尚未动用的借款资金存入银行取得的利息收入或进行暂时性投资取得的投资收益后的金额确定。专门借款，是指为购建或者生产符合资本化条件的资产而专门借入的款项。专门借款应当有明确的专门用途，即为购建或者生产某项符合资本化条件的资产而专门借入的款项，通常应有标明专门用途的借款合同。

（2）为购建或者生产符合资本化条件的资产而占用了一般借款的，企业应当根据累计资产支出超过专门借款部分的资产支出加权平均数乘以所占用一般借款的资本化率，计算确定一般借款应予资本化的利息金额。一般借款是指除专门借款以外的其他借款，一般借款应予资本化的利息金额应当按照下列公式计算：

$$\frac{\text{一般借款利息费用}}{\text{资本化金额}}=\frac{\text{累计资产支出超过专门借款}}{\text{部分的资产支出加权平均数}}\times\frac{\text{所占用一般借}}{\text{款的资本化率}}$$

$$\text{所占用一般借款的资本化率}=\text{所占用一般借款加权平均利率}$$

$$\frac{\text{所占用一般借款}}{\text{加权平均利率}}=\frac{\text{所占用一般借款当期}}{\text{实际发生的利息之和}}\div\frac{\text{所占用一般借款}}{\text{本金加权平均数}}$$

$$\frac{\text{所占用一般借款本}}{\text{金加权平均数}}=\sum\left(\frac{\text{所占用每笔一}}{\text{般借款本金}}\times\frac{\text{每笔一般借款在当期}}{\text{所占用的天数}}/\text{当期天数}\right)$$

借款存在折价或者溢价的，应当按照实际利率法确定每一会计期间应摊销的折价或者溢价金额，调整每期利息金额。在资本化期间内，每一会计期间的利息资本化金额，不应当超过当期相关借款实际发生的利息金额。在资本化期间内，外币专门借款本金及利息的汇兑差额，应当予以资本化，计入符合资本化条件的资产的成本。

3. 借款费用停止资本化。

第一，符合资本化条件的资产在购建或者生产过程中发生非正常中断且中断时间连续超过 3 个月的，应当暂停借款费用的资本化。在中断期间发生的借款费用应当确认为费用，计入当期损益，直至资产的购建或者生产活动重新开始。如果中断是所购建或者生产的符合资本化条件的资产达到预定可使用或者可销售状态必要的程序，借款费用的资本化应当继续进行。非正常中断，通常是由于企业管理决策上的原因或者其他不可预见方面的原因等所导致的中断。非正常中断与正常中断有显著不同。正常中断通常仅限于因购建或者生产符合资本化条件的资产达到预定可使用或者可销售状态所必要的程序，或者事先可预见的不可抗力因素导致的中断。属于正常中断，借款费用的资本化可继续进行，不必暂停。

第二，购建或者生产符合资本化条件的资产达到预定可使用或者可销售状态时，借款费用应当停止资本化。在符合资本化条件的资产达到预定可使用或者可销售状态之后所发生的借款费用，应当在发生时根据其发生额确认为费用，计入当期损益。购建或者生产符合资本化条件的资产达到预定可使用或者可销售状态，可从下列几个方面进行判断：

（1）符合资本化条件的资产的实体建造（包括安装）或者生产工作已经全部完成或者实质上已经完成。

（2）所购建或者生产的符合资本化条件的资产与设计要求、合同规定或者生产要求相符或者基本相符，即使有极个别与设计、合同或者生产要求不相符的地方，也不影响其正常使用或者销售。

（3）继续发生在所购建或生产的符合资本化条件的资产上的支出金额很少或者几乎不再发生。购建或者生产符合资本化条件的资产需要试生产或者试运行的，在试生产结果表明资产能够正常生产出合格产品或者试运行结果表明资产能够正常运转或者营业时，应当认为该资产已经达到预定可使用或者可销售状态。

第三，购建或者生产的符合资本化条件的资产的各部分分别完工，且每部分在其他部分继续建造过程中可供使用或者可对外销售，且为使该部分资产达到预定可使用或可销售状态所必要的购建或者生产活动实质上已经完成的，应当停止与该部分资产相关的借款费用的资本化。购建或者生产的资产的各部分分别完工，但必须等到整体完工后才可使用或者可对外销售的，应当在该资产整体完工时停止借款费用的资本化。

4. 辅助费用。

专门借款发生的辅助费用。在所购建或者生产的符合资本化条件的资产达到预定可使用或者可销售状态之前发生的，应当在发生时根据其发生额予以资本化，计入符合资本化条件的资产的成本；在所购建或者生产的符合资本化条件的资产达到预定可使用或者可销售状态之后发生的，应当在发生时根据其发生额确认为费用，计入当期损益。

一般借款发生的辅助费用。应当在发生时根据其发生额确认为费用，计入当期损益。

（二）税法规定

企业在生产经营活动中发生的合理的不需要资本化的借款费用，准予扣除。具体来讲，企业在生产经营活动中发生的下列利息支出，准予扣除：

（1）非金融企业向金融企业借款的利息支出、金融企业的各项存款利息支出和同业拆借利息支出、企业经批准发行债券的利息支出；

（2）非金融企业向非金融企业借款的利息支出，不超过按照金融企业同期同类贷款利率计算的数的部分。

企业为购置、建造和生产固定资产、无形资产和经过 12 个月以上的建造才能达到预定可销售状态的存货发生借款的，在有关资产购建期间发生的合理的借款费用，应当作为资本性支出计入有关资产的成本，并根据本条例有关规定扣除。

企业从其关联方接受的债权性投资与权益性投资的比例超过规定标准而发生的利息支出，不得在计算应纳税所得额时扣除。标准由国务院财政、税务主管部门另行规定。

债权性投资，是指企业直接或者间接从关联方获得的，需要偿还本金和支付利息或者需要以其他具有支付利息性质的方式予以补偿的融资。企业间接从关联方获得的债权性投资，包括：

（1）关联方通过无关联第三方提供的债权性投资；

（2）无关联第三方提供的、由关联方担保且负有连带责任的债权性投资；

（3）其他间接从关联方获得的具有负债实质的债权性投资。

权益性投资，是指企业接受的不需要偿还本金和支付利息，投资人对企业净资产拥有所有权的投资。

（三）税法与会计规定差异

利率限制。会计规定无利率限制；税法规定，对于向非金融机构借款高于银行同期贷款利率，或贷款系从关联企业取得并超过规定比例，应按税法规定作纳税调整。

筹建期间的借款费用（计入固定资产的除外）。会计规定，从发生的当月直接扣除。税法规定，企业可以在开始经营之日的当年一次性扣除，也可以按照新税法有关长期待摊费用的处理规定，自支出发生月份的次月起，分期摊销，摊销年限不得低于 3 年。但一经选定，不得改变。

借款费用资本化的起止时间。会计规定，购建期间发生的符合条件的资本化，固定资产达到预定可使用状态时停止资本化；税法规定，购建过程中发生的予以资本化，资产交付使用后发生的当期扣除。

关联企业借款。会计没有对关联企业借款利息与非关联企业借款利息列支作限制性规定，而税法规定企业从其关联方接受的债权性投资与权益性投资的比例超过规定标准而发生的利息支出，不得在计算应纳税所得额时扣除。

五、汇兑损益

（一）会计规定

外币交易。《企业会计准则第 19 号——外币折算》规定，外币交易是指以外币计价或者结算的交易。外币是企业记账本位币以外的货币，外币交易包括：第一，买入或者卖出以外币计价的商品或者劳务；第二，借入或者借出外币资金；第三，其他以外币计价或者结算的交易。

记账本位币的确定。记账本位币，是指企业经营所处的主要经济环境中的货币，企业通常应选择人民币作为记账本位币。业务收支以人民币以外的货币为主的企业，可以按照规定选定一种货币作为记账本位币。但是，编报的财务报表应当折算为人民币。企业记账本位币一经确定，不得随意变更，除非企业经营所处的主要经济环境发生重大变化。企业因经营所处的主要经济环境发生重大变化，确需变更记账本位币的，应当采用变更当日的即期汇率将所有项目折算为变更后的记账本位币。

外币交易的会计处理。企业对于发生的外币交易，应当将外币金额折算为记账本位币金额。外币交易应当在初始确认时，采用交易发生日的即期汇率将外币金额折算为记账本位币金额；也可以采用按照系统合理的方法确定的、与交易发生日即期汇率近似的汇率折算。企业在资产负债表日，应当按照下列规定对外币货币性项目和外币非货币性项目进行处理：第一，外币货币性项目，采用资产负债表日即期汇率折算。因资产负债表日即期汇率与初始确认时或者前一资产负债表日即期汇率不同而产生的汇兑差额，计入当期损益。第二，以历史成本计量的外币非货币性项目，仍采用交易发生日的即期汇率折算，不改变其记账本位币金额。货币性项目，是指企业持有的货币资金和将以固定或可确定的金额收取的资产或者偿付的负债。非货币性项目，是指货币性项目以外的项目。

（二）税法规定

企业的汇兑收益，应计入收入总额中的其他收入，作为应税收入计算应纳税所得额。企业在货币交易中产生的汇兑损失，在计算应纳税所得额时准予扣除。

纳税年度终了时将人民币以外的货币性资产、负债按照期末即期人民币汇率中间价折算为人民币时产生的汇兑损失，在计算应纳税所得额时准予扣除。已经计入有关资产成本以及与向所有者进行利润分配相关部分的汇兑损失，不允许在税前扣除。

（三）税法与会计规定差异

会计规定，外币交易在初始确认时，可采用交易发生日的即期汇率将外币金额折算为记账本位币金额，也可以采用按照系统合理的方法确定的、与交易发生日即期汇率近似的汇率折算。而税法没有规定可以按近似的汇率折算。

会计规定，汇兑损益计入当期损益。而税法规定，并不是全部损益都可在税前扣除，对已计入有关资产成本以及与向所有者进行利润分配相关部分的汇兑损失，不允许在税前扣除，应作纳税调整。

六、广告费

会计规定。企业为扩大其产品或劳务的影响而在各种媒体上做广告宣传所发生的广告费，应于相关广告见诸媒体时，作为期间费用，直接计入当期营业费用，不得预提和待摊。如果有确凿的证据表明企业实际支付的广告费的有关广告服务将在未来几个会计年度内获得，则本期实际支付的广告费应作为预付账款，在接受广告服务的各会计年度内，按照双方合同或协议约定的各期接受广告服务的比例分期计入损益。

税法规定。纳税人每一纳税年度发生的广告费支出不得超过销售（营业）收入15%的部分，可据实扣除；超过部分可无限期向以后纳税年度结转。另外，税法还对特殊产品或行业的广告费扣除标准作了明确的规定。按照税法规定，纳税人申报扣除的广告费支出，必须符合下列条件：

1. 广告是通过经工商部门批准的专门机构制作的；
2. 已实际支付费用，并已取得相应发票；
3. 通过一定的媒体传播。符合上述条件的广告费支出在限额内可以在当期申报扣除，超过部分无限期向以后纳税年度结转。

税法与会计规定差异。会计规定，符合规定的广告费支出，按实际发生额计入期费用，计入当期营业费用。而税法规定每一纳税年度发生的广告费支出不得超过当年销售（营业）收入15%的部分，超过部分可无限期向以后纳税年度结转。

七、业务招待费

会计规定。企业在日常经营过程中发生的与生产经营有关的业务招待费，或按实际发生额列入管理费用。

税法规定。企业发生的与生产经营活动有关的业务招待费，按照发生额的60%扣除。最高不得超过当年销售（营业）收入的5‰。上述规定的销售（营业）收入即主营业务收入、其他业务收入和视同销售收入之和为基数计算确定。对经税务机关查增的收入，根据规定，销售（营业）收入是纳税人的申报数，而不是税务机关检查后的确定数，税务机关查增的收入应在纳税调整增加额中填列，不能作为计算招待费的基数。

税法与会计的差异。企业在日常经营过程中发生的与生产经营有关的业务招待费按会计规定可计入相应的成本费用中，税法规定要按60%比例扣除，总额不能超过当年销售（营业）收入的5‰。

八、研究开发费

会计规定。《企业会计准则第6号——无形资产》规定，将研究开发项目区分为研究阶段与开发阶段，企业应当根据研究与开发的实际情况加以判断，企业内部研究开发项目研究阶段的支出，应当于发生时计入当期损益等。开发阶段的支出，同时满足下述条件才能确认为无形资产。一是完成该无形资产以使其能够使用或出售在技术上具有可行性；二是具有完成该无形资产并使用或出售的意图；三是无形资产产生经济利益的方式；四是有足够的技术、财务资源和其他资源支持，以完成该无形资产的开发，并有能力使用或出售该无形资产；五是归属于该无形资产开发阶段的支出能够可靠地计量。同时从事多项研究开发活动的，所发生的支出应当按照合理的标准在各项研究开发活动之间进行分配，无法合理分配的，应当计入当期损益。自行开发的无形资产，应予资本化的支出，在费用发生时作研发支出，形成资产时作无形资产。无形资产的摊销金额一般应确认为当期损益，计入管理费用。某项无形资产包含的经济利益通过所生产的产品或其他资产实现的，无形资产的摊销金额可以计入产品或其他资产成本。

税法规定。企业为开发新技术、新产品、新工艺发生的研究开发费用，未形成无形资产计入当期损益的，在按照规定实行100%扣除基础上，按照研究开发费用的50%加计扣除；形成无形资产的，按照无形资产成本的150%摊销。

税法与会计规定差异。会计规定，企业为开发新技术、新产品、新工艺发生的研究开发费用，未形成无形资产计入当期损益。形成无形资产的，按照无形资产成本计算的摊销金额计入当期损益。而税法规定，研究开发费用未形成无形资产的在计入当期损益时，按实际发生额的100%扣除基础上，可加计扣除50%。形成无形资产的，按照无形资产成本的150%摊销。

九、租赁费

（一）会计规定

《企业会计准则第21号——租赁》规定，租赁是指在约定的期间内，出租人将资产使用权让与承租人，以获取租金的协议。

1. 租赁的分类。承租人和出租人应当在租赁开始日将租赁分为融资租赁和经营租赁。租赁开始日，是指租赁协议日与租赁各方就主要租赁条款作出承诺日中的较早者。

第一，融资租赁。是指实质上转移了与资产所有权有关的全部风险和报酬的租赁。其所有权最终可能转移，也可能不转移。符合下列一项或数项标准的，应当认定为融资租赁：

（1）在租赁期届满时，租赁资产的所有权转移给承租人。

（2）承租人有购买租赁资产的选择权，所订立的购买价款预计将远低于行使选择权时租赁资产的公允价值，因而在租赁开始日就可以合理确定承租人将会行使这种选择权。

（3）即使资产的所有权不转移，但租赁期占租赁资产使用寿命的75%以上（含75%）。

（4）承租人在租赁开始日的最低租赁付款额现值，相当于租赁开始日租赁资产公允价值90%以上（含90%）；出租人在租赁开始日的最低租赁收款额现值，相当于租赁开始日租赁资产公允价值90%以上（含90%）。

（5）租赁资产性质特殊，如果不作较大改造，只有承租人才能使用。

第二，经营租赁。是指除融资租赁以外的其他租赁。通常情况下，经营租赁资产的所有权不转移，租赁期届满后，承租人有退租或续租的选择权，而不存在优惠购买选择权。

2. 融资租赁会计处理。

第一，承租人会计处理。

（1）在租赁期开始日，承租人应当将租赁开始日租赁资产公允价值与最低租赁付款额现值两者中较低者作为租入资产的入账价值，将最低租赁付款额作为长期应付款的入账价值，其差额作为未确认融资费用。承租人在租赁谈判和签订租赁合同过程中发生的，可归属于租赁项目的手续费、律师费、差旅费、印花税等初始直接费用，应当计入租入资产价值。租赁期开始日，是指承租人有权行使其使用租赁资产权利的开始日。

（2）承租人在计算最低租赁付款额的现值时，能够取得出租人租赁内含利率的，应当采用租赁内含利率作为折现率；否则，应当采用租赁合同规定的利率作为折现率。承租人无法取得出租人的租赁内含利率且租赁合同没有规定利率的，应当采用同期银行贷款利率作为折现率。租赁内含利率，是指在租赁开始日，使最低租赁收款额的现值与未担保余值的现值之和等于租赁资产公允价值与出租人的初始直接费用之和的折现率。担保余值，就承租人而言，是指由承租人或与其有关的第三方担保的资产余值；就出租人而言，是指承租人的担保余值加上独立于承租人和出租人的第三方担保的资产余值。资产余值，是指在租赁开始日估计的租赁期届满时租赁资产的公允价值。未担保余值，是指租赁资产余值中扣除就出租人而言的担保余值以后的资产余值。

（3）未确认融资费用应当在租赁期内各个期间进行分摊。承租人应当采用实际利率法计算确认当期的融资费用。

（4）承租人应当采用与自有固定资产相一致的折旧政策计提租赁资产折旧。能够合理确定租赁期届满时取得租赁资产所有权的，应当在租赁资产使用寿命内计提折旧。无法合理确定租赁期届满时能够取得租赁资产所有权的，应当在租赁期与租赁资产使用寿命两者中较短的期间内计提折旧。

（5）或有租金应当在实际发生时计入当期损益。

第二，出租人的会计处理。

（1）在租赁期开始日，出租人应当将租赁开始日最低租赁收款额与初始直接费用之和作为应收融资租赁款的入账价值，同时记录未担保余值；将最低租赁收款额、初始直接费用及未担保余值之和与其现值之和的差额确认为未实现融资收益。出租人在租赁期开始日按照上述规定转出租赁资产，租赁资产公允价值与其账面价值如有差额，应当计入当期损益。未实现融资收益应当在租赁期内各个期间进行分配。出租人应当采用实际利率法计算确认当期的融资收入。

（2）出租人至少应当于每年年度终了，对未担保余值进行复核。未担保余值增加的，不作调整。有证据表明未担保余值已经减少的，应当重新计算租赁内含利率，将由此引起的租赁投资净额的减少，计入当期损益；以后各期根据修正后的租赁投资净额和重新计算的租赁内含利率确认融资收入。租赁投资净额是融资租赁中最低租赁收款额及未担保余值之和与未实现融资收益之间的差额。已确认损失的未担保余值得以恢复的，应当在原已确认的损失金额内转回，并重新计算租赁内含利率，以后各期根据修正后的租赁投资净额和重新计算的租赁内含利率确认融资收入。

（3）或有租金应当在实际发生时计入当期损益。

3. 经营租赁会计处理。

第一，承租人的会计处理。对于经营租赁的租金，承租人应当在租赁期内各个期间按照直线法计入相关资产成本或当期损益；其他方法更为系统合理的，也可以采用其他方法。承租人发生的初始直接费用，应当计入当期损益。或有租金应当在实际发生时计入当期损益。

第二，出租人的会计处理。出租人应当按资产的性质，将用作经营租赁的资产包括在资产负债表中的相关项目内。对于经营租赁的租金，出租人应当在租赁期内各个期间按照直线法确认为当期损益；其他方法更为系统合理的，也可以采用其他方法。出租人发生的初始直接费用，应当计入当期损益。对于经营租赁资产中的固定资产，出租人应当采用类似资产的折旧政策计提折旧；对于其他经营租赁资产，应当采用系统合理的方法进行摊销。或有租金应当在实际发生时计入当期损益。

售后租回交易。承租人和出租人应当根据规定，将售后租回交易认定为融资租赁或经营租赁。售后租回交易认定为融资租赁的，售价与资产账面价值之间的差额应当予以递延，并按照该项租赁资产的折旧进度进行分摊，作为折旧费用的调整。售后租回交易认定为经营租赁的，售价与资产账面价值之间的差额应当予以递延，并在租赁期内按照与确认租金费用相一致的方法进行分摊，作为租金费用的调整。但是，有确凿证据表明售后租回交易是按照公允价值达成的，售价与资产账面价值之间的差额应当计入当期损益。

（二）税法规定

1. 经营租赁业务。出租方将租赁费收入计入营业收入，计算缴纳营业税和所得税。对于跨年度的租赁费收入，应按全部收入作当期收入计算缴纳营业税，但应将属于当期收入计算缴纳所得税。

承租方将租赁费按照租赁期限均匀扣除计算缴纳所得税。

2. 融资租赁业务。

第一，出租方。

（1）经中国人民银行或商务部批准经营融资租赁业务的单位所从事的融资租赁业务，以其向承租人收取的全部价格和价外费用减去出租方承担的出租货物的实际成本后的余额为营业额。出租货物的实际成本包括由出租方承担的货物购入价、关税、增值税、消费税、运杂费、安装费、保险费以及纳税人为购买出租货物而发生的境外外汇借款利息支出等费用。

本期营业额 =（应收取的全部价格和价外费用 − 实际成本）×（本期天数/总天数）

（2）未经中国人民银行或商务部批准而经营融资租赁业务的单位所从事的融资租赁业务，不属于金融业。应按货物销售征收增值税或按服务业中的租赁业务征收营业税。即租赁货物的所有权转让给承租方的，视同货物销售征收增值税；不发生所有权转移的视同租赁服务征收营业税。

第二，承租方。以融资租赁方式租入固定资产发生的租赁费，按照租赁协议或者合同确定的价款加上运输费、途中保险费、安装调试费以及投入使用前发生的利息支出和汇兑损益后的价值计价，并按固定资产价值的部分提取折旧费用，分期扣除。

（三）税法与会计差异

对于经营租赁业务。承租方在确认租赁费时税法和会计原则上一致，都是依据权责发生制原则，将租赁费在租赁期内各个期间按照直线法计入相关资产成本或当期损益。但在确认租赁费收入时：会计规定依据权责发生制原则，将租赁费在租赁期内各个期间按照直线法确认为当期损益；而税法在计算营业税时按收付实现制原则将一次性收取租赁费作为当期收入征收营业税，而在所得税计算时依据收付实现制原则，将租赁费在租赁期内各个期间按照直线法确认为当期损益。

对于融资租赁业务。第一，在初始费用的处理上，会计规定承租人在租赁谈判和签订合同过程中发生的，可归属于租赁项目的手续费、律师费、差旅费、印花税等初始直接费用，应当计入租入资产价值，而税法规定可以计入当期费用。第二，在租入固定资产原值计算上，会计规定以租赁资产公允价值与最低租赁付款额现值两者中较低者与初始费用的合计金额作为租入资产的入账价值，而税法规定的原值是最低租赁付款额未折现金额。第三，会计允许未确认融资费用归入租入资产价值计算分摊，而税法不允许未确认融资费用归入租入资产价值。

十、捐赠支出

（一）会计规定

捐赠方将捐赠中应纳的流转税款及捐赠资产的账面价值一同计入营业外支出。

受赠方接受捐赠记入营业外收入——捐赠利得。企业对接受捐赠的固定资产应当按照确定的入账价格、预计尚可使用年限及预计净残值，按确定的折旧方法计提折旧。对接受捐赠的无形资产应当自取得当月起在预计使用年限内分期平均摊销，计入损益。

（二）税法规定

将捐赠分为公益性捐赠和非公益性捐赠。

1. 非公益性捐赠。捐赠方将自产、委托加工和外购的非货币资产用于捐赠，应视同按公允价值对外销售进行流转税的计算缴纳。企业对外捐赠，除符合税收法规规定的公益救济性捐赠外，一律不得在所得税前扣除。

受赠方接受捐赠的货币性资产，须并入当期的应纳税所得，依法计算缴纳企业所得税。企业接受捐赠的非货币性资产，须按接受捐赠时资产的入账价值确认捐赠收入，并入当期应纳税所得，依法计算缴纳企业所得税。捐赠数额较大，并入一个纳税年度缴税确有困难的，经主管税务机关审核确认，可在不超过5个纳税年度内均匀计入各年度应纳税所得额。在税务处理上，企业对接受捐赠的库存商品、固定资产、无形资产、长期股权投资等，可按税法规定结转销售成本、投资成本和计提折旧及无形资产摊销额等。

2. 公益性捐赠。企业所得税法规定，企业发生的公益性捐赠支出，在年度利润总额12%以内的部分，准予在计算应纳税所得额时扣除。公益性捐赠，是指企业通过公益性社会团体或者县级以上人民政府及其部门，用于《中华人民共和国公益事业捐赠法》规定的公益事业的捐赠。公益性社会团体，是指同时符合下列条件的基金会、慈善组织等社会团体：

（1）依法登记，具有法人资格；

（2）以发展公益事业为宗旨，且不以营利为目的；

(3) 全部资产及其增值为该法人所有;
(4) 收益和营运结余主要用于符合该法人设立目的的事业;
(5) 终止后的剩余财产不归属任何个人或者营利组织;
(6) 不经营与其设立目的无关的业务;
(7) 有健全的财务会计制度;
(8) 捐赠者不以任何形式参与社会团体财产的分配;
(9) 国务院财政、税务主管部门会同国务院民政部门等登记管理部门规定的其他条件。

年度利润总额,是指企业依照国家统一会计制度的规定计算的年度会计利润。

(三) 税法与会计差异

会计不区分公益性捐赠与非公益性捐赠,对于捐赠方的捐赠均作为营业外支出,对于受赠方接受捐赠均作为营业外收入。而税法区分公益性捐赠和非公益性捐赠,对于公益性捐赠支出,捐赠方允许在年度利润总额12%以内的部分,准予在计算应纳税所得额时扣除。受赠方不作收入;而对于非公益性捐赠,捐赠方不允许在所得税前扣除,受赠方取得的收入或资产并入应税所得计算所得税。

十一、资产减值

(一) 会计规定

1. 资产减值认定。资产减值,是指资产的可收回金额低于其账面价值。其资产包括单项资产和资产组。资产组是指企业可以认定的最小资产组合,其产生的现金流入应当基本上独立于其他资产或者资产组产生的现金流入。企业应当在资产负债表日判断资产是否存在可能发生减值的迹象。因企业合并所形成的商誉和使用寿命不确定的无形资产,无论是否存在减值迹象,每年都应当进行减值测试。

资产减值认定存在下列迹象的,表明资产可能发生了减值:

(1) 资产的市价当期大幅度下跌,其跌幅明显高于因时间的推移或者正常使用而预计的下跌;

(2) 企业经营所处的经济、技术或者法律等环境以及资产所处的市场在当期或者将在近期发生重大变化,从而对企业产生不利影响;

(3) 市场利率或者其他市场投资报酬率在当期已经提高,从而影响企业计算资产预计未来现金流量现值的折现率,导致资产可收回金额大幅度降低;

(4) 有证据表明资产已经陈旧过时或者其实体已经损坏;

(5) 资产已经或者将被闲置、终止使用或者计划提前处置;

(6) 企业内部报告的证据表明资产的经济绩效已经低于或者将低于预期,如资产所创造的净现金流量或者实现的营业利润(或者亏损)远远低于(或者高于)预计金额等;

(7) 其他表明资产可能已经发生减值的迹象。

2. 资产可收回金额的计量。资产存在减值迹象的,应当估计其可收回金额。可收回金额应当根据资产的公允价值减去处置费用后的净额与资产预计未来现金流量的现值两者之间较高者确定。处置费用包括与资产处置有关的法律费用、相关税费、搬运费以及为使资产达到可销售状态所发生的直接费用等。资产的公允价值减去处置费用后的净额，应当根据公平交易中销售协议价格减去可直接归属于该资产处置费用的金额确定。不存在销售协议但存在资产活跃市场的，应当按照该资产的市场价格减去处置费用后的金额确定。资产的市场价格通常应当根据资产的买方出价确定。在不存在销售协议和资产活跃市场的情况下，应当以可获取的最佳信息为基础，估计资产的公允价值减去处置费用后的净额，该净额可以参考同行业类似资产的最近交易价格或者结果进行估计。企业按照上述规定仍然无法可靠估计资产的公允价值减去处置费用后的净额的，应当以该资产预计未来现金流量的现值作为其可收回金额。

3. 资产减值损失的确定。可收回金额的计量结果表明资产的可收回金额低于其账面价值的，应当将资产的账面价值减计至可收回金额，减计的金额确认为资产减值损失，计入当期损益，同时计提相应的资产减值准备。资产减值损失确认后，减值资产的折旧或者摊销费用应当在未来期间作相应调整，以使该资产在剩余使用寿命内，系统地分摊调整后的资产账面价值（扣除预计净残值）。资产减值损失一经确认，在以后会计期间不得转回。

4. 商誉减值的处理。企业合并所形成的商誉，至少应当在每年年度终了进行减值测试。商誉应当结合与其相关的资产组或者资产组组合进行减值测试。企业进行资产减值测试，对于因企业合并形成的商誉的账面价值，应当自购买日起按照合理的方法分摊至相关的资产组；难以分摊至相关的资产组的，应当将其分摊至相关的资产组组合。在对包含商誉的相关资产组或者资产组组合进行减值测试时，如与商誉相关的资产组或者资产组组合存在减值迹象的，应当先对不包含商誉的资产组或者资产组组合进行减值测试，计算可收回金额，并与相关账面价值相比较，确认相应的减值损失。再对包含商誉的资产组或者资产组组合进行减值测试，比较这些相关资产组或者资产组组合的账面价值（包括所分摊的商誉的账面价值部分）与其可收回金额，如相关资产组或者资产组组合的可收回金额低于其账面价值的，应当确认商誉的减值损失。

（二）税法规定

根据企业所得税法规定，企业实际发生的与取得收入有关的、合理的支出，包括成本、费用、税金、损失和其他支出，可以在计算应纳税所得额时扣除。在资产可能已经发生了减值的迹象，而没有实际发生资产的损失时，在税收上不认定为资产的减值，不允许在计算应纳税所得额时扣除；只有资产实际发生了损失时，符合税法规定条件的，在税收上经批准才可以认定为损失，允许在计算应纳税所得额时扣除。企业所得税法不采用资产组的概念。

根据企业所得税法规定，在计算应纳税所得额时，除了金融企业根据法律、行政法规以及国务院的规定提取的坏账准备金以外，未经核定的准备金支出，不得扣除。企业按照资产减值准则的规定计提的固定资产减值准备、在建工程减值准备、投资性房地产减值准备、无形资产减值准备、商誉减值准备、长期股权投资减值准备、生产性生物资产减值准备等，应进行纳税调整，不能计入当期损益，不得在企业所得税前扣除，应调整为当期应纳税所得额。企业发生的坏账，一般应按实际发生额据实扣除。

企业已提取减值准备的资产，如果申报纳税时已调增应纳税所得额，可按提取减值准备前的计税基础确定可扣除的折旧额或摊销额。如果已计提减值准备的各项资产因资产处置、出售、对外投资、以非货币性资产方式换出、在债务重组中抵偿债务时，转回的各项资产减值准备，按照会计准则的规定应计入当期损益，并增加企业的利润总额；按照税法规定，企业已提取减值准备的资产，如果在纳税申报时已调增应纳税所得额，转回的减值准备应允许企业进行纳税调整，即原计提减值准备时已调增应纳税所得额的部分，在转回时，因价值恢复而增加当期利润总额的金额，不计入恢复当期的应纳税所得额。

根据企业所得税法规定，在计算应纳税所得额时，企业按照规定计算的无形资产摊销费用，准予扣除；但自创商誉不允许扣除。商誉在税法上是作为无形资产处理的，外购商誉的支出，在企业整体转让或清算时，准予扣除。平时，商誉的计税基础不得调整；商誉不用结合与其相关的资产组或者资产组组合进行减值测试；企业按照资产减值准则确认的商誉减值损失应进行纳税调整，不能计入当期损益，不得在企业所得税前扣除。

（三）税法与会计差异

会计根据谨慎性原则，对资产可能发生了减值的迹象，而没有实际发生资产的损失，允许计提资产减值准备，计入当期损益。而税法根据真实性、确定性原则处理。要求纳税人提供国家允许使用的有效证明，证明其相关支出确已实际发生，扣除的金额必须是确定的。只有资产实际发生了损失时，符合税法规定条件的在税收才可以认定为损失，允许在计算应纳税所得额时扣除。因此，对企业按照资产减值准则的规定计提的固定资产减值准备、在建工程减值准备、投资性房地产减值准备、无形资产减值准备、商誉减值准备、长期股权投资减值准备、生产性生物资产减值准备等，应进行纳税调整，不能计入当期损益，不得在企业所得税前扣除，应调整为当期应纳税所得额。

透视5-3

股权转让损失可一次性扣除

为保证2007年度企业所得税汇算清缴工作顺利进行，做好企业所得税法实施的衔接工作，国家税务总局发布《关于做好2007年度企业所得税汇算清缴工作的补充通知》（国税函［2008］264号），对内资企业股权转让所得税政策作了调整。

企业股权投资转让所得或损失是指企业因收回、转让或清算处置股权投资的收入减除股权投资成本后的余额。按照原内资企业所得税政策规定，企业发生的股权转让损失，经过税务机关审批后，是可以在税前扣除的。但部分内资企业的股权转让损失，却有可能得不到税前扣除，其原因是《国家税务总局关于企业股权投资业务若干所得税问题的通知》（国税发［2000］118号）规定，企业因收回、转让或清算处置股权投资而发生的股权投资损失，可以在税前扣除，但每一纳税年度扣除的股权投资损失，不得超过当年实现的股权投资收益和投资转让所得，超过部分可无限期向以后纳税年度结转扣除。根据上述政策分析，如果企业发生股权转让损失的当年或者以后年度不再有投资收益或所得的话，其损失将永远不能税前扣除。这对内资企业是不合理的，也是非常不利的。

对于股权转让损失税前扣除的处理，外资企业所得税政策与内资政策是不同的，其股权转让损失可以一次性全部扣除。《国家税务总局印发〈关于外商投资企业合并、分立、股权重组、资产转让等重组业务所得税处理的暂行规定〉的通知》（国税发［1997］071号）规定，外商投资企业和外国企业，转让其拥有的企业的股权或股份所取得的收益，应依照税法及其实施细则有关规定，计算缴纳或扣缴所得税。中国境内企业转让股权或股份的损失，可在其当期应纳税所得额中扣除。

鉴于上述所得税政策情况，国税函［2008］264号文件规定，企业因收回、转让或清算处置股权投资而发生的权益性投资转让损失，可以在税前扣除，但每一纳税年度扣除的股权投资损失，不得超过当年实现的股权投资收益和股权投资转让所得，超过部分可向以后纳税年度结转扣除。企业股权投资转让损失连续向后结转5年仍不能从股权投资收益和股权投资转让所得中扣除的，准予在该股权投资转让年度后第6年一次性扣除。据此，内资企业股权转让损失可以有限期的全额扣除，不再无限期向以后年度结转。

根据规定，计算股权转让所得或损失时，需要注意两个方面：一是被投资企业对投资方的分配支付额，如果超过被投资企业的累计未分配利润和累计盈余公积金而低于投资方的投资成本的，视为投资回收，应冲减投资成本；超过投资成本的部分，视为投资方企业的股权转让所得，应并入企业的应纳税所得，依法缴纳企业所得税。二是被投资企业发生的经营亏损，由被投资企业按规定结转弥补；投资方企业不得调整减低其投资成本，也不得确认投资损失。

新政策同时规定，根据《国家税务总局关于企业股权投资业务若干所得税问题的通知》（国税发［2000］118号）、《国家税务总局关于做好已取消和下放管理的企业所得税审批项目后续管理工作的通知》（国税发［2004］82号）规定精神，企业在一个纳税年度发生的转让、处置持有5年以上的股权投资所得、非货币性资产投资转让所得、债务重组所得和捐赠所得，占当年应纳税所得50%及以上的，可在不超过5年的期间均匀计入各年度的应纳税所得额。这对企业缓解资金压力、递延缴纳税款有明显作用，无疑也是有利于企业的。

资料来源：谢建惟，陈萍生：《中国税务报》，2008年4月28日。

第四节 资产处理

一、固定资产

（一）会计规定

会计规定的固定资产，是指同时具有下列特征的有形资产：为生产商品、提供劳务、出租或经营管理而持有的；使用寿命超过一个会计年度。使用寿命是指企业使用固定资产的预计期间，或者该固定资产所能生产产品或提供劳务的数量。

1. 固定资产计价。固定资产应当按照成本进行初始计量。

外购固定资产的成本，包括购买价款、相关税费、使固定资产达到预定可使用状态前所发生的可归属于该项资产的运输费、装卸费、安装费和专业人员服务费等。

自行建造固定资产的成本，由建造该项资产达到预定可使用状态前所发生的必要支出构成。应计入固定资产成本的借款费用，按照《企业会计准则第17号——借款费用》处理。

投资者投入固定资产的成本，应当按照投资合同或协议约定的价值确定，但合同或协议约定价值不公允的除外。

非货币性资产交换、债务重组、企业合并和融资租赁取得的固定资产的成本，应当分别按照《企业会计准则第7号——非货币性资产交换》、《企业会计准则第12号——债务重组》、《企业会计准则第20号——企业合并》和《企业会计准则第21号——租赁》确定。

2. 固定资产折旧。企业应当对所有固定资产计提折旧。但是，已提足折旧仍继续使用的固定资产和单独计价入账的土地除外。企业按固定资产折旧计入成本、费用。

折旧，是指在固定资产使用寿命内，按照确定的方法对应计折旧额进行系统分摊。应计折旧额，是指应当计提折旧的固定资产的原价扣除其预计净残值后的金额。已计提减值准备的固定资产，还应当扣除已计提的固定资产减值准备累计金额。预计净残值，是指假定固定资产预计使用寿命已满并处于使用寿命终了时的预期状态，企业目前从该项资产处置中获得的扣除预计处置费用后的金额。

企业应当根据固定资产的性质和使用情况，合理确定固定资产的使用寿命和预计净残值。固定资产的使用寿命、预计净残值一经确定，不得随意变更。企业确定固定资产使用寿命，应当考虑下列因素：预计生产能力或实物产量；预计有形损耗和无形损耗；法律或者类似规定对资产使用的限制。

企业可选用的折旧方法包括年限平均法、工作量法、双倍余额递减法和年数总和法等。固定资产的折旧方法一经确定，不得随意变更。其中：年限平均法又称直线法，是将固定资产的折旧均衡地分摊到各期的一种方法，采用这种方法计算的每期折旧额是均等的；工作量法是假设固定资产只能用来生产固定数量的产品，生产一件产品便提一个单位的折旧额，相当于计件制。双倍余额递减法是按年折旧率=2/预计使用年限，月折旧率=年折旧率/12的计算方法；年数总和法是按年折旧率=尚可使用年限/预计使用年限的年数总和，月折旧率=年折旧率/12计算方法。

（二）税法规定

税法规定的固定资产，是指企业为生产产品、提供劳务、出租或者经营管理而持有的、使用时间超过12个月的非货币性资产，包括房屋、建筑物、机器、机械、运输工具以及其他与生产经营活动有关的设备、器具、工具等。

1. 计税基础。固定资产，按照以下方法确定计税基础：

（1）外购的固定资产，以购买价款和支付的相关税费以及直接归属于使该资产达到预定用途发生的其他支出为计税基础。

（2）自行建造的固定资产，以竣工结算前发生的支出为计税基础；

（3）融资租入的固定资产，以租赁合同约定的付款总额和承租人在签订租赁合同过程中发生的相关费用为计税基础，租赁合同未约定付款总额的，以该资产的公允价值和承租人在签订租赁合同过程中发生的相关费用为计税基础。

（4）盘盈的固定资产，以同类固定资产的重置完全价值为计税基础。

（5）通过捐赠、投资、非货币性资产交换、债务重组等方式取得的固定资产，以该资产的公允价值和支付的相关税费为计税基础。

（6）改建的固定资产，除已足额提取折旧的固定资产的改建支出，以及租入固定资产的改建支出，作为长期待摊费用外，以改建过程中发生的改建支出增加计税基础。

2. 固定资产折旧。

第一，折旧范围。

（1）可以提取折旧的固定资产。包括：房屋、建筑物；在用的机器设备、运输车辆、器具、工具；季节性停用和修理停用的机器设备；以经营租赁方式租出的固定资产和以融资租赁方式租入的固定资产。

（2）不得提取折旧的固定资产。包括：房屋、建筑物以外未投入使用的固定资产；以经营租赁方式租入的固定资产；以融资租赁方式租出的固定资产；已足额提取折旧仍继续使用的固定资产；与经营活动无关的固定资产；单独估价作为固定资产入账的土地；其他不得计算折旧扣除的固定资产。

第二，计提折旧的方法。固定资产按照直线法计算的折旧，准予扣除。企业应当自固定资产投入使用月份的次月起计算折旧；停止使用的固定资产，应当自停止使用月份的次月起停止计算折旧。企业应当根据固定资产的性质和使用情况，合理确定固定资产的预计净残值。固定资产的预计净残值一经确定，不得变更。除另有规定外，固定资产的折旧采用直线法。

第三，计提折旧的年限。企业固定资产折旧的最短年限如下：

（1）房屋、建筑物为20年。房屋、建筑物是指经营活动使用和为生活、福利服务的房屋、建筑物及其他房屋等。房屋、建筑物的附属设施是指同房屋、建筑物不可分割的、不单独计算价值的配套设施。包括房屋、建筑物内通气、通水、通油管道，通信、输电线路，电梯，卫生设备等。

（2）飞机、火车、轮船、机器、机械和其他生产设备为10年。

（3）与生产、经营业务有关的器具、工具、家具等为5年。

（4）飞机、火车、轮船以外的运输工具为4年。飞机、火车、轮船以外的运输工具包括汽车、电车、拖拉机、摩托车（艇）、机帆船、帆船以及其他运输工具。

（5）电子设备为3年。电子设备是指由集成电路、晶体管、电子管等电子元器件组成，应用电子技术（包括）软件发挥作用的设备，包括电子计算机以及由电子计算机控制的机器人、数控或者程控系统等。

第四，加速折旧。企业的固定资产由于技术进步产品更新换代较快，以及常年处于强震动、高腐蚀状态，确需加速折旧的，可以缩短折旧年限或者采取加速折旧的方法。需缩短折旧年限或者采取加速折旧方法的固定资产，由企业提出申请，经主管税务机关批准后，可以采取缩短折旧年限或采取加速折旧的方法。采取缩短折旧年限方法的，最低折旧年限不得低于规定折旧年限的60%；采取加速折旧方法的，可以采取双倍余额递减法或者年数总和法。

（三）税法与会计差异

固定资产核算范围。会计准则将满足投资性房地产确认条件的已出租的房屋、建筑物等，排除在固定资产的范围之外，归入投资性房地产核算。而税法将房屋、建筑物归入固定资产进行税务处理。即税法中固定资产包括会计准则中的固定资产和作为投资性房地产核算的已出租的房屋、建筑物。

固定资产折旧原值。会计准则规定计提折旧的原值是指会计上的固定资产的入账价值，而税法计算固定资产折旧的原值是计税成本。会计准则规定计提折旧的原值应减除固定资产计提的减值准备，而税法上计算的固定资产原值是计税成本，不考虑减值准备。

固定资产折旧范围。对于房屋、建筑物以外未投入使用的固定资产，以及与经营活动无关的固定资产，会计允许计提折旧，而税法规定计提折旧不允许抵扣。如果会计处理时通过增加成本费用计提了折旧，那么应当调增应纳税所得额。

固定资产残值。对于固定资产预计净残值，会计与税法都给予了企业较大的职业判断权。但会计规定预计净残值是可以调整的，而税法规定预计净残值一经确定不得变更。

固定资产折旧年限。会计准则没有规定企业折旧年限，而税法规定了企业固定资产折旧的最短年限。

固定资产折旧方法。会计准则规定了企业可以采用年限平均法、工作量法、双倍余额递减法和年数总和法等折旧方法。而税法规定企业的固定资产折旧除另有规定外，采用直线法。只有在技术进步产品更新换代较快，以及常年处于强震动、高腐蚀状态，确需加速折旧的，可以缩短折旧年限或者采取加速折旧的方法。需缩短折旧年限或者采取加速折旧方法的固定资产，由企业提出申请，经主管税务机关批准后，可以采取缩短折旧年限或采取加速折旧的方法。采取缩短折旧年限方法的，最低折旧年限不得低于规定折旧年限的60%；采取加速折旧方法的，可以采取双倍余额递减法或者年数总和法。

透视5-4

分期付款购入固定资产

2007年1月1日，A公司与H公司签订一项购货合同，A公司从H公司购入一台需要安装的大型机器设备。合同约定，A公司采用分期付款方式支付价款。该设备价款共计900 000元，首期款项150 000元于2007年1月1日支付，其余款项在2007~2012年的5年期间平均支付，每年的付款日期为当年12月31日。

2007年1月1日，设备如期运抵A公司并开始安装，发生运杂费和相关税费160 000元，已用银行存款付讫。2007年12月31日，设备达到预定可使用状态，发生安装费40 000元，已用银行存款付讫。

A公司按照合同约定用银行存款如期支付了款项。假定折现率为10%。

1. 购买价款的现值为：

150 000 + 150 000 × (*P/A*, 10%, 5) = 150 000 + 150 000 × 3.7908 = 718 620（元）

2007年1月1日甲公司的账务处理如下：

借：在建工程	718 620	
未确认融资费用	181 380	
贷：长期应付款		900 000
借：长期应付款	150 000	
贷：银行存款		150 000

借：在建工程　　160 000

　　贷：银行存款　　160 000

2. 确定信用期间未确认融资费用的分摊额，参见甲公司未确认融资费用分摊表5－8。

表5－8

日期	分期付款额	确认的融资费用	应付本金减少额	应付本金余额
①	②	③＝期初×10%	④＝②－③	期末⑤＝期初⑤－④
2007. 1. 1				568 620
2008. 12. 31	150 000	568 620	93 138	475 482
2009. 12. 31	150 000	47 548. 20	102 451. 80	373 030. 20
2010. 12. 31	150 000	37 303. 02	112 696. 98	26 333. 22
2011. 12. 31	150 000	26 33. 22	123 966. 68	136 366. 54
2012. 12. 31	150 000	136 366. 46	136 366. 54	0
合计	750 000	181 380	568 620	

568 620＝718 620－150 000；

尾数调整：13 633. 46－150 000－136 366. 54，136 366. 54为期初应付本金余额。

3. 2007年1月1日至2007年12月31日为设备的安装期间，未确认融资费用的分摊额符合资本化条件，计入固定资产成本。

2007年12月31日甲公司的账务处理如下：

借：在建工程　　56 862

　　贷：未确认融资费用　　56 862

借：长期应付款　　150 000

　　贷：银行存款　　150 000

借：在建工程　　40 000

　　贷：银行存款　　40 000

借：固定资产　　975 482

　　贷：在建工程　　975 482

固定资产的成本为：718 620＋160 000＋56 862＋40 000＝975 482（元）

4. 2008年1月1日至2009年12月31日，设备已经达到预定可使用状态，未确认融资费用的分摊额不再符合资本化条件，应计入当期损益。

2009年12月31日：

借：财务费用　　47 548. 20

　　贷：未确认融资费用　　47 548. 20

借：长期应付款　　150 000

　　贷：银行存款　　150 000

2010 年 12 月 31 日：

借：财务费用 37 303.02

　　贷：未确认融资费用 37 303.02

借：长期应付款 150 000

　　贷：银行存款 150 000

2011 年 12 月 31 日：

借：财务费用 26 033.32

　　贷：未确认融资费用 26 033.32

借：长期应付款 150 000

　　贷：银行存款 150 000

2012 年 12 月 31 日：

借：财务费用 13 633.46

　　贷：未确认融资费用 13 633.46

借：长期应付款 150 000

　　贷：银行存款 150 000

在分期付款购买资产的情况下，会计按照现值来计量；现值与付款的差额按照实际利率法作为未确认的融资费用，在资产构造完成前予以资本化，在竣工后计入财务费用。这样的思路，税法一般不认可，税法按照合同约定的价格或发票金额作为入账价值（还有相关税费），所以形成了资产的计税基础和会计账面价值的差异、资产折旧摊销数的差异、财务费用的差异。

资料来源：会计举例来源于财政部会计司编写组：《企业会计准则讲解》（2006），作者在此基础上作差异分析。

二、无形资产

（一）会计规定

无形资产，是指企业拥有或者控制的没有实物形态的可辨认非货币性资产。资产满足下列条件之一的，符合无形资产定义中的可辨认性标准：第一，能够从企业中分离或者划分出来，并能单独或者与相关合同、资产或负债一起，用于出售、转移、授予许可、租赁或者交换；第二，源自合同性权利或其他法定权利，无论这些权利是否可以从企业或其他权利和义务中转移或者分离。无形资产主要包括专利权、非专利技术、商标权、著作权、土地使用权、特许权等。

1. 无形资产确认。

第一，无形资产确认。同时满足下列条件的，予以确认无形资产同时满足下列条件的，才能予以确认：

（1）与该无形资产有关的经济利益很可能流入企业；

（2）该无形资产的成本能够可靠地计量。企业在判断无形资产产生的经济利益是否很可能流入时，应当对无形资产在预计使用寿命内可能存在的各种经济因素作出合理估计，并且应当有明确证据支持。

第二，无形项目支出。企业无形项目的支出除下列情形外，均应于发生时计入当期损益：

（1）符合本准则规定的确认条件、构成无形资产成本的部分；

（2）非同一控制下企业合并中取得的、不能单独确认为无形资产、构成购买日确认的商誉的部分。

第三，研究开发支出。企业内部研究开发项目的支出，应当区分研究阶段支出与开发阶段支出。研究是指为获取并理解新的科学或技术知识而进行的独创性的有计划调查。开发是指在进行商业性生产或使用前，将研究成果或其他知识应用于某项计划或设计，以生产出新的或具有实质性改进的材料、装置、产品等。企业内部研究开发项目研究阶段的支出，应当于发生时计入当期损益。企业内部研究开发项目开发阶段的支出，同时满足下列条件的，才能确认为无形资产：

（1）完成该无形资产以使其能够使用或出售在技术上具有可行性；

（2）具有完成该无形资产并使用或出售的意图；

（3）无形资产产生经济利益的方式，包括能够证明运用该无形资产生产的产品存在市场或无形资产自身存在市场，无形资产将在内部使用的，应当证明其有用性；

（4）有足够的技术、财务资源和其他资源支持，以完成该无形资产的开发，并有能力使用或出售该无形资产；

（5）归属于该无形资产开发阶段的支出能够可靠地计量。

第四，商誉。企业自创商誉以及内部产生的品牌、报刊名等，不应确认为无形资产。因为商誉是企业合并成本大于合并取得被购买方各项可辨认资产、负债公允价值份额的差额，其存在无法与企业自身分离，不具有可辨认性，所以不予规范。

2. 无形资产计量。无形资产应当按照成本进行初始计量。

外购无形资产的成本，包括购买价款、相关税费以及直接归属于使该项资产达到预定用途所发生的其他支出。购买无形资产的价款超过正常信用条件延期支付，实质上具有融资性质的，无形资产的成本以购买价款的现值为基础确定。实际支付的价款与购买价款的现值之间的差额，除按照《企业会计准则第 17 号——借款费用》应予资本化的以外，应当在信用期间内计入当期损益。

自行开发的无形资产，其成本包括自满足规定后至达到预定用途前所发生的支出总额，但是对于以前期间已经费用化的支出不再调整。

投资者投入无形资产的成本，应当按照投资合同或协议约定的价值确定，但合同或协议约定价值不公允的除外。

非货币性资产交换、债务重组、政府补助和企业合并取得的无形资产的成本，应当分别按照《企业会计准则第 7 号——非货币性资产交换》、《企业会计准则第 12 号——债务重组》、《企业会计准则第 16 号——政府补助》和《企业会计准则第 20 号——企业合并》确定。

3. 无形资产摊销。

第一，无形资产摊销时间。企业应当于取得无形资产时分析判断其使用寿命。无形资产的使用寿命为有限的，应当估计该使用寿命的年限或者构成使用寿命的产量等类似计量单位数量；无法预见无形资产为企业带来经济利益期限的，应当视为使用寿命不确定的无形资产。使用寿命有限的无形资产，其应摊销金额应当在使用寿命内系统合理摊销。企业摊销无形资产，应当自无形资产可供使用时起，至不再作为无形资产确认时止。

第二，无形资产摊销方法。企业选择的无形资产摊销方法，应当反映与该项无形资产有关的经济利益的预期实现方式。无法可靠确定预期实现方式的，应当采用直线法摊销。无形资产的摊销金额一般应当计入当期损益。无形资产的摊销金额一般应确认为当期损益，计入管理费用。某项无形资产包含的经济利益通过所生产的产品或其他资产实现的，无形资产的摊销金额可以计入产品或其他资产成本。

第三，无形资产摊销金额。无形资产的应摊销金额为其成本扣除预计残值后的金额。已计提减值准备的无形资产，还应扣除已计提的无形资产减值准备累计金额。使用寿命有限的无形资产，其残值应当视为零，但下列情况除外：

（1）有第三方承诺在无形资产使用寿命结束时购买该无形资产。

（2）可以根据活跃市场得到预计残值信息，并且该市场在无形资产使用寿命结束时很可能存在。使用寿命不确定的无形资产不应摊销。企业至少应当于每年年度终了，对使用寿命有限的无形资产的使用寿命及摊销方法进行复核。无形资产的使用寿命及摊销方法与以前估计不同的，应当改变摊销期限和摊销方法。企业应当在每个会计期间对使用寿命不确定的无形资产的使用寿命进行复核。如果有证据表明无形资产的使用寿命是有限的，应当估计其使用寿命，并按本准则规定处理。

（二）税法规定

无形资产是指企业为生产商品、提供劳务、出租给他人，或为管理目的而持有的、没有实物形态的非货币性长期资产，包括专利权、商标权、著作权、土地使用权、非专利技术、商誉等。在计算应纳税所得额时，企业按照规定计算的无形资产摊销费用，准予扣除。

1. 无形资产的计税基础。无形资产按照以下方法确定计税基础：

（1）外购的无形资产。以购买价款和支付的相关税费以及直接归属于使该资产达到预定用途发生的其他支出为计税基础；

（2）自行开发的无形资产。以开发过程中该资产符合资本化条件后至达到预定用途前发生的支出为计税基础。

（3）通过捐赠、投资、非货币性资产交换、债务重组等方式取得的无形资产。以该资产的公允价值和支付的相关税费为计税基础。

2. 无形资产的摊销。

（1）摊销方法。经营活动中，无形资产按规定计算的摊销额，可以在计算应纳税所得额时扣除。无形资产的摊销，应当采用直线法计算。

（2）摊销时间。作为投资或者受让的无形资产，在协议、合同中规定使用年限的，可以按照协议、合同规定使用年限分期摊销。没有约定年限的，摊销年限不得少于10年。

（3）商誉摊销。外购商誉的支出不得摊销，但可在企业整体转让或者清算时，准予扣除。

（三）税法与会计差异

无形资产界定范围。会计规定，无形资产是指企业拥有或者控制的没有实物形态的可辨认非货币性资产，商誉不能确认为无形资产。税法规定，无形资产包括专利权、商标权、著作权、土地使用权、非专利技术、商誉等。差异主要在于商誉和投资性房地产。

投入无形资产计量。会计规定，投资者投入的无形资产，应当按照投资合同或协议约定的价值作为其入账成本，如果合同或协议约定价值不公允，应按公允价值确定。税法规定，投资者作为资本金或者合作条件投入的无形资产，按照评估确认或者合同、协议约定的金额计价。

自行研究开发取得的无形资产初始计量。会计规定将企业内部研究开发项目的支出区分为研究阶段支出与开发阶段支出，研究阶段的支出，发生时计入当期损益。开发阶段的支出，在满足相关条件时，确认为无形资产。税法规定，自行开发并且依法申请取得的无形资产，按照开发过程中实际支出计价。自行研制开发无形资产，凡在发生时已作为研究开发费直接扣除的，该项无形资产使用时，不得再分期摊销。

超过正常信用条件延期支付取得无形资产计价。会计规定，购买无形资产的价款超过正常信用条件延期支付，实质上具有融资性质的，无形资产的成本以购买价款的现值为基础确定。实际支付的价款与购买价款的现值之间的差额，资本化或计入当期损益。税法不考虑资金的时间价值因素，仍以购买价款作为无形资产的计税成本。

无形资产摊销范围。会计规定，使用寿命有限的无形资产可以摊销，使用寿命不确定的无形资产不得摊销。税法则规定，除自创或外购的商誉不得摊销外，其他无形资产均可以摊销。由于会计没有将商誉纳入无形资产，而税法规定商誉不能摊销，所以两者处理方式不同，但结果是一致的。

无形资产摊销期限。会计规定，使用寿命有限的无形资产，应当自无形资产可供使用时起，至不再作为无形资产确认时止进行摊销。税法规定，受让或投资的无形资产，法律和合同或者企业申请书分别规定有效期限和受益期限的，按法定有效期限与合同或企业申请书中规定的受益年限孰短原则摊销。法律没有规定使用年限的，按照合同或者企业申请书的受益年限摊销。法律和合同或者企业申请书没有规定使用年限的，或者自行开发的无形资产，摊销期限不得少于10年。

三、长期待摊费用

（一）会计规定

长期待摊费用是指企业已经支出，但摊销期限在1年以上（不含1年）的各项费用，包括：固定资产大修理支出、租入固定资产改良支出以及摊销期限在1年以上的其他待摊费用。《财务制度》对像固定资产大修理费用等的摊销方法作了规定。一般情况下，固定资产大修理费用采用待摊方式的，应当将发生的大修理费用在下一次大修理前平均摊销；租入固定资产改良支出应当在租赁期限与预计可使用年限两者孰短的期限内平均摊销；其他长期待摊费用应当在受益期内平均摊销。股份有限公司委托其他单位发行股票支付的手续费或佣金等相关费用，减去股票发行冻结期间的利息收入的余额，从发行股票的溢价中不够抵消的，若金额较小，直接计入当期损益；若金额较大，可作为长期待摊费用，在不超过两年的期限内平均摊销，计入损益。另外，企业所有筹建期间发生的费用，即开办费用，也应先在长期待摊费用中归集，待企业开始生产经营时一次计入开始生产经营当期的损益。如果长期待摊费用不能使以后会计期间受益，应当将尚未摊销的项目的摊余价值全部计入当期损益。

（二）税法规定

长期待摊费用是指不能全部计入当年损益，应当在以后年度内分期摊销的各项费用。在计算应纳税所得额时，企业发生的下列支出作为长期待摊费用，按照规定摊销的，准予扣除：

固定资产改扩建支出。固定资产的改建支出，是指改变房屋或者建筑物结构、延长使用年限等发生的支出。固定资产改建支出分别按以下规定摊销：第一，已足额提取折旧的固定资产的改建支出，按照固定资产预计尚可使用年限摊销。第二，租入固定资产的改建支出，按照合同约定的剩余租赁期摊销。第三，上述以外固定资产的改建延长固定资产使用年限的，应当适当延长折旧年限，并相应调整计算折旧。

固定资产的大修理支出。固定资产的大修理支出是指符合以下条件的支出：第一，发生的支出达到固定资产的计税基础 50% 以上。第二，发生修理后固定资产的使用寿命延长两年以上。固定资产的大修理支出按照固定资产尚可使用年限确定摊销期限。

其他应当作为长期待摊费用的支出。其他长期待摊费用自支出发生月份的次月起，分期摊销，摊销年限不得低于 3 年。

（三）税法与会计差异

涵盖范围。会计上的长期待摊费用主要是指已经支出且摊销期在一年以上的各种费用，对固定资产的改建支出及大修理支出作为固定资产后续支出，对固定资产有关的更新改造等后续支出，符合固定资产确认条件的，应计入固定资产成本，并将被替换部分账面价值扣除；与固定资产有关的修理费用等后续支出，不符合固定资产确认条件的，应计入当期损益，一般企业会预提固定资产改良及修理费用。而税法所称长期待摊费用包括固定资产的改建支出、大修理支出及其他支出。

会计遵循谨慎性原则，要求对企业的交易或事项进行会计确认、计量和报告时应当保持应有的谨慎，不应高估资产或收益，也不得低估负债或费用，对长期待摊费用，若其费用项目不能使以后会计期间受益时将尚未摊销的该项目的摊余价值全部转入当期损益；而税法则根据企业生产经营及国家税款征收等综合因素分期扣除。

变更摊销年限时处理。会计上对变更摊销年限按会计估计变更处理，对摊销采用未来适用法进行会计处理，即当期及以后期采用新的会计估计，不改变以前期间的会计估计，也不调整以前期报告结果；而税法则明确摊销年限具体变更时所得税申报时的扣除原则及方法。

四、存货

（一）会计规定

存货，是指企业在日常活动中持有以备出售的产成品或商品、处在生产过程中的在产品、在生产过程或提供劳务过程中耗用的材料和物料等。

1. 存货的确认。企业的存货通常包括：原材料、在产品、半成品、产成品、商品、周转材料等。存货同时满足下列条件的，才能予以确认：与该存货有关的经济利益很可能流入企业；该存货的成本能够可靠地计量。

2. 存货的计量。

第一，存货的初始计量。存货应当按照成本进行初始计量。存货成本包括采购成本、加工成本和其他成本。

（1）存货的采购成本，包括购买价款、相关税费、运输费、装卸费、保险费以及其他可归属于存货采购成本的费用。

（2）存货的加工成本，包括直接人工以及按照一定方法分配的制造费用。制造费用，是指企业为生产产品和提供劳务而发生的各项间接费用。企业应当根据制造费用的性质，合理地选择制造费用分配方法。在同一生产过程中，同时生产两种或两种以上的产品，并且每种产品的加工成本不能直接区分的，其加工成本应当按照合理的方法在各种产品之间进行分配。

（3）存货的其他成本，是指除采购成本、加工成本以外的，使存货达到目前场所和状态所发生的其他支出。投资者投入存货的成本，应当按照投资合同或协议约定的价值确定，但合同或协议约定价值不公允的除外。

第二，存货的后续计量。企业应当采用先进先出法、加权平均法或者个别计价法确定发出存货的实际成本。先进先出法是材料、商品等在日常按实际成本计价时，对于发出材料、商品等按存货中最早进货的那批单价进行计价的一种计算方法。个别计价法是指定第一件或第一批商品实际进价，计算该件或该批商品销售成本的一种计算方法。加权平均法是指本月全部收货数量加月初存货量作为权数，除以本月全部收货成本加上月初存货成本，计算出存货的加权平均单位成本，从而确定存货的发出和库存成本。对于性质和用途相似的存货，应当采用相同的成本计算方法确定发出存货的成本。对于不能替代使用的存货、为特定项目专门购入或制造的存货以及提供劳务的成本，通常采用个别计价法确定发出存货的成本。对于已售存货，应当将其成本结转为当期损益，相应的存货跌价准备也应当予以结转。

第三，存货的期末计量。资产负债表日存货应当按照成本与可变现净值孰低计量。存货成本高于其可变现净值的，应当计提存货跌价准备，计入当期损益。可变现净值，是指在日常活动中，存货的估计售价减去至完工时估计将要发生的成本、估计的销售费用以及相关税费后的金额。

存货盘亏或毁损处理。企业发生的存货毁损，应当将处置收入扣除账面价值和相关税费后的金额计入当期损益。存货的账面价值是存货成本扣减累计跌价准备后的金额。存货盘亏造成的损失，应当计入当期损益。

（二）税法规定

1. 存货计税基础。税法规定，存货按取得时的实际支出作为计税基础。

外购存货按购买价款和相关税费等作为计税基础。

自制存货纳税人必须将经营活动中发生的成本合理划分为直接成本和间接成本。直接成本直接计入有关成本计算对象或劳务的经营成本中。间接成本必须根据与成本计算对象之间的因果关系、成本计算对象的产量等，以合理的方法分配计入有关剧本计算对象中。

投资者投入的、接受捐赠的、非货币性资产交换取得的、债务重组取得的存货，按该存货的公允价值和应支付的相关税费作为计税基础。

盘盈的存货按重置完全成本作为入账价值，会计处理上冲减当期管理费用；税务处理上要作为其他收入计入应税收入。

2. 存货的扣除。企业所得税法规定，企业领用或者销售存货，按照规定计算的存货成本，可以在计算应纳税所得额时扣除。企业各项存货的使用或者销售，其实际成本的计算方法，可以在先进先出法、加权平均法、个别计价法方法中选用一种。计价方法一经选用，不得随意改变。

3. 存货纳税调整。企业所得税不考虑存货的可变现净值，存货成本高于其可变现净值情况下计提存货跌价准备。在计算应纳税所得额时，要进行纳税调整。存货跌价准备不允许在税前扣除，要作纳税调增处理。对企业在资产负债表日确定存货的可变现净值，以前减计存货价值的影响因素已经消失的，减计的金额应当予以恢复，并在原已计提的存货跌价准备金额内转回，转回的金额计入当期损益时。如果申报纳税时已调增应纳税所得额的，应允许企业作相反的纳税调整。

4. 存货盘亏或毁损处理。企业存货发生的损失包括有关商品、产成品、半成品、在产品以及各类材料、燃料、包装物、低值易耗品等发生的盘亏、变质、淘汰、毁损、报废、被盗等造成的净损失。各项存货发生的正常损耗应在有关财产损失实际发生当期申报扣除。存货的盘亏、报废、毁损和被盗损失，须经税务机关审批才能在申报企业所得税时区别不同情况进行处理。

（三）税法与会计规定差异

存货跌价准备。会计上根据谨慎原则，对企业存货发生的减值要求企业提取存货跌价准备，在资产负债表日合理估计存货可能发生的风险和损失，保证企业因市场变化导致资产实际价值的变化能够客观真实地得到反映，防止企业的实际资产虚增；而税法则不允许扣除存货跌价准备。同时，当企业的存货发生转让或其他流出企业的行为时，税法允许按历史成本结转存货的计税成本。对于以前调增应纳税所得额的跌价准备，在转回时调减应纳税所得额或作为其他减值准备调增应纳税所得额的抵减项目。

存货发出用于非应税项目。在会计上一般按发出存货的成本结转，不确认收入。但按税法规定应将该经济业务视同销售，其应获得的利润计入应纳税所得额，据以缴纳所得税。

第五节　投资资产

透视5-5

按权益法处理的长期股权投资

A企业持有E企业40%的股权，能够对E企业施加重大影响。2007年12月31日该项长期股权投资的账面价值为4 000万元。E企业2008年由于一项主要经营业务市场条件发生变化，当年度亏损6 000万元。假定A企业在取得该投资时，E企业各项可辨认资产、负债的公允价值与其账面价值相等，双方所采用的会计政策及会计期间也相同。则A企业当年度应确认的投资损失为2 400万元。确认上述投资损失后，长期股权投资的账面价值变为1 600万元。

如果D企业2008年的亏损额为12 000万元，A企业按其持股比例确认应分担的损失为4 800万元，但长期股权投资的账面价值仅为4 000万元，如果没有其他实质上构成对被投资单位净投资的长期权益项目，则甲企业应确认的投资损失仅为4 000万元。超额损失在账外进行备查登记；在确认了4 000万元的投资损失，长期股权投资的账面价值减记至零以后，如果A企业账上仍有应收D企业的长期应收款1 600万元，该款项从目前情况看，没有明确的清偿计划（并非产生于商品购销等日常活动），则甲企业应进行的账务处理为：

借：投资收益	40 000 000	
贷：长期股权投资——损益调整		40 000 000
借：投资收益	8 000 000	
贷：长期应收款		8 000 000

对于企业所得税来讲，股息红利所得，应在被投资企业宣布分配时，确认收入所得；同时，被投资企业的亏损不能用投资企业的所得来弥补，被投资企业的亏损只能用自己的利润依法来弥补；投资企业的损失，只能在投资处置或者被投资企业清算时，依法作为损失处理。因此，在此受影响是当期应纳税额、长期股权投资的计税基础、递延所得税和当期所得税费用。

资料来源：会计举例来源于财政部会计司编写组：《企业会计准则讲解》（2006），作者在此基础上作差异分析。

一、短期投资

短期投资是指能够随时变现并且持有时间不准备超过一年的投资。短期投资的目的主要是为了取得最大的投资报酬率，以及尽可能减少物价波动带来的风险和损失。

（一）会计规定

短期投资持有期间所获得的现金股利或利息，除已计入应收项目的现金股利或利息外，应于实际收到时冲减投资的账面价值。

短期投资在期末或者至少在年度终了时应以成本与市价孰低计价，并将市价低于成本的金额计入短期投资跌价准备。已确认跌价损失的短期投资的价值又得以恢复，应在原已确认的投资损失的金额内转回，即增加会计利润。

短期投资在持有期间不确认投资收益，短期投资只有在出售、转让等情形时才确认投资收益，并且处置投资时，投资的账面价值与实际取得价款的差额，确认为当期投资损益。

对持有期间投资方取得的股票股利不作账务处理，只需在备查簿中登记所增加的股数，以表明每股投资成本的减少，部分处置该项收到股票股利的投资是投资成本与全部股份计算的平均每股成本结转处置部分的成本。

（二）税法规定

不论企业会计账务中对投资采用何种核算方式，被投资企业会计账务上实际作利润分配处理时，投资方企业应确认投资所得。

除国家税法规定可提取的准备金之外的任何形式的准备金不得税前扣除。企业已提取减值、跌价或坏账准备的资产，如果申报纳税时已调增应纳税所得，因价值恢复或转让处置有关资产而冲销的准备，应允许企业作相反的纳税调整，即税收上提取减值准备在转回时，可作纳税调减处理。

短期投资在持有期间获得的现金股利或利息，作为股权投资所得；对短期投资在出售、转让时，作为处置收益，处置收益应为所获得的处置收入与短期投资计税成本（即短期投资的初始成本，包括买价及为取得短期投资发生的其他相关税费）的差额。企业处置短期股权投资的转让所得，应全额并入企业应纳税所得额之中。企业因收回、转让或清算处置股权投资而发生的股权投资损失（包括短期股权投资、长期股权投资），可以在税前扣除，但每一纳税年度扣除的股权投资损失，不得超过当年实现的股权投资收益和投资转让所得，超过部分可无限期向以后年度结转扣除。

投资方取得股票股利时，按股票面值作为股利性所得处理，确认为投资的持有收益，并增加投资的计税成本。

（三）税法与会计差异

对于短期投资，税法与会计差异主要在于：一是在持有期间获得的现金股利或利息会计上冲投资成本，而税法上作投资收益；二是会计按谨慎性原则在年末时对于发生市价低于成本的提取减值准备，而税法按真实性原则，对于实际未发生的减值准备要作应税所得调整，在转让时真实发生的损失再作损失处理；三是会计对于短期投资出售转让发生的损失作损失处理，而税法区分新企业所得税实施前和实施后，规定新税法实施前内资企业发生的投资损失只能在投资收益中抵扣，不足抵扣的可向后结转至第 6 年才允许一次性抵扣。而对于外商投资企业以及内资企业新税法实施后发生的投资损失，允许在税前一次性抵扣。

二、长期投资

长期股权投资是指企业长期持有，按所持股份比例享有被投资单位权益并承担相应责任的投资。企业进行长期股权投资，目的在于通过投资控制被投资单位，或对被投资单位施加影响，或为长期营利，或为了与被投资单位建立密切关系，以分散经营风险，具有投资大、期限长、风险大及能为企业带来长期利益等特征。企业的长期股权投资，主要包括：第一，企业持有的能够对被投资单位实施控制的权益性投资，即对子公司投资；第二，企业持有的能够与其他合营方一同对被投资单位实施共同控制的权益性投资，即对合营企业投资；第三，企业持有的能够对被投资单位施加重大影响的权益性投资，即对联营企业投资；第四，企业对被投资单位不具有控制、共同控制或重大影响，且在活跃市场中没有报价、公允价值不能可靠计量的权益性投资。《企业会计准则第2号——长期股权投资》主要规范的是初始投资成本的确定、持有期间的后续计量及处置损益的结转等几个方面的问题。《企业所得税法》主要规定长期股权投资的计税基础、扣除、纳税调整和损失的税务处理问题。

（一）会计规定

1. 长期股权投资的初始计量。

第一，企业合并形成的长期股权投资初始投资成本。

（1）同一控制下的企业合并，合并方以支付现金、转让非现金资产或承担债务方式作为合并对价的，应当在合并日按照取得被合并方所有者权益账面价值的份额作为长期股权投资的初始投资成本。长期股权投资初始投资成本与支付的现金、转让的非现金资产以及所承担债务账面价值之间的差额，应当调整资本公积；资本公积不足冲减的，调整留存收益。合并方以发行权益性证券作为合并对价的，应当在合并日按照取得被合并方所有者权益账面价值的份额作为长期股权投资的初始投资成本。按照发行股份的面值总额作为股本，长期股权投资初始投资成本与所发行股份面值总额之间的差额，应当调整资本公积；资本公积不足冲减的，调整留存收益。

（2）非同一控制下的企业合并，购买方在购买日应当按照确定的合并成本，作为长期股权投资的初始投资成本。企业合并成本包括购买方付出的资产、发生或承担的负债、发行的权益性证券的公允价值以及为进行企业合并发生的各项直接相关费用之和。

第二，企业合并以外其他方式取得的长期股权投资初始投资成本。

（1）以支付现金取得的长期股权投资，应当按照实际支付的购买价款作为初始投资成本，初始投资成本包括与取得长期股权投资直接相关的费用、税金及其他必要支出。

（2）以发行权益性证券取得的长期股权投资，应当按照发行权益性证券的公允价值作为初始投资成本；投资者投入的长期股权投资，应当按照投资合同或协议约定的价值作为初始投资成本，但合同或协议约定价值不公允的除外。

2. 长期股权投资的后续计量。《企业会计准则第2号——长期股权投资》，针对股权投资的不同情况，将权益性收益分为成本法和收益法两种处理方法。

第一，成本法。按照长期股权投资准则核算的权益性投资中，应当采用成本法核算的是以下两类：一是投资企业能够对被投资单位实施控制的长期股权投资，被投资单位为其子公司；二是投资企业对被投资单位不具有共同控制或重大影响，并且在活跃市场中没有报价、公允价值不能可靠计量的长期股权投资。采用成本法核算的长期股权投资应当按照初始投资成本计价。追加或收回投资应当调整长期股权投资的成本。被投资单位宣告分派的现金股利或利润，确认为当期投资收益。投资企业确认投资收益，仅限于被投资单位接受投资后产生的累积净利润的分配额，所获得的利润或现金股利超过上述数额的部分作为初始投资成本的收回。

第二，权益法。投资企业对被投资单位具有共同控制或重大影响的长期股权投资，被投资单位为其合营企业或其联营企业的，应当采用权益法核算。会计处理为：

（1）长期股权投资的初始投资成本大于投资时应享有被投资单位可辨认净资产公允价值份额的，不调整长期股权投资的初始投资成本；长期股权投资的初始投资成本小于投资时应享有被投资单位可辨认净资产公允价值份额的，其差额应当计入当期损益，同时调整长期股权投资的成本。

（2）投资企业取得长期股权投资后，应当按照应享有或应分担的被投资单位实现的净损益的份额，确认投资损益并调整长期股权投资的账面价值。投资企业按照被投资单位宣告分派的利润或现金股利计算应分得的部分，相应减少长期股权投资的账面价值。

（3）投资企业确认被投资单位发生的净亏损，应当以长期股权投资的账面价值以及其他实质上构成对被投资单位净投资的长期权益减记至零为限，投资企业负有承担额外损失义务的除外。被投资单位以后实现净利润的，投资企业在其收益分享额弥补未确认的亏损分担额后，恢复确认收益分享额。

（4）投资企业在确认应享有被投资单位净损益的份额时，应当以取得投资时被投资单位各项可辨认资产等的公允价值为基础，对被投资单位的净利润进行调整后确认。被投资单位采用的会计政策及会计期间与投资企业不一致的，应当按照投资企业的会计政策及会计期间对被投资单位的财务报表进行调整，并据以确认投资损益。

（5）投资企业对于被投资单位除净损益以外所有者权益的其他变动，应当调整长期股权投资的账面价值并计入所有者权益。

3. 处置长期股权投资。企业处置长期股权投资，其账面价值与实际取得价款的差额，应当计入当期损益。采用权益法核算的长期股权投资，因被投资单位除净损益以外所有者权益的其他变动而计入所有者权益的，处置该项投资时应当将原计入所有者权益的部分按相应比例转入当期损益。

4. 长期股权投资损失确认。企业根据会计准则确认长期股权投资减值损失。

（二）税法规定

1. 长期股权投资的计税基础。

第一，企业合并形成的长期股权投资计税基础。不区分同一控制下的企业合并与非同一控制下的企业合并对计税基础分别规定。但同一控制下的企业合并属于关联方之间的业务往来，按照《企业所得税法》规定，企业与其关联方之间的业务往来，不符合独立交易原则而减少企业或者其关联方应纳税收入或者所得额的，税务机关有权按照合理方法调整。企业所得税主要区分企业合并是应税合并，还是免税合并。

（1）企业合并形成的长期股权投资，凡已确认收益或者损失的，属于应税合并业务，此时，相关资产应当按交易价格重新确定长期股权投资的计税基础。

（2）作为补价的非股权支付额的公允价值低于股权账面价值一定比例的，属于免税合并业务，此时，被合并方企业将全部资产和负债转让给合并方企业，除与非股权支付额相对应部分的资产转让所得或损失应在交易当期确认外，经税务机关确认，合并业务中涉及当事各方可暂不确认资产转让所得或损失，合并方企业应以接收被合并企业的全部资产和负债的原账面价值作为长期股权投资的计税基础。除法律或协议另有规定外，被合并方企业合并前全部所得税事项由合并方企业承担。

第二，除企业合并形成的长期股权投资以外的其他方式取得的长期股权投资计税基础。长期股权投资按企业发生的实际支出作为计税基础。以支付现金取得的长期股权投资，按实际支付的购买价款作为计税基础；以发行权益性证券取得的、投资者投入的、接受捐赠取得的长期股权投资，按该投资资产的公允价值和应支付的相关税费作为计税基础。

2. 长期股权投资的后续计量。

第一，成本法。投资企业确认《企业所得税法》规定的股息、红利等权益性投资收益，不限于被投资单位接受投资后产生的累积净利润的分配额，所获得的利润或现金股利超过上述数额的部分不作为初始投资成本的收回。也就是说，被投资单位宣告分派的现金股利或利润，不论是投资前产生的，还是投资后产生的，从被投资方的累计净利润（包括累计未分配利润和盈余公积）中取得的任何分配支付额，都应当确认为当期股息、红利等权益性投资收益。股息、红利等权益性投资收益应当以被投资方作出利润分配决策的时间确认收入的实现。企业对外投资期间，除追加或收回投资应当调整长期股权投资的计税基础外，长期股权投资的计税基础保持不变。

第二，权益法。

（1）长期股权投资的初始投资成本无论大于，还是小于投资时应享有被投资单位可辨认净资产公允价值份额的，都不调整长期股权投资的计税基础。长期股权投资的初始投资成本小于投资时应享有被投资单位可辨认净资产公允价值份额的，其差额也不应当计入当期损益。会计上计入当期损益的，在计算应纳税所得额时应进行纳税调整。

（2）投资企业取得长期股权投资后，已按照应享有或应分担的被投资单位实现的净损益的份额，确认投资损益并调整长期股权投资的账面价值的，在计算应纳税所得额时应进行纳税调整。投资企业按照被投资单位宣告分派的利润或现金股利计算应分得的部分，不应减少长期股权投资的计税基础。

（3）投资企业不能确认被投资单位发生的净亏损，被投资单位发生的净亏损只能由被投资单位以后年度的所得弥补。《企业所得税法》规定，企业纳税年度发生的亏损，可以向以后年度结转，用以后年度的所得弥补，但结转年限最长不得超过5年。企业对外投资期间，长期股权投资的计税基础保持不变。投资企业确认了被投资单位发生的净亏损的，应按照税法规定进行纳税调整。

（4）投资企业从被投资方的累计净利润（包括累计未分配利润和盈余公积）中取得的任何分配支付额，在被投资单位宣告分派现金股利或利润时，应当确认为当期股息、红利等权益性投资收益。股息、红利等权益性投资收益应当以被投资方作出利润分配决策的时间确认收入的实现。投资企业按照权益法调整长期股权投资的账面价值和投资损益，应按照税法规定进行纳税调整。

(5)《企业所得税法》规定，符合条件的居民企业之间的股息、红利收入，在中国境内设立机构、场所的非居民企业从居民企业取得与该机构、场所有实际联系的股息、红利收入，为免税收入，不计入企业应纳税所得额征税。

3. 处置长期股权投资。企业处置长期股权投资，属于《企业所得税法》规定的转让财产收入。按照《企业所得税法》规定，企业对外投资期间，投资资产的成本在计算应纳税所得额时不得扣除。企业转让资产，该项资产的净值和转让费用，可以在计算应纳税所得额时扣除。所以，企业处置长期股权投资，其计税基础与实际取得价款的差额，应当计入应纳税所得额缴纳企业所得税。

4. 长期股权投资损失确认。企业根据会计准则确认的长期股权投资减值损失，属于会计处理的内容，在企业所得税上不予确认，应根据税法规定进行纳税调整。在税务处理上，必须按照税法的规定进行确认，才允许在税前扣除。长期股权投资出现以下一项或若干项情形时，才能确认为长期股权投资的发生永久或实质性损害：被投资方已依法宣告破产、撤销、关闭或被注销、吊销工商营业执照；投资方财务状况严重恶化，累计发生巨额亏损，已连续停止经营3年以上，且无重新恢复经营的改组计划等；被投资方财务状况严重恶化，累计发生巨额亏损，被投资方的股票从证券交易市场摘牌，停止交易1年或1年以上；被投资方财务状况严重恶化，累计发生巨额亏损，已进行清算。

企业的长期股权投资当有确凿证据表明已形成财产损失，或者已发生永久或实质性损害时，应扣除可收回金额以及责任和保险赔款后，再确认发生的财产损失。已按永久或实质性损害确认财产损失的各项长期股权投资必须保留会计记录。企业的长期股权投资因发生永久或实质性损害情形，应依据下列证据认定财产损失：有关被投资方破产公告、破产清偿文件，工商部门注销、吊销文件，政府有关部门的行政决定文件，终止经营、停止交易的法律或其他证明文件，有关资产的成本和价值回收情况说明，被投资方清算剩余财产分配情况的证明。

（三）税法与会计差异

1. 持有期间会计收益与计税收益的基本差异。会计核算中，对长期股权投资分别采用成本法和权益法进行后续计量。采用成本法核算的长期股权投资应当按照初始投资成本计价，采用权益法核算投资企业取得长期股权投资后，应当按照应享有或应分担的被投资单位实现的净损益的份额，确认投资损益并调整长期股权投资的账面价值。在采用不同会计方法对长期股权投资进行后续计量时，一方面影响长期股权投资的期末计价，另一方面影响投资收益的确认与计量。而税法规定，资产必须按历史成本计价，企业持有各项资产期间一般不得调整有关资产的计税基础。企业初始投资成本发生后，非因增资或减资，计税投资成本固定不变。因此，采用成本法核算的长期股权投资，会计与税收间的差异不大，而在权益法下，会计计价的结果与计税成本之间存在较大差异。同时还应予注意的是，不管是采用成本法还是采用权益法，会计核算中确认的投资收益（损失）都增加（减少）投资企业的当期损益。而在税收方面，对于来源于被投资企业的税后收益，为消除重复征税，税法对从境内企业对这种股息、红利所得（除从上市公司取得持有期不足1年的），规定了免于纳入企业所得计算所得税的计税办法。

2. 后续计量及投资收益确认方面的具体差异。

第一，采用成本法核算长期股权投资。在成本法下，被投资单位宣告分派的现金股利或利润，投资企业确认为当期投资收益。税法规定：不论企业会计账务中对投资采取何种方法核算，被投资企业会计账务上实际作利润分配处理（包括以盈余公积和未分配利润转增资本）时，投资方企业应确认投资所得的实现。显然两者的基本原则是一致的。不过，在成本法下会计与税收之间仍有几方面的差异：

（1）企业会计准则规定，投资企业确认投资收益，仅限于所获得的被投资单位在接受投资后产生的累积净利润的分配额，所获得的被投资单位宣告分派的利润或现金股利超过上述数额部分作为初始投资成本的收回。而在税收方面，不管投资企业获得的利润或现金股利是否超过上述数额，也不管究竟是被投资单位接受投资后产生的累积净利润的分配额，还是接受投资前留存收益中的分配额，均要依据其法律形式确认为计税投资收益。

（2）投资企业收到被投资单位分来的股票股利，即以未分配利润或盈余公积转增资本的部分，不进行账务处理。税法则要求按面值确认为投资收益。

第二，采用权益法核算长期股权投资时，会计与税收间的差异主要有如下几个方面：

（1）企业会计准则规定，长期股权投资的初始投资成本大于投资时应享有被投资单位可辨认净资产公允价值份额的，不调整长期股权投资的初始投资成本。这种情况下会计与税收间无差异。但当长期股权投资的初始投资成本小于投资时应享有被投资单位可辨认净资产公允价值份额的，其差额应当计入当期损益，同时调整长期股权投资的成本。在此情况下，长期股权投资的计税成本仍保持初始投资历史成本不变，且计入当期损益的与公允价值之间的差额不作为应税所得。

（2）在权益法下，会计上将投资企业与被投资企业视为一个整体看待。企业会计准则规定：投资企业取得长期股权投资后，应当按照应享有或应分担的被投资单位实现的净损益的份额，确认投资损益并调整长期股权投资的账面价值。投资企业按照被投资单位宣告分派的利润或现金股利计算应分得的部分，相应减少长期股权投资的账面价值。投资企业在确认应享有被投资单位净损益的份额时，应当以取得投资时被投资单位各项可辨认资产等的公允价值为基础，对被投资单位的净利润进行调整后确认。被投资单位采用的会计政策及会计期间与投资企业不一致的，应当按照投资企业的会计政策及会计期间对被投资单位的财务报表进行调整，并据以确认投资损益。税法中有关长期股权投资及投资收益的确认与计量与此完全不同，它将投资企业与被投资企业作为两个独立的纳税主体对待。规定除另有规定者外，不论企业会计账务中对投资采取何种方法核算，被投资企业会计账务上实际作利润分配处理（包括以盈余公积和未分配利润转增资本）时，投资方企业应确认投资所得的实现。即只有当被投资企业利润分配的方案经过企业股东（大）会等权力机构通过，被投资企业在账面上作利润分配处理时，投资企业方才确认计税投资所得。

（3）企业会计准则规定，投资企业对于被投资单位除净损益以外所有者权益的其他变动，应当调整长期股权投资的账面价值并计入所有者权益。在税收方面，同样不确定由此而对长期股权投资计税成本的影响。

3. 股权投资差额的摊销。股权投资差额是指采用权益法核算长期股权投资时，初始投资成本与应享有被投资单位所有者权益份额的差额。我国会计制度规定，应在一定的期限内平均摊销计入损益。如果投资合同规定了投资期限，股权投资差额的摊销时间按投资期限摊销。如果投资合同没有规定投资期限的，初始投资成本超过应享有被投资单位所有者权益份额之间的差额，按不超过10年（含10年）的期限摊销；初始投资成本低于应享有被投资单位所有者权益份额之间的差额，按不低于10年（含10年）的期限摊销，摊销金额计入当期投资收益。但企业申报纳税时，股权投资差额不得确认，也不得作为长期股权投资计税成本的调整项目。企业每年实际摊销的股权投资差额的借差，即确认的投资损失，应作为其他纳税调整增加项目；反之，每年摊销的股权投资差额的贷差，应作为其他纳税调整减少项目。

例题5-3

2007年1月1日A保险公司支付价款1 028.244万元购入某公司发行的3年期公司债券，该公司债券的票面总金额为1 000万元，票面利率4%，实际利率为3%，利息每年末支付，本金到期支付。A保险公司将该公司债券划分为可供出售金融资产。2007年12月31日，该债券的市场价格为1 000.094万元。假定不考虑交易费用和其他因素的影响，甲保险公司的账务处理如下（金额单位：万元）：

1. 2007年1月1日，购入债券。

借：可供出售金融资产——成本　　1 000
　　　　　　　　　　——利息调整　　28.244
　贷：银行存款　　1 028.244

2. 2007年12月31日，收到债券利息、确认公允价值变动。

实际利息 = 1 028.244 × 3% = 30.84732 ≈ 30.85（万元）

年末摊余成本 = 1 028.244 + 30.85 − 40 = 1 019.094（万元）

借：应收利息　　40
　贷：可供出售金融资产——利息调整　　9.15
　　　投资收益　　30.85

借：银行存款　　40
　贷：应收利息　　40

借：资本公积——其他资本公积　　19
　贷：可供出售金融资产——公允价值变动　　19

在税法看来，购买债券价款中所含的利息部分，作为计税基础的一部分，而不是利息调整；得到这部分股息时，作为利息收入缴税，而不是资产的冲减。债券市场价格变化，不影响计税基础和资本公积，除非处置了债券而实际发生了损失，按照损失来税务处理。

阅读材料5-2

企业金融工具投资收益的所得税处理

随着投资性金融工具渠道的拓宽，企业运用金融工具进行投资、使资产产生增值的行为也日益增多，企业在投资过程中产生的投资收益也面临着税收问题。

1. 企业取得的2007年以前投资所得的税务处理。

（1）境内A股股票投资企业在境内A股股票市场进行投资，产生的收益可分为上市公司分红、派息所得和股票转让所得。

① 分红、派息所得对于企业持有上市公司股票期间取得的分红、派息所得，应按照国

税发［2000］118号文件的规定进行处理，即：凡投资方企业适用的所得税税率高于被投资企业适用的所得税税率的，除国家税收法规规定的定期减税、免税优惠以外，其取得的投资所得应按规定还原为税前收益后，并入投资企业的应纳税所得额，依法补缴企业所得税。

企业在收到上市公司的分红、派息所得后，首先要看本企业与上市公司是否存在税率差，如果存在税率差，则应进一步看对方是否为享受税收法规规定的定期减免税，在对方享受税收法规规定的定期减免税的情况下，不需要补税，否则需要将取得的分红、派息所得还原为税前收益，并入本企业的应纳税所得额进行补税。

② 股票买卖价差如股票买卖价差为净所得，国税发［2000］118号文件规定：企业股权投资转让所得应并入企业的应纳税所得，依法缴纳企业所得税。如股票买卖价差为净损失，国税发［2000］118号文件规定：企业因收回、转让或清算处置股权投资而发生的股权投资损失，可以在税前扣除，但每一纳税年度扣除的股权投资损失，不得超过当年实现的股权投资收益和投资转让所得，超过部分可无限期向以后纳税年度结转扣除。

根据国家税务总局对2007年企业所得税汇算清缴的最新政策，企业股权投资转让损失连续向后结转5年仍不能从股权投资收益和股权投资转让所得中扣除的，准予在第6年一次性扣除。该通知同时明确，企业在一个纳税年度发生的转让处置持有5年以上的股权投资所得、非货币性资产投资转让所得、债务重组所得和捐赠所得，占当年应纳税所得50%及以上的，可在不超过5年的期间均匀计入各年度的应纳税所得额。

（2）境内封闭式基金投资在投资境内封闭式基金理财方式下，取得的所得有基金分红收入和在二级市场买卖基金的价差收入，目前规范税收政策的文件主要有财税［1998］55号。

① 基金分红财税［1998］55号文件明确规定了对企业投资者从基金分配中获得的债券差价收入，暂不征收企业所得税。但对企业投资者从基金分配中取得的股息性、股票买卖价差等其他性质的所得未作出相关明确。对于机构投资者从封闭式基金中取得的基金分红，可参照开放式基金的相关政策，即财税［2002］128号文件的规定：对投资者（包括个人和机构投资者）从基金分配中取得的收入，暂不征收个人所得税和企业所得税。

② 基金买卖价差财税［1998］55号文件规定：对企业投资者买卖基金，单位获得的差价收入，应并入企业的应纳税所得额，征收企业所得税。对于基金买卖差价损失，由于其不属于股权投资性质的损失，因此可以直接抵减企业经营性所得。

（3）境内开放式基金投资在境内开放式基金理财方式下，取得的所得为基金分红收入和赎回基金的价差收入，目前规范税收政策的文件主要有财税［2002］128号。

① 基金分红财税［2002］128号文件规定：对投资者（包括个人和机构投资者）从基金分配中取得的收入，暂不征收个人所得税和企业所得税。

② 基金赎回财税［2002］128号文件规定：对企业投资者申购和赎回基金单位取得的差价收入，应并入企业的应纳税所得额，征收企业所得税。此处同样需要注意，对于赎回基金发生的差价损失，由于其不属于股权投资性质的损失，因此同样可以直接抵减企业经营性所得。

（4）债券投资目前政策规定对国债利息收入免征企业所得税，但对于企业在债券交易市场买卖国债取得的价差收入，应并入当年应纳税所得额纳税，对于买卖国债发生的损失，可直接抵减经营性所得。企业投资国债以外的其他债券，取得的利息收入及债券买卖价差收入均应并入应纳税所得额纳税，对于买卖债券发生的损失，可直接抵减经营性所得。

2. 新税法实施后企业投资所得的政策变化。

（1）境内A股股票投资《企业所得税法》第26条规定：符合条件的居民企业之间的股息、红利等权益性投资收益；在中国境内设立机构、场所的非居民企业从居民企业取得与该机构、场所有实际联系的股息、红利等权益性投资收益为免税收入。

《企业所得税法实施条例》第83条进一步明确：企业所得税法第26条所称符合条件的居民企业之间的股息、红利等权益性投资收益，是指居民企业直接投资于其他居民企业取得的投资收益。企业所得税法第26条所称股息、红利等权益性投资收益，不包括连续持有居民企业公开发行并上市流通的股票不足12个月取得的投资收益。

对于企业持有居民企业公开发行并上市流通的股票，获得的投资收益是否缴税，仍要区分所取得的收益的性质进行不同处理。对于股息、红利，首先要看持有期限，如超过12个月，视同直接投资，所获得的股息红利计入免税收入；持有期不超过12个月的，不适用投资所得免税政策，具体征税方法有待明确。股票买卖价差收入属于《企业所得税法》第6条第3款规定的转让财产收入的范畴，应并入当年应纳税所得额计税。

（2）基金投资财税［2008］1号文件规定：对投资者从证券投资基金分配中取得的收入，暂不征收企业所得税。但对于机构投资者买卖、赎回基金单位产生的差价所得，仍应并入应纳税所得额纳税。

（3）债券投资《企业所得税法》第26条规定：企业的国债利息收入为免税收入。《企业所得税法实施条例》第82条进一步明确：国债利息收入，是指企业持有国务院财政部门发行的国债取得的利息收入。企业在二级市场买卖国债、企业投资其他债券取得的利息计买卖价差收入仍需并入当年应纳税所得额纳税。

资料来源：于蕾，庞惠：《中国税务报》，2008年5月12日。

第六节　所得调整

一、会计利润和应税所得

《企业会计准则——基本准则》规定，利润是指企业在一定会计期间的经营成果。利润包括收入减去费用后的净额、直接计入当期利润的利得和损失等。直接计入当期利润的利得和损失，是指应当计入当期损益、会导致所有者权益发生增减变动的、与所有者投入资本或者向所有者分配利润无关的利得或者损失。利润金额取决于收入和费用、直接计入当期利润的利得和损失金额的计量。应当将利润项目列入利润表。

企业所得税是对企业纯收益征税，在企业所得税中，与利润对应的概念是应纳税所得额。《企业所得税法》规定，企业每一纳税年度的收入总额，减除不征税收入、免税收入、各项扣除以及允许弥补的以前年度亏损后的余额，为应纳税所得额。

应纳税所得额经常是大于利润额的。这是因为企业的有些费用是不允许在税前扣除的，还有些利润是有限额在税前扣除的。根据《企业所得税法》规定，在计算应纳税所得额时，企业财务、会计处理办法同税收法律、行政法规的规定不一致的，应当依照税收法律、行政法规的规定计算纳税。应纳税所得额在一定条件下，也可能小于利润额。这是因为企业有不征税收入、免税收入、加计扣除、收入打折等税收优惠，并且企业所得税还允许弥补以前年度的亏损。

二、利润计算

利润表是反映企业在一定时期经营成果的会计报表（见表5-9）。它是依据“收入-费用=利润”的关系，按照其重要性，将收入、费用和利润项目依次排列，并根据会计账簿日常记录的大量数据累计整理后编制而成，是一种动态报表。运用利润表，可以分析、预测企业的经营成果和获利能力、偿债能力，分析、预测未来的现金流动状况，分析、考核经营管理人员的业绩，为利润分配提供重要依据。

表5-9 利润表

编制单位： 日期：______年______月 单位：元

项目	本期金额	上期金额
一、营业收入		
减：营业成本		
营业税金及附加		
销售费用		
管理费用		
财务费用		
资产减值损失		
加：公允价值变动收益（损失以“—”号填列）		
投资收益（损失以“—”号填列）		
其中：对联营企业和合营企业的投资收益		
二、营业利润（亏损以“—”号填列）		
加：营业外收入		
减：营业外支出		
其中：非流动资产处置损失		
三、利润总额（亏损总额以“—”号填列）		
减：所得税费用		
四、净利润（净亏损以“—”号填列）		
五、每股收益：		
（一）基本每股收益		
（二）稀释每股收益		

1. 利润表编制。

第一步，以营业收入为基础，减去营业成本、营业税金及附加、销售费用、管理费用、财务费用、资产减值损失，加上公允价值变动收益（减去公允价值变动损失）和投资收益（减去投资损失），计算出营业利润。

第二步，以营业利润为基础，加上营业外收入，减去营业外支出，计算出利润总额。

第三步，以利润总额为基础，减去所得税费用，计算出净利润（或净亏损）。

普通股或潜在普通股已公开交易的企业，以及正处于公开发行普通股或潜在普通股过程中的企业，还应当在利润表中列示每股收益信息。

2. 利润表项目。

（1）“营业收入”项目，反映企业经营业务所得的收入总额。本项目应根据“主营业务收入”和“其他业务收入”账户的发生额分析填列。

（2）“营业成本”项目，反映企业经营业务发生的实际成本。本项目应根据“主营业务成本”和“其他业务成本”账户的发生额分析填列。

（3）“营业税金及附加”项目，反映企业经营业务应负担的营业税、消费税、城市维护建设税、资源税、土地增值税和教育费附加等。本项目应根据“营业税金及附加”账户的发生额分析填列。

（4）“销售费用”项目，反映企业在销售商品和商品流通企业在购入商品等过程中发生的费用。本项目应根据“营业费用”账户的发生额分析填列。

（5）“管理费用”项目，反映企业行政管理等部门所发生的费用。本项目应根据“管理费用”账户的发生额分析填列。

（6）“财务费用”项目，反映企业发生的利息费用等。本项目应根据“财务费用”账户的发生额分析填列。

（7）“资产减值损失”项目，反映企业发生的各项减值损失。本项目应根据“资产减值损失”账户的发生额分析填列。

（8）“公允价值变动损益”项目，反映企业交易性金融资产等公允价值变动所形成的当期利得和损失。本项目应根据“公允价值变动损益”账户的发生额分析填列。

（9）“投资收益”项目，反映企业以各种方式对外投资所取得的收益。本项目应根据“投资收益”账户的发生额分析填列；如为投资损失，以“—”号填列。

（10）“营业利润”项目，反映企业实现的营业利润。如为亏损，本项目以“—”号填列。

（11）“营业外收入”项目和“营业外支出”项目，反映企业发生的与其生产经营无直接关系的各项收入和支出。这两个项目应分别根据“营业外收入”账户和“营业外支出”账户的发生额分析填列。

（12）“利润总额”项目，反映企业实现的利润。如为亏损，本项目以“—”号填列。

（13）“所得税费用”项目，反映企业按规定从本期损益中减去的所得税。本项目应根据“所得税费用”账户的发生额分析填列。

（14）“净利润”项目，反映企业实现的净利润。如为亏损，本项目以“—”号填列。

（15）“基本每股收益和稀释每股收益”项目，为税后利润与股本总数的比率。

三、纳税调整

（一）纳税申报

纳税申报表（见表5－10）是在纳税人会计利润总额的基础上，加减纳税调整额后计算出“纳税调整后所得”（应纳税所得额）。会计与税法的差异（包括收入类、扣除类、资产类等差异）通过纳税调整项目明细表集中体现。

表5－10　企业所得税纳税申报表

类别	行次	项　目	金　额
利润总额计算	1	一、营业收入（填附表一）	
	2	减：营业成本（填附表二）	
	3	营业税金及附加	
	4	销售费用（填附表二）	
	5	管理费用（填附表二）	
	6	财务费用（填附表二）	
	7	资产减值损失	
	8	加：公允价值变动收益	
	9	投资收益	
	10	二、营业利润	
	11	加：营业外收入（填附表一）	
	12	减：营业外支出（填附表二）	
	13	三、利润总额（10＋11－12）	
应纳税所得额计算	14	加：纳税调整增加额（填附表三）	
	15	减：纳税调整减少额（填附表三）	
	16	其中：不征税收入	
	17	免税收入	
	18	减计收入	
	19	减、免税项目所得	
	20	加计扣除	
	21	抵扣应纳税所得额	
	22	加：境外应税所得弥补境内亏损	
	23	纳税调整后所得（13＋14－15＋22）	
	24	减：弥补以前年度亏损（填附表四）	
	25	应纳税所得额（23－24）	

续表

类别	行次	项　　目	金　额
应纳税额计算	26	税率（25%）	
	27	应纳所得税额（25×26）	
	28	减：减免所得税额（填附表五）	
	29	减：抵免所得税额（填附表五）	
	30	应纳税额（27－28－29）	
	31	加：境外所得应纳所得税额（填附表六）	
	32	减：境外所得抵免所得税额（填附表六）	
	33	实际应纳所得税额（30＋31－32）	
	34	减：本年累计实际已预缴的所得税额	
	35	其中：汇总纳税的总机构分摊预缴的税额	
	36	汇总纳税的总机构财政调库预缴的税额	
	37	汇总纳税的总机构所属分支机构分摊的预缴税额	
	38	合并纳税（母子体制）成员企业就地预缴比例	
	39	合并纳税企业就地预缴的所得税额	
	40	本年应补（退）的所得税额（33－34）	
附列资料	41	以前年度多缴的所得税额在本年抵减额	
	42	以前年度应缴未缴在本年入库所得税额	

纳税申报表包括利润总额计算、应纳税所得额计算、应纳税额计算和附列资料四个部分。“利润总额计算”中的项目，按照国家统一会计制度口径计算填报。实行企业会计准则的纳税人，其数据直接取自损益表。利润总额部分的收入、成本、费用明细项目，一般工商企业纳税人，通过附表一（1）《收入明细表》和附表二（1）《成本费用明细表》相应栏次填报。“应纳税所得额计算”和“应纳税额计算”中的项目，除根据主表逻辑关系计算的外，通过附表相应栏次填报。“附列资料”填报用于税源统计分析的上一纳税年度税款在本纳税年度抵减或入库金额。

（二）纳税调整

企业在确定应纳税所得额时，按照税法规定计算出的应纳税所得额与企业依据财务会计制度计算的利润所得额，往往是不一致的。当企业财务、会计处理办法与有关税收法规相抵触的，应当依照国家有关税收的规定计算纳税。企业按照有关财务会计制度规定计算的利润，必须按照税法规定和财务会计制度规定的差异进行必要调整后，才能作为应纳税所得额，计算缴纳所得税。纳税调整项目按照“收入类调整项目”、“扣除类调整项目”、“资产类调整项目”、“准备金调整项目”、“房地产企业预售收入计算的预计利润”、“特别纳税调整应税所得”、“其他”七大项分类汇总填报，并计算纳税调整项目的

“调增金额”和“调减金额”的合计数。数据栏分别设置“账载金额”、“税收金额”、“调增金额”、“调减金额”四个栏次。“账载金额”是指纳税人按照国家统一会计制度规定核算的项目金额。“税收金额”是指纳税人按照税收规定计算的项目金额。“收入类调整项目”：“税收金额”扣减“账载金额”后的余额为正，填报在“调增金额”，余额如为负数，将其绝对值填报在“调减金额”。“扣除类调整项目”、“资产类调整项目”：“账载金额”扣减“税收金额”后的余额为正，填报在“调增金额”，余额如为负数，将其绝对值填报在“调减金额”。其他项目的“调增金额”、“调减金额”按上述原则计算填报。表中打＊号的栏次不填报（见表5－11）。

表5－11　　纳税调整项目明细表

行次	项目	账载金额	税收金额	调增金额	调减金额
		1	2	3	4
1	一、收入类调整项目	*	*		
2	1. 视同销售收入（填写附表一）	*	*		*
3	2. 接受捐赠收入	*			*
4	3. 不符合税收规定的销售折扣和折让				*
5	4. 未按权责发生制原则确认的收入				
6	5. 按权益法核算长期股权投资对初始投资成本调整确认收益	*	*	*	
7	6. 按权益法核算的长期股权投资持有期间的投资损益	*	*		
8	7. 特殊重组				
9	8. 一般重组				
10	9. 公允价值变动净收益（填写附表七）	*	*		
11	10. 确认为递延收益的政府补助				
12	11. 境外所得（填写附表六）	*	*		
13	12. 不允许扣除的境外投资损失	*	*		*
14	13. 不征税收入（填附表一）	*	*	*	
15	14. 免税收入（填附表五）	*	*	*	
16	15. 减计收入（填附表五）	*	*	*	
17	16. 减、免税项目所得（填附表五）	*	*	*	
18	17. 抵扣应纳税所得额（填附表五）	*	*	*	
19	18. 其他				
20	二、扣除类调整项目	*	*		
21	1. 视同销售成本（填写附表二）	*	*	*	
22	2. 工资薪金支出				

续表

行次	项目	账载金额	税收金额	调增金额	调减金额
		1	2	3	4
23	3. 职工福利费支出				
24	4. 职工教育经费支出				
25	5. 工会经费支出				
26	6. 业务招待费支出				*
27	7. 广告费和业务宣传费支出（填写附表八）	*	*		
28	8. 捐赠支出				*
29	9. 利息支出				*
30	10. 住房公积金				*
31	11. 罚金、罚款和被没收财物的损失		*		*
32	12. 税收滞纳金		*		*
33	13. 赞助支出		*		*
34	14. 各类基本社会保障性缴款				
35	15. 补充养老保险、补充医疗保险				
36	16. 与未实现融资收益相关在当期确认的财务费用				
37	17. 与取得收入无关的支出		*		*
38	18. 不征税收入用于支出所形成的费用		*		*
39	19. 加计扣除（填附表五）	*	*	*	
40	20. 其他				
41	三、资产类调整项目	*	*		
42	1. 财产损失				
43	2. 固定资产折旧（填写附表九）	*	*		
44	3. 生产性生物资产折旧（填写附表九）	*	*		
45	4. 长期待摊费用的摊销（填写附表九）	*	*		
46	5. 无形资产摊销（填写附表九）	*	*		
47	6. 投资转让、处置所得（填写附表十一）	*	*		
48	7. 油气勘探投资（填写附表九）	*	*		
49	8. 油气开发投资（填写附表九）	*	*		
50	9. 其他				
51	四、准备金调整项目（填写附表十）	*	*		
52	五、房地产企业预售收入计算的预计利润	*	*		
53	六、特别纳税调整应税所得	*	*		*
54	七、其他	*	*		
55	合　计	*	*		

例题 5－4

1. 例题。

某生产性企业为增值税一般纳税人。2009 年度有关经营情况如下：

（1）全年外购原材料共计金额 900 万元，取得税控专用发票上注明的税额 153 万元，并通过主管税务机关认证，支付购进原材料的运输费用共计 30 万元，并取得运输发票。

（2）全年销售产品开具税控增值税专用发票取得不含税收入 2 800 万元，开具普通发票取得含税收入 351 万元。

（3）产品销售成本 1 500 万元。

（4）发生销售费用 560 万元，其中广告费和宣传费 500 万元。

（5）发生财务费用 200 万元，其中企业于 2008 年 10 月因某项不动产在建工程专项借款 300 万元，合同约定的利率为 6%，2009 年底工程尚未完工。

（6）发生管理费用 593 万元，其中业务招待费 25 万元、支付给关联企业管理费 9 万元，企业自创商誉发生支出 400 万元，计提用于环境保护的专项资金 29 万元。

（7）营业外支出反映业务：通过红十字会向某灾区捐资 30 万元；由于管理不善，产品被盗，损失的产品生产成本 50 万元，经测算，产品成本中外购原材料的比重占 60%，外购材料的增值税税率为 17%。

（8）已在成本费用中列支的实发工资总额 500 万元，并按实际发生数列支了福利费 105 万元，上缴工会经费 10 万元并取得《工会经费专用拨缴款收据》，职工教育经费支出 20 万元。

（9）投资收益共计 54 万元，其中 2008 年 1 月企业以货币资金 100 万元购买境内一非上市公司 10% 的股权，2009 年 5 月被投资方作出分红 40 万元的利润分配决定，并于 8 月份通过转账支票到账；国债利息收入 50 万元。

要求：计算以下各税金额：

（1）应缴纳的流转税、城建税和教育费附加；

（2）应税收入总额；

（3）所得税前准许扣除的销售费用；

（4）所得税前准许扣除的财务费用；

（5）所得税前准许扣除的管理费用；

（6）企业会计利润总额；

（7）所得税前准予扣除的营业外支出；

（8）工资及三项经费纳税调增金额；

（9）应纳税所得额；

（10）2009 年实际应纳所得税额。

2. 参考答案。

（1）销项税额 $= 2\,800 \times 17\% + 351 \div (1 + 17\%) \times 17\% = 527$（万元）

可抵扣进项税额 $= 153 + 30 \times 7\% - 50 \times 60\% \times 17\% = 150$（万元）

应缴纳的增值税 $= 527 - 150 = 377$（万元）

（2）城建税和教育费附加 $= 377 \times (7\% + 3\%) = 37.7$（万元）

应缴纳的流转税、城建税和教育费附加合计 $= 377 + 37.7 = 414.7$（万元）

（3）应税收入总额＝2 800＋351÷（1＋17%）＝3 100（万元）

注：国债利息收入 50 万元；符合条件的居民企业之间的股息、红利等权益性投资收益 40×10%＝4（万元），均是免税收入。

（4）广告费和宣传费扣除限额＝3 100×15%＝465（万元），实际发生额 500 万元超过扣除限额 465 万元，准予税前列支 465 万元。

所得税前准许扣除的销售费用＝560－（500－465）＝525（万元）

（5）工程专门借款利息，为资本化利息支出，不得扣除。

所得税前准许扣除的财务费用＝200－300×6%＝182（万元）

（6）业务招待费扣除限额＝3 100×5‰＝15.5（万元），实际发生数×60%＝25×60%＝15（万元），只能税前扣除 15 万元。

支付给关联企业管理费 9 万元，不得税前扣除。

自创商誉发生的支出 400 万元，不得税前扣除，也不能进行摊销。

环境保护的支出 29 万元，准予扣除。

城镇土地使用税并入管理费用扣除。

所得税前准许扣除的管理费用＝593－（25－15）－9－400＝174（万元）

（7）企业会计利润总额＝3 100＋54－1 500－37.7－560－（200－300×6%）（会计差错）－（593－400）（会计差错）－（30＋50＋50×60%×17%）＝596.20（万元）

注：计算会计利润应当是以正确的会计核算为基础的，所以，对于会计中存在的差错，首先要进行会计上的调整，其次以正确会计核算下实际发生的成本费用等各项支出在会计利润中扣除。

（8）捐赠支出扣除限额＝596.20×12%＝71.544（万元），实际捐赠支出为 30 万元，可以据实扣除。

所得税前准予扣除的营业外支出＝30＋50＋50×60%×17%＝85.1（万元）

（9）福利费扣除限额＝500×14%＝70（万元），实际列支 105 万元，纳税调增 35 万元。

职工教育经费扣除限额＝500×2.5%＝12.5（万元），实际列支 20 万元，纳税调增 7.5 万元。

工会经费扣除限额＝500×2%＝10（万元），实际列支 10 万元，据实扣除。

工资及三项经费纳税调增＝35＋7.5＝42.5（万元）

（10）应纳税所得额＝3 100－1 500－37.7－525－182－174－85.1＋42.5＝638.70（万元）

（11）应纳所得税额＝638.70×25%＝159.675（万元）

四、所得税调整的会计处理

财政部发布的《企业会计准则第 18 号——所得税》自 2007 年 1 月 1 日起在上市公司范围内施行，并鼓励其他企业执行。准则要求采用资产负债表债务法核算资产负债表项目的暂时性差异，并确认、计量递延所得税（见图 5－1）。

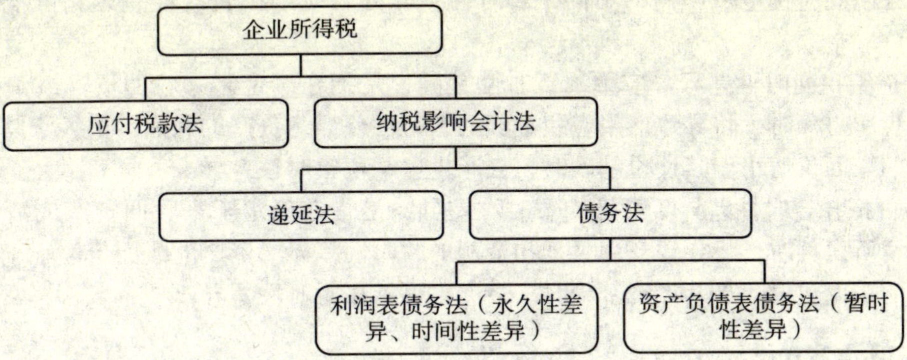

图5－1　所得税的会计处理

（一）所得税会计

所得税的核算可分成应交所得税和所得税费用两条线进行。

1. 应交所得税。应交所得税是按照税法规定计算，计算公式如下：

应交所得税＝应纳税所得额×所得税税率＝(利润总额＋纳税调整额)×所得税税率

在纳税调整额中，包含永久性差异和时间性差异，即会计与税法的规定有差异要在计算应缴所得税时作出调整。

应交所得税作为负债核算，在核算中设置“应交税费——应交所得税”科目进行核算。

应交所得税在资产负债表中的流动负债中列示。

2. 所得税费用。所得税费用是按照会计规定计算。

所得税费用作为费用核算，在核算中设置“所得税费用”科目进行核算。

所得税费用在利润表中列示。

所得税会计就是在应交所得税基础上如何确定所得税费用。在资产负债表债务法下，所得税会计的确认和计量关键在于：计算资产、负债的计税基础；计算资产、负债的暂时性差异；计算递延所得税资产、递延所得税负债；确定所得税费用。

（二）基本概念

1. 计税基础。

（1）资产的计税基础。资产的计税基础是指企业收回资产账面价值的过程中，计算应纳税所得额时按照税法规定可以自应税经济利益中抵扣的金额。如果这些经济利益不需要纳税，那么该资产的计税基础即为其账面价值。

（2）负债的计税基础。负债的计税基础是指负债的账面价值减去未来期间计算应纳税所得额时按照税法规定可予抵扣的金额。

2. 暂时性差异。暂时性差异，是指资产或负债的账面价值与其计税基础之间的差额。其中，资产的账面价值，是资产的账面余额减去资产减值准备后的金额。此外，某些不符合资产、负债的确认条件，未作为财务会计报告中资产、负债列示的项目，如果按照税法规定可以确定其计税基础，该计税基础与其账面价值之间的差额也属于暂时性差异。根据暂时性差异对未来期间应税金额影响的不同，暂时性差异分为应纳税暂时性差异和可抵扣暂时性差异。

（1）应纳税暂时性差异。应纳税暂时性差异，是指在确定未来收回资产或清偿负债期间的应纳税所得额时，将导致产生应税金额的暂时性差异。资产的账面价值大于其计税基础或是负债的账面价值小于其计税基础时，会产生应纳税暂时性差异。

（2）可抵扣暂时性差异。可抵扣暂时性差异，是指在确定未来收回资产或清偿负债期间的应纳税所得额时，将导致产生可抵扣金额的暂时性差异。资产的账面价值小于其计税基础或负债的账面价值大于其计税基础时，会产生可抵扣暂时性差异。

（三）所得税的核算

在计算出应交所得税后，确定所得税费用关键在于确定暂时性差异影响额。在资产负债表债务法下，对于可抵减暂时性差异的影响额确认为递延所得税资产，对于应纳税暂时性差异的影响额确认为递延所得税负债。

1. 递延所得税资产的确认。

第一，确认递延所得税资产的情况。企业对于可抵扣暂时性差异可能产生的未来经济利益，应以很可能取得用来抵扣可抵扣暂时性差异的应纳税所得额为限，确认相应的递延所得税资产，并减少所得税费用。在估计未来期间可能取得的应纳税所得额时，除正常生产经营所得外，还应考虑将于未来期间转回的应纳税暂时性差异导致的应税金额等因素。下列交易或事项中产生的可抵扣暂时性差异，应根据交易或事项的不同情况确认相应的递延所得税资产：

（1）企业对于能够结转以后年度的未弥补亏损，应视同可抵扣暂时性差异，以很可能获得用来抵扣该部分亏损的未来应纳税所得额为限，确认相应的递延所得税资产。

（2）对于与联营企业、合营企业等的投资相关的可抵扣暂时性差异，如果有关的暂时性差异在可预见的未来很可能转回并且企业很可能获得用来抵扣该可抵扣暂时性差异的应纳税所得额时，应确认相关的递延所得税资产。对于与联营企业、合营企业等的投资相关的可抵扣暂时性差异，通常产生于因联营企业或合营企业发生亏损，投资企业按持股比例确认应予承担的部分而减少投资的账面价值，但税法规定投资应以其成本作为计税基础，从而形成可抵扣暂时性差异，该差异在满足确认条件时应确认相应的递延所得税资产。

（3）非同一控制下的企业合并中，按照会计规定确定的合并中取得各项可辨认资产、负债的公允价值与其计税基础之间形成可抵扣暂时性差异的，应确认相应的递延所得税资产，同时调整合并中应予确认的商誉。

（4）与直接计入所有者权益的交易或事项相关的可抵扣暂时性差异，相应的递延所得税资产应计入所有者权益。如因可供出售金融资产公允价值下降而应确认的递延所得税资产。

第二，不确认递延所得税资产的情况。除企业合并以外的交易中，如果交易发生时既不影响会计利润也不影响应纳税所得额，则交易中产生的资产、负债的入账价值与其计税基础之间的差额形成可抵扣暂时性差异的，相应的递延所得税资产不予确认。例如，融资租赁中承租人取得的资产，按照会计准则规定应当将租赁开始日租赁资产公允价值与最低租赁付款额现值两者中较低者以及相关的初始直接费用作为租入资产的入账价值，而税法规定融资租入固定资产应当按照租赁协议或者合同确定的价款加上运输费、途中保险费等的金额计价，作为其计税基础。对于两者之间产生的暂时性差异，如确认其所得税影响，将直接影响到融资租入资产的入账价值，按照会计准则规定，该种情况下不确认相应的递延所得税资产。

2. 递延所得税负债的确认。

第一，除明确规定不应确认递延所得税负债的情况以外，企业应当确认所有应纳税暂时性差异产生的递延所得税负债，并计入所得税费用。在确认递延所得税负债还应注意：

（1）非同一控制下的企业合并中，按照会计规定确定的合并中取得各项可辨认资产、负债的公允价值与其计税基础之间形成应纳税暂时性差异的，应确认相应的递延所得税负债，同时调整合并中应予确认的商誉。

（2）与直接计入所有者权益的交易或事项相关的应纳税暂时性差异，相应的递延所得税负债应计入所有者权益（资本公积），如因可供出售金融资产公允价值上升而应确认的递延所得税负债。

第二，不确认递延所得税负债的情况。

（1）商誉的初始确认。非同一控制下的企业合并中，因企业合并成本大于合并中取得的被购买方可辨认净资产公允价值的份额，按照会计准则规定应确认为商誉，但按照税法规定不允许确认商誉，即商誉的计税基础为零，两者之间的差额形成应纳税暂时性差异，因确认该递延所得税负债会增加商誉的价值，准则中规定对于该部分应纳税暂时性差异不确认其所产生的递延所得税负债。

（2）除企业合并以外的交易中，如果交易发生时既不影响会计利润也不影响应纳税所得额，则交易中产生的资产、负债的入账价值与其计税基础之间的差额形成应纳税暂时性差异的，相应的递延所得税负债不予确认。

（3）企业对与联营企业、合营企业等的投资相关的应纳税暂时性差异，在投资企业能够控制暂时性差异转回的时间并且预计有关的暂时性差异在可预见的未来很可能不会转回时，不确认相应的递延所得税负债。

3. 当期所得税和递延所得税的计量。在递延所得税资产和递延所得税负债确认的基础上，可对当期所得税和递延所得税进行计量，即相应金额计算。

第一，当期所得税计量。资产负债表日，对于当期和以前期间形成的当期所得税负债（或资产），应当按照税法规定计算的预期应缴纳（或返还）的所得税金额计量。假定企业当期发生的交易和事项（未发生直接计入所有者权益的交易和事项）按照税法规定计算确定的应纳税所得额为100万元，适用的所得税税率为25%，在不考虑其他因素影响的情况下，确认的当期所得税和所得税负债为25万元。按照税法规定计算的当期所得税为：

当期所得税 = 当期应缴所得税 = 应纳税所得额 × 所得税税率

应注意的是，当期所得税负债就是当期计算的应交所得税；当期应缴所得税形成当期所得税，当期所得税是计入利润表的所得税费用的一个组成部分，另一部分是递延所得税，它是由暂时性差异的影响所形成的。

第二，递延所得税计量。资产负债表日，对于递延所得税资产和递延所得税负债，应当按照预期收回该资产或清偿该负债期间的适用税率计量，而不是本期所得税税率。当然，如果税率不变，则这两个时期的税率是相同的。

企业经营过程中以各种方式取得的应税所得适用的所得税税率以及在不同会计期间适用的所得税税率一般不存在差别。某些情况下，适用税率发生变化的，应对已确认的递延所得税资产和递延所得税负债进行重新计量，除直接在所有者权益中确认的交易或者事项产生的递延所得税资产和递延所得税负债以外，应当将其影响数计入变化当期的所得税费用。

在计量递延所得税资产和负债时，应注意：

（1）递延所得税资产和递延所得税负债的计量，应当反映资产负债表日企业预期收回资产或清偿负债方式的所得税影响，即在计量递延所得税资产和递延所得税负债时，应当采用与收回资产或清偿债务的预期方式相一致的税率和计税基础。

（2）企业不应当对递延所得税资产和递延所得税负债进行折现。

（3）资产负债表日，企业应当对递延所得税资产的账面价值进行复核。如果未来期间很可能无法获得足够的应纳税所得额用以抵扣递延所得税资产的利益，应当减记递延所得税资产的账面价值。在很可能获得足够的应纳税所得额时，减记的金额应当转回。

4. 所得税费用的计量。企业在利润表中确认的所得税费用或收益由当期所得税和递延所得税两个部分组成。但需要注意的是：计入当期损益的所得税费用或收益不包括企业合并和直接在所有者权益中确认的交易或事项产生的所得税影响；与直接计入所有者权益的交易或者事项相关的当期所得税和递延所得税，应当计入所有者权益（见图5－2）。

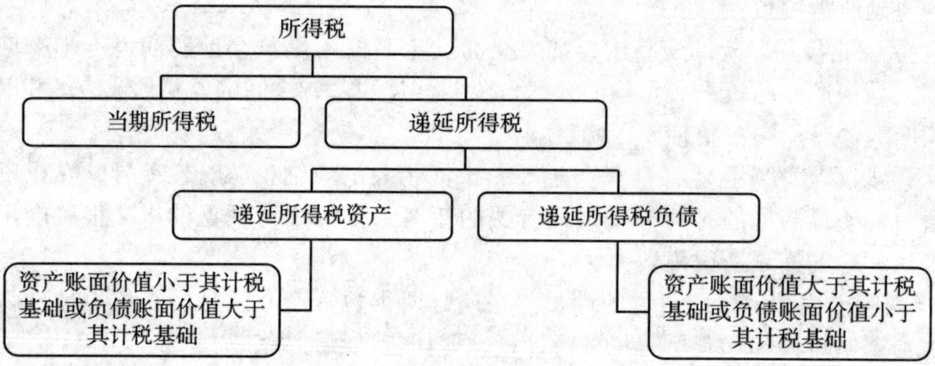

图5－2　递延所得税

在资产负债表债务法下，所得税核算有三个步骤：

计算应交所得税：

应交所得税＝应纳税所得额×所得税率

计算暂时性差异的影响额，分别确认递延所得税资产和负债期末余额：

递延所得税资产期末余额＝可抵扣暂时性差异期末余额×适用所得税税率

递延所得税负债期末余额＝应纳税暂时性差异期末余额×适用所得税税率

计算所得税费用：

所得税费用＝当期所得税＋递延所得税＝当期应交所得税＋（期末递延所得税负债－期初递延所得税负债）－（期末递延所得税资产－期初递延所得税资产）

例题5－5

甲股份有限公司（下称甲公司）2008年有关所得税资料如下：

1. 甲公司所得税采用资产负债表债务法核算，所得税率为25%；年初递延所得税资产为49.5万元，其中存货项目余额29.7万元，未弥补亏损项目余额19.8万元。

2. 本年度实现利润总额500万元，其中取得国债利息收入20万元，因发生违法经营被罚款10万元，因违反合同支付违约金30万元（可在税前抵扣），工资及相关附加超过计税标准60万元；上述收入或支出已全部用现金结算完毕。

3. 年末计提固定资产减值准备50万元（年初减值准备为0），使固定资产账面价值比其计税基础小50万元；转回存货跌价准备70万元，使存货可抵扣暂时性差异由年初余额90万元减少到年末的20万元。税法规定，计提的减值准备不得在税前抵扣。

4. 甲公司2007年12月20日购入一台设备，2007年12月31日其账面价值为100万元，与计税基础一致。甲公司预计该设备使用年限为10年，预计净残值为0，采用年限平均法计提折旧；而根据税法规定，该类固定资产允许采用双倍余额递减法计提折旧。因此2008年12月31日该设备账面价值为90万元，计税基础为80万元。

5. 甲公司于2008年7月1日购入A公司发行在外20%的股份准备长期持有，从而对A公司具有重大影响，甲公司采用权益法核算对A公司的投资。A公司2008年度实现净利润1 000万元，其中1～6月份实现净利润500万元，甲公司确认100万投资收益（A公司适用的所得税税率为15%）。税法规定，符合条件的居民企业间取得的股息、红利等权益性投资收入免征所得税。

6. 甲公司于2008年9月1日从证券市场上购入B公司股票，支付价款500万元，甲公司将股票作为可供出售金融资产核算。2008年12月31日，该公司股票公允运价值为540万元。税法规定，可供出售金融资产持有期间公允价值变动金额计入资本公积，且不计入应纳税所得额，待出售时一并计入应纳税所得额。

7. 年末计提产品保修费用40万元，计入销售费用，预计负债余额为40万元。税法规定，产品保修费在实际发生时可以在税前抵扣。

8. 截至2007年末尚有60万元亏损没有弥补，其递延所得税资产余额为19.8万元（2007年所得税率为33%）。

假设除上述事项外，没有发生其他纳税调整事项。

甲公司所得税会计处理如下：

1. 计算2008年应交所得税。

2008年应交所得税＝应纳税所得额×所得税率＝[（利润总额－国债利息收入－长期股权投资确认投资收益±违法经营罚款＋工资超标＋计提固定资产减值－本年累计折旧差异－转回存货跌价准备＋计提保修费）－弥补亏损]×25%＝[（500－20－100＋10＋60＋50－10－70＋40）－60]×25%＝[460－60]×25%＝400×25%＝100.0（万元）

2. 计算暂时性差异影响额，确认递延所得税资产和递延所得税负债。

（1）固定资产项目的递延所得税资产年末余额＝固定资产项目的年末可抵扣暂时性差异×所得税税率＝50×25%＝12.5（万元）

（2）固定资产项目的递延所得税负债年末余额＝固定资产项目的年末应纳税暂时性差异×所得税税率＝10×25%＝2.5（万元）

（3）存货项目的递延所得税资产年末余额＝存货项目的年末可抵扣暂时性差异×所得税税率＝20×25%＝5.0（万元）

（4）长期股权投资项目的递延所得税年末余额＝长期股权投资项目的年末暂时性差异×所得税税率＝0×25%＝0.0（万元）新税法下，居民企业间权益性投资收入免税，因此即使双方所得税率不一致，也不存在暂时性差异。

（5）可供出售金融资产项目的递延所得税负债年末余额＝可供出售金融资产项目的年末应纳税暂时性差异×所得税税率＝40×25%＝10.0（万元）与直接计入所有者权益的交易或事项相关的应纳税暂时性差异，相应的递延所得税负债应计入所有者权益（资本公积）。

（6）预计负债项目的递延所得税资产年末余额＝预计负债项目的年末可抵扣暂时性差异×所得税税率＝40×25%＝10.0（万元）

（7）弥补亏损项目的递延所得税资产年末余额＝亏损弥补项目的年末可抵扣暂时性差异×所得税税率＝0×25%＝0（万元）

（8）2008年末递延所得税资产总余额＝固定资产项目的递延所得税资产年末余额12.5＋存货项目的递延所得税资产年末余额5.0＋预计负债项目的递延所得税资产年末余额10.0＋弥补亏损项目的递延所得税资产年末余额0＝27.5（万元）

3. 计算2008年所得税费用。

2008年所得税费用＝2008年应交所得税＋(期末递延所得税负债－期初递延所得税负债)－(期末递延所得税资产－期初递延所得税资产)＝100.0＋(2.5－0)－(27.5－49.5)＝100.0＋2.5－(－22.0)＝124.5（万元）

计算所得税费用时选用的期末递延所得税负债不包括公允价值变化计入资本公积的可供出售金融资产的递延所得税负债，因为该部分差异只影响资本公积。

4. 编制会计分录。

借：所得税费用　　124.5

　　资本公积　　10.0

　　贷：应交税费——应交所得税　　100.0

　　　　递延所得税资产　　22.0

　　　　递延所得税负债　　12.5

本章小结

会计与税法的差异是企业税务管理和税收筹划的一个基础性问题。首先在会计核算中，计量和确认资产负债表中的递延所得税资产和负债、利润表中的所得税费用，需要考虑会计与税法差异。其次在纳税申报表中，计算当期应纳税额，需要将会计利润按照税法调整成应纳税所得额；还有就是，在税务筹划中，要将筹划方案按会计和税法的规定去分析、比较，再决策。

现今，内外资企业所得税已经合并，新企业所得税已经实施；而会计规范来讲，存在着会计制度和会计准则。所以，会计与税法的差异有新企业所得税法与会计制度的差异和与会计准则的差异两个方面。

由于会计制度属于损益表观，故税法与会计制度的差异更强调利润表和纳税申报表；而会计准则是资产负债表观，故税法与会计准则的差异首先强调资产负债表。在确认上，会计可以合理地估计，而税法一般要求实际发生；在计量上，会计有多种计量技术，而税务一般按照历史成本；会计更强调权责发生制，而税法也会采用收付实现制。这些处理思路的差异，主要源于税法计算要体现负担能力，而会计核算要反映财务状况的信息。另外，税法还会规定针对收入、扣除、税率、抵免等规定方面优惠或限制，这也是一般的会计规范所没有的。

从收入上看，税法更看重收入实现的形式是否完成，由于销售货物或提供劳务形式的完成，税法认为“实质上”获得了收入；视同销售要缴税。而会计上强调风险和报酬的转移，更注重实质而不是形式。在让渡资产使用权和投资收益方面，税法更注重收付实现制；在收的计量方面，税法强调所有的报酬，而不仅是合同规定或者发票数字。

扣除方面，税法一是强调实际发生的，没有实际发生和支付而按照会计权责发生制来确认和计量，一般不能税前扣除。二是强调相关性，按照取得相关的收入来匹配分摊扣除，如果采用了不能体现收入相关性的方法来匹配扣除，税法不认可并调整。三是强调合理性，合理性已经超出了会计记录、反映和披露的范畴，强调对合同、方法、交易和政策（企业管理和核算方面）等方面进行考量。

资产处理方面，税法一是强调历史成本，对会计确认的减值或“升值”都不认可；二是强调限制折旧和摊销的方法和时限，以控制税源；三是资产处置或转让时，税法强调计算所得时可以扣除的是税务净值，而不是会计账面价值。在资本化方面的规定，税法一般倾向于向会计靠拢；但在固定资产改建、大修理方面以及待摊费用方面，略有不同。

关键术语和概念

永久性差异、时间性差异和暂时性差异	税前扣除和成本费用	历史成本
应纳税暂时性差异和可抵扣暂时性差异	工资薪金和职工薪酬	实际利率法
应纳税所得额和会计利润	计税基础	商誉
应纳所得税和所得税费用	损失和资产减值	纳税调整
纳税主体和会计主体	视同销售	递延所得税

选读文献资料

1. 胡怡建：《税收学》，上海财经大学出版社 2000 年版。
2. 盖地：《税务会计研究》，中国金融出版社 2005 年版。
3. 财政部会计准则委员会：《所得税会计》，大连出版社 2005 年版。
4. 财政部会计司编写组：《企业会计准则讲解》，人民出版社 2006 年版。
5. Tom Rolfe：*Financial Accounting and Tax Principles*，CIMA Publishing，2004.
6. Martin D. Ginsburg，Jack S. Levin：Mergers，Acquisitions，and Buyouts—A Transactional of the Governing Tax，Leagal，and Accounting Considerations，Aspen Publishers，Inc. 2002.

第六章　税务转让定价

专栏6-1　跨国企业“长亏不倒”，遭反避税调整

迄今为止，大连市最大的一起反避税案浮出水面。大连市国税局最近完成了对大连某机电公司的反避税调查，发现该企业隐瞒应纳税收入2.77亿元，隐瞒应纳税所得额2.78亿元。经过反避税调整，增补该企业所得税近1 000万元。

大连某机电公司多年销售收入过亿，但财务显示连年亏损，引起了税务部门的关注。

这家机电公司原是一家国有企业，1997年与新加坡一家公司合资。因为亏损，2000年中方股份退出，该企业由合资变成独资企业。2004年6月，大连市国税局向大连某机电公司下达了转让定价调查通知书，并正式开始对该公司进行检查。在调查中，税务人员从企业的财务报表上发现，2001～2003年企业的毛利率均为3%，“像刀切的一样齐”，人为操纵价格的可能性很大。另外，企业产品目前90%外销，10%内销。内销部分是赚钱的，外销部分亏损。为什么企业放着赚钱的内销生意不做，却非要做赔钱买卖?

随着调查的深入，从公司的销售数据库、销售合同中，税务部门拿到了企业通过关联交易转让定价避税的直接证据。税务人员还多方取证，从各种角度证明企业的避税事实。他们从互联网上找到了新加坡母公司历年的财务报表，证明该公司的机电业务营利能力很强，大连公司常年亏损有悖常理。

经过一年多的艰苦取证，大连市最大的一起外资避税案终于浮出水面。原来，外方将大连某机电公司的外销产品表面上以低价销售给香港的关联公司，但实质上，香港公司仅仅是个“影子公司”。新加坡母公司派人在大连某机电公司以香港公司的名义与世界各地的非关联企业客户签订合同，产品由大连直接发往世界各地，资金结算则由新加坡母公司来完成。外方利用了这种在地域和管辖权上的盲点，通过关联交易把本应属于大连某机电公司的利润放在了香港，实施了避税。

不久前，大连市国税局向大连某机电公司发出了转让定价调整应纳税收入通知书。在大量的事实面前，企业对结果表示了认可。

资料来源：根据中国税网资料，作者整理。

第一节　转让定价税收制度

一、我国转让定价税法

运用关联交易来降低税收负担是纳税人税收筹划的重要手段。关联交易虽然隐蔽，但也容易引起征税机关的反感，并招致反避税措施。因此纳税人在关联方交易中，必须十分熟悉税法的有关规定，合理、合法地开展筹划活动。

我国转让定价法律体系由三部分构成（见表6－1）。

表6－1　我国税务转让定价法律法规

构成	名　称	时间	文　号
法律	《外商投资企业和外国企业所得税法》第13条	1991	主席令［1991］第45号
	《税收征管法》第24条	1992	主席令［1992］第49号
	《税收征管法》（2001年修正案）第24条	1991	
	《企业所得税法》	2007	主席令［2007］第63号
法规	《外商投资企业和外国企业所得税法实施细则》第52～58条	1991	国务院令［1991］第85号
	《税收征管法实施细则》第36～41条	1993	国务院令［2002］第362号
	《税收征管法实施细则》（2002年修正案）第51～56条		
	《企业所得税暂行条例》第10条	1993	国务院令［1993］第137号
	《企业所得税法实施条例》	2007	国务院令第512号
规章	关于《关联企业业务往来税务管理实施办法》的通知	1992	国税发［1992］第237号
	关于贯彻《关联企业业务往来税务管理实施办法》几个具体问题的通知	1992	国税发［1992］第242号
	关于印发《关联企业间业务往来税务管理规程》的通知	1998	国税发［1998］第59号
	关于修订《关联企业间业务往来税务管理规程》的通知	2004	国税发［2004］第143号
	关于进一步加强发避税工作的通知	2004	国税发［2004］第70号
	关联企业间业务往来预约定价实施细则（试行）	2004	国税发［2004］第118号
	关于调查承担单一生产功能外商投资企业和外国企业纳税情况的通知	2007	国税函［2007］236号
	关于母子公司间提供服务支付费用有关企业所得税处理问题的通知	2008	国税发［2008］86号
	关于企业关联方利息支出税前扣除标准有关税收政策问题的通知	2008	财税［2008］121号

续表

构成	名　　称	时间	文　号
规章	关于印发《中华人民共和国企业年度关联业务往来报告表》的通知	2008	国税发［2008］114
	关于印发《特别纳税调整实施办法（试行）》的通知	2009	国税发［2009］2 号
	关于简化判定中国居民股东控制外国企业所在国实际税负的通知	2009	国税函［2009］37 号
	关于加强转让定价跟踪管理有关问题的通知	2009	国税函［2009］188 号
	关于强化跨境关联交易监控和调查的通知	2009	国税函［2009］363 号

除了上述法律、法规和规章外，我国已同八十多个国家、地区正式签署了避免双重征税协定。这些协定大多参照了联合国税收协定范本和经合组织税收协定范本的内容，规定了关联企业间业务往来的税务处理原则。根据税法规定，对企业转让定价的调整，涉及执行税收协定条款的，依照税收协定的规定执行。《管理规程》的制定参照了我国政府与有关国家（特别行政区）政府间签订的税收协定（或安排）的有关规定。可见，我国政府对外签署的双边税收协定在具有较高的法律效力，它们也是我国转让定价法律体系的组成部分。

二、关联企业

关联企业是转让定价制度中的一个重要概念。如果税务管理机关对两个企业之间交易的定价不予认可，欲采用转让定价调整方法另行予以调整，那么其必须首先证明或确定这两个企业是关联企业。

所谓关联企业，是指两个存在关联关系的企业。对于关联关系，各国税法通常采用两类标准来认定。一是股权控制标准，二是企业经营管理或决策人员的人身关系标准。关于股权控制标准，有的国家采用了公司法中控制半数以上股权（50%）的标准，例如日本、法国；有的国家采用的是较低的控股比例标准（一般为25%），例如德国、加拿大。而对于企业经营管理或决策人员的人身关系标准，一般规定为：如果两个企业的主要经营管理或决策人员为同一人或具有血缘、婚姻等亲属关系，则可认定这两个企业具有关联关系。在实际操作中，税务管理机关有时也会以两家企业之间是否存在着实质上的经济控制关系来判断他们是否具有关联关系。①

我国现行税法规定，关联方是指与企业有下列关联关系之一的企业、其他组织或者个人：

（1）在资金、经营、购销等方面存在直接或者间接的控制关系；

（2）直接或者间接地同为第三者控制；

（3）在利益上具有相关联的其他关系。

① 德勤华永会计师事务所有限公司，《中国转让定价指南》，2005 年。

所得税法所称关联关系，主要是指企业与其他企业、组织或个人具有下列之一关系：

（1）一方直接或间接持有另一方的股份总和达到25%以上，或者双方直接或间接同为第三方所持有的股份达到25%以上。若一方通过中间方对另一方间接持有股份，只要一方对中间方持股比例达到25%以上，则一方对另一方的持股比例按照中间方对另一方的持股比例计算。

（2）一方与另一方（独立金融机构除外）之间借贷资金占一方实收资本50%以上，或者一方借贷资金总额的10%以上是由另一方（独立金融机构除外）担保。

（3）一方半数以上的高级管理人员（包括董事会成员和经理）或至少一名可以控制董事会的董事会高级成员是由另一方委派，或者双方半数以上的高级管理人员（包括董事会成员和经理）或至少一名可以控制董事会的董事会高级成员同为第三方委派。

（4）一方半数以上的高级管理人员（包括董事会成员和经理）同时担任另一方的高级管理人员（包括董事会成员和经理），或者一方至少一名可以控制董事会的董事会高级成员同时担任另一方的董事会高级成员。

（5）一方的生产经营活动必须由另一方提供的工业产权、专有技术等特许权才能正常进行。

（6）一方的购买或销售活动主要由另一方控制。

（7）一方接受或提供劳务主要由另一方控制。

（8）一方对另一方的生产经营、交易具有实质控制，或者双方在利益上具有相关联的其他关系，包括虽未达到本条第（一）项持股比例，但一方与另一方的主要持股方享受基本相同的经济利益，以及家族、亲属关系等。

我国税务管理机关在关联企业的认定问题上除了采取国际上通行的股权控制标准和人身控制标准外，还采取了在经营管理上的其他一些控制标准。因此，那些持有企业少数股权的公司，仍极有可能因其他一些控制性因素而被认定为构成关联企业。

关联企业有跨国关联企业和国内关联企业两种。根据《管理规程》的规定，我国转让定价制度既适用于跨国关联企业，也适用于国内关联企业。

三、关联企业交易类型

转让定价制度适用于关联企业间的业务往来行为。经济合作与发展组织（经合组织）和世界上多数国家都将关联企业间的业务往来分为四类：有形资产的购销；无形资产的转让和使用；融通资金；提供劳务。

我国转让定价立法也将关联企业间业务往来分为上述四类，并在《管理规程》中对这四类业务往来的主要内容作出了规定：

1. 有形资产的购销、转让和使用，包括房屋建筑物、交通工具、机器设备、工具、商品、产品等有形资产的购销、转让和租赁业务；

2. 无形资产的转让和使用，包括土地使用权、版权（著作权）、专利、商标、客户名单、营销渠道、牌号、商业秘密和专有技术等特许权，以及工业品外观设计或实用新型等工业产权的所有权转让和使用权的提供业务；

3. 融通资金，包括各类长短期资金拆借和担保以及各类计息预付款和延期付款等业务；

4. 提供劳务，包括市场调查、行销、管理、行政事务、技术服务、维修、设计、咨询、代理、科研、法律、会计事务等服务的提供。

四、独立交易原则

《企业所得税法》第41条规定：企业与其关联方之间的业务往来，不符合独立交易原则而减少企业或者其关联方应纳税收入或者所得额的，税务机关有权按照合理方法调整。

企业与其关联方共同开发、受让无形资产，或者共同提供、接受劳务发生的成本，在计算应纳税所得额时应当按照独立交易原则进行分摊。

何为独立交易原则？

独立交易原则也称“公平交易原则”、“独立公平交易原则”。《企业所得税法实施条例》第110条规定：独立交易原则，是指没有关联关系的交易各方，按照公平成交价格和营业常规进行业务往来遵循的原则。

独立交易原则是转让定价制度的核心原则。税务管理机关判断关联企业间的交易定价是否合理，关键就是看关联企业间交易的定价方法是否符合独立交易原则。

关于独立交易原则的权威性表述见于经合组织税收协定范本第9条第1节：（当）两个（关联）企业之间的商业或财务关系不同于独立企业之间的关系，那么，任何本应由其中一个企业取得，但由于这些情况而没有取得的利润，可以计入该企业的利润内，并据以征税。

独立交易原则之所以能被多数国家所普遍接受，一个关键原因就是它将跨国企业集团的成员视为一系列独立运作的实体，并在税收上将它们与独立企业一视同仁，从而有助于避免在跨国企业集团和独立企业之间造成明显的税负优劣势而破坏它们在市场中的正常竞争地位。

独立交易原则要求关联企业间交易的价格，应当与独立企业间在相同或类似条件下的交易价格相近。运用独立交易原则时，需要将关联交易的条件与独立企业间的交易条件进行比较，要求两种交易的有关经济特征必须具有充分可比性。这意味着相比较的两种交易之间的任何差异（如果有的话）不能实质上影响有关定价方法（基于交易的方法或基于利润的方法）所规定的条件，或者这种差异可通过合理准确地调整加以剔除。

我国1991年颁布了《外商投资企业和外国企业所得税法》（简称《外资所得税法》），其中第13条确立了独立企业交易原则。该条规定，外商投资企业或者外国企业在我国境内设立的从事生产、经营的机构、场所与其关联企业之间的业务往来，应当按照独立企业之间的业务往来收取或者支付价款、费用……在随后颁布的《外资所得税法实施细则》中对“独立企业交易原则”作出了明确的规定。该实施细则第53条规定，独立企业之间的业务往来，是指没有关联关系的企业之间，按照公平成交价格和营业常规所进行的业务往来。对此，新企业所得税法予以继承。

五、转让定价制度中纳税人的主要义务与责任

《企业所得税法》第43条规定：企业向税务机关报送年度企业所得税纳税申报表时，

应当就其与关联方之间的业务往来，附送年度关联业务往来报告表。

税务机关在进行关联业务调查时，企业及其关联方，以及与关联业务调查有关的其他企业，应当按照规定提供相关资料。

《企业所得税法实施条例》第114条规定：企业所得税法第43条所称相关资料，包括：

1. 与关联业务往来有关的价格、费用的制定标准、计算方法和说明等同期资料；

2. 关联业务往来所涉及的财产、财产使用权、劳务等的再销售（转让）价格或者最终销售（转让）价格的相关资料；

3. 与关联业务调查有关的其他企业应当提供的与被调查企业可比的产品价格、定价方式以及利润水平等资料；

4. 其他与关联业务往来有关的资料。

《企业所得税法》第43条所称与关联业务调查有关的其他企业，是指与被调查企业在生产经营内容和方式上相类似的企业。

企业应当在税务机关规定的期限内提供与关联业务往来有关的价格、费用的制定标准、计算方法和说明等资料。关联方以及与关联业务调查有关的其他企业应当在税务机关与其约定的期限内提供相关资料。

（一）纳税人的申报义务

由于关联企业间的交易情况往往较为复杂，税务管理机关一般很难根据从外部资料对企业的关联交易情况进行全面了解和掌握。因此，各国税务管理机关为有效实施转让定价监管，通常在转让定价立法中明确规定，企业应就其进行的关联交易情况王动进行申报，并保存相应资料以供税务部门进行审查。

《征管法实施细则（2002年修订）》第51条明确规定，纳税人有义务就其与关联企业之间的业务往来，向当地税务管理机关提供有关的价格、费用标准等资料。

《管理规程》规定，实行查账征收的居民企业和在中国境内设立机构、场所并据实申报缴纳企业所得税的非居民企业向税务机关报送年度企业所得税纳税申报表时，应附送《中华人民共和国企业年度关联业务往来报告表》，包括《关联关系表》、《关联交易汇总表》、《购销表》、《劳务表》、《无形资产表》、《固定资产表》、《融通资金表》、《对外投资情况表》和《对外支付款项情况表》。

企业按规定期限报送规定的报告表确有困难，需要延期的，应按征管法及其实施细则的有关规定办理。

（二）同期资料

我国税务管理机关不仅规定纳税人应定期进行申报，还要求纳税人在税务管理机关进行税务审计过程中应报送有关关联交易情况的书面材料。

企业应按纳税年度准备、保存，并按税务机关要求提供其关联交易的同期资料。

同期资料主要包括以下内容：

1. 组织结构。

（1）企业所属的企业集团相关组织结构及股权结构；

（2）企业关联关系的年度变化情况；

(3) 与企业发生交易的关联方信息，包括关联企业的名称、法定代表人、董事和经理等高级管理人员构成情况、注册地址及实际经营地址，以及关联个人的名称、国籍、居住地、家庭成员构成等情况，并注明对企业关联交易定价具有直接影响的关联方；

(4) 各关联方适用的具有所得税性质的税种、税率及相应可享受的税收优惠。

2. 生产经营情况。

(1) 企业的业务概况，包括企业发展变化概况、所处的行业及发展概况、经营策略、产业政策、行业限制等影响企业和行业的主要经济和法律问题，集团产业链以及企业所处地位；

(2) 企业的主营业务构成，主营业务收入及其占收入总额的比重，主营业务利润及其占利润总额的比重；

(3) 企业所处的行业地位及相关市场竞争环境的分析；

(4) 企业内部组织结构，企业及其关联方在关联交易中执行的功能、承担的风险以及使用的资产等相关信息，并参照填写《企业功能风险分析表》；

(5) 企业集团合并财务报表，可视企业集团会计年度情况延期准备，但最迟不得超过关联交易发生年度的次年12月31日。

3. 关联交易情况。

(1) 关联交易类型、参与方、时间、金额、结算货币、交易条件等；

(2) 关联交易所采用的贸易方式、年度变化情况及其理由；

(3) 关联交易的业务流程，包括各个环节的信息流、物流和资金流，与非关联交易业务流程的异同；

(4) 关联交易所涉及的无形资产及其对定价的影响；

(5) 与关联交易相关的合同或协议副本及其履行情况的说明；

(6) 对影响关联交易定价的主要经济和法律因素的分析；

(7) 关联交易和非关联交易的收入、成本、费用和利润的划分情况，不能直接划分的，按照合理比例划分，说明确定该划分比例的理由，并参照填写《企业年度关联交易财务状况分析表》。

4. 可比性分析。

(1) 可比性分析所考虑的因素，包括交易资产或劳务特性、交易各方功能和风险、合同条款、经济环境、经营策略等；

(2) 可比企业执行的功能、承担的风险以及使用的资产等相关信息；

(3) 可比交易的说明，如：有形资产的物理特性、质量及其效用；融资业务的正常利率水平、金额、币种、期限、担保、融资人的资信、还款方式、计息方法等；劳务的性质与程度；无形资产的类型及交易形式，通过交易获得的使用无形资产的权利，使用无形资产获得的收益；

(4) 可比信息来源、选择条件及理由；

(5) 可比数据的差异调整及理由。

5. 转让定价方法的选择和使用。

(1) 转让定价方法的选用及理由，企业选择利润法时，须说明对企业集团整体利润或剩余利润水平所做的贡献；

（2）可比信息如何支持所选用的转让定价方法；

（3）确定可比非关联交易价格或利润的过程中所做的假设和判断；

（4）运用合理的转让定价方法和可比性分析结果，确定可比非关联交易价格或利润，以及遵循独立交易原则的说明；

（5）其他支持所选用转让定价方法的资料。

6. 属于下列情形之一的企业，可免于准备同期资料。

（1）年度发生的关联购销金额（来料加工业务按年度进出口报关价格计算）在2亿元人民币以下且其他关联交易金额（关联融通资金按利息收付金额计算）在4 000万元人民币以下，上述金额不包括企业在年度内执行成本分摊协议或预约定价安排所涉及的关联交易金额；

（2）关联交易属于执行预约定价安排所涉及的范围；

（3）外资股份低于50%且仅与境内关联方发生关联交易。

阅读材料6－1

会计准则中的关联方披露

《企业会计准则第36号——关联方披露》规定，企业财务报表中应当披露所有关联方关系及其交易的相关信息。对外提供合并财务报表的，对于已经包括在合并范围内各企业之间的交易不予披露，但应当披露与合并范围外各关联方的关系及其交易。

关联方。一方控制、共同控制另一方或对另一方施加重大影响，以及两方或两方以上同受一方控制、共同控制或重大影响的，构成关联方。控制，是指有权决定一个企业的财务和经营政策，并能据以从该企业的经营活动中获取利益。共同控制，是指按照合同约定对某项经济活动所共有的控制，仅在与该项经济活动相关的重要财务和经营决策需要分享控制权的投资方一致同意时存在。重大影响，是指对一个企业的财务和经营政策有参与决策的权力，但并不能够控制或者与其他方一起共同控制这些政策的制定。

下列各方构成企业的关联方：第一，该企业的母公司。第二，该企业的子公司。第三，与该企业受同一母公司控制的其他企业。第四，对该企业实施共同控制的投资方。第五，对该企业施加重大影响的投资方。第六，该企业的合营企业。第七，该企业的联营企业。第八，该企业的主要投资者个人及与其关系密切的家庭成员。主要投资者个人，是指能够控制、共同控制一个企业或者对一个企业施加重大影响的个人投资者。第九，该企业或其母公司的关键管理人员及与其关系密切的家庭成员。关键管理人员，是指有权力并负责计划、指挥和控制企业活动的人员。与主要投资者个人或关键管理人员关系密切的家庭成员，是指在处理与企业的交易时可能影响该个人或受该个人影响的家庭成员。第十，该企业主要投资者个人、关键管理人员或与其关系密切的家庭成员控制、共同控制或施加重大影响的其他企业。

仅与企业存在下列关系的各方，不构成企业的关联方：第一，与该企业发生日常往来的资金提供者、公用事业部门、政府部门和机构。第二，与该企业发生大量交易而存在经济依存关系的单个客户、供应商、特许商、经销商或代理商。第三，与该企业共同控制合营企业的合营者。仅仅同受国家控制而不存在其他关联方关系的企业，不构成关联方。

关联方交易。关联方交易，是指关联方之间转移资源、劳务或义务的行为，而不论是否收取价款。关联方交易的类型通常包括下列各项：购买或销售商品；购买或销售商品以外的其他资产；提供或接受劳务；担保；提供资金（贷款或股权投资）；租赁；代理；研究与开发项目的转移；许可协议；代表企业或由企业代表另一方进行债务结算；关键管理人员薪酬。

披露。企业无论是否发生关联方交易，均应当在附注中披露与母公司和子公司有关的下列信息：母公司和子公司的名称。母公司不是该企业最终控制方的，还应当披露最终控制方名称。母公司和最终控制方均不对外提供财务报表的，还应当披露母公司之上与其最相近的对外提供财务报表的母公司名称。母公司和子公司的业务性质、注册地、注册资本（或实收资本、股本）及其变化。母公司对该企业或者该企业对子公司的持股比例和表决权比例。

企业与关联方发生关联方交易的，应当在附注中披露该关联方关系的性质、交易类型及交易要素。交易要素至少应当包括：交易的金额；未结算项目的金额、条款和条件，以及有关提供或取得担保的信息；未结算应收项目的坏账准备金额；定价政策。

（三）纳税人的举证责任

我国转让定价制度的一大特色是规定了纳税人的举证责任。许多国家都将证明企业间业务往来是否符合独立交易原则的举证责任赋予主管税务管理机关。在这些国家，主管税务管理机关需要证明被调查企业业务往来的转让定价是否是合理的，是否违背了独立交易原则。而根据我国转让定价制度的规定，被调查企业需要证明自己在业务往来中的转让定价政策是正常合理的。被调查企业在应对主管税务机关转让定价调查时，需要准备大量专业的、具有说服力的证明材料。

税法规定，税务机关在实施转让定价调查时，有权要求企业及其关联方，以及与关联业务调查有关的其他企业（简称可比企业）提供相关资料，并送达《税务事项通知书》。

企业应在《税务事项通知书》规定的期限内提供相关资料，因特殊情况不能按期提供的，应向税务机关提交书面延期申请，经批准，可以延期提供，但最长不得超过30日。税务机关应自收到企业延期申请之日起15日内函复，逾期未函复的，视同税务机关已同意企业的延期申请。

企业的关联方以及可比企业应在与税务机关约定的期限内提供相关资料，约定期限一般不应超过60日。

企业、关联方及可比企业应按税务机关要求提供真实、完整的相关资料。

税务机关应核实企业申报信息，并要求企业填制《企业可比性因素分析表》。

税务机关在企业关联申报和提供资料的基础上，填制《企业关联关系认定表》、《企业关联交易认定表》和《企业可比性因素分析认定表》，并由被调查企业核对确认。

税务机关审核企业、关联方及可比企业提供的相关资料，可采用现场调查、发函协查和查阅公开信息等方式核实。需取得境外有关资料的，可按有关规定启动税收协定的情报交换程序，或通过我驻外机构调查收集有关信息。涉及境外关联方的相关资料，税务机关也可要求企业提供公证机构的证明。

企业未按照规定向税务机关报送企业年度关联业务往来报告表，或者未保存同期资料或其他相关资料的，依照征管法第60条和第62条的规定处理。

企业拒绝提供同期资料等关联交易的相关资料，或者提供虚假、不完整资料，未能真实反映其关联业务往来情况的，依照征管法第70条、征管法实施细则第96条、所得税法第44条及所得税法实施条例第115条的规定处理。

（四）纳税人违反义务的责任

《企业所得税法》第44条规定：企业不提供与其关联方之间业务往来资料，或者提供虚假、不完整资料，未能真实反映其关联业务往来情况的，税务机关有权依法核定其应纳税所得额。

《企业所得税法实施条例》第115条规定：税务机关依照企业所得税法第44条的规定核定企业的应纳税所得额时，可以采用下列方法：

1. 参照同类或者类似企业的利润率水平核定；
2. 按照企业成本加合理的费用和利润的方法核定；
3. 按照关联企业集团整体利润的合理比例核定；
4. 按照其他合理方法核定。

企业对税务机关按照前款规定的方法核定的应纳税所得额有异议的，应当提供相关证据，经税务机关认定后，调整核定的应纳税所得额。

企业未按照规定向税务机关报送企业年度关联业务往来报告表，或者未保存同期资料或其他相关资料的，依照征管法第60条和第62条的规定处理。

企业拒绝提供同期资料等关联交易的相关资料，或者提供虚假、不完整资料，未能真实反映其关联业务往来情况的，依照征管法第70条、征管法实施细则第96条、所得税法第44条及所得税法实施条例第115条的规定处理。

六、转让定价方法

《企业所得税法实施条例》第111条规定：企业所得税法第41条所称合理方法，包括：

1. 可比非受控价格法，是指按照没有关联关系的交易各方进行相同或者类似业务往来的价格进行定价的方法；
2. 再销售价格法，是指按照从关联方购进商品再销售给没有关联关系的交易方的价格，减除相同或者类似业务的销售毛利进行定价的方法；
3. 成本加成法，是指按照成本加合理的费用和利润进行定价的方法；
4. 交易净利润法，是指按照没有关联关系的交易各方进行相同或者类似业务往来取得的净利润水平确定利润的方法；
5. 利润分割法，是指将企业与其关联方的合并利润或者亏损在各方之间采用合理标准进行分配的方法；
6. 其他符合独立交易原则的方法。

落实独立交易原则的关键是确定关联企业间的商业或财务关系是否符合独立交易原则。

独立交易原则在实践中运用的关键所在是确定可比性。运用独立交易原则时，需要将关联企业间的交易条件与独立企业间的交易条件进行比较。在分析研究转让定价问题时，必须对可能影响独立交易原则的交易或企业的特性进行分析、比较，以确定实际的可比性程度和所需进行的适当调整。经合组织认为影响可比性的因素主要包括所转让的财产和劳务的特征、各当事人履行的职能（还应考虑其使用的财产和所承担的风险）、合同条款、当事人的经济状况及当事人实施的经营战略等。

经合组织将这些交易（定价）方法分为两类（见表6-2）。

表6-2　　转让定价方法

分类	具体方法	备　注
传统交易（定价）方法	可比非受控价格法	直接将关联企业间的交易价格与独立企业间的交易价格进行比较
	再销售价格法	将关联企业交易的毛利率水平指标与独立企业间交易的毛利率水平指标进行比较
	成本加成法	
交易利润法	利润分割法	将关联交易产生的营业利润根据独立交易原则在关联企业间进行分割
	交易净利润法	将关联企业所产生的净利润水平指标与独立企业间交易的净利润水平指标进行比较

经合组织《转让定价指南》认为，传统交易法是确定关联企业间的商业或财务关系是否正常的最直接的方法。因此，传统交易法优先于其他方法。然而经营现实的复杂性使传统交易法的适用存在实践上的困难。在企业和税务管理机关无法获得相关数据，或者它们所获得的数据不充分，以至于无法适用传统交易方法时，就有必要提出是否适用，或在何种情况下适用其他方法的问题。经合组织《转让定价指南》建议企业和税务管理机关根据具体的情况，从上述转让定价方法中选择最符合个案要求的适当的方法。因此，无论适用传统交易（定价）方法还是适用其他方法，它们的目的都是为了使关联企业间的交易定价能够在最大限度内符合独立交易原则。

我国转让定价制度有关法律、法规和规章中所采用的是"调整方法"一词，其实"调整方法"与"转让定价方法"的实质内涵是一致的。

在我国转让定价法律体系初步确立时，《外资所得税法实施细则》规定：当企业与关联企业之间的购销业务，不按独立企业之间的业务往来作价的，税务管理机关可以依照下列顺序和确定的方法进行调整：

1. 按独立企业之间进行相同或者类似业务活动的价格；
2. 按再销售给无关联关系的第三者价格所应取得的利润水平；
3. 按成本加合理费用和利润；
4. 按其他合理方法。

上述前三种调整方法在名称上与经合组织《转让定价指南》中的传统交易（定价）方

法一致。但除第一种方法外，其他两种方法同经合组织《转让定价指南》中的再销售价格法和成本加成法有较大的不同，其实质可能同经合组织《转让定价指南》中的交易净利润法更为相似。

（一）可比非受控价格法

可比非受控价格法是将关联交易中转让的财产或劳务的定价与可比情况下非关联交易中转让的财产或劳务的定价进行比较。如果这两个价格间存在差别，就表明关联企业之间的交易不符合独立交易原则，关联交易的价格应被非关联交易的价格所取代。

可比非关联交易根据比较对象的不同，可以分为两类：关联企业在可比情况下向非关联企业销售或购买相同或类似的产品，或者提供相同或类似的劳务；非关联的独立企业之间在可比情况下购销相同或类似产品，或者提供相同或类似的劳务。

经合组织《转让定价指南》认为，在可比非受控价格法下，判断一项非关联交易与一项关联交易间是否具有可比性，需满足下列两个条件之一：被比较的交易之间或进行交易的企业之间的差别（如果有的话）不会实质影响在公开市场上的价格或者可进行合理准确的调整以消除这些差别的实质影响；在有可能找到可比非关联交易的情况下，可比非受控价格法是符合独立交易原则的最直接、最可靠的方法。

但是在现实经济生活中，各种事实和条件均完全相同的交易几乎是不存在的。交易中的任何差异均有可能对交易价格产生一定的影响。在这种情况下，就应对有关差异进行一些适当的调整。但所做调整的程度和可靠性将会影响可比非受控价格法分析的有效性。

在适用可比非受控价格法时，判断关联交易与非关联交易间是否存在可比性，首先考察的就是产品的可比性。但经合组织《转让定价指南》认为，仅考察产品的可比性是不够的，还必须注意到经营功能对价格的影响。我国转让定价制度参考了经合组织《转让定价指南》的内容，对适用可比非受控价格法规定了较为严格的可比性因素。《管理规程》中指出，采用可比非受控价格法，必须考虑所选用的交易与关联企业之间交易在购销过程、购销环节、产品、环境等方面的可比性。具体言之：

1. 购销过程的可比性，包括交易的时间与地点、交货条件、交货手续、支付条件、交易数量、售后服务的时间和地点等；

2. 购销环节的可比性，包括出厂环节、批发环节、零售环节、出口环节等；

3. 购销货物的可比性，包括品名、品牌、规格、型号、性能、结构、外形、包装等；

4. 购销环境的可比性，包括社会环境（民族风俗、消费者偏好等）、政治环境（政局稳定程度等）、经济环境（财政、税收、外汇政策等）。

可比非受控价格法对关联交易与非关联交易的可比性程度的要求较高。而目前在我国，因诸如市场份额、地域、合同期限、支付条款、数量与质量等因素所造成的交易差异很难合理消除，因此，我国税务管理机关在实践中较少采用可比非受控价格法作为调整方法。

（二）再销售价格法

再销售价格法是以从关联企业购买的产品再销售给独立企业的价格为基础。经合组织《转让定价指南》规定，根据再销售价格法确定关联交易中的正常交易价格时，一般需要从关联买方的再销售价格中扣除适当的毛利润（即“再销售利润”）。这种再销售利润是关联买方根据其在再销售活动中需履行的功能（还应考虑其所用资产和所承担的风险），为补偿其销售费用和其他营业费用而确定的适当利润。

经合组织《转让定价指南》认为，在再销售价格法下，判断一项非关联交易与一项关联交易间是否具有可比性，需要满足下列两个条件之一：进行比较的交易之间或从事这些交易的企业之间的差别（如果有的话）不会实质影响在公开市场上的毛利润水平；或者可以进行合理准确的调整以减少这种差别的实质影响。

再销售价格法的实质就是考察关联交易的毛利润水平与非关联交易的毛利润水平是否具有可比性。一般情况下，适当的毛利润水平可以根据关联交易卖方在可比非关联交易中所获得的毛利润水平来确定，也可以参照独立企业在可比非受控交易中所获得的毛利润水平。

经合组织认为，使用再销售价格法时，因产品差别而需进行的调整通常比可比非受控价格法要少，因为产品的差别对毛利润水平的实质影响不可能跟其对价格的实质影响一样大。在公开市场竞争条件下，决定企业毛利润水平的重要因素应是其所承担的功能和风险。通常情况下，承担类似功能和风险的企业应获得类似的毛利润水平。因此，运用再销售价格法考察交易间的可比性时，更注重关联交易与非关联交易之间功能和风险的可比性，对交易产品的可比性要求较低。

虽然在适用再销售价格法时，对交易产品的可比性要求较低，但经合组织《转让定价指南》指出，不应完全排除对交易产品的比较。因为，产品间存在较大差别有时可能反映出关联交易与非关联交易中企业履行功能或承担风险上的差异。在适用再销售价格法时，如果产品本身越具有可比性，则越能产生可靠的比较结果。

经合组织《转让定价指南》认为，当关联交易的买方为分销商，并且其对再销售产品仅进行简单的包装、再包装、贴上标签或细微组装时，再销售价格法的使用是最为恰当的。

我国转让定价制度中规定，采用再销售价格法，应限于分销商未对商品进行实质性增值加工，如改变外形、性能、结构、更换商标等，仅是简单加工或单纯的购销业务，并且要合理选择确定分销商应取得的利润水平。

在再销售价格法下，合理选择确定分销商应取得的利润水平时，还应考虑不同国家会计处理方法上的不同。不同会计处理方法下，成本、费用的归集范围不同，据此会导致不同的利润水平结果。

（三）成本加成法

成本加成法是以关联交易中一方转让财产或提供劳务给相关的购买者所付出的成本为基础。经合组织《转让定价指南》建议，在成本加成法下，符合独立交易原则的关联企业间交易价格应该是根据市场情况及企业所履行的功能，在转让财产或提供劳务的成本上加上适当的毛利润。

在成本加成法中，成本处于主要地位，成本是核心和基础。计算公平交易价格时，所加成的毛利润是将企业的销售成本与适当的销售成本加成率相乘而得出的。如果不能正确、合理地确定销售成本，那么将直接影响到成本加成率水平和最终交易价格的可靠程度。成本的核算属于会计问题，不同会计方法下计算得出的同一产品的成本结果往往是不同的。

经合组织《转让定价指南》认为，在成本加成法下，判断一项非关联交易与一项关联交易间是否具有可比性，需要满足下列两个条件之一：进行比较的交易之间或从事这些交易的企业之间的差别（如果有的话）不会实质影响在公开市场上加成的毛利润水平；或者可以进行合理准确的调整以减少这种差别的实质影响。

根据成本加成法确定关联交易的正常价格时，有两项重要的因素应予以考虑：

1. 关联交易中产品（或劳务）成本的确定。由于各国之间、各企业之间所选用的会计方法有所不同，其产品的成本构成也有所差异。因此，适用成本加成法时，应注意协调不同会计方法的差异，以使企业间产品的成本基础具有可比性。经合组织认为，企业的成本和费用通常可分成三大类：首先是生产产品或提供劳务的直接成本，如原材料的成本和直接人工费；其次是生产间接成本，其虽与生产过程密切相关，但可能是若干产品或劳务所共有的，例如为生产不同产品的设备提供检修服务的维修部门的成本、共用的动力设备成本等；最后是企业整体的营业费用，诸如总务及管理费用等。如果企业存在生产不同产品的情况，则第二类成本和第三类费用应在不同类型产品之间进行分摊，以合理确定企业产品的真实成本构成。

2. 在经合组织《转让定价指南》中，关联交易中产品（或劳务）的成本应该包括直接成本和其应承担的间接成本，但不包括费用。而按照我国会计准则的规定，使用成本加成法时，关联交易产品（或劳务）的成本不仅包括直接成本和其应承担的间接成本，还应包括相关的费用。

3. 适当的加成利润。在确定交易产品（或劳务）的成本后，正常交易价格的大小就与所选用的成本加成率水平有关。经合组织认为，在适用成本法成法时，如果能找到并利用关联交易卖方在非关联交易中的销售成本加成率，那么所得出的正常交易价格就较为理想。当不存在上述销售成本加成率时，也可将独立企业在可比交易中的销售成本法成率作为参考。也就是说，运用成本法成法应主要考察关联交易销售成本加成率水平与非关联交易销售成本加成率水平间的可比性程度。因此，成本加成法对交易产品可比性程度的要求相对较低，而对影响企业销售成本加成率水平的因素（如企业所履行的职能和所承担的风险等）的可比性要求则相对较高。

经合组织《转让定价指南》认为，当关联企业间签署半成品销售协议或者共同使用设备协议或者长期购买与供应安排时，成本加成法最为适用。《管理规程》仅规定：采用成本加成法，应注意成本费用的计算必须符合我国税法的有关规定，并且要合理地选择确定所适用的成本利润率；但没有对成本加成法的适用对象作出明确规定。

（四）交易净利润法

经合组织《转让定价指南》除了规定上述三种传统的印转让定价方法外，还规定：在传统定价方法不能单独可靠地适用或完全不能适用的情形下，可以考虑使用其他方法。所谓的“其他方法”主要指交易利润法，它是审查关联企业之间交易所产生的利润的方法。这种方法要求关联交易所产生的利润必须与独立企业间可比交易所产生的利润具有可比性。

经合组织《转让定价指南》认为，交易净利润法考察的是关联企业在一项关联交易（或几项关联交易集合）中所获得的相对于某一适当基础（如成本、销售额、资产）的净利润率。它将关联企业的上述净利润率与非关联企业在类似情况下从事类似经营活动所取得的净利润率进行比较，从而确定关联交易的正常价格。

如果关联企业的净利润率处于非关联企业净利润率的正常区间范围内，那么其在关联交易中的定价就是公平成交价格。如果关联企业的净利润率超出或低于上述正常区间，则应该用非关联企业的平均净利润率来调整关联企业间交易的定价。

交易净利润法的优点之一是它采用相对于某一适当基础的净利润率作为参考。在一般情况下，与价格相比，企业净利润率受交易差别的影响较小；与毛利润率相比，企业净利润率也不易受关联交易和非关联交易之间的某些功能差别的影响。企业间履行的功能差别通常反映在营业费用的变动上。因此，有时毛利润率差距悬殊的企业间仍可能取得类似的净利润率。

交易净利润法的另一个优点就是它只对一个关联企业所履行的功能及所承担的风险进行考察。因此，在适用交易净利润法时，通常不必对所有交易方的会计账簿和记录进行审查，也不必在所有交易方之间分配有关的成本和费用。

通常认为，交易净利润法的适用与再销售价格法和成本加成法的适用具有相似性。它们都是以关联企业在非关联交易中的利润率水平，或者独立企业在可比交易中的利润率水平作为比较的基础。所不同的是，再销售价格法和成本加成法所考察的是企业的毛利润率，而交易净利润法考察的是净利润率。考察对象的不同，决定了在适用交易净利润法时，除了需要对交易的产品和企业的功能进行比较外，还需要考虑其他一些可能影响净利润的因素，例如：同行业其他企业或新生企业的威胁、企业自身的竞争地位、企业的管理效率和策略、是否存在可替代产品、不同的成本结构、筹资成本的差别、经营的程度（即该企业是在创始期还是在成熟期）等。

适用交易净利润法时，除了要考虑上述影响企业净利润的因素外，还要求关联企业和独立企业之间对于净利润的评估标准必须是一致的。实践中，不同企业对影响净利润的营业费用和非营业费用（诸如折旧和准备金）可能作出不同处理，为了达到可靠的可比性，不仅要对这种不同处理加以说明，还要进行适当的调整，以满足交易净利润法对可比性的要求。

（五）利润分割法

经合组织《转让定价指南》认为，利润分割法是在确认所有关联企业进行关联交易所获得的将被分割的利润的基础上，按照一定的比例，将这些利润在关联企业之间进行分割。适用利润分割法时，通常包括两个步骤：第一，确定被分割的利润，它可以是交易的总利润，也可以是无法立即分配给交易各方的留存利润（例如，具有较高价值的无形资产所产生的利润）。第二，按照独立企业间交易所期望实现的利润分配标准对上述利润进行分配。

对于如何分配利润，经合组织《转让定价指南》建议了两种具体的分析方法，即贡献分析法和余值分析法。

贡献分析法是以关联各方贡献的相对价值的大小作为分割标准，并尽可能以一切可获得的关于独立企业间在类似情况下进行利润分割的外部市场数据作为参考。通常情况下，采用贡献分析法进行合并与分配的利润是经营利润。但实践中，偶尔也可能对毛利润进行分割，然后再扣除各相关企业所发生的费用或可归属于这些企业的费用。在这种情况下，必须确保发生于或归属于各企业的费用与企业所进行的活动和承担的风险相一致，否则很容易因会计处理方法的不一致而影响所作分析的可靠性。经合组织认为，确定交易各方对关联交易所作贡献的相对价值并不容易，确定的方法往往取决于个案的事实和情况。在一般情况下，可以先比较交易各方不同类型贡献的性质和程度（例如，劳务的提供、发生的开发费用、投入的资金），然后再根据上述比较和外部市场数据确定一个合理的比例来进行分配。

余值分析法采用两个步骤对利润进行分配：首先，将足够的利润分配给各参与方，使他们获得与所从事的经营活动（如生产、分销、提供劳务等）相当的基本回报。通常，这种基本回报是依独立企业从事类似经营活动所取得的市场回报来确定的。但是，这种基本回报一般不能反映出交易各方因拥有有价值的无形资产所产生的回报。其次，将经过第一步分配后的剩余利润（或损失）在交易各方之间进行分配，通常是以关联各方所拥有的无形资产对利润贡献的大小作为分配标准。根据上述步骤的分配，关联企业的利润被分为基本利润额和剩余利润额两部分。

经合组织认为，利润分割法的优点之一就是它通常不直接依赖非关联的独立企业间的可比交易。因此，当无法确认独立企业间是否存在可比交易的情形下，仍可以适用该方法。关联交易利润的分配是建立在关联企业之间功能的分工上的。独立企业间可比交易的外部数据在利润分割中的作用主要是用来评估各关联企业在交易中贡献的相对价值，而并非直接确定利润的分割。

利润分割法的另一个优点就是，在运用该方法时，需要同时对关联交易双方的情况进行考察，从而避免了关联交易一方留有特别高的不确定利润的情况发生。这一点在根据关联交易所使用的无形资产分析各方贡献大小时显得尤为重要。

如果关联企业运用利润分割法来确定关联交易的定价，那么每个关联企业都希望能获得独立企业在类似情况下所期望实现的利润分割。这种方法的适用是建立在预测利润而非实际利润的基础上，因为纳税人通常不可能在交易情形确立之初就知道营业活动所能取得的利润。

由于利润分割法对关联交易双方的情况都要了解，因此就需要较多的关联企业内部资料。但在实践中要获取这些内部资料并非易事，需要得到关联交易各方的配合。而且，为了保证内部资料的一致性，还要求关联企业间对收入、成本和费用的会计处理方法具有一致性或者可以进行适当的调整。

七、预约定价协议

《企业所得税法》第 42 条规定：企业可以向税务机关提出与其关联方之间业务往来的定价原则和计算方法，税务机关与企业协商、确认后，达成预约定价安排。

《企业所得税法实施条例》第 113 条规定：企业所得税法第 42 条所称预约定价安排，是指企业就其未来年度关联交易的定价原则和计算方法，向税务机关提出申请，与税务机关按照独立交易原则协商、确认后达成的协议。

预约定价安排的谈签与执行通常经过预备会谈、正式申请、审核评估、磋商、签订安排和监控执行6个阶段。预约定价安排包括单边、双边和多边3种类型。

预约定价安排一般适用于同时满足以下条件的企业：年度发生的关联交易金额在4 000万元人民币以上；依法履行关联申报义务；按规定准备、保存和提供同期资料。

预约定价安排适用于自企业提交正式书面申请年度的次年起3～5个连续年度的关联交易。

预约定价安排的谈签不影响税务机关对企业提交预约定价安排正式书面申请当年或以前年度关联交易的转让定价调查调整。

透视6－1

中国首例双边预约定价安排签署

2005年9月9日，中国首例双边预约定价安排税企双方签字仪式在深圳市地方税务局举行。受国家税务总局委托，深圳市地方税务局与东芝复印机（深圳）有限公司正式签署了该安排。该例双边预约定价已经中日两国税务主管当局批准。

参与签署仪式的东芝复印机（深圳）有限公司的大泽重信董事长欣喜地说道："这次双边预约定价安排的成功签订，更坚定了企业在中国发展的信心，增加了本公司在中国未来年度发展的确定性，对国家和企业都非常有利。"该协定的签署也体现了东芝复印机（深圳）有限公司对于转让定价纳税遵从的高度重视，体现了"诚信、守法"的深圳精神。同时也显示了我国税务机关对跨国公司转让定价税务管理的探索与实践又迈出了新的一步，为我国双边预约定价的法律完善和推广实施提供了宝贵经验。

预约定价是指应企业申请，税务机关与企业之间就企业未来年度关联交易的定价原则和计算方法达成的安排。预约定价按安排涉及的国家数量分为单边、双边和多边预约定价三种类型。双边或多边预约定价需要经过两国或多国税务主管当局相互磋商程序并取得共识，它可有效避免单边预约定价无法彻底消除的国际重复征税。此次税务机关和企业所签安排即属双边预约定价。

双边预约定价是跨国公司全球化经营战略的内在要求。自20世纪90年代以来，世界掀起了经济全球化浪潮，作为经济全球化主要载体的跨国公司迅猛发展，凭借其雄厚的资金、先进的技术和管理优势，实行全球投资，进行跨国、跨地区、跨行业的生产和经营，有力推动着全球资源的优化配置。目前，跨国公司控制着全球1/3的产值、50%以上的国际贸易、90%以上的海外直接投资、80%以上的新技术、新工艺、专有权和70%的国际技术转让，而这其中据统计有一半属集团内部关联交易。内部关联交易产生的跨国所得的国际分配问题也越来越受到各国税务当局的关注，并引发各国税务当局对跨国公司的转让定价调整。由此，跨国公司不可避免地要面临重复征税问题和纳税调整所带来的经济利益不确定性问题。为有效避免同一收入或所得在两国重复征税，降低税收成本，防范税收风险，越来越多的跨国公司提出双边预约定价申请。

双边预约定价既符合国际税收惯例，也符合转让定价税收管理国际发展趋势。作为解决跨国公司转让定价税务问题的一种有效方法，自日本1987年率先采用预约定价税制以来，预约定价税制在国际上得到了较为迅速的发展：美国、加拿大、新西兰、澳大利亚、墨西哥等相继引入预约定价税制。特别是1995年经济合作与发展组织转让定价报告的公布更是加速了预约定价税制的推广，韩国、巴西、中国、英国、法国、荷兰、德国等也先后实施了该税制，预约定价税制真正成了各国转让定价税务管理的重点课题。在日本、美国、加拿大等发达国家，申请预约定价的企业数量直线上升，其中，双边预约定价申请数量和实际完成数量均在80%以上。

长期以来，深圳市地方税务局一直致力于提升国际税收管理水平。自东芝复印机（深圳）有限公司于2002年底探讨性地表达了双边预约定价意向以来，深圳市地方税务局高度重视，国家税务总局给予了大力支持，并成立了包括深圳市地方税务局专业人士在内的中国首例双边预约定价工作小组，负责双边预约定价申请的受理、审核评估、拟定立场报告、与日本国税厅相互协商等，并探索总结经验。在国家税务总局的直接参与、领导和组织下，双边预约定价工作小组共与日本国税厅分别在北京、东京和深圳经过了三轮磋商，最终达成共识，并于2005年4月19日在北京由中日两国税务主管当局就东芝复印机（深圳）有限公司双边预约定价安排事宜正式签署了有关协议，并授权深圳市地方税务局按照《关联企业间业务往来预约定价规则》的规定与企业签署相应的预约定价安排。

首例双边预约定价安排的正式签订，进一步优化了深圳的投资环境。它是深圳市政府鼓励守法纳税，促进跨国投资的具体体现，有利于创建深圳和谐发展的经济社会环境，促进深圳经济的纵深发展并与国际化接轨。深圳作为出口外向型经济的城市，随着中国经济的快速增长和加入WTO后投资环境的改善，已经吸引了众多的跨国投资者前来投资，而双边预约定价工作在深圳的开展，将进一步增强深圳对于外商的吸引力。深圳地税局表示今后地税部门还将以此为基础继续做好为企业做好高水准的税收服务。

资料来源：根据中国税网资料，作者整理。

八、成本分摊协议

《企业所得税法实施条例》第112条规定：企业可以依照企业所得税法第41条第2款的规定，按照独立交易原则与其关联方分摊共同发生的成本，达成成本分摊协议。

1. 成本分摊协议主要包括以下内容。

（1）参与方的名称、所在国家（地区）、关联关系、在协议中的权利和义务；

（2）成本分摊协议所涉及的无形资产或劳务的内容、范围，协议涉及研发或劳务活动的具体承担者及其职责、任务；

（3）协议期限；

（4）参与方预期收益的计算方法和假设；

（5）参与方初始投入和后续成本支付的金额、形式、价值确认的方法以及符合独立交易原则的说明；

(6) 参与方会计方法的运用及变更说明;

(7) 参与方加入或退出协议的程序及处理规定;

(8) 参与方之间补偿支付的条件及处理规定;

(9) 协议变更或终止的条件及处理规定;

(10) 非参与方使用协议成果的规定。

2. 对于符合独立交易原则的成本分摊协议,有关税务处理如下。

(1) 企业按照协议分摊的成本,应在协议规定的各年度税前扣除;

(2) 涉及补偿调整的,应在补偿调整的年度计入应纳税所得额;

(3) 涉及无形资产的成本分摊协议,加入支付、退出补偿或终止协议时对协议成果分配的,应按资产购置或处置的有关规定处理。

透视6-2

成本分摊问题

《关于上海贝尔阿尔卡特股份有限公司执行技术总协议有关税收问题的批复》(国税函[2004]470号)规定:《关于上海贝尔阿尔卡特股份有限公司执行技术总协议有关税收问题的请示》(沪国税外[2003]4号)收悉。经研究,现批复如下:

上海阿尔卡特作为法国阿尔卡特技术总协议成员,根据协议的要求,每年按照销售收入的一定比例,向法国阿尔卡特预付(上缴)研发评估费。对上海阿尔卡特预付的上述研发评估费中属于实际发生额分摊的部分,凡符合以下条件的,准予在计算企业应纳税所得额时,作为成本、费用扣除。同时,对上述支付给法国阿尔卡特的研发评估费,不视为特许权使用费,不予扣缴企业所得税。

1. 总协议中规定上海阿尔卡特支付研发评估费后,对研发成果拥有相应所有权、收益权;

2. 实际使用技术总协议体系内所开发的技术成果时,不再以其他方式支付使用费或其他费用;

3. 就上海阿尔卡特应分摊的法国阿尔卡特协议成员实际发生的研发费用,法国阿尔卡特应对其汇集依据、分摊标准和方法等出具相应凭证及说明材料,并提交境外公证会计师对其真实性、合理性的审计报告。

法国阿尔卡特从各协议成员公司汇集的研发评估费,作为研发经费拨付给上海阿尔卡特的部分,根据现行规定免征营业税;上海阿尔卡特对其用于本公司实际研发活动支出后的余额,应计入当年度应纳税所得额。

企业与其关联方分摊成本时,应当按照成本与预期收益相配比的原则进行分摊,并在税务机关规定的期限内,按照税务机关的要求报送有关资料。

企业与其关联方分摊成本时违反本条第1款、第2款规定的,其自行分摊的成本不得在计算应纳税所得额时扣除。

这是成本分摊问题首次进入中国税法中,此前国家税务总局曾以文件形式批准上海贝尔阿尔卡特股份有限公司进行成本分摊。

九、受控外国公司

透视 6－3

国际避税地类型 （见表 6－3）

表 6－3 国际避税地类型

类 型	内 容	地区或国家
第一类型（Tax Paradise，完全避税地，无税国）	典型的避税地，没有直接税的地区或国家	Bahamas，Bermuda，Cayman Islands，New Hebrides，Turks & Caicos，Greenland the Faroe Islands，New Caledonia，St. Pierreet，Miquelon，Somalia
第二类型（Low-tax haven，低税率国，轻课税国）	对所得或资本实行部分课税或低税率课税的国家或地区，尤其对国外事业赋予特别的税收优惠	cypress、巴林、以色列、牙买加、摩纳哥、黎巴嫩、中国澳门、Netherlands Antilles、新加坡、瑞士、gibraltar、antigua、barbados、Anguilla、Rritish Virgin Islands、Campione、Guernsey、Isle of Man Jersey、St. Helena、MontSerrat、St. Vincent、Sark、Spitsbergern、Liechtenstein
第三类型（Tax Shelters，国外所得免除国）	通常实行正常课税，但对于国外来源所得实行免税的国家或地区	哥斯达黎加、中国香港、利比亚、巴拿马、马来西亚
第四类型（Tax Resorts，特定法人或事业所得免税国）	通常实行正常课税，但特别情况（例：支柱公司或特定事业活动）下赋予税收优惠的国家或地区	加拿大、希腊、爱尔兰、卢森堡、荷兰、英国

《企业所得税法》第 45 条规定：由居民企业，或者由居民企业和中国居民控制的设立在实际税负明显低于本法第 4 条第 1 款规定税率水平的国家（地区）的企业，并非由于合理的经营需要而对利润不作分配或者减少分配的，上述利润中应归属于该居民企业的部分，应当计入该居民企业的当期收入。

《企业所得税法实施条例》第 116 条规定：企业所得税法第 45 条所称中国居民，是指根据《中华人民共和国个人所得税法》的规定，就其从中国境内、境外取得的所得在中国缴纳个人所得税的个人。

《企业所得税法实施条例》第 117 条规定：企业所得税法第 45 条所称控制，包括：

1. 居民企业或者中国居民直接或者间接单一持有外国企业 10% 以上有表决权股份，

且由其共同持有该外国企业50%以上股份；

2. 居民企业，或者居民企业和中国居民持股比例没有达到第（1）项规定的标准，但在股份、资金、经营、购销等方面对该外国企业构成实质控制。

《企业所得税法实施条例》第118条规定：企业所得税法第45条所称实际税负明显低于企业所得税法第4条第1款规定税率水平，是指低于企业所得税法第4条第1款规定税率的50%。

中国居民企业或居民个人能够提供资料证明其控制的外国企业设立在美国、英国、法国、德国、日本、意大利、加拿大、澳大利亚、印度、南非、新西兰和挪威的，可免于将该外国企业不作分配或者减少分配的利润视同股息分配额，计入中国居民企业的当期所得。

阅读材料6－2

外国对受控外国公司的界定

美国受控外国公司税制规定，如果一家外国公司各类有表决权股票总额中，有50%以上分属于一些美国股东，而这些美国股东每人所持有的有表决权股票又在10%以上，那么该公司即为受控外国公司。这种拥有股权的标准，只要在某一公司纳税年度的任何时点发生过，整个年度就可视其为受控外国公司。《美国国内收入法典》F分部条款规定，凡是受控外国公司，其利润归属于美国股东的部分，即使当年不分配也不汇回美国，也要视同当年分配的股息，要分别计入各股东名下，与其他所得一并缴纳美国所得税。以后此项利润真正作为股息分配时可以不再缴纳所得税，这一部分当年实际未分配而视同已分配的所得，在外国缴纳的所得税可以按照规定获得抵免。尽管F分部条款严格设定了成为“受控外国公司”的条件，使F分部的适用范围被限定在特定的范围内，而且为了照顾政府、跨国企业和其他各方利益集团的利益，设置了许多限制性规定，但这一措施还是极大地限制了纳税人通过在避税港建立基地公司，将所得汇集于避税港进行避税的行为。1986年税制改革后，规定对于专属保险公司的外国受控公司，即企业为创造利润或减轻风险由企业自行成立的保险公司（主要承办各关系企业的保险或再保险业务），界定美国股东控制权的标准为25%，并且不限于持股10%以上的美国股东。

法国的《税收总法典》209B节中，对受控外国公司规定为：凡应纳法国公司所得税的法人实体，在国外设立企业包括常设机构与指定代理人，直接或间接拥有企业股权包括利权、财权或选举权达10%及以上者；或拥有该企业的利权达1.5亿法郎及以上，且该企业受辖于低税国家或地区者，均认定为法国的受控外国公司，其利润均应计入法国应纳税所得。

德国规定某一德国居民纳税人单独或与其他居民一起拥有受控外国公司所发行股票50%以上的，即适用受控外国公司反避税条款，对于单个德国股东纳税人来说，没有最低持股比例要求。

澳大利亚和新西兰规定，居民在一家外国公司只拥有40%的股份，但在没有其他人对该公司拥有权力控制的情况下，该居民可被推定为控制该公司。英国财政法案在2000年对《所得税和公司税法案》作了补充，加入了类似规定。

十、资本弱化

《企业所得税法》第46条规定：企业从其关联方接受的债权性投资与权益性投资的比例超过规定标准而发生的利息支出，不得在计算应纳税所得额时扣除。

《企业所得税法实施条例》第119条规定：企业所得税法第46条所称债权性投资，是指企业直接或者间接从关联方获得的，需要偿还本金和支付利息或者需要以其他具有支付利息性质的方式予以补偿的融资。

企业间接从关联方获得的债权性投资，包括：

（1）关联方通过无关联第三方提供的债权性投资；

（2）无关联第三方提供的、由关联方担保且负有连带责任的债权性投资；

（3）其他间接从关联方获得的具有负债实质的债权性投资。

《企业所得税法》第46条所称权益性投资，是指企业接受的不需要偿还本金和支付利息，投资人对企业净资产拥有所有权的投资。

企业实际支付给关联方的利息支出，其接受关联方债权性投资与其权益性投资比例为：

（1）金融企业，为5:1；

（2）其他企业，为2:1。

企业如果能够按照税法及其实施条例的有关规定提供相关资料，并证明相关交易活动符合独立交易原则的；或者该企业的实际税负不高于境内关联方的，其实际支付给境内关联方的利息支出，在计算应纳税所得额时准予扣除。

不得扣除利息支出＝年度实际支付的全部关联方利息×(1－标准比例/关联债资比例)

关联债资比例的具体计算方法如下：

关联债资比例＝年度各月平均关联债权投资之和/年度各月平均权益投资之和

其中：

各月平均关联债权投资＝(关联债权投资月初账面余额＋月末账面余额)/2

各月平均权益投资＝(权益投资月初账面余额＋月末账面余额)/2

权益投资为企业资产负债表所列示的所有者权益金额。如果所有者权益小于实收资本（股本）与资本公积之和，则权益投资为实收资本（股本）与资本公积之和；如果实收资本（股本）与资本公积之和小于实收资本（股本）金额，则权益投资为实收资本（股本）金额。

透视6-4

资本弱化在江苏的调查情况

借鉴发达国家资本弱化税制的经验，结合我国现有对关联企业税务管理的规定，我们设计了两份调查表对外资企业与关联方之间的借贷情况进行调查，一份由企业填写，主要调查企业向境外关联公司贷款的情况，包括直接贷款和由关联方担保的境外贷款；另一份由税务机关填写，按年度（2000年和1999年）对企业接受外国关联方权益投资和债权投资的情况进行对比。其中年度债权的计量标准为企业接受外国关联方境外贷款的年平均数，股权的计量标准为外国关联方实缴资本的年平均数。从本次调查情况看：

1. 调查涉及外商投资企业5 100户，调查反馈显示91.9%的提供境外贷款的关联企业为控股方企业。

2. 与境外关联方发生境外借贷行为199户，占调查企业数的3.9%，比例不高。其中2000年、1999年采取直接贷款方式的分别为162户次、155户次，采取担保贷款方式的分别为26户次、28户次，直接贷款仍为主要方式。

3. 按年度对企业接受外国关联方权益投资和债权投资进行比例测算，其中2000年年均实缴资本与年均债权投资比超过1:3的有4户，介于1:3到1:2之间的有6户，介于1:1到1:2之间的有24户，小于1:1的有165户，各比例在发生境外关联方贷款户中的占比分别为2%、3%、12%、83%。1999年情况与此基本相当。

4. 贷款企业的行业分布较广，包括房地产、机械制造、电子、机电、纺织服装、食品等，但贷款额度高的企业主要集中在房地产开发和大型机械制造。行业债权与股权比超过1:3的4户企业中，2户为房地产开发，2户为机械制造。

5. 本次调查重点是企业接受境外关联方贷款的情况，但调查中也发现资本弱化同样存在于境内关联企业之间，即境内母公司向子公司提供大额贷款。

资料来源：尹晓宇，范九红：《关于资本弱化的调查和思考》，《江苏国税调研》，总第30期。

十一、不合理商业目的

《企业所得税法》第47条规定：企业实施其他不具有合理商业目的的安排而减少其应纳税收入或者所得额的，税务机关有权按照合理方法调整。

《企业所得税法实施条例》第120条规定：企业所得税法第47条所称不具有合理商业目的，是指以减少、免除或者推迟缴纳税款为主要目的。

税务机关可依据税法对存在以下避税安排的企业，启动一般反避税调查：滥用税收优惠；滥用税收协定；滥用公司组织形式；利用避税港避税；其他不具有合理商业目的的安排。

税务机关应按照实质重于形式的原则审核企业是否存在避税安排，并综合考虑安排的以下内容：安排的形式和实质；安排订立的时间和执行期间；安排实现的方式；安排各个步骤或组成部分之间的联系；安排涉及各方财务状况的变化；安排的税收结果。

税务机关应按照经济实质对企业的避税安排重新定性，取消企业从避税安排获得的税收利益。对于没有经济实质的企业，特别是设在避税港并导致其关联方或非关联方避税的企业，可在税收上否定该企业的存在。

阅读材料 6-3

反避税的“拉姆齐原则”

国际上，各个国家关于反避税法的规定各有不同，英国没有反避税的一般条款，将“不具有合理商业目的”作为国家的反避税措施之一是通过一个很典型的判例，即 IRC v. Ramsay 公司规避资本利得税案，被英国上议院确定为“不具有合理商业目的”避税案判例，即著名的拉姆齐原则（Ramsay Principle）。英国法院之所以通过判例更多地在适用税法时使用目的解释的方法，是为了应对20世纪70年代以来越来越精密和专业的避税计划。分析这个案例，有助于对我国企业所得税法中关于“合理商业目的”的理解与适用。

1982 年 Ramsay 公司出售其一个农场获得收益，按英国税法该收益应该缴纳资本利得税。为避免履行这笔收益的纳税义务，Ramsay 公司聘请专家设计了公司经营成本损失，从而抵消该笔收益的避税计划。按照避税计划，Ramsay 公司购买 Caithmead（卡特梅德）公司股票，同一天又向该公司贷款两笔，金额一样，利率均为 11%，双方约定贷款条件为：Ramsay 公司有权减少其中一笔贷款的利率，并把减少的利率加到另一笔贷款上。贷款数日后，Ramsay 公司行使合同权利，将一笔贷款的利率减为 0，同时将另一笔贷款的利率增为 22%。同一天 Ramsay 公司将后笔贷款之债权出售获利，依英国税法，该债权证书出售所获收益免缴资本所得税。一周后 Caithmead 公司将前笔贷款归还 Ramsay 公司。由于上述贷款交易，Caithmead 公司股价下跌，Ramsay 公司抛售该公司股票因此受损，损失与出售债权凭证收益相等。

Ramsay 公司认为其出售 Caithmead 公司股票所受损失能抵消其出售农场的收益，应当免于缴纳资本所得税。税务机关认为 Ramsay 公司的操作意在避税，不同意抵扣，该案经过税务机关、税务特别委员会、王室法院、上诉法院最后上诉到了上议院。

1982 年英国上议院就 IRC v. Ramsay 一案作出判决，法官认为，法院可以根据整个安排去判断一项可能产生税收上的后果的任何一项交易的法律本质，并不局限于仅仅依据该避税安排中每个单个的交易来判断真伪而可以将其视为一个整体。假如这项避税安排是一个有机联系的整体而并非一个独立的交易行为，并且其并不在实质上产生收入或者损失，并不影响纳税人的收益，其可以在税收上视为无效。该案例所确立的原则被称为“Ramsay 原则”。

资料来源：张颖：《从拉姆齐原则看“合理商业目的”》，《首席财务官》，2007 年第 9 期。

十二、纳税调整

《企业所得税法》第 48 条规定：税务机关依照本章规定作出纳税调整，需要补征税款的，应当补征税款，并按照国务院规定加收利息。

《企业所得税法实施条例》第 121 条规定：税务机关根据税收法律、行政法规的规定，对企业作出特别纳税调整的，应当对补征的税款，自税款所属纳税年度的次年 6 月 1 日起至补缴税款之日止的期间，按日加收利息。

前款规定加收的利息，不得在计算应纳税所得额时扣除。

《企业所得税法实施条例》第 122 条规定：企业所得税法第 48 条所称利息，应当按照税款所属纳税年度中国人民银行公布的与补税期间同期的人民币贷款基准利率加 5 个百分点计算。

企业依照企业所得税法第 43 条和本条例的规定提供有关资料的，可以只按前款规定的人民币贷款基准利率计算利息。

《企业所得税法实施条例》第 123 条规定：企业与其关联方之间的业务往来，不符合独立交易原则，或者企业实施其他不具有合理商业目的安排的，税务机关有权在该业务发生的纳税年度起 10 年内，进行纳税调整。

第二节　转让定价安排

一、有形资产

在关联企业之间所发生的交易中，有形资产购销是最常见的交易类型。关联企业间有形资产交易通常包括以下形式：原材料、半成品及产成品的购销。这些产品可能是由关联卖方直接生产；也可能是关联卖方从独立企业购进后再转售给关联买方。机器设备的购销。企业的母公司经常会向从事生产制造的关联企业提供机器设备。这些设备可能是母公司从独立企业购进并经过一定改造的新设备，也可能是母公司或其他关联公司使用过的旧设备。

与无形资产交易和服务交易相比较，有形资产交易的特点在于其一般会涉及原材料、半成品和产成品的生产、制造、加工和销售等环节。通常情况下，企业集团内部都有负责有形资产生产与销售的成员企业；有些情况下还有作为中间商的销售代理。这些关联企业在有形资产交易过程中扮演着不同的角色，履行不同的功能并承担不同的风险。

（一）制造企业

无论是进行简单的加工，还是从事承担所有风险的复杂产品的制造，所有从事制造业务的企业都是通过一定的生产工艺流程制造出有形产品。从转让定价的角度来看，跨国企业集团中有形资产交易所产生的利润应分配多少给从事制造业务的企业，主要取决于跨国企业集团内部的运作模式；换言之，主要取决于跨国企业如何在集团内各关联企业间分配它们的功能和风险。一般情况下，从较长时期来看，企业承担的功能和风险越多，它的利润水平就越高；反之亦然。通过分析不同类型制造企业的功能和风险，可以确定它们在跨国企业集团中的角色定位。一般而言，可以将制造企业分为以下两大类：契约制造商和完全制造商。

1. 契约制造商。契约制造商是提供制造服务的企业。契约制造商通常与委托其提供制造服务的企业间签订契约制造合同。根据合同的规定，契约制造商需要具备完成契约制造合同所需的足够劳动力，以及必要的资金、厂房和生产设备。契约制造商通常是根据委托方的订单要求组织购买生产所需的原材料；一旦日后订单取消或实际购货比订单数量少，契约制造商由此所遭受的所有损失，包括剩余的原材料和已生产出的产成品与半成品，均应由委托方承担。契约制造商根据委托方企业的要求进行产品的生产和制造。通常况下，契约制造商本身并不拥有或被许可使用与产品有关的专有技术（但契约制造商往往拥有与生产过程有关的技术），也不拥有所生产产品的所有权。契约制造商通常只承担制造成本的风险，而不承担与产品有关的直接财务风险和市场风险。严格来说，契约制造商不承担存货风险，因为契约制造商通常是在接到委托方的订单后才购买生产所需的原材料。但出于竞争的需要，有些契约制造商往往会事先备料以满足其客户在下订单后对制造时间的紧迫要求或者减少原材料价格波动对其经营的影响，因此，契约制造商也会承担一定的、同原材料有关的存货风险。最典型的契约制造商是从事成熟产品生产或大批量流水线生产的企业。

还存在一类与契约制造商功能非常类似的企业，通常将其称为契约加工商。契约加工商与契约制造商都是接受委托方企业的委托，提供产品的生产制造服务，它们所履行的功能和所承担的风险基本相同。从经济学角度来看，两者最大的区别就在于：契约制造商将因生产而采购的原材料放入自己的存货账户中进行管理，并需要承担一定的与原材料存货相关的成本；而契约加工商是对委托方所提供的原材料进行加工生产，它不必承担存货风险和与原材料存货相关的成本。

2. 完全制造商。完全制造商也是使用自己拥有的机器设备进行产品的制造和流水线生产。但是，从功能履行和风险承担的角度来看，契约制造商与完全制造商还是有较大的差别。完全制造商所承担的功能较为全面，其不仅自主安排产品的生产计划，直接对所生产产品的品质负责，而且通常拥有自己的产品研发部门，独立从事新产品的开发和已有产品更新换代的研究。完全制造商一般拥有所生产产品的自主知识产权。因此，完全制造商需要直接承担存货、产品、市场以及其他方面风险。

有些企业尽管没有自己的机器设备和生产能力，但从转让定价的角度来看，它们通常也被认为是承担经营者风险的完全制造商。例如，耐克公司把精力主要放在设计、开发新产品以及管理、发展营销体系上（它们的附加值较高），具体生产则分包给劳动力成本低廉的国家或地区的厂家，以此降低生产成本。虽然耐克公司并没有实际从事产品的制造，但是其根据自己的标准体系和设计要求来规范制造商的生产，并对产品进行最后的验收和加贴商标。因此，耐克公司实际上承担了完全制造商的绝大部分功能和主要的风险。又如，一些半导体设计企业主要负责半导体的设计与开发，为降低其生产成本，这类企业自身通常并不拥有晶片制造能力，而是把加工、生产晶片的任务对外分包给独立的晶元代工厂，并对晶元代工厂生产的晶片进行质量控制。这种具有快速设计能力、以较低成本投入晶片生产的半导体设计企业在市场中具有较强的竞争力和获利能力。从功能、风险分析角度来看，这类企业与完全制造商类似，它们之间的主要区别在于前者通常不拥有自己的生产设备，因此其不承担相应的固定资产风险。

还存在一类与完全制造商功能非常类似的企业——许可制造商。许可制造商与完全制造商最大的区别是，前者通常不拥有所生产产品的自主知识产权。许可制造商在生产过程中所使用的专有技术一般是经过知识产权所有人许可的，其只享有相关知识产权的许可使用权。从这个角度来看，许可制造商在无形资产（知识产权）方面所承担的风险要比完全制造商小一些。

关于契约制造商与完全制造商的主要特征，见表6－4。

表 6-4 契约制造商与完全制造商特征

	契约制造商	完全制造商
特征	不拥有或被许可使用与产品有关的专有技术 承担较小风险（主要是存货方面风险） 按照委托方要求控制产品进度 按照委托方要求控制产品品质 经常从事成熟产品的生产和大批量产品的流水线生产	拥有产品的自主知识产权 承担与产品制造有关的所有风险 可以灵活安排产品的生产进度 直接控制产品的品质 从事各阶段产品的生产

制造企业的收入水平是由其所履行的功能和所承担的风险决定的。不同类型的制造企业，由于其功能、风险上的差异，收入水平也各不相同。因此，在确定制造企业关联交易价格时，需要充分考虑其所承担的功能与风险。通常情况下，企业所履行的职能越多，所承担的风险越大，其收益水平相应地就越高。

在转让定价审计调查中，我国税务管理机关通常会采用成本加成法来审查一家制造企业是否存在转让定价问题。根据我国转让定价规则，制造企业的成本除了包括生产产品的直接成本和间接成本外，还包括相关的销售费用、管理费用与财务费用（包括利息费用）。制造企业应在全部成本基础上加上适当的利润来确定关联交易的合理定价范围。

目前，跨国企业在华设立的关联制造企业多数扮演着类似于契约制造商或契约加工商的角色。目前我国法律中并没有关于契约制造商和契约加工商的概念，但相关法规却对类似于契约制造和契约加工的两类加工贸易作出了规定，这两类加工贸易分别是"进料加工"和"来料加工"。

进料加工企业，根据境外企业的订单来安排自身的生产，其需要负责采购生产所需的原材料。进料加工企业所承担的职能和风险类似于契约制造商。而来料加工企业是根据境外企业提供的原材料和订单进行生产的，其所承担的职能和风险类似于契约加工商。从转让定价的角度来看，这两类企业核算收入的基础是不同的。进料加工企业是以其生产产品的完全成本（包括原材料）为基础；而来料加工企业则是以其提供的加工制造劳务的成本作为基础，这类企业的成本中不包括原材料成本。我国税务管理机关通常采用成本加成法来评估这两类企业的合理利润水平，但由于它们的成本基础不同，因此，相应的利润水平也就存在一定的差异。

根据我国目前增值税法规的规定，进料加工企业和来料加工企业在出口环节增值税方面享有不同的待遇。进料加工企业将生产的产品出口时，可以享受增值税"免、抵、退"待遇。来料加工企业在加工过程中所取得的加工费收入免征增值税，但其将加工后的产品复出口时就不能享受退税待遇。来料加工企业在加工过程中因从国内采购必要辅料所发生的增值税进项金额不得用于抵扣增值税销项金额，应作为企业成本处理。

（二）销售企业

在企业集团中，除了承担制造职能的企业，还有承担产品销售职能的企业。销售企业有各种表现形式，根据它们所承担的不同功能与风险，可以分为以下三类。

1. 销售代理商。销售代理商是作为制造企业的代表，为制造企业与顾客间的有形资产购销活动提供中介服务。由于销售代理商本身并不拥有销售产品的所有权，其既不参与签署购销合同，也不负责合同的具体履行，因此，销售代理商不承担市场风险、信用风险、存货风险和外汇风险。销售代理商一般是根据其所促成的交易金额的一定比例来提取佣金收入，因此，有些国家也将销售代理商称为佣金代理商。

还存在一种特殊类型的销售代理商——行纪人。行纪人是大陆法系国家特有的概念。行纪人与销售代理商一样，都是接受委托人的委托，为促成产品的销售而提供必要的服务；它们都不拥有所销售产品的所有权。行纪人与销售代理商的不同之处在于，行纪人是以自己的名义同顾客签订购销合同。从转让定价的角度来看，行纪人和一般的销售代理商所承担的都是代理的职能，其在销售活动中基本不负担风险，因此，它们之间并没有实质上的区别。

2. 承担有限风险的分销商。一般情况下，承担有限风险的分销商根据顾客采购订单的指示，先从制造企业那购进产品，然后以自己的名义将产品再销售给顾客。与销售代理商相比，该类分销商通常拥有销售货物的所有权，但由于它们是根据顾客下达的购买指示来安排产品的采购，除非顾客中途取消订单，其一般不承担相应的存货风险。在大多数情况下，即使顾客中途取消订单，这类分销商因此所受到的损失也往往是由顾客或供应商承担。因此，承担有限风险的分销商几乎不承担或承担非常小的存货风险。但该类分销商可能会承担一定的信用风险。如果顾客和制造商不在同一个国家或地区，则可能还要承担一定的外汇风险。

3. 完全分销商。完全分销商也拥有销售产品的所有权。完全分销商与承担有限风险的分销商的区别主要体现为：完全分销商具有自主的采购权，它自行决定采购产品的品种、数量，并将采购的产品作为自己的存货进行管理；有的完全分销商还会承担一定的市场开发功能，推销自己购进待售的产品；在开发市场的同时，完全分销商还可能投入一定的人力、物力和财力来树立品牌、商标和商号；在同顾客达成购销协议后，完全分销商还要安排产品的运输、售后服务等事项。

全分销商主要承担了信用风险和市场风险，而且与承担有限风险的分销商相比，由于完全分销商并不是根据顾客的订单进行采购的，因此其承担相当大的存货风险。如果顾客、制造商和完全分销商不在同一国家或地区，则完全分销商在购销流程中可能还要承担外汇风险。

关于上述三类销售企业的主要特征，见表6－5。

表6－5　　　　代理商和分销商特征

	销售代理商	分销商	完全分销商
特征	不拥有销售产品的所有权 无信用风险 无存货风险 无市场风险 无外汇风险	拥有销售产品的所有权 承担较小的信用风险 承担较小的存货风险 承担较小的市场风险 承担有限的外汇风险	拥有销售产品的所有权 承担信用风险 承担存货风险 承担市场风险 承担外汇风险

承担不同职能和风险的销售企业的收益水平是不同的。通常情况下，企业履行职能越多，承担风险越大，它的收益水平就相应地越高。

从我国转让定价法规的有关规定来看，我国税务管理机关很可能会运用再销售价格法来验证分销商关联交易定价的合理性。在实际运用再销售价格法时，税务管理机关通常选用营业利润率作为衡量指标。因此实践中，分销商在确定关联销售定价时，除了需要考虑采购成本外，还应该考虑销售环节中所发生的合理费用，从而确保关联销售交易能产生足够的、合理的营业利润，以降低相应的转让定价税务风险。

经合组织《转让定价指南》中允许分销商运用“贝里比率”（Berry Ratio）来确定合理的关联交易定价水平。“贝里比率”反映的是企业毛利润与经营性费用（即销售费用和管理费用）之间的比例关系，其主要是衡量分销商在其经营性费用上的加成率。因此，对于分销商而言，运用“贝里比率”确定关联交易定价实际上就是一种成本加成的方法。

通常情况下，“贝里比率”比较适用于销售代理商。因为销售代理商作为制造商的代表，只提供相关的销售中介服务，并收取一定的佣金。它本身并没有从事货物买卖的实质活动（如签订购销合同和转移产品所有权），因此几乎不承担任何风险。销售代理商的经营性费用基本上反映了其在经营活动中所履行的职能。因此，运用成本加成法，即选择“贝里比率”来确定销售代理商的关联交易定价应该是比较合理的。但在我国的转让定价规则之下，贝里比率是否能为税务管理机关所接受，仍是一个未知数。

二、无形资产

《转让定价指南》认为，无形资产主要包括：使用工业资产如专利、商标、商号、设计或模型的权利；诸如专有技术、行业秘密之类的知识产权；文学和艺术财产权利。

（一）无形资产的类型

经合组织《转让定价指南》主要对商业性无形资产进行了说明。所谓商业性无形资产，一般是指与商业活动（包括营销活动）相关的无形资产，其主要包括：用于生产商品或提供劳务的专利、专有技术、设计或模型，以及可以转让给顾客的或在商业中使用的计算机软件。

经合组织将商业性无形资产分为两大类：行业性无形资产和营销性无形资产。

行业性无形资产通常表现为：专利、著作权、设计、专有技术、商业秘密、规则、生产工艺流程等。跨国企业集团一般采用三种方式进行行业性无形资产的研发活动：以自己名义进行研发活动，目的是为了对所研发的行业性无形资产拥有法律上和经济上的所有权；根据共同研究计划，安排一个或几个集团成员开展研发活动，由受益人（一个或多个）拥有该无形资产法律上和经济上的所有权；根据共同研究计划，安排其本身与一个或多个集团成员共同开展研发活动，由参与各方共同享有行业性无形资产经济上的所有权；而该无形资产法律上的所有权则通常由其中一个成员拥有。由于行业性无形资产一般是通过风险大、花费高的研究和开发活动创造出来的。从事复杂研发工作的技术开发商通常希望回收研发活动的费用，并通过产品销售、劳务合同或许可协议等形式来取得收益。

营销性无形资产包括商标、商号、顾客名单、销售渠道和对相关产品有重要促销作用的独有名称、符号或图画。某些营销性无形资产（如商标）可能受到相关国家法律的保护，只有经过所有人的许可，才能用于特定的产品或劳务。营销性无形资产的价值取决于许多因素。例如，商号或商标的信誉及可靠性往往取决于通过使用该商号或商标进行销售的产品或劳务的质量水平。企业为使潜在顾客熟悉产品或劳务而发生的费用（特别是为了形成与经销商、代理商或其他机构的商业关系网所支出的广告和营销费用）、相关营销活动是否成功、法律所规定的无形资产权利的性质等都会影响营销性无形资产的价值。营销性无形资产一般是通过耗费巨大的广告宣传和其他市场开发活动而获得或维护的。营销性无形资产最常见的表现形式是商标。商标权人可以将商标许可给其他企业使用，也可以将商标转让给其他企业。

（二）无形资产关联交易的类型

经合组织《转让定价指南》认为，涉及无形资产的关联交易形式较多，通常包括：

直接出售无形资产。无形资产所有权人将无形资产的法定所有权直接转让给关联企业，由关联企业取得无形资产的法定所有权。

提供无形资产使用许可，获取特许权使用费。无形资产的使用许可有多种形式，最常见的就是无形资产所有权人许可其他关联企业在特定时间内使用自己的某项无形资产，由被许可使用人支付一定的使用费。被许可使用人所取得的仅仅是该无形资产在一定时间或一定范围内的使用权。特许权使用费通常是以使用人的产量或销售额为基数计算的经常性支付款。当无形资产所有权人将其所拥有的一系列不同类型的无形资产许可给其他关联企业使用时，如何确定不同类型无形资产的使用费是一个比较复杂的问题。

还有一种许可使用的形式是特许经营协议。通过这种协议，企业将与某种特定商业经营模式相关的无形资产（包括专利、商标、商业秘密和专有技术等）的使用权许可给关联企业使用，并向关联企业提供相关的技术支持和人员培训服务等，以使关联企业能够按照既定的商业模式开展经营。关联企业应向特许经营方支付一定的特许经营费用。在确定该笔特许经营费用时，不仅需要考虑无形资产使用权的价值，还应考虑相关劳务的价值。

通过成本分摊协议共同开发和使用无形资产。在这种交易模式下，跨国企业集团中的相关关联公司根据其能够从被开发无形资产中获得的预期收益来承担某项无形资产开发总成本中的相应部分。根据成本分摊协议，每一参与方对开发出的无形资产都享有一定份额的权利，他们都有权以实际所有人的身份而非被许可人的身份，对开发的无形资产单独加以利用，并且无须为此向其他方支付特许权使用费。

在上述无形资产关联交易类型中，提供无形资产使用许可和直接出售无形资产是最基本的形式；成本分摊协议是近年来跨国企业集团较常采用的形式。

（三）无形资产关联交易转让定价规则

经合组织《转让定价指南》认为，适用于有形资产的独立交易原则总体上也可以适用于无形资产。因此，在确定无形资产销售或许可使用的公平价格时，如果无形资产的同一所有人将该无形资产在可比情况下转让或许可给独立企业，可以使用可比非受控价格法。但是在通常情况下，由于无形资产具有一定的独特性，因此在实践中很难以发现可比对象或可比情形。在这种情况下，应由纳税人和税务管理机关参照独立企业如何处理交易定价不确定性的做法来确定符合独立交易原则的价格。原则上，在确定无形资产公平交易价格时，需要同时从出让方和受让方的角度进行考虑。从出让方的角度看，符合独立交易原则的价格应当是可比独立企业愿意转让该无形资产的价格；从受让方的角度看，可比独立企业通常是根据无形资产在其经营中的价值和用途来决定是否愿意支付该价格。当涉及无形资产使用许可的情况时，被许可方所支付的使用费是否符合独立交易原则，应根据可比独立企业在从可能支出的额外投资或其他费用中获得预期收益的情况下，是否愿意支付特定金额的许可费用来进行判断。但在实践中，税务管理机关往往从受让方的角度来判断被许可方所支付的使用费是否符合独立交易原则，受让方是否真正从使用无形资产中获益，获益有多大。在可比非受控价格法无法适用的情况下，如果受让方没有足够的利润，则其支付给关联企业的特许权使用费的合理性将受到税务管理机关的质疑。

从我国的情况来看，由于可比非受控价格法对可比性要求较高，在实践中很难找到符合其要求的可比对象和可比交易数据，因此，该方法在无形资产关联交易中一般不适用。而根据经合组织《转让定价指南》的建议，利润分割法适用于交易双方都参与无形资产研发并都拥有无形资产的情况下。

目前，跨国企业集团在我国境内设立的关联企业通常不拥有专有技术或商标等无形资产，因此，在我国利润分割法也不适用于无形资产关联交易。考虑到在我国的外资企业大多为制造性企业，因此可以用来验证无形资产关联交易定价最常用的方法应该是成本加成法。通常的做法是将境内关联企业向境外公司支付的特许权使用费也纳入企业的经营成本费用范围内，将境内关联企业在此经营成本基础上的利润率水平与独立企业在可比情况下的利润率水平进行比较以证明其合理性。从转让定价筹划的角度看，一般将境内关联企业支付特许权使用费前的利润率水平与独立企业在可比情况下的利润率水平进行比较，如境内关联企业的利润率水平超出独立公司在可比情况下的水平，则超出部分可被认为是合理的特许权使用费定价区间。

（四）营业税与预提所得税

营业税规定，在我国境内发生的转让无形资产的行为和许可使用无形资产的行为均属于营业税应税行为，应按照5%税率征收营业税。另外，根据外资企业所得税有关规定，对在我国境内未设立机构、场所的外国企业取得来源于我国境内的特许权使用费和转让无形资产的所得，应当按照10%税率缴纳所得税，计税依据为扣除营业税后境外公司实际取得的收入。因此，在跨国企业集团向其在我国境内设立的关联企业转让无形资产或许可使用无形资产的情况下，境外企业需要就来源于我国境内的无形资产转让所得或特许权使用费缴纳营业税和预提所得税。其应承担的实际税款总额一般为所取得的无形资产转让收入或特许权使用费的14.5%的部分。

近年来，我国政府为加强技术创新，发展高科技，出台了若干鼓励外国企业向我国境内企业转让技术和提供技术服务的规定。其中对于转让专利、非专利技术的所有权或使用权及提供与之相关的技术咨询、技术服务等所取得的收入，可以免征营业税。根据这些优惠政策，跨国企业集团向其在我国境内设立的关联企业转让专利、非专利技术时，所取得的收入只需要缴纳预提所得税。

实践中，如果税务管理机关认定境内关联企业与境外企业间的无形资产关联交易不符合独立交易原则，并根据转让定价规则对境内关联企业的应纳税所得额进行调整，从理论上来说，这种调整会对所涉及的预提所得税产生影响。

三、服务

经合组织《转让定价指南》认为，几乎每一个跨国企业集团都会通过内部安排向其成员提供包括行政性、技术性、财务性和商业性在内的范围广泛的劳务。跨国企业集团内部关联企业间提供劳务一般会通过以下方式：由母公司向子公司提供；由子公司向其他子公司或母公司提供；由集团内某一特别指定的服务中心集中向各关联公司提供。近年来，第三种方式（即跨国企业集团服务供应集中化）呈现出日益增长的趋势。

在讨论关联企业间提供劳务的转让定价问题之前，首先必须确认跨国企业集团内部是否确实提供了劳务。经合组织认为，判断集团内某一成员企业是否为另一个或多个集团成员企业开展活动时提供了集团内部劳务，将取决于有关的活动或服务是否给接受服务的成员企业带来优化其商业地位的经济或商业价值。一项服务是否具有经济或商业价值一般可以通过考察独立企业在可比情形下是否愿意为同样的服务支付相应报酬或者是否愿意自行开展该活动来加以判断。如果某项活动的开展不是独立企业所愿意支付或自己进行的，那么根据独立交易原则，该活动将不被视为集团内部劳务。

经合组织《转让定价指南》认为，构成集团内部劳务的活动通常包括：财务分析；关于研发活动的契约安排；无形资产的管理；法律服务；会计服务；市场调研；审计服务；信息技术支持；筹资活动；集中采购；外汇风险管理；员工招募；内部培训。

（一）服务交易转让定价的验证方法

经合组织《转让定价指南》认为，当关联企业间存在劳务交易时，可比非受控价格法只适用于在可比商业环境中独立企业之间也存在类似劳务交易或服务提供方同时向关联方和独立企业提供类似劳务的情况。当关联企业间交易的定价无法运用可比非受控价格法进行调整时，如果关联劳务交易与独立企业之间的非关联劳务交易在业务性质、承担的风险等方面具有一定可比性，则可以适用成本加成法进行定价。

从我国的情况来看，目前跨国企业集团在我国境内设立的关联企业多数都存在接受境外公司提供服务的情况，而且它们所接受的服务形式各有特色。由于可比非受控价格法对可比性要求较高，在实践中很难找到符合其要求的可比交易类型和可比价格资料，因此该办法较少采用。在我国转让定价实务中，关联劳务交易的定价一般是采用成本加成法。根据我国会计准则的规定，企业的成本构成通常包括直接成本、间接成本和适当的费用。因此，基于该成本基础上的利润水平应该是营业利润水平。《关于外商投资性公司对其子公司提供服务有关税务处理问题的通知》（国税发［2002］128 号，简称“128 号通知”）针对我国境内专门从事投资业务的外商投资企业与其子公司之间的劳务交易问题作出的规定，但通过该通知可以了解到我国税务管理机关在实务中对劳务费用转让定价的具体方法及相关服务费用处理问题的态度。

128 号通知明确要求：外商投资性公司向其子公司提供各项服务时，应签订服务合同，列明所提供的服务的内容、收费标准等内容。如果外商投资性公司向其多个子公司提供同类服务，其服务收费不是采取分项签订合同，明确收费标准，采取按提供服务所发生的实际费用确定该项服务总收费额，以比例分摊的方法确定每一子公司应付数额的，应按照以下公式来计算服务总收费额：

服务总收费额=实际费用÷(1-营业税税率-核定利润率)

在运用上述计算公式时，外商投资性公司应首先准确、合理地归集核算其提供服务所发生的实际费用。其次，其应选用适当的核定利润率，凡属于向境内子公司提供服务的，按5%核定；属于向境外子公司提供服务的，可不受5%比例的限制。

上述计算公式所应用的实际上是成本加成的方法，它以关联公司提供服务时所发生的实际费用（即服务成本）为基础，并在此基础上根据核定利润率进行了适当的加成。如果128号通知的精神适用于一般劳务定价，跨国企业集团在确定关联企业应分摊相关服务总收费份额时，可以参考适用的分摊比例通常包括接受服务的关联企业间的总投资额、注册资本、销售收入、资产等比例指标。跨国企业集团在按照比例分摊服务总收费后，应将提供服务项目的名称、收费标准及具体数额等以书面形式通知接受服务的关联企业。我国境内关联企业按比例支付的上述服务费用可以在所得税税前扣除。

（二）营业税和所得税

营业税规定，跨国企业集团向其在我国境内设立的关联企业提供服务的行为中，除了提供加工、修理、修配劳务外，大多数属于营业税应税行为，除符合条件的技术服务收入可以免征营业税外，大多数服务所适用的营业税税率为5%。一般情况下，应将跨国企业集团在我国境内向其关联企业提供服务时所取得的全部收入视为营业税的应税收入。而在某些情况下，需要对境外企业所取得的收入进行合理划分后才能确定其应纳营业税的应税收入。例如，境外企业向境内关联企业销售设备，并在境内提供安装、装配、技术培训、指导等服务时，如果在销售合同中并未对有关服务收入金额作出明确规定，税务管理机关将把不少于合同总价款5%的部分视为境外企业在境内取得的劳务费收入。

如果境外企业在我国境内提供的服务被认定为构成常设机构，那么境外企业应当就其来源于境内的服务收入缴纳所得税。通常税务管理机关会参照同行业或者类似行业的利润水平核定利润率，计算该境外企业在我国境内的应纳税所得额。根据我国相关税收文件的规定，服务业的核定利润率因种类而异，一般在10%～40%。相比而言，128号通知将外商投资性公司的利润率水平核定为5%的规定是相对较低的。

（三）分摊一般管理费和代垫费用

在关联企业服务交易中，企业还可能支付一些与服务活动相关的其他费用，例如分摊集团的一般性管理费用、支付代垫服务费用等。我国税务管理机关对这些费用的支付与分摊作出了特殊的规定。以一般管理费用为例，除外资银行分行因其经营形式的特殊性，可以根据《关于外国银行分行摊列总行管理费有关问题的通知》（国税函［2002］11号）的规定，将总行用于分行经营管理的费用进行分摊外，绝大多数的跨国企业集团都不得以任何形式向其成员分摊与所提供服务没有直接关系的一般性管理费用（例如，行政管理人员的工资、办公费用等）。

此外，对于跨国企业集团在境外为我国境内关联企业代垫服务费用的问题，由于目前我国并未对此作出明确的规定，税务管理机关的处理态度较为谨慎。参照我国国家税务总局曾经作出的内部业务批复的精神，可以认为，如果我国境内关联企业能够提供有效的“代垫款项服务协议”、各项服务相关费用的凭证以及费用分摊方法、标准说明等资料，经主管税务管理机关审核确认后，可以在计算我国境内关联企业所得税时予以扣除，并无须就此代扣代缴预提所得税和营业税。

四、融资

跨国企业集团的成员之间除了发生涉及有形资产、无形资产和服务的关联交易外，还可能存在与资金融通有关的业务往来。

（一）融资交易的类型

资金借贷。关联企业间融资往来的最主要形式就是资金借贷。该形式直接表现为企业向其关联企业提供贷款，实践中，税务管理机关通常认为，关联企业间的资金借贷行为有可能是一种利用“资本弱化”方式来规避纳税的做法，因此，近年来税务管理机关纷纷加强了对关联企业间资金借贷行为的监管。对于关联企业间的资金借贷行为，各国税务管理机关在实务中通常从以下两方面进行监管：

权益资本比例标准。各国一般都会对企业权益性资本与借贷性资本间的比例关系规定一个合理的区间。在合理比例范围内发生的关联企业间资金借贷行为，在税务管理机关看来，其“资本弱化”嫌疑的可能性相对较小。从监管的角度看，一些国家也规定了资金接受方权益资本的最低比例。

利息支出。在关联企业间发生资金借贷行为时，如果税务管理机关认为它们人为提高借贷利率水平，使一方企业负担的利息成本远高于正常情况下独立企业所能承受的水平时，则其所支付的利息支出不符合独立交易原则。在这种情况下，即使资金接受方的权益资本比例符合有关的规定，税务管理机关仍有可能认为该企业存在转让定价问题。

贷款担保。关联企业间典型的贷款担保方式是，子公司在母公司提供的担保下从第三方取得贷款。由于有了母公司的担保，子公司通常能够比较顺利地获取贷款或者以比较优惠的条件获取贷款。经合组织《转让定价指南》认为，如果子公司因为有了母公司的担保行为而在第三方那里享受了较高的信用等级，那么，通常就可以认定构成集团内部劳务。按照独立交易原则，母公司因承担贷款担保所支付的费用或风险应由子公司给予合理补偿。所谓“合理补偿”，应该按照独立企业间在可比情形下提供类似担保时所期望得到的补偿数额进行确定。实践中，如果由于母公司的担保而使子公司获取的贷款利率比正常情况下的一般贷款利率低，那么通常是将这部分贷款利息差额视为子公司从母公司担保行为中所获得的利益。子公司应将这部分贷款利息差额支付给母公司，作为母公司承担担保行为的回报。

融资租赁。融资租赁是一种以融资为目的的信用方式，它表面上是借物，但实质上却是借资，并通过租金方式分期偿还。当某关联企业（承租方）希望取得一项有形资产的使用权，却又苦于没有足够资金购买时，它们通常会考虑采用融资租赁的方式：先由集团中的另一成员（出租方）购买该项有形资产，然后以租赁方式提供给承租方使用。在融资租赁方式下，承租方在整个租赁期内虽然并不拥有该项有形资产的所有权，但其拥有了使用权，并能通过使用该项有形资产取得相应的经济利益。

在关联企业融资租赁安排中，承租方相当于在租赁期内占用了出租方的资金，因此应该以承租方占用出租方资金的时间来计算租金。决定承租方应承担的租金的另一个重要因素是利率。根据独立交易原则，关联企业在融资租赁安排中的利率水平应该与独立企业间在可比融资租赁情形下的利率水平相一致。

经合组织《转让定价指南》并没有对关联企业间融资租赁的定价方法提出建议。实践中，各国一般是根据以下方法来确定符合独立交易原则的租金：

1. 独立企业在可比融资租赁情形下所收取的租金；
2. 根据租赁资产的折旧额所确定的租金；
3. 根据一般利率加成法确定的租金；
4. 根据其他合理方法确定的租金。

保理。保理是针对应收账款的一项融资业务，其核心内容就是通过收购债权的方式提供融资。通过保理安排，跨国企业集团中的一方企业（委托方）将自己持有的应收账款转让给集团中专门从事保理业务的企业（代收方），并同时将未来回收账款的风险转让给代收方。为了补偿代收方因此承担的风险，委托方通常会从应收账款中扣除合理的部分以作为支付给代收方的报酬。虽然委托方通过保理安排实际所取得的款项要比应收账款本身的价值少，但其却让渡了应收账款的相应风险，减少了本身所承担的坏账损失。

（二）营业税和预提所得税

根据以营业税有关规定，境内关联企业间发生的融资交易，属于营业税应税行为，适用税率为5%。但是，境外企业取得的来源于我国的利息收入和租金收入，如果该境外企业在我国没有常设机构或收入与该境外企业在我国的常设机构无关，则无须缴纳营业税。

根据外资企业所得税的有关规定，一般情况下，境外企业从境内企业取得的利息和租金收入应当缴纳预提所得税，适用税率为10%。

第三节 转让定价的风险分析

一、转让定价税务审计风险

关联企业转让定价税务审计风险包括：因企业自身转让定价问题而产生的被调查审计的风险、接受转让定价调查审计后被调整应纳税所得额的风险，以及在此过程中发生的税务管理机关行政行为带来的相关风险。

产生这些风险的原因可能有：企业无法合理、充分地举证说明其经营成果符合常规；企业不能提供关联交易定价的标准及其证明其合理性的材料；企业无法提供合法的、完整的有关会计凭证及其他支持文件；企业不了解税务管理机关的有关要求，提供了不符合要求或不利的信息；企业相关人员因业务水平有限，不能依据法律法规及时识别、应对税务管理机关提出的不合理要求等。

（一）转让定价税务审计过程中的风险

审计过程中的风险是企业被税务管理机关确定为重点调查审计对象并进行实际调查审计的风险。在转让定价税务审计过程中，无论是案头审计抑或现场审计，企业都要花费相当的人力和物力来履行法律规定的各种义务，以积极配合税务管理机关的工作。由于企业需要对关联交易承担举证责任，因此其还可能在举证过程中向税务管理机关公开自身的商业秘密。另外，在较长时间的税务审计调查中，税务管理机关还有可能发现企业存在的其他的税务问题，从而导致其他税务风险的产生。

（二）转让定价税务审计的结果风险

审计结果风险是指经调查后，税务管理机关对企业应纳税所得额进行实际调整，从而使企业面临承担额外税款的风险或其他经营风险。

直接结果风险。税务管理机关转让定价税收调整对企业最直接的影响是企业应纳税额的增加。税务管理机关一旦认定企业存在定价问题，除了采用上述法规规定的方法对企业进行调整外，还采取以价格或利润为调整手段的多种应纳税额的调整方法，包括纵向调整法、横向调整法、核定利润率法等。如果企业被调整的期间不属于免税期，企业可能为此额外负担一笔巨大的税款支出。同时，由于税收调整属于行政强制行为，很可能导致企业就同一笔业务收入在境内、境外被双重征税。

税务调整还可能使企业的获利年度提前，从而打乱企业的整体税务筹划。为了吸引外资，我国政府对符合条件的外商投资企业给予相应的税收优惠，如生产性的外商投资企业，经营期限在10年以上的，从开始获利年度起，第一年和第二年免征企业所得税，第三年至第五年减半征收企业所得税。但如果该企业因转让定价问题而受到税务管理机关对其以往年度应纳税所得额的追溯调整，则企业获利年度开始的时间将可能提前，企业原有的税务筹划计划将可能因此而落空。

税务调整还会导致企业被税务管理机关跟踪监管。凡企业与关联企业间的业务往来被税务管理机关进行税收调整，主管税务管理机关根据规定会在日常征管工作中对该企业转让定价问题给予特别的关注，即在此后三个年度内对该企业实施税收跟踪监管。税务管理机关会着力跟踪监管企业的投资、经营状况及其变化；企业纳税申报的变化情况；通过年度财务、会计报表的分析，对企业经营成果进行评价；关联企业间业务往来的变化情况等。跟踪监管不仅会导致企业经营成本的上升，而且可能引发持续的转让定价风险。

间接结果风险。税务调整还会给企业带来相应的间接结果风险。税收调整后，企业通常需要额外支付一笔税款，这将减少企业的现金流，影响企业的既有经营计划。更严重的是，受到税收调整的企业在商业信誉方面也会受到一定的影响。一旦企业因关联交易转让定价问题而受到税务管理机关的税收调整，企业在未来的经营中可能不得不付出更多的成本来应对税务管理机关和其他主管机关的跟踪监管和其他调查。

转让定价审计附带的行政行为侵害风险。这是指企业在被调查审计和被调整过程中受到不合理行政行为侵害的风险。在税务审计调查过程中，税务管理人员具有一定的自由裁量权。如果他们不能合法、合理地运用自由裁量权，企业不仅将面临负担额外的人力和物力支出的风险，还可能面临企业重要信息被不当泄露的风险。

二、转让定价税务审计相关风险的应对

为预防、控制、降低、避免转让定价税务审计的相关风险而采取的对策性措施。具体应对措施包括：

(一) 积极应对和合理规范

税务管理机关转让定价税务审计程序并不意味着企业一定会被税务管理机关调整应纳税所得额。在调查过程中，如果企业能够证明自身关联交易不存在定价问题，就可以有效避免纳税调整的发生。因此，在转让定价税务审计开始后，企业应积极努力进行应对。一方面，对关联交易定价问题作出合理的分析与说明，以降低调整风险；另一方面，通过合理有效的应对，限制税务管理机关的不当行政行为，从而降低或避免相关风险。

企业应当对转让定价相关法规有一个全面的了解。在应对税务管理机关审计调查的过程中，应积极主动地行使法律赋予的权利，同时也应当严格依照法律规定履行协助税务管理机关调查的义务。在税收调整决议作出后，同样应该通过对相关问题的全面分析和正确决策，合理利用行政复议或诉讼方法来维护自身的合法权益。

在审计调查实践中，税务管理机关往往会要求企业提供大量的资料。这将使企业的举证成本和相应的信息披露风险提高。对此，企业应主动与税务管理机关就提交资料的范围进行沟通，以确定一个合理举证范围，并为自己争取充足的举证时间。在举证过程中，企业不仅应当搜集充分的证据以论证自身转让定价政策的合理性，还应注意针对税务管理机关的要求和主张作出合理的反应。通常而言，企业对税务管理机关审计调查的应对可以从以下方面进行：对税务管理机关所主张的验证和调整方法进行质疑；对税务管理机关选择的比较基准提出质疑；对税务管理机关计算的调整结果提出质疑等。在提出质疑时，企业可以进一步证明自身转让定价方法的合理性。

(二) 转让定价税务审计相关风险应对的核心

在转让定价审计过程中，税务管理机关是将关联交易的结果与被认为是代表独立企业交易结果的相关数据进行对比，以此来验证关联交易转让定价的合理性。企业在应对税务管理机关审计调查时，除了需要努力使税务管理机关接受更为合理的可比对象选择标准外，还应寻找那些可能影响关联交易定价的特殊因素，并作出合理的分析说明。例如，企业如果在会计处理等面与其他同类或类似企业存在差异，就有可能导致企业的各项财务指标与正常水平间存在差异。因此，就需要对会计处理方法的差异进行相应调整后才能进行比较，否则，比较的结果可能对企业不公平。同理，企业如果在职能（如存货的库存水平等）、交易条件（如向供应商的支付条件等）上与同类或类似企业存在较大差异，也可能导致各种非正常经营现象的出现，因此相应的调整是很必要的。实践中，除了需要关注企业在会计处理方法、职能和交易条件等方面的差异外，还需要关注经济环境（如地理位置、市场大小、市场竞争程度和买卖双方的相对竞争地位、可替代商品或劳务的可得性、市场整体以及特定区域内的供求水平、消费者购买力、政府制定的市场规则的性质和程度、生产成本，包括土地成本、劳动力成本、资本成本、运输成本及

市场水平等）和企业战略（如企业创新和新产品开发、多元化经营程度、风险规避、对政治变动的评价、对现有及计划实施的劳动法规的考虑以及其他影响企业日常经营的因素等）等方面的差异。

（三）转让定价审计中企业的权利、义务

1. 企业的权利。转让定价税务审计属于国家机关行政行为。从法律的角度看，税务管理机关在行政过程中应当尊重被审计或被调整企业自身的权利，不得向企业强加任何没有法律依据的义务。同时，税务管理机关在行使转让定价税务审计职权过程中，应当遵循法律规定的程序。

在转让定价调查审计过程中，被审计企业有权要求税务管理机关对调查依据、调整方法等相关问题作出解释说明企业有权拒绝税务管理机关提出的不符合法律程序或缺乏法律依据的要求企业有权提供相对的证明材料，为自己的转让定价政策辩护；在税务管理机关作出初步调整决定时，企业享有与税务管理机关协商的权利；当企业对调整方案有异议时，在先行缴纳税款和滞纳金后，企业享有申请复议并提起行政诉讼的权利。

纳税人在转让定价调查中的权利包括：权利：知情权、保密权、减免税权、委托税务代理权、告知权、陈述权、听证权、复议权、诉讼权、赔偿权、检举权、申请预约定价权、适用税收协定权。

2. 企业的义务。纳税人在转让定价调查中的义务包括：义务：提供价格、费用资料的义务、提供财务报表等涉税资料的义务、申报关联交易情况的义务、举证的义务、配合税务机关调查的义务。

企业在享有法定权利的同时，也必须及时履行法定义务，积极配合税务管理机关的正常行政活动。企业的义务主要包括：及时向税务管理机关报送《关联企业业务往来情况年度申报表》。

根据税务管理机关合理的要求提供关联交易的相关资料；协助纳税机关进行关联交易审计调查；履行税务管理机关依法确认的纳税调整额的义务。

有些地方的税务管理机关除了要求纳税人在所得税汇算清缴时报送《关联企业业务往来情况年度申报表》外，还倾向于在未来的转让定价税收管理实践中要求达到一定标准以上的企业（如销售额在1亿元以上，或关联交易占企业业务量50%以上等）提交其关联交易的备案资料。

这些资料可能包括：历年会计师事务所审计报告、会计报表；历年股权变动情况及相关资料；历年产品结构和产品销售收入变动情况；公司组织结构图及各部门所从事的工作；公司的产品定价策略和方法；从关联企业采购的设备种类、数量、单价、总金额、关联企业名称、设备产地；与关联企业之间进行的原材料采购和产品销售合同、品名、型号、产地或销售地、途径、金额、结算方式；与专有技术使用费相关的所有协议、合同及支付情况；与关联企业间进行的所有佣金、销售服务费、咨询服务费的项目的合同、协议及支付情况。

案例分析6-1　A公司转让定价审计调整分析

A公司股东：E工业公司、F经济开发公司、香港B公司（台湾G公司控股60%）、香港C公司。开业日期：1993年8月；获利年度为1994年。享受生产性外商投资企业"两免二减半"税收优惠政策。所得税税率：15%。经营范围和产品简介：生产、销售、加工各种塑料、橡胶成型EVA鞋材及制品。贸易形式：产品100%出口。

1. 关联企业的认定及关联交易。据调查，认定A的境外关联企业为台湾G公司以及香港B有限公司，关联交易类型为购销业务。

1996~2000年度关联交易情况见表6-6。

表6-6　1996~2000年度关联交易情况

项目＼年份	2000	1999	1998	1997	1996
购进原材料	5 146	4 296	2 498	4 971	4 027
其中：关联企业购进	4 216	3 666	2 103	4 126	3 423
销售产品	9 210	3 671	4 682	9 380	7 323
其中关联企业销售	9 210	3 671	4 682	9 380	7 323

2. 功能分析。

（1）台湾G负责接受海外客户的订单和产品的开发，联系原材料供应商及将原材料发运至香港，负责资金的调度。

（2）香港C负责原材料由香港至广州的运输，负责把生产订单转给A公司，负责产品从香港到境外客户的运输，办理报关等过境手续。

（3）A负责产品生产，承担产品质量、仓储、包装风险，负责产品从广州到香港以及中国内地转厂客户的运输与保险费用。

货款结算方式：通过与台湾G、香港B将进口原材料货款与销售产品货款的往来账对冲，以差额（加工费）形式结算。

3. 避税嫌疑。据企业介绍，该公司生产的产品EVA鞋中底、大底，且均为世界知名品牌，如NIKE、ADDIDAS等，属中高档次。该公司对材料配置、生产工序、成本管理、产品质量及损耗均有严格控制，对工人的技术要求也较高，生产组织严谨，管理制度较健全。

从表6-7可以分析出，企业在每年三大费用基本均衡的状况下，利润率不稳定，1998年甚至处于亏损，不符合营业常规。

表 6－7　　历年经营情况　　单位：万元

项目＼年份	2000	1999	1998	1997	1996
产品销售收入	9 210	3 671	4 720	9 380	7 323
出口收入	9 210	3 671	4 720	9 380	7 323
销售折扣和折让	39	26	38	42	78
产品销售成本	8 670	3 179	4 500	8 256	6 522
销售毛利率（%）	5.5	13	4	12	10
销售费用	97	107	127	160	166
管理费用	316	271	332	446	298
财务费用	53	73	12	81	116
其中：利息支出	25	31	39	63	28
汇兑损益	26	42	－27	16	85
利润总额	36	15	－289	393	141
销售利润率（%）	0.4	0.4	－6	4	2

在审计中，税务机关分析了该公司主要产品销售价格以及成本资料，发现该公司的主要产品 EVA 鞋底 1996～1997 年综合毛利率在 10% 以上，1999 年更达到 13%，但 1998 年以及 2000 年该产品的出口售价明显偏低，在单位成本逐年下降的情况下，销售毛利也随之明显偏低，且极不稳定。

基于企业基本背景以及毛利率、利润率水平分析以后，税务机关得出结论：台湾 G 和香港 B 通过控制 A 主要材料的进价及操纵产品销售价格，从而达到转移利润的目的。A 与关联企业之间的业务往来违背了正常交易原则。

4. 调查取证。购销业务。产品销售。经查证，A 的出口产品销售方式可分两种：第一种为直接出口，海外客户直接下订单经台湾 G，台湾 G 负责研制开发的制作样板后，再转由 A 生产，货款的结算在减除原材料的欠款后，差额通过汇入 A 账户：第二种为进料深加工，国内客户直接下订单给 A，货款的结算通过香港 B 汇入 A 账户。在上述两种出口货物方式中，A 均开具出口发票，并按发票金额计算销售收入。

税务机关在检查该公司 1998 年度有关账册时，发现凭证中所附的一些原始单证中，列明了 A 销售给台湾 G 和香港 B 每一笔销售的金额，发票号码及实际收取货款的金额。据此，税务机关又抽查了 A 的国内转厂客户某鞋业和某某鞋业的部分账册，通过检查这两家企业下给 A 的订单、收到香港 B 开出的发票和付款凭证等，发现香港 B 实际销售的金额与 A 实际取得的销售收入不一致，存在 10%～12% 的差额，差额部分被香港 B 公司在货款结算的过程中扣除。A 申报的销售收入与该公司应取得的收入不相符，少于实际订单反映的收入数。而在直接出口方面，也存在台湾 G 接到的订单金额与 A 反映的销售收入不符的情况，差额也是 10%～12%。

购进原材料。由企业提供资料分析统计，台湾 G 供应原材料给 A，其购销平均毛利率高达30%，部分更高达50%。税务机关认为，即使扣除台湾G应负担的运费、保险、利息、装卸等各项费用（A无提供这部分费用发生的有关单据），台湾G供应A公司原材料而直接获取的利润也相当高，非正常独立企业之间的收益可比。

获得水平偏低。了解同行业的出口毛利和利润情况，税务机关分别实地调查了与A具有可比产品，且产品均为全出口的X复合材料有限公司和V塑料有限公司，这两家公司的销售毛利率、销售利润率都高于A。虽然A与它们在生产规模、工艺流程等方面有所不同，但产品差异性较小。剔除不可比因素可以推断，A公司的毛利率与同行业对比，存在偏低的问题。

A、X、V企业1998~2000年的获利情况比较见表6-8。

表6-8　A、X、V企业1998~2000年的获利情况比较　　单位：%

企业	销售毛利率			销售利润率		
	2000年	1999年	1998年	2000年	1999年	1998年
A公司	5.5	13	4	0.4	0.4	-6.0
X公司	15.4	13.5	13	4.4	1.3	2.7
V公司	15.7	26	13.5	-5.9	4.1	-2.8

5. 调整方法及调整结果。在掌握A与其关联公司通过产品出口销售和原材料购进等方面转移利润证据的前提下，税务机关综合考虑了A利用其关联企业台湾G及香港B在关联交易中各自提供的职能、承担的风险以及1998~2000年度该公司接到的订单价格偏低，经营状况不如1996年度、1997年度的实际情况，拟分别按6%和4.5%的净利润率调整该公司的出口收入。

资料来源：根据有关实践案例整理。

本章小结

税务转让定价问题，对大型企业、集团公司来讲，具有独特的、重要的意义。一方面这些企业可以通过关联交易来控制和降低税收负担，另一方面，还要十分小心地对待转让定价的税务风险，这涉及避税和反避税的税务敏感话题。

中国税务转让定价法律法规的成形也就是近十多年的事情，随着跨国公司到中国来投资经营和国内企业的成长，转让定价的税务案例越来越多。新企业所得税法对此问题表现了更多的关注，系统地建立了我国税务转让定价的法律规范。

关联方的界定是转让定价的首先要解决的问题，税务的关联方不完全等同于其他领域所说的关联方，中国税法认定的关联方比较宽。关联方的交易主要涉及有形资产、无形资产、资金和服务的交易。这些交易要符合独立公平交易的原则，就是要与非关联方的交易一样；为使独立公平交易原则更具体、有操作性，设定了可比非受控价格法、再销售价格法、成本价成法、交易经理利润法、利润分割法等定价，使征纳双方具有有共同的参照系。

税务转让定价法规还涉及其他一些问题。成本分摊主要是针对无形资产和服务的交易，关联企业可以就这些交易达成成本分担和收益共享的约定；预约定价是将转让定价事后的税务风险，通过约定价格制定方法，予以控制；资料准备涉及企业税务举证的责任，税法的规定主要是为扭转征纳双方在关联交易信息不对称的状况；因为关联交易的很多信息是商业信息，很难在一般的纳税申报表中披露，而这些信息又是判断交易是否合理的重要信息。资本弱化针对关联方资金的交易。受控外国公司主要针对在避税地进行得消极投资和取得的消极所得，等等。

对通过税务转让定价来进行筹划和安排来讲，关键的是：职能越多、风险越大，则利润率越高。利润的安排要和职能、风险的安排和谐匹配起来。制造商和契约制造商，以及代理商和完全分销商的分类就是依据这样的角度来安排的。

关键术语和概念

关联方	成本加成法	预约定价
独立交易原则	交易净利润法	资本弱化
可比非受控价格法	利润分割法	避税地
再销售价格法	成本分摊协议	受控外国公司

选读文献资料

1. 国家税务总局教材编写组：《国际税收实务》，中国财政经济出版社 2004 年版。

2. 朱青，汤坚，宋兴义：《企业转让定价税务管理操作实务》，中国税务出版社 2003 年版。

3. 张志勇等译：《国际税收基础》（第二版），中国税务出版社 2005 年版。

4. Marc M. Levey, Steven C. Warppe: *Transfer Pricing: Rules, Compliance and Controversy*, CCH, 2007.

5. OECD: *Transfer Pricing Guidelines for Mutinational Enterprises and Tax Adiministrations*, 2001.

6. Ernst&Young: 2007 - 2008 *Global Transfer Pricing Survey*, 2007.

7. Gordon V. Smith, Russell L. Parr: *Intellectual Property—Valuation, Exploitation, and Infringement Damages*, John wiley&Sons, INC., 2005.

8. Michelle Markham: *the Transfer Pricing of Intangibles*, Kluwer Law International, 2005.

9. Angharad Miller: *Principle of International Taxation*, Tottel Publishing Ltd. 2006.

第七章　并购重组的税收政策和安排

专栏7－1　微软收购雅虎

微软2008年2月1日宣布，该公司已经向雅虎董事会提交收购报价，计划以每股31美元收购后者全部已发行普通股，交易总价值约为446亿美元。微软计划以一半现金、一半股票的方式完成这一交易，雅虎股东可以选择获得现金，还是固定数量的微软普通股。微软的收购报价较雅虎1月31日的收盘价19.18美元溢价62%。受此消息影响，雅虎股价在纳斯达克盘前交易中大涨60%，而谷歌则下跌8%。

过去几年里，雅虎陷入困境，市场份额持续下滑，业绩增长乏力，股价更是跌至四年最低点。雅虎创始人杨致远2007年重新出山，取代特里·塞梅尔（Terry Semel）就任公司CEO。他随后调整了公司管理层，并出台了一系列重组计划。但是，从不久前公布的2007年第四季度财报来看，杨致远的努力并未产生回报。

微软首席执行官史蒂夫·鲍尔默（Steve Ballmer）在发给雅虎董事会的公开信中称，该公司计划以每股31美元收购雅虎全部已发行普通股，这一价格较雅虎1月31日的收盘价溢价62%。2007年10月，雅虎股价曾涨至34.08美元的52周最高点。但自那之后，雅虎股价持续下跌，截至周四收盘已下跌了46%。受微软收购消息的影响，雅虎股价在周五盘前交易中上涨11.47美元，涨至30.65美元，涨幅为59.8%。

鲍尔默在信中称，雅虎曾于一年前拒绝了微软的收购请求。雅虎董事会当时认为，如果特定运营计划能够顺利实施，例如，巴拿马项目和一次大规模机构重组，该公司有望扭转不利的局面。但事与愿违，雅虎现在仍未走出困境。他说："一年已经过去，雅虎面临的竞争形势并没有改善。"

鲍尔默表示，微软将允许每名雅虎股东选择是接受现金，还是微软普通股，前提是按照一定的比例，即一半的雅虎普通股将转换为微软普通股，另一半雅虎普通股将转换为现金。微软计划向雅虎工程师、重要领导人和员工提供优厚的薪酬，以尽可能多地留住人才。微软表示，这一交易将获得所有监管部门的批准，预计交易将于2008年下半年完成。

微软在声明中称，与雅虎合并之后，两家公司可以在四大领域产生协同作用：用户规模扩大产生经济效应，以及为广告客户增加价值；合并后的工程师团队可以加速创新；通过削减冗余支出可以提升运营效率；增强视频和移动等新兴用户体验方面的创新能力。微软认为，上述四个领域每年可产生至少10亿美元的增效。

资料来源：新浪网。

第一节 企业重组

一、重组的过程：税收的角色

并购重组是一个交易，总是涉及资产和股权方面的交易。这就必然涉及税务方面的问题。

但是，企业的并购重组并不总是针对税务才并购重组。有的并购重组的目的较多针对税务，而有的较少。不管目标针对税务与否，交易的设计、过程、交易的结果都涉及税务问题；而主要针对税务才进行的并购重组则更多地要考虑税务问题。

表7-1列出了并购重组往往需要考虑的交易问题。从交易的形式、过程、方式定价、对价形式、筹资、结构等方面，每一个问题都和税务安排穿插交织在一起。比如，就算一般认为最不容易涉及税务问题的沟通谈判过程，都会涉及税务问题；谈判中，需要了解自己的纳税义务和对方的纳税义务，交易方式、对价大小和形式，对影响双方的纳税义务，影响谈判的进程和成功与否。

表7-1 并购重组交易的问题

交易形式	出售/收购公司的股份；出售/收购资产或下属部门；少数股权投资；合资；重组
过程	拍卖；可以控制的拍卖；双边谈判；单边方式
方式	主动；被动；接触的对象（董事会、首席执行官、公众）
定价	价格对比价值；调整机制；交换比例（标价、最低价、最高价、固定价和浮动价）；价格、价值与完成并购所需的金额
对价形式	现金；估值；普通股；特殊用途债券；资产置换或向合资公司注资
筹资	现金对比非现金；银行债务；股权融资；到公开市场发债
结构	法律（交易形式、股份或资产、付款地点、法律管辖）；财务（会计处理方式、商誉、合并、股本或成本）；税务；业务（管理结构、公司治理）；所有权（雇员分享）

实施并购重组的一方（简称重组方）之所以并购被并购重组方（简称被重组方），往往出于自身战略发展的需要，或是看中了被重组方的自然资源、或是人力资源、或是技术资源、品牌市场资源等，也有可能主要看中了被重组方的税务资源，如可以税前弥补的亏损、税收优惠政策等。

一旦目标确定，接下来的问题往往就是执行问题。执行中考虑公司治理、知识产权、会计、将来退出、组织结构、法律监管、融资渠道、税务等问题。各个方面都是个系统工程的大问题。税务问题既会单独存在，如产权转移、资产转移的纳税义务和计税基础，也会和其他问题交织一起存在。如公司治理，如果考虑高管激励的话，必然涉及高管纳税问题。再如考虑知识产权，就会涉及对专利和非专利技术的税务处理，涉及对技术研发费用的税务处理，涉及商标、商誉的税务处理及转让定价问题。又如考虑退出，这时不仅考虑现在并购的税务，还考虑将来退出的税务问题；将来是卖股权还是卖资产，这反过来又影响到战略和架构，见图7-1。

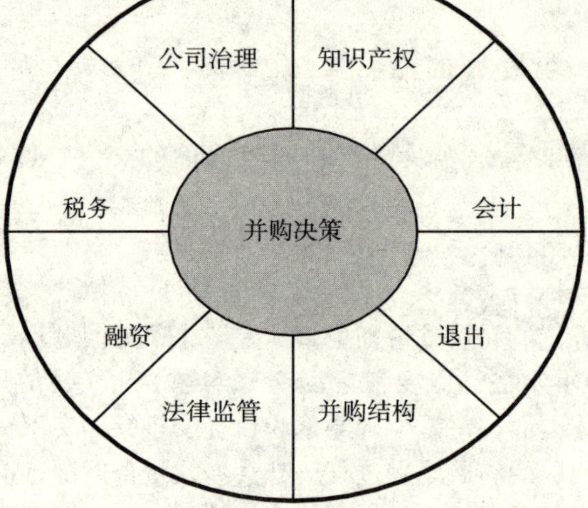

图7-1　执行并购重组应考虑的问题

透视7-1

中海油最大海外项目出现税务纠纷

中国海洋石油有限公司（0883. HK，CEO. NYSE，下称“中海油”）目前的最大海外项目——尼日利亚OML130项目日前出现税务纠纷。

2006年1月8日，中海油与南大西洋石油有限公司（下称“SAPETRO”）签署收购协议，以22.68亿美元购尼日利亚海上石油开采许可证（“OML130”）项下45%的工作权益（下称“OML130交易”），并在2006年4月20日完成了全部交易。

面积约为500平方英里的OML130包括2000年发现的Akpo油田及另外三个重大发现。据作业者道达尔公司估计，Akpo油田的P50可采油约为6亿桶，整个区块内可能还有高达5亿桶以上的P50可采油潜力。目前，OML130项目还处于勘探和开发阶段，有望在2008年年底投产。

2007年，尼日利亚税务分局对SAPETRO进行了税务审计。根据税务审计的初步结果，该税务分局就OML130交易的税务申报提出了异议。最终的税务审计结果有可能影响到中海油OML项目的交易成本。但是，中海油根据当地法律对该项目的税务审计评估提出了异议。经咨询律师和税务顾问的意见，中海油认为提出异议具有合理依据，因此未计提由此争议可能引起的任何费用和对OML130成本所涉及的调整。

中海油表示，在香港会计准则12号的《所得税》中，资产收购不确认递延税项。不过，在美国公认的会计准则下，OML130的油气资产和递延税项负债分别增加约人民币160.145 69亿元。

OML130的更大意义在于，它不仅标志着中海油海外业务的延伸，同时也将帮助公司在非洲实现业务上的突破。中海油董事长兼首席执行官傅成玉曾表示：OML130 区块所在的盆地是世界上最大的油气盆地之一，收购协议的签订使中海油获得了该油气田的重要权益以及新的储量增长机会。2007 年，非洲地区的资产总额已位列中海油的境外资产首席，达 285.222 81 亿元人民币。

中海油发言人昨天在电话中向《第一财经日报》表示，该项目是目前中海油的最大海外项目，一切都在进行之中，对于其他问题不便发表评论。

资料来源：《第一财经日报》，2008 年 4 月 28 日。

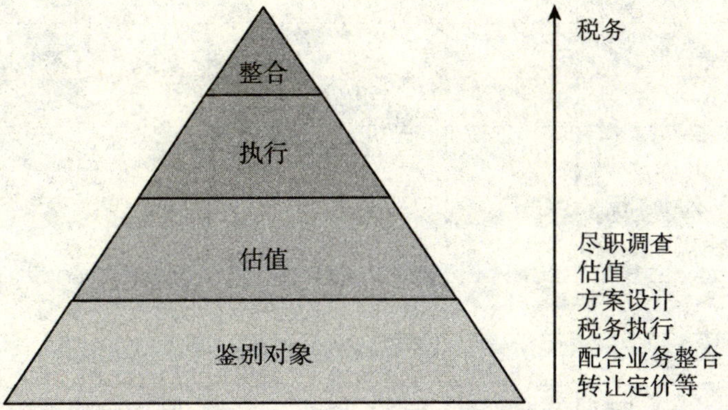

图 7－2　税务安排存在于企业重组的整个过程之中

二、资产交易与股权交易

为达到并购的目的，资产收购和股权收购都是可以考虑的路径。从税收角度看，这两种收购方法所涉及的税收是不一样的。

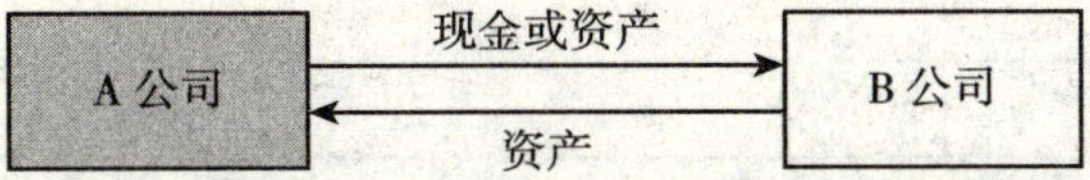

图 7－3　资产的交易

注：包括资产的购买、单项资产的置换、多项资产的置换、整体资产转让和整体资产置换。

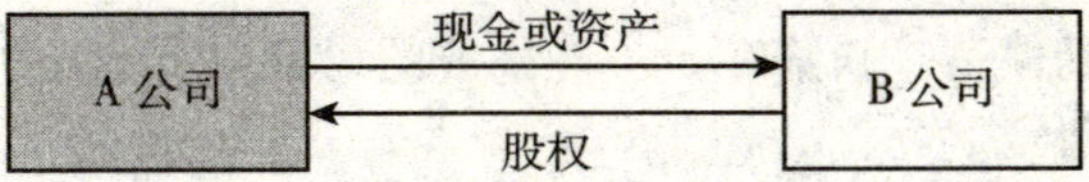

图 7－4　股权的交易

注：包括股权的购买、合并、分立和债务的重组。

从资产交易和股权交易的角度分类，它们涉及的纳税义务有不同的特点。

表 7－2　　资产交易和股权交易的纳税义务

资产	增值税	营业税	企业所得税	印花税	土地增值税	契税
资产交易						
资产交易的卖方						
应付账款	否	无	按企业适用税率；资产收购的损失一般需要报税务机关审核批准	0.05%	无	无
存货	17%	无		0.03%	无	无
不动产和土地使用权	无	5%		0.05%	超倍累进税率	无
固定资产（不动产除外）	卖价不大于成本，不缴税；否则按2%缴税	无		0.03%	无	无
无形资产	无	5%		0.05%	无	无
资产交易的买方						
应付账款	无	无	无	0.05%	无	无
存货	17%，作为进项税款	无	无	0.03%	无	无
不动产和土地使用权	无	无	无	0.05%	无	3%～5%
股权交易						
卖方			按企业适用税率缴纳	0.05%		
买方			无	0.05%		

由表 7－2 可见，资产交易的纳税义务涉及税种多，负担较重。资产交易的好处在于转让资产一方的税务风险一般带不到购买资产的一方，购买方还可以公允价值确认计税基础。

股权交易相对于资产交易，涉及的纳税义务的税种较少，负担较轻，转让股权一方的好的税务待遇一般可以得到保留；缺陷在于一些税务的风险也可能从卖方转移到了卖方，计税基础也不能按照公允价值。

例题 7－1

A 企业经评估确认资产总额 2 000 万元、负债总额 3 000 万元。A 企业有一条生产前景较好的生产线，原值 700 万元，评估值 1 000 万元。A 企业已严重资不抵债，无力继续经营。B 企业是加工企业，B 企业生产加工主要以 A 企业成品为主要原材料，并且 B 企业具有购买 A 企业生产线的财力。A、B 双方经协商，达成初步并购意向，并提出如下并购方案。

方案1，B方以现金1 000万元直接购买A方生产线，A方宣告破产。方案2，B方以承担全部债务方式整体并购A方。方案3，A方以生产线的评估值1 000万元重新注册一家全资子公司C，C方承担甲方债务1 000万元。即C方资产总额1 000万元，负债总额1 000万元，净资产为0，B方购买C方，A方破产。

方案1，属资产买卖行为，应承担相关税负如下：营业税和增值税。销售不动产要缴纳5%的营业税，销售生产线属销售不动产，应缴纳50万元营业税（1 000×5%）。转让固定资产如果同时符合以下条件不缴纳增值税：一是转让前甲方将其作为固定资产管理；二是转让前甲方确已用过；三是转让固定资产不发生增值。如果不同时满足上述条件，要按2%缴纳增值税（工业企业）。生产线由原值700万元增值到1 000万元。因此，要按2%缴纳增值税20万元（1 000×2%）。企业所得税：企业销售非货币性资产，要确认资产转让所得，依法缴纳企业所得税。按照差额300万元缴纳企业所得税75万元（300×25%）。因此，甲方共承担145万元税金。

方案2，属企业产权交易行为，相关税负如下：营业税和增值税。按现行税法规定，企业产权交易行为不缴纳营业税及增值税。按现行有关政策规定，在被兼并企业资产与负债基本相等，即净资产几乎为0的情况下，合并企业以承担被兼并企业全部债务的方式实现吸收合并，不视为被兼并企业按公允价值转让、处置全部资产，不计算资产转让所得。甲企业资产总额2 000万元，负债总额3 000万元，已严重资不抵债，根据上述规定，在企业合并时，被兼并企业不视为按公允价值转让、处置全部资产，不缴纳企业所得税。

方案3，属企业产权交易行为，A方先将生产线重新包装成一个全资子公司，即从A公司先分立出一个C公司，然后再实现B公司对C公司的并购，即将资产买卖行为转变成企业产权交易行为。营业税和增值税同方案2，企业产权交易行为不缴纳营业税和增值税。

可从如下两个步骤分析。第一步，从A企业分立出C企业。按照企业分立的有关税收政策规定，被分立企业应视为按公允价值转让其被分离出去的部分或全部资产，计算被分立资产的财产转让所得，依法缴纳企业所得税。分立企业接受被分立企业的资产，在计税时可按评估确认的价值确定成本。A企业分立出C企业后，A企业应按公允价值1 000万元确认生产线的财产转让所得300万元，依法缴纳所得税75万元。另外，C企业生产线的计税成本可按1 000万元确定。第二步，C企业被B企业合并。根据企业合并有关政策规定，被合并企业应视为按公允价值转让、处置全部资产，计算资产转让所得，依法缴纳企业所得税。由于C企业生产线的资产评估价为1 000万元，计税成本也为1 000万元，因此，转让所得为0，不缴纳企业所得税。

三、企业重组的税务分类

所得税中的企业重组，是指企业在日常经营活动以外发生的法律结构或经济结构重大改变的交易，包括企业法律形式改变、债务重组、股权收购、资产收购、合并、分立等。

企业法律形式改变，是指企业注册名称、住所以及企业组织形式等的简单改变，但符合本通知规定其他重组的类型除外。

债务重组，是指在债务人发生财务困难的情况下，债权人按照其与债务人达成的书面协议或者法院裁定书，就其债务人的债务作出让步的事项。

股权收购，是指一家企业（以下称为收购企业）购买另一家企业（以下称为被收购企业）的股权，以实现对被收购企业控制的交易。收购企业支付对价的形式包括股权支付、非股权支付或两者的组合。

资产收购，是指一家企业（以下称为受让企业）购买另一家企业（以下称为转让企业）实质经营性资产的交易。受让企业支付对价的形式包括股权支付、非股权支付或两者的组合。

合并，是指一家或多家企业（以下称为被合并企业）将其全部资产和负债转让给另一家现存或新设企业（以下称为合并企业），被合并企业股东换取合并企业的股权或非股权支付，实现两个或两个以上企业的依法合并。

分立，是指一家企业（以下称为被分立企业）将部分或全部资产分离转让给现存或新设的企业（以下称为分立企业），被分立企业股东换取分立企业的股权或非股权支付，实现企业的依法分立。

四、税务尽职调查

在并购重组中，税务的尽职调查是必需的，税务尽职调查是财务尽职调查的重要内容。税务尽职调查主要就是关注并购对象的依法纳税情况。主要是以下一些税种：增值税、营业税、企业所得税、预提所得税、个人所得税、土地增值税、印花税、海关税收等。

税务尽职调查的结论往往对并购的决策有重要的影响。

税务尽职调查中经常碰到的问题包括：

法律的问题影响纳税。如股东将自用的物品、资产或费用，拿到公司来税前扣除，必然影响相关的税收。

关联方交易。关联方交易时常不很明显，但是影响着公司的税收。如，关联交易不符合独立公平定价原则；交易出于整个企业集团的利益的目的而不是有真实的商业原因；为了使利润和税收最小化而进行税务筹划安排，不符合转让定价调整方法等。

不完全符合税收而获得的税收利益。如与获得的地方政府给予的一些税收优惠政策，这些政策可能不完全符合国家统一的税法，这样的利益是有风险的。

税收遵从。企业的纳税可能不完全符合税法的要求。如计算收入多计或者少计，计算扣除多计或者少计等，这些都会影响到企业的纳税的真实和准确。

税务筹划安排。各企业对待税务筹划和安排的态度是不同的，有的急进一些，有的保守一些。激进的税收筹划态度，可能导致税收的风险的增加。

第二节　企业以资产投资

纳税人投资的出资方式是多样的，可以以货币出资，也可以以实物出资。在实物出资中，可以用机器设备，也可以用场地、厂房等（见图7－5）。

从税收筹划的角度讲，在投资方式中，应选择设备投资和无形资产投资，而不应选择货

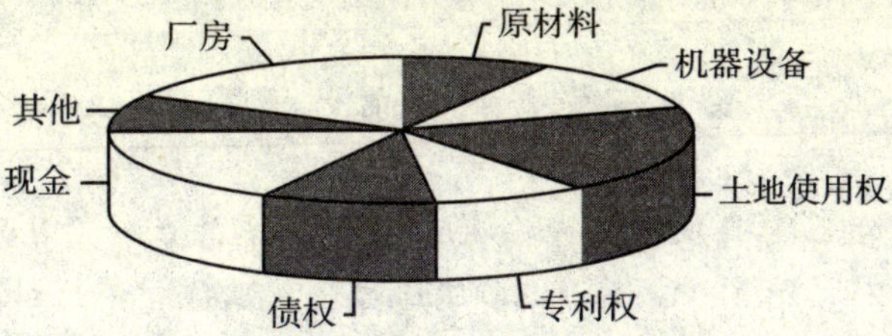

图 7－5 投资方式

币资金投资方式。原因是：第一，设备投资其折旧费可以作为税前扣除项目，缩小所得税税基；无形资产摊销也可以作为管理费用税前扣除，减小所得税税基。第二，用设备投资，在投资资产计价中，可以通过资产评估提高设备价值。实物资产和无形资产于产权变动时，必须进行资产评估。评估的方法主要有重置成本法、现行市价法、收益现值法、清算价格法等。由于计价方法不同，资产评估的价值也将随之不同。在对外投资中，通过选择评估方法，高估资产价值，不仅可以节省投资资本，还可以通过多列折旧费和无形资产摊销费，缩小被投资企业所得税税基，达到节税的目的。当然，根据公司法，投资人对外实物投资不能超过其净资产的50%。

例题 7－2

某内资企业准备与某外国企业联合投资设立中外合资企业，投资总额为 5 000 万元，注册资本为 2 500 万元，中方 1 000 万元，占 40%，外方 1 500 万元，占 60%。中方准备以自己使用过的机器设备 1 000 万元和房屋建筑物 1 000 万元投入，投入方式有两种：

方案 1，以机器设备作价 1 000 万元作为注册资本投入，房屋、建筑物作价 1 000 万元作为其他投入。

方案 2，以房屋、建筑物作价 1 000 万元作为注册资本投入，机器设备作价 1 000 万元作为其他投入。

上述不同的出资方式，其税收含义是不同的。

方案 1，按照税法规定，企业以设备作为注册资本投入，参与合资企业利润分配，同时承担投资风险，不征增值税和相关税金及附加。但把房屋、建筑物直接作价给另一企业，作为新企业的负债，不共享利润、共担风险，应视同房产转让，需要缴纳营业税、城建税、教育费附加及契税，具体数据为：

营业税 = 1 000 × 5% = 50（万元）

城建税、教育费附加 = 50 ×（7% + 3%）= 5（万元）

受让方缴纳契税 = 1 000 × 3% = 30（万元）

方案 2，房屋、建筑物作为注册资本投资入股，参与利润分配，承担投资风险，按国家税收政策规定，可以不征营业税、城建税及教育费附加，但需征契税（由受让方缴纳）。同时，税法又规定，企业出售自己使用过的固定资产，其售价不超过原值的，不征增值税。方案二中，企业把自己使用过的机器设备直接作价给另一企业，视同转让固定资产，且其售价一般达不到设备原价，因此，按政策规定可以不征增值税。其最终的税收负担：

受让方缴纳契税 = 1 000 × 3% = 30（万元）

方案 2 比方案 1 少缴税 55 万元。由于出资方式，最终使税收负担相差悬殊。

透视7－2

企业以资产投资的计税基础

甲企业以原材料对乙企业投资，占乙企业注册资本的5%，甲企业对该项投资计划长期持有。投出原材料的账面余额为9 500 000元，该项原材料已计提的减值准备30 000元，该原材料的进项税额为1 615 000元按规定不予抵扣。甲企业对于该项投资应作如下会计处理（假设不考虑另支付的相关税费）：

按照会计准则处理为：初始投资成本＝(9 500 000－30 000)＋1 615 000＝11 085 000(元)

借：长期股权投资——乙企业	11 085 000	
存货跌价准备	30 000	
贷：原材料		9 500 000
应缴税金——应交增值税（进项税额转出）		1 615 000

税务上，一般按照视同销售，要缴纳企业所得税和增值税。如果原材料为外购，则长期股权投资成本的计税基础为11 115 000元(9 500 000＋1 615 000)，减值准备税法不认。如果原材料为自制，原材料的售价为10 000 000元，则长期股权投资的计税基础为10 030 000元(10 000 000＋30 000)，减值准备税法不认，同时缴纳增值税85 000元(10 000 000×17－1 615 000)。

第三节　企业债务重组

透视7－3

＊ST长控债务重组

股权分置改革完成后，＊ST长控2007年4月11日在《上海证券报》和上海证券交易所网站上公告了业绩预测公告：经公司财务部门初步估计，预计2008年第一季度公司将大幅营利，实现净利润2.84亿元左右（上年同期净利润为－4 333 097.91元）；业绩变动原因：公司债务重组已于2006年完成，2007年1月1日起相关债权人已豁免了公司相关债务，按照新会计准则，债务重组收益（2.71亿元）计入公司当期损益。按照6 071.13万股（其中流通股2 175万股）总股本计算，每股收益高达4.67元。

4月13日为＊ST长控复牌交易首日（不设涨跌幅限制），由于恶意炒作和普通股民对上述会计信息误读（将计入利润的债务重组收益误解为日常性收益）等原因，＊ST长控股价一路狂飙，10点50分左右达到高潮，盘中最高见85元，相比经复权后的停牌价5.74元，涨幅达1 380.84%，午盘报收67.9元，换手率达60.56%，成交5.67亿元。由于股价交易异常波动，午盘之后该股被上交所临时停牌。该股终盘报收68.16元，涨幅高达 1 086.63%。

原来会计制度将债务重组的收入计入资本公积，新会计准则将债务重组收入计入营业外收入；税法规定，债务人债务重组的收益，要缴纳企业所得税，但是由于这些企业往往有亏损。

企业重组，是涉及一个或一个以上企业的实质性或重大的法律或经济结构的改变的交易，包括企业法律形式和地址的改变、资本结构调整、整体资产转让、整体资产置换、合并、分立等。企业重组过程中发生的各项资产交易，凡已确认收益或者损失的，相关资产应当按交易价格重新确定计税基础。符合条件的企业重组业务，可暂不确认资产转让所得或损失。

资料来源：新浪网。

一、应税债务重组

税法规定，债务重组是指债权人（企业）与债务人（企业）之间发生的涉及债务条件修改的所有事项。包括：以低于债务计税成本的现金清偿债务；以非现金资产清偿债务；债务转换为资本，包括国有企业债转股；修改其他债务条件，如延长债务偿还期限、延长债务偿还期限并加收利息、延长债务偿还期限并减少债务本金或债务利息等；以上述两种或者两种以上方式组合进行的混合重组。

债务人（企业）以非现金资产清偿债务，除企业改组或者清算另有规定外，应当分解为按公允价值转让非现金资产，再以与非现金资产公允价值相当的金额偿还债务两项经济业务进行所得税处理，债务人（企业）应当确认有关资产的转让所得（或损失）；债权人（企业）取得的非现金资产，应当按照该有关资产的公允价值（包括与转让资产有关的税费）确定其计税成本，据以计算可以在企业所得税前扣除的固定资产折旧费用、无形资产摊销费用或者结转商品销售成本等。

在以债务转换为资本方式进行的债务重组中，除企业改组或者清算另有规定外，债务人（企业）应当将重组债务的账面价值与债权人因放弃债权而享有的股权的公允价值的差额，确认为债务重组所得，计入当期应纳税所得；债权人（企业）应当将享有的股权的公允价值确认为该项投资的计税成本。

债务重组业务中债权人对债务人的让步，包括以低于债务计税成本的现金、非现金资产偿还债务等，债务人应当将重组债务的计税成本与支付的现金金额或者非现金资产的公允价值（包括与转让非现金资产相关的税费）的差额，确认为债务重组所得，计入企业当期的应纳税所得额中；债权人应当将重组债权的计税成本与收到的现金或者非现金资产的公允价值之间的差额，确认为当期的债务重组损失，冲减应纳税所得。

以修改其他债务条件进行债务重组的，债务人应当将重组债务的计税成本减记至将来应付金额，减记的金额确认为当期的债务重组所得；债权人应当将债权的计税成本减记至将来的应收金额，减记的金额确认为当期的债务重组损失。

企业在债务重组业务中因以非现金资产抵债或因债权人的让步而确认的资产转让所得或债务重组所得，如果数额较大，一次性纳税确有困难的，经主管税务机关核准，可以在不超过5个纳税年度的期间内均匀计入各年度的应纳税所得额。

关联方之间发生的含有一方向另一方转移利润的让步条款的债务重组，有合理的经营需要，并经法院裁决同意的、或有全体债权人同意的协议、或经批准的国有企业债转股的，经主管税务机关核准，可以分别按照上述规定处理：不符合上述条件的关联方之间的含有让步条款的债务重组，原则上债权人不得确认重组损失，而应当视为捐赠，债务人应当确认捐赠收入；如果债务人是债权人的股东，债权人所作的让步应当推定为企业对股东的分配。

二、特殊税务处理的债务重组

企业债务重组同时符合下列条件的，适用特殊性税务处理规定：

1. 具有合理的商业目的，且不以减少、免除或者推迟缴纳税款为主要目的。

2. 被收购、合并或分立部分的资产或股权比例符合本通知规定的比例。

3. 企业重组后的连续12个月内不改变重组资产原来的实质性经营活动。

4. 重组交易对价中涉及股权支付金额符合本通知规定比例。

5. 企业重组中取得股权支付的原主要股东，在重组后连续12个月内，不得转让所取得的股权。

企业重组符合规定条件的，交易各方对其交易中的股权支付部分，可以按以下规定进行特殊性税务处理：

企业债务重组确认的应纳税所得额占该企业当年应纳税所得额50%以上，可以在5个纳税年度的期间内，均匀计入各年度的应纳税所得额。

企业发生债权转股权业务，对债务清偿和股权投资两项业务暂不确认有关债务清偿所得或损失，股权投资的计税基础以原债权的计税基础确定。企业的其他相关所得税事项保持不变。

阅读材料7-1

债务重组的会计处理及与税法差异

债务重组是指在债务人发生财务困难的情况下，债权人按照其与债务人达成的协议或者法院的裁定作出让步的事项。债务人发生财务困难，是指因债务人出现资金周转困难、经营陷入困境或者其他原因，导致其无法或者没有能力按原定条件偿还债务。债权人作出让步是指债权人同意发生财务困难的债务人现在或者将来以低于重组债务账面价值的金额或者价值偿还债务。债权人作出让步的情形主要包括：债权人减免债务人部分债务本金或者利息，降低债务人应付债务的利率等。债务重组的方式主要包括：以资产清偿债务；将债务转为资本；修改其他债务条件，上述方式以外，如减少债务本金、减少债务利息等；以上三种方式的组合等。

债务人应当将重组债务的账面价值超过抵债资产的公允价值、所转股份的公允价值，或者重组后债务账面价值之间的差额，在符合《企业会计准则第22号——金融工具确认和计量》所规定的金融负债终止确认条件时，将其终止确认，计入营业外收入（债务重组利得)。抵债资产公允价值与账面价值的差额，应当分别下列情况进行处理：

1. 债务人会计处理。以现金清偿债务的，债务人应当将重组债务的账面价值与实际支付现金之间的差额，计入当期损益。

以非现金资产清偿债务的，债务人应当将重组债务的账面价值与转让的非现金资产公允价值之间的差额，计入当期损益。转让的非现金资产公允价值与其账面价值之间的差额，计入当期损益。

将债务转为资本的，债务人应当将债权人放弃债权而享有股份的面值总额确认为股本(或者实收资本)，股份的公允价值总额与股本（或者实收资本）之间的差额确认为资本公积。重组债务的账面价值与股份的公允价值总额之间的差额，计入当期损益。

修改其他债务条件的，债务人应当将修改其他债务条件后债务的公允价值作为重组后债务的入账价值。重组债务的账面价值与重组后债务的入账价值之间的差额，计入当期损益。修改后的债务条款如涉及或有应付金额，且该或有应付金额符合《企业会计准则第13号——或有事项》中有关预计负债确认条件的，债务人应当将该或有应付金额确认为预计负债。重组债务的账面价值，与重组后债务的入账价值和预计负债金额之和的差额，计入当期损益。或有应付金额，是指需要根据未来某种事项出现而发生的应付金额，而且该未来事项的出现具有不确定性。

债务重组以现金清偿债务、非现金资产清偿债务、债务转为资本、修改其他债务条件等方式的组合进行的，债务人应当依次以支付的现金、转让的非现金资产公允价值、债权人享有股份的公允价值冲减重组债务的账面价值，再按照上述规定处理。

2. 债权人会计处理。以现金清偿债务的，债权人应当将重组债权的账面余额与收到的现金之间的差额，计入当期损益。债权人已对债权计提减值准备的，应当先将该差额冲减减值准备，减值准备不足以冲减的部分，计入当期损益。

以非现金资产清偿债务的，债权人应当对受让的非现金资产按其公允价值入账，重组债权的账面余额与受让的非现金资产的公允价值之间的差额，计入当期损益。债权人已对债权计提减值准备的，应当先将该差额冲减减值准备，减值准备不足以冲减的部分，计入当期损益。

将债务转为资本的，债权人应当将享有股份的公允价值确认为对债务人的投资，重组债权的账面余额与股份的公允价值之间的差额，计入当期损益。债权人已对债权计提减值准备的，应当先将该差额冲减减值准备，减值准备不足以冲减的部分，计入当期损益。修改其他债务条件的，债权人应当将修改其他债务条件后的债权的公允价值作为重组后债权的账面价值，重组债权的账面余额与重组后债权的账面价值之间的差额，计入当期损益。债权人已对债权计提减值准备的，应当先将该差额冲减减值准备，减值准备不足以冲减的部分，计入当期损益。

修改后的债务条款中涉及或有应收金额的，债权人不应当确认或有应收金额，不得将其计入重组后债权的账面价值。或有应收金额，是指需要根据未来某种事项出现而发生的应收金额，而且该未来事项的出现具有不确定性。

债务重组采用以现金清偿债务、非现金资产清偿债务、债务转为资本、修改其他债务条件等方式的组合进行的，债权人应当依次以收到的现金、接受的非现金资产公允价值、债权人享有股份的公允价值冲减重组债权的账面余额，再按照上述规定处理。

3. 税法与会计差异。对于让步条款的债务重组，会计规定债务人作收益，债权人作损失，而税法区分独立企业债务重组、非独立企业债务重组和对股东的债务重组。只有独立企业债务重组，以及符合条件的关联企业债务重组才能由债务人和债产权人分别作收益和损失处理。对于不符合条件的关联企业债务重组，在债务人作收益同时，债权人只能作捐赠，不能作损失。对于股东债务重组作股息分配，债务人和债权人双方既不作所得，也不作损失。

债权人发生的债务重组损失，会计上直接计入当期损益，而税法规定，债务重组损失必须经税务机关批准才能税前扣除。

债务重组发生的损益，会计计入当期损益，而税法上规定债务人确认的债务重组所得金额超过当年应纳所得额20%的，可分五年分期计入应纳税所得额。

例题 7-3

1. A 公司销售一批材料给 B 公司，不含税价格为 100 000 元，增值税税率为 17%。当年红星公司财务发生困难，无法按合同规定偿还债务，经双方协议，A 公司同意减免 B 公司 20 000 元债务，余额用现金立即偿清。A 公司未对债权计提坏账准备。

A 公司的会计处理为：债务重组日，重组债务的账面价值与应支付的现金之间的差额 = 117 000 - 97 000 = 20 000（元）

借：应付账款　　117 000
　　贷：银行存款　　97 000
　　　　资本公积——其他资本公积　　20 000

B 公司的会计处理为：

借：银行存款　　97 000
　　贷：应收账款　　11 7000
　　　　营业外支出——债务重组损失　　20 000

A 公司按照会计制度将减免的 20 000 元债务确认为资本公司，从税务来讲，应该确认为所得，缴纳企业所得税。B 公司会计上将债务的豁免确认为营业外支出，税务上，只有经过审批后，这个损失才能在税前扣除。

2. 乙公司销售一批材料给甲公司，应收账款 100 000 元，合同约定 6 个月后结清款项。6 个月后，由于甲公司发生财务困难，无法支付货款，与乙公司协商进行债务重组。经双方协议，乙公司同意甲公司以其股权抵偿该账款。乙公司对该项应收账款计提了坏账准备 5 000元。假设转账后甲公司注册资本为 5 000 000 元，净资产的公允价值为 7 600 000 元，抵债股权占甲公司注册资本的 1%。相关手续已办理完毕。假定不考虑其他相关税费。

债务人甲公司的会计处理为：重组债务应付账款的账面价值与所转股权的公允价值之间的差额 = 100 000 - 7 600 000 × 1% = 100 000 - 76 000 = 24 000（元），差额 24 000 元作为债务重组利得，所转股份的公允价值 76 000 元与实收资本 50 000 元（5 000 000 × 1%）的差额 26 000 元作为资本公积。

借：应付账款　　100 000
　　贷：实收资本　　50 000
　　　　资本公积——资本溢价　　26 000

营业外收入——债务重组利得　24 000

债权人乙公司的会计处理为：重组债权应收账款的账面余额与所转让股权的公允价值之间的差额 = 100 000 - 7 600 000 × 1% = 100 000 - 76 000 = 24 000（元），差额 24 000 元，扣除坏账准备 5 000 元，计 19 000 元，作为债务重组损失，计入营业外支出。

借：长期股权投资——甲公司　76 000
　　营业外支出——债务重组损失　19 000
　　坏账准备　5 000
　　贷：应收账款　100 000

甲企业按照会计准则的处理，与企业所得税处理基本一致；乙企业按照会计准则的处理，由于坏账准备税法与会计存在不一致，所以，乙企业的税前扣除的损失为 24 000 元，经审批后可以在税前扣除。

第四节　股权收购和资产收购

股权收购，是指一家企业（以下称为收购企业）购买另一家企业（以下称为被收购企业）的股权，以实现对被收购企业控制的交易。收购企业支付对价的形式包括股权支付、非股权支付或两者的组合。

资产收购，是指一家企业（以下称为受让企业）购买另一家企业（以下称为转让企业）实质经营性资产的交易。受让企业支付对价的形式包括股权支付、非股权支付或两者的组合。

股权支付，是指企业重组中购买、换取资产的一方支付的对价中，以本企业或其控股企业的股权、股份作为支付的形式；所称非股权支付，是指以本企业的现金、银行存款、应收款项、本企业或其控股企业股权和股份以外的有价证券、存货、固定资产、其他资产以及承担债务等作为支付的形式。

一、免税的股权收购和资产收购

1. 股权收购和资产收购业同时符合下列条件的，适用特殊性税务处理规定。

（1）具有合理的商业目的，且不以减少、免除或者推迟缴纳税款为主要目的。

（2）被收购、合并或分立部分的资产或股权比例符合本通知规定的比例。

（3）企业重组后的连续 12 个月内不改变重组资产原来的实质性经营活动。

（4）重组交易对价中涉及股权支付金额符合本通知规定比例。

（5）企业重组中取得股权支付的原主要股东，在重组后连续 12 个月内，不得转让所取得的股权。

2. 股权收购，收购企业购买的股权不低于被收购企业全部股权的 75%，且收购企业在该股权收购发生时的股权支付金额不低于其交易支付总额的 85%，可以选择按以下规定处理。

（1）被收购企业的股东取得收购企业股权的计税基础，以被收购股权的原有计税基础确定。

（2）收购企业取得被收购企业股权的计税基础，以被收购股权的原有计税基础确定。

（3）收购企业、被收购企业的原有各项资产和负债的计税基础和其他相关所得税事项保持不变。

3. 资产收购，受让企业收购的资产不低于转让企业全部资产的75%，且受让企业在该资产收购发生时的股权支付金额不低于其交易支付总额的85%，可以选择按以下规定处理。

（1）转让企业取得受让企业股权的计税基础，以被转让资产的原有计税基础确定。

（2）受让企业取得转让企业资产的计税基础，以被转让资产的原有计税基础确定。

免税的股权收购和资产收购，其非股权支付仍应在交易当期确认相应的资产转让所得或损失，并调整相应资产的计税基础。

非股权支付对应的资产转让所得或损失＝（被转让资产的公允价值－被转让资产的计税基础）×（非股权支付金额÷被转让资产的公允价值）

4. 企业发生涉及中国境内与境外之间（包括港澳台地区）的股权和资产收购交易，除应符合上述规定的条件外，还应同时符合下列条件，才可选择适用特殊性税务处理规定。

（1）非居民企业向其100%直接控股的另一非居民企业转让其拥有的居民企业股权，没有因此造成以后该项股权转让所得预提税负担变化，且转让方非居民企业向主管税务机关书面承诺在3年（含3年）内不转让其拥有受让方非居民企业的股权；

（2）非居民企业向与其具有100%直接控股关系的居民企业转让其拥有的另一居民企业股权；

（3）居民企业以其拥有的资产或股权向其100%直接控股的非居民企业进行投资；

（4）财政部、国家税务总局核准的其他情形。

居民企业以其拥有的资产或股权向其100%直接控股关系的非居民企业进行投资，其资产或股权转让收益如选择特殊性税务处理，可以在10个纳税年度内均匀计入各年度应纳税所得额。

二、应税的股权收购和资产收购

企业股权收购、资产收购重组交易，相关交易应按以下规定处理。

1. 被收购方应确认股权、资产转让所得或损失。

2. 收购方取得股权或资产的计税基础应以公允价值为基础确定。

3. 被收购企业的相关所得税事项原则上保持不变。

例题7－4

假设A企业将其账面净值10 000万元（账面总资产15 000万元，债务5 000万元）、公允价值为20 000万元的全部资产整体转让给B企业，取得B企业的普通股3 000万股（以下简称B股，每股面值1元）公允价值为10 000万元，取得非股权支付额包括银行存款6 000万元，B企业持有的C企业的股票市价4 000万元（1 000万股）。

"股权支付额"一般是指接受资产的企业的股权（在三角合并中也可以包括接受企业母公司的股权），但不包括接受企业持有的其他企业的股权。全部非股权支付额为10 000万元。因为非股权支付额占股权支付额（股票的票面价值，如果是有限责任公司股份没有面值，则按其在接受企业记A股本的会计账面价值计算）的比重已经高达333%，不符合税法规定的享受免税待遇的基本条件，因此，A 企业应作为整体资产销售处理，相关情况见表 7－3。

表 7－3　　A 企业在整体资产转让评估基准日的资产负债情况　　单位：万元

资产			负债和所有者权益	
	账面价值	评估价值		账面价值
应收账款	1 500	1 500	短期借款	2 000
存货	3 500	5 000	应交税金	
长期股权投资	2 000	1 500	长期借款	3 000
固定资产净值	5 000	5 500		
无形资产（土地使用权）	3 000	6 500	股本	5 000
			资本公积 盈余公积	3 000 2 000
总资产	15 000	20 000	负债与权益合计	15 000

转让企业 A 应确认商品（存货）销售所得 1 500 万元，长期股权投资转让损失 500 万元，固定资产转让所得 500 万元（假设暂不考虑流转税等清理费用），无形资产转让所得 3 500万元。全部资产转让所得 7 000（15 000－8 000）万元。

第五节　企业合并的所得税处理

税法规定，合并是指一家或多家企业（以下称为被合并企业）将其全部资产和负债转让给另一家现存或新设企业（以下称为合并企业），被合并企业股东换取合并企业的股权或非股权支付，实现两个或两个以上企业的依法合并。

在我国目前的企业改组实务中，出现较多的合并形式包括承担债务式合并，相互交换普通股合并（见图 7－6 至图 7－9）。

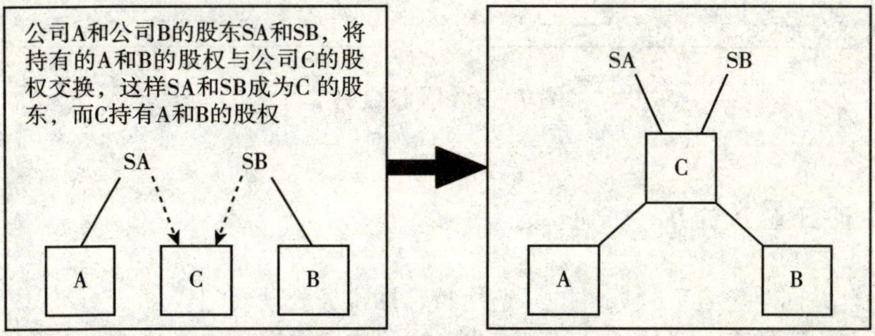

图 7－6　新设合并 1

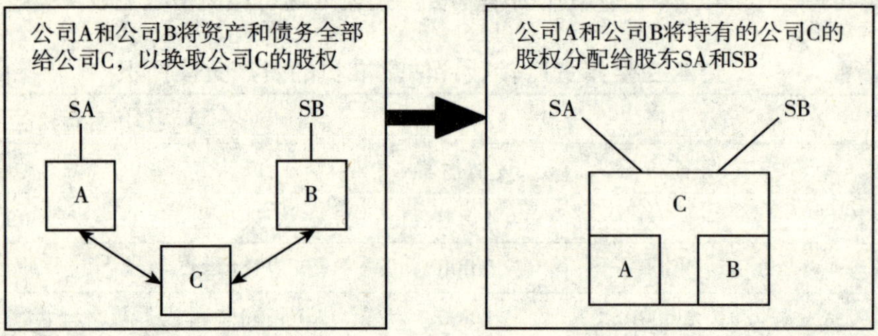

图 7-7　新设合并 2

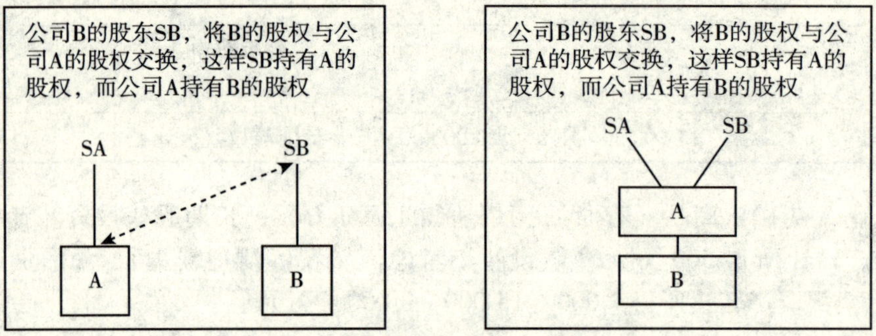

图 7-8　吸收合并 1

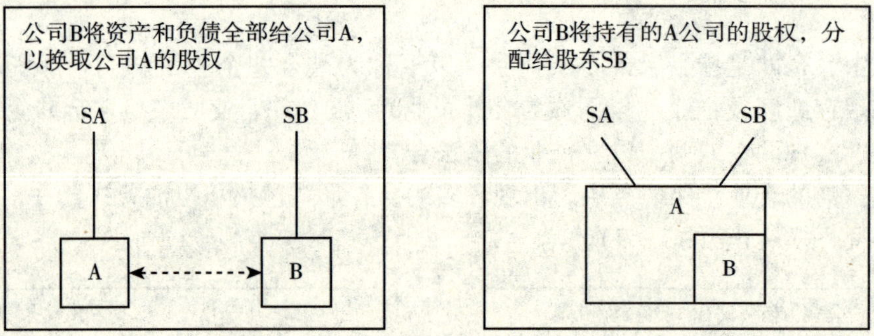

图 7-9　吸收合并 2

三、免税的企业合并

1. 企业合并同时符合下列条件的，适用特殊性税务处理规定。

（1）具有合理的商业目的，且不以减少、免除或者推迟缴纳税款为主要目的。

（2）被收购、合并或分立部分的资产或股权比例符合本通知规定的比例。

（3）企业重组后的连续 12 个月内不改变重组资产原来的实质性经营活动。

（4）重组交易对价中涉及股权支付金额符合本通知规定比例。

（5）企业重组中取得股权支付的原主要股东，在重组后连续12个月内，不得转让所取得的股权。

2. 企业合并，企业股东在该企业合并发生时取得的股权支付金额不低于其交易支付总额的85%，以及同一控制下且不需要支付对价的企业合并，可以选择按以下规定处理。

（1）合并企业接受被合并企业资产和负债的计税基础，以被合并企业的原有计税基础确定。

（2）被合并企业合并前的相关所得税事项由合并企业承继。

（3）可由合并企业弥补的被合并企业亏损的限额 = 被合并企业净资产公允价值 × 截至合并业务发生当年年末国家发行的最长期限的国债利率。

（4）被合并企业股东取得合并企业股权的计税基础，以其原持有的被合并企业股权的计税基础确定。

四、应税的企业合并

企业合并，当事各方应按下列规定处理。

1. 合并企业应按公允价值确定接受被合并企业各项资产和负债的计税基础。

2. 被合并企业及其股东都应按清算进行所得税处理。

3. 被合并企业的亏损不得在合并企业结转弥补。

在企业吸收合并中，合并后的存续企业性质及适用税收优惠的条件未发生改变的，可以继续享受合并前该企业剩余期限的税收优惠，其优惠金额按存续企业合并前一年的应纳税所得额（亏损计为零）计算。

例题7－5

上市公司A为扩大生产，经股东大会决议并政府批准，以增发的2 000万股普通股与B公司（股份有限公司，股票未上市，但可进行柜台交易）的股东持有的B公司发行在外的普通股相互交换，吸收合并B公司，非股权支付额只是为了消除分数股，数额很小。A公司换得的B公司的股票根据公司法等法律规定注销；B公司的全部资产和债务依公司法等法律规定划归A公司所有，成为A公司的分厂；B公司依公司法的规定只解散不清算，合并后连续经营。

因为B公司的股东从A公司取得的是A公司的股票，非股权支付额只是为了消除分数股，因此符合免税改组的条件。

被合并企业可以不视为资产转让销售确认资产转让所得或损失，但合并企业接受被合并企业的资产和债务的计税成本的确定必须以合并前有关资产的账面价值为基础。如果合并企业会计账务中已按评估价值接受了被合并企业的资产和债务，由此而造成合并企业将来多转销售成本、多提固定资产折旧或多摊销无形资产费用应该进行纳税调整。

对A企业来讲，假设B公司的资产评估增值为10 000万元，A公司接受的B公司的全部资产和债务价值是其经评估确认的价值调整后的金额，经申请按综合办法进行纳税调整，由于B公司已经解散，评估增值应纳税款3 300万元应作为递延税款由A公司负担。剩余部分6 700万元应计入A公司企业未分配利润。

根据税法规定，B 公司的股东以其持有的原被合并企业的股权（旧股）交换 A 公司的股权（新股），不视为出售旧股，购买新股处理。B 公司的股东换得新股的成本，须以其所持旧股的成本为基础确定。但未交换新股的 B 公司的股东取得的全部非股权支付额，应视为其持有的旧股的转让收入，按规定计算确认财产转让所得或损失，依法缴纳所得税。

对于取得部分股权部分非股权支付额的股东，因为不能将旧股的计税成本分配到取得的非股权资产（特别是货币性资产）上，因此，也应该确认与非股权支付额相对应的股权转让所得或损失。

假设 B 公司的一个法人股东 X 原持有 B 公司 9.1 万股，每股投资成本为 5 元，在合并中取得 P 公司的普通股 50 555 股，另外取得 11.2 元现金作为分数零头股的补偿。假设 A 公司每股市价为 20 元。

股东 X 取得的全部交换价值为 1 011 111.2 元，其所放弃的旧股的计税成本为 455 000 元，蕴涵的增值为 556 111.2 元。与取得的现金补偿相对应的应确认的所得 6.16 元[556 111.2 × (11.2 ÷ 1 011 111.2)]。

股东 X 取得的全部 50 555 股的计税成本为 454 994.96 元（455 000 − 11.2 + 6.16）。

如果相互交换普通股吸收合并的当事各方处于享受减免税优惠期间，经过协商，可能会选择确认实现合并中有关资产的转让所得，而不申请适用免税改组的待遇。合并中对被合并企业的股东支付的非股权支付额超过了支付的股票票面价值的 20%，不符合免税合并的条件，也应按应税合并改组来进行。

例题 7－6

某股份有限公司 A，2000 年 9 月兼并某亏损国有企业 B。B 企业合并时账面净资产为 500 万元，1999 年亏损为 100 万元（以前年度无亏损），评估确认的价值为 550 万元，经双方协商，A 可以用以下方式合并 B 企业。A 公司合并后股票市价为 3.1 元/股。A 公司共有已发行的股票 2 000 万股（面值为 1 元/股）。

方案 1，A 公司以 180 万股和 10 万元人民币购买 B 企业（A 公司股票市价为 3 元/股）；

方案 2，A 公司以 150 万股和 100 万元人民币购买 B 企业。

假设合并后被合并企业的股东在合并企业中所占的股份以后年度不发生变化，合并企业每年未弥补亏损前的应纳税所得额为 900 万元，增值后的资产的平均折旧年限为 5 年，行业平均利润率为 10%。所得税税率为 25%：

方案 1，首先涉及合并时的以下税收问题：因为非股权支付额（10 万元）小于股权按票面计的 20%（36 万元），所以，B 企业不就转让所得缴纳所得税；B 企业 1999 年的亏损可以由 A 公司弥补，A 公司可在第一年和第二年弥补 B 企业的亏损额 100 万元。A 公司接受 B 企业资产时，可以以 B 企业原账面净值为基础作为资产的计税成本。

其次，A 公司将来应就 B 企业 180 万股股票支付多少股利呢？

A 公司第一年、第二年因涉及亏损弥补，第一年的税后利润为：

$900 \times (1 - 25\%) + 79.84 \times 25\% = 694.96$（万元）

可供分配的股利为：

$694.96 \times (1 - 25\%) = 521.22$（万元）

其中，10% 为法定盈余公积，5% 为公益金，10% 为任意盈余公积。

支付给 B 企业股东的股利折现值为：

180 ÷ 2 000 × 521. 22 × 0. 909 = 42. 64(万元)

同理，A 公司第二年支付给 B 企业股东的股利折现值为 38 万元。

A 公司以后年度支付给 B 企业股东的股利按利润率 10% 计算，折现值为：

180 ÷ 2 000 × (900 × 75%) × (1 - 25%) ÷ 10% × 0. 8 264 = 376. 53(万元)

所以，第一种方式下，A 公司合并 B 企业所需的现金流出折现值共为 467. 17 万元（10 + 42. 64 + 38 + 376. 53）。

方案 2，因为非股权支付额（100 万元）大于股权按票面计的 20%（30 万元），所以，被合并企业 B 应就转让所得缴纳所得税，应缴纳的所得税为：

(180 × 3. 1 + 10 - 500) × 25% = 17(万元)

又因为合并后，B 企业已不再存在，这部分所得税实际上由合并企业 A 承担。B 企业去年的亏损不能由 A 公司再弥补。

因为 A 公司可按增值后的资产的价值作为计税价，增值部分在折旧年限内每年可减少所得税：

(550 - 500) ÷ 5 × 25% = 2. 5(万元)

A 公司第一年的税后利润 = 900 × (1 - 25%) + 2. 5 - 17 = 660. 5(万元)

按方案 1 的计算方法计算，A 公司第一年支付 B 企业股东股利折现值为 30. 16 万元，第二年至第五年支付给 B 企业股东股利折现值为 89. 33 万元。A 公司以后年度支付 B 企业股东股利折现值为 210. 60 万元。

所以，按照方案 2，A 公司合并 B 企业所需现金流出折现值为 446. 59 万元(16. 5 + 100 + 30. 16 + 89. 33 + 210. 60)。

比较两种方案，方案 1 现金流出较小，所以，A 公司应当选用方案 1。

从例题 7 - 6 可以看出，税收筹划必须考虑经营活动发生改变所带来的一定时期的税收变化和现金流量的变化。本例中，由于 A 公司合并 B 企业，不仅要考虑 A 公司在合并时支付 B 企业股东现金价款，而且要考虑由于 B 企业股东还拥有 A 公司的股权，A 公司每年均要向 B 企业股东支付股利。

由于合并企业支付给被合并企业的价款方式不同，将导致不同的所得税处理方式，其涉及被合并企业是否就转让所得缴税、亏损是否能够弥补，合并企业支付给被合并企业的股利折现、接受资产增值部分的折旧等问题，比较复杂。

因此，并非在任何情况下，采取非股权支付额不高于所支付的股权票面价值 20% 的合并方式都划算。要考虑可弥补亏损数额的大小、行业利润率的高低等因素，在上面所举的例子中，如果这些因素发生变化，选择方案 2 就有可能是划算的。

应纳税的相互交换普通股吸收合并应该按下列方法进行所得税处理：

被合并公司应视为按全部净资产的公允价值转让公司的资产。净资产的公允价值等于合并公司所支付的全部合并公司的股票的公允价值和其他支付财产公允价值之和。资产转让所得等于净资产公允价值减净资产账面价值。被合并公司资产转让所得应按规定缴纳企业所得税。完税后被合并企业进行清算分配。被合并企业的全部纳税属性，包括未弥补的亏损等不得转移给合并企业。

被合并企业股东放弃被合并企业股票所取得的交换价值（合并企业的股票的公允价值和其他非股权支付额之和）中，属于被合并企业累计未分配利润和盈余公积的部分，作为被合并企业股东取得的股息性所得；如果被合并企业股东取得的交换价值超过被合并企业累计未分配利润和盈余公积，其中与股东持有的被合并企业股票投资成本的部分，作为股东投资成本的回收，超过投资成本的部分作为股东转让被合并企业股票的股票转让所得（反之，则属于股票转让损失）。被合并企业股东取得的合并企业的股票的投资成本按其公允价值确定。

合并企业接受被合并企业的全部资产的成本应以其公允价值为基础确定。

阅读材料 7－2

企业合并的会计处理

企业合并是指将两个或者两个以上单独的企业合并形成一个报告主体的交易或事项。企业合并分为同一控制下的企业合并和非同一控制下的企业合并。不包括两方或者两方以上形成合营企业的企业合并，以及仅通过合同而不是所有权份额将两个或者两个以上单独的企业合并形成一个报告主体的企业合并。

1. 同一控制下的企业合并。同一控制下的企业合并是指参与合并的企业在合并前后均受同一方或相同的多方最终控制且该控制并非暂时性的。同一控制下的企业合并，在合并日取得对其他参与合并企业控制权的一方为合并方，参与合并的其他企业为被合并方。合并日是指合并方实际取得对被合并方控制权的日期。

资产计价。合并方在企业合并中取得的资产和负债，应当按照合并日被合并方的账面价值计量。合并方取得的净资产账面价值与支付的合并对价账面价值（或发行股份面值总额）的差额，应当调整资本公积；资本公积不足冲减的，调整留存收益。

费用处理。合并方为进行企业合并发生的各项直接相关费用，包括为进行企业合并而支付的审计费用、评估费用、法律服务费用等，应当于发生时计入当期损益。为企业合并发行的债券或承担其他债务支付的手续费、佣金等，应当计入所发行债券及其他债务的初始计量金额。企业合并中发行权益性证券发生的手续费、佣金等费用，应当抵减权益性证券溢价收入，溢价收入不足冲减的，冲减留存收益。

合并报表。企业合并形成母子公司关系的，母公司应当编制合并日的合并资产负债表、合并利润表和合并现金流量表。合并资产负债表中被合并方的各项资产、负债，应当按其账面价值计量。合并利润表应当包括参与合并各方自合并当期期初至合并日所发生的收入、费用和利润。被合并方在合并前实现的净利润，应当在合并利润表中单列项目反映。合并现金流量表应当包括参与合并各方自合并当期期初至合并日的现金流量。编制合并财务报表时，参与合并各方的内部交易等，应当按照《企业会计准则第 33 号——合并财务报表》处理。

2. 非同一控制下的企业合并。参与合并的各方在合并前后不受同一方或相同的多方最终控制的，为非同一控制下的企业合并。非同一控制下的企业合并，在购买日取得对其他参与合并企业控制权的一方为购买方，参与合并的其他企业为被购买方。购买日是指购买方实际取得对被购买方控制权的日期。

第一，合并成本。购买方应当区别下列情况确定合并成本：

（1）一次交换交易实现的企业合并，合并成本为购买方在购买日为取得对被购买方的控制权而付出的资产、发生或承担的负债以及发行的权益性证券的公允价值。

（2）通过多次交换交易分步实现的企业合并，合并成本为每一单项交易成本之和。

（3）购买方为进行企业合并发生的各项直接相关费用也应当计入企业合并成本。

（4）在合并合同或协议中对可能影响合并成本的未来事项作出约定的，购买日如果估计未来事项很可能发生并且对合并成本的影响金额能够可靠计量的，购买方应当将其计入合并成本。

第二，合并损益。购买方在购买日对作为企业合并对价付出的资产、发生或承担的负债应当按照公允价值计量，公允价值与其账面价值的差额，计入当期损益。

第三，成本分配。购买方在购买日应当对合并成本进行分配，按照规定确认所取得的被购买方各项可辨认资产、负债及或有负债。

（1）购买方对合并成本大于合并中取得的被购买方可辨认净资产公允价值份额的差额，应当确认为商誉。初始确认后的商誉，应当以其成本扣除累计减值准备后的金额计量。商誉的减值应当按照《企业会计准则第8号——资产减值》处理。

（2）购买方对合并成本小于合并中取得的被购买方可辨认净资产公允价值份额的差额，应当按照下列规定处理：对取得的被购买方各项可辨认资产、负债及或有负债的公允价值以及合并成本的计量进行复核；经复核后合并成本仍小于合并中取得的被购买方可辨认净资产公允价值份额的，其差额应当计入当期损益。

第四，被购买方净资产确认。被购买方可辨认净资产公允价值，是指合并中取得的被购买方可辨认资产的公允价值减去负债及或有负债公允价值后的余额。被购买方各项可辨认资产、负债及或有负债，符合下列条件的，应当单独予以确认：

（1）合并中取得的被购买方除无形资产以外的其他各项资产。其所带来的经济利益很可能流入企业且公允价值能够可靠地计量的，应当单独予以确认并按照公允价值计量。合并中取得的无形资产，其公允价值能够可靠地计量的，应当单独确认为无形资产并按照公允价值计量。

（2）合并中取得的被购买方除或有负债以外的其他各项负债，履行有关的义务很可能导致经济利益流出企业且公允价值能够可靠地计量的，应当单独予以确认并按照公允价值计量。

（3）合并中取得的被购买方或有负债，其公允价值能够可靠地计量的，应当单独确认为负债并按照公允价值计量。

第五，合并形成的母子公司关系。

（1）企业合并形成母子公司关系的，母公司应当设置备查簿，记录企业合并中取得的子公司各项可辨认资产、负债及或有负债等在购买日的公允价值。编制合并财务报表时，应当以购买日确定的各项可辨认资产、负债及或有负债的公允价值为基础对子公司的财务报表进行调整。

（2）企业合并发生当期的期末，因合并中取得的各项可辨认资产、负债及或有负债的公允价值或企业合并成本只能暂时确定的，购买方应当以所确定的暂时价值为基础对企业合并进行确认和计量。购买日后12个月内对确认的暂时价值进行调整的，视为在购买日确认和计量。

（3）企业合并形成母子公司关系的，母公司应当编制购买日的合并资产负债表，因企业合并取得的被购买方各项可辨认资产、负债及或有负债应当以公允价值列示。母公司的合并成本与取得的子公司可辨认净资产公允价值份额的差额，以按照本准则规定处理的结果列示。

第六节　企业分立的所得税处理

分立，是指一家企业（以下称为被分立企业）将部分或全部资产分离转让给现存或新设的企业（以下称为分立企业），被分立企业股东换取分立企业的股权或非股权支付，实现企业的依法分立。

一、免税的企业分立

1. 企业分立同时符合下列条件的，适用特殊性税务处理规定。

（1）具有合理的商业目的，且不以减少、免除或者推迟缴纳税款为主要目的。

（2）被收购、合并或分立部分的资产或股权比例符合本通知规定的比例。

（3）企业重组后的连续 12 个月内不改变重组资产原来的实质性经营活动。

（4）重组交易对价中涉及股权支付金额符合本通知规定比例。

（5）企业重组中取得股权支付的原主要股东，在重组后连续 12 个月内，不得转让所取得的股权。

2. 企业分立，被分立企业所有股东按原持股比例取得分立企业的股权，分立企业和被分立企业均不改变原来的实质经营活动，且被分立企业股东在该企业分立发生时取得的股权支付金额不低于其交易支付总额的 85%，可以选择按以下规定处理。

（1）分立企业接受被分立企业资产和负债的计税基础，以被分立企业的原有计税基础确定。

（2）被分立企业已分立出去资产相应的所得税事项由分立企业承继。

（3）被分立企业未超过法定弥补期限的亏损额可按分立资产占全部资产的比例进行分配，由分立企业继续弥补。

（4）被分立企业的股东取得分立企业的股权（以下简称“新股”），如需部分或全部放弃原持有的被分立企业的股权（以下简称“旧股”），“新股”的计税基础应以放弃“旧股”的计税基础确定。如不需放弃“旧股”，则其取得“新股”的计税基础可从以下两种方法中选择确定：直接将“新股”的计税基础确定为零；或者以被分立企业分立出去的净资产占被分立企业全部净资产的比例先调减原持有的“旧股”的计税基础，再将调减的计税基础平均分配到“新股”上。

免税分立重组，其非股权支付仍应在交易当期确认相应的资产转让所得或损失，并调整相应资产的计税基础。

非股权支付对应的资产转让所得或损失 =（被转让资产的公允价值 − 被转让资产的计税基础）×（非股权支付金额 ÷ 被转让资产的公允价值）

例题 7－7

某有限责任公司 A 由 5 个投资者（X1、X2、Y1、Y2、Y3）共同投资创立，注册资本 1 000万元，每个股东各出资 200 万元，占公司 20% 的股份。A 公司由经营商场的总部和一个软件分公司B组成（见表7－4）。

表7－4　A公司有关资产和负债情况　单位：万元

资产	账面价值	评估价值	负债和股东权益	账面价值
存货	400	434	短期借款	400
固定资产	600	700	长期借款	600
无形资产	400	600	资本	1 000
长期股权投资	600	1 100		
合计	2 000	2 834	负债和权益合计	2 000

B公司是总部A公司的分公司，总部A公司的长期股权投资600万元全部为对B的投资，总部A的5各投资者同样也是B的投资者（见表7－5）。

表7－5　分公司B的资产负债表　单位：万元

资产	账面价值	评估价值	负债和股东权益	账面价值
存货	50	150		
固定资产	100	250		
无形资产	450	700	资本	600
合计	600	1 100	负债和权益合计	600

A公司现决定将软件分公司分拆出去，并以此软件业务为基础，组织新的股份公司。假设B分公司资产折换成新成立公司的股票1 000股。A公司将取得的新的股份公司的股票按比例分配给P公司的原股东，每位股东各得股票200股。

根据税法规定，分立企业的股东没有取得非股权支付额，符合免税改组的条件。被分立企业可以在分立业务发生当年年终申报纳税前，报有权税务机关审核批准按免税分立待遇进行所得税处理。申请审核时应附送有关资产负债表账面价值及评估价值的资料和分立企业股份对被分立企业股东分配的资料。

免税分立应按有关资产的账面成本确定其计税成本。B分厂投入新成立的股份公司后，其有关资产的计税成本分别为：存货50万元、固定资产100万元、无形资产450万元。如果新成立的股份公司按B分厂全部资产的评估价值确定资产的会计成本，B分厂有关资产评估增值应纳企业所得税应作为递延税款记账，经主管税务机关批准，可以采取个别调整法或综合调整法。B分厂的全部纳税事项应由新成立的股份公司承担。

税法规定，被分立企业的股东取得分立企业的股权（简称“新股”），如需部分或全部放弃原持有的被分立企业的股权（简称“旧股”），“新股”的成本应以放弃的“旧股”的成本为基础确定。如不需放弃“旧股”，则其取得的“新股”成本可从以下两种方法中选择：直接将“新股”总投资成本确定为0；或者，以被分立企业分离出去的净资产占被分立企业全部净资产的比例先调整减低原持有的“旧股”的成本，再将调整减低的投资成本平均分配到“新股”上。

在本例中，因为分立企业的股票是按比例均衡地分配给被分立企业股东的，被分立企业股东不需要放弃原持有的A公司的股份。被分立企业股东取得的新成立的分立企业股票的投资成本可以按下列两种方法确定：

（1）将1 000股分立企业股票的总计税成本确定为零。被分立企业原股东X1、X2、Y1、Y2和Y3原持有的被分立企业股份的成本还是200万元。每位股东新取得的分立企业股票的计税成本为0。

（2）以被分立企业分离出去的净资产占被分立企业全部净资产的比例调整减低原持有的“旧股”的成本，再将调整减低的投资成本平均分配到“新股”上。

新股的总计税成本＝被分立企业股东持有旧股的总成本×被分离出去的净资产（公允价值）÷被分立企业全部净资产（公允价值）＝1 000万×1100万÷（2 834－1 000）万＝600（万元）

被分立企业的股东取得的1 000股新股的总计税成本约为600万元。

每位股东取得的200股的计税成本为120万元。而原持有的被分立企业20%的股份的计税成本由原来的200万元，调整减低为80万元。

二、应税企业分立

如果企业分立交易不符合免税分立的条件，或者分立交易当事各方未选择申请按免税分立处理。企业分立应作为应税改组进行所得税处理。

1. 被分立企业对分立出去资产应按公允价值确认资产转让所得或损失。
2. 分立企业应按公允价值确认接受资产的计税基础。
3. 被分立企业继续存在时，其股东取得的对价应视同被分立企业分配进行处理。
4. 被分立企业不再继续存在时，被分立企业及其股东都应按清算进行所得税处理。
5. 企业分立相关企业的亏损不得相互结转弥补。

在企业存续分立中，分立后的存续企业性质及适用税收优惠的条件未发生改变的，可以继续享受分立前该企业剩余期限的税收优惠，其优惠金额按该企业分立前一年的应纳税所得额（亏损计为零）乘以分立后存续企业资产占分立前该企业全部资产的比例计算。

第七节　其他税收问题

一、股息红利与财产转让所得

股息、红利等权益性投资收益，是指企业因权益性投资从被投资方取得的收入。股息、红利等权益性投资收益，除国务院财政、税务主管部门另有规定外，按照被投资方作出利润分配决定的日期确认收入的实现。

股息、红利等权益性投资收益以收入全额为应纳税所得额；符合条件的居民企业之间的股息、红利等权益性投资收益，在中国境内设立机构、场所的非居民企业从居民企业取得与该机构、场所有实际联系的股息、红利等权益性投资收益，为免税收入。

股息、红利等权益性投资所得，按照分配所得的企业所在地确定。

转让财产收入，是指企业转让固定资产、生物资产、无形资产、股权、债权等财产取得的收入。转让财产所得，以收入全额减除财产净值后的余额为应纳税所得额；权益性投资资产转让所得按照被投资企业所在地确定。

投资资产，是指企业对外进行权益性投资和债权性投资形成的资产。企业在转让或者处置投资资产时，投资资产的成本，准予扣除。

投资资产按照以下方法确定成本：通过支付现金方式取得的投资资产，以购买价款为成本；通过支付现金以外的方式取得的投资资产，以该资产的公允价值和支付的相关税费为成本。

二、企业清算

企业清算的所得税处理，是指企业在不再持续经营，发生结束自身业务、处置资产、偿还债务以及向所有者分配剩余财产等经济行为时，对清算所得、清算所得税、股息分配等事项的处理。

1. 下列企业应进行清算的所得税处理。

（1）按《公司法》、《企业破产法》等规定需要进行清算的企业；

（2）企业重组中需要按清算处理的企业。

2. 企业清算的所得税处理包括以下内容。

（1）全部资产均应按可变现价值或交易价格，确认资产转让所得或损失；

（2）确认债权清理、债务清偿的所得或损失；

（3）改变持续经营核算原则，对预提或待摊性质的费用进行处理；

（4）依法弥补亏损，确定清算所得；

（5）计算并缴纳清算所得税；

（6）确定可向股东分配的剩余财产、应付股息等。

企业的全部资产可变现价值或交易价格，减除资产的计税基础、清算费用、相关税费，加上债务清偿损益等后的余额，为清算所得。

企业应将整个清算期作为一个独立的纳税年度计算清算所得。

企业全部资产的可变现价值或交易价格减除清算费用，职工的工资、社会保险费用和法定补偿金，结清清算所得税、以前年度欠税等税款，清偿企业债务，按规定计算可以向所有者分配的剩余资产。

被清算企业的股东分得的剩余资产的金额，其中相当于被清算企业累计未分配利润和累计盈余公积中按该股东所占股份比例计算的部分，应确认为股息所得；剩余资产减除股息所得后的余额，超过或低于股东投资成本的部分，应确认为股东的投资转让所得或损失。

被清算企业的股东从被清算企业分得的资产应按可变现价值或实际交易价格确定计税基础。

三、企业组织形式的税务问题

1. 个人所得税或企业所得税。一般说来，个人直接投资有两种组织形式可供选择，一类是法人企业，如公司；另一类是非法人企业，如个人独资、合伙企业。从税法角度来讲，公司不仅要单独缴纳企业所得税，而且其投资者从公司分得的红利应另征个人所得税，存在着双重征税问题。自2000年1月1日起，对个人独资企业和合伙企业停止征收企业所得税，其投资者的生产经营所得，比照个体工商户的生产、经营所得征收个人所得税。这样，个人独资、合伙企业就不再有双重征税问题，当然仅从税收角度来讲，问题也不那么简单。

例如，某纳税人甲经营一家商店，年营利300 000元，该商店如按合伙人课征个人所得税，依现行税制税后利润为201 750元[300 000 -（300 000 ×35% -6 750）]；该商店如按公司课征所得税，税率25%，税后利润225 000元全部作为股息分配，纳税人甲还要缴纳一道个人所得税45 000元。这样，其净得税后收益只有180 000元。与前者相比，多负担所得税21 750元（201 750 -180 000）。面对公司税负重于合伙企业税负的情况，纳税人作出了不组织公司，而办合伙企业（如以个体工商业户的形式设立）的决策。

例题7 -8

A公司于2008年2月20日以银行存款900万元投资于B公司，占B公司（非上市公司）股本总额的70%，B公司当年获得净利润500万元。A公司所得税税率为25%，B公司所得税税率为15%。假设A公司2008年度内部生产、经营所得（不含投资收益）为100万元。

假设1：2009年3月，董事会决定将税后利润的30%用于分配，A公司分得利润105万元。2009年9月，A公司将其拥有的B公司70%的股权全部转让给丙公司，转让价为人民币1 000万元。转让过程中发生的税费为0.5万元。则A公司应纳企业所得税计算如下：

（1）生产、经营所得应纳税额 =100 ×25% =25（万元）

（2）股息所得免税。

（3）转让所得应纳税额 =（转让收入 -计税成本 -税费）×税率

=（1 000 -900 -0.5）×25% =24.875（万元）

合计应纳税额 =25 +24.875 =49.875（万元）

假设2：B公司保留盈余不分配。2009年9月，A公司将其拥有的B公司70%的股权全部转让给丙公司，转让价为人民币1 105万元。转让过程中发生的税费为0.5万元。则A公司应纳企业所得税计算如下：

（1）生产、经营所得应纳税额 =100 ×25% =25（万元）

（2）转让所得应纳税额 =（转让收入 -计税成本 -税费）×税率

=（1 105 -900 -0.5）×25% =51.125（万元）

A公司2000年合计应纳所得税额 =25 +51.125 =76.125（万元）

对个人独资企业和合伙企业停止征收企业所得税，确实从一定程度上减轻了投资者的税收负担，但税负的因素很多，有人在此做了一个模型。①

① 刘创：《从所得税角度筹划：私人直接投资组织形式》，《涉外税务》，2002年第2期。

假设1 投资者财富最大化。私人创办企业的目的是扩大财富，他们是企业的所有者，企业价值最大化就是投资者财富最大化。企业的价值，在于它能给所有者带来未来报酬；

假设2 只作简单再生产，不提取任何公积金，不扩大规模，每年不会亏损，并且，所有的利润都在当年分配给投资者；

假设3 投资者在企业里从事生产经营，薪金（b）每月相等，企业收入（a）和其他成本、费用损失（c）每月也均匀发生；

假设4 没有其他税收优惠。

设公司及其投资者全年所得税负为 T_1，个人独资、合伙企业投资者的税负为 T_2。T_1 涉及企业所得税和个人所得税，根据税法和以上假设条件，可以得出其每月应计缴的企业所得税为（a－b－c）t_1（t_1 为企业所得税率）。个人所得税有两个项目，一个是股息、红利所得，其每月下均应计缴（a－b－c）（$1-t_2$）（t_2 为个人所得税率），另一个是投资者在企业里薪金应计缴个人所得税 $f_{1(b)}$（$f_{1(b)}$ 表示函数，下同）。

所以：

$$T_1 = 12(a-b-c)t_1 + 12(a-b-c)(1-t_1)t_2 + 12f_{1(b)}$$

个人合伙独资企业不征企业所得税，所以，对于 T_2 来说，其只与个人所得税有关。根据个人所得税法规定，个人独资企业和合伙企业的生产经营所得，比照“个体工商户的生产经营所得”应税项目，征收个人所得税。由此可以得出：

$$T_2 = f_{2[12(a-c)]}$$

确立了 T_1 和 T_2 的数量关系模型后，依据此模型举些例子，来看一看影响所得税负的因素有哪些（见表7－6）。

表7－6　个人所得税还是企业所得税

a－c	b	T_1	T_2	T_1-T_2	b/（a－c）
30 000	5 000	145 260	98 250	47 010	0.17
20 000	5 000	89 580	77 250	12 330	0.25
10 000	5 000	310 201	35 250	－4 230	0.50
8 000	5 000	21 036	26 850	－5 814	0.63
5 000	5 000	6 060	14 250	－8 190	1.00
5 000	3 000	10 716	14 250	－3 534	0.60
5 000	2 000	16 116	14 250	1 866	0.40
8 000	2 000	31 092	26 850	4 242	0.25
8 000	2 000	41 076	35 250	5 826	0.20
8 000	3 000	27 420	26 850	570	0.38

首先，(T_1-T_2)既有正数也有负数，可见投资于个人独资企业和合伙企业不一定就比投资于公司的税负低。

其次，我们可以发现，在这张表里，T_1-T_2为负数所对应的b/（a-c）值都大于（T_1-T_2）为正数所对应的b/（a-c）值，可见投资者的薪金报酬（b）相对于（a-c）的比率越大，则选择个人独资、合伙企业为宜，反之，则以公司为宜。

目前在征管中，对个人独资企业和合伙企业的生产经营所得，其个人所得税应纳税额的计算方法有查账征收和核定征收两种，实行核定征税的投资者，不能享受个人所得税的优惠政策，这也会影响投资者的综合税负水平。

2. 分公司和子公司。当一个企业投资时，它可以在常设机构、分公司或子公司之间进行选择。

从法律上讲，子公司是一个独立的法人，而分公司则不是一个独立的法人。从税务的角度讲，不论是子公司，还是分公司，都应在其所在国缴纳所得税。但是，大多数国家对在该国注册登记的公司法人（子公司）与外国公司设在该国的常设机构（分公司）在税收上是有不同规定的。前者往往承担全面纳税义务，后者往往承担有限纳税义务。此外，在税率、优惠政策等方面，也有差异。因此在设立公司时必须进行筹划。

分公司的税收待遇通往往不同于子公司。许多国家对外国公司的分支机构利润，除征收公司所得税外，还要开征一种“分支机构税”。多数国家征收分支机构税时，是就分支机构扣除应征的公司所得税后的全部利润征收，即使事实上并无汇出利润也要征收此税，即不考虑这笔利润是否汇往总公司作为股息，也有些国家只就分支机构未再投资于固定资产的利润征税，还有些国家只就利润的汇出部分征税，也称为“汇出税”。我国对外资企业汇出利润课征预提税即属于这一性质。

世界各国（包括我国）对子公司和分公司在税收待遇等方面有着许多不同的规定，这就为企业或跨国公司设立附属企业的组织形式提供了选择空间。一般来说，设立子公司有如下好处（见表7-7）。

表7-7　　企业组织形式与税收

	子公司	分公司	中间控股公司	其他组织形式
税收政策选择	独立法人，所得单独计征缴税； 居民公司，享受所在国居民纳税人待遇和优惠，但请注意各国对“居民”的定义不同； 所在国所得税税率低于母公司所得税税率时，累积利润可得到递延纳税好处； 子公司利润汇回比较灵活	不是独立法人，但在有些国家，根据税法规定可能须在当地视同独立法人纳税； 亏损可以冲减母公司所得 支付给母公司的利润有时不必缴纳预提所得税； 分公司与母公司的资本转移，一般不负担税收	管理和经营需要； 利用第三国的税收优惠条件以及条约关系； 离岸公司的作用； 投资收益分配与资金融通； 便于将来退出	独资企业； 合资企业； 合作企业。 需考虑投资方式： 新设企业； 收购兼并原有企业焦点问题； 所得税待遇； 优惠政策； 投资收益回收； 未来的退出安排

(1) 在东道国同样只负有有限的债务责任(有时需要母公司担保);

(2) 子公司向母公司报告企业成果只限于生产经营活动方面,而分公司则要向总公司报告全面情况;

(3) 子公司是独立法人,其所得税计征独立进行。子公司可享受东道国给其居民公司提供的包括免税期在内的税收优惠待遇,而分公司由于是作为企业的组成部分之一派往国外,东道国大多不愿为其提供更多的优惠;

(4) 东道国适用税率低于居住国时,子公司的累积利润可得到递延纳税的好处;

(5) 子公司利润汇回母公司要比分公司灵活得多,这等于母公司的投资所得、资本利得可以持留在子公司,或者可经选择税负较轻的时候汇回,得到额外的税收利益。

(6) 许多国家对子公司向母公司支付的股息规定减征或免征预提税。

对设立分公司规定的好处一般有:

(1) 分公司一般便于经营,财务会计制度的要求也比较简单;

(2) 分公司承担成本费用可能要比子公司节省;

(3) 分公司不是独立法人,就流转税在所在地缴纳,利润由总公司合并纳税。在经营初期,分公司往往出现亏损,但其亏损可以冲抵总公司的利润,减轻税收负担;

(4) 分公司交付给总公司的利润通常不必缴纳预提税;

(5) 分公司与总公司之间的资本转移,因不涉及所有权变动,不必负担税收。

上述可见,子公司和分公司的税收利益存在着较大差异,公司企业在选择组织形式时应细心比较、统筹考虑、正确筹划。但总体上看两种组织形式最重要的区别在于:

子公司是独立的法人实体,在设立国被视为居民纳税人,通常要承担与该国其他公司一样的全面纳税义务。分公司不是独立的法人实体,在设立分公司的所在国被视为非居民纳税人,只承担有限的纳税义务。分公司发生的利润与亏损要与总公司合并计算,即“合并报表”。

我国税法也规定,公司的下属分支机构缴纳所得税都有两种形式:一是独立申报纳税;一是合并到总公司汇总纳税。而采用哪种形式缴税则取决于公司下属分支机构的性质,是否为企业所得税独立的纳税义务人。

境外分公司与总公司利润合并计算,所影响的是居住国的税收负担,至于作为分公司所在的东道国,往往照样要对归属于分公司本身的收入课税,这就是实行所谓收入来源税收管辖权。而设立在境内分公司则不存在这个问题,对这一点企业在税筹划时应加以关注。

公司企业在设立下属分支机构时,应采取哪一种最有利的经营组织形式,可以获得较多的税收利益呢?

开办初期,下属企业可能发生亏损,设立分公司,因与总公司“合并报表”冲减总公司的利润后,可以减少应税所得,少缴所得税。而设立子公司就得不到这一项好处。但如果下属企业在开设的不长时间内就可能营利,或能很快扭亏为盈,那么设立子公司就比较适宜,可以得到作为独立法人经营便利之处,还可以享受未分配利润递延纳税的好处。

除了在开办初期要对下属企业的组织形式精心选择外,在企业的经营、运作过程中,随着整个集团或下属企业的业务发展,盈亏情况的变化,总公司仍有必要通过资产的转移、兼并等方式，对下属分支机构进行调整，以获得更多的税收利益。

例如，某公司在经营初期，下属分支机构出现亏损，分公司亏损可与总公司合并计算，于是公司总部开始时选择了建立分公司的组织形式。经营几年后，分公司转亏为盈，为了享受税收递延的好处，决定把分公司的生产经营业务逐步转移到另一家子公司去，或者干脆把分公司兼并到子公司中去，如果是整个分公司转移给子公司，那就必须考虑：是否要缴纳财产转移税，有没有税收优惠的规定？

（1）全面衡量子公司有哪些好处和坏处，尤其是税收总负担的比较；

（2）假定产权转移没有多大好处，而子公司的生产规模需要扩大，是否可以采取把分公司的资产所有权不转移，只是租赁给子公司使用；

（3）存货也可以采取委托代销的方式，这样在受托方未销售之前可以不缴税；

（4）要特别了解一下，居住国与收入来源国对分公司与子公司亏损结转抵补的税收待遇。假定分公司的亏损可冲抵总公司的利润，在分公司未转亏为盈时，不宜转为子公司。

在投资中，还会考虑设立中间控股公司。很多公司会在一些避税地设立中间控股公司，以取得税务和运营方面的利益。设立这类公司需要考虑避税地、常设机构和税收协定等方面的税务规定（见表7－8）。

表7－8　企业组织形式与税收

	巴巴多斯	毛里求斯	开曼/维尔京	中国香港
公司所得税率	1%～2.5%	0～3%	0%	0～17.5%
资本利得是否免税	是，依据税收协定	是（不动产公司除外）	是，依据本国/地区法律	是，依据香港法律
来源于这些国家的股息、利息、特许权使用费的预提所得税	不征	不征	不征	0、0、5.25%
税法允许的亏损弥补期限	9年	无限期	没有规定	无限期
与中国是否签署税收协定	是	是	否	是（仅指常设机构）

3. 独立申报纳税和汇总申报纳税。企业纳税有独立申报纳税和汇总申报纳税之分。税法规定，居民企业在中国境内跨地区设立不具有法人资格的营业机构、场所（以下称分支机构）的，要汇总纳税。该居民企业为汇总纳税企业。非居民企业在中国境内设立两个或者两个以上机构、场所的，经税务机关审核批准，可以选择由其主要机构、场所汇总缴纳企业所得税。

由于公司分支机构可能存在的盈亏不均、地区税率差别及资金控制等因素影响，不同缴纳方式会使公司当期及未来的整体税负水平产生较大的差异。

例如，某公司在A地和B地分别有销售代表处，这两个代表处不具备独立纳税人条件，年所得额汇总到公司集中纳税。某年内部核算表明，A地代表处营利100万元，而B地代表处亏损 50 万元，公司总部营利 150 万元，假设不考虑应纳税所得额的调整因素，适用所得税税率为 25%，该公司 2001 年应缴所得税为 50 万元[(100－50＋150)×25%]。

若两分支机构为独立纳税义务人，实行单独纳税的话，那么，2001 年该公司当期应缴所得税共 62.5 万元[(150＋100)×25%]，B 地的亏损只能留至下一年度弥补。在这种情况下，汇总纳税方式降低了公司当期税负。

公司组织形式的筹划考虑的因素是多方面的，除了上述以外，有时还有其他。

例如，某公司欲投资 5 000 万元研制生产某种型号的设备。经研究，两种方案可供选择：

方案1：设 A、B、C 三个独立核算的子公司，彼此间存在着购销关系：A 企业生产的产品可以作为 B 企业的原材料，而 B 企业生产的产品全部提供给 C 企业。

经调查测算，A 企业购进 1 000 万元的原材料，产品以市场价格 1 500 万元卖给 B 企业，B 企业对 A 提供的原料进一步加工，以 2 000 万元的市场价格卖给 C 企业，C 企业装配后以 2 500 元价格向市场出售（以上价格均不含税）。

甲企业年应纳增值税额＝1 500×17%－1 000×17%＝85(万元)

乙企业年应纳增值税额＝2 000×17%－1 500×17%＝85(万元)

丙企业年应纳增值税额＝2 500×17%－2 000×17%＝85(万元)

方案2：设立一综合性公司，公司设立甲、乙、丙三部门。基于上述市场调查材料，可以求出该企业大致年应纳增值税额为：

2 500×17%－1 000×17%＝255(万元)

只从增值税角度来看，两种方案纳税数额完全一样，但如果考虑货币是有时间价值的，那就不一样了。方案1，甲企业生产出的原材料，在一定的时间内会出售给企业乙，这时要缴纳一定数量的增值税和企业所得税；而方案2，则同样的业务是在部门之间流转，不用缴纳企业所得税和增值税。虽然这笔税款迟早要缴纳，而且数额一致，但纳税人推迟了纳税时间。

四、企业所得税汇总纳税

税法规定，居民企业在中国境内跨地区设立不具有法人资格的营业机构、场所（以下称分支机构）的，要汇总纳税。该居民企业为汇总纳税企业。

企业实行“统一计算、分级管理、就地预缴、汇总清算、财政调库”的企业所得税征收管理办法。

统一计算，是指企业总机构统一计算包括企业所属各个不具有法人资格的营业机构、场所在内的全部应纳税所得额、应纳税额。

分级管理，是指总机构、分支机构所在地的主管税务机关都有对当地机构进行企业所得税管理的责任，总机构和分支机构应分别接受机构所在地主管税务机关的管理。

就地预缴，是指总机构、分支机构应按本办法的规定，分月或分季分别向所在地主管税务机关申报预缴企业所得税。

汇总清算，是指在年度终了后，总机构负责进行企业所得税的年度汇算清缴，统一计算企业的年度应纳所得税额，抵减总机构、分支机构当年已就地分期预缴的企业所得税款后，多退少补税款。

财政调库，是指财政部定期将缴入中央国库的跨地区总分机构企业所得税待分配收入，按照核定的系数调整至地方金库。

总机构和具有主体生产经营职能的二级分支机构，就地分期预缴企业所得税。二级分支机构及其下属机构均由二级分支机构集中就地预缴企业所得税；三级及以下分支机构不就地预缴企业所得税，其经营收入、职工工资和资产总额统一计入二级分支机构。

总机构设立具有独立生产经营职能部门，且具有独立生产经营职能部门的经营收入、职工工资和资产总额与管理职能部门分开核算的，可将具有独立生产经营职能的部门视同一个分支机构，就地预缴企业所得税。具有独立生产经营职能部门与管理职能部门的经营收入、职工工资和资产总额不能分开核算的，具有独立生产经营职能的部门不得视同一个分支机构，不就地预缴企业所得税。

不具有主体生产经营职能，且在当地不缴纳增值税、营业税的产品售后服务、内部研发、仓储等企业内部辅助性的二级及以下分支机构，不就地预缴企业所得税。

上年度认定为小型微利企业的，其分支机构不就地预缴企业所得税。新设立的分支机构，设立当年不就地预缴企业所得税。撤销的分支机构，撤销当年剩余期限内应分摊的企业所得税款由总机构缴入中央国库。企业在中国境外设立的不具有法人资格的营业机构，不就地预缴企业所得税。企业计算分期预缴的所得税时，其实际利润额、应纳税额及分摊因素数额，均不包括其在中国境外设立的营业机构。

企业应根据当期实际利润额，按照本办法规定的预缴分摊方法计算总机构和分支机构的企业所得税预缴额，分别由总机构和分支机构分月或者分季就地预缴。

在规定期限内按实际利润额预缴有困难的，经总机构所在地主管税务机关认可，可以按照上一年度应纳税所得额的1/12或1/4，由总机构、分支机构就地预缴企业所得税。预缴方式一经确定，当年度不得变更。

总机构和分支机构应分期预缴的企业所得税，50%在各分支机构间分摊预缴，50%由总机构预缴。总机构预缴的部分，其中25%就地入库，25%预缴入中央国库。

总机构应按照以前年度（1～6月份按上上年度，7～12月份按上年度）分支机构的经营收入、职工工资和资产总额三个因素计算各分支机构应分摊所得税款的比例，三因素的权重依次为0.35、0.35、0.30。计算公式如下：

$$\text{某分支机构分摊比例}=0.35\times\left(\frac{\text{该分支机构营业收入}}{\text{各分支机构营业收入之和}}\right)+0.35\times\left(\frac{\text{该分支机构工资总额}}{\text{各分支机构工资总额之和}}\right)+0.30\times\left(\frac{\text{该分支机构资产总额}}{\text{各分支机构资产总额之和}}\right)$$

以上公式中分支机构仅指需要就地预缴的分支机构，该税款分摊比例按上述方法一经确定后，当年不作调整。

分支机构经营收入，是指分支机构在销售商品或者提供劳务等经营业务中实现的全部营业收入。其中，生产经营企业的经营收入是指销售商品、提供劳务等取得的全部收入；金融企业的经营收入是指利息和手续费等全部收入；保险企业的经营收入是指保费等全部收入。

分支机构职工工资，是指分支机构为获得职工提供的服务而给予职工的各种形式的报酬。

分支机构资产总额，是指分支机构拥有或者控制的除无形资产外能以货币计量的经济资源总额。

各分支机构的经营收入、职工工资和资产总额的数据均以企业财务会计决算报告数据为准。

五、企业重组中涉及的契税

税法规定：

1. 企业公司制改造。非公司制企业，按照《中华人民共和国公司法》的规定，整体改建为有限责任公司（含国有独资公司）或股份有限公司，或者有限责任公司整体改建为股份有限公司的，对改建后的公司承受原企业土地、房屋权属，免征契税。

非公司制国有独资企业或国有独资有限责任公司，以其部分资产与他人组建新公司，且该国有独资企业（公司）在新设公司中所占股份超过 50% 的，对新设公司承受该国有独资企业（公司）的土地、房屋权属，免征契税。

2. 企业股权重组。在股权转让中，单位、个人承受企业股权，企业上地、房屋权属不发生转移，不征收契税。

国有、集体企业实施“企业股份合作制改造”，由职工买断企业产权，或者向其职工转让部分产权，或者通过其职工投资增资扩股；将原企业改造为股份合作制企业的，对改造后的股份合作制企业承受原企业的土地、房屋权属，免征契税。

3. 企业合并。两个或两个以上的企业，依据法律规定、合同约定，合并改建为一个企业，对其合并后的企业承受原合并各方的土地、房屋权属，免征契税。

4. 企业分立。企业依照法律规定、合同约定分设为两个或两个以上投资主体相同的企业，对派生方、新设方承受原企业土地、房屋权属，不征收契税。

5. 企业出售。国有、集体企业出售，被出售企业法人予以注销，并且买受人妥善安置原企业 30% 以上职工的，对其承受所购企业的土地、房屋权属，减半征收契税；全部安置原企业职工的，免征契税。

6. 企业关闭、破产。企业依照有关法律、法规的规定实施关闭、破产后，债权人（包括关闭、破产企业职工）承受关闭、破产企业土地、房屋权属以抵偿债务的，免征契税；对非债权人承受关闭、破产企业土地、房屋权属，几妥善安置原企业 30% 以上职工的，减半征收契税；全部安置原企业职工的，免征契税。

7. 其他。经国务院批准实施债权转股权的企业，对债权转股权后新设立的公司承受原企业的土地、房屋权属，免征契税。

政府主管部门对国有资产进行行政性调整和划转过程中发生的土地、房屋权属转移，不征收契税。

企业改制重组过程中，同一投资主体内部所属企业之间土地、房屋权属的无偿划转，不征收契税。

阅读材料7-3

企业改组改制契税优惠政策

按照税法规定，在我国境内转移土地、房屋权属，承受的单位和个人需要缴纳契税，契税一般应当依照成交价格及规定的税率计算税款，税率由省级政府在3%~5%税率的幅度内确定。为了支持企业深化改革，加快建立现代企业制度，税法对企业改组改制制定了一些相应的税收优惠政策，主要包括以下几个方面。

1. 公司制改造。公司制改造，是指非公司制企业按照《公司法》要求改建为有限责任公司（含国有独资公司）或股份有限公司，或经批准由有限责任公司变更为股份有限公司。《财政部、国家税务总局关于企业改革中有关契税政策的通知》（财税［2001］161号）规定，在公司制改造中，对不改变投资主体和出资比例改建成的公司制企业承受原企业土地、房屋权属的，不征契税；对独家发起、募集设立的股份有限公司承受发起人土地、房屋权属的，免征契税；对国有、集体企业经批准改建成全体职工持股的有限责任公司或股份有限公司承受原企业土地、房屋权属的，免征契税；对其余涉及土地，房屋权属转移的，征收契税。《财政部、国家税务总局关于企业改制重组若干契税政策的通知》（财税［2003］184号）文件则不再对改制后的投资主体和出资比例进行免税限制，该文规定，非公司制企业按照《公司法》的规定，整体改建为有限责任公司（含国有独资公司）或股份有限公司，或者有限责任公司整体改建为股份有限公司的，对改建后的公司承受原企业土地、房屋权属，免征契税。非公司制国有独资企业或国有独资有限责任公司，以其部分资产与他人组建新公司，且该国有独资企业（公司）在新设公司中所占股份超过50%的，对新设公司承受该国有独资企业（公司）的土地、房屋权属，免征契税。

2. 企业合并。企业合并是指两个或者两个以上的企业，依照法律规定、合同约定改建为一个企业的行为。《财政部、国家税务总局关于企业改革中有关契税政策的通知》（财税［2001］161号）规定：企业合并中，新设方或者存续方承受被解散方土地、房屋权属，如合并前各方为相同投资主体的，则不征契税，其余征收契税。《财政部、国家税务总局关于企业改制重组若干契税政策的通知》（财税［2003］184号）也没有就投资主体进行免税限制，该文件规定，两个或两个以上的企业，依据法律规定、合同约定，合并改建为一个企业，对其合并后的企业承受原合并各方的土地、房屋权属，免征契税。

3. 企业分立。企业分立是指企业依照法律规定、合同约定分设为两个或两个以上投资主体相同的企业的行为。《财政部、国家税务总局关于企业改革中有关契税政策的通知》（财税［2001］161号）规定，企业分立中，对派生方、新设方承受原企业土地、房屋权属的，不征契税。《财政部、国家税务总局关于企业改制重组若干契税政策的通知》（财税［2003］184号）则要求分立免税的条件是投资主体相同，该文件规定，企业依照法律规定、合同约定分设为两个或两个以上投资主体相同的企业，对派生方、新设方承受原企业土地、房屋权属，不征收契税。此项免税的“企业分立”，仅指新设企业、派生企业与被分立企业投资主体完全相同的行为。

4. 股权重组。股权重组是指企业股东持有的股份或出资发生变更的行为。股权重组主要包括股权转让和增资扩股两种形式。股权转让是指企业的股东将其持有的股份或出资部分或全部转让给他人；增资扩股是指公司向社会公众或特定单位、个人募集出资、发行股票。《财政部、国家税务总局关于企业改革中有关契税政策的通知》（财税［2001］161号）规定：在股权转让中，单位、个人承受企业股权，企业的土地、房屋权属不发生转移，不征契税；在增资扩股中，对以土地、房屋权属作价入股或作为出资投入企业的，征收契税。《财政部、国家税务总局关于企业改制重组若干契税政策的通知》（财税［2003］184号）规定：在股权转让中，单位、个人承受企业股权，企业土地、房屋权属不发生转移，不征收契税。此"股权转让"，包括单位、个人承受企业股权，同时变更该企业法人代表、投资人、经营范围等法人要素的情况。即：企业办理变更登记的，适用于该项免税规定；企业办理新设登记的，不适用于该免税规定。对新设企业承受原企业的土地、房屋权属应征收契税。文件同时规定，国有、集体企业实施"企业股份合作制改造"，由职工买断企业产权，或者向其职工转让部分产权，或者通过其职工投资增资扩股；将原企业改造为股份合作制企业的，对改造后的股份合作制企业承受原企业的土地、房屋权属，免征契税。

5. 企业破产。企业破产是指企业因经营管理不善造成严重亏损，不能清偿到期债务而依法宣告破产的法律行为。《财政部、国家税务总局关于企业改革中有关契税政策的通知》（财税［2001］161号）规定，企业破产清算期间，对债权人（包括破产企业职工）承受破产企业土地、房屋权属以抵偿债务的，免征契税；对非债权人承受破产企业土地、房屋权属的，征收契税。《财政部、国家税务总局关于企业改制重组若干契税政策的通知》（财税［2003］184号）规定，国有、集体企业出售，被出售企业法人予以注销，并且买受人妥善安置原企业30%以上职工的，对其承受所购企业的土地、房屋权属，减半征收契税；全部安置原企业职工的，免征契税。企业依照有关法律、法规的规定实施关闭、破产后，债权人（包括关闭、破产企业职工）承受关闭、破产企业土地、房屋权属以抵偿债务的，免征契税；对非债权人承受关闭、破产企业土地、房屋权属，凡妥善安置原企业30%以上职工的，减半征收契税；全部安置原企业职工的，免征契税。上述所称"妥善安置原企业职工"，是指国有、集体企业买受人或关闭、破产企业的土地、房屋权属承受人，按照国家有关规定对原企业职工进行合理补偿，并与被安置职工签订服务年限不少于三年的劳动用工合同，以及按照《劳动法》落实相关政策。

6. 其他。《财政部、国家税务总局关于企业改制重组若干契税政策的通知》（财税［2003］184号）规定：其他经国务院批准实施债权转股权的企业，对债权转股权后新设立的公司承受原企业的土地、房屋权属，免征契税。政府主管部门对国有资产进行行政性调整和划转过程中发生的土地、房屋权属转移，不征收契税。企业改制重组过程中，同一投资主体内部所属企业之间土地、房屋权属的无偿划转，不征收契税。此项"同一投资主体内部所属企业之间"规定，是指母公司与其全资子公司之间、母公司所属的各个全资子公司之间的关系，以及同一自然人设立的个人独资企业之间、同一自然人设立的个人独资企业与一人有限责任公司之间的关系。《国家税务总局关于全资子公司承受母公司资产有关契税政策的通知》（国税函［2008］514号）规定：公司制企业在重组过程中，以名下土地、房屋权属对其全资子公司进行增资，属同一投资主体内部资产划转，对全资子公司承受母公司土地、房屋权属的行为，不征收契税。《财政部、国家税务总局关于国有控股公司投资组建新公司有关契税政策的通知》（财税［2006］142号）就国有控股公司投资组建新公司有关契税政策规定如下，对国有控股公司以部分资产投资组建新公司，且该国有控股公司占新公司股份85%以上的，对新公司承受该国有控股公司土地、房屋权属免征契税。上述所称国有控股公司，是指国家出资额占有限责任公司资本总额50%以上，或国有股份占股份有限公司股本总额50%以上的国有控股公司。

需要注意的是，上述改制企业契税优惠政策执行期限截至2008年12月31日，有关企业在改组改制时应全面把握，以免错过免税时机。

资料来源：陈萍生，孙百梅：《中国税务报》，2008年7月14日。

六、企业重组中涉及的印花税

税法规定，经县级以上人民政府及企业主管部门批准改制的企业，在改制过程中涉及的印花税政策如下：

1. 关于资金账簿的印花税。实行公司制改造的企业在改制过程中成立的新企业（重新办理法人登记的），其新启用的资金账簿记载的资金或因企业建立资本组带关系而增加的资金，凡原已贴花的部分可不再贴花，未贴花的部分和以后新增加的资金按规定贴花。

公司制改造包括国有企业依《公司法》整体改造成国有独资有限责任公司；企业通过增资扩股或者转让部分产权，实现他人对企业的参股，将企业改造成有限责任公司或股份有限公司；企业以其部分财产和相应债务与他人组建新公司；企业将债务留在原企业，而以其优质财产与他人组建的新公司。

以合并或分立方式成立的新企业，其新启用的资金账簿记载的资金，凡原已贴花的部分可不再贴花，未贴花的部分和以后新增加的资金按规定贴花。

合并包括吸收合并和新设合并。分立包括存续分立和新设分立。

企业债权转股权新增加的资金按规定贴花。

企业改制中经评估增加的资金按规定贴花。

企业其他会计科目记载的资金转为实收资本或资本公积的资金按规定贴花。

2. 关于各类应税合同的印花税。企业改制前签订但尚未履行完的各类应税合同，改制后需要变更执行主体的，对仅改变执行主体、其余条款未作变动且改制前已贴花的，不再贴花。

3. 关于产权转移书据的印花税。企业因改制签订的产权转移书据免予贴花。

本章小结

企业并购重组的税务政策和安排，具有针对性、综合性和现实性。

首先，税务问题贯穿于并购重组的整个过程中。并购重组是一种交易，必然涉及纳税的问题，涉及的税种包括：流转税、企业所得税、个人所得税、印花税、契税等。税收存在于交易的整个过程中，并影响成本、风险以及战略、执行和整合等方面。一般来讲，税收是作为一个变量来影响并购重组交易；但有时候，税收可能也是并购重组的目的，这时要谨慎地防止受到税法有关不合理商业目的的限制。

其次，在税法看来，并购重组归根结底可分为资产交易和股权的交易，它们在纳税负担和风险继承方面，各有特点。在资产交易和股权交易的划分上，既考虑交易出去的是资产还是股权，还有考虑交易对价进来的是资产还是股权。

再次，税法进一步划分为单项或多项资产交易、整体资产置换和转让、合并和分立。单项和多项资产交易，一般为视同销售缴纳相关税收；而整体资产置换和转让、合并和分立，在满足规定的条件后，税法认可免税交易，当然这只是时间性（暂时性）的差异，因为免税交易按照账面净值确认资产的计税基础。

再其次，并购重组还直接关系到公司的税务架构问题，这使得问题带有前瞻性和综合性。要考虑好公司的组织形式、纳税主体、地点、将来退出等，考虑并购完成后，如何经营运作、转让定价等。

最后，是其他一些相关的、必要的问题，如契税、印花税、税法与会计处理差异等，争取利用税法的优惠政策。

还有重要的一点要强调，并购重组要保证有真实的商业目的，并力争保持运营的连续性。

关键术语和概念

资产收购	合并	汇总纳税
免税的资产收购	分立	股息红利
股权收购	债务重组	转让财产收入
免税的股权收购	税务尽职调查	企业清算

选读文献资料

1. 董树奎：《税前扣除与投资改组业务所得税问题解析》，世界图书出版社 2001 年版。

2. 周叶：《企业税收筹划》（第二版），上海财经大学出版社 2007 年版。

3. Deloitte：*China Mergers&Acquistions Playbook*. 2006.

4. Martin D. Ginsburg，Jack S. Levin：*Mergers，Acquisitions，and Buyouts – A Transactional of the Governing Tax，Leagal，and Accounting Considerations*，Aspen Publishers，Inc. 2002.

5. Grant W. Newton，Robert Liquerman：*Bankruptcy&Insolvency Taxation – Third Edition*，John Wiley& Sons，Inc. 2005.

第八章　纳税遵从——程序正义和风险规避

专栏8－1　纳税人的合同协议要符合税法

A公司2002年12月，与其上级全资控股母公司B签订了一份合同。合同约定，B将其闲置的4万平方米的土地租用给A，A自主确定该土地的使用，A则须每年向B支付租赁费45万元；合同同时约定，该土地须承担的土地使用税税金由A缴纳。自2003年开始，A即按照规定计算缴纳城镇土地使用税（该地段的土地使用税税率为2元/平方米），土地使用税税款也全部打入费用成本。进一步了解发现，B按收取的45万元的租赁费收入计缴营业税和城建税等税。

《征管法实施细则》第3条明确规定：纳税人应当依照税收法律、行政法规的规定履行纳税义务；其签订的合同、协议等与税收法律、行政法规相抵触的，一律无效。而上述的合同恰恰违反了现行税收法律法规的规定。税法规定：在城市、县城、建制镇、工矿区范围内使用土地的单位和个人，为城镇土地使用税的纳税义务人；土地使用税由拥有土地使用权的单位或个人缴纳。专栏8－1中，B对土地拥有使用权，而且也确实在以出租的方式经营和使用土地，因此，它就是法定的合同所涉及城镇土地使用税的纳税人。

有人认为，按照合同双方的约定，国家税款并不会遭到任何的损失：其一，在营业税及城建税方面，A已经按照租赁费收入全额计算缴纳了税款；其二，在城镇土地使用税方面，由B缴纳与由A缴纳，国家的收入是一致的；其三，在企业所得税方面，A缴纳土地使用税将会直接减少其计税利润少缴所得税，但如果由B缴纳土地使用税，B同样也会少缴数额相等的所得税。

仔细分析之后，却会发现，实际并不是那么回事。B向A收取了45万元的租赁费，也就是说其直接的货币收入为45万元，但是，B本应该承担该部分土地的土地使用税，然而，它现在却用合同约定的方式，将其负担转移给了A，因此，它还间接地取得了经济收益8万元（4×2）。两项合计，B实际上取得了53万元的收入，按53万元计算缴纳营业税，同时还须缴纳城建税。少缴的营业税为4 000元（80 000×5%）。少缴的城建税为280元（4 000×7%）。在企业所得税方面，假设A与B的利润均为100万元，那么，因为A不应该承担该笔土地使用税，故应调增计税利润8万元，即A实际少申报了8万元的计税所得，少缴所得税2.64万元（80 000×33%）。而B少记了8万元的收益，但也少记了应当负担的8万元土地使用税税款，同时，B还须在税前扣除营业税与城建税款，因此，它的计税所得并没有100万元，而只有99 572元（100+8-8-0.4-0.028），它将多缴所得税1 412.4元[（4 000+280）×33%]。所得税方面少缴了2.498 76万元（2.64-0.141 24）。综合营业税与所得税，少缴了292 676元（2.498 76+0.4+0.028）的税款。

在处理该案时，最终按照《税收征管法》第64条的规定补征两家单位应当缴纳的税款，同时处少缴税50%的罚款。

资料来源：根据江苏省国家税务局网站资料，作者整理。

第一节　纳税人的义务和权利

一、权利和义务

享受权利和履行义务，是纳税人处理涉税事务的基本准则，而明确界定、清楚知晓权利和义务是纳税人税务管理的首要要求。《中华人民共和国税收征收管理法》（简称《税收征管法》）和《中华人民共和国税收征收管理法实施细则》（简称《征管法细则》）等法规文件，对征纳双方的权利和义务作出了规定。

公民的依法纳税义务是我国《宪法》规定的。《中华人民共和国宪法》第56条规定：中华人民共和国公民有依照法律纳税的义务。

（一）纳税人权利

《税收征管法》规定纳税人的权利主要有：税务知情权、要求保密权、申请减免税权、申请退税权、陈述申辩权、税收救济权、控告检举权、请求回避权、取得完税凭证权、拒绝检查权、申请延期申报权、申请延期缴纳税款权等。

有知情权。纳税人有权向税务机关了解国家税收法律、行政法规，以及与纳税程序有关的情况。

有保密权。纳税人有权要求税务机关对其的情况保密。税务机关应当依法为其保密。

有申请减税、免税、退税的权利。纳税人依法享有法定的申请减税、免税、退税的权利。

有陈述、申辩权。纳税人对税务机关所作出的决定，享有陈述权，申辩权。

有申请行政救济和司法救济权。纳税人依法享有申请行政复议、提起行政诉讼和请求国家赔偿的权利。

有控告、检举权。纳税人对税务机关、税务人员的违法、违纪行为有权控告和检举。

有受尊重权。税务机关、税务人员必须尊重和保护纳税人的权利，依法接受监督。

有选择纳税申报方式权。纳税人可以按照法律的规定，选择纳税申报的方式，诸如直接到税务机关申报、邮寄申报、数据电文申报等。

其他权利。如：超过应纳税额缴纳的税款，纳税人自结算缴纳税款之日起，三年发现的可以要求退还多缴的税款，并加算银行同期存款利息。税务机关派出人员进行税务检查时，未出示税务检查证和税务检查通知书的，纳税人有权拒绝检查。

这些权利实际上可以理解为狭义的权利。从更为广阔的范畴来看，纳税人在尽到纳税义务之后，还拥有获得宪法和法律规定的消费公共产品与服务的权利。

（二）纳税人义务

纳税人的义务主要有：依法办理税务登记、依法设置账簿、正确核算并保管账簿和有关资料、按规定开具使用取得发票、按期进行纳税申报、按时缴纳或解缴税款，自觉接受税务检查等。税务机关的权利主要有：税收管理权、税款征收权、税务检查权、税务行政处罚权等；税务机关的义务主要有：依法征税、依法减免税、纳税服务、保守秘密、依法回避、依法进行税务检查等。

（三）其他有关单位和部门的义务

《税收征管法》和《征管法细则》对其他有关机关和部门配合税务机关执法，规定了以下的义务和责任：

工商行政管理机关。根据《税收征管法》第 15 条的原则规定，《征管法细则》第 11 条明确了各级工商行政管理机关应当定期向同级国家税务局和地方税务局通报办理开业、变更、注销登记以及吊销营业执照的情况；国家税务总局和国家工商行政管理总局还应联合制定通报的具体办法。

银行和其他金融机构。《征管法细则》第 46 条规定税务机关可以委托银行开具完税凭证；为保证《税收征管法》第 17 条、第 54 条、第 57 条规定的执行，《征管法细则》第 92 条又规定了银行和其他金融机构未依照规定在从事生产、经营的纳税人的账户中登录税务登记证件号码，或者未按规定在税务登记证件中登录从事生产、经营的纳税人的账户账号的处罚措施。

公安机关。《征管法细则》第 74 条规定了税务机关可以通知出入境管理机关阻止欠税纳税人出境；国家税务总局和公安部将联合制定阻止欠税纳税人出境的具体办法。

车站、码头、机场、邮政企业及其分支机构。《税收征管法》第 54 条、第 57 条规定了车站、码头、机场、邮政企业及其分支机构协助税务机关进行检查的义务；《征管法细则》第 95 条又明确了车站、码头、机场、邮政企业及其分支机构拒绝税务机关前往检查纳税人有关情况的处罚措施。

受托代征单位和人员。《征管法细则》第 44 条规定，税务机关根据有利于税收控管和方便纳税的原则，可以委托有关单位和个人以税务机关的名义依法代征零星分散和异地缴纳的税收，纳税人不得拒绝；纳税人拒绝的，受托代征单位和人员应当及时报告税务机关。

发包人或者出租人。《征管法细则》第 49 条规定了发包人或者出租人应当自发包或者出租之日起 30 日内将承包人或者承租人的有关情况向主管税务机关报告的义务。发包人或者出租人不报告的，发包人或者出租人与承包人或者承租人承担纳税连带责任。

审计机关、财政机关。《征管法细则》第 84 条规定审计机关、财政机关依法进行审计、检查时，发现被审计、检查单位有税收违法行为的，应向被审计、检查单位下达决定、意见书，责成被审计、检查单位向税务机关缴纳应当缴纳的税款、滞纳金；有关机关不得将其履行职责过程中发现的税款、滞纳金自行征收入库或者以其他款项的名义自行处理、占压。

税务代理人。根据《税收征管法》第 89 条关于纳税人、扣缴义务人可以委托税务代理人代为办理税务事宜的规定，《征管法细则》第98条明确了税务代理人违反规定造成纳税人未缴或者少缴税款的处罚措施。

二、纳税程序

税收征管问题涉及纳税的程序问题。纳税人的纳税的程序主要分为：纳税准备阶段、税款缴纳阶段和纳税完成后阶段（见图8－1）。

纳税准备	税款缴纳	纳税完成后
税务登记管理	纳税申报	纳税评估
账簿的设立	税款缴纳	税务检查
账簿的保管	税款的退还	听证
财务会计报表报送	税款的追征	法院强制执行
记账核算	延期缴纳税款	税务犯罪案件的移送
发票管理：发票的	扣缴义务	税务行政复议
购领；发票的保管；	税收担保	税务行政诉讼
发票的填开	税收保全	
	税收强制执行	

图8－1 纳税程序

纳税准备阶段包括：税务登记管理、账簿的设立、账簿的保管、纳税人财务会计报表报送、记账核算和发票管理等。发票管理包括：发票的购领、发票的保管、发票的填开。

税款缴纳阶段包括：纳税申报、税款缴纳、税款的退还、税款的追征、延期缴纳税款、扣缴义务、税收担保、税收保全和税收强制执行。

纳税完成后的税务管理包括：纳税评估、税务检查、听证、法院强制执行税务犯罪案件的移送、税务行政复议和税务行政诉讼。

案例分析8－1 征纳双方都不能忽视税务的程序

地税局税务分局根据对事业单位、社会团体开展企业所得税专项检查的统一布置，向某医院下达税务稽查通知书，进行纳税检查。通过检查，税务分局认定该医院应补缴企业所得税50万元。于是该分局派人下达催缴税款通知书，限期缴清，而医院拒签文书。两名送达人员就在送达回证上注明医院拒签，并分别在送达人签名、盖章处签上送达人的名字，将税务文书留在医院财务科，视同已送达。医院逾期未缴税款，分局下达暂停支付存款通知书；冻结其30万元银行存款。随后税务人员又多次上门或电话催缴，医院始终拒缴税款。见催缴无效，税务分局下达扣缴税款通知书，将冻结存款直接划缴入库。医院向人民法院起诉，以税务机关未对其进行税务登记管理，医院系免税单位为由，请求撤销税务分局的“催缴税款通知书”追回银行存款30万元，并提出要税务局赔偿经济损失。后经协调，医院撤诉。

1. 本案中医院存在以下问题。

（1）是不是企业所得税的法定纳税人，是否应依法缴纳企业所得税。医院作为事业单位应属于企业所得税的纳税人，被告对原告进行检查征税是合法的具体行政行为。医疗机构分为非营利性、营利性两类管理，非营利性医疗机构享受相应的税收优惠政策；营利性医疗服务依法纳税。

（2）未税务登记，是否仍有缴纳国家税收的义务。根据《税收征管法》的规定，医院只要发生应纳税行为，取得应纳税收入，就必须主动申报纳税。税务登记是税法对税源进行有效监控的一个重要手段，而非征税前提。医院负有依照法律规定办理税务登记和申报纳税的义务，不能以未办理税务登记为借口拒绝履行纳税义务。

2. 税务机关执法行为也存在一些问题。

（1）未下达税务处理决定书，未告知纳税人的复议、诉讼事项，在执法程序上有欠缺。税法规定，税务机关查处税务案件，应当制作税务处理决定书，通知有关纳税人、扣缴义务人及其他当事人，并注明有关行政复议和行政诉讼的事项。本案中，税务机关通过检查发现医院应补税后，直接下达催缴税款通知书，没有下达税务处理决定书，采取强制措施时也没有告知纳税人享有的复议和诉讼的权利，在执法程序上违法。

（2）文书送达错误。根据税法规定，受送达人拒签文书的，送达人应当邀有关基层组织或者所在单位的代表到场，说明情况，见证签名。见证人不应包括与其他税务干部，送达人更不得做见证人。本案中税务送达人员自做见证人的送达方式是错误的。

（3）不能对医院采取暂停支付银行存款的税收保全措施。税法规定，从事生产经营的纳税人有逃避纳税义务的行为，税务机关可在规定的纳税期之前责令限期缴纳应纳税款，在限期内发现纳税人有明显转移、隐匿应纳税的商品、货物及其他财产或者应纳税的收入迹象的，税务机关可以责成纳税人提供纳税担保；如果不能提供纳税担保的，经县以上税务机关批准，可以书面通知纳税人开户银行暂停支付纳税人的金额相当于应纳税款的存款，或若扣押、查封其价值相当于应纳税款的商品、货物或者其他财产。保全措施的前提是：纳税人按税法规定申报纳税的期限还没有纳税，并且有逃避纳税义务的行为。本案中医院明显不符合此前提，故不得采取保全措施。

（4）不得对医院采取扣缴税款的税收强制执行措施。根据税法规定，从事生产、经营的纳税人未按照规定期限缴纳税款，由税务机关责令限期缴纳，逾期仍未缴纳的、经县以上税务机关批准，可书面通知其开户银行从其存款中扣缴税款。此种措施只能适用于逾期未缴税款的从事生产、经营的纳税人，而医院系事业单位，故不能对其采取强制执行措施。

资料来源：根据福建省国家税务局网站资料，作者整理。

第二节 纳税人纳税行为的法律责任

纳税人在面对确定的税法时，其有多种行为选择。其或遵守税法，依法纳税；或是不遵守税法，违背税法。前者又称为税收遵从，就是纳税人严格依照税法处理涉税事务，按照税法履行义务，享受权利。遵从税法既要遵从税收实体法，也遵从税收程序法；既是纳税人的义务和责任，也是税法赞同和褒扬的纳税行为。不遵从税法的行为，可能是违背了税收实体法，也可能是违背了税收程序法，或者两者都违背了。不遵从税法的行为主要包括：偷税、骗税、抗税和欠税，其要受到法律的制裁和制约（见图8－2）。

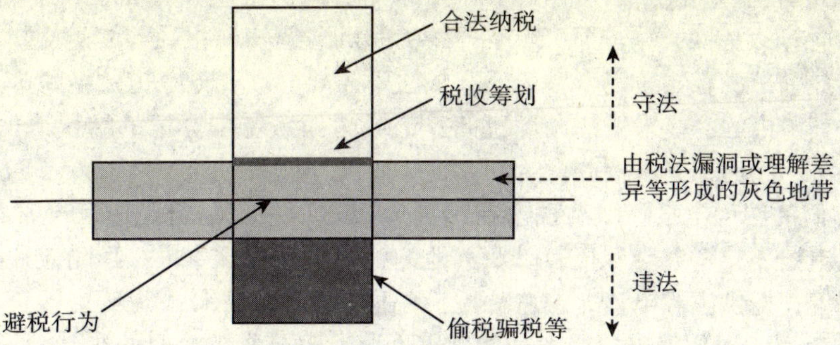

图 8－2　纳税人纳税行为

一、偷税

《税收征管法》第 63 条规定：纳税人伪造、变造、隐匿、擅自销毁账簿、记账凭证，或者在账簿上多列支出或者不列、少列收入，或者经税务机关通知申报而拒不申报或者进行虚假的纳税申报，不缴或者少缴应纳税款的，是偷税。对纳税人偷税的，由税务机关追缴其不缴或者少缴的税款、滞纳金，并处不缴或者少缴的税款 50% 以上 5 倍以下的罚款；构成犯罪的，依法追究刑事责任。扣缴义务人采取前款所列手段，不缴或者少缴已扣、已收税款，由税务机关追缴其不缴或者少缴的税款、滞纳金，并处不缴或者少缴的税款 50% 以上 5 倍以下的罚款；构成犯罪的，依法追究刑事责任。

另外，《刑法》及《最高人民法院关于审理偷税抗税案件具体应用法律若干问题的解释》，也对偷税问题作出了相关规定，明确了偷税的概念以及纳税人、扣缴义务人相应的法律责任。

（一）偷税的认定

主要有三个因素：

一是行为主体是纳税人，即根据法律和行政法规的规定负有纳税义务的单位和个人。

二是行为主体采取了偷税手段，偷税手段包括：

1. 伪造、变造、隐匿和擅自销毁账簿、记账凭证。伪造是指行为人依照真账簿、真凭证的式样制作虚假的账簿和记账凭证，以假充真，俗称“造假账”、“两本账”；变造是指行为人对账簿、记账凭证进行挖补、涂改、拼接，制作假账、假凭证；“隐匿”是指行为人将账簿、记账凭证故意隐藏起来，使税务机关难以查实计税依据；擅自销毁则是在法定的保存期间内，未经税务主管机关批准而擅自将正在使用或尚未过期的账簿、记账凭证销毁处理的行为。

2. 在账簿上多列支出或者不列、少列收入。即在账簿上大量填写超出实际支出的数额以冲抵或者减少实际收入的数额，虚增成本，乱摊费用，缩小利润数额；或者将账外经营取得的应税收入不通过销售账户，直接转为利润或者专项基金，或挂在往来账户不结转等。

3. 经税务机关通知申报而拒不申报。是指应依法办理纳税申报的纳税人，不按照法律、行政法规的规定办理纳税申报，经税务机关通知后，仍拒不申报的行为。根据《司法解释》，具有下列情形之一的，应当认定为“经税务机关通知申报”：纳税人、扣缴义务人已经依法办理税务登记或者扣缴税款登记的；依法不需要办理税务登记的纳税人，经税务机关依法书面通知其申报的；尚未依法办理税务登记或者扣缴税款登记的纳税人、扣缴义务人，经税务机关依法书面通知其申报的。

4. 进行虚假的纳税申报。即纳税人在纳税申报过程中，制造虚假情况，如不如实填写或者提供纳税申报表、财务会计报表以及其他的纳税资料等，少报、隐瞒应税项目、销售收入和经营利润等；提供虚假申请，编造减税、免税、抵税、先征后退等虚假资料。

5. 缴纳税款后，以假报出口或者其他欺骗手段，骗取所缴纳的税款。

第三个方面的因素是，偷税必须有不缴或少缴税款的结果，即造成国家税款流失，行为主体不当得利。

扣缴义务人是法律、行政法规规定的，负有代扣代缴、代收代缴税款义务的单位和个人。他们所代扣代缴、代收代缴的税款，应依法上缴税务机关。扣缴义务人采取上述偷税手段，不缴或者少缴已扣、已收税款的，实际上是截留了国家税款，对这类行为，应当认定为偷税。《司法解释》还明确，扣缴义务人书面承诺代纳税人支付税款的，应当认定为“已扣、已收税款”。

（二）对偷税的处罚

对纳税人偷税的，一经查实，由税务机关追缴其所偷税款，加收滞纳金，并处以不缴少缴税款50%以上5倍以下的罚款。对情节严重，涉嫌犯罪的，移送司法机关处理。

从2009年2月28日起，“偷税”将不再作为一个刑法概念存在。当天，十一届全国人大常委会第七次会议表决通过了《刑法修正案（七）》，修订后的《刑法》对第201条关于不履行纳税义务的定罪量刑标准和法律规定中的相关表述方式进行了修改。修订后的《刑法》自当日起施行。

《刑法》第201条的相关规定主要作了三个方面的修改：

修改一：《刑法》用“逃避缴纳税款”的表述取代了原法律条文中“偷税”的表述。

修改二：《刑法》不再对不履行纳税义务的定罪量刑标准和罚金标准作具体数额规定。《刑法》规定：纳税人采取欺骗、隐瞒手段进行虚假纳税申报或者不申报，逃避缴纳税款数额较大并且占应纳税额10%以上的，处三年以下有期徒刑或者拘役，并处罚金；数额巨大并且占应纳税额30%以上的，处三年以上七年以下有期徒刑，并处罚金。取消了修改前《刑法》分别规定的“1万元以上不满10万元”和“10万元以上”的具体数额标准。

修改三：《刑法》增加规定，有逃避缴纳税款行为的纳税人，经税务机关依法下达追缴通知后，补缴应纳税款，缴纳滞纳金，已受行政处罚的，不予追究刑事责任；但是，五年内因逃避缴纳税款受过刑事处罚或者被税务机关给予两次以上行政处罚的除外。

原条文：纳税人采取伪造、变造、隐匿、擅自销毁账簿、计账凭证，在账簿上多列支出或者不列、少列收入，经税务机关通知申报而拒不申报或者进行虚假的纳税申报的手段，不缴或者少缴应纳税款，偷税数额占应纳税额的10%以上不满30%并且偷税数额在1万元以上不满10万元的，或者因偷税被税务机关给予二次行政处罚又偷税的，处三年以下有期徒刑或者拘役，并处偷税数额一倍以上五倍以下罚金；偷税数额占应纳税额的30%以上并且偷税数额在10万元以上的，处三年以上七年以下有期徒刑，并处偷税数额一倍以上五倍以下罚金。

扣缴义务人采取前款所列手段，不缴或者少缴已扣、已收税款，数额占应纳税额的10%以上并且数额在1万元以上的，依照前款的规定处罚。

对多次犯有前两款行为，未经处理的，按照累计数额计算。

新条文：纳税人采取欺骗、隐瞒手段进行虚假纳税申报或者不申报，逃避缴纳税款数额较大并且占应纳税额10%以上的，处三年以下有期徒刑或者拘役，并处罚金；数额巨大并且占应纳税额30%以上的，处三年以上七年以下有期徒刑，并处罚金。

扣缴义务人采取前款所列手段，不缴或者少缴已扣、已收税款，数额较大的，依照前款的规定处罚。

对多次实施前两款行为，未经处理的，按照累计数额计算。

有第一款行为，经税务机关依法下达追缴通知后，补缴应纳税款，缴纳滞纳金，已受行政处罚的，不予追究刑事责任；但是，五年内因逃避缴纳税款受过刑事处罚或者被税务机关给予两次以上行政处罚的除外。

二、骗税

企业出口货物以不含税价格参与国际市场竞争，是国际上通行的做法。出口退税就是为了实现出口货物以不含税价格进入国际市场。出口退税是对报关出口货物退还国内各生产环节和流转环节按税法缴纳的增值税和消费税，或者免征应纳税额。我国从1988年开始实行出口退税政策，1989年发现第一起骗取出口退税案件。

1. 骗取出口退税的方式。不法分子利用出口企业或者与出口企业勾结，通过虚假业务，利用虚假凭证骗取出口退税。这种方式既无货物出口，增值税款也未缴纳入库。最常见的是“四自三不见”形式的买单业务。由作为中间人的不法分子自带客户、自带货源、自带汇票、自行报关，出口企业在不见出口货物、不见供货方、不见外商的情况下，向不法分子支付货款和增值税款，并取得出口报关单和缴税凭证，据以申报退税。

利用管理上的漏洞骗取出口退税，主要是虚开或者伪造增值税专用发票和专用缴款书，专用发票和专用缴款书上所列税款并未真正缴纳入库。用这种方式骗取出口退税往往与征税环节的虚开增值税发票和偷税混合在一起。这种方式下，生产企业增值税实行包税制，企业实际缴纳税款与开具增值税专用发票多少无关。

2. 骗取出口退税行为的处罚。征管法第66条规定：以假报出口或者其他欺骗手段，骗取国家出口退税款，由税务机关追缴其骗取的退税款，并处骗取税款1倍以上5倍以下的罚款；构成犯罪的，依法追究刑事责任。对骗取国家出口退税款的，税务机关可以在规定期间内停止为其办理出口退税。

骗取出口退税是故意而为，具有非法牟利的目的。申请退税，必须提供海关盖有“验讫章”的产品出口报送单、出口销售发票、出口产品购进发票和银行的出口结汇水单。税务机关根据上述有关凭证、单据，依法对出口企业办理退税。而假报出口是行为人根本没有出口产品，但为了骗取国家的出口退税款而伪造上述有关单据、凭证等，假报出口的行为。“假报出口”，是指以虚构已税货物出口事实为目的，具有下列情形之一的行为：

（1）伪造或者签订虚假的买卖合同；

（2）以伪造、变造或者其他非法手段取得出口货物报关单、出口收汇核销单、出口货物专用缴款书等有关出口退税单据、凭证；

（3）虚开、伪造、非法购买增值税专用发票或者其他可以用于出口退税的发票；

（4）其他虚构已税货物出口事实的行为。

其他欺骗手段，是指除了“假报出口”以外的所有为骗取国家出口退税款而采取的欺骗手段。具有下列情形之一的，应当认定为刑法规定的“其他欺骗手段”：

（1）骗取出口货物退税资格的；

（2）将未纳税或者免税货物作为已税货物出口的；

（3）虽有货物出口，但虚构该出口货物的品名、数量、单价等要素，骗取未实际纳税部分出口退税款的；

（4）以其他手段骗取国家出口退税款的。

对骗取出口退税款的，税务机关要追缴其骗取的退税款，同时，可以处以 1 倍以上 5 倍以下的罚款。构成犯罪的追究刑事责任。

根据我国刑法第 204 条规定：对构成骗取出口退税罪的处罚分为 3 档刑：第 1 档刑是数额较大的，处 5 年以下有期徒刑或者拘役，并处骗取税款 1 倍以上 5 倍以下罚金；第 2 档刑是数额巨大或者有其他严重情节的，处 5 年以上 10 年以下有期徒刑，并处骗取税款 1 倍以上 5 倍以下罚金；第 3 档刑为数额特别巨大或者有其他特别严重情节的，处 10 年以上有期徒刑或者无期徒刑，并处骗取税款 1 倍以上 5 倍以上罚金或者没收财产。

骗取国家出口退税款 5 万元以上的，为刑法第 204 条规定的“数额较大”。骗取国家出口退税款 50 万元以上的，为刑法第 204 条规定的“数额巨大”；骗取国家出口退税款 250 万元以上的，为刑法第 204 条规定的“数额特别巨大”。

具有下列情形之一的，属于刑法第 204 条规定的“其他严重情节”：

（1）造成国家税款损失 30 万元以上并且在第一审判决宣告前无法追回的；

（2）因骗取国家出口退税行为受过行政处罚，两年内又骗取国家出口退税款数额在 30 万元以上的；

（3）情节严重的其他情形；

（4）具有下列情形之一的，属于刑法第 204 条规定的“其他特别严重情节”；

（5）造成国家税款损失 150 万元以上并且在第一审判决宣告前无法追回的；

（6）因骗取国家出口退税行为受过行政处罚，两年内又骗取国家出口退税款数额在 150 万元以上的；

（7）情节特别严重的其他情形。

刑法还规定，纳税人缴纳税款后，采取假报出口或者其他欺骗手段，骗取所缴纳的税款的，按照偷税罪定罪处罚；骗取税款超过所缴纳的税款部分，依照骗取出口退税罪的规定处罚。这一款所规定的犯罪主体仅限于纳税人。

出口退税是国家鼓励企业出口的一种国际通行的政策，通过出口退税，商品以不含税的价格进入国际市场，可以提高产品的竞争力，促进企业发展，对违反国家法律，采取假报出口或其他欺骗手段，骗取国家出口退税款的，税务机关可以取消其出口退税的资格，在一定期限内停止为其办理出口退税。使其在经济上受损失，起到制裁的作用。

有进出口经营权的公司、企业，明知他人意欲骗取国家出口退税款，仍违反国家有关进出口经营的规定，允许他人自带客户、自带货源、自带汇票并自行报关，骗取国家出口退税款的，依照刑法第204条第1款、第211条的规定定罪处罚。

实施骗取国家出口退税行为，没有实际取得出口退税款的，可以比照既遂犯从轻或者减轻处罚。国家工作人员参与实施骗取出口退税犯罪活动的，依照刑法第204条第1款的规定从重处罚。实施骗取出口退税犯罪，同时构成虚开增值税专用发票罪等其他犯罪的，依照刑法处罚较重的规定定罪处罚。

阅读材料8－1

“大型支柱企业”骗税

在A的精心策划下，一个近乎空壳的公司被包装为出口额达3.2亿美元的大型支柱企业，骗取出口退税1.93亿元。省高级人民法院对B公司骗取出口退税案作出二审判决。法院认定，B公司共骗取出口退税1.93亿元，判处罚金4.8亿元；其法人代表A被判处无期徒刑，剥夺政治权利终身。

案罪犯之一C曾担任B某分公司的第负责人2年，任B公司另一个重要分支企业D公司总经理10个月。C将B公司描述为一个制造繁荣假象骗得社会和上级的支持、以骗取出口退税所得作为主要收入来源、以假养假、恶性循环的巨大的空壳公司。C说，整个B集团，真实经营状况最好的是E公司，但每年出口也超不过40万美元。至于其他9家分公司，基本上没有任何营利。

公司法人代表、总经理A头上笼罩着许多光环：全国有突出贡献的中青年科学家、教授级高级工程师、全国劳模、省政协常委，是省管正厅级企业干部。

退税的关键是取得“两单两票”，即海关报关单、外汇核销单、增值税专用发票、税收专用缴款书，这是国家规定企业获得出口退税的充分必要条件。B公司作案手段的“高明”之处就在于，它没有货物出口，也不伪造单证，却凑齐了退税所需手续。

A如何导演了这出“得意之作”？其实他并不需要费太多心思，因为当时在潮汕地区，此类犯罪活动已形成一个工序齐备的巨大的“黑”产业，A公司只要肯同流合污即可。获得这两票，B公司只要与这些企业签订“供货”协议，提供盖章的空白外销合同、装箱单等票证，再出点钱就行了。

取得海关报关单则需要B公司多作配合。有两种办法：一种叫“空箱闯关”，不法分子钻海关对出口货物抽检的空子，以B公司的名义，大量用空箱出关，骗得报关单；另一种是“借货出口”，B公司将一些无出口经营权企业的货物借自己名义出口，拿到报关单。专案组赴中国香港查实，所谓与B公司有贸易往来的33家外商公司多是B公司编造的，根本没有购进过B公司的货物。

最复杂的是外汇。A要在每次交易之前先与虚假企业或中间人商定一个兑换比率，待上述单证到手后，B公司按比率计算出相应的人民币数量，作为“货款”汇给潮汕“供货企业”。潮汕企业把钱打到地下钱庄，从黑市上换到外汇，通过其他渠道转到香港，再由香港汇到B公司账户上，便产生了外汇核销单。这样，B公司凑齐了“两单两票”，到国税局申报退税。具体操作这些勾当的是B公司下属的B广东进出口有限公司，专案组认为，B广东公司成立以后的主要活动就是骗税。

由于潮汕地区骗税问题日渐暴露，各地国税局对购自潮汕等地区的出口货物加强了退税单证审核。这不仅加大了B公司的作案风险，而且延长了其资金周转时间。于是B公司转而采取了假借委托加工贸易骗税的手段。

在A的授意下，B公司利用其下属D公司，委托潮汕企业虚假购买原材料、虚假加工，由B广东公司收集这些企业虚开的购买原材料及加工费增值税发票，作为D的进项发票进行申报抵扣，然后由D虚开给B公司增值税发票，造成货物销售给B公司的假象，由B公司再假借一般贸易的形式出口。税收专用缴款书由D公司提供，海关报关单和外汇核销单由潮汕企业提供。

B公司之所以加了一道手续，改由D公司取得增值税发票和税收缴款书，目的是避开对潮汕退税票证的严查，等于“洗”了一次票，降低了作案风险。同时，D公司在取得税收缴款书时，向其所在地交了少量税款，为自己的犯罪活动打掩护。

到公安、国税部门冻结B公司所有银行账户时，发现这个所谓头号外贸企业的账上只剩了130多万元，尚有3.4亿元银行贷款不能按期偿还。

资料来源：根据中国税务网资料，作者整理。

三、抗税

《税收征管法》第67条规定：以暴力、威胁方法拒不缴纳税款的，是抗税，除由税务机关追缴其拒缴的税款、滞纳金外，依法追究刑事责任。情节轻微，未构成犯罪的，由税务机关追缴其拒缴的税款、滞纳金，处拒缴税款1倍以上5倍以下的罚款。

抗税，就是指负有纳税义务的个人，故意违反税收法律、法规，采取暴力、威胁方法拒不缴纳税款的行为。这种行为的特征是：

1. 当事人明知侵害的对象是正在依法执行征税职务的税务人员；
2. 采取阻碍的方式，通常是以暴力、威胁方法迫使税务人员放弃执行任务；
3. 实施这种行为的主体既可以是纳税人、扣缴义务人，也可以是其他人。

因此，构成抗税行为的关键特征是对税务机关和税务人员实施暴力和威胁，抗税行为成立与否并不决定于抗拒缴纳税款的数额大小。只要以暴力、威胁方法拒不缴纳税款，不管税款多少，都可构成抗税。

拒不缴纳税款是指纳税人或者扣缴义务人应当缴税而公然拒不缴税的行为。以暴力方法拒不缴纳税款，是指行为人对税务人员采用暴力方法，包括殴打、推搡、伤害、强行禁闭以及为阻碍征税而砸毁税务人员使用的交通工具、聚众冲击打砸税务机关等直接侵害人身安全的暴力方法，拒不缴纳税款的行为；以威胁方法拒不缴纳税款，是指纳税人采用威胁的方法拒不缴纳税款，如扬言以拼命的威胁方法拒缴税款，或以对税务人员及其亲属的人身、财产的安全采取伤害、破坏相要挟，使其放弃执行自己的征税职务，达到拒缴税款的目的。

刑法中把抗税罪的手段界定在“暴力、威胁方法”的范围内，规定：以暴力威胁方法拒不缴纳税款的，处3年以下有期徒刑或者拘役，并处拒缴税款1倍以上5倍以下罚金；情节严重的，处3年以上7年以下有期徒刑，并处拒缴税款1倍以上5倍以下罚金。

四、欠税

透视8-1

税款优先

某县人民法院受理了一起诉讼案，原告为县信用社，被告为县地税局。提起诉讼的理由为：2003年8月，县信用社以抵押贷款的方式贷给房地产开发公司20万元，房地产开发公司以其正在建造的一处房屋作抵押，并且已办理了抵押物登记手续。截至2003年7月底，房地产开发公司累计欠税达10余万元，主管税务机关在多次催缴无效的情况下，于2003年10月经县地税局局长批准后，依法查封了房地产开发公司已抵押给县信用社的部分房产，其价值相当于应纳税款、滞纳金及拍卖费用。县信用社认为，根据《最高人民法院关于担保法若干问题的解释》第47条的规定，对依法获准尚未建造或正在建造中的房屋或其他建筑物，办理的抵押是合法有效的。房地产开发公司的财产既然已作抵押，依据《担保法》的规定，税务机关的查封是违法的，影响了原告作为抵押权人的合法权益，遂提请县法院确认税务机关作出的查封措施无效。

法院判决：县法院经过审理，作出一审裁决，确认税务机关的强制执行措施是合法有效的。

争议的焦点是原告方认为，税务机关的强制执行与《担保法》中保护担保物权人的优先受偿权相矛盾。担保物权是为了担保债务的履行，在债务人或第三人的特定物或权利上所设定的一种定限物权。担保物权包括抵押权、质权、留置权。《担保法》规定：拥有担保物权的债权方在债务人不履行债务时，债权人可与债务人协议，将担保物折价或予以拍卖、变卖，所得价款担保物权人享有优先受偿权。其优先受偿是相对于其他无担保物权的债权人而言。而作为纳税人，欠缴的税款同样也是一种债务，其债权人为国家，且属无担保权的债权人。所以，原告认为税务机关的查封、拍卖等措施侵犯了抵押物权人的优先受偿地位。

《税收征管法》第45条规定：税务机关征收税款，税收优先于无担保债权。法律另有规定的除外；纳税人欠缴的税款发生在纳税人以其财产设定抵押、质押或者纳税人的财产被留置之前的，税收应当先于抵押权、质权、留置权执行。也就是说，担保物权在纳税人欠税之后设定的，税收应当优先受偿。《税收征管法》虽然与《担保法》属同一位阶的法律规范，在我国适用法律中，当出现新法与旧法冲突时，依据“新法优于旧法”、“后法优于前法”的法律适用原则，我国《担保法》是1995年10月1日颁布实施的；而新的《税收征管法》于2001年5月1日颁布实施。所以，欠税的追偿应当适用《税收征管法》。在本案中，县房地产开发公司欠税是发生在2003年7月底以前，而设定抵押发生在2003年8月，即欠税在先，县信用社拥有抵押权在后，所以，税务机关依法优先于县信用社执行纳税人已用作担保的财产是正确的。

资料来源：根据江苏省国家税务局网站资料，作者整理。

欠税是指纳税人超过税收法律、行政法规规定的期限或者纳税人超过税务机关依照税收法律、行政法规规定确定的纳税期限未缴纳的税款，包括：办理纳税申报后，纳税人未在税款缴纳期限内缴纳的税款；经批准延期缴纳的税款期限已满，纳税人未在税款缴纳期限内缴纳的税款；税务检查已查定纳税人的应补税额，纳税人未在税款缴纳期限内缴纳的税款；税务机关根据《税收征管法》第 27 条、第 35 条核定纳税人的应纳税额，纳税人未在税款缴纳期限内缴纳的税款；纳税人的其他未在税款缴纳期限内缴纳的税款。

《税收征管法》针对欠税制定了多项措施。

1. 延期缴纳税款的审批。对有特殊困难的纳税人，允许其延期缴纳税款。《税收征管法》第 31 条规定，由省、自治区、直辖市国家税务局、地方税务局审批延期缴纳税款。

2. 滞纳金。对纳税人、扣缴义务人超过规定期限缴纳或者解缴税款的，除经税务机关批准延期缴纳和由于税务机关责任造成未缴少缴税款的外，都要加收滞纳金。滞纳金是纳税人或者扣缴义务人因占用国家税款而应付出的补偿。《税收征管法》第 32 条将滞纳金定为 0. 5‰，相当于年利率 18. 25%。同时《税收征管法》第 40 条规定，对滞纳金的追缴可以实施强制执行措施，以保证滞纳金的加收。

3. 强制执行措施。对纳税人、扣缴义务人不按照规定的期限缴纳或者解缴税款，纳税担保人不按照规定的期限缴纳所担保的税款的，税务机关可以依法采用强制执行手段。《税收征管法》第 40 条、第 55 条、第 68 条对税收强制执行措施进行了明确规定，税务机关在征收、管理、稽查环节都可以按照法定的程序和权限对税款、滞纳金强制征收。

4. 离境清税制度。离境清税制度是指欠缴税款的纳税人必须缴清应纳税款才准许出境。《税收征管法》第 44 条规定：欠缴税款的纳税人或者他的法定代表人需要出境的，应当在出境前向税务机关结清应纳税款、滞纳金或者提供纳税担保。未结清税款、滞纳金，又不提供担保的，税务机关可以通知出境管理机关阻止其出境。欠缴税款的纳税人有自然人、法人和其他经济组织。对于欠缴税款的法人和其他经济组织，应限制其法定代表人和负责人出境。自然人包括外国人、无国籍人和中国公民。

5. 税款优先原则。《税收征管法》第 45 条规定了三个方面的税收优先权：一是税收优先于无担保债权；二是欠缴税款发生在纳税人以其财产设定抵押、质押或者纳税人的财产被留置之前的，税收应当先于抵押权、质权和留置权执行；三是税收优先于罚款、没收违法所得。纳税人欠缴税款，同时又被行政机关决定处以罚款、没收违法所得的，税收优先于罚款、没收违法所得。

6. 欠税公告制度。《税收征管法》第 45 条规定：税务机关应当对纳税人欠缴税款的情况定期予以公告。根据这一规定，税务机关可以在办税场所、各种媒体、互联网上定期向社会公告纳税人的欠税情况。同时，税务机关可以根据实际情况和管理需要，评定纳税人的纳税信誉等级，对不同信誉等级的纳税人实施不同的税务管理待遇。

7. 改制企业的欠税清缴制度。按照《税收征管法》第 48 条的规定：纳税人有合并、分立情形的应当向税务机关报告，并依法缴清税款。纳税人合并时未缴清税款的，应当由合并后的纳税人继续履行未履行的纳税义务。纳税人分立时未缴清税款的，分立后的纳税人对未履行的纳税义务应当承担连带责任。

8. 大额欠税企业处分财产报告制度。《税收征管法》第 49 条规定：欠缴税款数额较大的纳税人在处分其不动产或者大额资产之前，应当向税务机关报告。这一规定利于税务机关及时掌握欠税企业处置不动产和大额资产的动向，根据其是否有转移资产逃避纳税义务的情形，决定是否行使税收优先权，以及是否采取税收保全措施或者强制执行措施。

9. 代位权、撤销权制度。《税收征管法》第50条规定：税务机关可以对欠缴税款的纳税人行使代位权、撤销权，即对纳税人的到期债权等财产权利，税务机关可以依法向第三者追索以抵缴税款。如果欠税的纳税人，怠于行使其到期的债权，怠于收回其到期的资产、款项等，税务机关可以向人民法院请求以自己的名义代位行使债权。如果欠税的纳税人放弃其到期债权或无偿转让财产，或者以明显不合理的低价转让财产，借以逃避纳税义务并对国家税收造成损害的，税务机关可以向人民法院申请行使撤销权。

10. 对逃避追缴欠税的处罚。《税收征管法》第65条规定：妨碍税务机关追缴欠缴税款的，不论数额大小，是否无法追缴，都可以给予处罚。

案例分析8-2　　税收代位权

3月，电缆厂与供电局签订了一份电缆订购合同，电缆厂在6月底前为供电局提供电缆5万米，每米电缆价格为30元，供电局应在验收合格后的3个月内将电缆款150万元全部付清。

6月20日，电缆厂如期将5万米电缆送到供电局，但由于质量原因，供电局一直未向电缆厂支付任何货款。

12月9日，因电缆厂欠缴上半年的增值税73万元，国税分局在责令限期缴纳税款未果的情况下，欲对电缆厂成品仓库内的电缆产品实施查封措施。这时，电缆厂的财务科长主动向国税局的同志介绍供电局拖欠其150万元电缆款的情况，并说：如果你们能帮我们要回货款来缴税的话，不是比你们拍卖产品更方便吗？

12月12日，国税分局的同志来到供电局，明确告诉供电局局长：电缆厂欠缴税款，而你们又欠电缆厂的货款，根据《税收征管法》第50条的规定，我们有权向你局行使代位权，请你们在3日内缴清电缆厂欠缴的税款73万元。否则，我们将采取税收强制执行措施。3天后，国税分局强行从供电局的银行账户中扣缴了电缆厂欠缴的73万元的增值税税款。

申请复议。12月19日，供电局向市国税局提出复议申请，以国税分局行使代位权违法为由，要求撤销国税分局强行扣缴税款的税收强制执行措施，退还已扣缴的税款。

复议决定。12月30日，市国税局依法作出复议决定：认定国税分局行使代位权违法；撤销国税分局强行扣缴税款的税收强制执行措施，责令退还已扣缴的税款。

税务机关在依法行使代位权时，应该首先符合以下条件：税款合法，即税务机关需要对纳税人进行追缴的税款合法，纳税人对税务机关要追征的税款没有争议；纳税人与次债务人之间的债权、债务合法。纳税人对次债务人的债权已经到期。纳税人怠于行使债权，即纳税人对到期的债权，既未依法向人民法院提起诉讼，又未向仲裁机构申请仲裁。给国家造成税收损失，即税务机关对欠缴税款的纳税人采取足够的强制措施以后，尚有一定的税额无法组织入库，在纳税人没有其他可供强制执行的财物的情况下，由于纳税人怠于行使到期债权，造成欠缴税款的流失。

税务机关在依法行使代位权时，还必须依法向人民法院进行申请。即税务机关在确认以上条件均具备的情况下，应该以次债务人为被告向次债务人所在地的人民法院提起代位权诉讼。当人民法院审理认定税务机关的代位权成立后，由次债务人向税务机关履行缴纳税款的义务。若次债务人拒绝执行人民法院的判决，则税务机关可以申请人民法院强制执行。

本案中国税分局在行使税收代位权时，至少有以下不合法之处：一是电缆厂的债权不合法。由于电缆厂与供电局之间的购销业务存在一定的经济纠纷，两家的债权、债务有分歧，电缆厂对县供电局的债权尚不能算作合法的债权。二是给国家造成税收损失的条件不具备。由于电缆厂成品仓库尚有足够的电缆产品可变现缴税，国税分局完全可以通过采取必要的税收强制执行措施来达到清缴税款的目的。可见，供电局与电缆厂之间的债务并没有造成国家的税收损失。三是国税局没有依法向人民法院提起代位权诉讼。税收代位权的成立，必须由税务机关以次债务人为被告向次债务人所在地的人民法院提起代位权诉讼，并由人民法院审理认定为前提。没有人民法院的认定，代位权不成立。四是违法行使税收强制执行措施。根据《税收征管法》的规定，税务机关可以依法对从事生产经营的纳税人、扣缴义务人以及纳税担保人采取税收强制执行措施，但法律并没有授权税务机关可以对次债务人采取税收强制执行措施。根据行政主体无明文规定的行政行为违法的原则，国税分局对供电局采取的税收强制执行措施是违法的。

资料来源：根据江苏省国家税务局网站资料，作者整理。

第三节　纳税准备阶段的遵从

一、税务登记

税务登记又称纳税登记，是征纳双方法律关系成立的依据和证明。税法规定，企业，企业在外地设立的分支机构和从事生产、经营的场所，个体工商户和从事生产、经营的事业单位，均应办理税务登记。除此以外的纳税人，除国家机关、个人和无固定生产、经营场所的流动性农村小商贩外，也应当按规定办理税务登记。办理税务登记是纳税人必须依法履行的义务，也是纳税人依法享有税收权利并接受纳税服务的凭证。

税务登记证件包括税务登记证及其副本、临时税务登记证及其副本。扣缴税款登记证件包括扣缴税款登记证及其副本。国家税务局、地方税务局联合办理税务登记的，应当对同一纳税人核发同一份加盖国家税务局（分局）、地方税务局（分局）印章的税务登记证。

《税务登记管理办法》规定：纳税人办理下列事项时，必须提供税务登记证件：开立银行账户；领购发票。纳税人办理其他税务事项时，应当出示税务登记证件，经税务机关核准相关信息后办理手续。

设立税务登记。企业，企业在外地设立的分支机构和从事生产、经营的场所，个体工商户和从事生产、经营的事业单位（称从事生产、经营的纳税人），向生产、经营所在地税务机关申报办理税务登记；从事生产、经营的纳税人领取工商营业执照（含临时工商营业执照）的，应当自领取工商营业执照之日起30日内申报办理税务登记，税务机关核发税务登记证及副本（纳税人领取临时工商营业执照的，税务机关核发临时税务登记证及副本）。

变更登记。纳税人税务登记内容发生变化的，应当向原税务登记机关申报办理变更税务登记。纳税人已在工商行政管理机关办理变更登记的，应当自工商行政管理机关变更登记之日起 30 日内，向原税务登记机关如实提供有关证件、资料，申报办理变更税务登记。

停业、复业登记。实行定期定额征收方式的个体工商户需要停业的，应当在停业前向税务机关申报办理停业登记；纳税人的停业期限不得超过一年。复业登记。纳税人应当于恢复生产经营之前，向税务机关申报办理复业登记。

注销税务登记。纳税人发生解散、破产、撤销以及其他情形，依法终止纳税义务的，应当在向工商行政管理机关或者其他机关办理注销登记前，持有关证件和资料向原税务登记机关申报办理注销税务登记；按规定不需要在工商行政管理机关或者其他机关办理注册登记的，应当自有关机关批准或者宣告终止之日起 15 日内，持有关证件和资料向原税务登记机关申报办理注销税务登记。

外出经营报验登记。从事生产经营的纳税人临时到外县（市）从事生产经营活动的，必须持所在地主管国家税务机关填发的《外出经营活动税收管理证明》向经营地税务机关办理报验登记，并接受经营地税务机关的依法管理。纳税人到外县（市）临时从事生产经营活动，应当在外出生产经营以前，持税务登记证向主管税务机关申请开具《外出经营活动税收管理证明》（简称《外管证》）。税务机关按照一地一证的原则，核发《外管证》，《外管证》的有效期限一般为 30 日，最长不得超过 180 天。纳税人外出经营活动结束，应当向经营地税务机关填报《外出经营活动情况申报表》，并结清税款、缴销发票。纳税人在《外管证》有效期届满后 10 日内，持《外管证》回原税务登记地税务机关办理《外管证》缴销手续。

税务登记的法律责任。税法规定：

1. 纳税人未按照规定期限申报办理税务登记、变更或者注销登记的，税务机关应当自发现之日起 3 日内责令其限期改正，并依照《税收征管法》第 60 条的规定，处 2 000 元以下的罚款；情节严重的处以 2 000 元以上 1 万元以下的罚款。

2. 纳税人不办理税务登记的，税务机关应当自发现之日起 3 日内责令其限期改正；逾期不改正的，依照《税收征管法》第 60 条的规定，处 2 000 元以下的罚款；情节严重的处以 2 000 元以上 1 万元以下的罚款。

3. 纳税人未按照规定使用税务登记证件，或者转借、涂改、损毁、买卖、伪造税务登记证件的，依照《税收征管法》第 60 条的规定，处 2 000 元以下的罚款；情节严重的处以 2 000元以上 1 万元以下的罚款。

4. 纳税人通过提供虚假的证明资料等手段，骗取税务登记证的，处 2 000 元以下的罚款；情节严重的，处 2 000 元以上 1 万元以下的罚款。纳税人涉嫌其他违法行为的，按有关法律、行政法规的规定处理。

5. 扣缴义务人未按照规定办理扣缴税款登记的，税务机关应当自发现之日起 3 日内责令其限期改正，并可处以 2 000 元以下的罚款。

6. 纳税人、扣缴义务人违反本办法规定，拒不接受税务机关处理的，税务机关可以收缴其发票或者停止向其发售发票。

7. 已办理税务登记的纳税人未按照规定的期限申报纳税，在税务机关责令其限期改正后，逾期不改正的，税务机关派员实地检查，查无下落并且无法强制其履行纳税义务的，由检查人员制作非正常户认定书，存入纳税人档案，税务机关暂停其税务登记证件、发票领购簿和发票的使用。纳税人被列入非正常户超过 3 个月的，税务机关可以宣布其税务登记证件失效，其应纳税款的追征仍按《税收征管法》规定执行。

案例分析 8－3　　未登记未申报算不算偷税

某公司以未有经营业务为借口，一直未到税务机关办理税务登记。在接到群众关于该公司隐瞒销售收入不纳税的举报后，国税局对该公司进行了稽查。经过大量的调查取证后，最终查实，该公司与某服装有限公司签订加工合同，收取加工费 5 万元，未开具发票，也未申报纳税。

依据税法，国税局责成该公司限期办理税务登记，并处以 2 000 元的罚款。同时追缴增值税 209 207.55 元，从滞纳税款之日起按日课征万分之五的滞纳金至缴税之日止，并处以少缴税款 50% 的罚款。未办证未申报算不算偷税？

《税收征管法》第 37 条规定：对未按照规定办理税务登记的从事生产、经营的纳税人以及临时从事经营的纳税人，由税务机关核定其应纳税额，责令缴纳；不缴纳的，税务机关可以扣押其价值相当于应纳税款的商品、货物。扣押后缴纳应纳税款的，税务机关必须立即解除扣押，并归还所扣押的商品、货物；扣押后仍不缴纳应纳税款的，经县以上税务局（分局）局长批准，依法拍卖或者变卖所扣押的商品、货物，以拍卖或者变卖所得抵缴税款。因此对未按规定办理税务登记纳税人征收税款的程序，需要税务部门核定应纳款、责令缴纳两个必经程序，责令缴纳无效的，方可扣押、拍卖。因此，对那些存在未办证不申报行为的纳税人，税务机关应当履行核定税款、责令缴纳的程序，而不能直接定偷税处罚。

《税收征管法》第 63 条规定：纳税人伪造、变造、隐匿、擅自销毁账簿、记账凭证，或者在账簿上多列支出或者不列、少列收入，或者经税务机关通知申报而拒不申报或者进行虚假的纳税申报，不缴或者少缴应纳税款的，是偷税。很显然，未办证未申报纳税行为不符合偷税行为的构成要件，税务机关通知申报而拒不申报形成偷税的前提是经税务机关通知申报而未申报，既然是漏征漏管户，过去就是税务机关征管的盲区，税务机关也不可能通知其申报。

当然，税法也不可能一味纵容这种违法行为，该行为的处罚可以适用《税收征管法》第 64 条：纳税人不进行纳税申报，不缴或者少缴应纳税款的，由税务机关追缴其不缴或者少缴的税款、滞纳金，并处不缴或者少缴的税款 50% 以上 5 倍以下的罚款。该条款没有设定必经前置，只要不进行纳税申报，无论其办证与否，都可以直接进行 50% 以上 5 倍以下处罚。

该种处罚与偷税处罚有着本质的区别，因为该种处罚无论数额大小，都不用向司法机关移送，只是单纯的行政责任经济处罚，达到一定数额后不涉及刑事责任。

对纳税人不办理税务登记的行为，《税务登记管理办法》第 42 条规定，纳税人未按照规定期限申报办理税务登记、变更或者注销登记的，税务机关应当自发现之日起 3 日内责令其限期改正，并依照《税收征管法》第 60 条规定处罚。也就是纳税人不办理税务登记的，税务机关应当自发现之日起 3 日内责令其限期改正；逾期不改正的，依照《税收征管法》第 60 条第 1 款和第 2 款的规定处罚。而《税收征管法》第 60 条规定的相应处罚是，由税务机关责令限期改正，可以处 2 000 元以下的罚款；情节严重的，处 2 000 元以上 10 000 元以下的罚款。纳税人不办理税务登记的，由税务机关责令限期改正；逾期不改正的，经税务机关提请，由工商行政管理机关吊销其营业执照。

因此对未办证不申报纳税户的处理程序是：首先根据《税收征管法》第37条，核定税款，责令缴纳；其次根据《税收征管法》第64条，追缴税款、滞纳金，并处罚款；最后对纳税人不办理税务登记的行为，根据《税收征管法》第60条，办理限改与处罚，并将该信息通知工商机关处理。

资料来源：根据江苏省国家税务局网站资料，作者整理。

二、税务账簿凭证管理

从事生产、经营的纳税人应当在领取营业执照之日起15日内按照规定设置总账、明细账、日记账以及其他辅助性账簿，其中总账、日记账必须采用订本式。

生产经营规模小又确无建账能力的个体工商业户，可以聘请注册会计师或者经主管国家税务机关认可的财会人员代为建账和办理账务；聘请注册会计师或者经主管国家税务机关认可的财会人员有实际困难的，经县（市）以上国家税务局批准，可以按照国家税务机关的规定，建立收支凭证粘贴簿、进货销货登记簿等扣缴义务人应当自税收法律、行政法规规定的扣缴义务发生之日起10日内，按照所代扣、代收的税种，分别设置代扣代缴、代收代缴税款账簿。

纳税人、扣缴义务人采用电子计算机记账的，对于会计制度健全，能够通过电子计算机正确、完整计算其收入、所得的，其电子计算机储存和输出的会计记录，可视同会计账簿，但应按期打印成书面记录并完整保存；对于会计制度不健全，不能通过电子计算机正确、完整反映其收入、所得的，应当建立总账和与纳税或者代扣代缴、代收代缴税款有关的其他账簿。

从事生产、经营的纳税人应当自领取税务登记证件之日起15日内，将其财务、会计制度或者财务、会计处理办法报送主管国家税务机关备案。纳税人、扣缴义务人采用计算机记账的，应当在使用前将其记账软件、程序和使用说明书及有关资料报送主管国家税务机关备案。

纳税人、扣缴义务人应当按照报送主管国家税务机关备案的财务、会计制度或财务、会计处理办法，真实、序时逐笔记账核算；纳税人所使用的财务、会计制度和具体的财务、会计处理办法与有关税收方面的规定不一致时，纳税人可以继续使用原有的财务、会计制度和具体的财务、会计处理办法，进行会计核算，但在计算应纳税额时，必须按照税收法规的规定计算纳税。

纳税人的账簿（包括收支凭证粘贴簿、进销货登记簿）、会计凭证、报表和完税凭证及其他有关纳税资料，除另有规定者外，保存10年，保存期满需要销毁时，应编制销毁清册，经主管国家税务机关批准后方可销毁。

《纳税人财务会计报表报送管理办法》规定，纳税人应当按照国家相关法律、法规的规定编制和报送财务会计报表，不得编制提供虚假的财务会计报表。纳税人的法定代表人或负责人对报送的财务会计报表的真实性和完整性负责。财务会计报表是指会计制度规定编制的资产负债表、利润表、现金流量表和相关附表。

透视 8－2

电子账簿

汤姆为美国籍人士，他在国内成立公司，任总经理。公司主要业务是对从美国进口的废旧电机翻新，再卖给中国的企业。

市国税局稽查分局对该公司例行税务检查时，发现了很多疑点：企业抵扣进口原料海关代征增值税515 035.74元，而进口原料只入库780 583.26元。按这个比例，公司每年都在多交税。税务稽查人员找到保管、会计，但他们提供的账簿、凭证等纳税资料都不能解释这一现象。当要求其提供原材料、成品仓库保管账及其单证时，会计人员称没有仓库保管账，产品成本只是根据需要结转。

公司用意很明显，进口原料少，销售收入就少，而故意隐匿销售收入的目的就在于偷税漏税。税务机关意识到这一点，下发了处罚决定，可此时的汤姆不但不认账，还提请了行政复议，税务稽查分局也感到事关重大，将此案移交到公安局经济犯罪侦查支队。

狡猾的汤姆只是承认偷税事实，但具体偷税数额，仍然是“一问三不知”。

李某任公司办公室主任，与汤姆关系非常密切，一直负责处理公司的对外事务。在强大的政策攻心下，李某交代了公司作假账偷税及汤姆在税务机关检查后，指使职工销毁账目的问题，而对涉案的财务收支证据，他一概推说不知。

李某交代，汤姆的“账”很有门道，他是用电脑记账，财务、业务、保管全部是两套账，一套是应付税务检查用的，这套账上销售额少。另一套账则真实地记载着公司的经营情况，原料、产品和全年销售情况，都在这套自设密码的账目上。

在税务机关查税后，汤姆指使财务人员将所有反映公司真实情况的会计资料全部销毁，后又指使公司职员将微机硬盘中存储的第二套账进行销毁。

审讯、排查，所获证据只停留在被销毁的基础上，致使偷税案又一次陷入僵局。民警分头在职工中间展开调查了解，当他们找到王某时，他提供的情况有了重大突破。王某告诉民警，一天上午，汤姆找他商量把硬盘资料全部删除，在实施操作时，自己认为这个做法不合适，也怕这样做要担当法律责任，所以将硬盘的资料全部复制了一份，事后又将这个备份硬盘交给了办公室主任李某。

李某万般无奈地承认有备份硬盘，并交代那块硬盘放在汤姆房间的衣橱里。在专家和税务人员的配合下，民警破译了硬盘中的密码程序，电脑屏幕上清清楚楚地显示出公司每一笔账目，销售的每一项都有详细记录。

国税局稽查分局按税法有关规定，对该硬盘中所存会计资料反映的公司真实销售收入进行稽查，认定该公司3年来共偷逃增值税税款371万余元。

资料来源：根据山东省国家税务局网站资料，作者整理。

纳税人无论有无应税收入、所得和其他应税项目，或者在减免税期间，均将所适用的会计制度编制财务报表，按规定的时限向主管税务机关报送；其所适用的会计制度规定需要编报相关附表以及会计报表附注、财务情况说明书、审计报告的，应当随同财务会计报表一并报送。

税务账簿凭证管理的法律责任。税法规定：

1. 纳税人有下列行为之一，经主管国家税务机关责令限期改正，逾期不改正的，由国家税务机关处以2 000元以下的罚款；情节严重的，处以2 000元以上1万元以下的罚款：未按规定设置、保管账簿或者保管记账凭证和有关资料的；未按规定将财务、会计制度或者财务会计处理办法报送国家税务机关备查的。

2. 扣缴义务人未按照规定设置、保管代扣代缴、代收代缴税款账簿或者保管代扣代缴、代收代缴税款记账凭证及有关资料的，经主管国家税务机关责令限期改正，逾期不改正的，由国家税务机关处以2 000以下的罚款；情节严重的，处以2 000元以上5 000元以下的罚款。

3. 《纳税人财务会计报表报送管理办法》规定，纳税人有违反本办法规定行为的，主管税务机关应当责令限期改正。责令限期改正的期限最长不超过15天。

4. 纳税人未按照规定期限报送财务会计报表，或者报送的财务会计报表不符合规定且未在规定的期限内补正的，主管税务机关可以处2 000元以下的罚款；情节严重的，可以处2 000元以上1万元以下的罚款。

5. 纳税人提供虚假的财务会计报表，或者拒绝提供财务会计报表的，主管税务机关由税务机关责令改正，可以处1万元以下的罚款；情节严重的，处1万元以上5万元以下的罚款。

6. 由于税务机关原因致使纳税人已报送的纸质或电子财务会计报表遗失或残缺，税务机关应当向纳税人道歉，并由纳税人重新报送。

三、发票管理

（一）发票的购领

税法规定，已办理税务登记的单位和个人，按规定向主管国家税务机关申请购领发票。

提出购票申请。单位或个人在申请购票时，必须提出购票申请报告，在报告中载明单位和个人的名称，所属行业、经济类型、需要发票的种类、名称、数量等内容，并加盖单位公章和经办人印章。

提供有关证件。购领发票的单位或者个人必须提供税务登记证件，购买专用发票的，应当提供盖有“增值税一般纳税人”确认专章的税务登记证件，经办人身份证明和其他有关证明，提供财务印章或发票专用章的印模。

持簿购买发票。购票申请报告经有权国家税务机关审查批准后，购票者应当领取国家税务机关核发的《发票领购簿》或者《增值税专用发票购领簿》，根据核定的发票种类、数量以及购票方式，到指定的国家税务机关购领发票。单位或个人购买专用发票的，还应当场在发票联和抵扣联上加盖发票专用章或财务印章等章戳。有固定生产经营场所、财务和发票管理制度健全，发票使用量较大的单位，可以申请印有本单位名称的普通发票；如普通发票式样不能满足业务需要，也可以自行设计本单位的普通发票样式，报省辖市国家税务局批准，按规定数量、时间到指定印刷厂印制。自行印制的发票应当交主管国家税务机关保管，并按前款规定办理领购手续。

固定业户到外县（市）销售货物的应当凭机构所在地国家税务机关填发的《外出经营活动税收管理证明》向经营地国家税务机关申请购领或者填开经营地的普通发票。申请购领发票时，应当提供保证人或者根据所领购发票的票面限额及数量交纳不超过 10 000 元的发票保证金，并限期缴销发票。按期缴销发票的，解除保证人的担保义务或者退还保证金，未按期缴销发票的，由保证人承担法律责任或者收缴保证金。

依法不需要办理税务登记的纳税人以及其他未领取税务登记证的纳税人不得领购发票，需用发票时，可向经营地主管国家税务机关申请填开。申请填开时，应提供足以证明发生购销业务或者提供劳务服务以及其他经营业务活动方面的证明，对税法规定应当缴纳税款的，应当先缴税后开票。

（二）发票的保管

单位和个人应当建立发票使用登记制度，设置发票登记簿，并定期向主管国家税务机关报告发票使用情况。

单位和个人应当在办理变更或者注销税务登记的同时，办理发票和发票领购簿的变更、缴销手续。

使用发票的单位和个人应当妥善保管发票，不得丢失。发票丢失，应当于丢失当日书面报告主管国家税务机关，并在报刊和电视等传播媒介上公开声明作废，并接受国家税务机关的处罚。

开具发票的单位和个人应当按照国家税务机关的规定存放和保管发票，不得擅自损毁。已经开具的发票存根联和发票登记簿，应当保存五年。保存期满，报经主管国家税务机关查验后销毁。

阅读材料 8－2

特大运输发票案

2002 年 11 月，审计署特派员办事处税收征管情况审计组开始对某省国税、地税中央税收征管情况进行审计。12 月，审计小组在对 A 市国税局税收征管档案检查和相关企业抽查时，发现了一个疑点：部分煤炭运销企业抵扣增值税的运输费用异常，运费成本高得出奇！

有些企业甚至出现了当年运输成本高于全年销售收入的怪现象。某个企业用于抵扣增值税运费是该企业同期销售收入的一倍多，不可思议。经审计组初步查明，这类企业接收的道路货运专用发票均来自 B 市运输总公司等几家“运输公司”，使用虚假货运发票的疑点显露出来。

审计调查的工作人员调出了 B 市 6 家主要“开票公司”2001 年和 2002 年领购的全部货运发票，把开出的 1 万余本货运发票一一输入计算机，接下来再找出大额发票，逐一进行了认真的清理核对。

经审核发现，在发票填开上，有的只填企业名称、运费、金额，其余像发货人、时间等栏目都空缺，有的即便填上也往往字迹不清；有的企业增值税抵扣进项全部是运费，没有任何购进货物进项的抵扣；有的企业取得的运输发票连号现象严重；有的企业一次性开具运费金额较大；有的企业运输业务不真实，运输的数量与购、销数量甚大。

经调查，B 市的发票管理混乱。在通行的模式是：市地税局把运输发票发给县局，县局发票所则把发票直接发给运输管理所或联合运输公司，他们再把发票发给所辖的运输车辆营运者。货运票据由运管所开票，运管所对其承包和挂靠的车辆收取一定的管理费，统一上缴营业税。但有的开票点只要运输经营者上缴管理费，便给予其使用发票，既不代扣营业税，也不对其发票使用情况进行跟踪管理。

经查，2001～2002 年度，B 市共有 48 户用票单位，领购道路货运发票 16 310 本，开具 15 930 本，共计 39.82 万份，运费金额 29.89 亿元。其中 30 户用票单位涉嫌虚开发票13 515 本，33.78 万份，运费金额 26.11 亿元；省内企业取得 B 市用票单位虚开的用于抵扣增值税进项税款的货运发票 15.69 万份，运费金额 16.90 亿元，违规抵扣增值税进项税款 10 139.11万元。通过检查，查补收入 11 084.76 万元，已入库 10 240.04 万元，其中，地税机关查补收入 750.80 万元，已入库 626.78 万元；国税机关查补收入 10 333.96 万元，已入库 9 613.26 万元，其中入库税款 7 875.60 万元，罚款 116.27 万元，滞纳金 1 621.39 万元。

在检查过程中，省国税局、地税局已依据有关规定，对有涉案责任的税务人员分别进行了党纪、政纪处理；对涉嫌犯罪的 2 名税务人员已移送司法机关追究刑事责任。

导致此现象发生的根本原因在于“高扣低征”：企业发生运输费用后按票面金额 7% 的抵扣率抵扣进项税额，而运输单位开具运输发票时按票面金额只缴纳 3% 的营业税，加上由此产生的城建税、教育费附加，征收比例约为 3.5%。

在总结 B 市道路货运发票管理中存在问题的基础上，国家税务总局出台了《货物运输业营业税纳税人认定和年审试行办法》、《货物运输业营业税征收管理试行办法》、《运输发票增值税抵扣管理试行办法》和《货物运输业管理流程实施方案》，规定从 2003 年 11 月 1 日起，提供货物运输劳务的纳税人必须经主管地方税务局认定方可开具货物运输业发票；从 2003 年 12 月 1 日起，国家税务局将对增值税一般纳税人申请抵扣的所有运输发票与营业税纳税人开具的货物运输业发票进行比对，凡比对不符的，一律不予抵扣。

资料来源：根据国家税务总局网站资料，作者整理。

（三）发票的填开

发票只限于用票单位和个人自己填开使用，不得转借、转让、代开发票；未经国家税务机关批准不提拆本使用发票。

单位和个人只能按照国家税务机关批准印制或购买的发票使用，不得用“白条”和其他票据代替发票使用，也不得自行扩大专业发票的使用范围。

发票只准在购领发票所在地填开，不准携带到外县（市）使用。到外县（市）从事经营活动，需要填开普通发票，按规定可到经营地国家税务机关申请购买发票或者申请填开。

凡销售商品，提供服务以及从事其他经营业务活动的单位和个人，对外发生经营业务收取款项，收款方应如实向付款方填开发票；但对收购单位和扣缴义务人支付个人款项时，可按规定由付款单位向收款个人填开发票；对向消费者个人零售小额商品或提供零星劳务服务，可以免予逐笔填开发票，但应逐日记账。

使用发票的单位和个人必须在实现经营收入或者发生纳税义务时填开发票，未发生经营业务一律不准填开发票。

单位和个人填开发票时，必须按照规定的时限、号码顺序填开，填写时必需项目齐全、内容真实、字迹清楚，全份一次复写，各联内容完全一致，并加盖单位财务印章或者发票专用章。填开发票应使用中文，也可以使用中外两种文字。对于填开发票后，发生销货退回或者折价的，在收回原发票或取得对方国家税务机关的有效证明后，方可填开红字发票，用票单位和个人填错发票，应书写或加盖“作废”字样，完整保存各联备查。用票单位和个人丢失发票应及时报告主管国家税务机关，并在报刊、电视等新闻媒介上公开声明作废，同时接受国家税务机关的处理。

（四）发票管理法律责任

税法规定，列行为属于未按规定印制发票行为：未经省国家税务局批准，而私自印制发票；伪造、私刻发票监制章，伪造、变造发票防伪专用品；印制发票的企业未按《发票印制通知书》印制发票，转借、转让发票监制章和发票防伪专用品；印制发票的企业未按规定保管发票成品、发票防伪专用品、发票监制章，以及未按规定销毁废品而造成流失；用票单位私自印制发票；未按国家税务机关的规定制定印制发票管理制度；其他未按规定印制发票的行为。

税法规定，下列行为属于未按规定领购发票的行为：向国家税务机关或国家税务机关委托单位以外的单位和个人取得发票；私售、倒买倒卖发票；贩卖、窝藏假发票；借用他人发票；盗取（用）发票；私自向未经国家税务机关批准的单位和个人提供发票；其他未按规定取得发票的行为。

税法规定，下列行为属于未按规定开具发票的行为：单联填开或上下联金额、内容不一致；填写项目不齐全；涂改、伪造、变造发票；转借、转让、代开发票；未经批准拆本使用发票；虚构经济业务活动，虚填发票；填开票物不符发票；填开作废发票；未经批准，跨县（市）填开发票；以其他票据或白条代替发票填开；扩大专用发票填开范围；未按规定填报《发票购领用存申报表》；未按规定设置发票购领用存登记簿；其他未按规定填开发票的行为。

下列行为属于未按税法规定，规定取得发票的行为：应取得而未取得发票；取得不符合规定的发票；专用发票只取得记账联或只取得抵扣联的；取得发票时，要求开票方或自行变更品名、金额或增值税税款；擅自填开发票入账；其他未按规定取得发票的行为。

税法规定，下列行为属于未按规定保管发票的行为：丢失发票；损（撕）毁发票；丢失或擅自销毁发票存根联；未按规定缴销发票；印制发票的企业丢失发票或发票监制章及发票防伪专用品等；未按规定建立发票管理制度；未按国家税务机关规定设专人保管专用发票；未按国家税务机关规定设置专门存放专用发票的场所；未经国家税务机关查验擅自销毁专用发票的基本联次；其他未按规定保管发票的行为。

税法规定，下列行为属于未按规定接受税务机关检查的行为：拒绝检查、隐瞒真实情况；刁难，阻挠税务人员进行检查；拒绝接受《发票换票证》；其他未按规定接受国家税务机关检查的行为。

有上述所列行为之一的单位和个人，由国家税务机关责令限期改正，没收非法所得，并处 10 000 元以下的罚款。有所列两种或者两种以上行为的，可以分别处罚。

1. 非法携带、邮寄、运输或者存放空白发票的，由国家税务机关收缴发票，没收非法所得，并处10 000元以下的罚款。

2. 私自印制、伪造变造、倒买倒卖发票，私自制作发票监制章，发票防伪专用品的，由国家税务机关依法查封、扣押或者销毁，没收非法所得和作案工具，并处10 000元以上50 000元以下的罚款，构成犯罪的，由司法机关依法追究刑事责任。

3. 违反发票管理法规，导致纳税人、扣缴义务人以及其他单位或个人未缴、少缴或者骗取税款的，由国家税务机关没收非法所得，并处未缴、少缴或者骗取税款1倍以下的罚款外，还对纳税人、扣缴义务人以及其他单位或者个人进行依法查处。

单位或者个人有下列行为之一的，应当承担刑事责任：虚开增值税专用发票的（虚开是指为他人虚开、为自己虚开、让他人自己虚开、介绍他人虚开增值税专用发票行为之一的）；伪造或出售伪造的增值税专用发票的；非法出售增值税专用发票的；非法购买增值税专用发票或者购买伪造的增值税专用发票的；虚开用于骗取出口退税、抵扣税款的其他发票的；伪造、擅自制造或者出售伪造、擅自制造的可以用于骗取出口退税、抵扣税款的其他发票的，以及以营利为目的，伪造、擅自制造或者出售伪造、擅自制造的上述规定以外的其他发票的；非法出售可以用于骗取出口退税、抵扣税款的其他发票的，以及以营利为目的，非法出售上述规定以外的其他发票的；盗窃增值税专用发票或者其他发票的。

透视8－3

接受虚开的发票

A物资有限公司被纳入防伪税控管理系统，被国税部门认定为增值税一般纳税人。

一个偶然的机会，A公司经理李某结识了B工贸有限公司销售科经理。B方称，A公司所需的钢材，价钱比市场价格要低，质量上乘，并开具发票。一番劝说后，李某动了心，同意做这笔生意。

A与B签订购销合同。因为第一次与B做生意，为防止意外，李某多留了个心眼：在所购货物验收入库后，李某将B方开具的增值税专用发票拿到国税机关，经防伪税控系统认证确实是真票后，他才通知财务部门给B方支付了75万多元的货款，A公司向主管国税机关申报抵扣了相应的进项税金。接下来，A公司从B方购进了合计66万余元的钢材，并向主管国税机关申报抵扣。三笔生意让A公司抵扣进项税额20多万元。至此，李某对B方的顾虑彻底打消了。他认定B是正规的工贸公司，有着良好的信誉，是可以长期合作的伙伴。

但天有不测风云。市国税局稽查局收到了某市国税局稽查局转来的《已证实虚开增值税专用发票通知单》，经税务机关进一步证实，A公司从B公司购进钢材时取得的票号分别为00367640、00368357、00369108的三张增值税专用发票，是B公司虚开的。既然三张发票是虚开的，哪来的进项税款？这就意味着A公司不仅要补缴已经抵扣的20余万元进项税额，还要缴纳相应的滞纳金！

市国税局稽查局在经过深入细致的调查、核实后，认为A公司取得虚开的增值税专用发票并申报抵扣税款20多万元的事实成立，遂对A公司作出了如下处理决定：A公司补缴增值税205 321.96元。对A公司应补缴的税款自滞纳之日至实际入库之日止，每日按万分之五加收滞纳金。

"我确实购进了货物，又验证了发票确实是真的，国税机关才允许抵扣的，我有什么错？别人虚开发票，由我承担责任，这不是别人得病让我吃药吗？"接到处理决定后，A公司觉得遭受了不白之冤。

市国税局稽查局作出这一决定的理由很充分。根据《国家税务总局关于纳税人善意取得虚开的增值税专用发票处理问题的通知》（国税发［2000］187号）规定：购货方与销售方存在真实的交易，销售方使用的是其所在省（自治区、直辖市和计划单列市）的专用发票，专用发票注明的销售方名称、印章、货物数量、金额及税额等全部内容与实际相符，且没有证据表明购货方知道销售方提供的专用发票是以非法手段获得的，对购货方不以偷税或骗取出口退税论处。但应按有关规定不予抵扣进项税款或者不予出口退税；购货方已经抵扣的进项税款或者取得的出口退税，应依法追缴。

资料来源：根据江苏省国家税务局网站资料，作者整理。

第四节　税款缴纳阶段的遵从

一、纳税申报

纳税申报是纳税人履行纳税义务、承担法律责任的主要依据。《税收征管法》规定，纳税人必须依照法律、行政法规规定或者税务机关依照法律、行政法规的规定确定的申报期限、申报内容如实办理纳税申报，报送纳税申报表、财务会计报表以及税务机关根据实际需要要求纳税人报送的其他纳税资料。这一规定明确了纳税人要按期、如实进行纳税申报。

《税收征管法》第26条规定：纳税人、扣缴义务人可以直接到税务机关办理纳税申报或者报送代扣代缴、代收代缴税款报告表，也可以按照规定采取邮寄、数据电子或者其他方式办理上述申报、报送事项。目前，纳税人可采取的申报方式有直接申报、邮寄申报、电子申报、简易申报等。

直接申报。直接申报又叫上门申报，是指纳税人和扣缴义务人自行到税务机关办理纳税申报或者报送代扣代缴、代收代缴报告表，是一种传统申报方式。

邮寄申报。邮寄申报是指经税务机关批准的纳税人、扣缴义务人使用统一规定的纳税申报特快专递专用信封，通过邮政部门办理交寄手续，并向邮政部门索取收据作为申报凭据的方式。《征管法实施细则》第31条规定：纳税人采取邮寄方式办理纳税申报的，应当使用统一的纳税申报专用信封，并以邮政部门收据作为申报凭据。邮寄申报以寄出的邮戳日期为实际申报日期。

电子申报。即数据电文申报方式，是指经税务机关批准的纳税人通过电话语音、电子数据交换和网络传输等形式办理的纳税申报。电子申报是目前国际上正在兴起的纳税申报方式之一。《征管法实施细则》第31条第2款规定：纳税人采用电子方式办理纳税申报的，应当按照税务机关规定的期限和要求保存有关资料，并定期书面报送主管税务机关。

简易申报。指实行定期定额的纳税人，经税务机关批准，通过以缴纳税款凭证代替申报或简并征期的一种申报方式。《征管法实施细则》第36条规定：实行定期定额征收方式的纳税人可以实行简易申报、简并征期等申报纳税方式。简易申报方式的实现有两种途径：一是纳税人按照税务机关核定的税款按期缴纳入库，以完税凭证代替纳税申报；二是纳税人按照税务机关核定的税款和纳税期或5个月或半年或1年申报纳税。

其他方式。如纳税人、扣缴义务人委托他人代理向税务机关办理纳税申报或者报送代扣代缴、代收代缴报告表等。

纳税申报的法律责任。

1. 纳税人未按期进行纳税申报。《税收征管法》第62条规定：纳税人未按照规定的期限办理纳税申报和报送纳税资料的，或者扣缴义务人未按照规定的期限向税务机关报送代扣代缴、代收代缴税款报告表和有关资料的，由税务机关责令限期改正，可以处2 000元以下的罚款；情节严重的，可以处2 000元以上1万元以下的罚款。这是一种行为罚，只要纳税人未按期进行纳税申报，无论是否造成不缴少缴税款的结果，都要给予处罚。

2. 纳税人进行虚假申报，且造成不缴或者少缴应纳税款的后果。纳税人按期进行纳税申报，但申报不实，且造成了不缴或者少缴应纳税款的后果。纳税人的这种行为属偷税，税务机关应依据《税收征管法》第63条的规定，由税务机关追缴其不缴或者少缴的税款、滞纳金，并处不缴或者少缴税款50%以上5倍以下的罚款。构成犯罪的，依法追究刑事责任。

3. 纳税人进行虚假申报，但未造成不缴或者少缴应纳税款的后果。对纳税人的这类行为，不能按偷税进行处罚，而应依据《税收征管法》第64条的规定，追究其法律责任：纳税人、扣缴义务人编造虚假计税依据的，由税务机关责令限期改正，并处5万元以下的罚款。这是一种行为罚，纳税人采取了编造虚假计税依据的行为，虚列亏损，多列进项税额，少列销项税额等可能造成以后纳税期不缴少缴税款，但当期尚未造成不缴少缴税款的后果，因此，应对其采取定额处罚的措施。

4. 纳税人未按期进行纳税申报，经税务机关通知申报而拒不申报。如何理解“通知申报而拒不申报”。按道理讲，纳税人办理了税务登记，办理过纳税申报，就应当知道进行纳税申报，应当视为通知申报，在这种情况下，有不申报行为的，可以明确界定为故意行为。针对纳税人的这一行为，《税收征管法》第35条的规定对纳税人核定税额。在此基础上，税务机关应区别纳税人是否造成不缴或少缴应纳税款的后果，依法追究其法律责任。

5. 纳税人经税务机关通知申报而拒不申报，造成不缴或者少缴应纳税款的，税务机关应依据《税收征管法》第63条的规定，按偷税追究纳税人的法律责任。纳税人经税务机关通知申报而拒不申报，但未造成不缴或者少缴应纳税款的，税务机关应依据新《税收征管法》第62条的规定，按“情节严重”追究纳税人的法律责任。

6. 纳税人不进行纳税申报，不缴或者少缴应纳税款。对纳税人不进行纳税申报，不缴或少缴税款的行为如何处罚，人们的认识存在分歧。有人认为，不进行纳税申报比虚假申报更恶劣，是无视国家税法的行为，应按偷税论处。有人则认为，不进行纳税申报并不都是故意而为，有些是因为纳税人不了解税法，或因特殊原因没有申报，特别是有些纳税人只是在某个纳税期因特殊原因而没有申报，对这些情况应当区别对待，不能全部视为偷税。考虑到我国公民纳税意识和税法宣传的现状，为充分保护纳税人的合法权益，《税收征管法》对这种情况没有认定为偷税，而是从教育与惩戒相结合的原则出发，给予行政处罚。纳税人不进行申报，是指纳税人发生法律、行政法规规定的纳税义务，超过规定的期限未进行纳税申报，不缴或者少缴税款的情形。必须同时具备以下两点：一是所指的不申报是指超过了应纳税期，没有进行纳税申报的行为，没办理过税务登记，也从没有进行过纳税申报的纳税人也属此列；二是不申报产生了不缴、少缴税款的后果。对此，税务机关应依据《税收征管法》第 64 条的规定，追究其法律责任：由税务机关追缴其不缴或者少缴的税款、滞纳金，并处不缴或者少缴的税款 50% 以上 5 倍以下的罚款。税务机关追缴税款、滞纳金可以采取正常的措施，也可以采取强制执行措施。

案例分析 8－4　未申报的法律责任

2004 年 9 月，县国税局稽查局在对某企业的所得税纳税情况进行检查时，发现该企业有滞后作销售收入，调节年度利润的现象。经查，该企业存在以下两个违法事实：违法一，企业将 2002 年 12 月已实现的销售收入 30 051 450 元挂“预收账款”科目贷方，于 2003 年 1 月转作销售收入，当月成本收入比率为 81.2%，该笔收入已纳入 2003 年度的年度申报，并办理了汇算清缴；违法二，将 2003 年 12 月实现的收入 19 937 110 元以上述同样方式滞后 2004 年 1 月转作销售收入，当月成本收入比率 80.01%，该笔收入已于 2004 年一季度办理了季度所得税预缴。由于涉案税款数额较大，稽查局将该案件移交县国税局重大税务案件审理委员会进行审理。

审理时，大家观点不一，大致有以下三种：

意见一，认为企业的两笔收入虽滞后申报，但均办理了季度预缴，不存在补税，且企业办理预缴在汇算清缴结束前，故不加收滞纳金，要求企业今后加强管理。

意见二，对滞后作销售收入部分，应按收入成本比率计算出所得额，对违法一，不再查补所得税，但按规定计算加收滞纳金；对违法二，应按规定查补收入所属年度所得税和加收滞纳金，鉴于企业已于 2004 年办理了季度申报，不能按偷税处理，但可以按《税收征管法》有关编造虚假计税依据的规定进行处罚。

意见三，对违法一，应对滞纳所得税加收滞纳金，并按《税收征管法》有关编造虚假计税依据的规定处以罚款。对违法二，应按《税收征管法》有关偷税的规定处理。

审理委员会最终采纳了意见三，对该企业违法一，按规定加收所得税滞纳金，并根据《税收征管法》第 64 条第 1 款规定，按编造虚假计税依据处以 1 万元罚款。对违法二，按规定追缴所得税 1 315 191.4 元和加收滞纳金，并根据《税收征管法》第 63 条规定，对偷税处以 0.5 倍罚款，同时要求企业在办理 2004 年度所得税申报中自行调整。

本案中税务检查的时间发生在 2004 年 9 月，对违法一，由于企业 2003 年度所得税年度申报和汇算清缴工作已全部结束，至检查实施时，企业已将 2002 年度的这笔收入纳入了 2003 年度所得税申报，并进行了所得税汇算清缴，故应视为已申报纳税，只能按滞纳所得税款加收滞纳金处理。不过，企业这种行为虽未造成少缴税款，但采用了编造虚假计税依据的手段，故应按《税收征管法》第 64 条有关规定对其进行处罚。对违法二，由于企业 2004 年度所得税申报工作尚未开始，2003 年度的这笔滞后收入是否在 2004 年度所得税申报表中反映，以及是否按规定办理所得税汇算清缴，都具有很大的不确定性。从检查掌握的事实和证据来看，有偷税的手段，也造成了少缴 2003 年度所得税的事实，符合偷税成立要件，故应按偷税处理。

资料来源：左学正：《同是滞后做收入，税务处理为何不一致》，《涉外税务》，2005 年第 5 期。

二、税款缴纳

纳税人应当按照主管国家税务机关确定的征收方式缴纳税款。

自核自缴。生产经营规模较大，财务制度健全，会计核算准确，一贯依法纳税的企业，经主管国家税务机关批准，企业依照税法规定，自行计算应纳税款，自行填写、审核纳税申报表，自行填写税收缴款书，到开户银行解缴应纳税款，并按规定向主管国家税务机关办理纳税申报并报送纳税资料和财务会计报表。

申报核实缴纳。生产经营正常，财务制度基本健全，账册、凭证完整，会计核算较准确的企业依照税法规定计算应纳税款，自行填写纳税申报表，按照规定向主管国家税务机关办理纳税申报，并报送纳税资料和财务会计报表。经主管国家税务机关审核，并填开税收缴款书，纳税人按规定期限到开户银行缴纳税款。

申报查定缴纳。即财务制度不够健全，账簿凭证不完备的固定业户，应当如实向主管国家税务机关办理纳税申报并提供其生产能力、原材料、能源消耗情况及生产经营情况等，经主管国家税务机关审查测定或实地查验后，填开税收缴款书或者完税证，纳税人按规定期限到开户银行或者税务机关缴纳税款。

定额申报缴纳。生产经营规模较小，确无建账能力或者账证不健全，不能提供准确纳税资料的固定业户，按照国家税务机关核定的营业（销售）额和征收率，按规定期限向主管国家税务机关申报缴纳税款。

纳税人有下列情形之一的，应当依照主管国家税务机关核定的应纳税额缴纳税款：

1. 经县（市）国家税务机关批准，不设置账簿的；

2. 应当设置但未设置账簿的；

3. 虽设置账簿，但账目混乱或者成本资料、收入凭证、费用凭证残缺不全，难以查核的；

4. 发生纳税义务，未按规定期限办理纳税申报，经主管国家税务机关责令限期申报，逾期仍不申报的；

5. 未取得营业执照从事经营的纳税人和跨县（市）经营的纳税人，逾期未进行纳税清算的；

6. 合资企业的合作者采取产品分成方式分得产品的；

7. 企业取得的收入为非货币资产或者为某项权益的；

8. 应缴税的外国企业常驻代表机构，不能提供准确的证明文件和正确的申报收入额，或者不能提供准确的成本、费用凭证的，应当按主管国家税务机关的审查意见，依照核定的收入额或者费用发生额核算应税收入计算纳税；

9. 外商承包工程作业或对有关工程项目提供劳务服务所取得的业务收入，如不能提供准确的成本、费用凭证，不能正确计算应纳税所得额的，应当按主管国家税务机关核定的利润率计算应纳税所得额并缴纳应纳税款；

10. 企业或者外国企业在中国境内设立的从事生产、经营的机构、场所与其关联企业之间的业务往来，未按照独立企业之间的业务往来收取或者支付价款、费用而减少应纳税额的，应当按照主管国家税务机关合理调整后的应纳税收入或者所得额缴纳税款。

纳税期限。增值税、消费税等以1个月为1期纳税的，纳税人应自期满后十日内缴纳税款；以1日、3日、5日、10日、15日为1期纳税的，纳税人应自期满后5日内预缴税款，于次月1日起十日内申报纳税并结清上月应纳税款。企业所得税，按年计算，分月或者分季预缴。纳税人应于月份或者季度终了后15日内预缴，年度终了后内资企业在5个月内汇算清缴，多退少补。

三、税款的退还和追征

由于主客观等多方面的原因，纳税人多缴或少缴、不缴税款的现象时有发生，而多缴或少缴、不缴税款都是法律所不允许的，必须予以纠正，即由税务机关退还或追征。

（一）税款的退还

《税收征管法》第51条规定：纳税人超过应纳税额缴纳的税款，税务机关发现后应当立即退还；纳税人自结算缴纳税款之日起3年内发现的，可以向税务机关要求退还多缴的税款并加算银行同期存款利息，税务机关及时查实后应当立即退还；涉及从国库中退库的，依照法律、行政法规有关国库管理的规定退还。由此可见，税款退还的前提是纳税人缴纳了超过应纳税额的税款，而退还的时限及方法依发现主体的不同而不同。第一，时限不同。税务机关发现的多缴税款，不受时间限制，都应当立即退还。而纳税人发现的，只有在税款结算之日起3年内可以退还，超过3年的不能退还。如某企业因对税法理解有误，于1996年、1997年和1998年连续3年都多缴了300多万元的税款，税务机关一直没有发现，该企业2001年10月发现时已累计多缴了1 000多万元的税款，于是向税务机关提出退还多缴税款的申请。税务机关对申请进行审核后认定，由于该纳税人1996年、1997年的税款结算已超过3年，只能退还其1998年多缴的300多万元的税款。又如，另一企业1999年多缴了40万元的税款，税务机关2000年发现这一情况后，立即办理了退还手续。第二，是否给予纳税人补偿是不同的。税务机关发现的，只退还多缴的税款，没有补偿；纳税人发现的，税务机关除退还多缴的税款外，还要给予纳税人加算同期活期存款利息的补偿。

（二）税款的追征

《税收征管法》第52条规定：因税务机关的责任，致使纳税人、扣缴义务人未缴或者少缴税款的，税务机关在3年内可以要求纳税人、扣缴义务人补缴税款，但是不得加收滞纳金。因纳税人、扣缴义务人计算错误等失误，未缴或者少缴税款的，税务机关在3年内可以追征税款、滞纳金；有特殊情况的，追征期可以延长到5年。对偷税、抗税、骗税的，税务机关追征其未缴或者少缴的税款、滞纳金或者所骗取的税款，不受前款规定期限的限制。

税款的追征，根据不缴、少缴税款产生的原因及处理方法的不同分为三种情况：

1. 因税务机关责任造成未缴或少缴税款的。由于税务机关适用税收法律、行政法规不当或者税务机关渎职、执法行为违法，造成纳税人、扣缴义务人未缴或者少缴税款的，税务机关在3年内可要求纳税人、扣缴义务人补缴税款，但是不得加收滞纳金，也不能处罚。

2. 纳税人、扣缴义务人非主观故意造成未缴或少缴税款的。对纳税人、扣缴义务人由于计算错误等失误，如逻辑运算错误，非主观故意的计算公式运用错误以及明显的笔误等原因，未缴或者少缴税款的，税务机关在3年内可以追征税款，并加收滞纳金；有特殊情况的追征期可以延长到5年。此处的特殊情况，是指未缴、少缴或者未扣、少扣、未收、少收税款数额在10万元以上的。即纳税人、扣缴义务人由于计算失误等造成未缴或少缴、未扣或少扣税款数额在10万元以下的，税务机关可以在3年内追征税款、滞纳金；数额在10万元以上的，在5年内可以追征税款、滞纳金。

3. 纳税人、扣缴义务人故意违法造成不缴、少缴税款的。对偷税、抗税、骗税的，税务机关可以无限期追征其未缴（解缴）或者少缴（解缴）的税款、滞纳金或者所骗取的税款。同时，根据《税收征管法》的规定，在5年内可以进行行政处罚。涉嫌犯罪的，要移交司法机关追究刑事责任，移交时间也是无限期的。

透视8-4

三年和五年

2000年3月，某地税局纳税大厅税款征收人员错将一旅行社应税收入适用运输业税目征收营业税，导致少征税款1 800元。2004年7月被稽查人员发现后，通知其补缴这部分税款，并加收滞纳金。该旅行社不理解，于是向县税务机关递交了复议申请书。经复议机关复议，依据《税收征管法》第52条相关征缴时效的规定，纠正了地税分局追征税款的具体行为。

《税收征管法》第52条第2款规定，因纳税人、扣缴义务人计算错误等失误，未缴或者少缴税款的，税务机关在三年内可以追征税款、滞纳金；有特殊情况的，追征期可以延长到五年。本案在时限上，从1999年12月至2004年8月，期间为四年零四个月，超过了三年，不适应“三年可以追征”的法定期限。另外，本案虽然不满五年，但是追征期“可以延长到五年”，指的必须是“有特殊情况”，那么怎样才是特殊情况呢？《征管法实施细则》第82条规定：税收征管法第52条所称特殊情况，是指纳税人或者扣缴义务人因计算错误等失误，未缴或者少缴、未扣或者少扣、未收或者少收税款，累计数额在10万元以上的。此案不超过五年期限是事实，但少缴税款累计只有4 950元也是事实，因此，不构成“特殊情况”，不适用追征期可延长到“五年”的规定。

资料来源：田涌：《“三年”与“五年”》，《涉外税务》，2005年第2期。

四、延期缴纳税款

纳税人、扣缴义务人按期足额缴纳税款或者解缴税款，是税收强制性、固定性的具体体现。纳税人在履行纳税义务过程中可能遇到特殊困难的客观情况，为保护纳税人的合法权益，《税收征管法》及其实施细则规定了延期缴纳税款制度，这是纳税人享有的一项重要权利。

《税收征管法》第31条规定：纳税人因有特殊困难，不能按期缴纳税款的，经省、自治区、直辖市国家税务局、地方税务局批准，可以延期缴纳税款，但是最长不得超过3个月。纳税人延期缴纳税款的前提条件是有特殊困难，对于特殊困难，《征管法实施细则》第41条作了解释，分为两种情况：

受不可抗力影响，纳税人发生较大损失，正常生产经营活动受到较大影响。

当期货币资金在扣除应付职工工资、法定劳动社会保险费用后，不足以缴纳税款的。

税务机关准予纳税人延期缴纳税款的，不加收滞纳金，延期时间最长不得超过3个月，时间从缴纳税款期限届满的次日开始计算。纳税人应当在税务机关批准的延期时间内缴纳税款，到期如未缴纳，税务机关应加收滞纳金并采取相应的追缴措施。

税务机关未予批准延期的，从缴纳税款期限届满之次日起加收滞纳金，并可以采取相应的措施。

五、扣缴义务

扣缴义务人是指法律、行政法规规定负有代扣代缴、代收代缴税款义务的单位和个人。扣缴义务人既可以是各种类型的企业，也可以是机关、社会团体、民办非企业单位、部队、学校和其他单位，或者是个体工商户、个人合伙经营者和其他自然人。按照各税种的实体法律、行政法规规定，扣缴义务人的范围并不一致。如《营业税暂行条例》规定，营业税的扣缴义务人包括：委托金融机构发放贷款的，以受托发放贷款的金融机构为扣缴义务人；建筑安装业务实行分包或者转包的，以总承包人为扣缴义务人。又如《个人所得税法》明确，个人所得税以支付所得的单位或者个人为扣缴义务人。

案例分析8-5　扣缴义务与委托代征

A食品站于2003年1月1日同该市国税局签订《委托代征税款协议》，委托A食品站代征在A食品站屠宰的生猪增值税。该协议的有效代征时间为2003年1月1日至2003年12月31日。但在代征期间A食品站少申报缴纳增值税203 136元。

某县国税局委托当地一国有企业代征煤炭的增值税，双方协议约定，企业将代征所得的税款于每月十日前进行申报。年终，国税局在对该企业的代征账目进行检查时发现该企业一年来采取收入不开票，不入账的方式隐瞒了税款45万元。

对于以上两个案例中涉及的现行税收法律，仅在《税收征管法》第29条及《征管法实施细则》第44条规定了受托人员的代征权及代征活动中所产生的法律后果的承担。但对于受托单位或受托人隐匿税款以及少代征税款的行为如何定性，却未作明确规定，在税法适用上显出法律规定的漏洞，导致了在委托代征活动中引起不少争议。

争议。案例一，对A食品站应该如何进行处理，国税局重大案件审理委员会内部就此展开了激烈的辩论。

一种观点认为：A食品站接受国税局委托代征生猪增值税，对其少征的税款应比照《税收征管法》第69条关于扣缴义务人不履行扣缴义务的法律责任的规定进行处罚，即对于少征的税款应由A食品站进行补缴，同时对A食品站处以应收未收税款50%以上3倍以下罚款。另一种观点认为：A食品站接受国税局委托代征生猪增值税，与国税局之间形成的是《合同法》调整范畴内的委托关系，且《税收征管法》对受托代征单位是否属于扣缴义务人、是否承担扣缴义务人的相关责任等未作明确界定。因此，A食品站接受国税局委托代征生猪增值税，对其少征的税款的行为应按《合同法》中关于委托合同的规定进行处理。

考虑到税收代征委托关系的特殊性，对于受托人未能尽到受托责任，导致税款少征的情况，税务机关只能通过取消委托协议等形式进行处理。对于受托人少征、漏征的税款，应由税务机关直接对纳税人进行追缴并视情况进行处罚，不能对受托人比照扣缴义务人的规定进行处罚。

对此案件，第二种意见更有道理。

对案例二，就如何处理这一案件时也发生了争议，主要意见也有两种：

一种观点认为：该案应定性为贪污罪，理由是税款为国家财产，该企业利用受托的税款征收权，采用不开票、不入账的方式隐匿税款，符合《刑法》第 382 条“利用职务便利侵占国有财产”的规定，故可定其为贪污罪。

另一种观点认为：该案应定性为偷税罪，理由是根据《税收征管法》第 63 条对偷税行为的界定及《刑法》第 201 第的规定“扣缴义务人采用隐匿方式，不缴或少缴税款的，依照偷税罪处罚”。委托代征人虽然不是扣缴义务人，但他所执行的职务与扣缴义务人是一致的，都为代收代缴，本质上都是代国家税务机关进行征收活动。如扣缴义务人隐匿税款按偷税罪处罚而委托代征人有相同的行为却不能按偷税罪处罚，对扣缴义务人而言是不公平的，对委托代征人而言，又是放任其侵害国有财产。故对委托代征人的处罚可参照适用对扣缴义务人的规定，按偷税罪论处。

以上两种意见，都有不妥之处。

能否适用贪污罪。根据《刑法》第 382 条的规定可以看出，贪污罪的构成要件中要求主体是自然人，即国家工作人员或是受托管理、经营国有财产的人员，单位不能成为贪污罪的主体，而在委托代征中受托人可以是单位也可以是个人，这种情况下，如代征人是单位则主体就不符合贪污罪的构成要件，不能以贪污罪论处。如代征人是个人，是否符合第 2 款的规定呢？根据第 2 款的规定，受托人管理、经营国有财产，利用职务便利非法占有国有财物的，才构成贪污罪。而受托人代征税款的行为不是一种管理、经营国有财产的行为，故不构成贪污罪。

能否适用偷税罪。根据《税收征管法》第 63 条的规定，偷税的主体是纳税人或是扣缴义务人，而委托代征人与扣缴义务人是不一样的，不能把两者混同。扣缴义务人是由法律、行政法规规定而直接产生的，不必经过税务机关的委托，不必征求扣缴义务人的同意，而且税务机关对扣缴义务人有检查权、处罚权。而委托代征人的税款征收权来源自税务机关的委托，与税务机关之间的关系是行政委托合同关系，双方基于自愿而缔约合同，双方的权利、义务由合同约定，双方在合同关系中地位是平等，任何一方不享有对另一方的行政管理权。由上可见两者在性质上有很大的差异，不能仅仅根据两者有某些相同点而把两者简单地等同起来。从刑法的角度来看，刑法的原则之一是罪刑法定，即法律无明文规定不为罪，法律没有明文规定某种行为是犯罪，则该种行为即使侵害了他人的合法权益也不能定罪。由于刑法规定偷税罪的主体是纳税人或是扣缴义务人，委托代征人不符合这一主体要求，故不能定其为偷税罪。

综上所述，委托代征人隐匿税款的行为虽然侵犯了国家财产，其行为与贪污罪、偷税罪有一定的相似之处，但由于其行为不符合贪污罪、偷税罪的构成要件，而我国现行的法律未明确规定这种行为构成犯罪，故无法对受托人隐匿税款，非法占有国有财产的行为进行定罪量刑。

那么，受托单位隐匿税款，作为税务机关可以通过什么方式来救济呢？就目前的法律规定来看，税务机关在这种合同形成的委托关系中不享有税法赋予的强制执行的权利，无法自行前往代征单位强制收取税款，也不得自行查封代征单位的账户，更不能对代征单位的财产实施保全，变卖或拍卖。税务机关仅能通过民事诉讼的方式要求受托单位返还税款，在法院判决生效后，如代征单位拒不返还税款的，也只能通过法院来强制执行。

资料来源：兰延灼：《从两起案件看法律适用基本案情》，《涉外税务》，2005 年第 3 期。

扣缴义务的法律责任。税法规定：

1. 对扣缴义务人不缴或少缴应解缴税款的，采取强制执行措施并处罚款。扣缴义务人在规定的期限内不缴或少缴应解缴的税款，由税务机关责令扣缴义务人限期缴纳；逾期仍未缴纳的，经县以上税务局（分局）局长批准，税务机关可以采取强制执行措施追缴其不缴或者少缴的税款，可以处不缴或少缴的税款 50% 以上 5 倍以下的罚款。

2. 对扣缴义务人应扣未扣、应收未收税款行为予以处罚。税务机关在向纳税人追缴税款的同时，可对扣缴义务人处 50% 以上 3 倍以下的罚款。

3. 对扣缴义务人不配合税务机关检查的予以处罚。扣缴义务人逃避、拒绝或者以其他方式阻挠税务机关依法进行检查的，税务机关可对其处以 1 万元以下的罚款；情节严重的，如长时间不配合，多次不接受检查等，处 1 万元以上 5 万元以下的罚款。不配合税务机关检查的行为包括：扣缴义务人借口会计不在，逃避税务机关检查；借口账簿放在居住地、非生产经营地，不让税务人员进入；需要企业财务人员、主要负责人、财务负责人等到场而不到场的；对税务机关依法调账检查予以拒绝的；提供虚假资料，不如实反映情况或者拒绝提供有关各种资料；拒绝或阻止税务机关记录、录音、录像、照相和复印与案件有关的情况和资料的；在检查期间，转移、隐匿、销毁有关资料的，等等。

六、税收保全、担保和强制执行

《税收征管法》第 37 条规定：对未按照规定办理税务登记的从事生产、经营的纳税人以及临时从事经营的纳税人，由税务机关核定其应纳税额，责令缴纳；不缴纳的，税务机关可以扣押其价值相当于应纳税款的商品、货物。扣押后缴纳应纳税款的，税务机关必须立即解除扣押，并归还所扣押的商品、货物；扣押后仍不缴纳应纳税款的，经县以上税务局（分局）局长批准，依法拍卖或者变卖所扣押的商品、货物，以拍卖或者变卖所得抵缴税款。税法采取税收保全和强制执行措施，以保证税收的实现。

（一）纳税担保

纳税担保，是指经税务机关同意或确认，纳税人或其他自然人、法人、经济组织以保证、抵押、质押的方式，为纳税人应当缴纳的税款及滞纳金提供担保的行为。纳税担保人包括以保证方式为纳税人提供纳税担保的纳税保证人和其他以未设置或者未全部设置担保物权的财产为纳税人提供纳税担保的第三人。

《纳税担保试行办法》（国家税务总局令 2005 年第 11 号）规定，纳税人有下列情况之一的，适用纳税担保：税务机关有根据认为从事生产、经营的纳税人有逃避纳税义务行为，在规定的纳税期之前经责令其限期缴纳应纳税款，在限期内发现纳税人有明显的转移、隐匿其应纳税的商品、货物以及其他财产或者应纳税收入的迹象，责成纳税人提供纳税担保的；欠缴税款、滞纳金的纳税人或者其法定代表人需要出境的；纳税人同税务机关在纳税上发生争议而未缴清税款，需要申请行政复议的；税收法律、行政法规规定可以提供纳税担保的其他情形。

税法规定，下列纳税人必须依法向主管国家税务机关提供纳税担保：未领取营业执照从事生产、经营的纳税人，应当依法向主管国家税务机关提供纳税担保人或者预缴税保证金，按期进行纳税清算；跨县（市）经营的纳税人，应当依法向经营地主管国家税务机关提供纳税担保人或者预缴纳税保证金，按期进行纳税清算；欠缴税款的纳税人，应当依法向经营地主管国家税务机关提供纳税担保人或者预缴纳税保证金，按期进行纳税清算；国家税务机关要求提供纳税担保的其他纳税人。

纳税担保范围包括税款、滞纳金和实现税款、滞纳金的费用。费用包括抵押、质押登记费用，质押保管费用，以及保管、拍卖、变卖担保财产等相关费用支出。用于纳税担保的财产、权利的价值不得低于应当缴纳的税款、滞纳金，并考虑相关的费用。纳税担保的财产价值不足以抵缴税款、滞纳金的，税务机关应当向提供担保的纳税人或纳税担保人继续追缴。

纳税抵押是指纳税人或纳税担保人不转移财产的占有，将该财产作为税款及滞纳金的担保。纳税人逾期未缴清税款及滞纳金的，税务机关有权依法处置该财产以抵缴税款及滞纳金。纳税人或者纳税担保人为抵押人，税务机关为抵押权人，提供担保的财产为抵押物。

下列财产可以抵押：抵押人所有的房屋和其他地上定着物；抵押人所有的机器、交通运输工具和其他财产；抵押人依法有权处分的国有的房屋和其他地上定着物；抵押人依法有权处分的国有的机器、交通运输工具和其他财产；经设区的市、自治州以上税务机关确认的其他可以抵押的合法财产。以依法取得的国有土地上的房屋抵押的，该房屋占用范围内的国有土地使用权同时抵押。以乡（镇）、村企业的厂房等建筑物抵押的，其占用范围内的土地使用权同时抵押。

下列财产不得抵押：土地所有权；土地使用权；学校、幼儿园、医院等以公益为目的的事业单位、社会团体、民办非企业单位的教育设施、医疗卫生设施和其他社会公益设施；所有权、使用权不明或者有争议的财产；依法被查封、扣押、监管的财产；依法定程序确认为违法、违章的建筑物；法律、行政法规规定禁止流通的财产或者不可转让的财产。

纳税质押是指经税务机关同意，纳税人或纳税担保人将其动产或权利凭证移交税务机关占有，将该动产或权利凭证作为税款及滞纳金的担保。纳税人逾期未缴清税款及滞纳金的，税务机关有权依法处置该动产或权利凭证以抵缴税款及滞纳金。纳税质押分为动产质押和权利质押。

动产质押包括现金以及其他除不动产以外的财产提供的质押。汇票、支票、本票、债券、存款单等权利凭证可以质押。对于实际价值波动很大的动产或权利凭证，经设区的市、自治州以上税务机关确认，税务机关可以不接受其作为纳税质押。

纳税担保的法律责任：

1. 纳税人、纳税担保人采取欺骗、隐瞒等手段提供担保的，由税务机关处以 1 000 元以下的罚款；属于经营行为的，处以 10 000 元以下的罚款。

2. 非法为纳税人、纳税担保人实施虚假纳税担保提供方便的，由税务机关处以 1 000 元以下的罚款。

3. 纳税人采取欺骗、隐瞒等手段提供担保，造成应缴税款损失的，由税务机关按照《税收征管法》第68条规定处以未缴、少缴税款50%以上5倍以下的罚款。

4. 税务机关负有妥善保管质物的义务。因保管不善致使质物灭失或者毁损，或未经纳税人同意擅自使用、出租、处分质物而给纳税人造成损失的，税务机关应当对直接损失承担赔偿责任。

5. 纳税义务期限届满或担保期间，纳税人或者纳税担保人请求税务机关及时行使权利，而税务机关怠于行使权利致使质物价格下跌造成损失的，税务机关应当对直接损失承担赔偿责任。

（二）税收保全

税收保全措施是税务机关为避免税收流失，保证税款安全入库而采取的预防性措施。《税收征管法》中规定可以采取税收保全措施的条款共有3个，即第37条、第38条、第55条，对其适用对象、执行程序和条件等分别作了规定。

税收保全措施的适用对象有两类：一是从事生产、经营的纳税人，包括已经取得税务登记和未办理税务登记的从事生产、经营的纳税人和到外县（市）从事生产、经营而未向营业地税务机关报验登记的纳税人；二是临时从事经营的纳税人，包括临时从事经营的非生产、经营的纳税人，如机关团体、事业单位、部队、民办非企业和流动商贩等临时从事经营的单位和个人。

需要注意的是，税务机关对扣缴义务人及其他当事人不能采取税收保全措施。

税务机关的税收征收管理是指税务机关从税务登记、税源监控到税款入库全过程进行的监督管理，大致可分为征收、管理、检查三个环节。按照《税收征管法》的规定，税务机关在征收、管理、检查各环节均可采取税收保全措施。其中，《税收征管法》第37条是一个简易的税收保全措施，在征收管理过程中实施；第38条是规范的保全措施，在征收管理环节、纳税期之前即可采取；第55条规定的保全措施则是在检查环节采取。

《税收征管法》第38条规定：税务机关有根据认为从事生产、经营的纳税人有逃避纳税义务行为的，可以在规定的纳税期之前，责令限期缴纳应纳税款；在限期内发现纳税人有明显的转移、隐匿其应纳税的商品、货物以及其他财产或者应纳税的收入的迹象的，税务机关可以责成纳税人提供纳税担保。如果纳税人不能提供纳税担保，经县以上税务局（分局）局长批准，税务机关可以采取下列税收保全措施：书面通知纳税人开户银行或者其他金融机构冻结纳税人的金额相当于应纳税款的存款；扣押、查封纳税人的价值相当于应纳税款的商品、货物或者其他财产。纳税人在前款规定的限期内缴纳税款的，税务机关必须立即解除税收保全措施；限期期满仍未缴纳税款的，经县以上税务局（分局）局长批准，税务机关可以书面通知纳税人开户银行或者其他金融机构从其冻结的存款中扣缴税款，或者依法拍卖或者变卖所扣押、查封的商品、货物或者其他财产，以拍卖或者变卖所得抵缴税款。

《税收征管法》第55条规定：税务机关对从事生产、经营的纳税人以前纳税期的纳税情况依法进行税务检查时，发现纳税人有逃避纳税义务行为，并有明显的转移、隐匿其应纳税的商品、货物以及其他财产或者应纳税收入的迹象的，可以按照本法规定的批准权限采取税收保全措施或者强制执行措施。

（三）税收强制执行

税收强制执行措施，是指纳税人、扣缴义务人不按照规定的期限缴纳或者解缴税款，纳税担保人不按照规定的期限缴纳所担保的税款，或者当事人不履行税收法律、行政法规规定的义务，税务机关依法采取的强制追缴手段。《税收征管法》第40条、第55条、第68条、第88条对强制执行措施进行了明确规定。

与税收保全措施只适用于纳税人不同，税收强制执行措施的适用对象既包括纳税人，又包括扣缴义务人、纳税担保人及其他当事人。

1. 从事生产、经营的纳税人、扣缴义务人。这里有两种情况：一是未按规定期限缴纳税款的；二是在税务机关依法进行检查时，有逃避纳税义务行为，并有明显的转移、隐匿其应纳税的商品、货物以及其他财产或者应纳税收入的迹象的。

2. 未按照规定期限解缴税款的从事生产、经营的扣缴义务人。

3. 未按照规定期限缴纳所担保税款的纳税担保人。

4. 对税务机关的处罚决定逾期不申请行政复议也不向人民法院起诉，又不履行的当事人。

《税收征管法》既有针对纳税人、扣缴义务人的处罚条款，也有对其他单位和个人违反税收法律、行政法规的处罚规定。因此，上述当事人的范围是非常广泛的，而不仅限于纳税人、扣缴义务人。

透视8－5

不合法的税务强制执行

县地税局于7月18日向建筑公司下达了《限期缴纳税款通知书》，责令该公司于7月19日前缴清所欠税款和滞纳金共计16.2万元，遭到建筑公司的拒绝。7月20日地税局下达《税务处罚事项告知书》，告知拟处以其未缴税款1倍的罚款及其享有的权利。7月22日地税局按上述处理意见作出了《税务处理决定书》和《税务行政处罚决定书》，限该建筑公司于7月23日前缴纳税款，滞纳金和罚款共计31.2万元，并于当天将两份文书送达给了建筑公司。

建筑公司由于资金紧张，请求地税局核减税款、滞纳金和罚款，被地税局拒绝。7月23日建筑公司缴纳了部分税款。7月24日地税局又下达了《限期缴纳税款通知书》，限该建筑公司于7月25日前缴纳余下的税款、滞纳金和罚款。在三次催缴无效的情况下，经地税局局长会议研究决定，对建筑公司采取强制执行措施。7月29日，地税局扣押了建筑公司260吨钢材，以变卖收入抵缴未缴税款、滞纳金和罚款。建筑公司找到地税局，认为对其未缴的罚款采取强制执行措施不合法，要求退还。在多次交涉没有结果的情况下，8月15日建筑公司向县人民法院提起行政诉讼，县人民法院经审理于11月3日一审判决县地税局败诉。

分析：导致地税局败诉的主要原因是执法程序不合法。

首先，《税务行政处罚决定书》的时间不符合法律规定。税法规定，要求听证的当事人，应当在《税务行政处罚事项告知书》送达后3日内向税务机关书面提出听证；逾期不提出的，视为放弃听证权利。地税局7月20日送达《税务行政处罚事项告知书》，而7月22日就作出了《税务处理决定书》和《税务行政处罚决定书》，听证告知的时间只有2天。

其次，地税局对罚款采取强制执行措施不合法。税法规定：对价值超过应纳税额且不可分割的商品、货物或者其他财产，税务机关在纳税人、扣缴义务人或者纳税担保人无其他可供强制执行的财产的情况下，可以整体扣押、查封、拍卖，以拍卖所得抵缴税款、滞纳金、罚款以及扣押、查封、保管、拍卖等费用。地税局对罚款采取强制执行措施显然不符合本条的规定，钢材不属于"价值超过应纳税额且不可分割的商品、货物或者其他财产"。因此，税务机关必须按照税法规定执行，即当事人对税务机关的处罚决定逾期不申请行政复议也不向人民法院起诉、又不履行的，作出处罚决定的税务机关可以采取强制执行措施。而该建筑公司在法定的期限内申请了行政诉讼，地税局就不能对罚款采取强制执行措施。

另外，地税局在作出的税收具体行政行为时，不够严肃和不近情理。要求纳税人履行相应纳税义务时，除了考虑"合法"，还应给纳税人一个可能履行的时间，使其作出的具体行政行为便于施行。地税局三次下达催缴文书向纳税人催缴税款、滞纳金和罚款，金额高达30余万元的款项而每次限期缴纳的期限都是一天。这虽未违反法律的有关规定，但却使纳税人不可能实际履行或难以做到，是不适当的具体行政行为。

资料来源：根据江苏省国家税务局网站资料，作者整理。

税收强制执行措施的实施范围包括应纳税款、滞纳金和罚款。

《税收征管法》明确了税务机关对应纳税款、滞纳金、罚款都可以实施强制执行措施，但执行的程序和时限有所不同。与税收保全措施不同的是，强制执行措施无论在征收管理阶段还是在检查阶段实施，都是对已超过纳税期的税款进行追缴，因此，都是税款与滞纳金一同执行。而对罚款的强制追缴必须等复议申请期和起诉期满后才能执行。

在征收、管理、检查三个环节，税务机关均可采取税收强制执行措施。在征收、管理环节，可按照《税收征管法》第40条、第68条、第88条第3款的规定采取强制执行措施；在检查环节，可按照第55条的规定采取强制执行措施。

《税收征管法》第40条规定：从事生产、经营的纳税人、扣缴义务人未按照规定的期限缴纳或者解缴税款，纳税担保人未按照规定的期限缴纳所担保的税款，由税务机关责令限期缴纳，逾期仍未缴纳的，经县以上税务局（分局）局长批准，税务机关可以采取下列强制执行措施：书面通知其开户银行或者其他金融机构从其存款中扣缴税款；扣押、查封、依法拍卖或者变卖其价值相当于应纳税款的商品、货物或者其他财产，以拍卖或者变卖所得抵缴税款。税务机关采取强制执行措施时，对纳税人、扣缴义务人、纳税担保人未缴纳的滞纳金同时强制执行。

《税收征管法》第68条规定：纳税人、扣缴义务人在规定期限内不缴或者少缴应纳或者应解缴的税款，经税务机关责令限期缴纳，逾期仍未缴纳的，税务机关除采取强制执行措施追缴其不缴或者少缴的税款外，可以处不缴或者少缴的税款50%以上5倍以下的罚款。

《税收征管法》第 88 条规定：纳税人、扣缴义务人、纳税担保人同税务机关在纳税上发生争议时，必须先依照税务机关的纳税决定缴纳或者解缴税款及滞纳金或者提供相应的担保，然后才可以依法申请行政复议；对行政复议决定不服的，可以依法向人民法院起诉。当事人对税务机关的处罚决定、强制执行措施或者税收保全措施不服的，可以依法申请行政复议，也可以依法向人民法院起诉。当事人对税务机关的处罚决定逾期不申请行政复议也不向人民法院起诉、又不履行的，作出处罚决定的税务机关可以采取本法第 40 条规定的强制执行措施，或者申请人民法院强制执行。

第五节　纳税完成后的遵从

一、纳税评估

纳税评估是指税务机关运用数据信息对比分析的方法，对纳税人和扣缴义务人纳税申报（包括减免缓抵退税申请）情况的真实性和准确性作出定性和定量的判断，并采取进一步征管措施的管理行为。

纳税评估的基本程序包括：确定对象、实施分析、约谈辅导、调查核实、评估处理、反馈建议和维护评估基础数据等环节。纳税评估主要内容包括：根据宏观税收分析和行业税负监控结果以及相关数据设立评估指标及其预警值；综合运用各类对比分析方法筛选评估对象；对所筛选出的异常情况进行深入分析并作出定性和定量的判断；对评估分析中发现的问题分别采取税务约谈、调查核实、处理处罚、提出管理建议、移交稽查部门查处等方法进行处理；维护更新税源管理数据，为税收宏观分析和行业税负监控提供基础信息等。

采用计算机自动筛选、人工分析筛选和重点抽样筛选等方法。筛选纳税评估对象，依据税收宏观分析、行业税负监控结果等数据，结合各项评估指标及其预警值和税收管理员掌握的纳税人实际情况，参照纳税人所属行业、经济类型、经营规模、信用等级等因素进行全面、综合的审核对比分析。综合审核对比分析中发现有问题或疑点的纳税人要作为重点评估分析对象；重点税源户、特殊行业的重点企业、税负异常变化、长时间零税负和负税负申报、纳税信用等级低下、日常管理和税务检查中发现较多问题的纳税人要列为纳税评估的重点分析对象。

纳税评估的处理。对纳税评估中发现的计算和填写错误、政策和程序理解偏差等一般性问题，或存在的疑点问题经约谈、举证、调查核实等程序认定事实清楚，不具有偷税等违法嫌疑，无须立案查处的，可提请纳税人自行改正。需要纳税人自行补充的纳税资料，以及需要纳税人自行补正申报、补缴税款、调整账目的，税务机关应督促纳税人按照税法规定逐项落实。

对纳税评估中发现的需要提请纳税人进行陈述说明、补充提供举证资料等问题，由主管税务机关约谈纳税人。税务约谈要经所在税源管理部门批准并事先发出《税务约谈通知书》，提前通知纳税人。税务约谈的对象主要是企业财务会计人员。因评估工作需要，必须约谈企业其他相关人员的，应经税源管理部门批准并通过企业财务部门进行安排。纳税人因特殊困难不能按时接受税务约谈的，可向税务机关说明情况，经批准后延期进行。纳税人可以委托具有执业资格的税务代理人进行税务约谈。税务代理人代表纳税人进行税务约谈时，应向税务机关提交纳税人委托代理合法证明。

发现纳税人有偷税、逃避追缴欠税、骗取出口退税、抗税或其他需要立案查处的税收违法行为嫌疑的，要移交税务稽查部门处理。发现企业与其关联企业之间的业务往来不按照独立企业业务往来收取或支付价款、费用，需要调查、核实的，移交上级税务机关国际税收管理部门（或有关部门）处理。

案例分析8－6　　个案评估与行业纳税调整

洗衣机整机制造业是宁波下属慈溪市最大制造业——家用电器制造业下的一个重要分支，慈溪市生产的双桶洗衣机据称已占据国内90%的市场。评估年度内，慈溪市共有54家洗衣机整机制造企业。

宁波TL电器有限公司（以下简称TL公司）成立于1995年11月，于2001年8月开始主营双桶洗衣机，兼营洗衣机塑料配件，增值税一般纳税人，企业所得税由地税部门征管。

1. 评估数据采集。

（1）内部数据采集通过征管系统提取洗衣机行业纳税申报数据。全市54家企业2003年共计申报销售收入172 358.40万元，增值税应纳税额（包括自营出口企业免抵税额）4 433.69万元，增值税行业平均税负率2.57%。其中，TL公司申报销售收入2 417万元，增值税应纳税额108万元，增值税税负率4.47%。

（2）外部数据采集。开展行业税源调查确定行业评估参考值。调查人员通过多头走访和认真剖析两家典型企业，确定行业评估参考值如下：一是主要生产设备产出能力——制造洗衣机塑料外壳件的万克量注塑机每台年产出洗衣机至少应达到80 000台；二是工耗产出额（按一般销售价格计值，下同）——每元生产工人工资的产出额为33元；三是电耗产出额——每度生产用电耗的产出额为26元；四是产品增值率在15%～20%；五是按实耗扣税法测算的增值税税负率在2.5%～3.5%。

按《洗衣机行业涉税信息调查采集表》内容采集所有企业生产经营数据。其中，TL公司2003年度账面记载洗衣机生产量38 910台、销售量37 066台、销售收入974.02万元，账面用电量320.30万千瓦时，生产工人工资81.6万元，实际使用万克量注塑机3台。

通过供电部门直接调取所有企业实际用电数据。其中TL公司2003年度实际用电量为543.89万千瓦时。

2. 行业总体分析和个户案头分析。按户归集以上数据，运用聚类、配比、对比、推算方法，对全行业所有企业进行集中统一分析。

（1）纳税申报数据总体分析显示纳税疑点。虽然申报数据统计显示洗衣机行业增值税平均税负率达到2.57%处于正常率，但通过聚类分析，仍发现存在下列异常现象：

申报年销售收入1 000万元以下的企业几乎占行业的一半，有5家竟未超过100万元，与其所从事的制造大件商品的行业应有规模明显不相匹配。

年销售收入规模1 000万元以下企业申报的增值税税负率既有6%以上的，也有1.5%以下的，增值税税负率高低错落过大，与行业内竞争激烈生产经营利润趋于社会化平均态势不相照应。

增值税税负率4%以上高税负区的24户企业申报的年销售收入合计不过31 000万元，户均规模只有1 290万元，收入规模较小企业税负率反而较高，与其所从事的行业需规模化生产经营才有获利实情不相对称。

上述低收入、高税负申报现象及部分企业纳税申报与行业生产经营常规相违背异常情况，一定程度上显示出行业内可能存在少报销售收入、虚抬增值税税负率问题。初步推测，TL公司可能也属这类纳税人。

（2）外部数据配比、对比分析揭示纳税问题。大部分企业每元生产工人工资产出额较低。全行业每元生产工人工资产出额平均为19.93元，低于33元参考值，只有4家企业达到参考值。TL公司每元工人工资产出额为29.62元，未达到行业参考值。

大部分企业每千瓦时电耗产出额较低。因难以准确分离企业生产用电耗与其他如空调、照明、管理、工人生活用电等非生产用电耗，所以只能简单地以企业实际总用电量与其产出进行简单配比。全行业每千瓦时电耗产出额平均为18元，只有15家企业高于行业平均水平。TL公司每千瓦时电耗产出额为4.44元，远远低于行业平均水平。

每千瓦时电耗产出额较低企业设备产出量较低。全行业每台万克量注塑机平均年产洗衣机47 139台，低于80 000台参考值，每千瓦时电耗产出额较低企业无一达到平均水平。其中TL公司每台万克量注塑机的年产量只有12 970台。

外部数据印证存在差异。部分企业账面用电量小于供电部门提供的实际用电量。TL公司也存在这种情况，账面购电320.30万千瓦时，供电部门信息显示实际用电543.89万千瓦时，相差竟达223.59万千瓦时。

以上配比、对比分析结果，有力地揭示了TL公司及行业部分企业存在财务记载失真、纳税申报失实、少计销售收入、虚抬税负率问题，同时充分说明洗衣机行业2.57%的增值税平均税负率建立在计税收入削减基础之上，是企业为达到少缴税款和躲避税收监控随心所欲制造出来的一种假象，其背后隐藏着大量走逃税款的不正当行为。

3. 推算纳税差异确认纳税问题程度。推算模型选择。经综合分析并从信息获取可靠性、投入产出相关程度两方面考究，选定了电耗产出作为销售收入推算模型。

推算公式：

增值税应纳税差异额＝实际可达到的增值税税额－申报的增值税应纳税额
＝实际用电量×行业每千瓦时电耗产出额×行业实际可达到的产品增值率×适用税率－申报的增值税应纳税额

推算参数选取。上述推算公式涉及两个参数，一是产品增值率，以调查参考值15%、18%为参数；二是每千瓦时电耗产出额，因为难以区分生产用电量与非生产用电量，因此只能以总用电量进行测算，以行业总用电量的每千瓦时电耗产出额平均水平为基准，并考虑企业不同的或有因素作适当下浮，以约低于行业平均水平的16元为参数。

推算结果。洗衣机行业在制造环节流失的增值税税款可能有1 113万～1 576万元，TL公司纳税差异额可能有112万～157万元。

通过推算初步确认出各企业纳税问题存在程度，为确定评估对象提供了依据。

4. 个户评估对象确定。经过综合考虑，慈溪市国税局决定以每千瓦时电耗产出额16元、产品增值率15%为评估标准。经数据分析，将存在增值税纳税差异或有其他较大疑点的企业确定为评估对象，依照评估程序作进一步评定处理。TL公司因存在实际用电量与账面用电量严重不符，设备产出量异常、电耗产出额少等疑点被确定为评估对象。全市共有39户企业被确定为评估对象，行业评估面达到了78%。

5. 个户评估和处理结果。由于案头分析基本上已在评估对象确定以前集中完成，因而评估人员在开展个户评估时，即可举行税务约谈、受理企业举证、进行实地核实和辅导企业自查自纠。

TL公司在约谈中对税务部门的评估模型、推算方法表示认同，但提出以下异议：一是认为公司兼营洗衣机塑料配件，不都适用洗衣机产品电耗产出额，二是解释说公司厂区分为三块，其中两块老厂区已基本停止生产，所购电量主要用于企业管理和工人生活，不能算作生产用电耗。公司未就异议提供举证材料。

评估人员实地核实确认，TL公司确实兼营洗衣机塑料配件，可按账面兼营产品生产销售额和经调查核实的兼营产品评估标准扣除相应用电量；老厂区并未停止生产，虽确实存在公司管理和工人生活用电，但此因素本属评估标准考虑范畴，故对公司此项解释不予采纳；TL公司2003年度存在自发电量应予追计。TL公司对评估人员核实结果表示认同，并表示再无其他异议。

TL公司经过积极自查，补缴了因少计销售收入导致少缴的2003年度增值税162.40万元，缴纳滞纳金20.69万元。评估后，公司2003年度每台万克量注塑机的年产量为118 896台、洗衣机产品电耗产出额为16元，增值税税负率为2.5%，主要衡量指标均达到行业应有率。

在本次专项纳税评估中洗衣机行业共计自查补缴增值税1 319万元，内资企业所得税29万元，缴纳滞纳金150余万元。

资料来源：根据宁波市国家税务局网站资料，作者整理。

二、税务检查

纳税人、扣缴义务人对税务机关的各类税务检查活动，应当积极配合，协助开展工作，主动提供账证资料和情况，检查结束要协助检查人员核实问题。对税务机关检查后作出的处理决定，应当立即执行，按规定限期补缴税款、滞纳金和罚款；进行账务调整，建立健全相应的制度，以免以后发生类似问题。

税务机关需要对纳税人或其他单位、个人的纳税情况采用录音、录像、照相、复印等方式进行调查取证时，有关人员应如实提供情况，出具证据，予以配合，不得拒绝或者隐瞒。

纳税人、扣缴义务人及其他公民对于不按规定履行纳税义务和违反税法的行为，有权向国家税务机关检举揭发，为税务检查提供线索，由国家税务机关按规定给予奖励并为其保密。

纳税人在车站、码头、机场、邮政企业及其分支机构托运、邮寄应纳税商品、货物或者其他财产，应当配合国家税务机关检查，如实提供其单据、凭证和有关资料。

《税收征收管理法》第70条规定：纳税人、扣缴义务人逃避、拒绝或者以其他方式阻挠税务机关检查的，由税务机关责令改正，可以处1万元以下的罚款，情节严重的，处1万元以上5万元以下的罚款。因此，面对税务检查，纳税人、扣缴义务人应依照有关法律法规主动做好配合工作。

透视8-6

税务检查的证据

拉丝厂是增值税一般纳税人，主要从事不锈钢丝的生产销售。1月，市国税稽查局对该厂上年度增值税纳税情况实施日常检查。经查，该拉丝厂上年度共实现增值税应税销售163万元，其中不锈钢丝直接销售取得收入55万元，将本厂生产的不锈钢丝发出委托加工成不锈钢丝清洁球销售取得收入108万元。但是稽查人员在该厂的会计账上没有发现有委托加工的加工费结算情况，询问有关当事人却说加工费已经结算了，稽查人员感觉有点蹊跷。稽查人员在检查“委托加工材料”明细账时发现，企业当期发出不锈钢丝合计80吨，成本计83万元，当期收回不锈钢丝清洁球合计70吨。检查人员经过调查了解，用不锈钢丝生产不锈钢丝清洁球，整个生产过程只是一个物理变化的过程，从不锈钢丝到不锈钢丝清洁球，只有外形会发生变化，但质量基本不会发生变化，成品率应在98%以上，下脚料就是一些不能继续加工的短头丝。而该厂发出80吨不锈钢丝却只收回70吨不锈钢丝清洁球，这与实际明显不符。厂方说加工费已结算而账面上无记录这一情况，检查人员估计厂方可能是用材料抵了加工费。经过一番询问，厂方道出了实情。该厂委托加工不锈钢丝清洁球，在发出委托加工材料时，就将应支付的加工费折算成材料一并发给受托方了。上年度，该厂发给受托方的80吨不锈钢丝中，有9吨不锈钢丝是用于抵冲应付的加工费10.15万元。这样，该厂在账簿上少列销售收入计86 752.14元，少缴增值税14 747.86元。

根据《增值税暂行条例》、《税收征管法》规定，认定该厂的上述行为属于偷税，决定追缴增值税税款14 747.86元、按规定加收滞纳金，并处所偷税款1倍的罚款。

资料来源：根据江苏省国家税务局网站资料，作者整理。

纳税人保密权就是指纳税人对税务机关及其工作人员因税收执法而知晓的商业秘密和个人隐私，有请求为自己保密的权利。《税收征管法》第59条规定：税务机关派出的人员进行税务检查时，应当出示税务检查证件，并有责任为被检查人保守秘密。由此可见，请求保密权具有法律强制性，既是法律赋予纳税人的一项基本权利，也是税务机关的法定义务。税务机关及其工作人员如果因为自己的粗心大意或其他原因，泄露了纳税人的商业秘密或个人隐私，给纳税人的生产经营或个人名誉造成了不应有的损害，应当承担相应的法律责任。

上述案例中的李某作为税务检查人员，在税收执法过程中对H公司的商业资料予以保密，是李某从事执法过程中应尽的法律义务。失密说明李某失职，理应承担相应的法律责任。

《征管法实施细则》把为纳税人保密，界定为“是指纳税人、扣缴义务人的商业秘密及个人隐私。纳税人、扣缴义务人的税收违法行为不属于保密范围”。纳税人的个人隐私，包括个人财产状况、婚姻状况等，商业秘密则与纳税人的一般信息不同，只有把两者区分开来，才能有效防止纳税人诉权的滥用，为区分刑事诉讼中的罪与非罪奠定基础。《刑法》第219条，对商业秘密的解释包括了商业秘密的基本特征，即商业秘密是指不为公众所知，能为权利人带来经济利益，具有实用性并经权利人采取保守秘密措施的技术信息和经营信息。在《反不正当竞争法》第10条中，对商业秘密也有基本相同的定义。

从商业秘密的定义可以看出，商业秘密一般应具备以下特征：

1. 商业秘密是一种技术信息和经营信息。国家工商行政管理总局发布的《禁止侵犯商业秘密行为的若干规定》（简称《规定》）第2条第5款规定：技术信息和经营信息是指设计、程序、产品配方、制作工艺、管理诀窍、客户名单、货源情报、产销策略、招投标的标底及标书的内容等信息。

2. 不为公众所知。是指信息不能从公开渠道直接获取的，具有秘密性或新颖性。

3. 能为权利人带来经济利益，即具有价值性。按照《规定》第2条第3款规定：所谓能为权利人带来经济利益，是指该信息能为权利人带来现实的或潜在的经济利益或者竞争优势。

4. 具有实用性。根据《规定》第2条第3款之规定：实用性是指该信息具有确定的可应用性。信息若不具备可应用性则不能成为商业秘密。

5. 权利人采取了保密措施。《规定》第2条第4款规定：保密措施包括签订保密协议、建立保密制度以及采取其他保密措施。若某一信息虽具备以上前四个要件，但没有采取合理的保密措施，也只能成为一般的商业信息。

纳税人的保密权是纳税人的一项基本权利，为纳税人进行保密是税务机关的法定义务。《税收征管法》对税务机关未依法为纳税人保密的，主要规定了行政责任追究形式，即对直接负责的主管人员和其他直接责任人员，由其所在单位或有关单位依法给予行政处分。但并没有规定具体的泄密追究责任形式，也没有具体的刑事追究规定。

《刑法》第219条，列举了侵犯权利人商业秘密的行为，包括违反约定或者违反权利人有关保守秘密的要求，披露、使用或者允许他人使用其所掌握的商业秘密。按照《刑法》规定，有上述行为并给商业秘密的权利人造成重大损失的，处以3年以下有期徒刑，并处或单处罚金，造成特别严重后果的，处3年以上7年以下有期徒刑，并处罚金。

显然《税收征管法》及其实施细则与《刑法》在刑事责任追究上没有衔接起来。一旦因税务机关责任给纳税人造成重大损失时，在司法审判中，很可能按照《刑法》的规定，追究责任人的刑事责任，而不是仅仅追究责任人的行政责任。

三、税务行政处罚

税务行政处罚是指公民、法人或者其他组织有违反税法的违法行为，尚未构成犯罪，依法应当承担行政法律责任的，由税务机关依法对其实施一定的制裁措施。

（一）税务行政处罚的原则

税务行政处罚考虑：一是当事人的行为违反了税收法律规范，侵犯了税收征收管理秩序，应当承担税务行政法律责任。二是从当事人主观方面说，由于税务违法行为是一种过错行为，无论当事人行为的主观动机是属于故意还是过失，只要当事人有税务违法行为存在，并有法定依据给予行政处罚的，就要承担行政法律责任，依法给予税务行政处罚。三是尚未构成犯罪，但依法应当给予行政处罚的行为。

一是区分税收违反与税收犯罪的界限。对此界限，《税收征管法》和《刑法》已经作了规定。进行税务行政处罚的行为必须是尚不构成税收犯罪的行为，如果构成了危害税收征管罪，就应当追究刑事责任。

二是要区分税收违反是不是轻微。不是对所有的税务违法行为都一定要给予行政处罚，如果税务违反行为显著轻微，没有造成危害后果，只要予以纠正，经过批评教育可以不必给予处罚。

税务机关的税务行政处罚应遵循的原则包括：

1. 法定原则。税务行政处罚法定原则的基本内涵就是主体法定、职责法定、依据法定、程序法定、形式法定，即税务行政处罚要由法定的税务机关在法定的职权范围内根据法定依据按照法定程序以法定的形式实施。主要包括四个方面的内容：实施税务行政处罚必须有法定依据，法无明文规定不得处罚。税务行政处罚必须由法定的国家机关，即全国人大及其常务委员会、国务院、国家税务总局在其职权范围内设定。税务行政处罚必须由法定的税务机关在其职权范围内实施。税务行政处罚必须由税务机关按照法定程序实施。

2. 公正、公开原则。公正，要防止偏听偏信；要使当事人了解其违法行为的性质，并有申辩的机会；防止自查自断，实行查处分开制度。公开，要税务行政处罚的规定要公开，凡是需要公民遵守的法律规范都要事先公布；处罚程序要公开，如依法举行听证会。

3. 以事实为根据原则。这是法律适用的基本原则。

4. 过罚相当原则。过罚相当是指在税务行政处罚的设定和实施方面，都要根据税务违法行为的性质、情节、社会危害性的大小而定，防止畸轻畸重或者一刀切的行政处罚现象。税务行政处罚的种类和给予处罚的幅度轻重要与当事人违法行为对社会的危害程序的大小相符。

5. 处罚和教育相结合原则。税务行政处罚的目的是纠正违法行为，教育公民自觉守法，处罚只是手段，不是目的。因此，税务机关在实施处罚时，要责令当事人改正或者违法行为，对情节轻微的违法行为也不一定都要实施处罚。

6. 监督、制约原则。对税务机关实施行政处罚实行两方面的监督制约。一是税务机关内部的，如对违法行为调查的与处罚决定的分开，当场作出的处罚决定向所属行政机关备案等。二是税务机关与其他组织共同的，如决定罚款的机关与收缴的机构分离。三是税务机关外部的，包括税务机关系统上下级的和司法的，具体体现是主要是税务行政复议和行政诉讼。

7. 一事不二罚原则。基本内容是指：对违法行为人的同一个违法行为，不得以同一事实和同一依据给予两个（次）以上的处罚。

案例分析 8－7　**税务行政处罚中的定性**

市国税局稽查局 2003 年 6 月在组织对民政福利企业进行专项检查时发现，某民政福利企业 2003 年一季度将 2002 年 12 月委托加工收回的货物对外销售实现的增值税 2 万元，混入自产货物一并向某县国税局申请了先征后返。经延伸检查还发现，该企业 2001 年存在同样做法，已被某县国税局处理过。上述事实已为该企业确认。

根据国税发［1994］155 号文的规定，销售委托加工收回的货物实现的增值税不能享受“先征后返”的优惠政策。因此，多返还的 2 万元增值税要补征入库。对此行为如何定性处理，稽查局内部出现了分歧，主要有三种意见：第一种意见认为，纳税人这种行为是偷税行为，应根据《税收征管法》第 63 条的规定补税、罚款、加收滞纳金；第二种意见认为，纳税人这种行为是纳税人失误造成的，应根据《税收征管法》第 52 条第 2 款的规定补税、加收滞纳金，不应处罚；第三种意见认为，多返税款是由于税务机关的责任造成的，应根据《税收征管法》第 52 条第 1 款的规定只补税，不罚款，不加收滞纳金。

《税收征管法》及其实施细则以及其他税收法律法规，对纳税人未按主管税务机关的要求报送减税、免税、先征后返等税收优惠申请资料，导致税务机关错误审批、纳税人多享受税收优惠的，没有规定法律责任。这是产生分歧的主要原因。

一是不应定性为偷税行为。《国家税务总局关于贯彻实施税收征管法及其实施细则若干问题的规定》（国税发［1993］117 号）第 11 条规定，对纳税人骗取减税、免税的，一律按偷税论处，这是持第一种意见的主要依据。但将此文件作为定性该纳税人偷税的依据是不恰当的。理由主要有：

1. 上述行为不符合偷税的构成要件。该企业没有采取《税收征管法》第 63 条中所列的偷税手段；造成的结果不是不缴少缴税款，而是税务机关多返还税款。

2. 先征收后返还税款不能等同于减免税。减免税是税款实现时纳税人即可享受免缴或者少缴税款的税收优惠；而先征后返则是税款实现并入库后再由征收机关或财政机关返还给纳税人的一种税收优惠；两者在性质上是有区别的，在享受程序上也不完全相同。

3. 即使先征后返税款在性质上就是减免税，根据新的规定，也不应定性为偷税。《征管法实施细则》第 43 条第 2 款规定，享受减税、免税优惠的纳税人，未依法纳税的，税务机关应当予以追缴。2003 年 4 月国家税务总局下发了《关于贯彻中华人民共和国税收征收管理法及其实施细则若干具体问题的通知》（国税发［2003］47 号），该文第 8 条对纳税人未按税务机关的要求报送有关资料申请减免税的，没有规定法律责任，更没有规定以偷税论处。新规定出台后，旧规定自然失效；即使国税发［1993］117 号文仍然有效，按照“从旧兼从轻”原则，也不应对纳税人的上述行为按偷税定性并进行处罚。

二是不应定性为漏税。持第二种意见的人认为，纳税人的上述行为是因为计算错误等失误造成的，因此，税务机关干部可以在 3 年内追征税款、滞纳金。笔者认为，如此定性也是不妥当的。因为根据《征管法实施细则》第 81 条的解释，纳税人计算错误等失误，是指非主观故意的计算公式运用错误以及明显的笔误。上述案例中是税务机关多返还给纳税人税款，不是纳税人少缴税款；多返还税款并不是由纳税人的失误造成的，相反多数情况下，是纳税人故意而税务机关不知情的情况下造成的。

三是能否定性为税务机关的责任值得商榷。持第三种意见的主要依据是纳税人要享受先征后返税款优惠，必须经过有权税务机关的审批，主管税务机关负有审核的义务，经过审批程序后，造成多返回给纳税人税款，就是税务机关的责任。对纳税人的处理只能是补税，不罚款，不加收滞纳金。

但是根据《征管法实施细则》第 80 条的解释，征管法所称税务机关的责任是指税务机关适用税收法律、行政法规不当或者执法行为违法。民政福利企业先征后返税款的规定是财政部、国税总局的有关规范性文件规定的，并不是税收法律、行政法规；对纳税人将外购货物混入自产货物一并提出返还税款的申请，仅就申请资料的审核并不能发现，有些更隐蔽的手法在审批环节即使实地查核也未必能发现；税务机关适用此规定无不当之处。当然税务机关的上述行为也不能定性为违法行为。因此，将上述行为定性为税务机关的责任，于法无据，还有可能助长纳税人的不法行为。

基于以上事实和分析，上述案例中税务机关多返还税款的事实，如果是纳税人的故意造成的，应界定为纳税人的责任。①如何追缴多返还的税款？不应根据《税收征管法》第63条或第52条的规定，应由有权税务机关通过更改审批决定的方式追缴多返还的税款，同时给予其警告。这是因为，有权税务机关作出的审批决定是纳税人取得返还税款的直接依据；如果由稽查局下达处理决定追缴返还税款还存在决定的效力问题，有权作出审批决定的是县级税务机关，市稽查局的决定能否否定县级税务机关甚至上级税务机关的决定，有关文件没有明确的规定。②是否加收滞纳金？既然不能适用《税收征管法》第63条或第52条的规定追缴多返还的税款，多返还的税款也不是纳税人的欠税，加收滞纳金则无依据。因此，不应加收滞纳金。③是否处罚？按照处罚法定的原则，税务机关不能对此实施行政处罚。《行政许可法》实施后，对此类行为可按照该法第78条、第79条的有关规定，即行政机关不予受理或不予行政许可、依法给予行政处罚进行处理。

资料来源：鲍崇军：《先征后返，返多了如何处理》，《中国税务》（江苏专版），2004年第4期。

（二）告知

《行政处罚法》第31条规定：行政机关在作出行政处罚决定之前，应当告知当事人作出行政处罚决定的事实、理由及依据，并告知当事人依法享有的权利。税务机关在查处税务违法行为时，于调查终结之后作出处罚决定之前，向当事人先行告知有关项是税务机关的一项法定义务，没有履行告知程序的，税务机关作出的税务行政处罚决定无效。因此，税务机关在当事人的违法行为调查终结后，必须及时以税务机关的名义向当事人发出《税务行政处罚告知书》（除按简易程序处罚外），告知当事人查处情况。告知内容的主要包括：经调查取证获取的当事人违法行为事证据；当事人行为所触犯的法律规范；当事人违法应受到行政处罚规范；拟给当事人行政处罚的种类、幅度范围、标准；当事人应当享有各项权利，如陈述申辩权、符合听证条件的听证权等。

告知不仅体现在税务行政处罚，也广泛存在于税务管理的诸多环节中。

《税务案件调查取证与处罚决定分开制度实施办法（试行）》（国税发［1996］190号），明确规定，税务机关的调查机构对税务案件进行调查取证后，对依法应当给予行政处罚的，应及时提出处罚建议，制作《税务行政处罚事项告知书》并送达当事人，且税务机关的调查机构应当充分听取当事人的陈述、申辩意见，并对陈述、申辩情况进行记录或制作《陈述申辩笔录》；审查机构在收到调查机构移交的案件后，对案卷材料进行登记的主要内容之一即包括“告知材料”和“陈述、申辩意见记录或《陈述申辩笔录》”；审查机构对案件进行审查时，对“当事人陈述、申辩的事实、证据是否成立”和“经听证的，当事人听证申辩的事实、证据是否成立”进行审查。

对各类税务案件，依法应当给予行政处罚的，由调查机构的调查取证结束后，提出拟处罚意见，制作《税务行政处罚事项告知书》送达当事人，并充分听取当事人的陈述、申辩意见，对陈述、申辩情况进行记录或制作《陈述申辩笔录》。调查终结，将此案卷材料一并移交审查机构审理。审理机构对调查机构移交的案卷材料进行审查时，包括审查调查机构依法应当给予处罚的，是否依法履行告知程序；是否听取当事人的陈述、申辩和陈述、申辩的事实、证据是否成立等，然后根据情况提出审理意见，制作审查报告，经审批后制作《税务行政处罚决定书》。

（三）听证

税务机关在对当事人某些违法行为作出处罚决定之前，按照一定形式听取调查人员和当事人意见的程序，使作出的行政决定更加公正、合理的程序，这就是税务行政处罚中的听证。《税务行政处罚听证程序实施办法（试行）》规定，税务行政处罚听证的范围是对公民作出 2 000 元以上或者对法人或其他组织作出 1 万元以上罚款的案件。税务行处罚听证主持人应由税务机关内设的非本案调查机构的人员（如法制机构工作人员）担任。

1. 税务行政处罚听证程序。

（1）凡属于听证范围的案件，作出处罚决定之前，应当首先向当事人送达《税务行政处罚事项告知书》，告知当事人已经查明的违法事实、证据、处罚的法律依据和拟给予的处罚，并告知有要求举行听证的权利；

（2）要求听证的当事人，应当中收到《税务行政处罚事项告知书》后 3 日内向税务机关书面提出书面要求，逾期不提出的，视放弃听证权利；

（3）税务机关应当在当事人提出要求后的 15 日内举行听证，并在举行听证的 7 日前将《税务行政处罚听证通知书》送达当事人，通知当事人举行听证的时间、地点、主持人的情况；除涉及国家秘密或者个隐私的不公开听证的外，对于公开听证的案件，应当先期公告案情和听证的时间、地点并允许公众旁听；

（4）听证会开始时，主持人应当首先声明并出示税务机关负责人授权主持听证的决定，然后查明当事人或其代理人，调查人员及其他人员是否到场宣布案由和听证会的组成人员名单，告知当事人有关的权利义务，记录员宣读听证会纪律；

（5）听证会开始后，先由调查人员就当事人的违法行为指控，并出示事实证据材料，提出处罚建议，再由当事人或其代理人就指控的事实及相关问题进行申辩和质证，然后控辩双方辩论；辩论终结，当事人进行最后陈述；

（6）听证的全部活动，应当由记录员制作笔录并交当事人阅核、签章；

（7）完成听证任务或有听证终止情形发生时，主持人宣布终止听证。

听证结束后，主持人应当制作听证报告并连同听证笔录附卷移交审查机构审查。

2. 纳税人听证中的权利。

（1）税务机关对公民作出 2 000 元（含）以上罚款，对法人或其他组织作出 1 万（含）以上罚款的行政处罚之前，纳税人有要求举行听证的权利。

（2）纳税人在接到税务机关送达的《税务行政处罚告知书》后，如果对税务机关已查明的违法事实、证据、行政处罚的法律依据和拟将给予的行政处罚有疑问或不明的，须在 3 日内书面向税务机关申请听证，当事人应当按期参加听证。无正当理由不参加的，视为放弃听证权利。逾期不提出的，纳税人就丧失了这种权利。

（3）纳税人由于不可抗力或者其他特殊情况而耽误提出听证期限的，在障碍消除后 5 日以内，可申请延长期限。申请是否准许，由组织听证的税务机关决定。

（4）纳税人可以亲自参加听证，也可委托 1～2 人代理。纳税人委托代理人参加听证的，应向其代理人出具代理委托书。代理委托书应当注明有关事项，并经税务机关或者听证主持人审核确认。

（5）纳税人如果认为听证主持人与案件有直接利害关系的，有权申请回避。回避申请，纳税人应在举行听证的 3 日前向税务机关提出，并说明理由。

（6）听证过程中，纳税人或代理人应先仔细听取案件调查人员就纳税的违法行为予以指控的内容、事实、证据材料以及行政处罚建议，然后就所指控的事实及相关问题充分发表自己的意见，进行申辩和质证。

（7）听证过程中，纳税人应接受听证主持人的询问，如实回答主持人提出的问题，并对自己出示的证据的合法性、真实性进行辩论。辩论终结时，纳税人具有最后陈述意见的权利。

（8）听证结束后，纳税人须服从税务机关的税务处理决定。如对处理决定不服的，可在接到决定书之日起 15 日内向上一级税务机关或者法定复议机关申请复议，也可直接向人民法院起诉。

（9）行政机关拒绝听取当事人的陈述、申辩的行政处罚决定是不能成立的。也就是说当事人要求听证申辩的，行政机关不组织听证，其作出的行政处罚决定无效，对当事人无约束力，当事人可不予理睬。

（10）当事人不承担行政机关组织的听证费用。

（11）行政机关不得因当事人申辩而加重处罚。因此纳税人要求听证，即使不能胜诉，也不会加重处罚。

透视 8－7

税务听证

市国税稽查局检查小组对某从事防盗门生产的企业进行了实地检查。在检查过程中，纳税人极不配合，竟然拨打 110 报警，企图阻挠检查工作。检查小组通过对纳税人经营期间纳税情况检查和询问，依据所取得了证据材料，并于 4 月 14 日送达《税务行政处罚事项告知书》，于 4 月 17 日送达《税务处理决定书》和《税务行政处罚决定书》。

纳税人接文书后于 4 月 17 日下午提出了听证申请，稽查局依法接受了其听证要求。

听证会上，检查人员提出了纳税人偷税的事实、证据和税务行政处罚决定，纳税人则相应对行政处罚决定程序进行了申辩，并对稽查局提出的实际生产经营时间、税款核定、是否属于规定增值税纳税人、是否属于偷税等相关证据予以了质证。

分析：根据《行政处罚法》第 42 条规定，行政机关作出行政处罚决定之前，应当告知当事人有要求举行听证的权利。为此，稽查局稽查人员 4 月 14 日向纳税人送达《税务行政处罚事项告知书》，并履行了告知程序是合乎法律程序的。但纳税人提出听证申请后，稽查员在未超过法定的当事人申请听证的权利期限内即 4 月 17 日，却送达了《税务行政处罚决定书》，违反了《行政处罚法》第 43 条关于行政处罚决定应在听证结束后依法作出的规定。为此，该案纳税人在听证《申辩书》中也指出了该行政处罚决定程序不合法，并提出了依据《行政处罚法》第55条的规定，要求有关部门改正，撤销这一不当的行政处罚及税务处理决定的建议。

再如，税务稽查人员核定其每月应纳税款6 000元所依据的是管理局证明材料，在听证会上，税务户管员出示的2002年6月17日的《应纳税款核定书》和《核定（调整）定额通知书》等两份文书均无文号及送达回证，纳税人拒不承认接受了该两份文书，按照规定法律文书不能生效，也就自然不能作为核定纳税人每月应纳税款的证据使用。

最后税务机关在听证会上当场收回了无效的《税务行政处罚决定书》，并将重新审理并作出对纳税人的税务行政处理、处罚决定。

资料来源：根据江苏省国家税务局网站资料，作者整理。

四、税务行政复议和诉讼

（一）税务行政复议

税法规定，纳税人及其他当事人认为税务机关的具体行政行为侵犯其合法权益，可依法向税务行政复议机关申请行政复议。税务行政复议是指纳税人、扣缴义务人、纳税担保人或其他税务行政相对人不服税务机关作出的具体行政行为，向法定税务行政复议机关提出申请，税务行政复议机关依法对原税务具体行政行为的合法性和适当性进行审查后，作出裁决的一种行政司法活动。

1. 税务行政复议的范围。根据《税务行政复议规则（暂行）》（国家税务总局令2005年第8号）当纳税人对税务机关作出的以下具体行政行为不服时，可提出行政复议申请：

（1）税务机关作出的征税行为，包括确认纳税主体、征税对象、征税范围、减税、免税及退税、适用税率、计税依据、纳税环节、纳税期限、纳税地点以及税款征收方式等具体行政行为和征收税款、加收滞纳金及扣缴义务人、受税务机关委托征收的单位作出的代扣代缴、代收代缴行为。

（2）税务机关作出的税收保全措施：书面通知银行或者其他金融机构冻结存款；扣押、查封商品、货物或者其他财产。

（3）税务机关未及时解除保全措施，使纳税人及其他当事人合法权益遭受损失的行为。

（4）税务机关作出的强制执行措施：书面通知银行或者其他金融机构从其存款中扣缴税款；变卖、拍卖扣押、查封的商品、货物或者其他财产。

（5）税务机关作出的行政处罚行为：罚款；没收财物和违法所得；停止出口退税权。

（6）税务机关不予依法办理或者答复的行为：不予审批减免税或者出口退税；不予抵扣税款；不予退还税款；不予颁发税务登记证、发售发票；不予开具完税凭证和出具票据；不予认定为增值税一般纳税人；不予核准延期申报、批准延期缴纳税款。

（7）税务机关作出的取消增值税一般纳税人资格的行为。

（8）收缴发票、停止发售发票。

（9）税务机关责令纳税人提供纳税担保或者不依法确认纳税担保有效的行为。

（10）税务机关不依法给予举报奖励的行为。

（11）税务机关作出的通知出境管理机关阻止出境行为。

（12）税务机关作出的其他具体行政行为。

纳税人及其他当事人认为税务机关的具体行政行为所依据的下列规定不合法，在对具体行政行为申请行政复议时，可一并向复议机关提出对该规定的审查申请：①国家税务总局和国务院其他部门的规定；②其他各级税务机关的规定；③地方各级人民政府的规定；④地方人民政府工作部门的规定。此处的规定不含规章。

必经复议的税务争议案件，是指发生税务行政纠纷后，首先必须经过税务行政复议，对税务行政复议决定不服的，才能进行行政诉讼。

必经复议的范围仅限于对税务机关作出的税款征收行为不服的税务争议案件，包括：

（1）税款的征收。纳税人对应纳税项目、纳税环节、计税依据、适用税率、纳税期限、计算方法以及对纳税义务人的确定等持有异议。

（2）税款的补缴。纳税人对应补缴税项目，补税的依据、期限、适用税率、计算方法等有异议。

（3）加收滞纳金。加收滞纳金是税务机关根据税法的规定对没有按期缴纳税款的纳税人或没有按期缴纳税款的扣缴义务人，从滞纳税款之日起，加收所滞纳税款万分之五的滞纳金。滞纳金不属于罚款的性质，是对滞纳行为的一种补偿，应归为征税行为。

（4）税款的代扣代缴。

（5）税款的减免。纳税人对减免税项目、数额及期限等持有异议。

2. 税务行政复议的管辖。对税务机关的具体行政行为申请复议，原则上由其上一级税务机关管辖，不能越级或多次申请复议。

在我国，根据国务院的规定，国家税务总局实行垂直领导，对省（自治区、直辖市）以下的地方税务局实行上级税务机关与同级人民政府双重领导、以上级税务机关垂直领导为主的管理体制。

对省级以下各级国家税务局作出的具体行政行为不服的，向其上一级机关申请行政复议；对省级国家税务局作出的具体行政行为不服的，向国家税务总局申请复议；对地方税务局作出的税务具体行为不服的，由本级人民政府或上一级税务机关管辖；对国家税务总局作出的税务具体行政行为不服的，向国家税务总局申请复议。对复议决定不服的，申请人可以向人民法院提起行政诉讼，也可以向国务院申请裁决，国务院的裁决为最终裁决。

3. 申请人在税务行政复议过程中的权利。申请人和第三人可以查阅被申请人提出的书面答复、作出具体行政行为的证据、依据和其他有关材料，除涉及国家秘密、商业秘密或者个人隐私外，复议机关不得拒绝。

在行政复议过程中，被申请人不得自行向申请人和其他有关组织或者个人搜集证据。

行政复议决定作出前，申请人要求撤回行政复议申请的，经说明理由，可以撤回；撤回行政复议申请的，行政复议终止。

申请人在申请行政复议时可以一并提出行政赔偿请求。复议机关对符合国家赔偿法的有关规定应当给予赔偿的，在决定撤销、变更具体行政行为或者确认具体行政行为违法时，应当同时决定被申请人依法给予赔偿。

复议机关受理行政复议申请不得向申请人收取任何费用。复议机关责令被申请人重新作出具体行政行为的，被申请人不得以同一事实和理由作出与原具体行政行为相同或者基本相同的具体行政行为。

4. 税务行政复议的申请时限。纳税人及其他税务当事人对税务机关的征税行为不服，应当先向复议机关申请行政复议，对复议决定不服，再向人民法院起诉。

申请人在申请税务行政复议时，必须先依照税务机关根据法律、行政法规确定的税额、期限缴纳或者解缴税款及滞纳金，然后可以在收到税务机关填发的缴款凭证之日起60日内提出行政复议申请。

如果复议机关决定不予受理或者受理后超过复议期限不作答复的，纳税人和其他税务当事人可以自收到不予受理决定书之日起或者行政复议期满之日起15日内，依法向人民法院提起行政诉讼。

透视8-8

税务行政复议的期限

2003年3月，县国税局对某加工厂进行日常检查时，发现该企业2002年12月取得的部分发票不规范，于是作出处理决定，责令企业补缴所得税5 789.00元。该企业于2003年3月25日接到《税务行政处理决定书》，并缴纳了税款。

后来该企业经咨询后，认为县国税局的处理有不当之处。于2003年6月9日向当地人民法院提起了行政诉讼，告县国税局所作出的征税行为违法。法院接到该企业的诉状后，于2003年6月11日裁定不予受理，理由是纳税人对该征税行为必须先经复议后才能提起诉讼。该企业收到裁定后，又于6月13日向该国税局的上级机关市国税局申请行政复议，市国税局于6月16日裁决不予受理，理由是该企业复议申请已经超过了法定行政复议期限。至此，该企业对县国税局作出的征税行为既不能申请复议又不能提起诉讼，从而失去了司法救济的权利。

《行政诉讼法》规定，行政诉讼的期限是公民、法人或其他组织直接向人民法院提起诉讼的应在知道该具体行政行为之日起3个月内提出。法律另有规定的除外。《税收征管法》规定，纳税人、扣缴义务人、纳税担保人同税务机关在纳税上发生争议时，必须先依照税务机关的纳税决定缴纳或者解缴税款及滞纳金或提供纳税担保，然后可以依法申请行政复议；对行政复议决定不服的，可以依法向人民法院起诉。申请人不服复议决定的，可以在收到复议决定书之日起15日内向人民法院提起诉讼。这就是所说的复议前置或必经复议，即先经复议才能诉讼。所以，虽然该企业对县国税局征税行为提起诉讼是在法定时间内，但该征税行为属必经复议，因此法院应裁定不予受理。

《行政复议法》规定行政复议的期限是自知道该具体行政行为之日起60日内提出行政复议申请，该企业申请复议时，已经是接到《行政处理决定书》70多天以后了，早已过了行政复议法定期限，所以市国税局作出了不予受理的裁决。由此看来，该企业失去法律救济权利的症结在于没有注意到复议前置。

资料来源：根据广东省国家税务局网站资料，作者整理。

（二）税务行政诉讼

复议申请人对国家税务机关作出的不予受理其复议申请的裁决不服，可自收到不予受理裁决书之日起 15 日内，就复议机关不予受理的裁决本身向人民法院起诉。

复议申请人对复议决定不服的，可以自接到复议决定书之日起 15 日内向人民法院起诉。

纳税人和其他税务当事人对国家税务机关作出的税收保全措施、强制执行措施及行政处罚行为不服，可以在接到处罚通知书之日起或者国家税务机关采取税收保全措施、强制执行措施之日起 15 日内向人民法院起诉。

案例分析 8－8　　税务行政诉讼中的举证

县国税局稽查人员在对 A 公司进行税务检查时，发现该公司从 B 市 C 公司取得的 3 份增值税专用发票有虚开的嫌疑，稽查人员通过金税工程协查系统向 B 市发函，得到证实，确认属于虚开，并取得证明资料。随后，稽查人员进一步检查，发现该公司上一年度也有 4 份从 C 公司取得的增值税专用发票。税务机关对这 7 张增值税专用发票所列进项税额 25 万元不予抵扣，并在履行相应告知和听证程序后，对 A 公司作出《税务行政处罚决定书》，决定处罚款 12.5 万元。A 公司不服，向县人民法院提起诉讼。法院认为县国税局对 4 张从 C 公司取得的增值税专用发票没有证据证实为虚开，不宜处罚。于是，法院判决撤销县国税局作出的处罚决定，并要求县国税局重新作出处理决定。

县国税局对一审判决不服，提起上诉。二审期间，县国税局对 A 公司另外 4 份从 C 公司取得的增值税专用发票也开展调查，并取得证据，证明也属于虚开。据此，中级人民法院撤销一审法院判决，维持上诉人（县国税局）的处罚决定。本案二审判决有误，理由为：

行政诉讼中，被告举证是应尽的责任。《行政诉讼法》第 32 条规定：行政诉讼的被告对作出的具体行政行为负有举证的责任。因此，行政诉讼中，被告向人民法院要求主张自己的合法权益时，必须向法院提交能证明自己主张的所有证据，也就是说，证据是当事人主张能否得到法律保护的依据。同时，举证时间有限制，当事人应当在举证时间内向人民法院提交证据，不提交的视为放弃举证权利。本案中，县国税局应当提供作出具体行政行为的证据和所依据的规范性文件。证据在法律上有明确的规定，《行政诉讼法》第 31 条规定：证据包括书证、物证、视听材料、当事人的陈述、鉴定结论、勘验笔录、现场笔录等。不是所有的证据都有效，作为定案的证据须经法庭审查核实。

根据《行政诉讼法》第 54 条规定：行政机关的具体行政行为的主要证据不足，法院经过审理后判决撤销或者部分撤销，并可以判决被告重新作出具体行政行为。本案中，初审法院认为上年度另外 4 张从 C 公司取得的增值税专用发票没有证据定为虚开，以此为由判决撤销县国税局作出的处罚决定，并要求县国税局重新作出处理决定，是正确的。

但是，在随后的二审程序中，二审法院要求被告自行搜集证据，与法理相悖。虽然《行政诉讼法》第 34 条规定，人民法院有权要求当事人提供或者补充证据，但该法第 33 条还明确规定：在诉讼过程中，被告不得自行向原告和证人搜集证据。所以，在行政诉讼中法院要求被告自行搜集证据，这与行政诉讼的基本原则相违背。因此，在诉讼过程（本案已进入二审阶段）中，县国税局显然不能自行向原告和证人搜集证据。

根据《最高人民法院关于执行〈中华人民共和国行政诉讼法〉若干问题的解释》第32条规定，被告在二审中向法院提交一审中没有提交的证据，不能作为二审法院变更或者撤销一审判决的依据。

资料来源：根据江苏省国家税务局网站资料，作者整理。

第六节　税务代理

（一）代理的申请

纳税人、扣缴义务人可以向税务代理机构递交书面申请，委托税务代理。根据《税务代理业务规程（试行）》（国税发［2001］第117号），税务代理的业务内容包括：

1. 办理税务登记、变更税务登记和注销税务登记手续；
2. 办理除增值税专用发票外的发票领购手续；
3. 办理纳税申报或扣缴税款报告；
4. 办理缴纳税款和申请退税手续；
5. 制作涉税文书；
6. 审查纳税情况；
7. 建账建制，办理账务；
8. 税务咨询、受聘税务顾问；
9. 税务行政复议手续；
10. 国家税务总局规定的其他业务。

委托税务代理可以是单项代理、综合代理或者全部代理。

（二）代理关系的成立

纳税人、扣缴义务人向税务代理机构提出申请，并与代理机构商定代理事宜后，双方签订委托代理协议书。

税务代理委托协议应当包括以下内容：委托人及税务师事务所名称和住址；委托代理项目和范围；委托代理的方式；委托代理的期限；双方的义务及责任；委托代理费用、付款方式及付款期限；违约责任及赔偿方式；争议解决方式；其他需要载明的事项。税务代理委托协议自双方法定代表人签字、盖章时起即具有法律效力，并受法律保护。

税务代理委托协议中的当事人一方必须是税务师事务所，税务代理执业人员不得以个人名义直接接受委托。税务代理执业人员承办税务代理业务由税务师事务所委派。当委托代理的业务范围发生变化时，被代理人应及时向代理人提出申请，修订协议书。

（三）代理事宜的执行

纳税人、扣缴义务人委托代理办税事宜，必须按签订协议的内容提供必要的生产经营情况及有关资料，保证代理业务正常进行。

从事税务代理的职业人员编制的税务代理计划一般应包括以下内容：委托人的基本情

况；代理事项名称、要求及范围；审验重点内容及重点环节的选择；采取的方法及所需的主要资料；代理工作量及实施进度和时间预测；人员安排及分工；风险评估；代理费用预算等。

承办的执业人员应对委托人提供的情况、数据、资料的真实性、合法性、完整性进行验证、核实。承办的执业人员在对委托人提供的代理事项所需资料验证、核实的基础上，制作税务代理报告、涉税文书等，经征求委托人同意后，加盖公章送交委托人或主管税务机关。

在税务代理过程中，税务代理执业人员如遇下列情况之一的，必须及时向所在的税务师事务所和主管税务机关报告：现行税收法律、法规没有明确规定或规定不够明确的；委托人授意代理人员实施违反国家法律、法规行为，经劝告仍不停止其违法活动的；委托人自行实施违反国家法律、法规行为，经劝告仍不停止其违法活动的。

凡是由于委托方未及时提供真实的、完整的、合法的生产经营情况、财务报表及有关纳税资料造成代理工作失误的，由委托方承担责任；执业人员违反国家法律、法规进行代理或未按协议约定进行代理，给委托人造成损失的，由税务师事务所和执业人员个人承担相应的赔偿责任。

（四）代理关系的终止

当委托税务代理期限届满，委托协议书失效，委托税务代理关系自然终止。

被代理人有下列情况之一的，在代理期间内可以单方终止代理行为：税务师已死亡；税务代理人被注销其资格；税务代理人未按委托代理协议书的规定办理代理业务；税务代理机构已破产、解体或被解散。

税务代理人对有下列情况之一的在委托期限内可以单方终止代理行为：被代理人死亡或者解体；被代理人授意税务代理人实施违反国家法律、行政法规的行为，经劝告仍不停止其违法活动的；被代理人提供虚假的生产、经营情况和财务会计报表，造成代理错误，或被代理人自己实施违反国家法律、行政法规的行为。

被代理人或税务代理人按规定单方终止委托代理关系的，终止方应及时通知另一方，并向当地国家税务机关报告，同时公布终止决定。

（五）税务代理的法律责任

税务代理人违反税收法律、行政法规，造成纳税人未缴或者少缴税款的，除由纳税人缴纳或者补缴应纳税款、滞纳金外，对税务代理人处纳税人未缴或者少缴税款50%以上3倍以下的罚款。

本章小结

本章比较系统地讨论了纳税人在纳税过程的程序问题。税收筹划面对的税法，既包含实体法，也包含程序法。忽视程序法，会造成看似合法、实际违法的后果，给税务管理带来巨大的风险。纳税程序问题，相对来讲，更多的是涉及风险问题，所以，其在税务筹划的体系中，有十分重要的地位。一句话，追求程序的正义，规避好税收风险，使税收筹划更加理性、稳健。

第一，是界定好纳税人的权利和义务。税法相对来讲，是一种义务法，更强调纳税人的义务。权利和义务是相对的，在纳税过程中，没有履行好纳税义务往往是过多地强调了纳税人的权利，而没有维护好自身的权利往往是不准确知道自己的纳税义务。高水平的税收筹划往往会涉及实体法不很明确的区域，这时熟知纳税人的权利和义务并通过法定的程序以达到筹划的目的，是关键的。

第二，是纳税行为的法律责任。偷税、骗税、抗税和逃避追缴欠税，都必须避免；这些法律界定有客观的行为、动机和后果的标准，纳税人符合了规定的要件后，将受到法律的惩罚，包括刑法的处罚。避税在我国现行的税法中，没有界定。此外，纳税人在税务登记、票证管理、申报、税务检查等环节，还承担着相应的法律责任，同样面临着法律的风险。

第三，是在纳税准备阶段，纳税人承担着纳税登记、账簿管理和发票管理等责任。中国的税法和税务机关相对比较强调发票的作用，以票管税，将发票作为税源管理的关键依据。纳税登记才能购领发票，有了发票，纳税人才能经营；开了发票有了收入，纳税人就要缴税；发票是纳税的重要凭据，发票和涉税凭证要严格管理。纳税人账簿、发票管理的问题，往往直接导致偷税等违法行为。

第四，是税款缴纳阶段。纳税申报往往直接界定了纳税人的责任和风险，税款的退还和追征主要依据时间的跨度，延期纳税要履行相应的程序，依法扣缴税款是纳税人的法定义务；税收的代位权和撤销权有严格的法律程序，税收的保全、担保和强制执行也有严格的法律界定。

第五，在纳税完成后，纳税人将面临纳税评估和税务检查的考验。纳税评估往往强调推定和合理性，常用物耗、能耗等指标来推算纳税人申报的合理性；税务检查更强调证据，以证据来定性、定量。在税务行政处罚中，需注意文书、听证和举证等环节。税务行政复议和税务行政诉讼，是法律赋予纳税人的救济程序，纳税人用之维护自身权益，要依照程序，善于举证。

关键术语和概念

偷税	延期纳税	税务行政复议
骗税	扣缴义务人	税务行政诉讼
欠税	税收优先权	税务代理
抗税	税收保全和强制执行	代位权和撤销权
纳税申报	纳税评估	离境清税制度

选读文献资料

1. 周叶：《公司税务管理——程序正义、风险规避和案例》，复旦大学出版社 2006 年版。

2. 李林木：《税收遵从的理论分析与政策选择》，中国税务出版社 2005 年版。

3. 北京市地方税务局，北京市税务学会：《税务稽查疑难案例法例评析》，中国税务出版社 2007 年版。

4. 林雄：《疑难税案法理评析》，福建人民出版社 2006 年版。

5. Geofrey Brennan，James M. Buchanan：*The Power to Tax*：*Analytical Foundation of a Fical Constitution*，Cambridge University Press，2006.

6. Benno Torgler：Tax Compliance and Tax Morale—a Theoretical and Empirical Analysis，Edward Elgar Publishing Limited，2007.

后　记

随着我国社会主义市场经济的发展，税收在经济生活中的地位越来越重要。从国家来讲，政府需要税收来组织财政收入，并通过税收的调控来促进国民经济的持续、健康、稳定发展，促进资源的合理配置，促进社会公平正义。从纳税人的角度来看，税收影响着他们的收益，影响着他们的可支配收入，影响着他们的行为，影响着他们的经济决策。

由于税收是对纳税人经济利益的一种剥夺，因而对纳税人来讲，想方设法降低自己的税收负担是一种必然现象。在法制不完善的社会和环境里，这种动机往往演变成偷逃税收的行为，或“搞定”某些执法人员，将纳税作为一种“交易”。随着我国市场经济制度的逐步健全，随着我国税收法制建设的进一步完善，税收刚性的进一步体现，绝大多数纳税人已经逐渐认识到，“搞定”不可能长久，“交易”见不得人，偷逃税更是“搬起石头砸自己的脚”，唯有依法纳税才是长久的“正道”。

税收筹划与依法治税、依法纳税是相生相济、相辅相成的。税收法制不完善，纳税人不需要税收筹划。近十余年来，税收筹划的话题走进人们的视野并逐渐成为一个焦点话题，正体现了我国市场经济主体发育逐渐走向成熟，体现了市场经济制度逐渐健全和完善，体现了市场环境逐渐趋于规范，体现了纳税人的纳税意识日益提高。

税收政策和税收筹划正得到社会各界的关注和重视。政府和税收执法者关注它，是为找出法制的漏洞、不完善和不规范之处，并予以改进，提高法制水平，发挥税收的职能作用。纳税人关注它，是为合法降低税收成本，提高效益，规避税收风险，合情合理。这样的征纳双方互动，进一步推动国家的税收法制水平和纳税人的税务管理水平的提高。

相对于发达的市场经济国家，我国的税收筹划实践，并不算成熟。实践呼唤理论的指导，实践也给理论打上了自己的烙印。

本书力图总结税收筹划一些规律性的东西，反映一个客观的税收筹划体系。

一是税收制度和政策是税收筹划的本。税收筹划却有一些属于自己的规律，但归根结底，其来源于对税收制度政策的差异性的运用；所以，不熟知和掌握税法而追求税收筹划的“敲门”和技巧，是舍本而求末。税收筹划“万事”皆从基本的税法说起，税收筹划是税法客观的、自然的、合理的延伸。

二是将税收和税收筹划置于企业经营管理和核算中考察。企业缴纳的税收发生于企业投资、融资、经营、销售、分配、重组等过程之中，税收还与企业的成本管理、技术管理、无形资产管理、营销管理和财务核算管理等息息相关。税收作为一个重要的点，融入企业运营和核算一个面之中，并考察其运行轨迹和规律。

三是强调税务筹划的风险。好比说，一个正常的人吃东西是本能，但是，安全而健康的饮食，却有学问。税收筹划颇为类似。一般讲，万事皆有风险；在清楚税收风险和收益的基础上，选择符合自己意愿的税收风险和收益相匹配的方案，是税收筹划实践的本质所在。

本书包括以下内容：

第一章中国税收制度。比较系统地介绍我国现行的税收制度，包括流转税、所得税、财产税等；一项税收制度包含了纳税人、课税对象、税率、计税依据、纳税环节等要素，本章在分税种逐一介绍的同时，还从总体上、结构上、历史沿革上、改革前瞻上等多角度介绍和分析，力图在掌握税收具体制度的同时、树立宏观与微观的税收、国家与纳税人的税收、经济与法律的税收、过去、现在与将来的税收等多方面的认识。

第二章现行主要税种计算实例，是第一章的进一步细化，是现行主要税种在操作层面上的介绍和分析。包括：增值税的计算、消费税的计算、营业税的计算和企业所得税的计算。本章力图将概念、制度框架的税收变成企业操作层面的税收，通过案例的计算分析，体现税收筹划以理解掌握纷繁的税收制度和规定为始。

第三章税收筹划的理论和方法。系统地归纳和介绍税收筹划的理论、方法和规律。主要内容有：税收筹划的理解、法制和政策环境与税收筹划、税收筹划的原理、税收筹划的技术和方法以及开展税收筹划的步骤和控制等。本章通过理论与实践相结合的讨论，概括了税收筹划的思路、策略、技术方法。

第四章现行税收优惠政策。本章内容是在税收筹划的框架下，对第一章和第二章有关内容的进一步延伸和细化。主要以国家产业政策为经纬，对我国现行的税收优惠政策进行梳理和归纳。以期在税收筹划中用好税收优惠、用足税收优惠、实质和形式都符合税收优惠政策要求、实体和程序都符合税收优惠政策要求。

第五章税法与会计处理差异。这方面的知识是税收筹划的基础；相对而言，税法与会计的差异，侧重于解决财务和纳税核算问题；但是如果连税法和会计差异都不清楚，又怎么谈得上设计筹划方案、计算筹划方案的纳税和财务结果、比较筹划方案的优劣并将选择的筹划方案融入企业的各项管理（包括财务核算管理）中去呢？本章的内容包括：差异的概述、收入、扣除、资产处理、重组和纳税调整等；讨论内容的安排上，侧重于以税法规定为主线。

第六章税务转让定价。转让定价是税收筹划的一种重要方法，常被集团企业所采纳。内容包括：转让定价税制、税务转让定价安排和转让定价风险分析。本章力图从税法和纳税人两个角度讨论转让定价话题，侧重于控制税务风险。

第七章并购重组的税收政策和安排。这是税收筹划体系的一个重要专题。本章内容包括：资产的交易、股权的交易、债务重组、整体资产的转让和置换、合并和分立等内容。

第八章纳税遵从——程序正义和风险规避。本章以税收程序法为主线，侧重于讨论纳税人的责任和风险，并以此促进享受好纳税人权利。主要内容包括：纳税人的权利和义务、税务法律责任、纳税准备阶段的遵从、税款缴纳阶段的遵从、纳税完成后的遵从和税务代理。

由于水平有限，谬误之处敬请批评指正！

杨君昌
2011年4月